*Charlotte Pangels* · Die Kinder Maria Theresias

Charlotte Pangels

# Die Kinder
# Maria Theresias

## Leben und Schicksal
## in kaiserlichem Glanz

Verlag Georg D. W. Callwey · München

CIP-Kurztitelaufnahme der Deutschen Bibliothek
*Pangels, Charlotte:*
Die Kinder Maria Theresias:
Leben u. Schicksal in kaiserl. Glanz /
Charlotte Pangels. – München: Callwey, 1980.
ISBN 3-7667-0515-6

© 1980 by Verlag Georg D. W. Callwey, München
Alle Rechte vorbehalten, auch die des auszugsweisen
Abdruckes, der photomechanischen Wiedergabe
und der Übersetzung
Schutzumschlag   Baur + Belli Design, München
Lithos   Brend'amour, München
Gesamtherstellung   Ebner Ulm
Printed in Germany 1980

# Inhalt

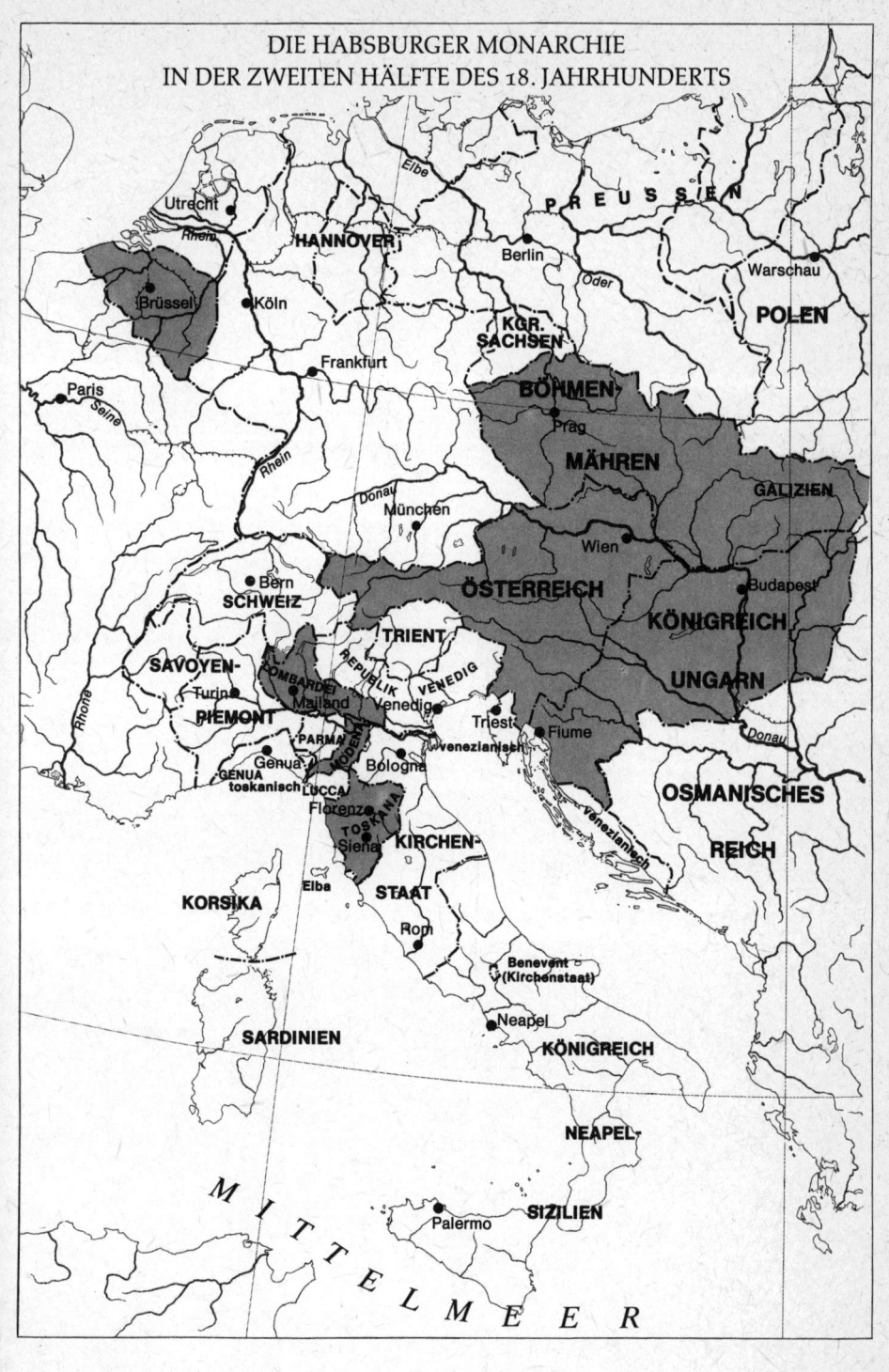

DIE HABSBURGER MONARCHIE
IN DER ZWEITEN HÄLFTE DES 18. JAHRHUNDERTS

# Einführung

## Die ranghöchste Familie Mitteleuropas

Wer den Kindern Maria Theresias auf den Spuren ihres Schicksals folgen will, dringt ein in eine seltsam elitäre Lebensform. Ihre Vorzugsstellung erstreckte sich auf die mannigfachsten Gebiete und wer sich in die Einzelheiten vertieft, die überliefert sind, der findet neben zweifellos Interessantem auch manche Ungeheuerlichkeit.

Kaiser Karl VI. war der Großvater mütterlicherseits der hier beschriebenen Generation von Erzherzögen und Erzherzoginnen. Er stand in der unmittelbaren Nachfolge des Reichsgründers Karls des Großen. Das überkommene Erbe an deutschen und italienischen Ländern nannte sich »Heiliges Römisches Reich Deutscher Nation«. Es erstreckte sich zwar im Jahre 1736 noch nicht in geschlossener Fläche von der Maas bis an die Memel, aber von der Etsch bis an den Belt. Alle deutschen Fürsten sahen im Kaiser den Oberherrn des Reiches, ihm gaben die Kurfürsten ihre Stimmen, er war die oberste Instanz.

Erstaunlich ist, wieviele italienische Provinzen zum Reich zählten. Zwar wechselten sie gerade unter der Herrschaft Karls VI. mehrfach ihren Besitzer, dennoch fanden sie sich letztlich im Reiche Maria Theresias dann wieder vereint, sei es durch Verträge, Erbfälle oder die für Österreich sprichwörtlich gewordenen geschickten Heiraten.

Zwischen Deutschland und Italien bildeten die österreichischen Erblande den festen Kern des habsburgischen Hausbesitzes. Hinzu kam die Königswürde in Böhmen und Ungarn, so daß man wirklich sagen konnte, der Kaiser in Wien sei der mächtigste Mann Europas, in seinen Händen liefen die politischen Machtstränge zusammen.

Im Jahre 1736 heiratete die Kaisertochter Maria Theresia den von ihr seit Jahren geliebten Herzog Franz Stephan von Lothringen-Toscana. Nahezu dreißig Jahre lang galt das Paar als beispielhaft in jeder Beziehung. Es widerlegte die abgegriffene These, daß Fürstenehen zwangsläufig unglücklich werden müßten. Zwischen 1737 und 1756 kamen sechzehn Kinder zur Welt, Wunschkinder eines wie das andere. Doch welch unterschiedliche Wege sollten sie gehen.

Alle sechzehn Kinder wurden in Wien geboren. Die Stadt war damals viel kleiner als heute, aber ihre Silhouette ähnelte schon der des 20. Jahrhunderts. Die Wiener Burg und der Ballhausplatz waren errichtet, Stephansdom und Kapuzinerkirche ragten bereits gen Himmel, dazu aber noch eine Fülle von Kirchen, Klöstern und anderen Gebäuden, die im Zuge der Zeit entweder verfielen oder zerstört und abgerissen wurden. Die Baugeschichte der Stadt Wien ist innerhalb der letzten 250 Jahre recht bewegt gewesen, sie unterlag einem ständigen Wandel.

Eines war anders im Wien von 1737: Ein Geruch überlagerte die Straßen, dem man heute nur noch im Tattersall begegnet: der feine, eigentümlich strenge, natürliche Geruch unzähliger Pferde. Es war eine Welt des Pferdes, in der die Menschen lebten, denn dies allein diente als Mittel rascher Fortbewegung. In heute kaum mehr vorstellbarem Maße regierten die Pferde das Stadtbild und die Landschaft. Pferdezucht war ein lukratives Geschäft. Die Bürger benutzten in den Städten nichts anderes als Pferdewagen. Wollten sie reisen, so stand ihnen ein sehr gut organisiertes Netz von Postkutschenlinien zur Verfügung. Noch heute gibt es wohlerhaltene Posthöfe, deren riesige Stallungen beeindrucken. Für den täglichen Dienst mochten sie ausgereicht haben. Aber wenn der kaiserliche Hof auf Reisen ging und nach einer Anzahl von Meilen eine Umspannstation mit frischen Pferden vorgesehen war, so mußte auch der geräumigste Posthof improvisieren: Der kaiserliche Hof brauchte bei jedem Pferdewechsel an die dreihundertfünfzig Pferde.

Der Vater von Maria Theresias Kindern hatte wie nur wenige Fürsten seiner Zeit eine steile Karriere zurückgelegt. Sein Erbland Lothringen mußte er nach dem polnischen Erbfolgekrieg mit dem Großherzogtum Toscana vertauschen. Nach dem Tode Karls VI. kam die Kaiserwürde vorübergehend an den bayerischen Kurfürsten, der aber als Karl VII. nur wenige Jahre regierte. Danach gelang es Maria Theresia durch geschickte Beeinflussung der Kurfürsten des Deutschen Reiches, daß diese höchste Würde ab 1745 erneut nach Wien kam. Ihr Gemahl, Franz von Lothringen-Toscana wurde Kaiser und trug die Krone zwanzig Jahre lang. Regiert aber hat seine Frau, die Kaiserin Maria Theresia, und niemand machte ihr dies Amt streitig.

Die Anrede der kaiserlichen Kinder war zunächst »Durchlaucht«. Die Eltern hießen bei Hofe »das großherzogliche Paar«, Maria Theresia war »die Frau Großherzogin«. Die sieben älteren Geschwister mußten, als sie groß wurden, von den ab 1745 zur Welt gekommenen Geschwistern es sich gefallen lassen, mit ihrer »niederen Herkunft aus einem Herzogshaus« gehänselt zu werden. So warf der 1747 geborene Leopold seinem Bruder, dem Thronfolger Joseph, einmal allen Ernstes vor, dieser sei ja »nur« als Herzogssohn geboren, während er, Leopold, der eigentliche erste Kaisersohn sei. Das traf Joseph tief, denn er war sehr ahnenstolz.

Die kaiserlichen Kinder kamen unter den denkbar günstigsten Vorzeichen auf die Welt. Um ihrer Mutter Wohlergehen beteten die Priester, ihre Ankunft verkündeten unzählige Kirchenglocken und Böllerschüsse. Ihre Eltern wurden vergöttert wie ihre Vorfahren, die in prunkvoll gearbeiteten Metallsärgen in der Kapuzinergruft ihre letzte Ruhe gefunden hatten. Für sie schien der Lebensweg von Anfang an derart geordnet und mit Liebe und Vernunft regiert, daß sie eigentlich alle mit einem glücklichen Schicksal rechnen durften. Alle Herrscher ihrer Zeit wähnten sich von Gottes Gnaden, und 1737 wagte es noch niemand, an dieser Maxime zu rütteln. Als die Kinder jedoch größer, erwachsen, selbst Herrscher und Fürsten wurden, mußten sie nach knapp einem halben Jahrhundert erleben, von französischen Revolutionären als Parasiten und Auswurf des Jahrhunderts bezeichnet zu werden. Die zarteste, lieblichste und leichtsinnigste Tochter Maria Theresias fiel der Barbarei der Pariser Blutjustiz zum Opfer und setzte ein Fanal unsinnigen Mordens: Maria Antonia, die die Welt als Marie Antoinette kennt und die unter der Guillotine endete.

Ihre Brüder und Schwestern verloren zwar Kronen und Provinzen, aber sie starben eines natürlichen Todes. Sie sahen auch noch das Endergebnis jahrelangen Blutvergießens unter dem Fallbeil, ebenso wie den exorbitanten Auswuchs kaiserlicher Macht unter Napoleon I.: alle Verschwendung, alle Großmannssucht, alle Vetternwirtschaft des alten Regimes in Frankreich wurde durch den Emporkömmling weit übertroffen. Kinder und Enkel Maria Theresias hatten unter ihm zu leiden. Doch eine Urenkelin der großen Kaiserin heiratete den gefürchteten Korsen, und die Familie Habsburg hoffte, ihn dadurch gnädiger zu stimmen.

1737, mit der Geburt der ersten Tochter Maria Elisabeth, beginnt unsere Geschichte, um sich 1814 mit dem Tode der Königin Marie Karoline von Neapel dem Ende zuzuneigen. Marie Karoline wurde zweiundsechzig Jahre alt, sie war das dreizehnte Kind ihrer Eltern und überlebte alle ihre Geschwister. Drei Schwestern starben vor ihrer Geburt. Ihre älteste Schwester Maria Anna war vierzehn, und danach staffelten sich die Lebensalter der übrigen acht Geschwister vom elfjährigen Joseph bis hin zur einjährigen Josepha.

Es war ein vergnügter, lebhafter junger Hof, die Kinderzimmer der Wiener Hofburg wimmelten von »jungen Herrschaften« und ihren Lehrern und Erziehern. Sie alle lebten in einer Stadt voll herrlicher Bauwerke, berstend von barocker Lebensfreude.

Die bei Zitaten in Klammern ( ) gesetzten Einfügungen sind Erläuterungen der Autorin.

# Die Ahnfrauen

Gehen die Augen selbst historisch interessierter Menschen beim Betrachten von Stammbäumen meist mit mehr oder weniger Gelassenheit über die Ahnenreihe bestimmter Personen hin, so bietet sich bei derjenigen der Kaiserkinder sofort ein Blickfang. Das ist die Herzogin Elisabeth Charlotte von Orléans, geboren 1652, gestorben 1722, als Maria Theresia in Wien gerade fünf Jahre alt war. Sie war die Urgroßmutter der Kaiserkinder, die Großmutter ihres Vaters Franz von Lothringen und weitesten Kreisen bekannt als eine Briefschreiberin, die frei von der Leber weg schilderte, was sie bewegte, eine exzellente Chronistin ihrer Zeit: Liselotte von der Pfalz.

Sie hinterließ in ihren Briefen, die hauptsächlich an die Kurfürstin Sophie von Hannover gerichtet waren, ihre ganze Lebensgeschichte. Als blutjunge Prinzessin an den Hof des Sonnenkönigs nach Paris gelangt, wurde in dieser glänzenden Umgebung ihre persönliche Freiheit drastisch eingeschränkt. Darüber hinaus verbitterten Intrigen und besonders das Verhalten ihres Ehemannes, des Herzogs Philipp von Orléans, ihr das Leben. Höhepunkt ihrer schmerzlichen Erfahrungen mit der französischen Politik war der Krieg gegen ihr Heimatland, die Pfalz, die durch die französischen Truppen in Schutt und Asche gelegt wurde.

Ihre Tochter, nach der Mutter Elisabeth Charlotte genannt, wurde die Mutter Franz von Lothringen-Toscanas. Sie lebte von 1676 bis 1744. Maria Theresia hat ihre Schwiegermutter noch persönlich gut gekannt. Wenn je Zeugnisse von der Drangsal und dem beschwerlichen Leben fürstlicher Frauen erhalten blieben, so gehören der umfassende Briefwechsel der Liselotte von der Pfalz und die darin enthaltene Schilderung des Schicksals ihrer Tochter dazu. Menschlich und rührend mutet es an, daß Liselotte niemals ihren Humor verlor, den sie nötiger hatte als manche ihrer Zeitgenossinnen. So schrieb sie an ihre Tante, die Kurfürstin Sophie von Hannover:

*1682*

*Es freut mich zu sehen, daß Euer Liebden noch so fleißig an mich gedenken, daß sie auch sich noch alles erinnern, so ich in meiner Kindheit getan. Wenn Euer Liebden meine Tochter (5) jetzt sehen sollten, sollte sie Euer Liebden wohl noch mehr daran gedenken machen, denn es ist eine ebenso dolle Hummel wie ich war, in allen Stücken, bis auch in den Rock zu kacken und nichts nach der Ruten fragen, mit einem Wort: es ist eine rechte Liselotte.*[1]

*1683*

*Meine Tochter ist eine rechte Rauschenblattenknecht, die kann nichts lernen, allein die Zunge ist ihr wohlgelöst und spricht ins Gelach hinein. Ich bin versichert, daß wenn sie das Glück hätte, Euer Liebden und Onkel zu unterhalten, würde sie dieselben ein wenig lachen machen, denn sie hat all possierliche Einfäll. Ich darf mich nicht so sehr mit ihr familiarisieren, denn sie fürcht keinen Seelenmenschen auf der Welt als mich, und ohne mich kann man nicht mit ihr zurechtkommen. Sie fragt gar nicht nach Monsieur (ihrem Vater), wenn er sie ausfilzen will und da ich nicht dabei bin, so lacht sie ihm ins Gesicht.*

*Ihre Hofmeisterin betrügt sie vom Morgen bis in die Nacht. Ich weiß nicht, was aus dem Mädchen werden wird, sie hat eine greuliche Lebhaftigkeit. Wenn sie selbige wohl anwendet, würde wohl gut sein, allein ich gestehe es, mir ist schier bang darbei, denn es ist hier ein wunderlich Land. Ich wollte, daß ihr Brüderchen und sie von Humor tauschen könnten, denn er hat zwar auch Verstand, aber er ist gesetzt und ehrbar, wie ein Mädchen sein sollte, und sie ist doll wie ein Bub. Ich glaube, daß es allen Liselotten ihr Naturell ist, so wild in der ersten Jugend zu sein, hoffe, daß mit der Zeit ein wenig Blei in den Quecksilber kommen wird.*[2]

*1686*

*Ich weiß nicht, wo meine Tante von Maubuisson aufgefischt hat, daß meine Tochter (10) schön sein soll, denn sie ist gar häßlich von Gesicht, aber nicht übel geschaffen, also muß meine Tante von Maubuisson sie nicht recht angesehen haben; Verstand aber fehlt ihr nicht und wenn sie das Glück haben könnte, Euer Liebden aufzuwarten, würde sie Euer Liebden divertieren, denn das Maul ist ihr brav gelöst.*

*. . . meine Tochter ist nicht so fügsam, sondern viel mutwilliger, schlägt ihrem Namen Liselotte nicht übel nach und wohl so eine dolle Hummel als ich vor diesem war . . .*[3]

*1691*

*Doch wollt ich lieber, daß meine Tochter (15) all ihr Leben Mademoiselle verbleiben möchte, als daß man ihr einen überzwerchen Heirat zuwege brächte. Sie wächst erschrecklich, ist schier größer als ich, ihre Figur wird nicht uneben, sie hat eine hübsche Haut, aber alle Züge seind häßlich: eine häßliche Nas, ein groß Maul, die Augen gezogen und ein platt Gesicht.*[4]

*1697*

Ich kann meiner Tochter (21) das mit Wahrheit nachsagen, daß sie ganz und gar keinen Hang zur Koketterie und Galanterie hat; auf diesen Artikel gibt sie mir gar keine Mühe und glaube, daß, wer sie auch bekommen mag, hierin nichts wird zu fürchten haben. Schön von Gesicht ist meine Tochter nicht, hat aber eine schöne Figur, gute Mienen und hübsche Haut und ist ein gut Gemüte.[5]

*1699*

Meine Tochter (23) ist gar glücklich mit ihrem Herzog (Leopold von Lothringen), er tut ihr, was er ihr an den Augen ansehen kann, sie haben einander von Grund ihrer Seelen lieb.[6]

*1711*

Ich werde aber Mühe haben, drauf zu antworten, denn ich habe den ganzen Tag bitterlich geweint, und nicht ohne Ursach, denn ich habe heute die betrübte Zeitung erfahren, daß meine Tochter (35) noch ihren ältesten Sohn und letzte Tochter verloren, und die zwei jüngsten Prinzen seind noch nicht außer Gefahr, also zu fürchten, daß innerhalb acht Tagen meine Tochter alle ihre schönen und lieben Kinder verlieren wird. Ich fürchte, sie wird aus Leid sterben oder den Verstand verlieren; denn die artigen Kinder waren meiner Tochter einzige Lust und Freude. Alle Menschen, die sie sahen, lobten ihren Verstand und Schönheit. Es penetriert mich ganz. Die guten Kinder, die drei, so tot sein, schrieben mir alle Woche; nun habe ich nur zu viel Zeit zu schreiben, . . . Es geschehen so viele Unglück, als wenn die Schalen von der Offenbarung St. Johannes ausgeschüttet wären.[7]

*1716*

Wenn man die Jalousie (Eifersucht) einwurzeln läßt, ist sie nicht zu vertreiben; man muß beizeiten seine Partei nehmen. Meine Tochter (40) läßt sich nichts merken, aber sie leidet oft innerlich, und das kann nicht anders sein, sie liebt ihre Kinder gar sehr, und das Mensch (Frau von Craon, Mätresse des Herzogs Leopold von Lothringen), das der Herzog so lieb hat, und ihr Mann lassen ihr keinen Heller; ruinieren ihn ganz. Craon ist wohl ein verfluchter Hahnrei. Der Herzog von Lothringen weiß wohl, daß meine Tochter alles weiß, aber ich glaube, daß er ihr Dank weiß; daß sie ihn nicht drum plagt, sondern alles mit Geduld aussteht, denn er lebt mit ihr wohl, und sie hat ihren Herrn so herzlich lieb, daß, wenn er ihr nur ein paar gute Worte gibt, ist sie ganz wohl zufrieden und lustig.[8]

*1721*

*Ich wollte, daß meine Tochter (45) ihren Herrn nicht gar so lieb hätte. Was der Herzog sucht zu kaufen, ist alles vor seinen Favoriten, den Craon; an seine rechten Kinder denkt er wenig und das betrübt meine Tochter am meisten . . .*[9]

*1722 (Über die Kinder ihrer Tochter)*
*Der Jüngste, Prinz Karl (Karl Alexander von Lothringen, später öster- reichischer General und Gouverneur der österreichischen Niederlande) ist, was Ihro Gnaden selig, unser Herr Vater, als pflegte zu sagen, ein wunderlicher Heiliger, das Maul geht ihm nicht zu und ist allezeit lu- stig, räsonniert immer mit seinen Schwestern und recht possierlich; er ist weder hübsch noch häßlich.*

*Der hübscheste in meinem Sinn von den drei Buben ist der mittelste (Franz Stephan, Vater der Kaiserkinder); von den Mädchen ist die Jüng- ste zwar die hübscheste, allein die Älteste ist so wohlgeschaffen, daß man sie auch nicht vor häßlich halten kann.*[10]

Franz Stephan gefiel nicht nur seiner Großmutter, Liselotte von der Pfalz, sondern gewann, wie schon erwähnt, in jungen Jahren am kaiser- lichen Hofe in Wien das Herz der noch kindlichen Erzherzogin Maria Theresia. Die spätere Eheschließung des Paares war die Erfüllung einer Jugendliebe.

Von der Großmutter mütterlicherseits der Kaiserkinder ist überlie- fert, daß sie von außergewöhnlicher Schönheit war. In jungen Jahren wurde Kaiser Karl VI. als König von Spanien Karl III. genannt. Seine ihm per procurationem angetraute junge Frau, die Prinzessin Elisabeth Christine von Braunschweig, traf in Barcelona das erste Mal mit ihm zu- sammen. Bei ihrem Anblick rief er aus: »Niemals hätte ich mir träumen lassen, daß Sie so schön sein könnten!« Dabei sollte sich die sechzehn- jährige Prinzessin zu diesem Moment nicht auf der Höhe ihres guten Aussehens befunden haben, weil sie von Mückenstichen entstellt war. Trotzdem erntete sie Bewunderung, wohin sie auch kam. Lady Mary Worthley Montagu, die Gattin des britischen Botschafters in Konstanti- nopel, schrieb über sie:

*Alles, was die Dichter über das Auftreten von Juno und die zarten Maße der Venus gesungen haben, bleibt hinter der Wirklichkeit zurück, wenn es um die Kaiserin geht. Die Grazien sind ihre Schwestern . . . Bevor ich ihre Hände gesehen habe, hätte ich eine solche Vollkommen-*

*heit nicht für möglich gehalten, und ich bedauere nur, daß es mir mein Rang nicht gestattet, sie zu küssen!*[11]

Diese so gelobte Schönheit vererbte sich auf das dreizehnte Enkelkind von Kaiserin Elisabeth Christine, die spätere Königin von Neapel-Sizilien, Marie Karoline. Im Alter jedoch wurde die einst so anmutige und graziöse Fürstin schwer leidend. Sie war darauf angewiesen, sich innerhalb ihrer Gemächer im Rollstuhl fortzubewegen. In der Hofburg ließ sie sich die langen Korridore in Sänften entlang tragen.

# Die Eltern

Karl III. von Spanien, der gebürtige Erzherzog Karl von Österreich, saß nicht lange auf dem spanischen Thron. 1711 starb sein Bruder, Kaiser Joseph I., an den Blattern, und schleunigst kehrte Karl aus Madrid nach Wien zurück, denn die österreichischen Erblande brauchten ein neues Oberhaupt, das Reich einen neuen Kaiser. Karl wurde alsbald zu dieser höchsten Würde gewählt und nannte sich fortan Kaiser Karl VI. Sein Bruder war ohne männliche Nachkommen gestorben. Die Witwe Wilhelmine Amalia und die beiden Töchter Maria Josepha und Maria Amalia bewohnten zusammen den Trakt der Hofburg, der heute noch Amalienburg genannt wird. Maria Josepha wurde durch ihre Heirat mit Friedrich August II., Kurprinz von Sachsen, später Königin von Polen. 1722 verheiratete sich ihre Schwester Maria Amalia mit Karl Albert, jenem Kurprinzen von Bayern, der 1742 von den antihabsburgisch eingestellten Fürsten zum Kaiser Karl VII. gewählt wurde.

Während seiner gesamten Regierungszeit bewegte Kaiser Karl VI., den Großvater der Kaiserkinder, nur ein Problem in voller Ausschließlichkeit, nämlich die Frage der männlichen Nachkommenschaft. Bereits im April 1713, als er selbst noch jung war und seine Gemahlin durchaus noch auf reichen Kindersegen hoffen durfte, veröffentlichte der Kaiser die »Pragmatische Sanktion«, die auch den weiblichen Nachkommen die Regierungsgewalt sichern sollte. Außerdem wurde darin die Unteilbarkeit der österreichischen Erblande proklamiert. Die Kinder Karls VI. sollten danach den Vorrang vor den beiden Töchtern des verstorbenen Bruders erhalten. In der Familie wurde diese Regelung angenommen, wohl im festen Vertrauen auf die Unfruchtbarkeit von Elisabeth Christine. Aber diese Kalkulation erwies sich als falsch. Die Kaiserin brachte 1716 einen Sohn zur Welt, der aber im gleichen Jahre starb. Am 13. Mai 1717 wurde dann die Erzherzogin Maria Theresia geboren, ein kräftiges und überaus gesundes Kind. Noch zweimal schenkte die Kaiserin ihrem Gatten Töchter, Maria Anna, die von ihrer älteren Schwester Maria Theresia sehr geliebt wurde, und 1724 Maria Amalia, die jedoch im Alter von sechs Jahren verstarb. Der ersehnte zweite Sohn stellte sich nicht mehr ein.

Diese Tatsache ließ Karl VI. seine Bemühungen um die Festigung der Pragmatischen Sanktion verdoppeln. In langjährigen Verhandlungen gelang es ihm, jenes Gesetz von den meisten europäischen Mächten unterzeichnen zu lassen. Wie ein Gespenst schwebte vor seinen Augen die Vorstellung, daß seiner ältesten Tochter einst eine Erbauseinandersetzung bevorstehen könnte. In seiner geradlinigen Einstellung erschien es ihm undenkbar, daß viele der Staaten, die er mühselig bewogen hatte, den Pakt zu unterzeichnen, diesen später brechen würden. Einen derartigen Verstoß gegen Treu und Glauben hielt er für ausgeschlossen.[12]

Als Maria Theresia im Jahre 1723 sechs Jahre alt war, hielt ein fünfzehnjähriger junger Edelmann zur Vollendung seiner Erziehung am kaiserlichen Hofe seinen Einzug. Es war Franz Stephan von Lothringen, den Liselotte von der Pfalz ausdrücklich in ihren Briefen als das »hübscheste Kind« ihrer Tochter erwähnt hatte. Franz traf standesgemäß mit einem Erzieher, drei Kammerdienern, zwei Dienern, zwei Läufern und zwei Heiducken ein. Der Kaiser nahm sich seiner persönlich an und bestimmte die Grafen Cobenzl und Neipperg zur Leitung seiner Erziehung. Ferner erhielt er zwei Kammerherren, zwei Pagen und noch weiteres zahlreiches Hauspersonal. Lefèbre, der Hofmeister des souveränen Hofes von Lothringen, schrieb über ihn:

*Er war ein liebenswürdiges Kind, aber erstaunlich unbändig. Er schien unfähig zu irgendeiner Form von Fleiß zu sein.*[13]

Tatsächlich blieb sein Leben lang seine Schrift fast unleserlich und seine Orthographie in Ansätzen stecken, dafür aber gediehen seine Fähigkeiten in allen Formen des feinen höfischen Benehmens und der Unterhaltungen erstaunlich rasch und gut. Besonders liebte er die Jagd und das Kartenspiel, dem er mit geradezu unverschämtem Glück nachging.

Schon früh zeigte das Kind Maria Theresia seine Anhänglichkeit an den jungen Fürsten. Doch der Vater hatte mit diesem als Bräutigam zunächst nichts im Sinn. Seine Spekulationen gingen an den Hof nach Portugal, wo zwei Söhne im passenden Alter vorhanden waren. Er unterzeichnete im Jahre 1725 eine geheime Absprache mit Elisabeth Farnese, der Gemahlin Philipps V. von Spanien, wonach Maria Theresia den ältesten Sohn, Don Carlos, und ihre Schwester Maria Anna Don Philipp, seinen jüngeren Bruder heiraten sollte. Diese Ehepläne erregten jedoch überall an den europäischen Fürstenhöfen höchsten Unwillen. Aus mehreren schwerwiegenden Gründen wurden die getroffenen Vereinbarungen bald darauf rückgängig gemacht.

Die Töchter Karls VI. wußten von den geheimen Verhandlungen nichts. Beide waren sie insgeheim in Franz von Lothringen verliebt. Da kam vom österreichischen Botschafter aus Berlin, dem Grafen Seckendorff, ein anderer Vorschlag: Die Erbtochter solle doch den Kronprinzen von Preußen heiraten. Altersmäßig würden die beiden gut zueinander passen, Friedrich sei fünf Jahre älter als Maria Theresia. Aber da fest stand, daß dieser niemals zum katholischen Glauben übertreten würde, zerschlug sich das Projekt im Ansatz. Später hat Friedrich in seinen Küstriner Tagen einmal geschrieben, warum er denn partout eine der Nichten der Kaiserin Elisabeth Christine heiraten solle, nämlich die braunschweigische Prinzessin Elisabeth Christine, die ihm gar nicht zusagte. Wenn sein Vater schon die Verschwägerung mit Wien wünsche, so möge ihm die Kaiserin doch eine ihrer Töchter geben. Diese seine Anregung stieß nun wiederum bei dem streng calvinistischen Vater auf schroffe Ablehnung. Ein preußisch-österreichischer Heiratsplan erstickte somit abermals in zartesten Anfängen.

1733 starb August II. von Sachsen, auch der Starke genannt, gleichzeitig König von Polen. Das polnische Volk erblickte die einmalige Gelegenheit, die sächsische Herrschaft und zugleich den ständig lastenden russischen Druck abzuschütteln und erwählte Stanislaus Leszczynski zu seinem König, den Schwiegervater Ludwigs XV. von Frankreich. Österreich und Rußland reagierten hart und setzten sofort Truppen in Marsch, um ihren Kandidaten, August III., den Sohn des verstorbenen Königs und Kurfürsten, in sein Erbrecht einzusetzen und auf den Thron von Polen zu bringen.[14]

Auch die Bourbonen erinnerten sich jetzt ihres alten Familienpaktes, und so marschierten neue Truppen aus Frankreich, Spanien und Sardinien gegen Polen und gegen Italien. Im Laufe der Aktionen wurden, die Soldaten des Kaisers mehrfach geschlagen, so daß er schließlich Friedensverhandlungen mit Frankreich einleitete und einen Waffenstillstand mit Spanien und Sardinien schloß. 1738 kam es zum sogenannten Wiener Vertrag. Österreich trat Neapel, Sizilien und einen Teil der Lombardei ab und erhielt dafür Parma und Piacenza als geringen Ausgleich. Bei Beendigung der Kampfhandlungen wollte man auch Stanislaus Leszczynski in irgendeiner Form abfinden und bot ihm schließlich Lothringen an, falls er auf die polnische Krone verzichten würde. Auch Ludwig XV. erklärte dazu sein Einverständnis, allerdings unter der Bedingung, daß der enteignete Herzog von Lothringen dafür die Toscana bekäme, denn der dort regierende Großherzog, ein Medici, war schon alt und hinterließ keine Erben.

Kaiser Karl VI. konnte diesen ungünstigen Ländertausch natürlich nicht durchführen, ohne daß Franz Stephan seine Zustimmung dazu gab. Es galt aber, den jungen Fürsten dahin zu bringen, daß er des Kaisers Pläne nicht durchkreuzte. Inzwischen waren die Herzensangelegenheiten zwischen Maria Theresia und dem jungen Lothringer aber schon so weit gediehen, daß es eigentlich kein Zurück mehr gab. So setzte man einen der gerissensten Unterhändler des Wiener Hofes auf diesen Fall an: Bartenstein. Dieser machte auch gar nicht viel Worte. Nach einer kurzen Einleitung stellte er Franz kategorisch vor die Entscheidung: entweder Verzicht auf Lothringen oder keine Heirat mit Maria Theresia! Das hätte gleichzeitig den endgültigen Bruch mit dem Kaiserhaus bedeutet. Franz bedachte die Verbundenheit mit den Habsburgern, gleichzeitig führte er sich vor Augen, was er mit seinem Stammland alles verlor, die Ländereien, die privilegierte Stellung eines regierenden Hauses, beachtenswerte Einkünfte. Seine Mutter und sein Bruder Karl waren mit allen Fasern ihres Herzens gegen die Abtretung. Aber auf der anderen Seite der Waagschale gab es die junge Kaisertochter und Erzherzogin Maria Theresia!

Bartenstein ließ die Entscheidung nicht länger hinauszögern: Am 11. April 1736 kam es nach langem Sträuben des Lothringers endlich zur Unterzeichnung der Abtretungsurkunde. Da war aber Franz schon mit Maria Theresia verlobt.[15]

Franz ging nach Preßburg, um der Etikette zu genügen und dort die Hochzeit abzuwarten. Von Sehnsucht geplagt schrieben sich die Verliebten zahllose Briefe und Billets. Eins von der Hand der Erzherzogin ist besonders originell:

*Caro viso!*
*Ich bin Ihnen unendlich dankbar für die Aufmerksamkeit, mir über Ihr Ergehen zu berichten, denn ich war betrübt wie ein armes Hündchen. Lieben Sie mich ein wenig, und verzeihen Sie, daß ich Ihnen nicht ausführlich antworte, aber es ist zehn Uhr, und Herbéville wartet auf meinen Brief.*
*Adieu, Mäusl, ich umarme Sie aus vollem Herzen! Geben Sie gut acht auf sich! Ich bin Ihre*

*sponsa dilectissima*
*Maria Theresia*[16]

Am 12. Februar 1736 wurde dann die Hochzeit der neunzehnjährigen österreichischen Erbtochter mit dem neun Jahre älteren Franz Stephan

gefeiert. In der Augustinerkirche gaben sich beide ihr Jawort. Alle Teilnehmer glaubten, nie ein schöneres Paar vor dem Traualtar gesehen zu
haben. Maria Theresia strahlte vor Glück, der Bräutigam sah stattlich
und männlich aus. Einzig die jüngere Kaisertochter Maria Anna grämte
sich ein wenig, daß es der Schwester und nicht ihr vergönnt war, die
Liebe aus ihren Kindertagen zu verwirklichen.

Das junge Paar wohnte in der Hofburg mit eigenem Hofstaat. Nach
knapp einem Jahr wurde ihnen am 5. Februar 1737 eine Tochter geboren, die den Namen Maria Elisabeth erhielt. Zum erstenmal setzte sich
jener Mechanismus in Gang, der sich in Zukunft immer entfalten sollte,
wenn ein Kind des Großherzogspaars das Licht der Welt erblickte. Kinderfrauen und Kammerfrauen, Aufwärterinnen und schließlich »das
Mensch vom Kammermensch«, verständlicher gesagt: die Putzfrau,
wurden dem winzigen Würmchen zugeteilt. Wuchs das Kind heran, so
wurde eine Aja ernannt, bei den Knaben ein Ajo, jeweils oberste Beauftragte der Eltern. Diese trugen die Verantwortung für den geregelten
Ablauf im Alltag des kindlichen Hofstaates und für die Durchführung
der festgelegten Erziehungspläne. Einzig und allein in Gesundheitsfra-
gen waren die Erzieher nicht zuständig; da regierten allein die Ärzte.

Die erstgeborene Tochter, Maria Elisabeth, sollte ihren Eltern nicht
lange Freude bereiten, sie starb nach drei Jahren am 7 Juni 1740. Um so
mehr ist von ihrer Schwester Marianna zu berichten.

# Maria Anna

*Äbtissin des Adeligen Damenstiftes in Prag, Wohltäterin des*
*Elisabethinerinnenklosters in Klagenfurt*
*✳ 6. Oktober 1738 in Wien*
*† 19. November 1789 in Klagenfurt*

Am Montag, dem 6. Oktober 1738 wurde zwischen neun und zehn Uhr
das zweite Kind des Großherzogspaares von Toscana geboren, das Maria
Anna – gerufen Marianna– genannt wurde. Da es kein Sohn war, fehlte
es bei dieser Gelegenheit nicht an spöttischen Reden im Volke. Da hatte
der Großvater, Kaiser Karl VI., eine seinem Zeitalter gemäße poetische
Idee. Er sandte von der Wiener Burg aus Brieftauben ins Land. Einhundert dieser klugen Tiere trugen flatternde Spruchbänder mit sich, auf
denen zu lesen stand:

> *Das Mannsvolk bleibt nicht aus*
> *Wo schöne Jungfräulein.*
> *Die Wahrheit des Spruches*
> *Trifft unfehlbar ein.*
> *Es wird daher ein Mann*
> *Als drittes uns nach Wunsch begaben,*
> *Jetzt konnt's nicht sein. Warum?*
> *Gut Ding will Weile haben.*

Die Prinzessin wurde noch am Tage ihrer Geburt um sieben Uhr
abends getauft, und zwar nicht in der Kapelle der Hofburg, sondern in
der zweiten herzoglich lothringischen Antecamera, einem großen Vorzimmer des Herzogspaares.[17]

Daß die Wiener den jungen Großherzog von Toscana nicht mochten,
beruhte nicht allein darauf, daß Maria Theresia und er bisher dem Hause
Habsburg-Lothringen keinen männlichen Erben geschenkt hatten. Man
nahm ihn ganz einfach nicht für voll, denn wie als Familienvater war
Franz auch auf dem derzeitigen Kriegsschauplatz wenig glückhaft gewesen.

Kaiser Karl VI. hatte sich, beseelt von dem Wunsch, seine Gebietsver-
luste anderweitig auszugleichen, Hals über Kopf in einen Türkenkrieg
verwickeln lassen. Nach einer schweren Niederlage wurde Feldmarschall
Seckendorff abgelöst und sogar in Festungshaft gesetzt. Im Dezember

des Jahres 1737 war dann der Schwiegersohn, der sich mittlerweile als Gouverneur der Niederlande versucht hatte, von dem vergleichsweise ruhigen Posten zurück geholt und als Generalissimus an Seckendorffs Stelle eingesetzt worden. Franz Stephan hatte diesen Befehl mit recht gemischten Gefühlen angenommen. Er war gänzlich auf den Rat seiner Generäle angewiesen, denn vom Kriegführen hatte er selbst nicht die leiseste Ahnung. Zunächst wollte ihm das Schicksal wohl und bescherte seinen Truppen am 4. Juli 1738 einen Sieg. Danach stand es dann recht schlecht an seinem Frontabschnitt, und er selbst meinte dazu: verdientermaßen. Als er auch noch erkrankte, berief ihn Kaiser Karl höchst ungnädig ab; er hatte allen Ernstes geglaubt, Franz sei militärisch verwendbar. Maria Theresia dagegen war froh darum, nur sie nahm es auch in Kauf, daß ihr Gemahl im Volke nicht beliebt war. Keine Siege mehr – kein Sohn, man betrachtete ihn als Versager, bedachte dabei jedoch nicht, daß sich Franz zu seinem militärischen Einsatz keineswegs gedrängt hatte. Er bemerkte wohl die finsteren Blicke, mit denen man ihn musterte, aber er fühlte sich schuldlos und besaß Gleichmut genug, um davon keinerlei Notiz zu nehmen.

Eine Ablenkung des öffentlichen Interesses von seinem Mißgeschick bahnte sich an. Johann Gaston de'Medici, letzter Großherzog der Toscana, verstarb gerade rechtzeitig, um Franz, den ruhm- und landlosen Herrn »Garniemand«, in die ehrengeachtete Stellung eines regierenden Herzogs in Florenz aufrücken zu lassen. Kaiser Karl VI. war nach Mariannas Geburt wie alle Welt der Meinung, es sei jetzt an der Zeit, daß das großherzogliche Paar Franz Stephan und Maria Theresia seine Antrittsvisite in der Toscana machen sollte.[18]

Im November und Dezember 1738 wurden daraufhin zahlreiche Konferenzen bei Hofe abgehalten, denn es galt, die Reiseroute festzulegen, das Zeremoniell auszutüfteln, Ämter zu vergeben und endlich dem Kaiser die Liste der Teilnehmer zu übergeben: Es waren 145 Personen. Die Zeitung »Wiener Diarium« berichtete ausführlich über das spektakuläre Unternehmen. Man benötigte vierzig Personen- und zwölf Gepäckwagen, für welche bei jedem Pferdewechsel 354 Zugpferde bereitgehalten werden mußten. Außerdem wurden zweiundvierzig Reitpferde gebraucht für die Mannschaft der Postillone, Kuriere, Fouriere, Sattelknechte und Edelknaben.[19]

Die Entfernung von Wien nach Florenz betrug an die 650 km, so setzte man die einzelnen Tagesetappen auf 65 km fest.[20]

Weil es 1738 in Siebenbürgen, im Banat, in Slawonien, Kroatien und
Ungarn zu einer starken Pestepidemie gekommen war, galt es, auf dem
Wege die behördlich angeordnete Quarantäne durchzumachen, die sogenannte Kontumaz. Endlich am 12. Januar war die Wartezeit vorbei,
und man reiste nach Mantua weiter.[21]

Überall unterwegs, in Modena, Bologna und anderen Orten fanden
prächtige Empfänge statt, es gab abends alle nur denkbaren Vergnügungen und Bälle. In der Toscana machte man große Aufwendungen, um
den neuen Großherzog gebührend zu begrüßen. Die Straßen waren in-
stand gesetzt und der Palazzo Pitti in Florenz, wo der Großherzog wohnen sollte, renoviert worden. Er zeigte sich nun »prächtig ausgezieret«
seinem neuen Herrn. Am Nachmittag des 20. Januar 1739 begann in
Florenz der feierliche Einzug. In der Stadt hingen kostbare Teppiche und
Seidenbahnen aus den Fenstern, eine Illumination war vorbereitet, und
aus zwei Stadtbrunnen floß Wein. Am Ende des herzoglichen Zuges
warfen der Schatz- und der Stallmeister 1000 italienische Goldtaler und
4000 Silbertaler unter die Menge. Das »Wiener Diarium« konnte gar
nicht ausführlich genug von der Pracht und dem Aufwand berichten.

*Es brannte unterdessen die ganze Stadt . . . gleichsam in einem Feuer*
*der Freude. Sintemalen aller Orten so viele Fackeln, Pechpfannen,*
*Windlichter, Lampen, Feuerfässer und andere dergleichen Brennzeuge*
*angezündet wurden, daß dadurch die Finsternis der Nacht verspottet*
*und selbe gleichsam in den hellsten Tag verkehrt wurde.*[22]

Die Tage in Florenz flogen nur so dahin, sie waren ausgefüllt mit allen
nur denkbaren Vergnügungen der Zeit: Gesellschaften, Galatafeln, Bällen, Redouten, Tierhetze, Fasanenjagd, Theater und Oper. Alle Se-
henswürdigkeiten wurden angeschaut und im März machte man zu
Wasser eine kleine Reise nach Livorno, wo Franz Stephan die kaiserlich
österreichischen Truppen besichtigte und Geschenke austeilte.

Schließlich wurde der 27. April 1739 als Tag der Abreise von Florenz
bestimmt. Auf getrennten Wegen fuhr das großherzogliche Paar nach
Mailand, wo der hohe Besuch schon mit Ungeduld erwartet wurde. Maria Theresia traf am 3. Mai dort ein und begab sich noch am gleichen
Abend ins Regio-Ducal Teatro im Palazzo Reale, um der Aufführung des
musikalischen Dramas »La Germania trionfante in Arminio« beizuwohnen.[23]

Über Mantua, Trient und Bozen ging die Reise anschließend nach
Innsbruck. In Stockach traf Maria Theresia zum erstenmal ihre Schwie-

germutter, die verwitwete Herzogin Elisabeth Charlotte von Lothringen, die als Kind »eine dolle Hummel« gewesen sein sollte. Die Familie
verbrachte sieben gemeinsame Tage. Dann setzten Maria Theresia und
Franz Stephan die Reise zu Schiff von Hall aus fort. Dies war die erste der
großen Repräsentationsreisen gewesen, die neben vielen eindrucksvol-
len Erlebnissen vor allem aber große Turbulenz und erhebliche Kosten
bedeuteten und für die Fürsten, auf die sich alle Blicke vornehmlich richteten, mit großen Strapazen verbunden waren.[24]

Das Herzogspaar empfand beim Wiedersehen mit den Kindern, der
zweijährigen Maria Elisabeth und der einjährigen Maria Anna, die
größte Freude. Besonders die junge Mutter konnte ihre Augen nicht ab-
wenden von den Kleinen. Mehrere Briefe hatten Maria Theresia unterwegs erreicht. Einer davon hatte, wohl stellvertretend für alle, beruhi-
gend gelautet:

*Die zwei kleinen Engel sind gottlob beide wohlauf, herzig und voll-
kommen. Euer Liebden werden an beiden Freude haben.*[25]

Die Betreuung Mariannas lag in den ersten sechs Jahren in den Händen der Gräfin Belrupt und ging 1744 auf die Freiin Maria Karoline Hager von Altensteig über. Sie war eine Vertraute Maria Theresias und
lebte von 1701 bis 1793. Im Jahre 1746 vermählte sie sich mit dem zweiten Obersthofmeister Johann Wilhelm Fürst Trautson, der 1755 als letzter seiner Familie starb. Die Fürstin Trautson war eine der geistreichsten
und lebendigsten Frauen des Hofes. Maria Theresia zog sie in allen persönlichen Fragen zu Rate.[26]

Durchaus neuzeitlich mutet es an, wenn Maria Theresia forderte, daß
die Erziehung der Kinder gleichsam schon bei der Geburt beginnen müsse. Auch legte sie größten Wert darauf, ständig über alle Kleinigkeiten
aus den Kinderzimmern informiert zu werden. Später schrieb sie einmal
im Hinblick auf die immer einmal auftauchenden Kinderkrankheiten:

*Man fürchte ja nicht, mich durch eine unangenehme Nachricht zu er-
schrecken, denn ich habe mich daran gewöhnt, jederzeit auf alle Ereignisse vorbereitet zu sein, wie sie Menschen jeden Alters und Standes nur
allzu häufig zustoßen.*[27]

Die Instruktionen für das Personal der Erzherzöge und Erzherzogin-
nen enthielten strenge Grundregeln für das Verhalten gegenüber den
Kindern, die vom ersten Kinde an galten, und bei den beiden ältesten
Töchtern Maria Elisabeth und Marianna schon voll in Kraft waren.

So sollten die Wärterinnen vor allem mit den Kindern nicht in einer zwar herzigen, aber unrichtigen Kindersprache sprechen und Worte verniedlichen, sondern die Kinder sollten korrektes Deutsch lernen. In der Praxis sah es aber dann doch so aus, daß alle Kinder Maria Theresias vor allem Wienerisch gesprochen haben, mit allen Eigenheiten und Sondervokabeln dieses liebenswürdigen Dialekts.

Auch durften die Kinder nicht zu lange an jenem Haltegurt geführt werden, der damals Gängelband genannt wurde. Die Mutter wünschte eine gewisse Abhärtung ihrer Kinder. Äußerste Reinlichkeit, wie sie sich bei den damaligen Verhältnissen verstand – »einmal in der Woche die Füße waschen!« – war vorgeschrieben. Sie mußten sich daran gewöhnen, in ihren Betten einmal am Kopfende, einmal am Fußende zu schlafen. Man vermied jede Verhätschelung durch zu warme Kleidung. Dieser Befehl ist besonders erstaunlich, wenn man bedenkt, wie zugig es in den unzähligen langen Gängen der großen Hofburg gewesen ist.

Vor Gewittern und anderen Naturereignissen, Blitz, Donner, Sturm, Hagelschlag, Schnee oder Eis durften sich die Kinder nicht fürchten, vielmehr mußten die Erzieher diese Naturerscheinungen vernünftig erklären. So ordnete es Maria Theresia an, und diese Verhaltensmaßregeln galten für ihre sechzehn Kinder völlig gleichartig.

Über den Zeitpunkt des Unterrichtsbeginns und über die einzelnen Lehrer der Töchter Maria Theresias sagen die Hofparteienprotokolle nichts aus. Es wurden meist keine eigenen Lehrer für die Mädchen angestellt, denn deren Unterricht verlief parallel zu dem der Brüder. Ohne gesonderte Vorschrift galt der Lehrplan der Söhne auch für die Töchter. Nur von einem Tanzlehrer – Franz Hilferding von Wewen – und von einem Schreiblehrer – Johann Baptist Steiner – läßt sich mit Sicherheit sagen, daß sie Marianna unterrichteten, weil sie Februar 1746 für den Unterricht Mariannas, Josephs und Mimis angestellt wurden.[28]

Im allgemeinen war Maria Theresia für eine strenge Erziehung. Sie schrieb einmal:

*Die Kinder seynd geboren, zu gehorsamen, mithin bey zeitten selbes gewohnen sollen.*[29]

Das war die Ansicht der Mutter. Der Vater, liebenswürdig, nachgiebig, stolz auf die Söhne und verliebt in die Töchter, bildete das ausgleichende Element für seine Sprößlinge. Sie achteten die Mutter sehr hoch, und manchmal fürchteten sie diese ein bißchen, aber den Vater liebten sie uneingeschränkt bis zu seinem Tode.

Obwohl so strenge Vorschriften für alle Erzieher und Kinder bestanden, gelang die Durchführung des Unterrichtsplanes nur zum Teil. Bei Hofe gab es dauernd derart viele Ablenkungen, für die immer wieder Urlaub eingeholt und erteilt wurde, daß zumal bei den Mädchen die Erziehung eher mangelhaft als gut war, was sich dann besonders augenfällig bei Marie Antoinette bemerkbar machen sollte. Marianna scheint eine fleißige Schülerin gewesen zu sein, denn ihr Bildungsniveau war hoch. Noch als Erwachsene versuchte sie, sich verschiedene Spezialgebiete des Wissens zugänglich zu machen. Maria Anna schrieb in späteren Jahren einmal selbst über ihre Jugend:

*Ich bin mit einem Feuer und Heftigkeit der Passionen geboren, so eine nur männliche und ziemlich zerstreute Erziehung immer mehr vermehret hat. Ich lebte in der Blüte meiner Jugend an einem der lustigsten Höfe unter einer großen Anzahl Jugend, welcher kein Zaum angelegt war. Ich war durch meine Geburt eine der ersten, durch meine besondere Denkungsart die Vertraute aller, und durch mein Feuer die Anführerin von Allen. Es ist keine erlaubte Freud, so ich nicht bis zum Unsinn trieb, es ist keine strafmäßige Leidenschaft, der ich nicht mit Heftigkeit anhing; ich brachte in diesem Taumel die siebzehn schönsten Jahre meines Lebens zu.*

*Gott, der allzeit mich auf eine vorzügliche Art zu sich ziehen wollte, schickte mir in der Mitte dieser Zeit eine tödliche Krankheit. Ich war vollkommen zum Tod bereit. Die Krankheit als nahende Gefahr verging. Mit dem Leben kamen die Passionen wiederum in ihrer Heftigkeit, sie waren nur verändert, weil der Körper die vorigen nicht übertragen konnte.*

*Anstatt viele Tage zu jagen und viele Nächte zu tanzen, spielte ich und las Romane Tag und Nacht. Als die Kräfte meines Leibes wiederkamen, kam mit ihnen neuer Unsinn. Eines gab dem anderen die Hand und ich vertiefte mich vollkommen in die Freuden. Ich schöpfte bei wohl empfindlichen, schmerzhaften Gesundheitsumständen gute Gedanken, machte, wenn ein gewisser Andachtstag kam, gute Vorsätze, welche den Tag danach mit solcher Heftigkeit übertreten wie vor. Und ehe dennoch ruhete die Hand Gottes nicht. Ich hatte öfters in meinem Gewissen Vorwürfe, rief um Hilfe zu Gott, aber konnte unmöglich Meister meiner Passionen werden, welche mich den Augenblick danach wiederum zu sich zogen. Wollte auch oft nicht, wenn die Gnade Gottes mir zusetzte, mich in die mindesten Gedanken einlassen, so mich beunruhigen konnten.*[30]

Marianna hatte in vorgerückten Jahren ein »asketisches Tagebuch« geführt, aus dem sehr viel von ihrer Wesensart herauszulesen ist.

Als drittes Kind des Herzogspaares kam am 12. Januar 1740 wieder ein Mädchen zur Welt, das Maria Karoline genannt wurde. Kaum war dieses ein halbes Jahr alt, starb die Älteste, Maria Elisabeth im Alter von dreieinhalb Jahren. Wiederum waren es nur zwei kleine Mädchen, die in den herzoglichen Kinderstuben wohnten, Räume, die weit und groß waren und für reichen Kindersegen geeignet. Alle drei Töchter der Familie, in deren Geburtsurkunden »Maria Carolina« verzeichnet stand, wurden im Umgang Charlotte genannt. Maria Theresia wollte diesen Namen unbedingt erhalten wissen zu Ehren der Schwester ihres Mannes, der Prinzessin Charlotte von Lothringen. Erst bei der dritten Tochter dieses Namens, der am 13. August 1752 geborenen späteren Königin von Neapel, verwandelte der sich bis dahin fünfzehn Jahre lang gebrauchte Kindername Charlotte wieder in »Maria Carolina«, wie es auf den Urkunden hieß. Maria Carolina ging als Königin Marie Karoline in die Geschichte ein. Diese vorletzte Tochter Maria Theresias ließ ihre eigenen Kinder sehr ähnlich den Geschwistern taufen. Sogar die Kosenamen waren teilweise die gleichen.

Die erste Charlotte-Carolina starb, nur ein Jahr alt, am 25. Januar 1741. Das Leid war groß, aber größer noch die Hoffnung der Mutter auf das Kind, das sie gerade wieder erwartete. Zwei Monate später wurde ihr der ersehnte Sohn geschenkt, der am 13. März 1741 zur Welt kam, ein gesundes und kräftiges Kind, das den Namen Joseph erhielt. Stadt und Land befanden sich in hellster Begeisterung über diesen Glücksfall. Seit vielen Jahren war im Hause Habsburg kein männlicher Nachkomme geboren worden. Kaiser Karl VI. aber war seit vier Monaten tot und konnte dieses Glück nicht mehr erleben. Doch sein Spruch hatte sich bewahrheitet: »Gut Ding will Weile haben!«

Man feierte die vierte glückliche Niederkunft der nunmehrigen Herrscherin über Österreich, der Königin von Ungarn und Böhmen, aber der Unterschied war, daß von diesem Sohn unendlich viel mehr Aufhebens gemacht wurde als jemals von irgendeinem der Mädchen.

Vor allem war Joseph das erste Kind, das als königlicher Prinz geboren wurde. Schon bald trat daher der Staatsrat zusammen und beschloß in endlosen Protokollen, daß den Kindern am Wiener Hofe nun nicht mehr die Anrede »Durchlaucht« gemäß wäre, sondern daß sie nach dem Range ihrer Mutter mit »Königliche Hoheit« anzureden seien. Maria Theresia regierte seit dem Tode ihres Vaters von einem Tag auf den andern als

Erzherzogin die österreichischen Erblande, als Königin Ungarn und Böhmen, und dies alles ohne jede Vorkenntnisse und Einweisung in die Regierungsgeschäfte.

Die junge Herrscherin fand ein Reich vor, das durch unglückliche Kriege und schlechte Friedensverträge beinahe völlig ruiniert war. Die Möglichkeiten der Geldbeschaffung erwiesen sich als nahezu erschöpft. Die Berater ihres Vaters, die jetzt von Maria Theresia übernommen wurden, galten zwar als erfahren, waren aber größtenteils unfähig und auch weitaus zu alt, um eine Wende zum Besseren herbeizuführen. Schließlich hatten sie widerstandslos geschehen lassen, daß das große und einst so mächtige habsburgische Reich überhaupt in solchen Verfall geraten konnte.

König Friedrich von Preußen, fast gleichzeitig mit Maria Theresia an die Regierung gelangt, war wendig genug, als erster die neue Situation zu überschauen. Von Vergils Spruch über die »Vaterlandsliebe und grenzenlose Ruhmesbegier« beseelt, zog er in seinen ersten Schlesischen Krieg und machte der jungen Maria Theresia in Wien ihre schönste Provinz streitig. Er begründete sein Verhalten mit Erbansprüchen auf Teile Schlesiens aus alter Zeit, die aber, wollte man sie aufwerten, territorial begrenzt waren. Keineswegs war sein Anspruch auf ganz Schlesien begründet.

Für Maria Theresia war dieser Überfall auf Schlesien nur der Auftakt zu dem, was die Geschichte als den »Österreichischen Erbfolgekrieg« festgehalten hat, der sich über viele Jahre hinzog, wobei auch Bayern und Frankreich Gebietsforderungen anmeldeten. Die junge Fürstin brauchte all ihren Mut und ihre ganze Standhaftigkeit, um die Angriffe abzuwehren und schließlich der Lage Herr zu werden. Sie war stark und bei aller Beschwernis sehr lebenslustig. Die Krönungsreise nach Ungarn war über Erwarten erfolgreich verlaufen und hatte dazu beigetragen, die Stellung der jungen Herrscherin zu festigen.

Zu Marianna und Joseph gesellte sich am Geburtstag der Mutter im Jahre 1742 wieder ein Mädchen, die Erzherzogin Maria Christine. Jenen 13. Mai betrachtete Maria Theresia von nun an als ihren besonderen Glückstag: ». . . den Tag, der mir meine liebe Mimi geschenkt hat!«, denn dieses Kind sollte ihr Liebling aus der großen Kinderschar werden. Einzig von ihr ist überliefert, daß sie ihr Leben lang mit einem Kosenamen gerufen wurde: Mimi oder Mimerl. Die Geschwister allerdings, ständig leicht verärgert über ihre Bevorzugung, sprachen von ihr weniger zärtlich und nannten sie nur »die Marie«. Der volle Name Christine oder Marie Christine hat sich erst in den Geschichtsbüchern eingefunden, um Maria von allen anderen Schwestern, die sämtlich den Namen Maria in ihren Taufurkunden führten, zu unterscheiden.

Maria Theresia war jetzt sechsundzwanzig Jahre alt und hatte eine Vorliebe für nächtliche Ballvergnügen. So tanzte sie z. B. im Fasching 1743, obwohl wieder einmal im dritten Monat schwanger, einen ganzen Nachmittag bei ihrem Schwager Carl von Lothringen, speiste anschließend mit ihrem Gatten und fuhr dann mit ihm, als Bäuerin verkleidet, ins Ballhaus. Von dort brachte sie ein wartender Wagen, nachdem sie sich einen Domino umgeworfen hatte, zum Maskenball auf die Leimgrube, wo sie ebenfalls einige Tänze mitmachte. Übermütig kehrte sie bald darauf ins Ballhaus zurück und tanzte lebhaft bis zum Kehraus um acht Uhr früh.[31]

Die Gesundheit Mariannas galt seit Kindertagen als schwach. Besonders im Winter litt sie häufig an Erkältungen. Daher schrieb Maria Theresia im September 1744 an Hofrat von Doblhoff, der, wie sie gehört hatte, eine Wallfahrt nach Maria Zell unternehmen wollte:

*. . . ich recommandiere Euch meine älteste Tochter in Euer Gebet, indessen sie, bis ich allerorten hinkommen kann, aufzuopfern, eine neuntägige Andacht für sie zu begehren . . . indessen zahlt für mich, wenn Messen zu geben waren. Ich habe sie zwar wie alles übrige Gott völlig geschenkt, nichtsdestoweniger kommt es mich gleichwohl sehr schwer an, denn die größte und sehr viel versprochen.*[32]

War dann eine bedrohliche Krankheit des Kindes glücklich ausgestanden, begann für Marianna der Unterricht. Schon früh bekam sie Religionsstunden von ihrem Beichtvater Pater Richter, der am 1. April 1745 durch Pater Höller abgelöst wurde. Auch Musik und Gesang wurden gepflegt. So berichtete am 28. 2. 1745 der Obersthofmeister Graf Johann Josef Khevenhüller-Metsch in seinen Tagebüchern:

*Nachmittag um 6 Uhr war die kleine französische Kinder-Comoedi, Zeneide genannt, worauf die älteste Ertzherzogin die Haubtrôle gehabt; die übrige agirende Persohnen waren die älteste Tochter des Leopold Kinsky, meine Nièce Josepherl Dietrichstein, ein Sohn des Fürsten Lobkowitz, welcher den Amanten, und ein Sohn des Graffen Friderich Harrach, welcher den Arlequin gemacht.*[33]

Die Richtlinien für die Erziehung der Töchter festzulegen, war nicht immer einfach, denn die Ausbildung sollte weitgehend auf den zukünftigen Gatten abgestimmt sein. Maria Theresia pflegte im allgemeinen schon früh nach passenden Lebensgefährten für ihre Kinder Ausschau zu halten, aber manchmal kam alle Voraussicht zu spät, wie bei Marie Antoinette. Etliche Heiratsverhandlungen zogen sich streng geheim oft jahrelang hin. Allzu früh konnten solche Vereinbarungen nicht getroffen werden, da die Sterblichkeit bei allen Kindern jener Zeit hoch war, vor allem durch die epidemisch auftretenden Pockenerkrankungen.

Immerhin baute die Mutter allen Eventualitäten vor und entwarf für ihre Töchter ein breit gefächertes Lernprogramm. Es gab da manchmal ohne direkten Anlaß von Maria Theresia Weisungen wie etwa diese:

*Ich möchte, daß sie die spanische Sprach im geheim erlernette . . .*[34]

Ein Wunsch der Königin hatte sich um jene Zeit nicht erfüllt: Sie konnte für diesmal die Wahl Franz Stephans zum neuen Kaiser nicht durchsetzen. Die antihabsburgische Strömung im Reich war so stark, daß der bayerische Kurfürst Karl Albrecht am 24. 1. 1742 zum Nachfolger ihres Vaters gewählt worden war. Maria Theresia litt unter dieser Entscheidung sehr, denn der neue Kaiser Karl VII. war einer ihrer erbittertsten Gegner im Österreichischen Erfolgekrieg. Die bayerischen Truppen besetzten Böhmen, man huldigte Karl VII. in Prag. Der böhmische Adel bangte um seine Güter und lief dem neuen Herrn nach. Es kostete Maria Theresia später viel Mühe und Ärger, die Verhältnisse wieder in ihrem Sinne zu ordnen.

Den frühen Tod Karls VII. am 20. Januar 1745 betrachtete die Herrscherin aus ihrer Lage heraus als unerwarteten Glücksfall. Sie nutzte sofort ihre gesamten diplomatischen Möglichkeiten, um diesmal die deutschen Fürsten mit allen nur denkbaren Mitteln dazu zu bringen, daß ihr Gemahl Franz Stephan auf den Kaiserthron gehoben wurde. Diesmal war ihr Erfolg beschieden. Am 13. September 1745 wurde er als Franz I. zum Kaiser gewählt. Sie reiste selbst zur Krönung nach Frankfurt am Main, obwohl sie sich zum achten Mal in anderen Umständen befand. Dabei hatte sie sich ausbedungen, gleichsam als Privatperson an der Krönung teilzunehmen und keineswegs erwartet, wie oft angenommen wird, selbst auch zur Kaiserin gekrönt zu werden. Diese offizielle Zeremonie stand allein ihrem Gemahl zu. Für sie war nur eines wichtig: Die römisch-deutsche Kaiserwürde lag erneut beim Hause Habsburg, besser gesagt bei Habsburg-Lothringen. Der Kaiser residierte, wie all die Jahrzehnte vorher, wieder in Wien.

Von der großen Politik drang kaum etwas in die Kinderstuben der Hofburg. Nur waren es jetzt endgültig die kaiserlichen Kinder, nicht mehr die großherzoglichen oder königlichen, vor denen die Hofgesellschaft und die Bediensteten ihre Verbeugungen machten. Übrigens gehörte es auch zu den Gepflogenheiten der ausländischen Diplomaten, selbst den noch ganz jungen Erzherzögen und Erzherzoginnen ihre Aufwartungen zu machen und über sie zu berichten. So hieß es in einer Mitteilung des preußischen Gesandten Graf von Podewils an seine Regierung über Marianna am 22. März 1747:

*Die Erzherzogin Maria Anna ist hinreichend groß für ihr Alter und ganz hübsch, jedoch am wenigsten von ihren Geschwistern. Sie hat eine hochmütige Miene, und man flößt ihr den gleichen Hochmut ein wie dem Erzherzog, aber sonst ist ihre Erziehung besser. Man läßt sie mehrere Sprachen und die ihrem Geschlecht und ihrem Rang entsprechenden Wissenschaften lernen. Sie verrät viel Geist und Urteilskraft, und man erzieht in ihr einen großen Hang zur Religion und ihren Pflichten.[35]*

Marianna war lebhaft und begabt und hatte offensichtlich viel Freude daran, sich zu produzieren. In seinen Aufzeichnungen vermerkte Khevenhüller am 7. 12. 1747, als Marianna neun Jahre alt war:

*Den 7. wurde nach der Toison-Vesper abends nach 6 Uhr in einem deren vorigen sogenannten Sommer-Zimmern . . . von denen jungen Herrschaften eine kleine französische Komödie in zwei Akten »Die Glücksprobe« genannt, zu Ehren des morgigen Geburtstages Ihrer Majestät des Kaisers produziert. Der Erzherzog machte den alten Mann, die älteste Frau (Marianna) die Tochter und Maitresse . . . Die ganze Sach wird gegen anderthalb Stund gedauert haben, ist aber recht herzig geraten; besonders tat sich hervor die Erzherzogin Maria Anna . . .[36]*

Mariannas Unterricht war zweifellos etwas ungeregelt. Für sie blieben gleichsam nur die Brosamen übrig, die von Josephs Tisch abfielen, so war zumindest ihr Geschichtsunterricht in den ersten Jahren ohne festes Programm. Wie auch Joseph, so erhielt sie italienischen Unterricht durch Joseph Martines. Ihr gefiel die Sprache zwar sehr gut, aber es gelang ihr nie, sie völlig zu beherrschen. Ebenso blieb die französische Sprache gewissermaßen ein Stiefkind des Unterrichts, zumindest was das Schriftliche betraf. Marianna schrieb – als einziges Kind der Kaiserin – meist Deutsch, und das in einer mehr als mangelhaften Grammatik.

Viel Wert wurde auf die musikalische Ausbildung gelegt. Ihre Musiklehrer waren Johann Georg Reutter und der bedeutende Christoph Wagenseil. Mariannas überdurchschnittliche Musikbegabung wird von
Khevenhüller häufig erwähnt.[37]

Für die neunjährige Marianna tauchte einmal ein Beauftragter für einen Heiratsplan auf. Es war dies der sardische General La Rocca, der im
Winter 1747 in Privataudienz empfangen wurde. Khevenhüller berichtete darüber am 27. 12. 1747 im zweiten Band seiner Tagebücher:

> *. . . soll auch die verborgene Absicht unterloffen sein, unsere älteste
> Erzherzogin zu sehen und das Terrain zu sondieren, ob vielleicht sich
> wegen einer Heirath zwischen derselben und dem Duc de Savoye etwas
> thun ließe . . .*

Bei diesem Freier handelte es sich um Vittore Amadeo, den Sohn des
Königs Carlo Emanuele II. von Sardinien, der nach sechsundzwanzig
Jahren 1773 zur Regierung kam. Der Altersunterschied zwischen den
jungen Leuten und Mariannas sich verschlechternde Gesundheit ließen
Khevenhüller das Projekt nicht sehr vernünftig erscheinen. Es war auch
in Zukunft nicht mehr die Rede davon.[38]

Der Geschwisterkreis um Marianna erweiterte sich fast von Jahr zu
Jahr. Alle diese Kinder wuchsen hinein in das Leben an einem der größten und prachtvollsten Höfe Europas, sie wurden von klein auf gewöhnt
an ein damals noch recht streng gehandhabtes Zeremoniell, das sich auf
alle Gebiete ihres täglichen Lebens erstreckte. Besonders bemerkenswert
sind die vielen kirchlichen Feiertage, die der Hof gewissenhaft einhielt.
Zu Ostern gab es besondere Gebräuche, etwa die traditionelle Fußwa-
schung von je zwölf armen Frauen und Männern durch Kaiserin und
Kaiser, den Besuch einer Reihe von Gräbern auf Klosterfriedhöfen. Es
gab Andachten an den verschiedensten Plätzen, unter anderem an der
Pestsäule am Graben und bei der »Säulen auf dem Hof«, an dem Platz
»Auf dem Hof« gelegen. Für die Männer des Hofes spielten die vielen
»Toison-Vespern« eine bedeutende Rolle. Für die Kaiserkinder gehörte
es zu den vertrauten Bildern ihres Alltags, wenn alle paar Tage die Ritter
des Ordens vom Goldenen Vlies über die Höfe und Gänge der Burg zur
Kirche zogen. Sie trugen dabei eine besondere Tracht, hochgeschlossen
mit Pelzverbrämung, darüber die Ordenskette, die Colana, an der das
Lammfell aus Gold symbolisiert war. Stets wurden diese Andachten als
Vespergottesdienste am späten Nachmittag abgehalten, wobei eine
strenge Rangordnung eingehalten werden mußte. Obersthofmeister

Khevenhüller berichtete ausführlich und ungewöhnlich oft über diese Zeremonien, denn »La Toison d'Or« – der Orden vom Goldenen Vlies, stellte eine der begehrtesten Auszeichnungen in höfischen Kreisen dar. Der Orden hatte zu jener Zeit bereits eine jahrhundertealte Tradition, und noch heute sind die Mitgliederlisten beider Kategorien der Ordensbrüder, der spanischen und der österreichischen, vollständig erhalten. Aus ihnen geht hervor, wem von bekannten und berühmten Männern der Historie jemals die Ehre zuteil wurde, in diesen Orden aufgenommen zu werden.

Durch die vielen religiösen Pflichten wurde der Tageslauf der Kinder am Kaiserhofe zuweilen derart belastet, daß sowohl der Unterricht als auch die kärgliche Freizeit darunter litten. Marianna stand normalerweise um halb acht Uhr auf, und um neun begann eine Instruktionsstunde im Schreiben und Lesen. Um zehn Uhr war es Pflicht, die heilige Messe zu hören, anschließend wurde Unterricht in einer Fremdsprache erteilt. Um zwölf Uhr pünktlich aß man zu Mittag. Die Beichtväter wechselten mehrmals. Dreimal in der Woche kam Pater Franziskus Richter, ein sehr gebildeter Jesuit. Er befaßte sich auch viel mit Astronomie und als im Juli 1748 eine Sonnenfinsternis erwartet wurde, konnte er aus seinen Kenntnissen der kaiserlichen Familie einen ausgedehnten Vortrag über die Vorgänge am Himmel halten. Für einige Zeit war Pater Edmundus Fritz Beichtvater bei Marianna, nach ihm Franziskus Lechner, der gleichzeitig der Beichtvater Marie Christines wurde. Mimi nahm ihn im Jahre 1771 mit in die Niederlande. Franziskus Richter begleitete Marianna 1781 nach Klagenfurt, wo er 1790, ein Jahr nach Mariannas Tod, starb.[39]

Am Tage des Festes der Kreuzauffindung, am 3. Mai 1749, wurde Marianna Mitglied des Sternkreuzordens. Sie ahnte noch nicht, daß sie 1767 dessen Großmeisterin sein würde. Dieser einzige österreichische Orden für adlige Damen war am 18. September 1668 von der Kaiserin Eleonore Gonzaga, der Gemahlin Ferdinands III., gegründet worden und genoß sehr hohes Ansehen in der Monarchie. Er wurde nur in einer Klasse verliehen, und man trug ihn an einem schwarzen Bande.

Zu den ständigen Gästen am Wiener Kaiserhofe – man könnte schon von dauernden Hausgenossen sprechen – zählten der Bruder des Kaisers, Carl von Lothringen und Prinzessin Charlotte von Lothringen. Prinz Carl war größer als der Kaiser, eine männliche Schönheit. Im Jahre 1744 schloß er den Ehebund mit der Schwester Maria Theresias, Maria Anna, zu deren Ehren Erzherzogin Marianna ihren Namen trug. Prinzessin

Charlotte von Lothringen war ebenfalls hochgewachsen, aber hager und knochig und wirkte durch einen schwarzen Bartanflug über den Lippen nicht sehr anziehend. Ihre Züge waren scharf und vergrämt. Sie hatte eine unüberwindliche Abneigung gegen jegliche Art von plötzlichem Lärm, besonders Salven bei Paraden oder Böllerschüsse bei festlichen Einzügen konnte sie nicht vertragen, ohne Nervenzustände zu bekommen. Oftmals mußte ihre Karosse aus geplanten Festzügen vorher ausscheren und weite Umwege fahren, damit die Prinzessin keine Salutschüsse oder ein Feuerwerk zu hören bekam.[40]

Im Jahre 1750 wurde die Tochter Johanna Gabriele geboren, die später durch Intelligenz und ein besonders angenehmes Wesen im Kreise der Geschwister sehr beliebt war.

Das allgemeine Verhältnis der Geschwister zueinander verdüsterte sich mit den Jahren durch eine zweifellos von der Mutter ererbte Neigung zur Eifersucht. Die Kinder kämpften mit allen Mitteln um die Zuneigung der Mutter, und schon früh spürten sie, daß die Kaiserin nicht alle gleich behandelte. Die Bevorzugten wie beispielsweise Mimerl und Joseph wurden nicht selten zur Zielscheibe von Spott, eifersüchtigem Argwohn, übler Nachrede, oder aber die anderen spielten ihnen kleine Streiche, um sie zu ärgern.[41]

Im Unterricht blieb eine Grundforderung der Pädagogen fast gänzlich unerfüllt: Man gab sich keine Mühe mit dem Erlernen der Muttersprache. Die Kinder redeten zwar untereinander Deutsch und vornehmlich den Wiener Dialekt, aber nur Joseph, Leopold und Marianna konnten sich auch halbwegs schriftlich ausdrücken. Der französische Einfluß war so stark, daß die deutsche Sprache als exaktes Lehrfach mit Grammatik und Satzlehre nicht existierte.[42]

Im März 1752 empfing Marianna gemeinsam mit Joseph öffentlich die heilige Kommunion. Es wird überliefert, daß der Nuntius »die Fatalität hatt«, als er eben den Kaiser »communizieren« wollte, eine Hostie auf die Erde fallen zu lassen. Ein Jahr später wurden die beiden Geschwister gemeinsam gefirmt.[43]

Es blieb nicht aus, daß auch Marianna von jener Krankheit befallen wurde, die damals der Schrecken aller Eltern war: den Blattern. Man befürchtete das Schlimmste für sie, denn ihre zarte Natur wäre einer schweren Form der Erkrankung kaum gewachsen gewesen. Sie erlitt aber nur eine schwache Attacke, hatte kaum Fieber, und es blieben fast keine Narben zurück. Man bezweifelte sogar später, ob es sich überhaupt um Blattern gehandelt habe.[44]

Der Geschwisterkreis hatte sich abermals erweitert. Nach Johanna stellte sich am 19. März 1751 Josepha ein, die später als erste Braut für den Thronfolger von Neapel bestimmt wurde. Ihr folgte Marie Karoline, die am 13. August 1752 – am gleichen Monatstag wie ihre Schwester Elisabeth – zur Welt kam und infolge tragischer Umstände dann schließlich an Josephas Stelle Königin von Neapel wurde.

Inzwischen wurde Marianna ein großes Mädchen, fast schon erwachsen. Im Fasching 1754 fand man, daß sie nicht mehr auf die maskierten Kinderfeste gehen könne, weil sie mit sechzehn Jahren schon zu alt dafür sei. Ihr zu Gefallen arrangierte ihre Hofmeisterin, die Fürstin Trautson, ihren ersten Ball »en compagnie choisie von Dames und Chevaliers«. Mit siebzehn Jahren nahm sie dann zum ersten Mal an einer öffentlichen Schlittenfahrt teil; man hatte bisher immer Rücksicht auf ihre zarte Konstitution genommen und sie keiner Erkältung aussetzen wollen.[45]

Über die Teilnahme an den einzelnen Hofveranstaltungen muß es zuweilen harte Debatten gegeben haben. Während der Kaiser auf seine erwachsene Tochter sehr stolz war und sie gern ausführen wollte, war Mariannas Aja der Meinung, sie sei noch zu jung und zu zart, um gesellschaftliche Strapazen zu ertragen. Immerhin setzte der Kaiser durch, daß ihre erste Redoute noch vor dem 18. Geburtstag stattfand, wozu Khevenhüller bemerkte:

*. . . wiewollen die Fürstin Trautson sich sehr darwider gesetzet und fast einen Handel deswegen mit dem Kaiser gehabt, als welcher der erste Promotor . . . gewesen . . .*[46]

Marianna sah sich jetzt als Älteste einer ganzen Schar von kleinen Kindern, zu denen sich am 1. 6. 1754 noch Ferdinand und am 2. 11. 1755 Maria Antonia gesellt hatten. Man bewunderte allgemein die Kaiserin, deren Gesundheit unverändert gut war und der die vielen Schwangerschaften nur den einen Nachteil einbrachten, daß sie stärker und stärker wurde. Sie hatte die Kraft, sich ihrer Familie zu widmen und dennoch die Zügel der Regierung fest in ihrer Hand zu halten. Die Politik forderte nunmehr ihre volle Aufmerksamkeit, denn die Konstellation der Mächte in Europa hatte sich verändert.

Dem Staatskanzler Kaunitz war es gelungen, das langjährige Bündnis zwischen Preußen und Frankreich zu unterminieren und Frankreich auf die habsburgische Seite herüberzuziehen. Ebenso waren seine Verhandlungen mit Rußland erfolgreich gewesen, so daß sich jetzt Preußen und England isoliert sahen. Das bedeutete nichts Gutes, und sowohl in Berlin als auch in Wien beobachtete man die Entwicklung höchst aufmerksam. Österreich, namentlich die Kaiserin, hatte nach wie vor nur das eine Ziel, die seit vierzehn Jahren preußische Provinz Schlesien wiederzugewinnen. Maria Theresia sah in Friedrich II. von Preußen nur den »bösen Mann«, und ihr heißer Wunsch war, ihm seinen Landraub heimzuzahlen.

Für Marianna war es jetzt an der Zeit, daß man ihr einen eigenen Hofstaat einrichtete. Es sollte alles nach dem Muster geschehen, wie einst in der Jugend der Kaiserin selbst. Allerdings hielt man einige Sparmaßnahmen für richtig, die militärischen Aufwendungen verschlangen viel Geld. Die Fürstin Trautson hatte die ganzen Jahre seither die Erziehung der älteren Erzherzoginnen Marianna, Mimi und Elisabeth geleitet. Sie besaß jedoch offiziell keinen Titel. Nun endlich wurde ihr der Rang einer Obersthofmeisterin bei Marianna zuerkannt, dafür mußte sie jedoch die Erziehung von Marie und Elisabeth abgeben. Als die Kaiserin sah, wie unglücklich die verdiente Dame über diesen Verzicht war, bewilligte sie ihr eine Zuwendung von 40 000 Gulden. Dennoch soll (nach Khevenhüllers Bericht) die Fürstin alle Mühe gehabt haben, ihren Schmerz über die Abdankung nicht allzu sehr merken zu lassen, kam sie doch in gewisser Hinsicht einer Amtsenthebung bei Mimi und Liesl gleich. Hinzu kam das Gerede bei Hof, sie habe ohnedies in der Kindererziehung nicht immer eine glückliche Hand bewiesen. Aber Marianna war in ihrem Alter jetzt nicht mehr mit pädagogischen Hinweisen zu begegnen. Sie war achtzehn und ihre Obersthofmeisterin versah fast ausschließlich Dienst in zeremoniellen Fragen.

Jetzt gänzlich zum Kreise der Erwachsenen zählend nahm Marianna ihr tägliches Mittagessen mit den Eltern ein, es sei denn, der Kaiser war verhindert, dann speiste sie in ihrem Wohnzimmer mit ihren Damen. Jetzt begann sie auch größere Repräsentationsaufgaben zu übernehmen als früher. So führte sie beispielsweise in Vertretung ihrer Mutter, die während des Jahres 1756 ihr sechzehntes Kind erwartete, bei einer Hoftrauung die Braut zum Altar. Als am 8. 12. 1756 Maximilian Franz, der neue Bruder, geboren war, vertraten Joseph und Marianna die Patenstellen für den Kurfürsten und die Kurfürstin von Bayern. Marianna wurde angewiesen, Waisenhäuser und Schulen, Stifte und Klöster zu besuchen und zu besichtigen, auch war sie häufig bei Einweihungen von neuerbauten Kirchen zugegen.[47]

Zu ihrem Obersthofmeister ernannte man nach längerem Suchen den Grafen Camillo Colloredo-Wallsee, der später den Fürstentitel erhielt,

»eine Gnad'« – so Khevenhüller –, die allen Obersthofmeistern als Dank für ihr zuweilen recht mühsames Amt zuteil wurde. Colloredo und seine Frau versahen ihren Dienst auch noch nach Mariannas Umzug nach Klagenfurt und blieben das erste Jahr in der Fremde bei ihr.

Am Ostersamstag 1757 erkrankte die Erzherzogin plötzlich schwer, was, wie Khevenhüller festhielt, den Hof in große Unruhe versetzte:

*Unsere älteste Erzherzogin Frau Maria Anna, hatte sich gleich die ersten Täge der Fasten an einem Catarrh, welcher aller Mutmaßung nach von gar zu großer Bewegung im Danzen bei der Fürstin von Trautson überkommen, . . . da sie darauf bettlägerig befunden. Allein, da das Fieber nicht nachlassen wollte und die Respiration (Atmung) seit ein paar Tägen immer beschwerlicher geworden, mithin die Medici beförchten müssen, daß nach allen bereits vorhandenen Indicis einer förmlichen Abzehrung bei zunehmender Schwachheit es mit der Krankheit ganz gählig (plötzlich) ad extrema (zum Äußersten) kommen dörfte.*[48]

Das Befinden Mariannas verschlimmerte sich dermaßen, daß ihr in Gegenwart der Eltern und der sechs nächstälteren Geschwister die Sterbesakramente verabreicht wurden. Wie sehr Maria Theresia um das Leben ihrer Tochter bangte, davon geben verschiedene Briefe Zeugnis, darunter einer an den Grafen Silva Tarouca:

*Es bedarf meiner ganzen Freundschaft für Euch, um Euch heute zu schreiben. Meine arme Tochter liegt fast ohne Hoffnung darnieder; sie leidet, man kann schon nicht mehr und sagt dabei die rührendsten und erbaulichsten Dinge und ist voll Zärtlichkeit für mich und voll Resignation, es kostet ihr nichts zu sterben, im Gegenteil: nur das beunruhigt sie, daß sie mich verlassen soll. Stellt Euch meine Lage vor! Dieses Kind, ich gestehe es, liebte ich am meisten und nun nimmt es mir Gott.*[49]

Unvermutet war jedoch nach einigen Tagen die Krisis überwunden und Marianna befand sich bald auf dem Wege zur Genesung. Als der Hof Anfang Mai nach Schönbrunn ging, schloß sie sich allerdings nicht an, sondern man verordnete ihr der größeren Ruhe und der guten Luft wegen einen Aufenthalt in Schloß Hetzendorf. Seit dem Tode der Kaiserin-Mutter Elisabeth Christine 1755, der Großmutter der Kinder, stand das Gebäude unbewohnt. Hetzendorf lag nicht weit von Wien in damals noch vollkommen ländlicher Umgebung. Marianna liebte das Schloß, zumal sie dort residierte wie eine kleine Königin. Ihr Hofstaat war bei ihr, und sie genoß erstmalig das Gefühl der Selbständigkeit. Mitte Juli war sie gänzlich wieder gesund und fuhr zu ihrer Familie nach Schönbrunn, wo sie den Rest des Sommers verbrachte.

Es wurde vermutet, daß es sich bei ihrer schweren Krankheit um eine Lungenentzündung gehandelt hatte, und die Ärzte glaubten, daß während des Heilungsprozesses eine innere Verwachsung stattgefunden habe, die auch der Grund dafür sei, daß die Erzherzogin sich fortan etwas schief hielt. Das ging soweit, daß sie mit fortschreitendem Lebensalter nach und nach eine Rückgratverkrümmung bekam, die sie allerdings durch geschickte Kleidung zu kaschieren suchte. Sie trug gern weite Kragen, Spitzenüberwürfe, Pelerinen, lose drapierte Schals oder Spitzenmantillen, die die Konturen ihres Rückens verwischten. Auch die Zeichnung von Jean-Etienne Liotard zeigt Marianna mit einem schwarzen Seidenumhang.

Während Maria Theresia bei ihren jüngeren Töchtern sehr besorgt war, sie rechtzeitig zu verheiraten, so war bisher für die Älteste noch nichts geschehen. Kein Königssohn aus fernem Land hielt um die Kaisertochter Maria Anna an, kein fremder Gesandter machte einen »Anwurf«, wie man damals sagte, und alle früheren diesbezüglichen Bemühungen fremder Höfe waren hinhaltend beantwortet worden. Immer wieder wird dafür die äußerst schwächliche Gesundheit Mariannas angeführt. Man glaubte, sie sei dem Leben einer Landesfürstin, von der viele Kinder erwartet wurden, nicht gewachsen. Marianna hatte sich in ihrem vorgerückten Alter von einundzwanzig Jahren auch insgeheim schon damit abgefunden, daß ihr eheliches Glück nicht beschieden sein sollte. War es ihr nun auch nicht mehr vergönnt, viel zu tanzen oder in Ballettaufführungen mitzuwirken, auf Musik und Gesang brauchte sie nicht zu verzichten. Sie soll eine zarte, aber sehr reine und schöne Stimme gehabt haben, die sie mit viel musikalischem Feingefühl anwandte. Am 15. Oktober 1759 wurde zum Namenstag des Kaisers eine kleine Aufführung veranstaltet, ein Kinderkonzert, bei dem der fünfjährige Ferdinand mit großer Begeisterung die Ouvertüre mit einer Pauke schlug. Dann rezitierte Maximilian einen Glückwunsch, den der berühmte Metastasio verfaßt hatte. Marianna verkörperte eine Rolle in einem französischen Singspiel. Die übrigen Töchter sangen italienische Arien, Karl spielte Violine, Joseph Violoncello. Zum Schluß trugen Marianna und Mimi noch einige Stücke auf dem Klavier bzw. Cembalo vor.[50]

Am 6. Oktober 1760, als Marianna gerade zweiundzwanzig Jahre alt wurde, vermählte sich Joseph mit der aparten Schönheit Isabella von Parma, die im Hofleben der Wiener Burg völlig neue Akzente setzte. Sie war zur Zeit ihrer Heirat neunzehn Jahre alt, ein außerordentlich belesenes, kunstsinniges Mädchen mit einem bemerkenswert logisch arbeitenden Verstand. Mit ihr erwuchs Marianna eine echte Rivalin am Hofe, denn Isabella hatte – und dies verdroß die Schwägerin am meisten! – in ihrem neuen Rang als Gattin des Thronfolgers vor Marianna den Vortritt.

In dieser Zurücksetzung ist wohl auch der Grund zu suchen, daß sie sich mit der schönen Schwägerin nie recht verstand. Dabei hätte es viele Berührungspunkte im Interessenkreis der jungen Frauen gegeben. Isabella zeichnete, wie Marianna auch, sie war musikalisch. Aber ihr Violinspiel wurde als überragend gut geschildert, während Mariannas Leistungen nicht weiter auffielen. Weiter trug zur Entfremdung bei, daß Isabella sofort das Herz ihres Schwiegervaters, des Kaisers, gewann, was Marianna mit besonderem Mißtrauen verfolgte, denn sie hatte bisher viel mehr an ihrem Vater gehangen als an der Mutter.

Vielschichtig waren die Fäden, die an großen Höfen an Intrigen und geheimen Ränken gesponnen wurden. Die Fürstin Trautson, Mariannas Obersthofmeisterin, verließ ihren Posten im Jahre 1762. Es hatte den Anschein, als ob ihr nach der schweren Krankheit der Erzherzogin die Arbeit nicht mehr so viel Freude gemacht habe. Sie sah sich von mancherlei Hoffestlichkeiten ausgeschlossen, denn Marianna war schonungsbedürftig, und diese Zurückgezogenheit kam dem Naturell der Fürstin wenig entgegen. Sie blieb aber bei der Kaiserin »in Gnaden«, also gut angeschrieben, und diese setzte ihr in ihrem Testament eine jährliche Rente von 4000 Gulden aus.

Als Nachfolgerin im Dienst bei Marianna wurde am 10. Januar 1763 die Gräfin Salmour eingesetzt, eine geborene Lubinska. Sie galt als patriotische Polin, die allerengsten Kontakt mit den polnischen Emigranten am Hofe und in der Stadt hielt. Sie litt unter der Teilung Polens mehr als andere Landsleute. Marianna identifizierte sich zum Teil mit den Meinungen ihrer neuen Obersthofmeisterin. Sie mußte sich zwar politisch in jeder Weise zurückhalten, nahm aber wärmsten menschlichen Anteil am Schicksal der Exilpolen. Die Gräfin gehörte zu Josephs Vertrauten. Ihr erzählte er manche Dinge, die eigentlich Diskretion verlangten, von ihr jedoch immer ausgeplaudert wurden. Marianna befürchtete manchmal Konflikte, aber jenes Mitteilungsbedürfnis der Gräfin vermochte Josephs Wertschätzung für sie nicht zu dämpfen.[51]

Mochte durch Mariannas Empfindlichkeit auch ihr Verhältnis zu Isabella von Parma gestört sein, so trat dies nie offiziell zutage. Sie umarmten sich, wenn sie sich sahen, sie sagten einander Schmeicheleien. Marianna schloß sich auch nicht aus, wenn es galt, irgendwelche Vorführungen für Isabella, die auch oft leidend war, zu arrangieren. So gab es einmal eine Liebhaberaufführung in Isabellas Retirade. Erst sollte das Fest abgesagt werden, denn eine plötzliche Hoftrauer kam dazwischen. Schließlich gab aber die Kaiserin doch die Erlaubnis, wenn nur alles im engsten Familienkreise stattfinden würde.

*Sie wunderte sich nicht einmal, daß der »bal en domino« der jungen Herrschaften, wie wenn nichts geschehen wäre, in Szene ging. Es wäre auch zu grausam, die lang einstudierten Tänze, vier Quadrillen mit den vier Erzherzögen und vier ältesten Erzherzoginnen nicht öffentlich vorzuführen. Jede Quadrille trat im gleichen Domino auf und das Ganze war nicht nur der hohen Mitwirkenden wegen sehenswert. Es war Mariannas großer Tag, deren kostbares Ballkleid ihren verwachsenen Rükken sorgsam verbarg. Sie tanzte mit dem Conte du Châtelet einen »Deutschen« und es wurde der Clou des Abends.*[52]

Am 3. Juni 1765 brach Marianna gemeinsam mit der kaiserlichen Familie zu den Hochzeitsfeierlichkeiten anläßlich der Vermählung ihres Bruders Leopold mit der spanischen Infantin Maria Luise nach Innsbruck auf. Der Weg führte auch über Klagenfurt. Erstmals sah nun Marianna die Stadt, in der sie einst ihr Leben beschließen würde. Noch war keine Rede davon, daß sie einmal dorthin übersiedeln sollte. Aber Kärnten gefiel ihr. Der Wörther See machte ihr großen Eindruck, und sie faßte eine Liebe zu Land und Leuten. Sehr farbig wird in der Chronik der erste Kontakt der Erzherzogin mit den Nonnen des Elisabethinerinnenklosters beschrieben:

*Doch zeigte sich im Jahre 1765 zur Förderung dieses neuen Krankenzimmers eine schöne Gelegenheit. . . . Kaiserin Maria Theresia kam in dieses Kloster, im Geleite des römischen Königs Joseph, des Erzherzogs Großherzogs (Leopold) und der Erzherzoginnen Maria Anna und Maria Christina.*

*Das erstemal taucht nun die Erzherzogin Maria Anna auf. Sie war damals eben 27 Jahre alt.*

*Die Frau Oberin gab der Erzherzogin Maria Anna eine Bittschrift an ihre Majestät die Kaiserin, worin man in aller Untertänigkeit um die Unterstützung bat, ein bequemes Krankenhaus für die armen Leidenden erbauen zu können. Die Erzherzogin versprach, die Bittschrift zu überreichen und selbe mit ihrem gnädigsten Vorworte zu begleiten, und hielt Wort. Denn Maria Anna ließ, wenns aufs Worthalten ankam, auch die biedersten Männer zurück. Die Bittschrift ward noch am selben Tage nach dem Abendessen . . . der Kaiserin übergeben und gelesen.*

*»Das gefällt mir«, sagte die huldreichste Monarchin, »dies gefällt mir von den Elisabethinerinnen. Ich weiß, daß sie sehr arm sind. Gleichwohl bitten sie nichts für sich, sondern nur für die armen Kranken.« Vor der Abreise aus Klagenfurt schickte die Kaiserin dem Kloster 100 Dukaten, und jede gute Seele wird sich die Freude vorstellen, die in diesem Hause über das gnädige Geschenk widerhallte.*[53]

Kurz nach den Hochzeitsfeierlichkeiten für Leopold starb urplötzlich der Vater, Kaiser Franz I. Maria Theresia verging fast vor Schmerz, die ganze Familie konnte diesen Schicksalsschlag kaum fassen. Auch Marianna war zutiefst getroffen, und sie erinnerte sich später noch immer voller Schrecken daran:

*Als endlich Gott durch den schreckhaften und empfindlichsten Streich mich mit Gewalt zu sich rief. Er nahm mir plötzlich und erschrecklich meinen vielgeliebten Vater weg, jenen, so meine einzige Stütze war, mein einziges Vergnügen. Diesen nahm er plötzlich weg. Dieser Tod schlug mich zu Boden, dieser Tod machte durch ein Jahr allen Freuden und Unterhaltungen ein End, ließ mir also Eindrücke und Zeit, Reflektionen zu machen. Ich gestehe es, ich war so heftig, so übertrieben in meiner Betrübnis, als ich es leider in allem war . . .*[54]

Der Tod Franz Stephans bedeutete einen Wendepunkt in Mariannas Leben. Sie hatte viele Interessen mit ihrem Vater geteilt. Seine Liebe zur Jagd, seine Neigung zu spannenden Kartenspielen, seine naturwissenschaftlichen Interessen, in allem war ihm Marianna willig gefolgt. Durch ihn erhielt sie die Anregungen für ihre späteren naturwissenschaftlichen Passionen. Dies alles sollte nun zu Ende sein. Der Kaiser hinterließ zwei Abhandlungen in französischer Sprache, eine »Instruktion für meine Kinder« und eine Betrachtung »Der Eremit in der Welt«. Beides waren sehr religiös gehaltene Anweisungen und Lebensregeln für seine Söhne und Töchter.

Im Besitz Mariannas befand sich später eine lebensgroße Wachsfigur ihres Vaters, die ihn in der Kutte eines Kapuziners zeigt. Dies Abbild stimmt recht gut überein mit dem Traktat »Der Eremit in der Welt« und ist wahrscheinlich während einer Klausur des Kaisers bei den Kapuzinermönchen entstanden. Das Abbild wird noch heute im Kloster der

Elisabethinerinnen in Klagenfurt aufbewahrt. Ebenso gibt es von Marianna' eine lebensgroße Figur aus Wachs, die verehrungsvoll gepflegt wird. Die Erzherzogin erhielt aus dem Nachlaß ihres Vaters mehrere persönliche Erinnerungsstücke, die sie wie Reliquien aufbewahrte und die teilweise heute noch im Kloster vorhanden sind.

Mit Maria Theresia ging nach dem Tode ihres Gemahls eine Wandlung vor. Die Sorge für die Kinder lastete schwer auf ihr, und schon wenige Tage nach seinem Tod überfiel sie die Furcht, nicht genug für die Kinder getan zu haben. So schrieb sie an Kaunitz:

*Ich lasse mich nach Wien schleppen, einzig und allein, um für neun Waisen Sorge zu tragen, die umso mehr zu beklagen sind, als ihre Geburt und die Art, in der sie bisher gelebt haben, ihr Schicksal immer trauriger und beweinenswerter gestalten wird. Ihr guter Vater vergötterte sie und konnte ihnen niemals etwas versagen. Ich aber kann in der gleichen Weise nicht fortfahren . . .* [55]

Mehr als je besaßen jene Worte Gültigkeit, die sie schon vor etlichen Jahren an ihren Mentor, den Grafen Emanuel Silva Tarouca gerichtet hatte:

*Ich bin nicht mehr die gleiche wie vordem, für mich gibt es keine Zerstreuungen mehr! Gar nicht daran zu denken, daß so etwas noch sein könnte. Aber versuchen wir wenigstens dahin zu leben . . . und es die anderen nicht merken zu lassen, wie alle diese Jagden, diese Lustbarkeiten mir eine Last sind! Ihnen, mein Lieber, rate ich, bald in die Stadt überzusiedeln, ich täte ja ein Gleiches, nur um mich noch mehr verstecken zu können.* [56]

Als Mutter, die jetzt einzig und allein die Interessen ihrer Kinder wahrzunehmen hatte, dachte Maria Theresia zunächst an die wirtschaftliche Sicherstellung ihrer Ältesten. Als angemessene Versorgung erschien ihr das Amt einer Äbtissin im von ihr gegründeten Adeligen Damenstift in Prag. Nach kurzer Zeit schon, am 2. Februar 1766, wurde Marianna zur ersten Äbtissin des Königlichen Damenstiftes auf dem Hradschin zu Prag ernannt. Die Feier fand am Wiener Hof statt. In einer feierlichen Zeremonie und in Anwesenheit der Wiener Hofgesellschaft, der Dekanin des Stifts und vier weiterer Stiftsdamen aus Prag überreichte Maria Theresia ihrer Tochter das Nominationsdiplom, heftete ihr das Stiftszeichen an und ermahnte sie, für das Wohl des ihr anvertrauten Stiftes zu sorgen.

Marianna bedankte sich mit Wärme und Herzlichkeit und sprach die
Eidesformel, die in den zusätzlichen Statuten vom 31. Mai 1766 schrift-
lich festgelegt wurde: Sie schwor vor Gott und allen Heiligen und bei der
Unbefleckten Empfängnis Marias alles zu tun, um Gott zu dienen, Maria
Theresia die Treue zu bewahren und sich an die Statuten des Stifts zu
halten.

Ursprünglich hatte die Kaiserin diese Stellung in Prag ihrer Lieblingstochter Mimi zugedacht. Nachdem jedoch deren Heirat mit Prinz Albert
von Sachsen-Teschen beschlossen war, erfolgte die Inthronisation Mariannas. Die Erzherzogin wollte aber Wien nicht verlassen, dazu war das
neblige und feuchte Klima Prags ungünstig für ihre Gesundheit. Die
Kaiserin hat Marianna dann auch niemals gezwungen, sich von der Familie zu trennen und nach Prag zu gehen.[57]

Die Gründungsgeschichte des Stiftes reichte zurück in das Jahr 1751,
als Maria Theresia zu diesem Zwecke das Palais Rosenberg in Prag gekauft hatte. Es lag bevorzugt gegenüber dem Hradschin und wurde
durch einen Anbau, dem der Rosenbergsche Garten und einige alte Häuser weichen mußten, erweitert. Der Architekt Pacassi entwarf für Alt-
und Neubau eine einheitliche vorgeblendete Fassade, die dem Gebäude
von der Moldauseite her ein sehr stattliches Ansehen gibt. Heute ist
darin das tschechische Innenministerium untergebracht.[58]

Eine wie gute Mutter Maria Theresia sich auch zu sein bemühte, eines
wollte sie nicht wahrhaben: daß ihre Töchter erwachsen wurden und sich
für junge Männer zu interessieren begannen. Besonders nach dem Tode
des Vaters nahm es die Kaiserin geradezu übel, wenn die Erzherzoginnen
sich zu unterhalten versuchten. Joseph verfaßte 1766 eine Schrift für die
Erziehung seiner kleinen Tochter Therese aus der nur dreijährigen
glücklichen Ehe mit Isabella von Parma. Darin wurde ein trauriges
Stimmungsbild gemalt. Es schildert die Burg als einen Ort des Mißver-
gnügens:

*Die Burg ist eine Ansammlung von einem Dutzend alter Damen, drei
oder vier alter Fräuleins und zwanzig jungen Mädchen, die man Hofdamen nennt. Sieben Erzherzoginnen, eine Kaiserin, zwei Erzherzöge
und ein Kaiser wohnen unter demselben Dach. Nichtsdestoweniger ist
keine Spur von Gemeinschaft, kein vernünftiger, angenehmer oder ge-
meinsamer Punkt vorhanden. Jeder zieht auf seine Seite. Der Klatsch,
die Hänseleien von Dame zu Dame, von Erzherzogin zu Erzherzogin,
beschränken jeden auf sich selbst und das »Was soll man dazu sagen?«*

*behindert jede Gemeinschaft oder entzweit Unschuldige. Der Neid der einen und die schlechte Meinung der anderen, die auf jeden Fall das Schlechte glauben, weil sie nicht an der Gemeinschaft teilhaben . . . das ist der Grund, daß alles beengt erscheint.*

Als Mittel dagegen nannte er die Förderung der Gemeinschaft. In einem bestimmten Rahmen sollten auch die Erzherzoginnen die Möglichkeit haben, mit Männern zusammenzukommen. Man sollte einige geistvolle Frauen, womöglich verheiratet, einstellen, denn man könne unter verheirateten Frauen gefühlvollere finden als unter jungen Mädchen . . . Dafür solle man einige Ajas und alte Fräulein vom Hofe entfernen, denn die Wahl des richtigen Personals wäre das wichtigste.[59]

Obwohl alle Welt angenommen hatte, daß nach Josephs Ernennung zum Mitkaiser neben seiner Mutter ein frischerer Wind am Hofe wehen würde, erfüllte sich diese Erwartung nicht. Joseph war zu stark von seinen eigenen Problemen in Anspruch genommen. Er trauerte lebenslang um seine 1763 verstorbene Gemahlin Isabella. Aus Staatsräson heiratete er am 23. Januar 1765 die Tochter Kaisers Karls VII., Maria Josepha von Bayern. Die Ehe wurde denkbar unglücklich. Josepha starb im Mai 1767 an den Pocken, und Joseph beschloß, sich niemals wieder zu verheiraten. Drei Jahre später verlor er durch den Tod auch seine nahezu acht Jahre alte Tochter Reserl. Nunmehr galten seine Interessen ausschließlich seinen späteren Reformen, von ihm war keine Belebung des geselligen Lebens am Hofe zu erwarten.

Marianna lebte sehr zurückgezogen und widmete sich ihrem Zeichentalent. Diese Vorliebe brachte ihr die Mitgliedschaft der Kaiserlichen Kupferstecherakademie am 5. März 1767 ein, die unter dem Patronat des Fürsten von Kaunitz stand und von dem damals berühmten Jakob Schmutzer künstlerisch geleitet wurde. Anläßlich ihrer Aufnahme schenkte sie der Akademie die Rötelzeichnung eines weiblichen Porträts. Dies Brustbild, 54×48 cm groß, ist eigenhändig unterzeichnet »Maria Anna fecit 1767« und wird heute noch in der Albertina aufbewahrt.[60]

Im Sommer 1767 meldeten sich die Elisabethinerinnen aus Klagenfurt wieder bei Ihrer Majestät. Die Oberin Gräfin Küenburg und zwei Nonnen erbaten eine Audienz wegen ihres Krankenhausneubaus, und sie hatten das Glück, daß ihr Antrag auf Beihilfe bewilligt wurde. Bevor die Nonnen nach Klagenfurt zurückkehrten, lud Marianna sie zu einem Essen nach Schloß Schönbrunn ein, was die gegenseitige Sympathie außerordentlich förderte. Seit diesem Tage blieb die Erzherzogin in ständigem Kontakt mit der Oberin. Zwei Jahre später, 1769, faßte Marianna endgültig den Entschluß, sich später einmal nach dem Tode ihrer Mutter nach Klagenfurt zurückzuziehen. Sie wollte dort zwar nicht als Klosterschwester leben, aber doch in unmittelbarer Nähe des Klosters und in enger Verbindung mit der Ordensgemeinschaft. Sie schrieb der Gräfin Küenburg in einem ihrer Briefe:

*Gott hat mir die Gnade gegeben, die Welt und ihre Eitelkeiten zu erkennen, und dadurch mir die Stärke ertheilet, mein Leben zwar nicht als Klosterfrau, doch in der Einsamkeit und um Dienste des Nächsten zu schließen. Ich habe dazu Klagenfurt ausgewählt, und zwar Sie und Ihre frommen Schwestern ausgesucht, hoffend, daß mein unvollkommener Wert durch Ihre guten Beyspiele angeeifert, meine Seligkeit mir gewiß versichern werden.*[61]

Der Gedanke, sich zurückzuziehen vom Hofe, lag Marianna schon seit dem Tode des Vaters nahe. Aber sie hing doch sehr an der Mutter trotz mancher Meinungsverschiedenheit, und sie wußte, daß das Klagenfurter Projekt der Kaiserin nicht zusagte. Ihre Mutter hätte sie lieber amtierend als Äbtissin in Prag gesehen, wo sie ein sorgenfreies, bequemes und unabhängiges Leben hätte führen können, denn die Stellung war hochangesehen und gut dotiert. Die Kaiserin und manche andere Personen bei Hofe waren überhaupt gegen das Kloster der Elisabethinerinnen eingenommen. Man meinte, es sei zu schlecht gestiftet, habe keine Mittel und könne auf die Dauer nicht gehalten werden. Es scheint deswegen mehrmals lebhafte Auseinandersetzungen gegeben zu haben. Aber Marianna blieb unbeirrbar, und dank ihrer Tatkraft und Umsicht ist es den Nonnen auch gelungen, ihr Kloster bis auf den heutigen Tag zu erhalten und durch alle Krisen hindurchzuführen.

Marianna pflegte weiter ihre Begabungen, was ihr über die Zeit in Wien, die sie sehr zurückgezogen verlebte, hinweghelfen sollte. Wie bereits erwähnt, malte und zeichnete sie nicht nur, sondern hatte sich auch die Kenntnisse für Radierungen angeeignet, worin Jakob Schmutzer und vor allem Friedrich August Brand ihre Lehrer waren. Kenner urteilen, daß ihre Werke weit über Dilettantenarbeiten stehen, und man bewahrt sie noch heute in der Gemäldesammlung der Albertina in Wien. Die Blätter zeigen stark romantische Einflüsse. Sie stellen u. a. eine Ruine dar, eine Mondnacht, einen Brand. Sie zeugen aber auch von witzigen Einfällen, wie z. B. bei der Darstellung des Eislaufens und bei etlichen Szenen aus dem Volks- und Bauernleben. Bewunderungswürdig ist die

einwandfreie technische Ausführung, der gleichmäßige Farbauftrag und
die tiefe Schwärze der dunklen Partien, Merkmale, die für die Qualität
sprechen. Trotzdem stand Marianna mit ihrem Talent etwas im Schatten
ihrer Schwester Mimi, die ausgezeichnete Gouachen aus dem Familienleben anfertigte, von denen einige noch heute in Schönbrunn zu besichtigen sind.[62]

Marianna hatte sich anfänglich für Naturwissenschaften nur ihrem
Vater zuliebe interessiert, aber bald erkannt, wie vielfältige Anregungen
davon ausgingen, und so legte sie sich mit den Jahren, in denen ihr die
Vergnügungen des Hofes nichts mehr bedeuteten, eine beachtliche Mineraliensammlung zu, die seltene Stücke enthielt. In der Burg hatte sie
Platz genug für ihre Raritäten, die bei namhaften Kennern Beachtung
fanden. Sie machte allerdings von dieser ausgedehnten Liebhaberei keinerlei Aufhebens, wie denn überhaupt ihr ganzes Wesen eher auf Resignation abgestimmt war:

*. . . mittlerweile schickte mir Gott viel Verdruß, viele Krankheiten,*
*so bald ich nicht mit denen Weltfreuden hielt, so bald verließen mich die*
*meisten derer, so ich meine Freunde glaubte, und die mir so viel schuldig*
*waren. Dies betrübte mich außerordentlich und machte mich vollkom-*
*men die Welt und ihre Eitelkeit erkennen und verachten.*[63]

Als sich Mariannas acht Jahre jüngere Schwester Maria Amalia 1769
nach Parma verheiratete, begann ein reger und freundlicher Briefwechsel, der leider verschollen ist. Aber auch mit der nach Neapel verheirateten vierzehn Jahre jüngeren Maria Karoline entwickelte sich ein sehr an-
geregter Schriftverkehr. Karoline hat später sehr viel für das Kloster in
Klagenfurt beigesteuert und der Schwester tatkräftig geholfen, es zu erhalten.

Um die gleiche Zeit wurde Marianna eine Ehrung aus dem Ausland
zuteil, auf die sie sehr stolz war. 1769 kam ein Oberstleutnant Scarlatti
als Vertreter der Großherzoglichen Akademie der Künste aus Florenz
nach Wien und ließ der Erzherzogin durch den Direktor der »Liechten-
steinschen Galerie«, Vincent Panti, das Diplom eines erwählten Mitglie-
des überreichen. Es war natürlich schmeichelhaft für Marianna, durch
eine so bekannte Akademie Anerkennung zu erlangen.[64]

Als es feststand, daß die älteste Tochter Maria Theresias nach Klagenfurt gehen würde, erhielt – mit Einwilligung der Kaiserin – der Hofarchi-
tekt Pacassi von ihr den Auftrag, ein Palais in der Völkermarkter Vorstadt zu bauen, und zwar in der unmittelbaren Nähe des Klosters. Man

kaufte dafür Land, darunter auch einen Teil des Klostergartens, für insgesamt 6000 Gulden. Der Bau zeigte nach seiner Fertigstellung eine ziemlich schmucklose, spärlich gegliederte Fassade im vorweggenommenen Empirestil. Nur das schmiedeeiserne Gartentor ist in den reichen Formen des Spätrokoko gehalten. Bei einer späteren Reise fand Leopold dann die Ausstattung des Schlößchens sehr prächtig, geschmackvoll und gemütlich.[65]

Als Marianna gemeldet wurde, daß der Bau vollendet sei, schrieb sie an den bevollmächtigten Baron von Herbert:

*Jetzt laß ich alles bloß und allein Gott übrig wohl resolviert, das wann alles über den Kopf zusammen fahlen thäte ich doch gewiß wann Gott die kayserin nehmen thät hinein kommen werde; . . . gott wird das machen was zu meinem zeitlichen und ewigen besten ist, ich übergib mich vollkommen ihm. – Ich recommandire ihm meine liebe würdige Frau (Oberin); richte er ihr eine menge von mir aus wie sehr wünsche ich einst bei ihr in meiner ruh zu sein und mit meinen lieben Carnthner mein Leben zu enden.*[66]

Mariannas Tagebuch blieb der Öffentlichkeit lange unbekannt. Erst 1910 veröffentlichte Pater Innerkofler in seinem Buch über die Erzherzogin ausgedehnte Passagen. Darin sind kurze Bekenntnisse enthalten, die darauf schließen lassen, daß es einmal eine unglückliche Liebe im Leben Mariannas gab. Wer der Betreffende gewesen sein kann, darüber existieren nicht einmal Vermutungen. Ihre Aufzeichnungen lesen sich rührend:

*. . . meine geburt, eine gewisse hohe arth im umgang bewarten mich lang vor der gefahr sich lieben zu hören, ich war zeit meines lebens nicht eitel glaubte mich nicht imstand gefahlen zu können also argwohnete nicht das ich gefahlen thäte; ich hatte nachdem das glück jemanden zu lieben so bescheiden und vorsichtig war und wollte nihemals eine Comedie wie ich ihrer vill gesehen hatte spillen, so bald ich einmal liebte so dachte ich auf niemand anderen, und liebte beständig fort durch 21 Jahr das letzte so wie das erste, ich nahme doch darunter meine entschlissung hieher zu kommen, alzeit hoffend das dieser zeit punct entfernet, und wann er kommen solte gott mir seine gunst geben werde, er kam, ich kann mir es nicht selbsten laugenen (leugnen) das diser streit der gröste war, das er es noch ist . . .*[67]

Ganz sicher war diese unerfüllte Liebe einer der Gründe dafür, daß sich die Fürstin so viel mit verschiedenen Liebhabereien beschäftigte und sich auf verschiedenen Fachgebieten solide Kenntnisse aneignete, die eigentlich außerhalb weiblicher Interessen lagen. Aber das Hofleben muß ihr nichtig und leer erschienen sein. So schrieb sie am 13. März 1773:

*... gieng ich später in die kirche aus menschlichem respekt; auch das, was ich in der Kirche war, brachte ich mit zerstreuung und geschwätz zu. Nachmittag gieng ich hinunter zur Fastel bei meiner Schwester, um den Kaiser zu seinem Geburtstag glückzuwünschen. Es kam mir recht hart an, mußte auch Auslachungen und Verachtungen in meinen Ohren anhören, so mich sehr innerlich erzürnt und in meiner Verachtung und Bitterkeit stets vermehrt. Ich kam ziemlich niedergeschlagen und verdrießlich auf den ganzen Tag zurück, hörte zerstreut die Predigt und legte mich mit Freude nieder, weil dieser Tag wieder einer weniger meines Lebens ist; ehe daß ich schlafen gieng, redete ich sehr heftig und freute mich in Bitterkeit über jemanden.*[68]

Offenbar um dem faden Hofgeplänkel zu entrinnen, vertiefte sich Marianna um diese Zeit besonders in ihre Arbeit an einem Medaillenbuch. Schon ihr Großvater, Kaiser Karl VI., hatte die Idee, dem Beispiel Ludwigs XIV. von Frankreich zu folgen und eine »Histoire Métallique«, eine Regierungsgeschichte in Denkmünzen, herzustellen. Zu seinen Lebzeiten blieb jedoch das Werk unvollendet. Maria Theresia griff diesen Gedanken wieder auf und führte ihn durch. Sie gab münzenähnliche Medaillen heraus, auf welchen die wichtigsten Ereignisse politischer und familiärer Art dargestellt waren, die jedoch keine gesetzliche Zahlkraft hatten. Sie sollten hauptsächlich der politischen Propaganda dienen. Die Münzen wurden ausschließlich auf Befehl der Kaiserin geprägt, und sie lancierte sie hauptsächlich zur Verteilung in solche Gebiete ihrer Länder, die entweder vor einer Wahl, Volksbefragung oder einer Huldigung des Kaiserhauses standen.

Marianna hat sorgfältig alle diese Münzen gesammelt. Das Werk, das sie schließlich verfaßte, trug den Titel:

Sammlung der unter der glorreichen Regierung der
Kaiserin Königin Maria Theresia bishero geprägten
Denkmünzen

Diese Handschrift, datiert vom Jahre 1774, ist leider verschollen. Der Numismatiker Bergmann, der ein Werk über die Pflege der Münzkunde im 18. Jahrhundert verfaßte, hat sie noch bewundert, und von ihm besitzt man eine genaue Beschreibung:

*Ein Großfolio, eingebunden in blaues Maroquinleder mit Gold-schnitt. Auf dem Deckel die verschlungenen Initialen M. T. (Maria Theresia) in Gold und der oben zitierte Titel in Frakturschrift. Das untere Feld des Deckels zeigte ein großes Medaillon mit dem nach links gekehrten Brustbild der Kaiserin im Witwenschleier, mit dem Medaillon Franz Stephans und der Umschrift »Maria Theresia Augusta«.*

*Das Reversiv zeigte die Erzherzogin vor einer Tempelhalle, wie sie gerade mit einer Feder eine Medaille in ihr Buch einzeichnet. Die Hauptarbeit war also 1774 beendet und schloß mit der Münze anläßlich der Verbesserung und Erneuerung des lateinischen Schulwesens. Zwischen 1774 und 1779 folgten noch Zeichnungen von weiteren siebzehn Medaillen, allerdings nur mit deutschem Text, während der Hauptteil halbbrüchig deutsch und französisch geschrieben ist. Auf der ersten Seite befand sich eine Widmung an die Kayserin . . .*

*Es wird glaubwürdig versichert, daß Marianna die Medaillen selbst gezeichnet und auch selbst gestochen habe. Sie wurde bei dieser großen Arbeit von Adam Ritter von Bartsch, einem Schüler Schmutzers, unterstützt. Die Sammlung umfaßte 263 paginierte Blätter mit einer chronologisch geordneten Inhaltsangabe.*[69]

Als diese Arbeit abgeschlossen war, wandte sich Marianna ihren naturgeschichtlichen Studien wieder zu. 1776 wurde auf Antrag des Oberstkämmerers Orsini-Rosenberg ein sehr fähiger Mineraloge und Montanist, Ignaz von Born, nach Wien berufen. Er genoß in der Fachwelt einen ausgezeichneten Ruf und sollte das kaiserliche Naturalienkabinett neu ordnen. Marianna ergriff die günstige Gelegenheit und setzte sich mit ihm in Verbindung. Durch ihn wurde dann auch ihre Mineraliensammlung so angelegt, daß sie den Anforderungen der Naturwissenschaftler entsprach. Marianna schätzte den Gelehrten Born mehr und mehr und bezeichnete ihn ausdrücklich als ihren Freund.

Fast in jedem fürstlichen Hause gab es einen Chronisten, vor dessen spitzer Feder und scharfer Beobachtungsgabe niemand in der Familie sicher war. In der Generation der Kinder Maria Theresias erfüllte Erzherzog Leopold diese Aufgabe, geboren 1747, gestorben 1792 als Kaiser Leopold II., der Nachfolger seines Bruders Joseph II.

Im Jahre 1778 lebte Leopold seit dreizehn Jahren als regierender Großherzog der Toscana in Florenz. Zwischen Österreich und Preußen herrschte der Bayerische Erfolgekrieg. Joseph war im Felde bei seinen Truppen, und Leopold wurde ersucht, in Wien einen längeren Besuch abzustatten. Diesen Aufenthalt 1778 benutzte der nach so langen Jahren heimgekehrte Bruder, die Geschwister unter die Lupe zu nehmen. In einem Aktenstück, das so geheim war, daß es in einer italienischen, selbsterfundenen Kurzschrift abgefaßt wurde, schilderte er seine Eindrücke. Er betitelte es »Stato della famiglia«. Über Marianna schrieb Leopold recht betrübliche Dinge:

*Die Maria Anna hat keinen Einfluß, sie lebt ganz für sich und zurückgezogen und sieht nur einige Personen ihres Vertrauens. Sie trägt große Frömmigkeit zur Schau . . . Wie die Kaiserin ist sie immer ernst, betrübt und melancholisch und fast immer krank. Sie hat viel Talent und Ehrgeiz, etwas zu gelten und sieht sich völlig verachtet und beschimpft bei allen Gelegenheiten, sowohl von der Kaiserin wie vom Kaiser, die ihr niemals ins Gesicht sehen und ihr die ärgsten Kränkungen zufügen und ebenfalls von der Maria.*

*Sie . . . lebt für sich und geht nie aus, möchte aber doch immer die Neuigkeiten wissen, Protektionen gewähren und schreiben. Sie ist nur sehr befreundet mit der Schwester, die in Parma ist und mit der sie in Briefwechsel steht und mit keiner der anderen. Sie will immer von Geschäften reden und intriguieren, ist ist zu freigebig und immer voll Schulden, die mehrmals die Kaiserin hat zahlen müssen, da sie Schulden bei Kaufleuten hatte und nie auskommt; und auch das hat die Kaiserin geärgert.*

*Jetzt beschäftigt sie sich mit einem gewissen Hofrat Born, eine Sammlung oder ein Kabinett der Naturgeschichte aufzubauen, das sehr schön und reichhaltig ist und sie hat einen botanischen Garten in Schönbrunn, aber das alles kostet sie sehr viel Geld und gibt ihr Gelegenheit, eine rege Korrespondenz zu unterhalten und von sich reden zu machen in vielen Ländern, wohin sie schreibt oder schreiben läßt, um naturgeschichtliche Stücke zu bekommen, was ihr Freude macht, aber der Kaiserin nicht gefällt.*

*Sie ist mit niemandem von der Familie verbündet, ist voll Mißtrauen und Geheimnissen, lebt immer für sich allein mit ihrer Dienerschaft. Sie hat ihre Räume in Klagenfurt . . . von jenen der Kaiserin getrennt und hat sie sich selbst gewählt und die, wenngleich klein, doch ausreichend sind.*[70]

Diese Schilderungen erwecken vielleicht den Eindruck, als sei Marianna schon im Alter von vierzig Jahren etwas schrullig gewesen. Das stimmt sicherlich nicht. Die Verhältnisse am Kaiserhof waren eigenartig, und der Umgang mit der Kaiserin brachte nahezu für alle außer Mimi Schwierigkeiten mit sich. Swinburne, der über die europäischen Höfe zu Ende des 18. Jahrhunderts schrieb, erwähnte einmal, daß Erzherzogin Elisabeth sich beklagt habe, es sei ein Schandfleck in der Regierung Maria Theresias, ihre erwachsenen Töchter wie Kinder zu halten.[71]

Für Marianna bedeutete der Aufenthalt am Hofe ihrer Mutter zeitweise in der Tat ein gelindes Martyrium. Wenn die Kaiserin zu ihr ungnädig war, so war dies für die gesamte Hofgesellschaft ein Signal, der Erzherzogin Marianna ebenfalls so wenig Achtung wie möglich zu erweisen. An anderer Stelle kam Leopold in seinem Familientagebuch noch einmal auf diesen Punkt zurück:

*Was die Schwestern Maria Anna und Elisabetha betrifft, so behandelt sie die Kaiserin schlecht und sieht sie sehr selten und fast immer schilt sie sie aus und zeigt ihnen üble Laune, besonders der Maria Anna, weil sie sich in alles einmischt und intriguiert, und der Elisabetha, weil sie klatscht und sie erzählen alles sofort weiter. Über Maria Anna ist sie besonders verärgert und behandelt sie bei jeder Gelegenheit schlecht und läßt es auch in der Öffentlichkeit erkennen, aber über Elisabetha weniger. Sie denkt überhaupt nicht an die Versorgung der letzteren. Für Maria Anna ist schon die von Klagenfurt festgesetzt.*[72]

Unter diesen Umständen war es Marianna nicht zu verdenken, wenn sie insgeheim die Zeit herbeisehnte, wo sie selbständig leben und handeln dürfte, wo sie in Klagenfurt ihren eigenen Hof halten könnte mit allen Annehmlichkeiten, die sich dann daraus ergäben. Außerdem erwartete sie bei den Elisabethinerinnen eine große Aufgabe für den Rest ihres Lebens, denn, wie schon erwähnt, ging es dem Kloster schlecht. Der Geldmangel wirkte sich zeitweise katastrophal aus. Das Klostertagebuch der nachmaligen Oberin Xaveria Gasser schilderte die Zustände Anfang des Jahres 1780, eine Hungersnot bei den Nonnen:

*Inzwischen erreichte unsere Not die höchsten Stufen. Es kam die heilige Fastenzeit des Jahres 1780, die wir nie wieder vergessen werden. Unsere Speisekammer war zum Hungern, aber nicht zum Fasten eingerichtet, weder Mehl zum Brotbacken, noch Greiselwerk (andere Lebensmittel) zu finden. Wir wendeten uns an unseren Beichtvater Josef von Edlingen . . .*

*. . . (er) und Herr Dr. Göggel forderten durch die getreue Schilderung unseres Jammers die ganze Welt zum Mitleid und Erbarmen auf. Ersterer fing gleich, nach seiner Gewohnheit, in allen Dingen den geradesten Weg zu nehmen, damit an, daß er Sammlungen an Geld machte, welches er nicht der Oberin, sondern der Küche übergab, um eilends sich behelfen zu können. Noch am Tage, da wir unsere Armut verlautbaren ließen, erhielten wir von der Frau von Plattenfeld Fleisch, Reis und Eier. Die Stadt ward aufmerksam. Täglich schickte man uns verschiedene Eßwaren . . . in ergiebiger Menge zu. Wir erhielten sie an der Pforte, sehr oft ohne zu erfahren, wer unsere Wohltäter wären.*[73]

Marianna konnte das Kloster erst nach ihrer Übersiedlung nach Klagenfurt finanziell wirksam unterstützen. Vorher schickte sie Geschenke, Handarbeiten, so unter anderem einen schwarzen Samtornat, ein Meßgewand für den Jahrestag des heiligen Franz. Im Archiv Tratzberg fand sich ein Brief, den Maria Theresia am 28. 11. 1780, zwei Tage vor ihrem Tod, an Marianna geschrieben hatte:

*Meine liebste Marianne.*

*Obwohlen einverständlich mit des Kaisers Mayst. und liebden in der Absicht nach meinem todt nach Klagenfurt sich zu rethriren eingehe . . . so will jedoch dir wohlmeinend rathen, mit deiner Entschlüssung in den nächsten Augenblicken nach meinem Tod gedenck zu halten, und wohl zu überlegen, was das beste für dich seyen möchte, und ob du nicht hier bey Hof bleiben wolltest; vor allem kann ich dir nicht genug anempfehlen, dein vollkommenes Vertrauen in des Kaisers Mayst. und liebden zu tragen, die in diesen Umständen, als ein würdiger Sohn und zärtlicher befreunter sich bezeuget. lebe vergnügt noch lange Jahre, förchte und liebe god (Gott) und bitte für deine getreue Mutter, welche dir nochmals den mütterlichen Segen von ganzen Herzen ertheillet.*

*Maria Theresia*[74]

Vom Tode der Kaiserin hinterließ Marianna einen langen und minuziös alle Einzelheiten festhaltenden Bericht in ihrem eigenwilligen Deutsch. Die nachstehend wiedergegebenen Auszüge sind weitgehend in die Sprache unserer Tage übertragen:

*Die Nacht des 28ten war so übel, daß man fürchtete, sie möchte sterben. Störck sagte ihr, daß es anfange schlecht auszusehen und er ihr rate, die letzte Ölung zu begehren . . . Um vier Uhr früh kam man, uns in ihrem Namen zu holen, um uns zu sagen, daß man ihr gleich die letzte Ölung geben würde und daß sie wünsche, uns dabei zu sehen. Daß aber dennoch, wenn es einen von uns gar zu hart ankommen täte dabei zu sein, so dispensierte sie uns und sie würde es nicht übel nehmen, wenn man ausbleiben täte.*

*Aber wir kamen alle und knieten mehr tot als lebendig um sie herum. Sie saß in ihrem Sessel, hatte eine geheftete Haube auf und einen braunen Männerschlafrock, den sie allzeit trug und in dem sie auch starb, an, welchen ich nach ihrem Tod von ihren Leuten gekauft habe und ihn jetzt wie eine Reliquie verehre und schon zum Kleid, das ich in meinem Sarge anlegen werde, habe herrichten lassen.*

*Sie betete laut mit großer Andacht alle Gebete mit. Als die Zeremonie vollendet war, standen wir alle auf und ließen sie mit ihrem Beichtvater (allein). Nach einer Viertelstund ließ sie uns alle hinein, den Kaiser, den Maximilian, die Marie, ihren Mann, die Elisabeth und mich. Wir stellten uns im Kreis um ihren Sessel. (Sie) machte uns eine Anrede von mehr als einer Viertelstund ohne die Stimme zu verändern. Sie empfahl uns den Kaiser, sie dankte uns um unsere Lieb vor sie, sie sagte die rührendsten Sachen, sah uns alle in Tränen zerfließen und blieb gelassen. Der Kaiser wollte ihr antworten, konnte aber nicht, er stieß einen Schrei aus und kniete vor ihr nieder. Sie gab ihm ihren Segen, er küßte ihr die Hand, sie küßte ihn, welches wir jeder, einer nach dem anderen ebenfalls taten, also wir alle sechs. Dann . . . blieben wir wiederum auf unseren Plätzen stehen, denn wir wußten nicht, was wir taten. Endlich sah sie uns an und sagte:* »Gehet hinaus, mir kostet es zu vill, euch so zu sehen.«

*Nach dieser entsetzlichen Szene gingen wir in die Kirche, dann hin und her; den ganzen Vormittag aber sah sie uns nicht. . . Sie hatte nicht die mindesten Ängste und Gewissensskrupeln, so daß sie seit ihrem Versehen nie verlangte, mit dem Prälaten allein zu reden. Sie sagte einmal:* »Ich habe alles in der guten Intention getan, ich hoff, Gott wird mir barmherzig sein.«

*Sie hatte sich bei ihren Lebzeiten oft vorgenommen, so zu sterben und sagte mir es recht oft. Jetzt sagte sie:* »Ich habe allweil gearbeitet so zu sterben, aber ich habe mich gefürchtet, es möchte mir nicht geraten. Jetzo sehe ich, daß man mit der Gnad Gottes alles kann.«

*. . . Auf den Abend des 28ten, als wir alle wie gewöhnlich um einen Tisch saßen, auf welchen sie sich mit den Armen stützte und, wenn sie schlummern wollte, darauf lehnte – und den ich sorgsam begehrte und mit mir nahm – hatte sie die Attention, noch sich mit uns zu beschäftigen. Sie fragte mich, wie es mir ginge, ermahnte den Kaiser, eine Mix-*

tur, die er hatte, zu nehmen, weil er hustete. Und dergleichen so bewies (sie), daß sie mit nichts als mit uns beschäftigt war. Weil aber ein Diskurs unter sehr Betrübten, so ihre Tränen zurückhielten, nicht lange dauern konnte, so wurden wir oft still. Sie schauete uns eine Weil eines um das andere an, dann sagte sie: »Glaubt nicht, daß mein Herz gegen euch seit zweimal vierundzwanzig Stunden geändert ist und daß ich euch nicht just so liebe, als ich euch liebte, nein, aber ich habe euch Gott geopfert als dies, was mir am liebsten ist und was mir allein hart ankommt, zu verlassen. Also sah ich euch ruhig an.« Wer konnte bei solchen Reden der Tränen sich enthalten, und deren kamen manche vor.

Die Nacht des 29ten war sehr schlecht. Ihre Mayestät hatten eine Attaque von Ersticken, wo man glaubte, sie würde vergehen. Als sie sich wiederum erholt hatte, schien es, als wenn sie schläfrig wäre und sich daran hindern wollte. Wir rieten ihr, ein wenig zu schlafen. Sie antwortete: »Wie wollt ihr, daß ich schlafen soll, indem jeden Augenblick erwarte ich, vor meinen Richter gerufen zu werden, ich fürchte mich zu schlafen, denn ich will nicht überfallen werden und will ganz den Tod kommen sehen.«

Um drei Uhr nachts bat sie den Kaiser, er möchte sich ein wenig aufs Canapee legen, und ihr den Maximilian, den sie in diesen letzten Zeiten sehr liebte, herein zu rufen. So geschah (es) und sie redete mit ihm allein eine Stund. Um fünf Uhr fragte sie, ob sie einen Milchkaffee trinken dürfte. Man erlaubte es ihr und sie trank zwei Schalen. Wir waren alle dabei. Sie machte den Kaiser mit ihr trinken und sorgte noch, daß er nach seinem Gusto bedient wurde. Er konnte aber nichts hinunter bringen, so war er gerührt. Um sechs Uhr schickte sie uns selbst im Segen (in die Andacht).

Nach der Messe ließ sie mich holen und redete eine halbe Stunde mit mir allein. Sie redete von allen dem mindesten, was mich anging mit solcher Stärke und Gegenwart des Geistes, als sie in den Jahren hatte, als sie am stärksten war. Die Stimme war aber sehr hohl und ausgelöst, das Gesicht völlig verändert und die Todeszeichen darauf. Ich werde es Zeit meines Lebens so vor Augen haben . . .

Sie nahm die ganze Krankheit alle Medizinen, so man ihr gab; aber drei Stund vor ihrem Tod brachte ihr der Störck eine Mixtur, sie lächelte und sagte: ich bedanke mich, dies gehört nur, um mich aufzuhalten, dies nehme ich nicht! und nahm auch nichts mehr.

Fünf Minuten vor ihrem Tod stand sie mit Gewalt von ihrem Sessel auf und machte einige Schritte bis zu ihrer Chaiselongue, wo sie zusammensank. *Man legte sie so gut als möglich hinauf, sie half sich noch selbst. Der Kaiser sagte:* »*Ihro Mayestät liegen sehr übel!*« »*Ja*«, *sagte sie,* »*aber gut genug, um zu sterben.*« *Sie machte noch drei vier Atemzüge und verschied; sie hatte schon den ganzen Tag die Händ und die Füß blau und kalt und wenig frasige Bewegungen, unter anderm machte sie den ganzen Tag die Bewegung, als wenn sie ihre gewöhnliche Schnürl machte (knüpfte). Sie sagte eine Stund vor ihrem Tod zum Störck:* »*Ich bitte ihn, halte er mir das Licht ein und drücke er mir die Augen zu, denn dies wäre zu viel vom Kaiser gefordert.*«

*Der Kaiser kniete neben ihr, und der Maximilian und Prinz Albert knieten etwas zurück; wir wurden zu spät in der Kirche gerufen und der Kaiser und Maximilian kamen zu mir. Wir konnten nicht reden, umarmten uns, und so endigte diese entsetzliche Tragödie. Sie starb als eine wahre christliche Heldin, sie wird glücklich sein, wir aber unglücklich, die beste aller Mütter verloren zu haben . . .*

*Sie hatte die Gnad vor mich, mir ihr alltägliches Betbuch noch zwei Tag vor ihrem Tod zu schicken; ich kaufte das Kaffeegeschirr, wovon sie täglich trank und nahm nach ihrem Tod ein gewisses Reliquien-Paket, so der selige Kaiser stets an seinem Scapulier getragen und sie nach seinem Tod nahm und bis zu dem ihrigen trug. Alles dieses sind mir so heilige und werte Reliquien.*[75]

Aus der liebevollen Schilderung läßt sich erkennen, daß Marianna alles vergessen wollte, was die Mutter ihr zuweilen an Kummer in unwilligen Minuten zugefügt hatte. Für die Tochter stand der Verlust des einzigen Menschen, auf dessen Liebe sie im Grunde immer zählen konnte, absolut im Vordergrund.

Die Erwartung, Joseph würde die ältesten Schwestern bitten, in Wien zu bleiben, erfüllte sich nicht. Joseph drängte zwar nicht, aber am 30. Dezember 1780 schrieb er doch recht unmißverständlich und erbat eine Entscheidung von Marianna:

*. . . ich bin weit davon entfernt, der Frau Schwester über die zu treffende Wahl und Entschließung das mindeste dafür oder dagegen zu sagen, da selbe lediglich Ihrer freyen Willkür und richtigen Überlegung überlassen werden muß. Nur erbitte ich mir eine bestimmte schriftliche Erklärung nämlich: Über die Hauptfrage, ob dieselbe hier für beständig zu verbleiben, oder den von Ihro Majestät aus mütterlicher Vorsorge bestimmten Wohnort anjetzo zu beziehen gedenken? . . . damit ich bayzeiten nach dero Geschmack und Gesinnungen zu erfüllen mir besonders am Herzen liegt, zubereiten könne.*[76]

Für Marianna bedeutete die Antwort eine reine Formsache, denn innerlich war sie längst entschlossen, nach Klagenfurt zu gehen. Sie war jetzt eine reife Frau von zweiundvierzig Jahren, wußte ziemlich sicher, daß sich aus irgendwelchen unbekannten Gründen ihre jahrelang gehegte geheime Liebe nicht erfüllen würde. Sie strebte jetzt endlich den Wirkungskreis an, der ihr seit Jahren vor Augen stand: als Mäzenatin den Elisabethinerinnen und ihrem Kloster viel Gutes zu tun.

Sie ging daran, ihren Haushalt in der Burg aufzulösen. Zu der Mineraliensammlung hatte sie noch eine große Insektensammlung aufgebaut. Als Ergänzungen der kaiserlichen Naturalienkabinette kamen sie nicht in Frage, da dann das meiste doppelt vorhanden gewesen wäre.

Marianna besaß 138 Stücke goldhaltiger und 285 Stücke silberhaltiger Erze, 436 Stück verschiedener Kupfererze, Bleilegierungen, Eisen und auch Platin. Es waren ungefähr 1 500 Stück edler Metalle. Man teilte damals noch nach Metallen und Halbmetallen ein; unter Halbmetalle rechnete man Kobalt, Zinn, Arsenik und Magnesium, alles in allem 500 Stück, ferner verschiedene Salze und vulkanische Gesteine. Sie besaß viel Marmor, zumeist geschenkt von ihrer Schwester, der Königin Karoline von Neapel, Versteinerungen, Schnecken, Muscheln, versteinerte Holzarten und verschiedene Fossilien, im ganzen 700 Stück.[77]

Daß man für die Aufbewahrung dieser Exponate Platz brauchte, lag auf der Hand. In Klagenfurt würde sie diesen nicht haben. Es fand sich eine Möglichkeit, die Sammlung an die Universität in Buda zu verkaufen, allerdings war der Erlös nicht zufriedenstellend, Marianna mußte sich mit einer Ratenzahlung abfinden. Am 13. Februar 1781 war der Verkauf endgültig. Alles wurde in vierundzwanzig Kisten verpackt. Hofrat Born überwachte selbst die Arbeiten und stellte ein Verzeichnis der Kisten und ihres Inhalts auf.

Gleichzeitig trennte sich Marianna von ihrer Bibliothek. Die wertvolleren Bände wurden mit den Beständen der Universitätsbibliothek verglichen und Fehlendes ergänzt. Ein Teil der wissenschaftlichen Bücher ging an die einzelnen Lehrkanzeln und Professoren, der übrige Lesestoff an die Schulen Wiens.

Mit ihrem Wohnungswechsel nahm Marianna gleichzeitig Abschied von jahrelang gehegten, ihr liebgewordenen Wissensgebieten. Recht stolz war sie darauf, daß man bei Auflösung ihrer Insektensammlung feststellte, diese sei reichhaltiger und vielfältiger als die des Kaisers. 195 Arten von Käfern und 371 Schmetterlingsarten, alle fachmännisch in Schaukästen verwahrt.[78]

Zu gleicher Zeit wie Marianna hatte sich Elisabeth entschlossen, als Äbtissin des Adeligen Damenstiftes nach Innsbruck zu gehen. Auch sie löste ihre Wiener Hofhaltung auf und traf Vorsorge für die Übersiedlung.

Schon am 12. Januar 1778 war der Hofkammerfurier Leopold von Edlersberg nach Klagenfurt und Innsbruck geschickt worden, um die zukünftigen Wohnungen der Erzherzoginnen zu begutachten und notwendige Reparaturen vornehmen zu lassen. 1780 machte Edlersberg diese Reise erneut, und im Februar 1781 überreichte er der Kärntner Landesregierung eine Liste notwendiger Reparaturen. Die Fresken in den Herrschaftszimmern des Palastes zu Klagenfurt und Teile des Verputzes waren abgefallen, die Ausstattung des Audienzzimmers wurde als sehr mangelhaft befunden und im ganzen Haus das völlige Fehlen von Spiegeln festgestellt. Auch gab es keine Garten- und Küchenmöbel. Joseph bemerkte dazu am Rand jener Liste, zu Klagenfurt sei an der Möblierung nichts zu ändern, da sie auf eigene Anschaffung und nach Geschmack der Erzherzogin gemacht worden sei. Er schlug vor, fehlende Gerätschaften aus den Beständen der Hofburg zu ergänzen, stieß aber auf energischen Widerstand beider Schwestern, die angeblich nur das Neueste und Beste wollten. Ein Vorrat an Porzellan und Wäsche befand sich schon in Klagenfurt. Joseph monierte, ihm sei keineswegs begreiflich, »zu was 400 Leinentücher« in Klagenfurt dienen sollten. Marianna hatte diese Reserve als eisernen Vorrat für das Spital des Klosters gedacht.

Obwohl Joseph die testamentarischen Bestimmungen und Wünsche der Kaiserin allgemein befolgte, zeigte er sich bei geringstem Anlaß, der darüber hinausging, äußerst kleinlich. Zum Beispiel ließ er von den Weinen, die der Hof an die beiden Schwestern abtreten sollte, Champagner, Burgunder und Rheinwein wieder streichen.[79]

Mit der Übersiedlung Mariannas nach Klagenfurt sah die Vermögensverwaltung ihr Einkommen als Äbtissin des Damenstiftes in Prag für erloschen an. Für die Klagenfurter Hofhaltung hatte Maria Theresia jährlich 40 000 Gulden bestimmt. Im Testament hieß es: ». . . und weilen die mit selben hart und genau sich behelfen müßte . . .« So folgte anschließend die Bitte der Kaiserin, Joseph möge aus eigenen Mitteln noch 10 000 Gulden dazulegen. Da des Kaisers Ratgeber der Meinung waren, diese Bestimmung sei bindend, mußte Joseph trotz aller Sparsamkeit darauf eingehen. In einem Handbillett an Marianna bestimmte er, daß die Summe von 50 000 Gulden jährlich, und zwar schon ab 1. Januar

1781, ausbezahlt wurde. Mariannas Jahresetat für die Hofhaltung betrug 16 800 Gulden. Es verblieb ihr also noch einiger finanzieller Spielraum, um davon die Zuwendungen an die Elisabethinerinnen zu bestreiten.[80]

Obersthofmeister Graf Colloredo und die Obersthofmeisterin Gräfin Salmour zeigten beide nicht die geringste Lust, sich in der Provinz zu vergraben. Man einigte sich schließlich dahingehend, daß Colloredo für ein Jahr nach Klagenfurt mitging und dann abgelöst werden sollte. Der Gräfin Salmour gelang es, ihr Verbleiben in Wien durchzusetzen. Ihren Posten übernahm die Gräfin Colloredo ebenfalls für ein Jahr, jedoch ohne Gehalt. Es galt als durchaus unschicklich, daß eine Erzherzogin, wo auch immer, ohne Obersthofmeisterin lebte.

Weitere Personen des Hofstaates waren der Beichtvater Franziskus Richter, der Hofkaplan Joseph Anton Pfuster von Pfusterschmid, der Hofwirtschaftsrat Schlager und der Actuarius und Kanzlist Baumann. Ferner sind erwähnt drei Kutscher, Vorreiter, Postillons und das übrige Hauspersonal.

Am 22. April 1781, um sieben Uhr früh, gleich nach der Frühmesse, nahm Marianna endgültig Abschied von Wien. Sie kam nie mehr dahin zurück. Sie reiste über Mürzzuschlag und Judenburg und erreichte am 25. April um 14 Uhr 45 Klagenfurt.[81]

Die neue junge Oberin der Elisabethinerinnen, Xaveria Gasser – die Gräfin Küenburg war kürzlich verstorben – hat in ihren Aufzeichnungen über die Klostergeschichte genau festgehalten, wie Mariannas Ankunft in Klagenfurt verlief:

*Inzwischen machte man in Klagenfurt zum Empfange von allen Seiten Vorbereitungen, aber ohne Erfolg, weil die Erzherzogin am Posttage vor ihrer Ankunft dem Landeshauptmann Grafen von Rosenberg den Auftrag gab, alle Feierlichkeiten, die dem Lande Kosten machen würden, zu entfernen. Sie verlangte nichts anderes, als daß der Bischof sie in Begleitung der Klerisei an der Kirchentür empfangen und dann eine Litanei mit Segen halten solle, wonach sie gesinnt sei, in dem zunächst an der Kirche gelegenen Orte den Klosterfrauen und Kostfräulein den Handkuß zu geben.*

*Alles wurde veranstaltet. Von Mittag an sammelte sich das Volk schon haufenweise an der Straße, woher die Beglückerin des Landes kommen mußte. Vom St.-Veiter-Tore bis zum Kloster wimmelte es von Menschen. In der Kirche selbst wurde nur der Adel eingelassen. Gleichwohl mußte man noch da die Wache zur Hilfe nehmen, um die Erzher-*

*zogin nicht erdrücken zu lassen. Sie kam nach vier Uhr abends. Wer
kann den Jubel, die Freude, das Frohlocken beschreiben, da man sie aus
dem Wagen steigen sah. Sie warf sich in der Kirche auf den mit Samt bedeckten Betstuhl und zwang sich, eine heitere Miene anzunehmen. Allein die Kunst, sich zu verstellen, glückte ihrer redlichen Seele nicht.
Häufige Tränen, die durch die ganze Litanei die Wangen herabrollten,
verrieten genug, wie viel ihr Herz litt, indem sie von der lebhaften Vorstellung ergriffen wurde, daß dies der Ort sei, wo sie sterben sollte . . .*

*Sie kam also auf mich (zu), die Unnachahmliche, warf sich auf die
Knie, empfahl sich meinem Schutz, in welchem sie leben und sterben zu
wollen versprach. Dieser Auftritt rührte uns alle so sehr, daß wir keine
Sprache hatten und unser Gefühl nur durch Weinen und Schluchzen
ausdrücken konnten . . .*

*Nach Vollendung dieser ersten Bewillkommnung ging die Erzherzo-
gin in Begleitung des Bischofs und ihres ganzen Gefolges in mein Zimmer. Hier sagte sie mit ihrer mir gewöhnlichen Offenherzigkeit:* »*Ich
bedaure Sie von Herzen, daß Sie an diesen Platz gekommen sind. Ich
weiß schon, daß er sehr übel ist. – Sie sind sehr arm. Aber seien Sie ge-
tröstet! Gott wird Ihnen schon helfen. Und was ich tun kann, um es Ihnen zu erleichtern, werde ich gewiß tun.*« *. . . Nun ging sie in ihre
Hofstatt und verließ uns in einem Taumel von Erstaunen und Vergnügen. Wir hatten bis in die Nacht zu tun, um uns von unserer Freude und
Bewunderung zu erholen.*[82]

Es muß Marianna nicht ganz leicht gefallen sein, sich in ihrer neuen
Umgebung einzuleben. Bald nach ihrer Ankunft 1781 schrieb sie an die
Gräfin Sophie Enzenberg:

*. . . und es bedarf der ganzen Philosophie, um in einem Winkel der
Welt leben zu können, den ich bewohne.*[83]

Zu den rührendsten Andenken an ihre Familie, die heute noch im Kloster aufbewahrt werden, gehören ein von ihrer Mutter gestrickter Hand-
arbeitsbeutel und der Rosenkranz ihres Vaters. In eine Schnur von
dunklen Holzperlen sind kleine Medaillons in Herzform eingeknüpft. In
diesen goldenen Herzen liegen die Haarlocken aller sechzehn kaiserlichen Kinder. Marianna hat des Vaters Ehering und ein Miniaturbild des
Kaisers dem anhängenden Kreuze hinzugefügt.

Im ersten Jahr nach Mariannas Ankunft waren Adel und Bürgerschaft
von Klagenfurt noch von der Hoffnung beseelt, es möge jetzt ein neuer
Zug in das gesellschaftliche Leben der Stadt kommen. Zunächst hatte es

auch den Schein. Im September 1781 gab die Erzherzogin zwei Bälle auf ihrem schon vor sieben Jahren erworbenen Landschloß Annabichel, das sehr schön zwischen Klagenfurt und Maria Saal im Gebirge gelegen war. Sie machte auch zuweilen Ausflüge in die Umgebung, um ihre Nachbarschaft zu erkunden. So besuchte sie Anselm von Edling in St. Paul, den Bischof Schrattenbach in St. Andrä oder den Gurker Fürstbischof Joseph II. von Auersperg in Zwischenwässern-Pöckstein.[84] In diesem Schloß verbrachte sie auf eindringliche Einladung des Fürstbischofs auch den 6. 10. 1781, ihren dreiundvierzigsten Geburtstag.

In Klagenfurt brach, kaum daß die Staubwolken sich hinter ihrem abfahrenden Wagen gelegt hatten, eine fieberhafte Tätigkeit aus, denn man wollte Marianna bei ihrer Rückkehr festlich überraschen. Die Erzherzogin traute ihren Augen kaum, als sie abends bei der Heimkehr das Palais illuminiert und strahlend vorfand, dazu veranstaltete die Musikkapelle der Stadt ein Konzert, und die dicht gedrängt stehende Bevölkerung rief ununterbrochen: »Es lebe Marianna!« Sie war ganz ergriffen, und unter Tränen sagte sie, wie Xaveria Gasser überlieferte:

*»Ich bin wohl glücklich unter Euch. So gute und erkenntliche Herzen habe ich noch an keinem Orte angetroffen. Ich habe vierzig Jahre in Wien gelebt, aber man hat mir nicht gezeigt, daß man mich liebte!''*

*Dies sagte sie noch dazu in Gegenwart eines sicheren Edelmannes, der eben von Wien hier war und dieses niedliche Fest bewunderte.*

*Ihre Gesundheit war dies erste Jahr auch ganz gut. Sie machte kleine Lustreisen auf die benachbarten Güter der Adligen.*[85]

Dieser »sichere Edelmann« war zweifellos Mariannas große geheime Liebe. Auch jetzt in ihrer vom Hofe losgelösten neuen Existenz hatte sie nicht den Mut, ihre Zuneigung zu bekennen. Vielleicht lagen auch zu große Standesunterschiede vor und ihr erschien es aussichtslos, die Genehmigung des Kaisers zu bekommen. So glaubte sie vernünftiger zu handeln, wenn sie eine eheliche Verbindung erst gar nicht anstrebte.

Xaveria Gasser berichtete vom neuen Leben der Erzherzogin:

*Es kam der erste Winter, den wir ganz ruhig in ihrer Hofstatt und wechselweise im Kloster zubrachten. Täglich mußte ich schon in ihrer Kammer sein, wenn sie die Mittagstafel verlassen hatte. Bekam sie ihre gewöhnlichen Unpäßlichkeiten, so bekam ich die Stunde schon um zwölf oder ein Uhr. War ich selbst krank, so kam die beste Fürstin mit ihrer Arbeit und saß den ganzen Nachmittag bis gegen sechs Uhr an meinem Bette. Sie konnte keine Minute müßig sein. Wir arbeiteten oft an einem Nährahmen, verfertigten Meßgewänder und Kirchenspaliere, mit Seide gestickt. Ihre Lieblingsarbeit waren Schnüre aus Seide knüpfeln, die dann wieder zum Sticken für Kirchenornate verwendet wurden.*[86]

Nach dieser Schilderung hatte Marianna die Lieblingsbeschäftigung ihrer Mutter übernommen, die auch als lebenslang bevorzugte Handarbeit Schnüre zum Sticken von Paramenten geknüpft hatte.

Zum Karneval 1782 nahm sich Marianna vor, ein harmloses Vergnügen zu veranstalten, das jedoch für Klagenfurt den Reiz der Neuheit besaß. Sie veranlaßte einen öffentlichen Korso mit dreißig Schlitten. Aus dem Familienarchiv Rosenberg ist ein Brief erhalten, der die Herrlichkeit und Pracht dieser Schlittenfahrt rühmte, da jeder »sich bestrebte, es dem anderen hervorzutun . . .« Die Erzherzogin durfte diese Unternehmung gewiß zu einem ihrer ersten großen gesellschaftlichen Erfolge zählen. Fortan sah sie häufig den Adel Kärntens an ihrem kleinen Hofe. Es waren die Thun, die Strassaldo, der Graf Auersperg, die Grafen Christalnigg, Enzenberg, Goëss und Khevenhüller. Galonierte Läufer, Vorreiter und vierspännig gezogene Equipagen erregten großes Aufsehen. Bei der Anfahrt zu den Bällen standen die Leute mit offenem Munde, wenn es die Gesellschaftstoiletten der Damen zu bewundern gab. Bei solchen Gelegenheiten wählte Marianna die Burg von Klagenfurt als Schauplatz, in ihrer eigenen Residenz hat sie aus Platzmangel keinen Ball abgehalten.[87]

Es konnte auch nicht ausbleiben, daß verschiedene Familienmitglieder bei Marianna Besuche machten. Den Anfang hatte 1781 der jetzt fünfunddreißigjährige Maximilian gemacht, Mariannas jüngster Bruder. Sie liebte ihn von jeher sehr und nahm ihn festlich und freundlich auf. Am 25. August setzte er seine Reise zur drittältesten Schwester nach Innsbruck fort, der »Liesl«, wie die Familie sie nannte.[88]

Seltsam mutet es an, daß Marianna, doch noch in den besten Jahren, so sehr vom Gedanken an ihren Tod besessen war. Xaveria Gasser notierte in der Klosterchronik, daß sich alle Nonnen darüber gewundert hätten:

*Schon im Herbste 1781 ließ sie ihren Ort bereiten, wo sie im Tode ruhen wollte. Sie ließ den ganzen Winter hindurch unsere Gruft, die ganz klein war, durchbrechen, pflastern und auf beiden Seiten Öfen für die Klosterfrauen in die Mauer machen und vorn unter dem Hochaltar drei größere Öfen hintereinander zurechtmachen.*

*Der mittlere Platz war für sie selbst bestimmt. Dazu ließ sie einen schwarzen Marmorstein aus Tirol bringen, und sogar schon jetzt ihre Grabschrift darauf setzen. Der Platz linker Hand war mir vorbehalten, wie es von ihr mündlich und schriftlich dem Kloster mehrmals befohlen worden. Den Platz rechter Hand bestimmte sie für ihren Freund Josef von Edlingen, welchen sie nach seinem Tode 1786 daselbst begraben ließ. Die Gruft erhielt einen Altar, an welchem der Fürst Schrattenbach die erste Messe las, als er am 7. Juni 1782 die Gruft einweihte . . .*

*Unser Hochaltar war noch von jeher ungefaßt. Er hatte auch sonst nicht die Ehre, der Fürstin zu gefallen. Die Kosten eines neuen Hochaltars waren nicht klein; aber was scheute die liebe Fürstin, wenn sie einmal etwas im Anschlag hatte?*

*Sie ließ ein Modell von Wien kommen, um den neuen Altar darnach zu verfertigen. Graf Enzenberg übernahm den Auftrag, das Altarblatt in Mailand malen zu lassen. Der heilige Lorenz aber ward von einem Künstler in Innsbruck verfertigt, fiel aber nicht so gut aus, als man es erwartete und wünschte. Im Jahre 1782 kam das schöne Denkmal der wohltätigen Fürstin zustande.* [89]

Marianna glich ihr Leben mehr und mehr dem der Klosterfrauen an. Dennoch ist sie niemals Mitglied bei den Elisabethinerinnen geworden. Die ihr bald sehr innig befreundete Oberin Xaveria Gasser rühmte ihre Disziplin bei den Gebeten und erwähnte ausdrücklich ihre große Wohltätigkeit, die sich übrigens nicht auf das Kloster beschränkte:

*Sie selbst war bei allen Andachten, schlief wenig, stand früh auf und kam immer in ihr Oratorium, sobald zu irgend einer geistlichen Verrichtung das Zeichen gegeben ward. Sie betete mit uns die kanonischen Stunden, auch manchmal selbst in unserem Chore. Sie ging oft an Festtagen um vier Uhr mit uns die Mette beten, sowie sie jedesmal mit uns in der Ordnung sogestaltig die hl. Kommunion empfing, daß sie der letzten Laienschwester an der linken Seite stand . . .*

*Jährlich ließ sie im Monat Juli vor ihrem Namensfeste an Arme von Adel und der Bürgerschaft 6 000 Gulden austeilen . . .*

*Sie wußte, daß die meisten Klosterfrauen unserer Gemeinde keinen sichern Kreuzer hatten, um ihre kleinen Bedürfnisse zu bestreiten, und daß sie noch überdies sich Holz und Licht selbst anschaffen mußten, weil das Vermögen des Klosters nie hinreichte, ihnen diese Wohltat zufließen zu lassen. Die Fürstin gab daher nach dem edlen Zuge ihres Herzens an den Tagen ihrer Ankunft, ihrer Namens- und Geburtstagsfeier, auch an den Tagen, die mich betrafen, jeder Nonne zwei Gulden, womit sie für diese Notwendigkeiten ganz gut bedeckt waren.*[90]

Die Pflegestation des Klosters umfaßte zu dieser Zeit elf Krankenbetten, in die bedürftige Frauen aufgenommen wurden. Jedes dieser Krankenbetten war die einzelne persönliche Stiftung irgend eines Wohltäters oder einer Wohltäterin. Es war üblich, daß die adligen Damen in ihrem Testament 2 000 Gulden für ein neues Krankenbett bei den »Elisabethinen«, wie man in Klagenfurt sagte, auswarfen. Marianna jedoch war zu ungeduldig, auf solche Erbfälle zu warten. Zudem wußte sie, daß Kaiser Joseph in Wien gerade jetzt ein offenes Ohr für alle Angelegenheiten der Krankenpflege hatte. Sie entwarf daher ein förmliches Projekt mit etlichen neuen Betten, mit einem Ausbau und einem Umbau des Klostergebäudes und für allerlei Maßnahmen gegen eine seit langem drohende Feuersgefahr durch unzulängliche Öfen. Da der Voranschlag sich auf eine ziemlich hohe Summe belief, wurde er von Wien aus abschlägig beschieden.

Die Erzherzogin war sehr deprimiert, fürchtete sie doch, den Bruder verstimmt zu haben. Damals war die Zeit, als im Zuge der josephinischen Reformen die Aufhebung aller derjenigen Klöster bevorstand, die nicht mit Ausbildung der Jugend oder Krankenpflege zu tun hatten. Da die Elisabethinerinnen finanziell nicht ausreichend fundiert waren, sorgte sich Marianna sehr, daß auch dies Kloster in Betracht käme. Sie schrieb vorsorglich einen Brief an Joseph mit der Bitte, er möge doch das Kloster nicht aufheben noch eine räumliche Veränderung für die Nonnen vorsehen. Wegen der Feuersgefahr wolle sie selbst für eine Änderung aufkommen und im übrigen solle er doch bis zu ihrem Tode alles so lassen wie es sei.

Darauf antwortete ihr Joseph höflich, er entspreche ihren Wünschen, von Aufhebung könne keine Rede sein. Aber privat sagte er zum Erzherzog Maximilian:

»*Ich habe meine Schwester erwischt, sie macht das Gebäude!*«[91]

Die Erzherzogin fühlte sich den Nonnen des ihrem Hause benachbarten Klosters so verbunden, daß sie in den Sommermonaten bei schönem Wetter jeden Sonntag eine Einladung ergehen ließ, einige Stunden in ihrem Garten zu verbringen. In der Mauer, die damals den Klostergarten vom erzherzoglichen Palais trennte, gab es eine kleine Pforte. Bis auf diejenigen, die bei den Kranken den Dienst versahen, kamen alle Schwestern. An diesen Nachmittagen ging es sehr heiter zu, denn die Nonnen waren von munterer Gemütsart. Ein Kegelspiel im Garten fand lebhaften Beifall.

Im Haushalt Mariannas gab es, wie vorgesehen, nach Ablauf des ersten Klagenfurter Jahres eine Umstellung. Graf und Gräfin Colloredo schieden vereinbarungsgemäß aus. Zum Nachfolger als Obersthofmeister war Franz Josef Graf von Enzenberg ausersehen worden. Er war zugleich Vizepräsident des Appellations- und Kriminalgerichtes der Stadt. Später einmal nannte er die Jahre, die er im Dienste Mariannas verbracht hatte, die glücklichsten seines Lebens.[92]

Die Reformen, die Joseph II. zu seiner Regierungszeit von 1780 bis 1790 in Österreich, Ungarn und Böhmen durchführte, wurden mit dem zusammenfassenden Begriff »Josephinismus« bezeichnet. So verlor z. B. Kärnten seine selbständige Verwaltung. Amélie Engels, die das Leben Mariannas umfassend beschrieb, erläutert den Einfluß der neuen Bestrebungen auf die Gebiete Sprache und Literatur: Der Josephinismus brachte den endgültigen Sieg des Deutschen über das Latein der Barockdichtung. Obwohl durch Joseph die meisten uralten kulturellen Zentren Kärntens und viele der bäuerlichen Traditionen zerstört wurden, so liegt die Bedeutung der josephinischen Dichtung doch darin, daß man heimische, historische und zeitgenössische Stoffe pflegte. Die Pflege der Muttersprache, die Michael Denis einleitete, erlebte einen Höhepunkt in Anselm von Edling, einem engen Freund Blumauers. Marianna, eine Verehrerin der satirischen Blumauer-Verse, pflegte ebenfalls eine einfache, humorvolle und etwas derbe Ausdrucksweise. Ihr Hof wurde zum geistigen Mittelpunkt. Es entwickelte sich eine Art Hofdichtung, in der die große Verehrung, die Marianna genoß, zum Ausdruck gebracht wurde. Die meisten ihrer engsten Freunde waren entschiedene Vertreter des Josephinismus. Die Philosophie Kants machte einen tiefen Eindruck. Hauptsächlich wurden Werke von Gottsched und Lessing und frühe Werke Goethes gelesen. Eine enge Verbindung zur deutschen Literatur hatte die Dichtung zur Zeit Mariannas nicht.[93]

Obwohl Marianna in Wien ihre Bibliothek verkauft hatte, dürfte sie sich neue Bücher in Klagenfurt beschafft haben. Ihre geistigen Interessen waren zu ausgeprägt, um darauf verzichten zu können. Immerhin war es nicht mehr wie in ihrer Jugend, als sie im Übermaß Romane las. Im Januar 1783 erkrankte die Erzherzogin schwer an einer Lungenentzündung. Als sie endlich genas, hielten die Nonnen einen Dankgottesdienst ab mit Hochamt und Chorgesang.

Ihre ganze Liebe wandte sie dem bedürftigen Kloster zu, mit dessen Ausbau nun bald begonnen werden sollte. Xaveria Gasser hielt die baulichen Änderungen in ihrer Klosterchronik fest:

*Gleich die Woche nach Ostern 1783 fingen wir an, uns im Hause zusammenzuziehen, damit der obere Stock geleert würde. Nun fing das Bauen an. Der obere Stock wurde merklich erhöht. Die Zellen bekamen höhere Fenster, neue Öfen mit eisernen Füßen und Türen. Es wurde unter dem Dache gepflastert, der Dachstuhl verbessert, das Haus neu gedeckt und die Schornsteine ausgeführt. Graf Christalnigg hatte die Aufsicht darüber und die Arbeit ging schleunig.* [94]

Da man nun die Handwerker schon einmal im Hause hatte, so befahl die Erzherzogin, die sich täglich um die Arbeiten kümmerte, noch allerlei Schäden zusätzlich zu reparieren. Neue Gänge wurden gepflastert, eine Holzstiege weggerissen und durch eine unbrennbare Steintreppe ersetzt. Die Nonnen und die Oberin wußten nicht, wie ihnen geschah. Zum Schluß erhielten sie noch aus einem aufgelösten Kloster neue Kirchenstühle und mehrere Spenden in Geld. Diese kamen zu einem Teil von Königin Marie Karoline aus Neapel. Einmal machte die dritte Schwester Mariannas, Maria Amalia Herzogin von Parma, einen neuntägigen Besuch in Klagenfurt. Alles gefiel ihr so gut, daß auch sie dem Kloster eine Spende übereignete und mit Xaveria Gasser im Briefwechsel blieb wie die Schwester in Neapel.

Mariannas Gesundheitszustand wurde mit den Jahren problematisch. Sie litt fast ständig unter schwerer Migräne. Auch war sie sehr anfällig gegen Grippe. Mehrmals im Jahr machte sie diese Erkältungskrankheit durch. Da sie mit den Jahren sehr zugenommen hatte, befielen sie Atembeschwerden, wie ihre Mutter. Ihr Leibarzt Dr. Vest stand in Verbindung mit dem kaiserlichen Hofchirurgen Störck, der Marianna seit ihrer Kindheit behandelt und der Maria Theresia in der Todesstunde beigestanden hatte. Dr. Vest starb wenige Monate vor der Erzherzogin 1789, und Dr. Gaggl trat seine Nachfolge an. Ab 1787 hielt sich Dr. Störck längere Zeit in Klagenfurt auf. Störck und Gaggl waren es auch, die Marianna in ihrer Todeskrankheit gemeinsam betreuten und ihr jede Hilfe leisteten. Sie hatte zu Störck ein unbegrenztes Vertrauen, bestand aber darauf, daß er ihr, ebenso wie ihrer Mutter, stets die Wahrheit sage und keine Ausflüchte gebrauchte. Dieser verdiente Arzt versorgte auch die Kranken des Klosters und die Nonnen neun Jahre lang mit seinem medizinischen Rat, ohne jemals etwas dafür zu berechnen. [95]

1783 nahte der große Tag, an dem man den Besuch Kaiser Josephs in Klagenfurt erwartete. Marianna war etwas nervös. Ihr Bruder hatte so viele Klöster aufgelöst. Würden die Elisabethinerinnen ihm uneingeschränkt Sympathie entgegenbringen? Xaveria Gasser beschreibt den Besuch sehr lebendig:

*Am 8. Dezember dieses Jahres hatten wir auch die Gnade, S. M. den Kaiser Joseph II. zu sehen. Er hielt sich nur einen Tag hier auf, kam aber doch nach der Tafel in Begleitung der Erzherzogin zu uns in das Kloster. Er ging im Krankenzimmer zu jeder Kranken, fragte sie um ihre Zustände, mich aber um unsere ganze Ordnung, um die Ursache der wenigen Betten, um die Stiftung derselben, und besonders, ob ich auch von aufgehobenen Klöstern einige unter meiner Gemeinde hätte, und wie diese sich anschickten. Ich hatte dann Gelegenheit, über alles gründlich zu antworten. Auf die Frage, ob unsere Umstände jetzt besser wären, sagte ich, daß die Vorsehung in der Person der Erzherzogin uns eine Hilfsquelle geschickt hätte, in einem Zeitpunkt, wo wir nicht länger auf Hilfe mehr hätten warten können, und rühmte ihre Wohltätigkeit gegen uns. Er zeigte sein gnädigstes Wohlgefallen über unsere ganze Einrichtung und Reinlichkeit mit dem Ausdruck: ». . . daß er noch kein so niedliches Spital gesehen habe.«*

*Im Rückwege sah er auch alle Klosterfrauen, sprach mit allen sehr freundlich, besonders mit jenen, die von anderen Klöstern waren. Er rühmte ihren zweiten Entschluß und sagte: »Daß sie nichts Besseres hätten tun können; daß es weit verdienstlicher sei, für einen Kranken eine Medizin zu bereiten als den ganzen Tag beten und betrachten; daß er nur zwei Gebote kenne: nämlich die Liebe Gottes und des Nächsten.«*

*Er blieb eine ganze Stunde unter uns, stand mitten in dem Schwarm von Nonnen und sprach viel von der Aufhebung der Klöster. »Viele«, sagte der Monarch, »werden mir fluchen, viele danken.« Er ging auch in den obern Gang und besah die Zellen, wo ich ihm alles wies, was die Erzherzogin diesen Sommer hatte bauen lassen. Beim Weggehen sagte der Monarch zur Erzherzogin: »Die Munterkeit der Nonnen gefällt mir besonders. Dies ist eine ganz andere Gattung, als man sonst gesehen hat.«* [96]

Am 26. Juli 1784 besuchte Erzherzog Leopold seine Schwester. Er befand sich auf der Rückreise von Wien zu seiner Residenz Florenz und hatte es so eingerichtet, daß er gerade zu Mariannas Namenstag in Klagenfurt war. Er fand die Schwester in relativ gutem gesundheitlichen

Zustand, wie es ihr überhaupt im Sommer meist besser ging als in den Herbst- und Wintermonaten. Am ersten Abend verbrachte er einige Zeit allein mit Marianna, dann gesellten sich Graf und Gräfin Enzenberg, Graf Christalnigg und Comtesse Rehbach dazu. Leopold hielt in seinem Reisetagebuch fest:

*Ihr geht es gut und sie führt ein angenehmes Leben, sie lebt sehr freigebig und sehr schlicht, tut viel Gutes und so ist sie auch gern gesehen; sie hat eine Gesellschaft von zehn bis zwölf Personen . . . vor allem der Graf Enzenberg und der Graf Christalnigg, die in Physik, Chemie und Musik sehr gebildet sind.«*[97]

Am nächsten Tag besichtigte er Mariannas Palais, das er mit besonders schönen Möbeln eingerichtet fand. Das Kloster und das Spital der Elisabethinerinnen gefielen ihm sehr, auch ihm erschien die peinliche Sauberkeit geradezu auffallend. Die Führung des Spitals dünkte ihn vorbildlich. Es imponierte ihm, daß seine Schwester sich einem in jeder Hinsicht achtunggebietenden Wirkungskreis verschrieben hatte. Sie gab ihm zu Ehren noch ein abendliches Diner für sechzehn Personen, dem sich ein Konzert anschloß. Leopold brach noch am selben Abend kurz vor Mitternacht zur Heimreise nach Florenz auf.

Einmal im Laufe der Jahre in Klagenfurt hatte Marianna nichts vorbereitet für den Namenstag ihrer liebsten Freundin, der Oberin Xaveria Gasser. Da kam ihr die Idee, ein Lied zu singen. Den Text dazu erbat sie sich mit einem Kurier von Anselm von Edling, von dem ein ganzer Band mit auf diese Art bestellten Gedichten in der Goësschen Bibliothek erhalten ist. Marianna schrieb in ihrem eiligen Billett:

*. . . so lege ich hier eine bitt ein. Wir besannen uns erst heute, daß Xaveri vor der Tür ist und ich voll Atemlosigkeit nicht gescheidtes unternehmen kann, nichts als ein Lied singen möchte, die musique muß auf ein Hackbrettl und bäurische Geigenart gesetzt sein. Ich täte es singen, also darf es boshaft und närrisch sein . . . aber weil ich alter Strohkopf Zeit zum Lernen brauche, so wünscheten wir, es wäre möglich, durch diesen Boten zu bekommen.*

Ein Gedicht aus der Goësschen Gedichtsammlung nimmt direkt Bezug auf Marianna. Man widmete es ihr anläßlich der Geburt von Marie Antoinettes zweitem Sohn am 27. 3. 1785:

*Wenn dieser Sproß die Lehr der Weisheit hört,*
*Religion einst schätzt und große Männer ehrt,*
*Die Laster straft, die Tugenden belohnt,*
*Als Menschenfreund mit seinen Völkern wohnt,*
*Durch Eifer sich dem Glück des Staats zu weihen,*
*O – Marianna, dann gab Gott ihm Deinen Geist.*
*Er wird der großen Tant' wohl würdig seyn.*[98]

Anselm von Edling war der Bruder des Beichtvaters der Erzherzogin, Joseph von Edling. Joseph war ein zurückhaltender Mensch mit ernstem Charakter. In seiner seriösen Art bildete er einen guten Ausgleich zu dem manchmal oberflächlichen, kritischen oder spöttischen Ton, den Marianna und ihre Hofgesellschaft pflegten. Die Erzherzogin war gern lustig und guter Dinge. Aber unverzüglich wurde sie auch ernst, wenn die Stunde es erforderte. Joseph von Edling starb 1786. Marianna hatte ihm an ihrer Seite in der Gruft seinen Platz bestimmt und man begrub ihn auch dort. Merkwürdigerweise stehen heute auf dieser Grufttafel nicht mehr Namen und Daten von ihm, sondern die von drei Frauen. Man konnte im Kloster dafür keine Erklärung finden. Die Erzherzogin litt sehr unter dem Tode ihres Beichtvaters, der ihr ein so großer Freund und Berater in allen wesentlichen Dingen gewesen war. Sie erkrankte schwer und erholte sich nie wieder zu ihrem vorher doch relativ guten Befinden.

Zum Nachfolger wählte sie sich den späteren Fürstbischof von Gurk, Jakob Peregrin Paulitsch. Er war sehr gebildet, aber lebenslustiger als Edling, was Marianna jetzt ausgesprochen wohltat. Paulitsch erfüllte seine Stellung mit warmer Menschlichkeit und war bald ein naher Freund der Fürstin, die ihren neuen Seelsorger sehr schätzte.[99]

Eines der vielen gemeinsamen Interessengebiete, die Marianna und ihre Schwester, die Königin Marie Karoline von Neapel, verbanden, war die Archäologie. Karoline kümmerte sich sehr um die Ausgrabungen von Herculaneum. Dies veranlaßte die Erzherzogin, viel Geld in ein ähnliches Projekt zu stecken, das sich ihr in der Nähe bot. Mit Graf Enzenberg zusammen übernahm sie die Leitung der Ausgrabungen in Virunum, nahe bei Maria Saal.

Virunum war einst eine keltisch-römische Stadt auf dem Zollfeld in Kärnten. Sie wurde 45 nach Christus unter Kaiser Claudius gegründet und war bis in die zweite Hälfte des 2. Jahrhunderts Hauptstadt der Provinz Noricum. 591 wurde sie beim Awaren- und Slaweneinbruch zerstört. Schon 1784 fanden zeitweise Grabungen statt. Teile des Forums, eines Tempels und mehrere Stadtteile konnte man freilegen, schüttete sie aber später wieder zu. Etliche wertvolle Funde, u. a. der Mosaikboden aus dem Dionysoskultraum, befinden sich heute im Landesmuseum in Klagenfurt.[100]

Unter Mariannas Patronat wurden die schon begonnenen Ausgrabungen erstmals planmäßig durchgeführt. Es kostete die Erzherzogin 30 000 Gulden. Ob sie vom Land Kärnten ebenfalls Zahlungen erwirken konnte, ist ungewiß. Leider sind keine Einzelheiten bekannt, was man zutage förderte. Man weiß heute nur noch von einem spektakulären Fund: Unter einer Art Glassturz soll ein völlig erhaltenes römisches Kindergrab entdeckt worden sein. Marianna, unkundig wie sie war, habe es öffnen lassen, wobei der Inhalt augenblicklich zu Staub zerfiel. Verschiedene Inschriften, römische Grabsteine und auch etliche Gebrauchsgegenstände sollen sich noch lange im Palais befunden haben. Man nimmt an, daß diese später in das Landesmuseum Kärnten in Klagenfurt gekommen sind.[101]

Der Winter von 1786 auf 1787 setzte Mariannas Gesundheit besonders zu. Sie spürte noch ihre Schwäche von der letzten Krankheit, die sie nach Joseph von Edlings Tod durchgemacht hatte. Wie ihre Mutter litt auch sie an schweren Erstickungsanfällen, gegen die es kaum Hilfsmittel gab. Im Jahre 1787 begann sie damit, ernsthaft alle schriftlichen Vorkehrungen für ihren Tod zu treffen. Sie annullierte das erste noch in Wien verfaßte Testament. Nachdem sie sich bei Joseph danach erkundigt hatte, wie sie das Kloster am besten versorgen könne, setzte sie die Elisabethinerinnen als Universalerben ein.

Zum Winter 1788 verschlechterte sich Mariannas Gesundheitszustand noch mehr. Die Erstickungsanfälle traten häufiger und stärker auf. Meist konnte sie nur flüssige Nahrung zu sich nehmen. Sie war von all dem sehr deprimiert und sagte weinend zu Xaveria:

*»In diesem Jahr geschieht etwas, entweder ich sterbe, oder die Oberin oder wir alle beyde.«*[102]

Marianna empfand soviel Zuneigung für die Oberin, daß sie ihr das freundschaftliche Du anbot. Für jene Zeit war dies ein ganz ungewöhnlicher Schritt, noch dazu, weil Xaveria Gasser bürgerlicher Abstammung war. Die Fürstin setzte sich jedoch ohne jeden Skrupel über Standesunterschiede hinweg, sie stand jenseits dieser Erwägungen. Im Jahre 1788 schenkte sie der Oberin ein kleines Bild von sich selbst, das sie beim Gebet darstellte. Ihre Widmung lautete:

*Wann auch hier meine Gesichtszüge nicht gut getroffen sein, so schau, liebste Freundin, nur auf das Herz, dies ist allzeit das nemliche, voll Freundschaft und Liebe für Dich und es wird gewiß verbleiben bis zum Tod.*[103]

Der gute Kontakt, den die Erzherzogin mit ihren Schwestern in Italien hielt, erwies sich im Jahre 1789 als lebensrettend für viele arme Kärntner. Es war eine Hungersnot ausgebrochen, und die Königin von Neapel schickte unverzüglich Getreide nach Triest, von wo die große Ladung mit Planwagen nach Klagenfurt weitertransportiert wurde. Marianna verkaufte das wertvolle Geschenk, das im Handel einen Erlös von 22 000 Gulden gebracht hätte, zu ganz niedrigen Preisen an die Armen, beschaffte von dem erzielten Geld wieder weitere Lebensmittel, die abermals billig an Bedürftige abgegeben wurden, so daß tatsächlich die ärgste Not gelindert werden konnte. In die Aktion schaltete sich nun auch Mimi ein – Maria Christine von Sachsen-Teschen –, die ihrer ältesten Schwester aus Ungarn Getreide für die Armen senden ließ. Zwar lebte sie selbst jetzt als Statthalterin der österreichischen Niederlande in Brüssel, doch kannte sie aus ihrer Preßburger Zeit den reichen Landadel Ungarns und mobilisierte ihn zur Hilfeleistung für Kärnten.[104]

Im letzten Jahr ihres Lebens konnte Erzherzogin Maria Anna die Treppen im Palais nicht mehr steigen, sie verging beinahe vor Atemnot. Man griff zu ähnlichen Hilfsmitteln wie seinerzeit bei Maria Theresia. Das mittlere Balkongitter im Treppenhaus des Palastes wurde beweglich gemacht, so daß es sich schnell entfernen ließ. Mit einem starken Hebezug, an dessen Seilen ein gut befestigter Lehnsessel hing, konnte man die Kranke zwischen den Stockwerken auf und ab befördern.[105]

Im Herbst 1789 ging es dann ganz schnell abwärts mit Mariannas Befinden. Letzte frohe Augenblicke erlebte sie zu ihrem einundfünfzigsten Geburtstag am 6. 10. Die Nonnen waren gekommen, um ihr ein kleines Konzert zu geben, das sie gerührt anhörte.

Am 3. November 1789 brachte man ihr die Sterbesakramente. Die Nachricht verbreitete sich umgehend in der ganzen Stadt. Eine Theateraufführung wurde abgebrochen, und der Adel begab sich unverzüglich zur Residenz. Sie nahm Abschied von ihren Freunden und war noch im Stande, ihre letzten Briefe zu schreiben. Am 17. November ließ sie Xaveria rufen und übergab ihr eine Schatulle und ihr Testament. Sie war fest der Meinung, sie würde wie ihr Vater an einem 18. sterben.[106]

Xaveria Gasser hat alle Einzelheiten des Ablebens der Erzherzogin schriftlich festgehalten und in der ergreifendsten Weise geschildert:

*Die selige Fürstin entschlief am 19. November ein Viertel nach elf Uhr in der Nacht, also noch am Festtage der heiligen Elisabeth, wie sie es selbst wünschte, und gerade in der Stunde, in welcher die Heilige starb, mit welcher sie in ihrem Leben viel Ähnlichkeit hatte, vorzüglich in der Wohltätigkeit gegen Arme und Kranke.* [107]

Das Begräbnis Mariannas wurde ganz nach ihrem Wunsche durchgeführt. Man richtete alles so für sie ein, wie beim Tod einer einfachen Nonne des Klosters. Tag und Nacht wurde für sie gebetet. Der Schmerz um den Verlust war für Xaveria und ihre Nonnen fast unerträglich. Sie suchten Trost im Gebet und umsorgten die teure Tote. Der braune Männerschlafrock, in welchem Marianna ihr Leben ausgehaucht hatte wie schon ihre Mutter, befindet sich noch im Besitz des Klosters. Man hat in einer Gedenkstube eine Wachsfigur modellieren lassen, die die Erzherzogin in diesem Schlafrock darstellt. Sie trägt eine Haube und Perücke und hält in der Hand ein kleines Webschiffchen sowie einen Rocken von geknüpften Schnüren, ihre Lieblingshandarbeit.

Die Bevölkerung nahm großen Anteil am Tode der Fürstin, und die Kirche war zu den Gebetsstunden überfüllt. Marianna hatte keinen einfachen Tod gehabt und ihre Leiden waren für die Anwesenden bestürzend gewesen. In ihrem Sterbezimmer hatten sich nur Xaveria, Dechant Paulitsch, Dr. Störck, Enzenberg und Anselm von Edling befunden.

Die Fürstin hatte strikt angeordnet, daß ihr Körper nicht seziert werden solle. Das Begräbnis fand am 22. November 1789 um vier Uhr statt. Für die Aufbahrung wurde die Verstorbene mit einem Gewand bekleidet, das sie selbst mit grauen Seidenschnüren bestickt hatte. Die Schnüre für die Soutache-Stickerei stammten noch von ihrer Mutter. Acht Nonnen trugen den Sarg, der in der Gruft in den größeren Marmorsarkophag gesetzt wurde. Xaveria berichtete, daß bei der Fürstin keine Leichenstarre eingetreten sei, was wie ein Wunder angesehen wurde. Die Grabtafel in der Mitte der Klostergruft ist fast ohne Verzierung und trägt die von Marianna noch zu Lebzeiten verfaßte Inschrift. Sie bezeichnete sich selbst als eine Sünderin. [108]

Graf Enzenberg war beauftragt, Xaveria Gasser nach dem Tode der Erzherzogin einen Abschiedsbrief zu überreichen. Die Oberin war zu gebrochen, um ihn gleich zu öffnen. Nach einigen Tagen las sie:

*Ich danke Dir noch einmal hier, meine liebste Freundin, für alle guten Stunden, die ich bei dir zugebracht, für alle Freundschaft und Sorgfalt, die du mir erwiesen hast. Ich bitte dich, rufe deine Religion und deinen*

*großen Geist zur Hilfe, um diesen deinem Herzen so starken Streich zu
ertragen. Denke, daß dich dein Kloster jetzt mehr als jemals brauche!
Gott wird gewiß deine weise Führung auch mit zeitlichen Gütern unterstützen, und ich werde vor dem Angesichte Gottes für euer zeitliches
und ewiges Wohl allzeit bitten. Ich bitte dich, danke deiner ganzen Gemeinde in meinem Namen für ihre Ergebenheit gegen mich, für alle guten Beispiele, die sie mir gegeben hat!*

*. . . Und – dich meine liebste Freundin, bitte ich noch einmal – tröste
dich, erhalte dich und vergiß nicht deine wahre Freundin und ergebenste
Tochter                                  Marianna* [109]

Marianna hatte inmitten des glänzenden Wiener Hofes etwa fünfundzwanzig Jahre lang – von 1755 bis 1780 – das Leben einer einsamen Frau
geführt. Sie war stets inständig bemüht, sich zu bilden, nützliche Beschäftigungen zu finden und künstlerisch tätig zu sein. Ihr Rang legte ihr
strenge Schranken auf, doch sie bewies in der Durchführung ihrer Ziele
viel Zähigkeit und Festigkeit. Im Hinblick auf die Schicksale ihrer
Schwestern, die schweren Lebensumständen und großen Belastungen
ausgesetzt waren, kann man sagen, daß Marianna ein glückliches Leben
gehabt hat. In den letzten neun Jahren ihres Lebens fand sie in Klagenfurt ihre wahre Bestimmung. Man verehrte sie zu Lebzeiten wie eine
Heilige, und im Orden der Elisabethinerinnen zu Klagenfurt ist ihr Andenken bis heute nicht erloschen.

## Quellen und Anmerkungen zu den Kapiteln
## Einführung und Maria Anna

1 Die Briefe der Liselotte, hrsg. von C. Künzel, Ebenhausen b. München 1921. – Nachstehend abgekürzt »Briefe Liselotte« genannt. – S. 58.
2 Briefe Liselotte S. 72
3 Briefe Liselotte S. 84
4 Briefe Liselotte S. 118
5 Briefe Liselotte S. 152.
6 Briefe Liselotte S. 175.
7 Briefe Liselotte S. 266.
8 Briefe Liselotte S. 290.
9 Briefe Liselotte S. 366.
10 Briefe Liselotte S. 375.
11 Henry Vallotton, Kaiserin Maria Theresia, Herrscherin und Mutter, Hamburg 1968. – Nachstehend abgekürzt »Vallotton« genannt. – S. 8.
12 Vallotton, S. 12.
13 Vallotton, S. 12.
14 Vallotton, S. 13.
15 Vallotton, S. 15.
16 Vallotton, S. 15.
17 Amélie Engels, Maria Anna, eine Tochter Maria Theresias, Diss. Wien 1964. Nachstehend abgekürzt »Engels« genannt. – S. 5.
18 Vallotton, S. 17.
19 Monika Kollreider, Hofreisen Maria Theresias, Diss. Wien 1965. – Nachstehend abgekürzt »Kollreider« genannt. – S. 51.
20 Kollreider, S. 52; nach Nohack, Taschenbuch der Münz-, Maß- und Gewichtsverhältnisse, S. 1460. In den alten Reiseberichten wird mit Meilen gerechnet. Eine österreichische Postmeile betrug damals 7586,7 Meter.
21 Kollreider, S. 54.
22 Kollreider, S. 58.
23 Silvia Suk, Theatergeschichte der Lombardei unter dem Einfluß der Habsburger, Diss. Wien 1974, S. 63 ff.
24 Kollreider, S. 66.
25 Engels, S. 6.
26 Engels, S. 6.
27 Friederike Wachter, Die Erziehung der Kinder Maria Theresias, Diss. Wien 1968. – Nachstehend abgekürzt »Wachter« genannt. – S. 79.
28 Wachter, S. 185.
29 Egon Cesar Conte Corti, Ich, eine Tochter Maria Theresias, ein Lebensbild der Königin Marie Karoline von Neapel, München 1950. – Nachstehend abgekürzt »Corti« genannt. – S. 18.
30 Pater Adolf Innerkofler, Eine große Tochter Maria Theresias, Erzherzogin Marianna. Jubelgabe zur Feier des 200jährigen Bestehens vom Elisabethinen-Konvent hrsg., Innsbruck 1910. – Nachstehend abgekürzt »Innerkofler« genannt. – S. 53.
31 Wachter, S. 55.
32 Engels, S. 15
33 Fürst Johann Josef Khevenhüller-Metsch, Aus der Zeit Maria Theresias, Tagebuch des kaiserlichen Obersthofmeisters 1742–1776, 8 Bde, hrsg. von Hanns Schlitter, Wien, Leipzig 1907/1908. – Nachstehend abgekürzt »Khevenhüller« genannt. – Bd. II, S. 29.
34 Wachter, S. 174.
35 Otto Christoph Graf von Podewils, Friedrich der Große und Maria Theresia, Diplomatische Berichte, hrsg. von Carl Hinrichs; Berlin 1937. – Nachstehend abgekürzt »Podewils« genannt. – S. 71.
36 Khevenhüller Bd. II, S. 194.
37 Wachter, S. 186.
38 Engels, S. 26
39 Engels, S. 10.

40 Eduard P. Danszky, Sternkreuz, das Schicksal der Isabella von Parma, Mödling b. Wien o. J. – Nachstehend abgekürzt »Danszky« genannt. – S. 89.

41 Wachter, S. 74.

42 Wachter, S. 96.

43 Engels, S. 11.

44 Engels, S. 15.

45 Engels, S. 11.

46 Khevenhüller, Bd. IV, 9. 2. 1755.

47 Engels, S. 13.

48 Khevenhüller, Bd. V, 9. 4. 1757.

49 Engels, S. 14.

50 Wachter, S. 55.

51 Engels, S. 32.

52 Danszky, S. 333.

53 Innerkofler, S. 24.

54 Innerkofler, S. 54.

55 Wachter, S. 66.

56 Egbert Silva Tarouca, Der Mentor der Kaiserin, der weltliche Seelenführer Maria Theresias. Zürich/Leipzig/Wien 1960, S. 169.

57 Engels, S. 29.

58 Engels, S. 27.

59 Wachter, S. 56.

60 Engels, S. 50.

61 Engels, S. 40.

62 Engels, S. 48.

63 Innerkofler, S. 55.

64 Engels, S. 50.

65 Engels, S. 85.

66 Innerkofler, S. 75.

67 Innerkofler, S. 57.

68 Innerkofler, S. 66.

69 Engels, S. 52.

70 Adam Wandruszka, Leopold II., 2 Bde, Wien/München 1963. – Nachstehend abgekürzt »Wandruszka« genannt. – Bd. I, S. 348.

71 Engels, S. 25.

72 Wandruszka, Bd. I, S. 334.

73 Innerkofler, S. 39

74 Engels, S. 40.

75 Innerkofler, S. 80

76 Engels, S. 46.

77 Engels, S. 63.

78 Engels, S. 68

79 Engels, S. 43.

80 Engels, S. 44.

81 Engels, S. 46.

82 Innerkofler, S. 51.

83 Engels, S. 78.

84 Engels, S. 82.

85 Innerkofler, S. 96.

86 Innerkofler, S. 96.

87 Engels, S.82.

88 Engels, S. 111.

89 Innerkofler, S. 99.

90 Innerkofler, S. 92/93.

91 Innerkofler, S. 100.

92 Engels, S. 96.

93 Engels, S. 81.

94 Innerkofler, S. 106.

95 Engels, S. 125.

96 Innerkofler, S. 107.

97 Engels, S. 109.

98 Engels, S. 105.

99 Engels, S. 106.

100 Brockhaus-Enzyklopädie, 17. Auflage, Wiesbaden 1974, Bd. 19, S. 649.

101 Engels, S. 98.

102 Engels, S. 126.

103 Engels, S. 88.

104 Engels, S.114.

105 Engels, S. 125.

106 Engels, S. 127.

107 Innerkofler, S. 139.

108 Engels, S. 129.

109 Innerkofler, S. 145.

# Joseph II.

*Römisch-deutscher Kaiser (1765–1790)*
\* *13. März 1741 in Wien*
† *20. Februar 1790 in Wien*

»Gut Ding will Weile haben!«, hatte einst Kaiser Karl VI. auf die Spruchbänder weißer Tauben zu Mariannas Geburt geschrieben, wünschte sich doch die ganze Nation sehnlichst einen männlichen Erben im Hause Habsburg. Aber Maria Theresia und Franz Stephan mußten viel Geduld haben, denn auch ihr nächstes Kind, geboren am 12. 1. 1740, war ein Mädchen. Die Leute im Volk wiegten bedenklich die Köpfe und prophezeiten der Kaisertochter das gleiche Mißgeschick wie ihrer Mutter: keinen Sohn! Das Unglück wollte es, daß innerhalb eines halben Jahres zwei der drei Kinder starben. Elisabeth, die älteste Tochter, am 7. 6. 1740 mit drei Jahren, und die letztgeborene kleine Karoline am 25. 1. 1741 mit nur einem Jahr. Maria Theresia litt furchtbar unter diesen Schicksalsschlägen. All ihre Zuversicht konzentrierte sich auf das Kind, das sie jetzt erwartete. Sie betete zu Gott und dem heiligen Joseph, ihr zum Ausgleich doch diesmal einen Sohn zu schenken.

Am 13. März 1741 begann dann der große Tag. Alle Vorbereitungen für die Entbindung waren getroffen. Ärzte und Hebammen standen in Bereitschaft. Die Hofgesellschaft verharrte in unruhiger Erwartung, und jede noch so unwichtige Nachricht aus dem Zimmer der Fürstin kursierte blitzschnell. Die Geistlichkeit hatte sich zu stundenlangen Gebeten zusammengefunden. Als Maria Theresia sich kurz vor der Entbindung in den immer noch bei Hofe gebräuchlichen Gebärstuhl setzen ließ, nahm man in der Hofkapelle das Allerheiligste aus dem Tabernakel, und das Gemurmel der Beter schwoll an. »Circa horam secundam«, wie es in der Geburtsurkunde heißt, »Etwa um zwei Uhr« – wurde das Kind geboren: ein schöner, kräftiger Knabe. Der Jubel in der Hofburg, auf den Straßen, Gassen und Plätzen Wiens war unbeschreiblich. Die Kanonen auf der Bastei begannen langanhaltend zu schießen, und bis weit ins Land hinein wußte man: Österreich hat einen männlichen Thronfolger.

Es war keine gute Zeit, in der Joseph das Licht der Welt erblickte. Maria Theresia fand bewegende Worte, um ihre damaligen Lebensumstände zu kennzeichnen:

*Gegen Ende des Jahres 1740 rief der Allmächtige zu meiner innersten Betrübnis meines Herrn Vaters kaiserliche Majestät zu sich.*

*Niemand, glaube ich, wird dem widersprechen, daß nicht leicht ein Beispiel in der Geschichte zu finden ist, daß ein gekröntes Haupt unter schwereren und mißlicheren Umständen die Regierung angetreten habe als ich. Die für die Beherrschung so weitschichtiger und verteilter Länder erforderliche Erfahrung und Kenntnis konnte ich umso weniger besitzen, als meinem Herrn Vater es niemals gefällig war, mich zur Erledigung der auswärtigen und inneren Geschäfte weder beizuziehen noch zu informieren.*

*Nicht mehr als etliche tausend Gulden fanden sich in den Kassen, der in- und ausländische Kredit war erschüttert. Es gab wenig Einigkeit unter den Ministern und die Stimmung im Volk war ungezügelt und schwierig. Alles schien einem baldigen Verfall entgegenzugehen und ich selbst war ohne eigene Erfahrung und eigenes Wissen, aber auch ohne allen Rat, weil ein jeder zuvörderst sehen wollte, welchen Verlauf die Dinge nehmen würden.*

*Dies war die Lage, als ich vom König von Preußen angegriffen wurde. Des Königs süße Worte und kräftige Verprechungen machten sogar meine Minister irre. Die einen rieten zu Verhandlungen, die anderen, denen ich beipflichtete, meinten, der König werde, sobald er einen Teil Schlesiens vertragsmäßig erhalten habe, das übrige als Entschädigung für die zu leistende Hilfe an sich ziehen. Und wir hatten in der Tat recht; denn dem König war es um ganz Schlesien zu tun. Die kaiserliche Armee, die einst für die erste in Europa gehalten wurde, hatte mit dem Hinscheiden des Prinzen Eugen ihr Ansehen größtenteils eingebüßt. Nicht einmal die Hälfte des Standes war vorhanden und die Grenzen standen auf allen Seiten offen.*

*In einer Zeit von weniger als zwei Monaten bekam ich die ersten Folgen dieser so traurigen Lage zu spüren. Der König von Preußen rückte mit einer zahlreichen Armee in Schlesien ein, bemächtigte sich des ganzen Landes ohne Widerstand, nachdem die dortigen Truppen sich hatten zurückziehen müssen. Eine üble Nachricht folgte der anderen. Franzosen, Bayern und Sachsen überschwemmten ganz Böhmen und bemächtigten sich der Hauptstadt Prag, während gleichzeitig Preußen fast ganz Schlesien innehatte. Auf der anderen Seite besetzten jene auch Oberösterreich und rückten fast bis Wien vor. Keiner meiner Verbündeten getraute sich oder hatte Lust, mir zu helfen.*[1]

In ihrer verzweifelten Lage beschloß Maria Theresia, alle nur denkbaren Hilfsquellen innerhalb ihrer Länder zu mobilisieren. Ihre Gedanken richteten sich dabei besonders auf Ungarn, das noch zu keinerlei militärischem Beistand herangezogen worden war. Vor allem galt es, die Krönung in Ungarn zu vollziehen und während dieser Feierlichkeit alle Verhandlungen zu führen.

Man wußte in Österreich, daß sich die Aufmerksamkeit Europas besonders auf diesen Krönungsakt richten würde, weil das andere Kronland, Böhmen, sich zur Zeit in Feindeshand befand. Maria Theresia mußte dies hinnehmen, aber sie beschloß alles aufzubieten, um der Welt in Ungarn zu beweisen, daß die neue Königin Mut und Kraft genug besaß, um den von so vielen Gegnern gewünschten Verfall des Hauses Habsburg aufzuhalten.

Die Krönungsreise nach Preßburg bedurfte einer sorgfältigen Organisation, die schon im Frühjahr 1741 einsetzte. Der Aufenthalt in Ungarn sollte mehrere Monate dauern, und so waren Gepäck und Ausrüstung umfangreich berechnet. Als Abreisetag bestimmte man den 19. Juni 1741, aber schon vorher brachen viele Hofbediente, Kavaliere und Privatleute auf, um rechtzeitig an Ort und Stelle zu sein, wenn der Hof eintraf. Gepäck wurde in großen Mengen auf dem Wasserwege vorausgeschickt.

Maria Theresia reiste ebenfalls zu Schiff auf der Donau. In ihrer Begleitung befand sich die dreijährige Erzherzogin Marianna. Das Kind wurde vollkommen als selbständige kleine Fürstin behandelt, in mehreren eigenen Wagen fuhr »unsere Frau Maria Anna« mit Hofdamen und Kammerfrauen zu Lande ihre eigene Route.

Maria Theresia kannte die Schaulust ihrer Ungarn, und die ganze Reise war darauf abgestellt, dem Volke bei dieser seltenen Gelegenheit ein würdiges und glanzvolles Schauspiel zu bieten. Die Dekoration der Reiseschiffe bestand aus vielen ungarischen Fahnen, ungarische Wappenschilder prangten an den Bordwänden, und die Schiffsleute trugen eine Phantasietracht in den ungarischen Farben grün-weiß-rot. An der Landesgrenze beim »kleinen Berg« auf der Heide hatte man ein großes Festzelt errichtet, und der Erzbischof von Gran und Primas Esterhazy begrüßte sie mit einer Ansprache in lateinischer Sprache. Die Königin antwortete ebenfalls auf lateinisch und sprach von den guten Absichten, mit denen sie den Ungarn gegenübertrete.[2]

Maria Theresias Einzug in die Stadt Preßburg, die damals ungarische Hauptstadt war, gestaltete sich äußerst prächtig mit mehreren Musikapellen und einem riesigen Gefolge. Die Königin trug ein der ungarischen Tracht nachempfundenes Kleid aus einem kostbaren weißen Stoff, das mit Goldstickerei und blauen Blumen geschmückt war. Am 22. Juni meldeten sich die Kronhüter mit der Stephanskrone und den übrigen Insignien bei der Herrscherin. Die Krone war ihr zu weit, sie mußte ausgefüttert und angepaßt werden. Am Vorabend der Krönung wurden Krone, Szepter und Reichsapfel unter feierlichem Geleit in die St.-Martins-Kirche gebracht und dort bis zu der offiziellen Zeremonie aufbewahrt.

Die Stadt brodelte voller Erwartung und Vorfreude. Der Tradition gemäß wurden allerlei aufwendige Vorbereitungen getroffen, um die Wertschätzung für die neue Königin zu bekunden. Die Gabe der Stadt Preßburg für Maria Theresia bestand aus »vier Ochsen, etlichen Wagen mit allerhand Proviant und Wein samt zwei Lägeln Fisch«. Für das Volk hingegen war ein Festochse bestimmt. Seine Hörner waren vergoldet, und bunte Bänder und Kränze schmückten seinen massigen Körper. Man führte das Tier unter Trompetengeschmetter durch die Stadt. Der Ochse sollte am Krönungstag öffentlich an einem riesigen Spieß gebraten werden.[3]

Am 25. Juni 1741 begann schon um fünf Uhr früh lebhaftes Getümmel in der Stadt, denn Hunderte von Menschen strömten von weither zu den Straßen, die der Festzug passieren sollte. Die Bürgerwehren eilten zu ihren angewiesenen Standplätzen, die Zuschauer drängten sich an den Absperrungen, um nur ja einen guten Platz zu bekommen.

Um neun Uhr traf die Königin ein, gefolgt von Edelleuten, Magnaten und Baronen des Reiches »in einer kostbaren grünsammeten, mit Gold gestickten und dergleichen Franzen verbrammten völlig zurückgelegten und von sechs auserlesenen Pferden gezogenen Chaise«. Man fuhr vom Schloß durch die Vorstädte und das Michaelertor. Hier formierte sich der Krönungszug mit all seinen vielen Kapellen, Militär, und herrlichen Karossen. Die Erscheinung der Königin bei diesem außerordentlichen Anlaß wurde im »Wiener Diarium« genauestens beschrieben:

*Das Kleid Ihrer Majestät ware auf Hungarische Art von Silberstück, mit Gold gesticket und sehr reich mit Rubin, Smaragden und Brillanten besetzet; die Ärmel aber waren von einem Stuck feinsten Spitzes, und anstatt deren nach Ungarischer Tracht sonst gewöhnlichen Bändern mit ungemein kostbaren Schnüren von lauter Brillanten in der Mitte zusammengebunden. Das Haupt Ihrer Majestät war schon zu bevorste-*

*1  Maria Theresia in Witwentracht, um 1772*

2 *Maria Theresia und Kaiser Franz I. mit 13 Kindern:*
*Maria Anna (22), Joseph (19), Maria Christine (18),*
*Maria Elisabeth (17), Karl (15), Maria Amalia (14),*

*Leopold (13), Johanna Gabriele (10), Maria Josepha (9),*
*Maria Karoline (8), Ferdinand (6), Maria Antonia*
*(Marie Antoinette) (5), Maximilian Franz (4)*

*3   Gedenkbild für die verstorbenen Kinder Maria Theresias:
Maria Elisabeth († 1740), Maria Karoline († 1741),
Maria Karoline († 1748), Johanna Gabriele (Christina) († 1762)*

hender Aufsetzung der Krone gerichtet und mithin außer der zierlichen Haarkrause mit nicht dem mindesten Geschmuck oder Aufputz verse-hen. Das Bruststück von Ihrer Majestät bestunde in dem Grund aus pu-ren Perlen, darüber eine ungemein schöne Einteilung von zierlichst in Gold gefaßten und ebenfalls (aus) Rubin, Smaragden und Brillanten be-stehenden Geschmucks zu sehen ware, mit deme auch das Halsgehäng allerhöchst-Deroselben überein kame.

Noch 1779 erinnerte sich ein Zeitgenosse an diese Krönung:

*Einige, welche Maria Theresias Krönung beiwohnten . . . haben mich versichert, daß sie eine der schönsten Frauen in Europa war. Sie war von feinem Wuchs und majestätischer Haltung . . . Ihre Haare fie-len in Locken über ihre Schultern und sie war ganz bezaubernd.*[4]

Die Ungarn legten größten Wert auf die strikte Einhaltung der uralten Krönungsriten. Nach der eigentlichen Feier in St. Martin begab sich die Königin mit der Krone auf dem Haupt in die Franziskanerkirche, wo eine Reihe von Adligen darauf wartete, von ihr mit dem Schwert des heiligen Stephan zum Ritter geschlagen zu werden. Den Kroneid legte Maria Theresia vor der Kirche der Barmherzigen Brüder ab. Mit weithin sicht-bar erhobener Hand schwor sie, das Land in seinen Rechten, Freiheiten und Privilegien zu schützen. Am Fuße des Krönungshügels stieg sie aus ihrer Karosse, ein wunderbar aufgezäumtes schwarzes Pferd wartete auf sie und beherzt galoppierte sie den Hügel hinauf. Auf der Bergkuppe zog sie abermals das Schwert und zeigte damit in alle vier Himmelsrichtun-gen, symbolisch dadurch bekundend, daß sie das Land gegen jeden An-greifer verteidigen werde.

Die Prunkentfaltung bei dieser Krönung war enorm. Alle Anwesen-den, so schrieb das »Wiener Diarium«, waren sich darüber einig,

*daß dergleichen Kostbarkeit und übergroße Pracht, es sei, wo immer wollen, auch bei sonst allergrößten Feierlichkeiten nimmermehr zu se-hen sein werde noch könne.*[5]

Der Aufenthalt zog sich lange hin, denn die Landtagsverhandlungen in Preßburg hatten sich gleich von Anfang an als eine langwierige Sache erwiesen. Man brauchte Geduld. Dennoch fand die Königin Abwechs-lung durch viele Besuche beim ungarischen Adel ringsum. Sie studierte Land und Leute – ihr Land, ihre Untertanen. Zwischen den Monaten Juli und September reiste sie fünfmal nach Wien, um nach Joseph zu sehen,

der daheimgeblieben war. Dabei benutzte sie von Preßburg nach Wien
stets einen Wagen, aber von Wien nach Preßburg bevorzugte sie immer
die Wasserfahrt stromab auf der Donau. Für diese Schiffsreisen hatte
man in Wien eiligst ein neues Fahrzeug angefertigt, ein »Lustschiff«
zum alleinigen Gebrauch der Königin. Es wurde durch Segel und vierzehn Ruderer fortbewegt. Sein Innenraum enthielt vier Zimmer und einen großen Saal für Empfänge, der mit schönen Fresken ausgemalt war.
Schon bei ihrem ersten Besuch in Wien am 11. Juli 1741 stand ihr dies
repräsentative Gefährt zur Verfügung.[6]

Während der bisherigen Landtagsverhandlungen herrschte eine re-
gierungsfeindliche Stimmung. Die Stände forderten schrankenlose
Steuerfreiheit des Adels, Beseitigung aller fremden Einflüsse in der Regierung, Garantie für die Unversehrtheit des ungarischen Reichsgebie-
tes und endlich die Einverleibung Siebenbürgens. Maria Theresia beunruhigte sich wegen ihrer langen Abwesenheit von Wien, außerdem erschienen ihr die bisherigen Debatten recht unfruchtbar. Sie trug noch
Trauer um ihren Vater, was sie zerbrechlicher erscheinen ließ als sie
war. Am 11. September 1741 entschloß sie sich kurzerhand, persönlich
vor die Versammlung zu treten. Sie hielt eine bewegende Ansprache:

*Unsere betrübte Lage ist von der Art, daß wir selbe den Ständen nicht*
*verhehlen können. Es handelt sich um die Erhaltung des Königreichs*
*Ungarn, der heiligen Krone, Unserer Person, Unserer Kinder. Von allen*
*verlassen, flüchten wir uns einzig zu der alt angestammten Tugend der*
*Ungarn. Ihrer Treue vertrauen wir Uns und Unsere Kinder. In dieser*
*gegenwärtigen Gefahr muß ohne Zögern Rat geschafft, das Schwert er-*
*griffen werden, um Unsere und des Reiches Feinde zurückzudrängen.*
*Wir vertrauen fest, daß die Stände nach ihrer Liebe und Treue Uns mit*
*Rat und Tat beistehen werden.*

»Sie soll bei diesen Worten in Tränen ausgebrochen sein und machte
in ihren Trauerkleidern einen so rührenden Eindruck, daß die Mitglieder
beider Tafeln gelobten, Blut und Leben für sie hinzuopfern. So erreichte
sie ohne die Gewährung irgendwelcher Zugeständnisse nur durch die
Wirkung ihrer Persönlichkeit den Beschluß, das allgemeine Aufgebot zu
ihrer Verteidigung anzuordnen. Wenn auch dann die Einberufung der
ungarischen Truppen nur sehr langsam vor sich ging, ihre Zahl geringer
war, als man ursprünglich angenommen hatte, so war doch der morali-
sche Eindruck dieses Reichstagsbeschlusses ungeheuer groß, da er als
Rettung der Monarchie gewertet wurde.«[7]

Am Tage nach diesem denkwürdigen Ereignis wurde endlich auch über Maria Theresias Wunsch, Franz Stephan möge in Ungarn ihr Mitregent werden, positiv entschieden. Er legte seinen Eid vor den versammelten Ständen ab. Kurz danach trat der kleine Joseph zum erstenmal vor die Öffentlichkeit als Thronfolger eines großen Reiches.

Auf dem Arme seiner Mutter zeigte man dies halbjährige Kind, das »flink wie ein Eichhörnchen« um sich sah, den ungarischen Abgeordneten und verstand es auf diese Weise, die Männer noch mehr für die Königin einzunehmen. Joseph war erst am Tage zuvor aus Wien gebracht worden, um ihn vor den gegen die Hauptstadt Österreichs vordringenden Feinden, den Bayern und Franzosen, in Sicherheit zu bringen.[8]

Der Hof blieb danach noch etliche Wochen in Preßburg. Am 4. November 1741 begaben sich Franz Stephan und sein Bruder Prinz Carl von Lothringen zur Armee. Die unmittelbare Gefahr für die Stadt Wien schien vorbei. Am 7. Dezember brachte man den kleinen Joseph zurück in die Wiener Burg. Die Wiener begrüßten Maria Theresia, die ihm später gefolgt war, nach sechsmonatiger Abwesenheit mit herzlicher Turbulenz; von den Wällen hallten die Kanonenschüsse zum Willkomm.

Maria Theresia nahm die Regierungsgeschäfte wieder auf und wandte sich nicht ohne Widerwillen wieder dem Kriegsgeschehen zu. Österreich befand sich mitten in jener heftig ausgebrochenen Auseinandersetzung mit Frankreich und Bayern, die als Österreichischer Erbfolgekrieg in die Geschichte eingegangen ist. Zudem machte der junge Friedrich II. von Preußen keine Anstalten, seine Ansprüche auf Schlesien aufzugeben. Der erste schlesische Krieg war im vollen Gange, und mit Bitterkeit sah die Königin, daß das Glück auf der Seite des Gegners zu sein schien. Sie hatte keine Reichtümer zu vergeben, um ihre Mitstreiter in diesem Kampf an vielen Fronten an sich zu fesseln. Aber sie fand dennoch Wege, ihre Generäle mit zu Herzen gehenden Worten an sich zu binden.

Zwei Dinge trafen zusammen, um uns eines der anmutigsten Dokumente aus jener Zeit zu überliefern. Maria Theresia hatte sich mit Joseph auf dem Arm malen lassen, vermutlich in einigen Kopien. Dies Bildnis war als Auszeichnung und Geschenk für treue Staatsdiener gedacht. Dem Feldmarschall Ludwig Andreas Khevenhüller, zur Zeit ohne sonderliches Glück im Felde stehend, fühlte die Herrscherin sich verpflichtet. Sie wollte ihm als erstem das Bild senden, ihn ehren und anspornen, aber nicht im trockenen Stil amtlicher Schreiben, nicht hoheitsvoll von oben herab und distanziert, sondern einfach und herzlich.

*Lieber und getreuer Khevenhüller!*
*Hier hast Du eine von der ganzen Welt verlassene Königin vor Augen*
*mit ihrem männlichen Erben. Was vermeinest Du, will aus diesem*
*Kinde werden? Sieh, Deine gnädige Frau erbietet sich Dir als einem ge-*
*treuen Diener, mit diesem auch ihre ganze Macht, Gewalt und alles,*
*was unser Reich vermag und enthält. Handle, o Held und getreuer Va-*
*sall, wie Du es vor Gott und der Welt zu verantworten getraust. Nimm*
*die Gerechtigkeit als ein Schild, tue, was Du recht zu sein glaubst. Sei*
*blind in der Verurteilung der Meineidigen, folge Deinem in Gott ruhen-*
*den Lehrmeister in den unsterblichen Eugenischen Taten und sei versi-*
*chert, daß Du und Deine Familie zu jetzigen und ewigen Zeiten von un-*
*serer Majestät und allen Nachkommen alle Gnaden, Gunst und Dank,*
*von der Welt aber einen Ruhm erlangest. Solches schwören wir Dir bei*
*unserer Majestät. Lebe und streite wohl*

*Maria Theresia*[9]

Ein solches Schreiben unterschied sich von den üblichen Korrespondenzen einer Herrscherin mit ihren Feldherren wie Tag und Nacht. In
ihm prägt sich vollends der neue Stil aus, mit dem die Königin zu regieren beabsichtigte: mit menschlicher Wärme und unter intensiver persönlicher Bezugnahme. Damit kompensierte sie ihre Mittellosigkeit und
die Unfähigkeit, sofort größere Geldsummen für Belohnungen aufzu-
bringen. Später tat sie dies in so reichem Maße, daß Joseph ab 1765 als
Mitkaiser mehrmals dagegen opponierte.

Der Thronfolger zeigte schon als kleines Kind lebhaftes Temperament. Sein Kindernahme war Pepi, was mit Rücksicht auf die Würde
seines Ranges jedoch nicht beibehalten worden ist. Seine hohe Stellung
brachte es mit sich, daß man allen Dingen, die seine Betreuung und Erziehung betrafen, eine beispielhafte Aufmerksamkeit zuwandte. Gab
man den drei ältesten Schwestern gemeinsam eine Aja, also eine verant-
wortliche Erzieherin, so erhielt Joseph für sich allein einen Ajo, der den
kleinen Haushalt seines Schützlings zu überwachen hatte. Seine »Me-
nage«, die ihm schon im zartesten Alter zustand, enthielt eine lange Liste von Posten, darunter mehrere Kammerdiener, Kammertürhüter,
Kammerfrauen, Kammerdienerinnen, deren Diener und Dienerinnen
und – wie bei allen Kindern – ein »Kammermensch«, und als letzte in der
Reihe rangierte auch bei ihm »das Mensch vom Kammermensch«, die
unentbehrliche Putzfrau.

Als Joseph größer wurde – und so handhabte man es bei allen Kindern der Familie – teilte man ihm einen eigenen Hofstaat zu. Der Ajo wurde Obersthofmeister. Er regierte jetzt den merklich erweiterten Personalbestand seines Schützlings. Zuzüglich zu den bereits genannten Chargen wurden noch Kammertrabanten ausgesucht, ein Friseur, ein Garderobier; ferner gehörten dazu alle Lehrer des Thronfolgers, ein Beichtvater und zwei Kammerherren. Es war durchaus üblich, bewährte Kammerherren später als Erzieher zu übernehmen, wie es bei Joseph mit Sigismund von Goëss und Franz Thurn geschah.[10]

Der Posten eines Ajo oder einer Aja entstammte dem spanischen Hofzeremoniell und war ebenso begehrt wie gefürchtet. Außer der großen Verantwortlichkeit brachte er es mit sich, daß fast keine Freizeit bestand. Tag und Nacht waren die Ajos und Ajas im Dienst. Zur Belohnung erhielten sie beim Abschluß ihrer Tätigkeit den Fürstentitel, aber dies schien den meisten Edelleuten kein Äquivalent zu sein. Einen hartnäckigen Kampf gegen seine Ernennung zum Ajo führte der Chronist Maria Theresias, erst Graf, dann Fürst, Obersthofmeister Johann Joseph Khevenhüller-Metsch, mit dem schon genannten Feldmarschall nicht identisch. Die Kaiserin hatte ihn als Ajo bei Joseph vorgesehen und schrieb ihm am 15. 7. 1744, als er seinen Dienst einmal wegen einer Erkrankung nicht ausüben konnte:

*Ich habe nothwendig, dass er seine Kräften sparre und zusam nehme, weillen mir recht vill daran gelegen und erkenne, was er mir noch nutz sein kann und ihme ausersehe zu dem wo keinen andern finden kunte ihme gleich und wo meine ganze hiesige Glückseligkeit und Vergnügen dependieren thutt und Viller andern . . .*[11]

Doch Khevenhüller ließ sich nicht umstimmen. Mit viel Standhaftigkeit gewann er Josephs Vater, Großherzog Franz Stephan von Lothringen-Toscana für sich, indem er ihm klarmachte, daß seine Konstitution so anfällig sei, daß er nicht die erforderliche Gesundheit für den Posten mitbringe. Dadurch blieb die Frage noch lange unentschieden. Noch 1746 hatte man niemand anderen, um für Joseph Kammerherren auszusuchen als gerade Khevenhüller, den dieser Auftrag sehr erschreckte.

Mit fünf Jahren erhielt Joseph schon Unterricht im Lesen und Schreiben durch Johann Baptist Steiner, und ein Jahr später begann der Religionsunterricht, den der Jesuit Anton Möller erteilte; er war auch der erste Beichtvater des Kindes. Im August 1747 bestimmte man den Augustinerpater Franz Joseph Weger zum Lehrer Josephs, wobei sich sein

Wirken nicht auf bestimmte Fächer beschränkte. Maria Theresia, jetzt
Kaiserin, wünschte ausdrücklich, Weger sollte sich auch um alle allgemeinen Erziehungsfragen beim Thronfolger kümmern. Der behelfsmä-
ßig diensttuenden Aja war dies nicht recht, bedeutete dies doch einen
Eingriff in ihr Aufgabengebiet. Doch man ließ sie weiterhin Entscheidungen treffen, wenn auch von minderer Wichtigkeit, so etwa, ob Pater
Weger mit Joseph ausgehen durfte oder nicht.

Joseph lernte Geschichte, Geographie und Französisch, alles in einer
Form, die seinem Alter angepaßt war. Am Kaiserhof wuchsen die Söhne
und Töchter ebenso zweisprachig auf wie die Fürstenkinder überall im
Reich, denn der Sprachmode der Zeit entsprechend unterhielten sich die
gebildeten Leute französisch. Allerdings mochte Joseph die Sprache
nicht und lernte sie nur widerwillig. Der Gesandte des preußischen Hofes, Podewils, erwähnte dies 1747 in seinem großen Rapport über Kaiser
Franz I. und Kaiserin Maria Theresia, der für den König von Preußen bestimmt war. Der sechsjährige Joseph zeigte für sein Alter einen wachen
Verstand. Andererseits war er, wie lebhafte Kinder häufig, manchmal
sehr ungezogen, so daß es schwierig war, ihn zu bändigen. Podewils
schilderte die Kaiserin bei Erziehungsproblemen:

> *Sie liebt ihre Kinder, die an Empfangstagen immer um sie sind, zärt-*
> *lich. Am meisten liebte sie die älteste Erzherzogin, die gestorben ist,*
> *jetzt den Erzherzog Joseph. Sie läßt ihm viele Dinge, die sie tadeln müß-*
> *te, hingehen. Manchmal jedoch gibt sie sich den Anschein von Strenge*
> *ihm gegenüber und behauptet, ihn nicht zu verzeihen. Eines Tages*
> *wollte sie ihm die Peitsche geben lassen. Man hielt ihr vor, daß es kein*
> *Beispiel gäbe, daß man sie jemals einem Erzherzog gegenüber ange-*
> *wandt habe. »Ich glaube es«, sagte sie, »aber so etwas ist auch noch*
> *nicht dagewesen!«* [12]

Die Aufzeichnungen des Grafen Podewils gehören zu den am meisten
zu Rate gezogenen Quellenwerken in der gesamten Literatur über Maria
Theresia. Wer sich ein Bild von der schönen, vitalen und lebenslustigen
Kaiserin machen will, kann auf die Kenntnis der Schilderungen dieses
sehr lebendig erzählenden Chronisten nicht verzichten. Er schreibt unter anderem:

> *Von Natur ist sie heiter, aber es scheint, als hätten die Schicksals-*
> *schläge, die sie zu ertragen hatte, sie verbittert, und sie ist jetzt zuweilen*
> *schroff. Es scheint, daß sie sich ihr Unglück außerordentlich zu Herzen*

*genommen hat, und ich habe sie eines Tages sagen hören, daß sie um al-*
*les in der Welt nicht noch einmal zu leben anfangen möchte.* [13]

Wenn Podewils von »ihrem Unglück« schrieb, so meinte er damit
vordringlich den Verlust von Schlesien, der nach Beendigung des Zweiten schlesischen Krieges besiegelt schien. Ihre Erbitterung über die Siege
Friedrichs von Preußen dämpfte sich nicht. Von ihrem familiären Mißgeschick, dem Verlust der beiden kleinen Töchter Elisabeth und Karoline
war schon die Rede.

Maria Theresia leistete ungeheuer viel. Kaiser Franz I. betätigte sich
vordringlich als geschickter Bankier der Familie Habsburg-Lothringen.
Auf der Kaiserin aber lasteten die Regierungsgeschäfte. Dennoch fand
sie Zeit, sich um die kleinsten Einzelheiten bei Josephs Betreuung und
Erziehung zu kümmern. So schrieb sie den Kammerdienern vor:

*. . . (sie) sollen sein Bett machen und vor die Sauberkeit sorgen, da-*
*mit der Erzherzog täglich früh und spät den Mund und die Hände wa-*
*sche und wöchentlich einmal die Füße, auch ihn fleißig kämmen und das*
*mindeste was sie an seiner Personne in allem diesen wahrnehmeten, es*
*möchte eine Empfindlichkeit, Schmerzen oder Flecklein, oder Erhöhung*
*sein, alles gleich ohne Verweilen denen Doctoren anzeigen. Der Zahn-*
*arzt sollte zweimal die Wochen, Dienstag und Freitag, um halber acht*
*Uhr fruhe kommen, dem Erzherzog die Zähn zu putzen und zu versor-*
*gen.* [14]

Im Dezember 1748 wurde der Obersthofmeister Königsegg bei der
Kaiserin vorstellig. Er erinnerte daran, daß im Jahre 1685 der damals siebenjährige Kronprinz des Hauses Habsburg schon einen eigenen männlichen Hofstaat gehabt hätte. Es sei nun dringlich, der Tradition entsprechend auch dem jetzigen Erzherzog Joseph einen solchen zu gewähren
und Entschlüsse zu fassen.

Wenige Tage später wurde Batthyany zum Ajo ernannt. Für Khevenhüller war die Gefahr vorbei, den unliebsamen Posten übernehmen zu
müssen. Joseph war zu diesem Zeitpunkt auf Wunsch seines Vaters
schon Regimentskommandeur. Man hatte ihn zum Obersten des Regimentes Althann gemacht, das am 10. Dezember 1748 aus den österreichischen Niederlanden in Wien eintraf. Eine große Parade für Joseph
war anbefohlen worden. Khevenhüller bemerkte dazu anerkennend:

*Gegen 10 Uhr fuhre der Ertzherzog mit dem Ayo und gewöhnlichem*
*Gefolg von der Burg weg, sezte sich à la tête de son régiment, so nächst*

*denen Ställen rangiret wurde, und erwartete also zu Pferd die Ankunft*
*beider kaiserlichen Mayestäten, welche . . . bald nach folgten . . .*

*Der Ertzherzog, nach getaner Salutation, ritte neben dem Kaiser und*
*der Ayo auf seiner Seiten, indeme das Herrl erst seit beiläufig drei Wo-*
*chen her zum ersten Mahl auf ein Pferd gesezt worden. Während deme,*
*als das Regiment defilirte, verblibe selber beständig neben der Kaiserin*
*Chaise und zuruck ritte er an des Kaisers Seiten bis zur Bellaria, allwo*
*man abstige.* [15]

Joseph bestand mit dieser Parade gewissermaßen eine Reitprüfung.
Wie Khevenhüller mehrmals erwähnte, war der Dienst in Josephs Hofstaat keineswegs leicht. Der Junge war aufgeweckt, oft altklug und vor
allem schon in früher Jugend sehr hochmütig und seines eigenen Wertes
allzu bewußt. Auch von den anderen Geschwistern wurde dies gelegentlich berichtet, aber die Erziehung war insgesamt doch so vernünftig angelegt, daß sich mit zunehmenden Jahren bei allen Kindern Maria Theresias diese Allüren verloren. Das Schicksal traf manche von ihnen auch
so hart, daß die Wahrung ihres hohen Ranges nur mehr geringe Bedeutung hatte.

Josephs Hofstaat wurde nach denkbar strengen Gesichtspunkten zusammengestellt. Seine Kammerherren stammten aus den größten und
angesehensten Familien der Länder. Rudolf Graf von Goëss, Ernst Guido
Graf von Harrach, ein junger Marquis de Paul, Anton Graf von Salm,
Georg Graf von Starhemberg und Maria Karl Graf von Saurau gehörten
zu ihnen. Für sie bestand eine bindende Instruktion, über deren Einhaltung der Ajo zu wachen hatte.

Zwei Kammerherren hatten sich ständig im Dienst zu befinden. Früh
um sieben Uhr mußten sie pünktlich erscheinen, um beim Aufstehen Josephs anwesend zu sein. Außer beim Unterricht mußte ein Kammerherr
ununterbrochen bei dem Knaben sein. Niemand durfte über interne
Vorfälle in Josephs Umgebung sprechen, niemand durfte schlecht über
Abwesende sprechen, auch nicht über die Feinde der Monarchie, was
gewiß von loyaler Gesinnung des Kaiserpaares zeugte. In der Hauptsache war der Dienst eines Kammerherrn damit ausgefüllt, Joseph in seiner Freizeit zu begleiten, seine Fehler in Haltung und Benehmen zu verbessern, ihm Fremde vorzustellen und ihm, wenn es sich ergab, bei einem Gespräch die passenden Antworten vorzusagen. Als er acht Jahre alt
war, gab er dem russischen Botschafter eine Antrittsaudienz und sagte
brav und ohne Fehler einen recht komplizierten Satz:

*Ihro Majestät der Russischen Kayserin mir so angenehme Erinnerung thut mich ohngemein verbinden; Ich ersuche den Herrn Bottschafter dieselbe meiner wahren Hochachtung zu versichern: und es erfreuet mich anbey, daß die Wahl zu dieser Bottschaft auf einen Unserem Hof so angenehmen Ministre gefallen ist.*[16]

Der Lehrstoffplan, der Josephs Unterricht zu Grunde lag, stellte große Anforderungen an das kindliche Begriffsvermögen. Nun erwies sich allerdings Pater Weger als ein einmalig befähigter Pädagoge, der es verstand, seinem Zögling die sprödesten Begriffe nahezubringen und sie seinem Alter gemäß zu erklären. In einem Bericht heißt es:

*Voll steter Aufmerksamkeit auf den Geschmack und die Stimmung des Erzherzogs, wußte er tausend Wege einzuschlagen und tausend kleine Kunstgriffe anzuwenden, welche ihn immer ans Ziel führten, so daß man wohl sagen kann, daß während dieser ersten Jahre die Lehrstunden für den Erzherzog mehr eine Erheiterung als eine ernste Beschäftigung waren.*[17]

In jenen Jahren interessierte sich Joseph vorwiegend für Rechnen, später für Mathematik, worin ihn Demenge Brequin unterrichtete. An diese Unterweisungen schloß sich die Einführung in die Feldmesserei und Kriegsbaukunst an, Dinge, die Josephs Begabung entsprachen.

Wenn auch seine Neigung für Französisch nicht groß war, so lernte er im allgemeinen doch Sprachen leicht und gut. Er perfektionierte sich jedenfalls im Französischen soweit, wie das Hofleben und die Diplomaten es einst von ihm fordern würden. Später lernte er noch Italienisch, das er auch schriftlich gut beherrschte. Rechtzeitig erhielt er auch einen Lehrer für Ungarisch, denn eines Tages würde er König von Ungarn sein.

Von seiner Mutter hatte er zweifellos das musikalische Talent geerbt. Beim zweiten Kapellmeister der Wiener Hofkapelle, Johann Georg Reutter, lernte er sehr bald Klavier und Violoncello spielen und brachte es auf beiden Instrumenten rasch zu einer gewissen Fertigkeit, die ihn befähigte, seine Geschwister bei Hofkonzerten zu begleiten.[18]

Als Pater Weger im Jahre 1751 starb, suchte Maria Theresia bewußt einen Mann zu seinem Nachfolger, der den Unterricht ihres Sohnes auf eine neue Basis stellte. Sie fand in Johann Christoph Bartenstein die geeignete Persönlichkeit, um für den Thronfolger einen völlig neuen Studienplan zu entwerfen, der nicht eine möglichst universelle Bildung, sondern vielmehr die Erziehung Josephs zum zukünftigen Herrscher zum Ziel hatte.

In einer eilig einberufenen Konferenz sprachen Batthyany, Khevenhüller und der neue Studienleiter Pater Weickard die einzelnen Fächer
durch. Man war sich einig, daß Joseph zwar leicht lerne, aber auch sehr
rasch wieder alles vergäße. Er könne sich nie lange auf einen bestimmten
Gegenstand konzentrieren. Seine kürzlich begonnenen Lateinstudien,
die nach jesuitischen Grundsätzen durchgeführt wurden, waren sehr erfolgreich gewesen, die Syntax war nahezu beendet. Pater Weickard hatte
die Absicht, Ostern 1752 mit den Studien der Humaniora zu beginnen
und Joseph die Bildungswerke der klassischen Antike sowie Poesie und
Rhetorik nahezubringen. Man hielt es jedoch für notwendig, den Lehr-
stoff zu kürzen. Latein sei für einen Herrscher nicht unbedingt notwendig, auch auf Poesie könne man weitgehend verzichten. Dagegen erklärte Bartenstein die Rhetorik für äußerst wichtig, denn »der Endzweck
der Redekunst ist andere zu bereden«, und davon könne Gedeih und
Verderb eines Herrschers abhängen.

In Geschichte war Joseph bis zum 2. Punischen Krieg gekommen. Dies
erschien den Anwesenden ein zu langsames Tempo und zuviel Schwer-
gewicht auf der alten Geschichte. Bartenstein setzte sich dafür ein, der
modernen Geschichte mehr Aufmerksamkeit zu geben. Seine Darlegungen wurden akzeptiert.[19]

Die Verantwortlichen zeigten sich zwar voller guter Vorsätze, trotzdem änderte sich am Geschichtsunterricht wenig, weil kein geeignetes
Unterrichtsmaterial vorhanden war. Auszüge aus diesem oder jenem
Standardwerk wurden herangezogen, aber der große Überblick fehlte. Es
wurden monatliche Prüfungen für Joseph, danach auch für seine Brüder,
eingeführt, denen sich die Erzherzöge meist mit gutem Anstand unterzogen. Um wenigstens auf dem wichtigen Gebiet der Geschichte nicht
länger ohne Lehrbuch zu sein, wurde Alois Leporini ausersehen, eine
Zusammenfassung der Daten deutscher Geschichte herzustellen, womit
er aber erst im Juni 1753 fertig wurde. Bartenstein fand seine Ausarbeitung brauchbar, machte aber noch eine Fülle von Anmerkungen, die zu
erklären er sich Joseph gegenüber vorbehielt.[20]

Im gleichen Jahre, als der Thronfolger zwölf Jahre alt war, machte der
neapolitanische Hof einen »Anwurf«, einen offiziellen Antrag auf Dop-
pelheirat in Wien. Man wünschte dort eine Erzherzogin für den Kronprinzen von Neapel-Sizilien und die Heirat Josephs mit einer neapolitanischen Prinzessin. Das südliche Königreich befand sich in den Händen
der spanischen Bourbonen, und die Verbindung war Maria Theresia an

sich wünschenswert. Sie antwortete daher grundsätzlich zustimmend, denn bei ihrer großen Kinderschar bedeuteten frühe Heiratsabsprachen nichts Ungewöhnliches. Dennoch taktierte sie hinsichtlich einer Erzherzogin bis 1766, bis sich eine schicksalhafte Regelung ergab. Was aber Joseph betraf, so fürchtete sie doch die eventuell mögliche Degeneration eines alten Fürstenhauses und wollte sich keinesfalls binden. Sie könne sich nicht festlegen, antwortete sie:

*(weil) eine wahre Vereinigung der Gemüther hauptsächlich von der eigenen und freyen Auswahl abhanget; als tragen wir auch ein billiges Bedenken, solche Unserem ältesten Sohn zu beschränken, und ihme verschiedene Jahre voraus eine Gemahlin auszuersehen, von deren künftigen Leibes- und Gemühts-Eigenschaften noch kein gesichertes Urtheil schon dermahlen gefällt werden kann.*[21]

Der Unterricht nach dem neuen fünfjährigen Plan begann für Joseph zu Ostern 1754. Das Ziel war, daß seine Ausbildung mit seinem achtzehnten Lebensjahr abgeschlossen sein sollte, weil er dann mündig und heiratsfähig sein würde. So stand er nun mit dreizehn Jahren vor einem Wissensstoff, der heutzutage in einem Hochschulstudium vermittelt wird. Die Fächer Philosophie, Rhetorik, Rechtswissenschaften und Geschichte waren hauptsächlich vorgesehen. Seine Lehrer waren jetzt Pater Franz in Philosophie, Pater Fritz für Rhetorik, Professor Beck für die Rechtswissenschaften. Den Geschichtsunterricht hatte man dem verdienten Leporini übertragen, jedoch unter Bartensteins Leitung.[22]

Seltsam mutet es an, daß so wichtige Fächer wie Physik und Naturwissenschaften zur »Unterhaltung« des Thronfolgers gezählt wurden und nicht ernsthaft betrieben wurden. Die schon so früh begonnenen Studien über Kriegskunst, Festungsbau, Ballistik und allgemeine Grundzüge der Architektur wurden jedoch mit Aufmerksamkeit fortgeführt.

In der österreichischen Außenpolitik hatte sich in den letzten Jahren dank der Bemühungen des Fürsten Kaunitz eine entscheidende Wandlung vollzogen. Kaunitz war es gelungen, die französisch-preußische Allianz zu sprengen und Frankreich auf die Seite Österreichs zu ziehen. Schon zeichnete sich ab, daß auch Rußland zu diesem neuen Bündnis stoßen würde, so daß sich Preußen plötzlich einer Koalition von drei Großmächten gegenübersah. Zwar schloß Friedrich II. im Januar 1756 die Konvention von Westminster ab, einen Nichtangriffs- und Beistandspakt mit England, aber viel Unterstützung sollte ihm aus diesem Bündnis nicht erwachsen.

Josephs Lebensschicksal wurde von der Politik entscheidend beein-flußt. Während Maria Theresia immer noch nebenher bemüht war, den Hof von Neapel hinsichtlich der geplanten Heiraten nicht zu vergrämen, denn als Versorgung für eine der vielen Erzherzoginnen wäre er sehr ge-eignet gewesen, bot sich für Joseph eine ganz andere Verbindung.

Überraschend machte im Jahre 1755 der französiche Botschafter in Wien, Graf de Stainville, den »Anwurf« bei der Kaiserin, sie möge doch den Thronfolger mit der Enkelin des Königs von Frankreich, der schönen Prinzessin Isabella von Parma, verheiraten.[23]

Auch in diesem Falle zog sich die Kaiserin zunächst hinter die Ausrede zurück, Joseph sei noch sehr jung, mit vierzehn Jahren ließe sich über ihn noch wenig sagen. Dann jedoch räumte sie dem französischen Vor-schlag absoluten Vorrang ein, denn in zunehmendem Maße erschien ihr nichts nützlicher, als Ludwig XV. gefällig zu sein und die neugegründete politische Freundschaft auch durch familiäre Bande zu festigen.

Die Kaiserin achtete sehr darauf, daß ihre Kinder gesellschaftliche Gewandtheit erlangten. Sie sollten sich auskennen in den verwickelten Regeln des höfischen Zeremoniells. Zur Übung wurde jede Gelegenheit benutzt. So fand an jedem Geburts- und Namenstag der Familienmit-glieder ein großer Galatag für den Hof statt.

*Die jungen Herren empfingen den Adel, die Gesandten zu den Gratu-lationen, speisten mit den Majestäten öffentlich und wurden von den Kämmerern wie die Erzherzoginnen von den Hofdamen bedient.*

Die Kinder sollten sich in einer mehrsprachigen Konversation üben, daher zog man oft gebildete und hochgestellte Persönlichkeiten zur Tafel hinzu. Sie sollten lernen, jede Scheu und Schüchternheit zu verlieren, wenn sie sich in der Öffentlichkeit zeigten. Maria Anna und Joseph wur-den schon zu repräsentativen Aufgaben herangezogen. Sie wohnten re-ligiösen Zeremonien bei, nahmen Eröffnungen und Ehrungen vor und vertraten bei den neugeborenen Geschwistern die Taufpaten.[24]

Das Friedensjahrzehnt zwischen 1745 und 1755 ließ der Herrscherin die Muße, ihren Kindern viel Aufmerksamkeit zu widmen. Zu Beginn des Jahres 1756 veränderte sich das politische Klima an den europäischen Höfen in besorgniserregender Weise. Österreich rüstete ganz unver-hohlen. Die Armee wurde nach preußischem Muster reorganisiert. Auf-fallend viele Truppenteile wurden an die Nord- und Ostgrenzen Böh-mens verlegt. Den Spionen Friedrichs von Preußen entging das natürlich nicht. Ein Blick auf die Landkarte zeigte dem König, daß die neuen Verbündeten Frankreich, Rußland und Österreich ihn völlig eingekreist hatten, so daß die von ihm vorausgewitterte Bedrohung Preußens nunmehr Tatsache geworden war. Nach der Maxime »Angriff ist die beste Verteidigung« begann Friedrich II. im September 1756 seinen als Abschreckung gedachten Präventivkrieg gegen Sachsen und Österreich, der sich jedoch wie ein Flächenbrand zu einem umfassenden Kriegsgeschehen ausweitete. Die Nachricht von Friedrichs Einrücken in Sachsen schlug am Wiener Hof wie eine Bombe ein. Khevenhüller hatte es miterlebt:

*Der Kaiser ließ den Herrn Ajo und mich zu sich rufen und las uns den letzten Bericht aus Dresden vor, worin sehr viel von einem zu befürchtenden Einfall in Sachsen gemeldet wurde, was er aber für bloße Schreckmittel hielt. Tags darauf kam in der Nacht eine Stafette mit einer Meldung, daß die preußische Avantgarde den 27. August wirklich in das sächsische Territorium eingerückt sei und der König selbst mit dem Gros der Armee nachrücke. Der Kaiserin ging dieses traurige Spektakel in Sachsen derart zu Herzen, daß sie uns die diesfalls erhaltenen Nachrichten mit weinenden Augen erzählte.*[25]

Maria Theresia mochte überblicken, wie weit die Dinge in Wirklichkeit geraten waren und daß sie sich einem in seiner Bedrängnis wahrhaft verzweifelten Feind gegenübersah. Sie war sich der Tragweite des Geschehens wohl bewußt. Es war der Beginn des Siebenjährigen Krieges, eigentlich des 3. Schlesischen Krieges, denn um diese Provinz ging es erneut in dem langjährigen Ringen. Joseph war zu dieser Zeit fünfzehn Jahre alt und – zum Schrecken des Kaiserhauses – ein schwärmerischer Verehrer seines Feindes Friedrich von Preußen.

Zu den ersten Maßnahmen der Kaiserin gehörte, daß in allen Kirchen Gebete für den glücklichen Ausgang des Krieges abgehalten werden mußten. Später kamen Bittgebete für verwundete und gefallene Soldaten hinzu. Dies alles entwickelte sich innerhalb der sieben Kriegsjahre zu festgefügten Riten, zu denen ganze Truppenteile geschlossen abgeordnet wurden, so daß die Gläubigen in den Kirchen einen sehr militärischen Anblick boten. Mehr als zuvor hielt Maria Theresia darauf, daß all ihre Kinder die religiösen Pflichten sehr ernst nahmen. Während der Kaiser, der sich gelegentlich zu Klausurtagungen zu den Kapuzinern zurückzog, für seine Person eine verinnerlichte Religiosität bevorzugte, denn die stille Aussprache mit Gott bedeutete ihm das wahre Gebet, so fühlte sich die Kaiserin verpflichtet, die Gebote ihres Glaubens demonstrativ zu erfüllen.

Alle Kinder mußten mindestens einmal monatlich beichten und kommunizieren, sofern sie das Alter dazu erreicht hatten. Sie waren angewiesen, ihre Morgen- und Abendgebete kniend zu verrichten und an Fasttagen Bußpsalmen und Heiligenlitaneien zum Gedächtnis der Toten zu beten. An Sonn- und Feiertagen mußten sie zwei Messen besuchen. Die Heiligenverehrung spielte nach dem Wunsch der Mutter in den Kinderstuben eine große Rolle. Man wandte sich besonders oft an Maria und den heiligen Joseph, den heiligen Karl und die Engel. Die Fastenzeit wurde streng beachtet. Es gab weder Fleisch noch fette Kost, die erlaubten Speisen waren spartanisch knapp bemessen, es wurde verboten, den Kindern zum Frühstück Kipferln (Blätterteighörnchen) zu geben, sie mußten Schwarzbrot essen und auf jedes Naschwerk verzichten. Kein Vergnügen war gestattet, vielmehr erhöhte man die Zahl der geistlichen Übungen.

Als Joseph achtzehn Jahre alt wurde, wurde sein Äußeres nur lobend erwähnt. Man schilderte ihn blühend von Kraft und Schönheit und in voller Gesundheit. Alle Leute waren eingenommen von seinem Gesichtsausdruck, dem die hohe Stirn, die sanft gebogene Nase und der geistvolle Blick etwas Bedeutendes verliehen. Ein Gesandter berichtete seiner Regierung:

*– ein Prinz von nicht alltäglichem Wert, seine Meinung erhält Gewicht durch gute Gesinnung und höchste Klugheit.*[26]

Am 24. Mai 1759 wurde die bevorstehende Heirat Josephs mit der Prinzessin Isabella von Parma amtlich mitgeteilt. Diese förmliche Erklärung löste in Neapel eine niederschmetternde Wirkung aus. Das Königspaar empfand diese Wendung der Dinge als einen Verrat an seinen guten Absichten. Man brütete finstere Rache, die dergestalt vollzogen werden sollte, daß man den ursprünglichen Plan fallenließ, nach welchem eine Erzherzogin entweder den Thronfolger für Spanien oder den zweiten Sohn, den Thronfolger für Neapel heiraten sollte. Als Maria Theresia die Nachrichten über diese unerwarteten Folgen erhielt, schrieb sie eigenhändig an die Königin von Neapel. Diese antwortete jedoch nur sehr kühl.[27]

Besonders schwierig war die stichhaltige Begründung der Absage an die neapolitanische Prinzessin. Botschafter Neipperg schilderte in bewegten Worten die leidenschaftliche Zuneigung Josephs zu der Prinzessin Isabella von Parma. Dabei hatte er wohl etwas zu dick aufgetragen. Der leitende Minister Tanucci in Neapel wunderte sich jedenfalls mit demonstrativer Ironie, er verstehe nicht, daß jemand so sehr in ein Mädchen verliebt sein könne, das er noch nie gesehen habe. Dennoch ergab sich im Grunde für die Infantin aus Neapel kein Nachteil. Sie heiratete 1765 Josephs Bruder, den Großherzog Leopold von Toscana, der von 1790–1792 Kaiser war. Die Infantin ging als Kaiserin Marie-Louise in die österreichische Geschichte ein.[28]

Zu jener Zeit stellte das Herzogtum Parma die Sekundogenitur, also die Versorgung des zweiten Sohnes, des spanischen Königshauses dar. Don Carlos III. bestieg den Thron der spanischen Bourbonen, sein jüngerer Bruder Don Felipe – in Europa Philipp genannt – erhielt das Herzogtum Parma. Als Philipp heiratete, lebte er noch in Madrid. Seine Auserwählte war Madame l'infante Elisabeth Louise, die Lieblingstochter König Ludwigs XV. von Frankreich. Sowohl in Madrid, wo Isabella geboren wurde, als auch später in Parma gefiel es der Herzogin überhaupt nicht. Hätte sie im späteren Leben zu wählen gehabt zwischen dem Dasein einer alten Jungfer in Versailles oder der Existenz an Philipps Seite – obschon mit blühenden Kindern – in Parma, sie würde sich immer für Versailles entschieden haben, und sie machte aus dieser Einstellung kein Hehl.

Isabella von Parma hatte die ersten Jahre ihres Lebens am Hofe von Madrid verbracht, wo die aufwartenden Hofdamen und Kammerherren den Majestäten zu jeder Mahlzeit die Speisen kniend darreichten, um nur eine der Eigenarten spanischer Etikette zu erwähnen. An diese Dinge erinnerte sich Isabella späterhin noch oft. Auch in Parma herrschte weiterhin spanische Etikette, doch alles spielte sich in einem wesentlich kleineren Rahmen ab, bedingt durch die relativ geringen Einnahmen, die das Herzogtum abwarf.

Mit ihrem Vater Don Philipp verstand sich Isabella immer gut. Er war stolz auf seine hübsche Älteste und hatte stets ein offenes Ohr für ihre Wünsche. Zu ihrem fünfzehnten Geburtstag schenkte er ihr die beste Cremoneser Geige und beschaffte ihr alle Noten, für die sie Interesse zeigte. Isabellas Begabung für das Geigenspiel wurde vom Vater bewundernd gefördert. Man sah es als günstige Fügung an, als bei der Erwägung der Heirat mit Joseph auch dessen Musikliebe hervorgehoben wurde, und man war allgemein der Ansicht, daß diese gemeinsame Neigung der gegenseitigen Sympathie förderlich sein würde.[29]

Mit der Aufgabe, die Braut aus Parma nach Wien zu bringen, hatte das Kaiserpaar den Fürsten Joseph Wenzel von Liechtenstein betraut, einen Mann, der imstande war, den hohen Aufwand dieser Mission aus eigenem Vermögen zu bestreiten. Es war mitten im Kriege im Jahre 1760, man mußte sparen an allen Enden. Dennoch waren die Mittel, die die Kaiserin für die Hochzeitskosten angesetzt hatte, eher großzügig bemessen, was bei den chronisch leeren Kassen allgemein verwunderte.

Nur die glückliche Konstellation und Prestigegründe, vor allem die Rücksicht auf den eifersüchtigen spanischen Hof rechtfertigten den hohen Aufwand, den die Kaiserin für die Vermählungsfeierlichkeiten ihres Erstgeborenen (Sohnes) genehmigt hatte. Es waren volle 90 000 Gulden, von denen 6000 allein auf den prächtigen Leibwagen der Prinzessin-Braut entfielen, der fortan freilich ein besonderes Prunkstück des kaiserlichen Wagenparkes bilden sollte.

Liechtenstein hatte seinen Hofstaat, der aus mehr als fünfzig Personen bestand, vom Leibarzt und Seelsorger bis zum Heiducken und Heizer, in der gleichen scharlachroten Galatracht vorausgeschickt. Zu des Fürsten Reisebegleitung waren nur einige seiner Edelleute und Bedienten ausersehen, mit vier Kutschen und einer fahrenden Küche.[30]

Im Dom zu Parma wurde die Trauung per procurationem vorgenommen. Isabella ging gleich danach für drei Tage zur inneren Einkehr ins Schloß Colorno, wo sie meist ihre Kinderzeit verbracht hatte.

Von ihren Habseligkeiten ließ sie fast alles ihrer Schwester Marie Luise zurück; auch jede ihrer Damen behielt ein Schmuckstück als Andenken an die Scheidende. Die vielen Geschenke, die sie anläßlich ihrer Vermählung bekommen hatte, erlaubten ihr eine gewisse Großzügigkeit. Auch die Akademie und die Universität wurden von ihr bedacht.

König Ludwig XV. schenkte der Enkelin eine königliche Brautausstattung, herrlich verarbeitet und mit feinsten Spitzen besetzt. Seine Gemahlin, die arme Maria Lesczynska, die an seiner Seite im Schatten der Madame Pompadour ein trauriges und zurückgezogenes Leben führte, sandte für Isabella drei kostbare Mantelkleider, wahre Wunderwerke aus gelbem, rötlichbraunem und schwarzem Samt, den Farben, die sich am besten mit Isabellas bräunlichem Teint vertrugen.[31]

Am 13. September 1760 sollte die feierliche Übergabe der Braut – die Entregna – an die Delegation des Wiener Hofes stattfinden. Man hatte dazu den Ort Casal Maggiore ausgewählt, der genau an der Grenze vom parmesischen zum mailändischen Gebiet gelegen war. Dies war das große Ereignis, wo Fürst Wenzel Liechtenstein zum erstenmal mit seinem scharlachroten Gefolge in Erscheinung treten sollte. Kaiser Franz I., der nunmehrige Schwiegervater, schickte seiner Schwiegertochter ein handgeschriebenes Billett mit einem Kurier entgegen:

*Ma très chère fille, vielgeliebte Tochter.*

*Als einen neuen Beweis der großen Genugtuung, die ich in dem Augenblick empfinde, der Sie mit meinem Hause verbindet, habe ich den Fürsten Auersperg eiligst nach Casal Maggiore abgeschickt, um Ihnen von meiner Seite ein Zeichen meiner Freude darüber zu geben, daß ich nun bald das Glück habe, Sie persönlich kennenzulernen. Ich erwarte diesen Augenblick mit Sehnsucht und bitte den Allmächtigen, er möge Sie, meine teuerste Tochter, in seinen heiligen Schutz nehmen, dessen Sie so besonders würdig sind.*[32]

Der mit Spannung wartenden Kaiserin in Wien sandte Fürst Liechtenstein von unterwegs eine lange Depesche:

*Was die Entregna betrifft, kann ich Euer Majestät nur versichern, daß sie so beweglich und herzrührend vor sich gegangen, als möglich war. Man kann sich davon kaum eine Vorstellung machen. Dahero sind den Zusehern häufige Tränen gekommen und auch abgelebte Männer haben sich ihrer mit Mühe erwehrt. Umsomehr war die Standhaftigkeit und Geistesgegenwart zu bewundern, mit der die hohe Braut dabei und sogar bei dem öffentlichen Abschied von ihrer vorigen Oberhofmeisterin Gonzalès bestanden hat. Ich bin nicht imstande, den ergreifenden Vorgang Euer Majestät lebhaft genug zu schildern. Einer Prinzessin, die in der Heimat so viel Liebe gefunden, werden sich auch in Wien alle Herzen öffnen.*[33]

Als auf der Reise nach der Hauptstadt die Fahrt durch Bozen führte, wurde Isabella zum erstenmal mit einer deutschen Ansprache begrüßt. Sie antwortete zur großen Verwunderung und Freude aller Anwesenden auf Deutsch, und zwar aus dem Stegreif, ohne eine Antwort präpariert zu haben. Diese kleine Szene nahm alle Österreicher sehr für die junge Erzherzogin ein.

Das Schloß Stuppach zwischen Schottwien und Neunkirchen war zur letzten Nachtstation für die Braut bestimmt worden. Kaiser Franz wählte diesen Ort als Stätte der ersten Begegnung mit seiner Schwiegertochter. Der Kaiser war in Campagne-Kleidung, denn es sollte wenig Aufhebens von diesem Treffen gemacht werden, um den vielen öffentlichen Veranstaltungen in Wien nicht den Rang abzulaufen.

Am nächsten Tag reisten der Kaiser und Isabella zusammen nach Laxenburg, wo sie um elf Uhr eintrafen. Man stieg im ehemaligen Sinzendorfschen Haus ab, dessen Garten an den des Feldmarschalls Graf von

Daun angrenzte. Zwei Stunden später trafen die Kaiserin und Joseph von Wien aus in Laxenburg ein und stiegen im Daunschen Haus ab. In dessen Garten trafen die Brautleute zum erstenmal zusammen. Joseph errötete bei Isabellas Anblick bis unter die Haarwurzeln. Seine kühnsten Erwartungen wurden übertroffen durch die fremdartige, aparte Schönheit des jungen Mädchens.

Zum Abend fuhr die Familie zusammen nach Wien, wo Isabella, die noch als Braut und nicht als verheiratete Frau betrachtet wurde, das Obere Belvedere bezog. Dort mußte sie bis zum Hochzeitstag am 6. Oktober bleiben, da es ihr laut Zeremoniell nicht erlaubt war, vor ihrem öffentlichen Einzug in die Stadt bei Hof zu erscheinen. Um ihr die Wartezeit zu verkürzen, erschienen schon am nächsten Tag sämtliche Mitglieder der kaiserlichen Familie und alle in Wien akkreditierten Botschafter.[34]

Am Morgen des Hochzeitstages fand sich die kaiserliche Familie in großer Gala im Belvedere ein. Isabella erwartete sie unten an der Treppe, auch sie trug schon ihr prächtiges Hochzeitskleid. Joseph sprang als erster aus seinem Wagen und begrüßte seine Braut mit einem respektvollen Handkuß. Als Maria Theresia und Franz folgten, küßte Isabella zuerst des Kaisers Hand, die er zu spät zurückzog, danach erfolgte der Handkuß bei der Kaiserin. Aber Maria Theresia wußte dem Vorgang alles Steife zu nehmen, denn sie umarmte und küßte die Schwiegertochter so vehement und herzlich, daß Isabella begann, sich als echtes Familienmitglied zu fühlen. Zurückhaltender gab sich Marianna, die die Schwägerin ihrer Art entsprechend kühler begrüßte. Herzlich und unbekümmert umarmte Marie Christine – Mimi – die Braut. Sie hatte schon gleich nach Josephs Verlobung einen Briefwechsel mit Isabella geführt und war ihr daher vertraut. Mit Gemessenheit und Sanftmut wurde die Fürstin von der vergrämten Prinzessin Charlotte von Lothringen umarmt. Sie erschien in der feierlichen Tracht ihres Amtes als Äbtissin von Mons. Man hielt sich noch kurz in Isabellas Retirade auf, dann ging alles zur Hoftafel, ein Galamahl, der Feierlichkeit und Bedeutung des Tages angemessen.[35]

Ganz Wien war auf den Beinen, um den Einzug der Braut zu sehen. Wer nur immer Waffen und Uniform trug, bildete Spalier in den Straßen, durch die der Zug kommen sollte.

*Zuerst zog das Regiment des Kaisers vorbei, dem hundertzwanzig herrliche Karossen folgten, die von prächtig aufgezäumten Pferden ge-*

*zogen wurden. Reiter und Lakaien, die vor und neben den Kutschen rit-*
*ten, waren in Paradeuniform.*
*Der Brautzug näherte sich im langsamen Schritt. Der stolze Wuchs*
*der Braut, ihre schwarzen Augen und Brauen, ihre kunstvolle Frisur,*
*das mit kostbaren Steinen überladene Diadem und ihr Kleid aus Silber-*
*brokat zogen alle Blicke an.*[36]

Die Trauung erfolgte in der Augustinerkirche, und es gelang nur mit
Mühe und unter Aufbietung von viel Polizei und Militär, den Eingang
von Schaulustigen freizuhalten. Man schilderte das Brautpaar als –

*– zwei jugendliche Gestalten im Prachtgewand von gleichem drap d'ar-*
*gent (Silberstoff) mit weißen Schuhen und Strümpfen, wahrhaftig Mär-*
*chenprinz und Märchenprinzessin.*
*Der neue Nuntius Carlo Barromeo, gefolgt von den Bischöfen, Prä-*
*laten und dem assistierenden Klerus, reichte dem Brautpaar das Kreuz*
*zum Kusse und danach den Aspergile (Weihwasserwedel).*
*Als Joseph und Isabella sich von den Knien erhoben, ergriff der Kaiser*
*des Kronprinzen, die Kaiserin Isabellas rechte Hand und führten sie zur*
*Lorettokapelle . . . (Dort) sangen der Nuntius und die Hofmusikkapelle*
*die Lauretanische Litanei, während sich die übrigen höchsten Herr-*
*schaften zu dem oberen Chor begaben . . .*
*Das Brautpaar aber verrichtete in sichtlicher Andacht ein kurzes Ge-*
*bet, erhob sich und trat, vom Fürsten Liechtenstein gefolgt, zum Hoch-*
*altar, wo der Nuntius die eheliche Einsegnung vornahm. Joseph stand*
*auf der Evangelienseite, Isabella auf der Epistelseite. Nach dem Kreu-*
*zeszeichen über dem Brautpaar wurde ein Tedeum gespielt.*[37]

Bei Einbruch der Dämmerung wurden vor der Hofburg und am Ste-
phansplatz Illuminationen veranstaltet in einem Ausmaß, wie sie Wien
bisher nicht gesehen hatte. Der Lichtschein von beinahe 3000 Lampions
verbreitete sich weithin, sogar über die vierstöckigen Häuser hinweg. Im
inneren Burghof brannten zwei Reihen von 3000 Wachskerzen und
zahllose Fackeln. In dieser Nacht kam die Stadt nicht zur Ruhe. Menschen drängten durch die Straßen, laute Rufe, Musik und die Tänze der
Wiener machten so viel Lärm, daß man die fast unablässig feuernden
Kanonen kaum hörte, die von den Bastionen in den Nachthimmel schos-
sen.[38]
Um das Hochzeitsfest künstlerisch zu umrahmen, hatte man Johann
Adolf Hasse und Christoph Willibald Gluck mit neuen Kompositionen

beauftragt. Am 8. Oktober 1760 begann Hasse die Operndarbietungen mit »Alcide in Rivio« im Burgtheater, wogegen Gluck sich den Beschluß der Festlichkeiten vorbehielt und eine große »Serenade« schuf, ein aus vierzehn einzelnen Tonstücken bestehendes Melodram, das er »Tetide« nannte. Ein Zeitgenosse berichtete:

*...Die feenhafte Ausstattung erregte auch das Interesse der verwöhnten Majestäten, die mit dem Hochzeitspaar in der Loge saßen, der Kaiser mit der Kaiserin im Vordergrunde, Joseph mit Isabella nur um ein weniges zurückgerückt, so daß Joseph rechts an den Vater anschloß und Isabella an die Schwiegermutter.*[39]

Ganz Wien atmete auf bei dieser Hochzeit, einem Schauspiel, das noch einmal an die großen barocken Hoffeiern der Vergangenheit erinnerte, und dies inmitten eines harten Krieges, der schon vier Jahre währte und mancherlei Einschränkungen für die Bevölkerung mit sich gebracht hatte.

Der Glanz des Kaiserhauses überstrahlte die Sorgen des Alltags. Maria Theresia wußte, was sie ihren Landsleuten schuldig war. Das Volk nahm dankbar teil an den Festen des Kaiserhauses und nun gar an einem so wichtigen Ereignis wie der Vermählung des Thronfolgers. Die Wiener waren außer Rand und Band, sie gingen, so schien es, während der mehrtägigen Hochzeitsfeierlichkeiten überhaupt nicht mehr nach Hause. Es fehlte auch nicht an gutmütigem Spott. So war Joseph für seinen sehr ehrbaren Lebenswandel bekannt. Man nannte ihn daher den »ägyptischen Joseph«, da er ohne vorherige Affären in die Ehe mit Isabella von Parma gegangen war.

Als junge Ehefrau erwarb sich Isabella die Sympathie und Liebe aller, vor allem aber die ihres Ehemannes, der sie anbetete. Sie war auch stets bemüht, sich mit allen Familienangehörigen gut zu stellen. Sehr innig schloß sich Isabella an Mimi an, mit der sie eine tiefe Freundschaft verband. Obwohl im gleichen Hause lebend, der Wiener Burg, schrieben sie sich unablässig Briefe oder Billetts, die leider nur zum Teil erhalten geblieben sind. Isabella liebte ihre junge und schöne Schwägerin von ganzem Herzen, und manche Leute behaupteten schon bald, daß sie Mimi mehr Aufmerksamkeit schenke als ihrem Mann. Mimi schrieb einmal über Isabella:

*Sie hat das gewinnendste Äußere, reizvolle Augen und Haare, einen hübschen Mund, eine ungemein harmonisch geformte Büste. Nur ihre Hautfarbe ist etwas zu braun und die Hände sind weniger gut gebildet*

*als die übrige Gestalt. Der Ausdruck ihres Gesichtes ist sprechend, ka-*
*priziös, geistreich und ihr Grundzug als Gattin ist unermeßliche Güte.*[40]

Einmal mußte sich Marie Christine bei Isabella beklagt haben, die Kaiserin liebe sie nicht mehr wie früher. Die Schwägerin schrieb ihr darauf
mit sehr viel Einfühlungsvermögen in die Mentalität Maria Theresias:

*Beeifere Dich, wenn sie Dir ihre Ratschläge erteilt, ihr Deine ganze*
*Dankbarkeit zu beweisen, aber vor allem zeige Dich durchdrungen von*
*der Richtigkeit ihrer Meinung. Bekräftige selbst mit überzeugenden*
*Gründen ihre Behauptungen, und beweise ihr gleichzeitig Deinen*
*Wunsch, so nützliche Ratschläge zu befolgen . . .*

*Was ihre Kinder betrifft, so liebt die Kaiserin dieselben, aber sie geht*
*von einem falschen Grundsatz aus, der in allzu großer Strenge be-*
*steht . . .*[41]

Um die Mitte des Jahres 1761 konnte Isabella ihrem Gemahl die freudige Mitteilung machen, daß Nachwuchs zu erwarten sei. Es war rührend zu sehen, wie fürsorglich und liebevoll Joseph seiner Gemahlin in
dieser Zeit gegenübertrat. Sie war zart und feingliedrig, sehr schlank gebaut, so daß Maria Theresia, die weitaus robuster war, manchmal einen
prüfenden Blick auf ihrer Schwiegertochter ruhen ließ und es für unabdingbar hielt, sie nun ausdrücklicher als bisher in ihre Gebete einzu-
schließen.

Nach einer normal verlaufenen Schwangerschaft setzten am 19. März
1762 die Wehen ein, die den ganzen Tag dauerten und die junge Fürstin
sehr erschöpften. Es zeichnete sich auch während der Nacht kein Fortgang der Geburt ab.

*Um fünf Uhr früh waren die Wehen so qualvoll geworden, daß man*
*in der Hofkapelle, in den drei Pfarrkirchen St. Stephan, St. Michael*
*und bei den Schotten das Allerheiligste hatte aussetzen und gleich dar-*
*auf in allen Mönchs- und Nonnenklöstern um eine glückliche Entbin-*
*dung hatte beten lassen. Die kaiserliche Familie mit Franz Stephan an*
*der Spitze lag in den Oratorien der Hofkapelle auf den Knien, zwischen*
*den Fingern die Perlen des Rosenkranzes . . . Insbesondere bangte*
*Mimi für die geliebte Schwägerin und teure Freundin. Ach, lieber nicht*
*heiraten, redete sie sich ein, als solche Qual und Angst ausstehen zu*
*müssen. Ganz ungewohnt ernste Stimmung herrschte in allen Kam-*
*mern und Antekammern, die Kindbetten der Kaiserin waren dagegen*
*Spielereien gewesen.*

*Joseph war in den letzten Stunden nicht von Isabellas Bett gewichen, auch Maria Theresia nicht.*[42]

Endlich, nach langen Stunden banger Erwartung, kam ein gesundes Mädchen zur Welt, das nach der Großmutter Marie Therese genannt wurde. Während der Arzt van Swieten noch um die Wöchnerin bemüht war, setzte draußen schon der Mechanismus des Zeremoniells ein. Die Kaiserin ordnete selbst die Tauffestlichkeiten an. Am frohesten von allen war Joseph, der bittere Stunden hinter sich hatte, denn der Verlust der geliebten Frau war ihm schon fast Gewißheit geworden. Er verließ die Wöchnerin nicht. Beide, Isabella und Joseph, befanden sich in einer Art Benommenheit, wie zwei Verzweifelte, denen unverhofft Rettung aus größter Not zuteil geworden war. Diese Empfindung war so stark, daß sich das Band zwischen den Ehegatten noch mehr festigte.

Sogar von ihrer schwärmerischen Freundschaft zu Mimi rückte Isabella merklich ab, als Joseph Anfang Mai 1762 einmal mit Halsentzündung zu Bett liegen mußte und sich von seiner Gattin gesund pflegen ließ. Marie Christine wartete ungeduldig auf eine Nachricht von der Freundin, und Isabella warf ein flüchtiges Billett hin, doch mit bedeutungsvollem Inhalt:

*Der Ertzherzog ist wieder ganz gesunt und Du kannst Dich einbilden, wie ich frohe bin; daß were wahrhaftig kein Spaß gewesen, wen es so gedauert hette. Adieu, so starck als ich Dich liebe, so habe ich doch gestern empfunden, daß der Ertzherzog gehet vorhero.*[43]

Noch im Mai begab sich die gesamte kaiserliche Familie nach Schloß Schönbrunn, um dort den Sommer zuzubringen. Es war der Lieblingsaufenthalt der Kaiserin. Joseph fügte sich, obwohl ihm der Bau recht zuwider war. Für Isabella erhoffte er sich, daß ihr die gute Luft dort draußen und die vielen Spaziergänge und Ausflüge recht zuträglich sein würden. Sie erholte sich sichtlich von der schweren Geburt.

Das gute Wetter erlaubte es, daß der Hof seinen Aufenthalt in Schönbrunn diesmal bis kurz vor Weihnachten ausdehnte. So ergab es sich, daß ein liebenswürdiges Intermezzo, in der Musikwelt wohlbekannt, Schönbrunn zum Schauplatz hatte.

Wolfgang Amadeus Mozart, damals sechs Jahre alt, befand sich mit Vater Leopold Mozart und Schwester Nannerl auf einer Konzertreise in Wien und erhielt den Befehl, vor dem Kaiserpaar zu musizieren. Leopold Mozart schrieb darüber an seinen Freund Lorenz Hagenauer:

*Die Gräfin Sinzendorf ist sehr bemüht für uns, und alle Damen sind in meinen Buben verliebt. Nun sind wir schon allerorten in Ruf, und als ich am 10. allein in der Oper war, hörte ich den Erzherzog Leopold (17) aus seiner Loge heraus in eine andere hinüber eine Menge Sachen erzählen, daß ein Knabe in Wien sei, der so trefflich das Klavier spiele usw.*

*Selbigen Abend noch um 11 Uhr erhielt ich Befehl, nach Schönbrunn zu kommen . . . Hauptsächlich erstaunete alles ob dem Buben, und ich habe noch niemand gehört, der nicht sagte, daß es unbegreiflich sei . . .*

*Nun läßt die Zeit nicht mehr zu, als in Eile zu sagen, daß wir von den Majestäten so außerordentlich gnädig sind aufgenommen worden, daß, wenn ich es erzählen werde, man es für eine Fabel halten wird. Genug, der Wolferl ist der Kaiserin auf den Schoß gesprungen, hat sie um den Hals bekommen und rechtschaffen abgeküßt. Kurz, wir sind von 3 bis 6 Uhr bei ihr gewesen, und der Kaiser kam selbst in das andere Zimmer heraus, mich hineinzuholen, damit ich die Infantin (Isabella) auf der Violine spielen hörte.*

*Den 15. schickte die Kaiserin durch den geheimen Zahlmeister, der in Gala vor unser Haus gefahren kam, zwei Kleider, eins für den Buben und eins fürs Mädel. Sobald der Befehl kommt, müssen sie bei Hof erscheinen und der geheime Zahlmeister wird sie abholen. Heute um $^1/_2$3 müssen sie zu den zwei jüngsten Erzherzögen (Ferdinand und Maximilian) . . . Wollen Sie wissen, wie des Wolferls Kleid aussieht? Es ist solches vom feinsten Tuch, lilafarb; die Weste aus Moir nämlicher Farb; Rock und Kamisol mit Goldborten, breit und doppelt bordiert. Der Nannerl ihr Kleid war das Hofkleid einer Prinzessin. Es ist weiß broschierter Taffet mit allerhand Garnierungen.*[44]

Dieser Besuch des kleinen Mozart wurde von der Kaiserin zwar als ganz herzig empfunden, aber er gab ihr keine Veranlassung, den Lebensweg des jungen Genies nunmehr im Auge zu behalten oder das Kind zu fördern. Es war die Zeit, da die Musikanten noch mit den Bedienten zusammen am Tisch sitzen mußten. Sie gehörten in reichen Häusern zum Hauspersonal und genossen nur in Ausnahmefällen größeres Prestige. Vor allem war die Meinung vorherrschend, daß die italienische Nation alle Musikalität der Welt besitze und dementsprechend wurden deutsche Musiker geringer eingestuft.

Maria Theresias Hauptsorge galt nun dem Ziel, ihren Sohn Joseph zum römischen König krönen zu lassen, um seine Nachfolge als Kaiser sicherzustellen. Wieder setzte sie ihr ganzes Geschick ein, um dieses

Projekt durchzusetzen. So schrieb sie im Frühjahr 1763 an den Grafen
von Pergen, Residenten am Hofe des Mainzer Erzbischofs:

> *Der Friede mit dem König von Preußen ist nun geschlossen. Das ist
> ein Augenblick, der mich von einer großen Unruhe befreit. Es bleibt mir
> aber noch ein Hühnerauge, von dem ich gern befreit sein möchte, das ist
> die Wahl meines Sohnes Joseph zum römischen König.*
>
> *Die Gründe, die mich es wünschen lassen, erscheinen sehr gewichtig.
> Ich und der Kaiser werden älter (45 und 54). Kann man voraussehen,
> wie lange uns Gott das Leben schenken wird? . . . Je länger man die
> Wahl hinausschiebt, um so mehr Zeit läßt man jenen, die mißgünstig
> gesinnt sind, Kabalen und Intrigen zu schmieden.*
>
> *Ich wünsche sehr, daß die Wahl noch im nächsten Sommer stattfin-
> det . . . Das sind auch meine Überlegungen, soweit sie die Wahl an sich
> betreffen. Ich will aber auch noch über die (Wahl-)Kapitulation spre-
> chen, welche einen wichtigen Punkt bildet. Ich bin von vornherein über-
> zeugt, daß man meinem Sohn keine bessere zugestehen wird als seinem
> Vater. Aber man soll dabei bleiben, weil ich Ihnen gestehen muß, daß
> ich meinen Sohn lieber ohne die Kaiserkrone sehe, als daß er sie unter
> Bedingungen erwirbt, die ihm zu schwere Lasten aufbürden und da-
> durch die Würde, die eigentlich nur ein Schatten ist, zu einem Nichts zu
> machen.*[45]

Im April 1763 war Isabella sicher, daß sie wieder ein Kind erwartete.
Ganz zweifellos wirkte in ihr noch das Erlebnis der ersten Geburt nach,
die mit so vielen Leiden und Qualen verbunden gewesen war. Hinzu kam
ihr an sich schon melancholisches Temperament und ihre auch schon
früher geäußerten Todesahnungen, die sie allein Joseph zuliebe in letzter
Zeit unterdrückt hatte. An Marie Christine jedoch schrieb sie frei und offen, welche Stimmungen sie in letzter Zeit heimsuchten:

> *Ich kann Dir verraten, daß mir eine geheime Stimme den Tod ange-
> kündigt hat, und dieser Schicksalsruf erfüllt meine Seele mit einer
> Sanftmut und Weihe, die ich nicht begreifen und noch weniger auszu-
> drücken vermag.*
>
> *Diese Gewißheit ermutigt mich zu allem und verleiht mir übernatür-
> liche Kraft über mich selbst. Seit den zwei Tagen, da diese Stimmung
> mich beherrscht, befinde ich mich in einem köstlichen Zustand, keine
> von den Freuden, deren man in der Welt teilhaftig zu werden vermöch-
> te, kommt diesem süßen Gefühl, dieser höchsten Befriedigung gleich,
> die ich empfinde.*[46]

Mimi ermahnte die Schwägerin, diesen Anwandlungen nicht nachzu-
hängen, sondern sich daran zu erinnern, daß sie schließlich ein junger
Mensch von einundzwanzig Jahren sei, der so Gott wolle noch eine lange
Lebenszeit vor sich habe. Aber Isabella behauptete immer wieder, es besser zu wissen und sich ihrer Sache ganz gewiß zu sein. Mimi in ihrer gesunden Einstellung zum Leben fand dies alles befremdlich. Schließlich
glaubte man, die trüben Gedanken hingen mit dem gesegneten Zustand
der jungen Frau zusammen, und alles würde gut werden, wenn nur das
zweite Kind erst einmal glücklich da sei. Doch in welch schrecklicher
Tragik sollten sich Isabellas Ahnungen erfüllen. Kurz vor ihrer Entbindung wurde Isabella von den schwarzen Blattern befallen. Sie traten in
besonders schwerer Form auf. In diesem äußerst gefährdeten Gesundheitszustand brachte Isabella am 22. November 1763 ein Mädchen zur
Welt. Sie hatte noch die Kraft anzuordnen, daß es Marie Christine genannt werden sollte. Das Kind erhielt die Nottaufe und starb zwei Stunden später. Der Zustand der Mutter verschlechterte sich rapide. Joseph
verließ seinen Platz am Bett der geliebten Frau nicht. Als er sah, daß
keine Rettung mehr war, glaubte er den Verstand zu verlieren. Kein
Mittel wollte helfen, alle Weisheit der Ärzte war umsonst. Am 27. November starb die junge Fürstin, vom Fieber verzehrt, von den dunklen
Pockenmalen entstellt.

Joseph war bis in seinen Lebensnerv getroffen. Seinem Vater schrieb
er, noch halb betäubt vom Kummer:

*Es war der beste Ehestand, der nur immer gefunden werden konnte.
In meinem Hause erfreute ich mich glückseliger Ruhe. War ich ausge-
gangen, welches Vergnügen bereitete mir jedesmal die Rückkehr zu ihr.
Kummer und Freude redlich miteinander teilend, haben wir die glücklichsten Tage verlebt. Und das alles wird mir geraubt. Wer kann ermessen, welch ein Verlust das für den Staat, für unsere ganze Familie und
für mich Unglückseligen ist! Unersetzlich muß er genannt werden,
denn niemals hat es eine Prinzessin, eine Frau gegeben wie sie. Und ich
war es, der diesen Schatz besaß und mit zweiundzwanzig Jahren muß
ich ihn verlieren.*

Seinem Schwiegervater, dem Herzog Philipp von Parma, zeigte Joseph Isabellas Tod geziemend an und klagte in ergreifenden Worten:

*Ich habe alles verloren . . . Aufs tiefste betrübt und darniederge-
drückt weiß ich kaum, ob ich noch lebe. Welch schreckliche Trennung;*

*werde ich sie überdauern? Ja, gewiß, nur um mein ganzes Leben hin-
durch unglücklich zu sein.*[47]

Als später, nach mehr als einem Jahr von einer erneuten Heirat Josephs die Rede war, glaubte er es der teuren Verstorbenen schuldig zu
sein, nun ihre Schwester Marie Luise zu heiraten. Zu Josephs Glück hat
sich dieses Projekt nicht verwirklicht. Die Prinzessin war schon dem spanischen Thronfolger Carlos, dem Prinzen von Asturien versprochen.
Marie Luise entwickelte sich zu einer abschreckend häßlichen und charakterlich fragwürdigen Person. Im Prado in Madrid hängt ein riesiges
Familienbild von Goya, das sie, ihren Gemahl Karl IV. und sämtliche
Anverwandten zeigt. Ihre Liaison mit dem einfachen Soldaten Godoy,
der zu höchsten Ehren aufstieg, dauerte über Jahrzehnte und erregte be-
trächtliches Ärgernis.

Am 2. 4. 1764 fand die Krönung Josephs zum römischen König in
Frankfurt statt. Kaiser Franz I. war nach Frankfurt gekommen, und
Joseph berichtete am Tag darauf seiner Mutter das Wichtigste über das
Ereignis:

*Ich muß gestehen, daß die Feierlichkeit gestern großartig und erha-
ben war. Ich habe mich bemüht, sie mit Anstand, aber ohne Verlegenheit durchzumachen. Seine Majestät der Kaiser hat uns gestanden, daß
er die Tränen nicht zurückhalten konnte . . .*

Lebensvoll und plastisch wußte Goethe über dieses Krönungsfest in
seiner Vaterstadt zu erzählen, dessen Augenzeuge er war:

*Der vom Markt her ertönende Jubel verbreitete sich nun auch über
den großen Platz und ein ungestümes Vivat erscholl aus tausend und
abertausend Kehlen und gewiß auch aus den Herzen. Denn dieses große
Fest sollte ja das Pfand eines dauerhaften Friedens werden, der auch
wirklich lange Jahre hindurch Deutschland beglückte.*
*Endlich kamen auch die beiden Majestäten herauf. Vater und Sohn
waren wie Menächmen (Zwillinge) überein gekleidet. Des Kaisers
Hausornat von purpurfarbener Seide, mit Perlen und Steinen reich ge-
ziert, so wie Krone, Szepter und Reichsapfel fielen wohl in die Augen,
denn alles war neu daran und die Nachahmung des Altertums geschmackvoll. So bewegte er sich in seinem Anzuge ganz bequem und
sein treuherzig würdiges Gesicht gab zugleich den Kaiser und Vater zu
erkennen.*

*Der junge König hingegen schleppte sich in den ungeheuren Gewand-*
*stücken mit den Kleinodien Karls des Großen wie in einer Verkleidung*
*einher, so daß er selbst, von Zeit zu Zeit seinen Vater ansehend, des Lä-*
*chelns sich nicht enthalten konnte. Die Krone, welche man sehr hatte*
*füttern müssen, stand wie ein übergreifendes Dach vom Kopfe ab. Die*
*Dalmatika, die Stola, so gut sie auch angepaßt und angenäht worden,*
*gewährte doch keineswegs ein vorteilhaftes Aussehen. Szepter und*
*Reichsapfel setzten in Verwunderung; aber man konnte sich nicht leug-*
*nen, daß man lieber eine mächtige, dem Anzuge gewachsene Gestalt,*
*um der günstigeren Wirkung willen, damit bekleidet und ausge-*
*schmückt gesehen hätte.*[48]

In dieser Zeit der Lethargie, in der sich Joseph befand und die ganz im
Gegensatz zu seinem sonstigen Wesen stand, war seine kleine Tochter
Marie Therese, sein »Reserl«, das ganze Glück des jungen Fürsten. Ihre
schönen Augen erinnerten an die unvergessene Mutter, und je älter die
Kleine wurde, um so mehr entfaltete sie sich zu einem besonders hüb-
schen, ja schönen Kind. Der junge Vater las ihr jeden Wunsch von den
Augen ab, wachte sorgfältig über ihr Wohlergehen und brachte seine
ganze karge Freizeit bei ihr zu. Reserl war jetzt das jüngste Kind in der
Wiener Hofburg, sie zählte zwei Jahre. Der letzte Sohn der Kaiserin,
Maximilian Franz, war nahezu sechs Jahre älter als sie.

Maria Theresia beschäftigte sich unablässig damit, Joseph wieder zu
verheiraten. Die Auswahl unter den katholischen deutschen Prinzessinnen war keineswegs groß. Joseph verhielt sich bei diesem Betreiben völlig passiv. Er versprach lediglich, seiner Frau Mutter gehorsam zu sein.

Die Kaiserin entschied schließlich, daß die Prinzessin Josepha von
Bayern eine angemessene Partie sei. Sie war die Tochter des 1745 verstorbenen Kaisers Karl VII., und das Kaiserpaar fand es politisch klug, sie
auszuwählen. Josepha war sechsundzwanzig Jahre alt, zwei Jahre älter
als Joseph, was bei einiger Annehmlichkeit der Braut gewiß kein Ehe-
hindernis gewesen wäre. Aber die Prinzessin war von so abschreckender
Häßlichkeit, daß Joseph von Anfang an keine Neigung für sie aufzubrin-
gen im Stande war.

Die Hochzeit fand per procurationem am 13. Januar 1765 in München
statt. Gleich danach traf Joseph Vorbereitungen zur Abreise, und am
21. Januar brach er von Wien auf, um der Braut entgegenzufahren und
sie einzuholen. Von der ersten Begegnung der Kaiserin mit Josepha berichtete Khevenhüller:

*Gegen zwei Uhr kammen. I. M. . . . . von Schönbrunn und eine kleine*
*halbe Stund später traffen auch Ihre Majestät der Kaiser, römische Kö-*
*nig und die Braut, welche miteinander gefahren, nebst ihrer Suite*
*ein; . . . Die Kaiserin gienge ihr biß zum ausseren Vestibule der Stiegen*
*entgegen und empfinge sie zwar auf das freundlichste; an dero Ge-*
*sichtsbildnus aber kunten wir andere Familiares ganz leicht anmercken,*
*daß obschon dieselbe von der Gestalt und dem Maintien (Haltung) ihrer*
*neuen Frau Schnur (Schwiegertochter) praeveniret waren, sie sich den-*
*noch auf jenes, so sie an ihr erblicket, nicht erwartet haben; dann in der*
*That ist leider nur gar zu wahr, daß beides sehr unangenehm . . .*
*. . . wiewollen im übrigen dise gutte Frau wegen ihrer Tugend und*
*Gottesforcht, grosser Lieb und Zärtlichkeit für den römischen König und*
*wegen ihres aufrichtigen Willens und Verlangen, sich jedermann gefäl-*
*lig zu erweisen, alle Hochachtung verdienet; wie sie sich dann sogleich*
*die erstere Zeit ihrer Freundlichkeit und leuthseeligkeit halber beim*
*Volck sehr beliebt gemacht hat.*[49]

Es verstand sich von selbst, daß diese zweite Vermählung Josephs
nicht mit derart berauschendem Pomp gefeiert wurde wie die erste.
Dennoch ließ es der Kaiserhof an nichts fehlen. Die eigentliche Hochzeit
fand am 23. Januar 1765 abends um neunzehn Uhr statt. Zwei Stunden
später saß man bei einer großen hochzeitlichen Tafel, die jedoch kaum
eine Stunde dauerte. Kurz danach zog sich das Brautpaar zurück, und die
Hofgesellschaft zerstreute sich. Man tanzte keineswegs die Nächte durch
auf den Straßen Wiens. Aber immerhin waren achttägige Festlichkeiten
anberaumt, von denen man die letzten drei Tage in großer Gala beging.
Jeden Tag gab man eine andere Oper mit Ballett, wobei Metastasio und
Gluck wieder Triumphe feierten.

Um das Dekorum zu wahren, zeigte sich Joseph mit seiner Gemahlin
in der Öffentlichkeit und bei Hof. Aber es dauerte nicht lange, daß sich
Joseph immer seltener in ihren Gemächern sehen ließ und sie sich bitter
über seine Lieblosigkeit beklagte. Die Zuneigung wurde ihm nahezu
unmöglich gemacht: Josepha litt an einer Hautkrankheit, die zeitweise
ihren ganzen Körper bedeckte.

Der Sommer des Jahres 1765 brachte ein Ereignis, das Josephs privaten Kummer in den Hintergrund treten ließ. Der Hof begab sich mit
großem Gefolge nach Innsbruck, um dort die Hochzeit des zwanzigjährigen Leopold mit der achtzehnjährigen Maria Luise, einer Tochter König Karls III. von Spanien zu feiern. Die Trauung erfolgte am 5. August

im großen Stil. Der Hof plante, noch einige Zeit in Innsbruck zu bleiben, Kaiserbesuche fanden in den Provinzen nur selten statt, und das Land Tirol lag besonders der Kaiserin am Herzen. Man machte sich das Leben angenehm, es gab jeden Tag Theater und Oper, Konzerte und Bälle. Am 18. August befiel den Kaiser, als er gerade aus dem Theater kam, plötzlich auf dem Weg zu seinen Zimmern ein Unwohlsein. Er wankte. Joseph ging hinter ihm und konnte ihn gerade noch auffangen. Hofleute stürzten herzu, man legte ihn in einem Vorzimmer auf das Bett eines Lakaien und rief sofort die Ärzte, doch als diese eintrafen, war der Kaiser schon tot.

Die Kaiserin war völlig gebrochen von dem überraschenden Verlust ihres geliebten Mannes. An Joseph war es, der Mutter tatkräftig zur Seite zu stehen und die nächsten Anordnungen mit ihr zu besprechen. Im Augenblick herrschte in Innsbruck höchste Verwirrung. Was als Lustreise geplant war, endete als Trauerkondukt. Es war, als sollte nicht ein Unglück allein geschehen. Leopold litt an einer bedenklichen fiebrigen Darmkrankheit, die ihm die Hochzeit vergällte. Aus Parma kam die Nachricht, daß Isabellas Vater, Herzog Philipp, an den Blattern verstorben war.

Maria Theresia fuhr zu Schiff nach Wien zurück, mit ihr der Sarg Franz Stephans. Die Trauerzeit wurde auf ein Jahr und sechs Wochen festgesetzt. Die Kaiserin schnitt ihr immer noch schönes blondes Haar ab und zeigte sich fortan nur noch in Witwentracht. Ihre privaten Räume wurden, wie es um diese Zeit üblich war, von der Decke bis zum Fußboden mit grauen und schwarzen Tüchern ausgeschlagen. Zukünftig verließ die Kaiserin am 18. eines jeden Monats ihre Retirade niemals mehr. Sie widmete den Sterbetag gänzlich dem Gedenken an den Toten.

Noch in Innsbruck hatte Joseph an seine in Wien verbliebenen Geschwister geschrieben:

*Der traurigste Schlag, der uns nur drohen konnte, hat uns betroffen. Wir verlieren den zärtlichsten Vater, den besten Freund. Unterwerfen Sie sich der Vorsehung, lassen Sie uns für die Ruhe seiner Seele beten, und die Liebe unserer erhabenen Mutter, das einzige Gut, das uns übrig bleibt, verdoppeln; ihre Erhaltung ist meine größte Sorge . . .*[50]

Maria Theresia befand sich in einem so beklagenswerten Zustand, daß sie sofort auf Josephs Mithilfe bei der Abwicklung ihres täglichen Arbeitspensums angewiesen war. Am 12. September erzählte Joseph Leopold von seinem neuen Leben:

*Ich bin überhäuft mit Geschäften und Audienzen. Um 6 1/2 stehe ich
auf, gehe zur Messe, setze mich um 8 Uhr an meinen Schreibtisch und
erledige mit meinem neuen Sekretär Roeder die Berichte und Reichsge-
schäfte. Ich bin sehr zufrieden mit ihm; er ist ein ganzer Mann, denn er
sagt mir rundweg die Wahrheit und nennt eine Katze eine Katze. Gegen
10 Uhr kommen die Kassenführer, dann kommen die Minister oder andere Herren. Gegen 12 1/2 bringe ich meinen Morgenbericht der Kaiserin. Um ein Uhr, wenn wir essen gehen wollen, kommt nach seiner üblichen Gewohnheit Fürst Kaunitz. Wir unterhalten uns ein wenig,
manchmal anderthalb Stunden, dann geht man speisen . . . Die politischen Geschäfte (des Äußeren) befinden sich im alten Zustand, nur in
den inneren Angelegenheiten arbeitet man an der Sache der Mitherr-
schaft, die in diesen Tagen veröffentlicht wird.* [51]

Obwohl Joseph sich Leopold gegenüber immer freundschaftlich gab,
hatten die Brüder gleich nach dem Tode des Vaters eine lebhafte Kontroverse um einen Betrag von zwei Millionen Gulden, die Österreich in der
Toscana angelegt hatte. Joseph kündigte dies Geld, und Leopold stellte
ihm vor, welche Schwierigkeiten es ihm bereiten würde, das Geld aus
dem Staatshaushalt der Toscana abzuziehen. Doch der ältere Bruder bestand hartnäckig darauf. Leopold nahm ihm das ziemlich übel und verhielt sich in Zukunft dem Bruder gegenüber immer reserviert.

Am 17. September 1765, kaum einen Monat nach des Vaters Ableben, erfolgte Josephs Ernennung zum Mitkaiser, und seine Mitregentschaft an Maria Theresias Seite wurde offiziell proklamiert. In der Urkunde ist deutlich zu lesen, daß die Kaiserin noch keinesfalls gewillt war,
die Regierungsverantwortung aus der Hand zu geben. Ihr oft geäußerter
Plan, sich von allem zurückzuziehen und in ein Kloster zu gehen, entstand immer nur in melancholischen Augenblicken, die bald vorüber-
gingen.

*Da wir von niemandem eine getreuere Mitobsorge, eifrigere Mitwir-
kung und größere Erleichterung in allen unseren Regierungsangelegen-
heiten erwarten können als von unserem herzinniglich geliebten Sohn
und jetzt regierenden Kaiser, dessen große, gegen uns und unsere gesamten Erbkönigreiche und Länder gerichtete Liebe und sonstige den
väterlichen ähnliche preiswürdigste Eigenschaften dieses unser Vertrauen rechtfertigen und bestärken, haben wir uns entschlossen, unserem erstgeborenen Sohne und, vermöge des Rechtes der Natur und der
Pragmatischen Sanktion, künftigen Erben und Thronfolger, auch jetzt*

*regierenden Kaisers Majestät, die Mitobsorge und Mitregierung unserer sämtlichen Erbkönigreiche und Länder auf die nämliche Art aufzutragen, wie wir unseres in Gott höchstseligen Gemahls kraft eingangs erwähnten Übertragungsaktes de dato 21. November 1740 zu unserem Mitregenten feierlichst erklärt haben, ohne jedoch von der eigentümlichen Beherrschung unserer beständig beisammen zu verbleibenden Staaten ganz oder zum Teil etwas zu vergeben.[52]*

Diese Aufwertung Josephs zum Mitkaiser war von Maria Theresia zweifellos gut gemeint. Sie wurde jedoch in den kommenden Jahren zum ständigen Reibungspunkt zwischen Mutter und Sohn. Es gab fast von Anfang an unablässig Meinungsverschiedenheiten, und oftmals in den kommenden fünfzehn Jahren sah Joseph keinen anderen Ausweg, als zu demissionieren und sein Amt als Mitkaiser niederzulegen. Davon aber wollte Maria Theresia nichts hören, es wäre dem gänzlichen Scheitern einer ihrer wichtigsten Maßnahmen gleichgekommen. So quälten sich beide ab in ihrem aussichtslosen Bemühen, jemals zu einer wirklichen Übereinstimmung zu kommen. Josephs Reisewut entsprang nicht zuletzt dem Bestreben, sich aus dem Umkreis der Mutter zu entfernen, mit der er sich trotz aller Liebe nicht mehr verstand.

Zu Anfang mochte alles noch einen positiven Anschein haben, weil Joseph mit einer Aufgabe betraut worden war, die ihm ebenso lag, wie sie auch den Neigungen seiner Mutter entgegenkam: die Neuordnung des gesamten kaiserlichen Haushalts.

Beide waren gegen das spanische Zeremoniell. Dazu kam noch, daß Maria Theresia nun in ihrer Trauer damit einverstanden war, jeden überflüssigen Prunk abzustellen. Obwohl zur Zeit des Rokoko Schminke und Puder nicht nur gebräuchlich waren, sondern ähnlich der barocken Allongeperücke geradezu als Symbol des Zeitgeistes angesehen werden können, schminkte sich Maria Theresia, die einen herrlichen Teint besaß, selbst niemals und untersagte dies auch ihren Töchtern; nach dem Tode ihres Gatten erweiterte sie dieses Verbot auch für sämtliche Damen des kaiserlichen Hofstaates, was die Fürstin Auersperg, die der bevorzugte Flirt des Verstorbenen war, mit der Bemerkung quittierte: ›Ja, ist es denn möglich, daß man nicht mehr die Herrin seiner Gesichtszüge sein kann? Ich habe diese doch von Gott erhalten und nicht vom Staat!‹

Gleich nach der Übernahme der Mitregentschaft löste Joseph die verschiedenen Hofhaltungen seiner Geschwister auf. Von nun an gab es nur noch eine einzige kaiserliche Tafel unter seinem Vorsitz. Lediglich Maria

Theresia speiste für sich allein. Die Kammerherren vom Dienst wurden um 13 Uhr nach Hause geschickt, die bisherigen Marschalltafeln aufgehoben.

Die Zahl der im kaiserlichen Marstall gehaltenen Pferde und Maultiere wurde von 1200 auf 800 herabgesetzt. Den Hofdamen wurde das bis dahin gebräuchliche Sechsergespann entzogen; sie hatten sich von nun an mit einem einfachen Zweispänner zu begnügen. Das Jagdpersonal wurde bedeutend eingeschränkt, die äußerst kostspieligen Reiherbeizen eingestellt.

Nichts aber entsetzte den guten Fürsten Khevenhüller mehr als die Tatsache, daß Joseph für seine Person das obligate spanische Mantelkleid abschaffen ließ und nur noch in Uniform erschien. Der Obersthofmeister klagte und jammerte:

*Der schädliche Geist der Neuerung, der sich bald nach dem Tode Karls VI. eingeschlichen und von Tag zu Tag zugenommen hat, scheint nun vollends herrschen zu wollen, und zwar so, daß von einer Etikette und Ordnung am Hofe keine Spur mehr übrig sein wird, ›so dieser junge Herr alles, so einem Zeremoniell gleicht, für ein Gêne (Belästigung) ansieht.‹*

*Der außerordentliche preußische Gesandte Riedesel errechnete, daß Joseph II. durch die Vereinfachung des Hoflebens eine Million Gulden jährlich einsparte.* [53]

In Joseph schien der Geschäftssinn erwacht, den sein Vater in so hohem Maße besessen hatte. Nur daß Franz I. all seine Transaktionen mit der lächelnden Nonchalance eines wohlhabenden Privatmannes gehandhabt hatte, während Joseph seine Maßnahmen ohne langes Bedenken mit ziemlich rücksichtsloser Strenge durchsetzte. Die Familie Habsburg war 1765 nicht arm. Des Kaisers Vermögen wurde bei seinem Tode auf 22 Millionen Gulden geschätzt, Bargeld, Domänen, Gewerbeanlagen, Münzen, Wertpapiere, Juwelen und Kunstwerke. Der Vater hatte zahlreiche Legate ausgesetzt, ohne daß irgend jemand in der Familie dadurch geschädigt wurde. Sein Universalerbe war »derjenige seiner Söhne, der bei seinem Hintritt der älteste sein wird«, also Joseph. Er erbte alles bis auf die Edelsteine, die der Kaiserin gehörten. Nach ihrem Tode sollten sie auf den Staat übergehen. Das Testament Franz I. schloß mit den Worten:

*– und dem Schöpfer gebe ich die Seele zurück, die er mir anvertraut und durch die er mich mein Leben lang mit Gnaden überhäuft hat.*

Doch Joseph machte keinerlei persönlichen Gebrauch von der reichen Erbschaft. Schon im Oktober 1765 ließ er das gesamte Vermögen des Vaters in den Besitz des Staates übergehen.[54]

Die Kaiserin bemerkte mit Sorge Josephs schroffes Wesen im Umgang mit anderen, wie es zum erstenmal eklatant in der Erbschaftssache mit der Toscana zu Tage getreten war. Für Leopolds Verstimmung zeigte sie großes Verständnis und rügte Joseph. Vor allem wollte sie vermeiden, daß sich Unstimmigkeiten zwischen dem Sohn und dem Kanzler, Fürst Kaunitz-Rittberg, ergeben könnten. So schrieb sie an Kaunitz:

*Verlassen Sie meinen Sohn nicht! Ich sehe, daß alle Welt ihm schmeichelt, aber ich sehe auch, daß er immer bereit ist, sich mit Ihnen zu besprechen. Allerdings hat er es sich zur Gewohnheit gemacht und liebt es, daß man den ersten Schritt tut und ihn aufsucht.*[55]

Die nächsten Reformen Josephs bezogen sich nicht allein auf Vorgänge innerhalb der Hofburg, sondern drangen tief ins Bewußtsein der Bevölkerung. 1766 erfolgte die Abschaffung der »zu vielen und überhäuften Galatage« und die gänzliche Aufhebung der Glückwunschaufzüge an sämtlichen Geburts- und Namenstagen von den Mitgliedern der kaiserlichen Familie. Nur die allgemeine und offizielle Neujahrsgratulation am ersten Januar durfte weiter abgehalten werden. Diese neue Regelung hatte zur Folge, daß der Schaulust der Wiener nichts mehr zum Bestaunen übrigblieb. Gab es sonst glänzende Auf- und Abfahrten der Zutrittsdamen und des Adels, so unterblieb das jetzt alles und das Straßenbild verlor an Glanz.

Den Bedürfnissen des Volkes nach Erholung kam Joseph jedoch mit seiner Öffnung des Praters für das breite Publikum entgegen. Seit Jahrhunderten diente der große Wildpark nur dem Hof und dem Adel als »Lustort«, wobei der Hof den Vorrang hatte. Für die Adligen herrschten strenge einschränkende Bestimmungen. Keiner durfte seinen Wagen verlassen oder als Reiter vom Pferd steigen. Dennoch hingen die Edelleute an ihren Vorrechten. Sie sandten bei der Aufhebung der Sperre eine Abordnung an Joseph, und diese wurde vorstellig, daß dem Adel nun kein Ort mehr bliebe, »wo sie sich ungestört unter ihresgleichen bewegen könnten«. Joseph soll darauf ironisch geantwortet haben:

*Wenn ich desselben Sinnes wäre und mich nur unter meinesgleichen bewegen wollte, gäbe es für mich in Wien keinen anderen Aufenthaltsort als die Kaisergruft bei den Kapuzinern.*[56]

Joseph liebte es, seine Umgebung mit spöttischen Formulierungen entweder zu schockieren oder zum Lachen zu bringen. Maria Theresia dagegen entrüstete sich außerordentlich über diese Art, wie Joseph mit seinen höchsten Würdenträgern umsprang. Sie schrieb ihm einen ihrer zahlreichen Ermahnungsbriefe, die den Sohn wiederum sehr kränkten, da er seine Schlagfertigkeit als Zug der neuen Zeit empfand und darin seinem Idol, Friedrich dem Großen, nacheiferte.

*Glaubst Du, daß Du Dir auf diese Art treue Diener erhalten wirst? Ich fürchte sehr, Du wirst in die Hände von Schurken fallen, die, um ihre Zwecke zu erreichen, sich gefallen lassen, was eine edle und Dir wahrhaft ergebene Seele nicht ertragen kann . . . Und was mich am meisten betroffen macht: Du sprichst nicht so in einer ernsten Aufwallung, sondern nach vierundzwanzig Stunden, nachdem Du die Nachrichten erhalten hast; also nach reiflicher Überlegung hast Du Dich entschlossen, Personen, die Du doch selbst für die Besten hältst und die Du uns zu erhalten Dich bemüht hast, mit Deiner Ironie und Deinen übertriebenen Vorwürfen einen Dolch ins Herz zu stoßen . . . Und es ist nicht der Kaiser, nicht der Mitregent, der solche beißenden, ironischen, boshaften Worte spricht, sie kommen aus dem Herzen Josephs, das ist's, was mich beunruhigt, was das Unglück Deines Lebens sein und den Untergang der Monarchie und von uns allen herbeiführen wird . . .*

*Ich habe mir geschmeichelt, daß ich nach meinem Tode in Deinem Herzen weiterleben werde, daß Deine zahlreiche Familie wie Deine Staaten durch mein Verschwinden nichts verlieren, im Gegenteil gewinnen werden. Kann ich noch darauf hoffen, wenn Du Dich in dieser Art gehen läßt, die jede Zärtlichkeit, jede Freundschaft ausschließt? Jener Held, der so viel von sich reden macht, jener Eroberer (der Preußenkönig), hat er einen einzigen Freund? Muß er nicht aller Welt mißtrauen?*

*Es ist höchste Zeit, daß Du aufhörst, an Witzworten und geistreichen Bemerkungen Gefallen zu finden, die keine andere Wirkung haben, als andere zu kränken oder lächerlich zu machen und dadurch alle anständigen Menschen zu entfernen. Du bist eine Kokotte des Geistes und wo Du diesen zu finden glaubst, läufst Du ganz urteilslos hinterher. Ein Wortspiel, ein besonderer Satz beschäftigen Dich, Du magst sie in einem Buche lesen oder von jemandem hören. Dann wendest Du sie bei erster Gelegenheit an, ohne recht zu überlegen, ob sie auch wirklich passen . . .*

*Ich wünsche ja nichts, als Dich von aller Welt so geschätzt und geliebt zu sehen, wie Du es verdienst.*[57]

Alle Meinungsverschiedenheiten kamen zum Schweigen, als Mitte Mai 1767 in der kaiserlichen Familie die schwarzen Blattern ausbrachen. Um den 18. Mai zeigten sich bei Kaiserin Josepha die unheilvollen Flekken auf der Haut. Maria Theresia, die am Bett der Kranken gesessen hatte, bemerkte ihr Auftreten zuerst. Ungeachtet der Ansteckungsgefahr umarmte sie ihre Schwiegertochter noch einmal – zum letztenmal!

Wenig später spürte Maria Theresia unerträgliche Schmerzen im Kopf und im Rücken. Sie, die sich mit ihrer robusten Natur gegen die Seuche gefeit glaubte, wurde nun noch, im Alter von fünfzig Jahren davon ergriffen, und zwar in einer außerordentlich heftigen Form. Alle Gliedmaßen waren von dem charakteristischen Ausschlag bedeckt. Ihr Gesicht schwoll dermaßen an, daß sie kaum noch die Augen öffnen konnte. Joseph, der die Pocken schon gehabt hatte, wich nicht vom Bett der Mutter. Er sah nur sie und kümmerte sich nicht um die Leiden seiner Gemahlin, die allein, nur von ihren Pflegerinnen betreut, ohne ein gutes Wort des Gatten dahinging. Sie verschied am 28. Mai morgens. Ohne Josephs Geleit trug man sie in die Kaisergruft bei den Kapuzinern, eine unglückliche Kaiserin, die nun von ihrem großen Schmerz enttäuschter Liebe, von einer qualvollen, unerfüllten Ehe erlöst war.

Am 1. Juni 1767 erhielt Maria Theresia die Sterbesakramente. Gleichzeitig war dieser Tag der schlimmste im Verlauf der Krankheit, so daß stündlich mit ihrem Ableben gerechnet wurde. Völlig wider Erwarten erholte sie sich. Joseph und die ganze Umgebung waren wie von einem Druck erlöst. Da befielen die Pocken ein neues Opfer in der Familie: Herzog Albert von Sachsen-Teschen, seit einem Jahr Mimis Ehemann, erkrankte schwer. Für die Kaiserin, die ihrem Schwiegersohn sehr zugetan war, wirkte diese Nachricht wie ein Schock. Doch auch Albert überstand die Krankheit ohne Folgen.

Am 22. Juli betrat die Kaiserin erstmalig wieder den Stephansdom, und das Volk jubelte ihr begeistert und erleichtert zu. Am 15. Oktober starb die zarte sechzehnjährige Josepha, drittjüngste Tochter der Kaiserin, innerhalb weniger Tage an den Pocken, kurz darauf lag die vierundzwanzigjährige Erzherzogin Elisabeth auf den Tod an der gleichen Krankheit. Trotz zahlreicher Rückfälle erholte sie sich wieder, aber ihr Gesicht blieb entstellt.

Während der schweren Krankheit der Kaiserin hatte Joseph durch sein aufopferndes Verweilen am Bett der Mutter gezeigt, wie tief er seine

Mutter verehrte und liebte, ja anbetete. Zeitgenössische Kenner des seltsamen Verhältnisses von Mutter und Sohn, das zwischen herzlichster
Zuneigung und heftigen Kontroversen schwankte, haben diese Gegen-
sätzlichkeit darauf zurückgeführt, daß die beiden sich im Wesen zu ähnlich waren. Überaus sensibel von Natur, reagierten sie bei kleinsten
vermeintlichen Übergriffen betont heftig. Beide zeigten ganz dasselbe
Verhalten nach dem Tode ihrer geliebten Ehepartner, Verluste, über die
sie sich ihr Leben lang nicht trösten konnten. Beide von der Anlage her
herrschsüchtig, suchten ihren Befehlen Nachdruck zu verleihen und gerieten in hellen Zorn, wenn sie einander behinderten. Sie standen buchstäblich und wörtlich genommen einander im Wege. In seiner Rolle als
Sohn einer allseits verehrten Herrscherin, sah sich Joseph immer wieder
zur Nachgiebigkeit gezwungen. So entzog er sich in zunehmendem
Maße allen Unzuträglichkeiten, indem er verreiste. Er verwandelte sich
damit aus einem Sohn, der nichts zu sagen hatte, in einen beliebten und
geehrten Landesvater, der seine Provinzen persönlich bereiste und sich
an Ort und Stelle um deren Probleme kümmerte.

So beschloß er, im Jahre 1769 die Lombardei zu besuchen, ein österreichisches Territorium, das derzeit von einem Gouverneur regiert wurde. Das Land war jedoch die Tertiogenitur des Hauses Habsburg-Lothringen und demnach dem dritten Sohn der Familie, Ferdinand, vorbehalten, der in etwa zwei Jahren dort als Statthalter eingesetzt werden
sollte. Am 24. Juni 1769 traf der Kaiser in Mailand ein und informierte
sich über alles Wissenswerte in sehr gründlicher, sachkundiger Weise.
Joseph ließ in der lombardischen Hauptstadt einen denkbar günstigen
Eindruck zurück. Pietro Verri, offenbar ein Literat der Metropole,
schrieb an seinen Bruder Alessandro:

*Ich bin entzückt von diesem jungen Monarchen und allgemein ist der
Enthusiasmus für ihn. Seine Absicht geht dahin, so viele Leute als nur
immer möglich glücklich zu machen und das Glück nicht auf wenige
Menschen zu beschränken.*[58]

Als Joseph zurückkehrte, war es nach längeren Verhandlungen endlich gelungen, einen Plan zu verwirklichen, den der Kaiser mit König
Friedrich von Preußen gemeinsam hegte: ein Treffen der beiden Herrscher. Es sollte kein offizieller Staatsbesuch mit viel Pomp sein, und so
einigte man sich auf den Besuch in einem Militärlager. Im Spätsommer
1769 bot sich eine passende Gelegenheit; während der Manöver der
preußischen Armee war in Neiße in Schlesien ein stattliches Feldlager

aufgeschlagen worden. Joseph war, wie erwähnt, seit Kindertagen ein Bewunderer des Preußenkönigs, was oft das Mißfallen seiner Mutter erregt hatte. Nun endlich sollte er ihn sehen! Der siebenundfünfzigjährige ruhmbedeckte König und der achtundzwanzigjährige, idealistisch denkende junge Kaiser fühlten sogleich viel Sympathie füreinander und überboten sich gegenseitig in Aufmerksamkeiten. Nach dieser Zusammenkunft am 25. 8. 1769 schrieb Friedrich an seinen Gesandten nach Wien:

*Ich war entzückt, den Kaiser zu sehen. Er ist ein Fürst, der vermuten läßt, daß seine Regierung ebenso groß sein wird, als sie angefangen hat. Er hat mir eine so herzliche Freundschaft bezeugt, daß ein empfängliches Herz wie das meinige Erkenntlichkeit und aufrichtige Erwiderung nicht versagen kann. Er hat gewünscht, daß auch ich ihn im nächsten Jahre in einem seiner Lager besuche und ich werde keine sich bietende Gelegenheit versäumen, eine in jedem Betracht so wertvolle Freundschaft zu pflegen. Ich bin ja auch der ungeschickteste Zeremonienmeister von Europa.*[59]

Wenige Monate später durchlebte Joseph wieder ein unfaßbares Leid: seine kleine Tochter Marie Therese starb ganz unerwartet am 23. Januar 1770 im Alter von fast acht Jahren. Joseph war untröstlich und haderte mit seinem Schicksal, das ihm nun auch noch das Letzte raubte, was ihn noch an Isabella erinnerte. Das Kind war ungewöhnlich klug und schön gewesen. Maria Theresia ging der Tod dieser einzigen Enkelin, mit der sie jemals unter einem Dache gelebt hatte, sehr zu Herzen. Gelegentlich ging aus ihren Briefen hervor, wie sehr sie dies Kind liebte. Joseph bezeichnete Reserl als »sein anderes Ich«. Der Verlust der Tochter war es eigentlich, der ihn schon in jungen Jahren resignieren und mutlos werden ließ, was sein persönliches Glück betraf. Das Kind war an einer Krankheit gestorben, die die Ärzte als »rheumatisches Fieber« bezeichneten.[60]

Der Kaiser suchte Ablenkung von seinem Schmerz in rastloser Arbeit. Seine ganze Aufmerksamkeit galt derzeit der Verbesserung und dem Ausbau der Stadt Wien.

Etwa zur selben Zeit, als der Prater und der Augarten neu gestaltet wurden, nahm man auch die erste Regulierung des Glacis vor. Bis 1770 war es eine von allerlei Abfällen bedeckte, im Winter schlammige, im Sommer staubige, gänzlich unbebaute Gegend gewesen, wo sich allerlei finstere Elemente tummelten und die kein Mensch gern betrat, selbst bei

Tage nicht, weil sie als unsicher galt. Das Festungsvorfeld war 600 Meter breit. Mit dem Stadtgraben und den Basteien gehörte es zu dem sogenannten »fortifikatorischen Rayon«. Es unterstand den Militärbehörden, deren oberster Chef Joseph seit 1765 war. Im Volke hieß das Glacis die »Mistgstetten« und der Kaiser sann schon lange darauf, diesen Schandfleck zu beseitigen.

Noch im Januar 1770 gab er erste diesbezügliche Anordnungen. Man ebnete, so bald das Wetter es zuließ, das Glacis ein und baute eine Fahrstraße rings um die Stadt, von welcher Fußwege nach allen Vorstädten abzweigten. Die Nutzung des großen Zwischenraumes wurde der Stadtverwaltung zugesprochen. Dafür mußte der Magistrat alle Straßen mit Bäumen bepflanzen. Man benötigte für diese umfangreichen Pflanzungen 3000 Bäume. Wien bot zur Zeit der Mitregentschaft Josephs in den siebziger Jahren des 18. Jahrhunderts den Anblick einer riesigen Baumschule, überall wurde gepflanzt und gegraben. Der Kaiser inspizierte fast täglich die fortschreitenden Arbeiten. Dabei war sein Auftreten denkbar einfach.

Bei gutem Wetter kam er in einem offenen zweispännigen Biroccio, das war ein Wagen mit zwei großen Hinterrädern und zwei recht kleinen Vorderrädern, vom Volke mundartlich »Pirutsch« genannt. Bei Regen oder großer Kälte fuhr er in der einfachsten Hofkutsche, die nichts weiter an Komfort bot als ein geschlossenes Verdeck. Es gab schon zu jener Zeit Fiaker in Wien, die ungleich eleganter aussahen.

Bei seinen Fahrten entdeckte Joseph, »daß die Straßen rings um die Stadt und nach den Vororten in einem hundselendigen Zustand sind«. Er zog die Verantwortlichen zur Rechenschaft, und eilig wurde Abhilfe geschaffen, denn die Beamten fürchteten Entlassung. Was 1770 begonnen wurde, vollendete der Kaiser in späteren Jahren. 1776 erhielten die Wege auf dem Glacis Straßenbeleuchtung, allerdings mit der Weisung, die Laternen in Vollmondnächten nicht anzuzünden. Erst 1786 beleuchtete man auch die Vorstädte. 1783 erging die Verfügung, daß an allen Straßenecken die Gassennamen mit großen Buchstaben angeschrieben sein mußten. Ebenso war es Gesetz, daß jedes Haus eine Feuerglocke besitzen mußte, damit sofort bei einem Brand an Ort und Stelle Alarm geschlagen werden konnte. Bisher besaßen nur die Häuser von Hebammen und Ärzten diese Einrichtung. Eine Schnur hing aus den Fenstern, und man konnte bei Bedarf dort klingeln. Aber oft war auch das nicht möglich, weil aus Nachlässigkeit die Bindfäden abgerissen und nicht erneuert waren.[61]

Im September 1770 kam Friedrich II. von Preußen zu dem versprochenen Gegenbesuch in das österreichische Militärlager von Mährisch-Neustadt. Auch hier zeigte sich wieder vollkommene Übereinstimmung zwischen den beiden Herrschern. Man war sich einig, was die Beurteilung der Lage in Europa betraf, aber auch hinsichtlich der Ziele, die beide Staaten, Österreich und Preußen, sich zur Erhaltung des Friedens gesetzt hatten. Der Siebenjährige Krieg war lange her, die persönliche Sympathie füreinander schien beständig zu sein. Friedrich jedenfalls schrieb in spürbarer Bewunderung für den noch nicht dreißigjährigen Joseph an seinen alten Freund-Feind Voltaire:

*Ich habe den Kaiser gesehen, der sich vorbereitet, eine große Rolle in Europa zu spielen. Er ist an einem bigotten Hofe geboren und hat den Aberglauben abgeworfen, er ist in Prunk erzogen und hat einfache Sitten angenommen, wird mit Weihrauch genährt und ist bescheiden, glüht von Ruhmesbegierde und opfert seinen Ehrgeiz der kindlichen Pflicht auf, die er wirklich äußerst gewissenhaft erfüllt, hat nur Pedanten zu Lehrern gehabt und doch Geschmack genug, Voltaires Werke zu lesen und ihr Verdienst zu schätzen.* [62]

Befand sich Joseph in Wien, so kritisierte seine Mutter ihn bei jeder Gelegenheit, was ihm recht lästig war. Wenn er sich diesen Zurechtweisungen entzog und auf Reisen ging, so verfolgte seine Mutter jeden seiner Schritte und befand sich in steter Sorge, ob er sich nicht überanstrenge. Joseph machte sich in seiner schlichten, leutseligen Art unterwegs meist viele Freunde, und das Volk liebte ihn, was Maria Theresia wohltat. So schrieb sie im August 1773 an Ferdinand, der seit zwei Jahren als Gouverneur der Lombardei in Mailand lebte:

*Gott sei Dank, die Nachrichten vom Kaiser sind gut. Die letzten sind vom 17. August 1773 aus Brody. Es geht ihm gut. Mit unzähligen Kanonenschüssen haben ihn die Truppen empfangen, die dort unter Waffen stehen . . . Er hat dort den unglücklichsten Tag (18. August, Todestag des Vaters) verbracht, den es für uns alle gibt. Er hat ein feierliches Requiem lesen lassen, wofür ich ihm von Herzen verbunden bin. Die Stadt ist ganz aus Holz, selbst die Straßen sind mit Holz gepflastert.* [63]

Befand sich Joseph dann wieder in Wien, so blieb es nicht aus, daß er der Mutter auf ihre Vorstellungen auch gelegentlich antwortete und sich rechtfertigte:

*Ich habe vorhergesehen, daß ich in Anbetracht meiner Lage und vielleicht auch meiner Denkungsart nicht die Rolle meines hochseligen Vaters spielen kann. Was habe ich daher getan? Ich habe versucht zu reisen und mich sogar von der so kostbaren Vertrautheit und der zärtlichen Liebe Ew. Majestät fern zu halten. Ich liebe auf dieser Welt niemanden als Sie und den Staat; entscheiden Sie, handeln Sie. Dächte ich nur an mich, ich wüßte gar wohl, was ich zu tun hätte; so aber stehe ich zu Ihren Befehlen so lange ich lebe.* [64]

Des Kaisers Besichtigungsreisen mußten, wenn sie Nutzen bringen sollten, völlig überraschend erfolgen. Es ist daher anzunehmen, daß ihm sein plötzliches Auftauchen in den Provinzen und die verblüfften Gesichter, die er antraf, insgeheim manchen Spaß bereiteten. Im Eiltempo durchfuhr er unter dem Decknamen eines »Grafen von Falkenstein« nicht nur die Länder seines Reiches, sondern auch das Ausland.

Man begann darüber zu spotten, daß der junge Herr sein Reich vom Postwagen aus regiere. Friedrich von Preußen ließ bei seinem außerordentlichen Gesandten in Wien, Riedesel, anfragen, »ob denn die Interessen des Reiches durch die häufigen und langen Entfernungen des Kaisers nicht litten?« Diese Auffassung vertraten auch die meisten Würdenträger am Kaiserhof, vor allem der Obersthofmeister Fürst Khevenhüller. Er verfocht bis an sein Lebensende die Notwendigkeit der spanischen Etikette. Die unstete Lebensart und Formlosigkeit Josephs machten den Zweck und die Aufgabe Khevenhüllers zunichte.

Von Josephs Erscheinungsbild auf Reisen erzählte man sich seltsame Dinge. Der Graf von Falkenstein reiste nicht in einer aufwendigen Karosse, sondern in einem einfachen leichten Wagen, der schnelles Fahren erlaubte und ihn rasch von einem Ort zum andern trug. Der Kaiser schlief kriegsmäßig auf einer über ein Strohbündel gebreiteten Hirschhaut und deckte sich mit einem Mantel zu. »Seine Toilette war« – nach der Aussage eines Bewunderers – »die eines Soldaten, seine Garderobe die eines Unterleutnants, seine Erholung Arbeit, sein Leben ständige Bewegung.« [65]

Wer sich vergegenwärtigt, wie strapaziös das Reisen ohnehin in jenem Jahrhundert war, wie schlecht zumeist die Straßen, wie anfällig und zerbrechlich die Fahrzeuge, der kann ermessen, wie sehr diese übertriebene Reisemanie zu Lasten von Josephs Gesundheit ging. Er hatte keine starke Konstitution, und seine Mutter fürchtete immer, dies alles könne nicht gut enden. So schrieb sie im Jahre 1773 einmal sehr besorgt:

4 *Maria Anna als junges Mädchen*

5   *Maria Anna mit dem Medaillon Maria Theresias*

*Die Reise des Kaisers kostet mich mindestens zehn Jahre meines Lebens. Er will noch weiter nach Polen fahren und über Mähren zurückkehren. Er wird sich sehr ermüden und das bereuen. In wenigen Jahren wird er alt und gebrochen sein. Ermüdung ist gut, aber in dem Maße wie er es betreibt, ist es Vernichtung.*[66]

In die Angst um den Sohn mischte sich immer wieder der Stolz, daß Joseph sich im Volke soviel Sympathien erwarb. So schrieb sie im gleichen Jahre an Erzherzog Ferdinand nach Mailand:

*Die Völker sind ganz närrisch über ihn. Nie sahen sie einen Kaiser und noch dazu einen so liebenswürdigen und populären. Was sie jedoch am meisten in Erstaunen versetzt, ist seine Mäßigkeit, indem er keine Gastmahle hält. Das scheint ihnen unglaublich zu sein.*[67]

Schlecht und recht gingen die Regierungsgeschäfte in jenen Jahren in Wien weiter. Es gab zweifellos auch Phasen einer gewissen Harmonie zwischen Mutter und Sohn. Zu Weihnachten des Jahres 1775 dagegen, müssen die Beziehungen auf einem Tiefpunkt angelangt gewesen sein, denn Joseph wollte ernstlich demissionieren und schrieb voller Bitterkeit am Heiligabend an seine Mutter:

*Was ist Euer Majestät ein Mensch nütze, dessen Prinzipien Eure Majestät nicht für echt (halten) sowohl in der reinen Schuldigkeit gegen Gott (als auch) in der Gerecht- und Billigkeit gegen den Nächsten; in den Staatsprinzipien hitzig, übereilt, eingenommen, unüberlegt, voll falscher Sätze usw. . . . Also was bleibt da zu tun übrig?*

*Meine Prinzipien ändern? Das täte ich von Herzen gern, wenn man mich nur eines anderen überführte. So fortarbeiten, so beschwersam, so sauer es ist, so schreckt es mich dennoch nicht ab, wenn nur auch mir die Aussicht benommen würde, daß ich wirklich dem Vaterlande schade und Eurer Majestät Gemüt beleidige . . . Nebstdem setze ich mich beständig – und das wegen Geschäften, bei denen ich von rechtswegen nichts zu tun habe – einer schweren Verantwortung und dem Verluste oder wenigstens einer starken Verminderung der von E. M. mir durch fünfunddreißig Jahre gegönnten so außerordentlichen Gnade aus. Ist das nicht unsinnig gehandelt?*

*Könnte ich länger verweilen, sobald ich mich als unnütz, gefährlich und schädlich für das allgemeine Beste überwiesen? Kurz, entheben mich E. M. Ihren Sohn, einen jungen Menschen ohne Erfahrung, von der grausamen Last eines Mitregenten. Lösen mir E. M. das Band auf, so werden Selbe kein Wort mehr von mir hören. Alles wird besser und einfacher gehen und ich werde glückseliger, ruhiger und vielleicht nutzbarer als jetzo leben.*[68]

Maria Theresia reagierte auf dieses Schreiben mehr traurig als aufgebracht, aber von Josephs Rücktritt wollte sie nichts wissen:

*Ich kann wohl sagen, daß ich seit sechsunddreißig Jahren mit nichts beschäftigt bin als mit Dir. Sechsundzwanzig davon waren glücklich. Aber das kann ich heutzutage nicht sagen; denn ich kann niemals Grundsätzen beipflichten, die hinsichtlich der Religion wie der Sitten zu wenig streng sind. Zu sehr zeigst Du Deine Abneigung gegen alte, hergebrachte Gewohnheiten und gegen die ganze Geistlichkeit, zu sehr allzufreie Ansichten über Aufführung und Sittlichkeit. Du beunruhigst mich mit Recht über Deine schwierige Lage und machst mich zittern für Deine Zukunft . . . Du kannst wohl glauben, daß mein Herz hiervon mehr als bewegt ist. Sehe ich doch, wie wenig Du in Übereinstimmung mit mir bist – und wie Du auf Deine alten Vorurteile zurückkommst. Ich wünsche, daß sie Dich glücklicher machen als ich es bin.*[69]

Im Jahre 1777 unternahm Joseph einmal eine Reise in ausschließlich familiärer Sache. Seine jüngste Schwester Maria Antonia heiratete im Mai 1770 den Dauphin von Frankreich und hieß fortan Marie Antoinette. 1774 gelangten diese beiden jungen Leute, noch keine zwanzig Jahre alt, auf den Thron des glanzvollen Louis XV.

Die Schwester war sieben Jahre verheiratet, und immer noch gab es weder einen Erben noch eine Tochter. Graf Mercy, der Bevollmächtigte Österreichs am französischen Hofe, gab getreue und gerade darum alarmierende Meldungen aus Paris nach Wien. Vieles kam zur Sprache: die allgemeine Verschwendungssucht des Hofes, der Leichtsinn der Königin, die sich davon hinreißen ließ, und – vor allem! – das Verhalten Königs Ludwigs XVI. und die daraus herrührende Kinderlosigkeit des Herrscherpaares.

Joseph reiste auch diesmal wieder als Graf von Falkenstein, daher ergaben sich problematische Fragen der Etikette in Versailles, die Marie Antoinette aber zu lösen wußte. Der Bruder war von ihr außerordentlich eingenommen, fand sie blendend schön und in einer Weise charmant, daß er ihr gleich am ersten Tag sagte, wenn sie nicht seine Schwester wäre, so würde er sie auf der Stelle heiraten.

Auch seine Mission bei König Ludwig war nicht ohne Erfolg. Die beiden Schwager hatten eine ernsthafte Unterredung über »den fatalen Gegenstand«, wie man Ludwigs kleine Anomalie umschrieb, die die Kinderlosigkeit zur Folge hatte. Ludwig versprach, sich operieren zu lassen, und schon 1778 wurde »Madame Royale« geboren, Marie Thérèse Charlotte, die spätere Herzogin von Angoulême. Diese bekam im Laufe der Jahre noch drei Geschwister.

Joseph als der Herrscher von halb Europa, gab dem Volk von Paris ein frappierendes Beispiel an persönlicher Anspruchslosigkeit und Bescheidenheit, was die Pariser so faszinierte, daß sie ihm einen Huldigungsvers darbrachten:

A nos yeux étonnés de sa simplicité
Falkenstein a montré la majesté sans faste.
Chez nous par un honteux contraste
Qu'a-t'-il trouvé? Du faste sans majesté!

Was sollten wir eräugen:
Falkenstein wollt' uns zeigen
Einen einfachen Kaiser – Majestät ohne Prunk.

Was hat er gefunden
Bei uns all die Stunden:
Einen beschämenden Kontrast – Prunk ohne Majestät![70]

Nach Wien zurückgekehrt, geriet Joseph in eine der schwersten Meinungsverschiedenheiten mit der Kaiserin. Diese Auseinandersetzung entzündete sich an der Religionsfrage im Königreich Böhmen. Schon vor einiger Zeit, Mitte der siebziger Jahre, hatte der Calvinismus in Mähren immer mehr an Boden gewonnen und die dort etablierten neuen Gemeinden baten ihre Königin inständig um die Erlaubnis, ihren Glauben auch öffentlich ausüben zu können. Die Monarchin fühlte sich durch ihren Kroneid gebunden, in dem sie geschworen hatte, die katholische Religion als einzige in Mähren zu dulden. Die Sache wurde an die Stände in Prag verwiesen, und da diese konservativ eingestellt waren, so wurden gegen die Calvinisten allerlei Verdikte erlassen, die die Bewegung schwächen oder gar auflösen sollten. Der tolerante Joseph empörte sich darüber. Der Briefwechsel, der sich zwischen ihm und seiner Mutter in diesem Konflikt entspann, zeugt davon, in wie hohem Maße der Kaiser in allen Ansichten und Empfindungen seiner Zeit voraus war. Seine Darlegungen sprechen von seinem hohen geistigen Rang. Die von ihm angestrebten Ziele waren jedoch in der damaligen Regierungsform nicht zu verwirklichen. Er mußte Geduld haben, obwohl ihm die Sache auf den Nägeln brannte. Ausführlich wandte er sich an seine Mutter:

*Meine Pflicht und die unantastbare Anhänglichkeit, die ich Ihrem Dienste, ja Ruhme geweiht habe, zwingen mich, Ihnen untertänig vorzustellen, daß die vor wenigen Tagen aus Anlaß der mährischen Calvinisten erlassenen Befehle allem vollkommen entgegengesetzt sind, was man von jeher als die Grundsätze unserer Religion, einer guten Verwaltung, ich möchte fast sagen, des gesunden Menschenverstandes erkannt hat; ich zweifle deshalb nicht daran, daß Sie, wenn Sie sie gesehen haben, in Ihrem Scharfsinn schnell die nötige Abhilfe schaffen werden.*

*Kann man sich etwas Unsinnigeres vorstellen als den Inhalt dieser Befehle? Um die Leute zu bekehren macht man sie zu Soldaten, schickt sie in die Bergwerke oder ad opus publicum (zu öffentlichen Arbeiten). Das ist seit der Zeit der Verfolgungen im Anfang des Luthertums nicht gesehen worden; das könnte Folgen zeitigen, von denen ich nicht genug sprechen könnte. Ich finde mich daher genötigt, ganz bestimmt zu erklären, und ich werde es beweisen, daß derjenige, der diesen Erlaß erdacht und ersonnen hat, der unwürdigste Ihrer Diener und demzufolge ein Mensch ist, der nur meine Verachtung verdient, weil er ebenso dumm wie kurzsichtig ist.*

*Ich hoffe, Sie werden durch Widerruf dieses Gesetzes schnell Abhilfe schaffen; zugleich muß ich untertänig die Versicherung abgeben, daß ich, wenn derartige Dinge während meiner Mitregentschaft vorkommen können, meinen Entschluß ausführen und mich von allen Geschäften lossagen werde; ich will der ganzen Welt kundtun, daß ich damit nichts und gar nichts zu tun habe; das fordert mein Gewissen, meine Pflicht und das bin ich meinem Ruf schuldig.*[71]

Auch die böhmischen Probleme behandelte die Kaiserin sehr konkret:

*Die Nachrichten aus Mähren machen mir sehr viel Kummer. Ganze Gemeinden treten zum Luthertum über, zwar noch ohne freches Begehren, aber inständig bittend, man möge ihnen die Ausübung ihrer Religion bewilligen. Das ist in den Provinzen Böhmens nicht möglich, wo ich bei der Krönung schwören muß, keinen zu dulden, der nicht katholisch ist. Tausende Menschen auszuweisen, selbst nach Ungarn, wäre ein schwerer Verlust. Besonders in den jetzigen Zeiten ist es schwierig, einen Entschluß zu fassen. Dies nimmt mich sehr in Anspruch und betrübt mich.*[72]

Auf Josephs Brief, in welchem dieser mit flammender Entrüstung für die Calvinisten eintrat, antwortete Maria Theresia teils sachlich, teils hochherzig, wie es ihrer Art entsprach:

*Deine Unzufriedenheit über die Religionsangelegenheiten in Mähren trifft mich um so empfindlicher, als ich in einer so wichtigen und heiklen Angelegenheit auf das gerade Gegenteil gefaßt war. Ich bin weder meinem eigenen Kopfe noch einem Minister gefolgt. Alles ist durch den böhmischen Konseß (Versammlung der Stände), die Kanzlei und den Staatsrat gegangen und ich hoffe, daß Du anders denkst, wenn Du über die Einzelheiten unterrichtet sein wirst, wenigstens wünsche ich es zu Deinem Besten.*

*Aber ich kann Dir nicht verhehlen, wie sehr es mich schmerzt, daß Du mir bei der geringsten Widerrede oder Verschiedenheit der Ansichten immer diesen verhaßten Vorschlag bezüglich der Mitregentschaft machst, obwohl Du weißt, daß mich das am empfindlichsten trifft.*

*Ich glaube nicht, daß Dir durch meine Handlungen oder Befehle Unrecht geschehen oder Schande gemacht worden ist. Du gehst in Deinen Gedanken etwas zu rasch vor. Die Aktivität ist wundervoll für einen Privatmann, aber wer befiehlt muß besser nachdenken und sich an die Regeln und Verordnungen der Länder halten und ihnen folgen und darf nur davon absehen, wenn er es besser machen kann, und zwar nicht nur nach eigenem Zeugnis, sondern nach dem aller anderen. Wir haben hier niemandem Rechenschaft abzulegen außer demjenigen, der uns an diesen Platz gestellt hat, um nach seinem heiligen Gesetz seine Völker zu regieren, die wir lieben und gegen alle schützen wollen.*[73]

Joseph, der im Grunde recht hatte und sich in der mißlichen Situation eines Rennpferdes vor dem Start befand, dem der Kopf nicht freigegeben wird, antwortete in mustergültiger Selbstbeherrschung und Unterordnung unter die bestehenden Verhältnisse:

*Eure Majestät haben geruht, mir auf meine untertänige Vorstellung zu antworten; denn nach dem, was Sie mir gütigst gesagt haben, glaube ich mit Bestimmtheit, daß dieser Erlaß nicht von Ihnen gebilligt, noch weniger aber von Ihnen angeordnet worden sei. Ich sehe das Gegenteil und so bleibt mir also nichts weiter übrig, als zu schweigen und untertänig um Verzeihung zu bitten, wenn die Ausdrücke, die ich in falscher Voraussetzung in meinem Eifer und meiner Überzeugung gebrauchte, über die Grenzen hinausgegangen sind, die mir meine tiefste und zärtlichste Achtung und Ergebenheit vorschrieb.*

*Die Entfernung von den Pflichten, die mein Amt mir auferlegt oder die ich unglücklicherweise dafür ansehe, ist kein Vorwand, kein Strohfeuer, keine Heuchelei; es ist mein liebster, ich möchte fast sagen, einziger Wunsch. So werden Sie mir erlauben, daß ich unter allen Vorwänden, die Ihnen belieben, künftig davon befreit bin, schriftlich oder mündlich meine Meinung zu sagen. Fern von den Geschäften und meiner Stellung wird es mir unendlich viel leichter sein, Ihre Güte zu verdienen.*[74]

Am 30. 12. starb unerwartet der erst fünfzigjährige Kurfürst Maximilian III. Joseph von Bayern. Er hinterließ keine Erben, aber auf Grund von Hausverträgen war sein designierter Nachfolger der Prinz Karl Theodor von der Pfalz aus dem Hause Sulzbach. Da dieser auch ohne Kinder blieb, so würde der eigentliche Erbe des Kurfürstentums Bayern einst Prinz Karl August von der Pfalz-Zweibrücken sein. Gleichzeitig mit noch anderen deutschen Fürsten erhob Kaiser Joseph II. österreichische Ansprüche auf Bayern und sandte seine Truppen aus, dies Land zu besetzen. Als allgemein bekannt wurde, daß Karl Theodor mehr oder weniger geneigt war, einen Teil der Forderungen Österreichs auf Bayerns Territorium zu befriedigen, fürchtete Friedrich der Große für das europäische Gleichgewicht und griff in die Auseinandersetzung ein, indem er sich zum Wahrer der Ansprüche des Hauses Pfalz-Zweibrücken machte. Friedrich befand sich schon im Anmarsch auf Böhmen, als er einen Brief Josephs beantwortete und gleichzeitig im Namen aller Reichsfürsten seine Handlungsweise rechtfertigte:

*14. 5. 1778*

*Mein Herr Bruder,*
*ich habe mit aller Genugtuung den Brief empfangen, den Eure Kaiserliche Majestät die Güte hatten, mir zu schreiben. Ich habe weder einen Minister noch einen Schreiber bei mir; also muß sich Eure Kaiserliche Majestät mit der Antwort eines Soldaten zufriedengeben, der Ihnen mit Redlichkeit und Freiheit über einen der wichtigsten Gegenstände schreibt, welche die Politik seit langer Zeit dargeboten hat.*
*Niemand wünscht mehr als ich, den Frieden und das gute Einvernehmen unter den Mächten Europas aufrechtzuerhalten . . . Eure Majestät wollen mir erlauben, Ihnen den Stand der gegenwärtigen Frage hier auseinanderzusetzen.*
*Es handelt sich darum zu wissen, ob ein Kaiser nach seinem Willen über die Reichslehen verfügen kann. Das aber widerspricht den Geset-*

*zen, Gewohnheiten und Gebräuchen des Römischen Reiches . . . Das ist es, was den ganzen deutschen Fürstenstand gegen die gewaltsame Art, mit der Bayern besetzt worden ist, hat aufschreien lassen.*

*Ich selbst fühle mich als Glied des Reiches, und weil ich den Westfälischen Frieden (1648) durch den Hubertusburger (1763) erneuert habe, direkt verpflichtet, die Freiheiten und Rechte des deutschen Fürstenstandes und die kaiserlichen (Wahl-)Kapitulationen aufrecht zu erhalten, durch die man die Macht des Reichshauptes beschränkt, um Mißbräuchen vorzubeugen, die es mit seiner Vormachtstellung treiben könnte.*

*Das ist, Sire, der wahre Stand der Dinge. Mein persönliches Interesse gilt dabei nichts. Aber ich bin überzeugt, daß E. M. selbst mich für einen feigen und Ihrer Achtung unwürdigen Mann ansehen würden, wenn ich in schmählicher Weise die Rechte, Freiheiten und Privilegien opfern wollte, die die Kurfürsten und ich von unseren Vorfahren ererbt haben.*[75]

Am Wiener Hof herrschte keineswegs Begeisterung, sich erneut in kriegerische Verwicklungen zu stürzen, ebenso wie man in Berlin Vorbehalte machte. Friedrich zögerte dann freilich nicht, sich an die Spitze seiner Armeen zu setzen. Aber schwieriger war es schon, seinen Bruder, den Prinzen Heinrich von Preußen, erprobter Feldherr des Siebenjährigen Krieges, wieder für den Kampf zu gewinnen. Beide Brüder waren fünfzehn Jahre älter geworden seit dem letzten Krieg. In jenem Zeitalter bedeutete das sehr viel. So zogen die beiden Schlachtenlenker vergangener Tage zwar wieder ins Feld, aber gewissermaßen ohne Lust und Liebe, lediglich der vorgeblichen Pflicht gehorchend und um sich keine Blöße zu geben.

Ebenso war sich Joseph völlig über die begrenzten Möglichkeiten klar, die er hatte, um sich erneut in einen Krieg zu begeben. Wer jedoch am meisten mit der Entwicklung der Dinge haderte, das war die Kaiserin, die von Anfang an stets bemüht war, durch geheime Unterhändler mit Preußen zu einem Abkommen zu gelangen. Aus diesem Bestreben heraus erklären sich die resignierenden Worte, die sie Joseph schrieb:

*Man muß den Mut haben, sich selbst aufzuopfern und gerecht zu urteilen. Wir waren eine große Macht, aber wir sind es nicht mehr. Man muß sein Haupt beugen, wenigstens die Trümmer retten und die Völker, die uns noch bleiben, glücklicher machen, als sie es während meiner unglücklichen Regierung waren. Da wir uns trotz unserer Verluste immer auf der früheren Höhe erhalten wollen, beginne Deine Regierung da-*

*mit, die Ruhe, den Frieden, das Glück denen zu geben, die es so verdie-*
*nen. Du selbst wirst Dich an dem Glück der Anderen erfreuen, sogar auf*
*Kosten Deiner persönlichen Größe. Ich kenne Dein Herz und baue dar-*
*auf. Rette Deine Völker und erwirb Dir dadurch größeren Ruhm, als*
*durch alle Ansprüche auf den Namen eines Eroberers.*[76]

Joseph stand natürlich bei seinen Truppen im Felde, was seiner Mutter
viele Beschwerden und unruhige Nächte verursachte. In ihrer Angst und
Sorge um den Sohn und Nachfolger wandte sie sich mit flehender Bitte
an den Feldmarschall Graf Lacy:

*Die Lage zwingt mich, von Ihrer Zuneigung und Treue alle Sorge für*
*die Person des Kaisers zu fordern. Wenn er bewahrt ist, ist das ein Heil-*
*mittel für alles, wenn er verloren ist, ist alles verloren und diesen Schlag*
*will ich nicht überleben. Ich sehe nur eine unglückliche Schlacht voraus.*
*Die Verzweiflung meines Sohnes, der wenig Lust zum Leben hat, da er*
*nichts liebt, ist groß. Er wird sich mehr der Gefahr aussetzen, als nötig*
*ist . . . Versuchen Sie beim Kaiser meine Friedensidee zu vertreten, die*
*ich um jeden Preis durchführen will . . . Es ist besser, eine Macht zwei-*
*ter Ordnung zu werden und seine Untertanen glücklich zu machen, als*
*zu sein, was wir sind, und sie in Krieg und Frieden unglücklich zu ma-*
*chen. Das kostet etwas, aber nur mein Herz, das seinen Lohn finden*
*wird in dem der anderen und in der Pflicht.*[77]

Aber Maria Theresia sah zu schwarz. Der Krieg verlief ohne irgendwelche Höhepunkte geschweige denn Schlachten von dem Ausmaß des
im vorigen Kriege Gewohnten. Die Armeen standen sich gleichsam lustlos gegenüber. Am 13. Mai 1779, dem zweiundsechzigsten Geburtstag
der Kaiserin, fand die Auseinandersetzung im Frieden zu Teschen ein
Ende. Von allen Ansprüchen Österreichs wurde nur der auf das vordem
bayerische Innviertel befriedigt. Sachsen erhielt eine Entschädigung
durch einige Fürstentümer, Preußen zog sich ohne irgendwelche Verluste oder Gewinne aus der Affäre. Friedrich der Große hatte jedoch sein
Ziel erreicht: für diesmal war Österreich aus Bayern verdrängt.

Im bereits erwähnten Familientagebuch »Stato della famiglia« schrieb
Leopold 1778 ausführlich über Maria Theresia und Joseph. Was er auf-
zeichnete, scheint charakteristisch zu sein für den Regierungsstil der alternden Kaiserin. Seine Aussagen gewinnen dadurch an Gewicht, daß er
als einer der wenigen gründlich Einblick in die Verhältnisse am Wiener
Hof nehmen konnte.

Der Kaiserin geht es gesundheitlich einigermaßen gut und besser, als man unter den gegenwärtigen Umständen eigentlich hat erwarten können, wenngleich sie, infolge ihres Alters und auch ihrer Beleibtheit schon anfängt, mit großer Schwierigkeit zu gehen; sie atmet sofort sehr schwer, sobald sie geht oder sich bewegt, und da sie sich dessen schämt und sehr rasch zu gehen sucht, wird ihre Laune immer schlechter und ihre Stimmung niedergeschlagen. Ihr Gedächtnis hat sehr nachgelassen und sie erinnert sich nicht mehr an viele Dinge und gegebene Befehle und häufig wiederholt sie sich und daraus entsteht viel Verwirrung.

Sie beginnt etwas schwerhörig zu werden und hat durch den ständigen Verdruß ihren Mut und ihre Aktivität eingebüßt; sie läßt alle Angelegenheiten laufen und läßt fast jeden im Hause wie in der Familie wie in den Staatsgeschäften machen, was er will, da sie selbst ständig mit Gebet und Andacht beschäftigt ist. Sie macht sich über viele Dinge Skrupel und mißtraut ständig sich selbst und allen anderen. Sie freut sich nie über etwas und ist ständig allein und melancholisch, da sie nie Gesellschaft hat und über alles vergrämt ist.

Sie ist sehr betrübt und enttäuscht zu sehen, daß alle Angelegenheiten, um die sie sich in so vielen Jahren bemüht hat, nicht erledigt worden sind, daß das Publikum die Schuld daran ihr gibt und viele sich über sie beklagen. Fast ständig klagt sie über das Land und die Leute, die Sitten und die Erziehung, daß ihre guten Absichten nicht unterstützt werden, daß sie niemanden mehr hat, dem sie vertrauen kann und daß sie so nichts mehr leisten und ihre Pflicht nicht mehr erfüllen kann und daß sie ihr Seelenheil verlieren wird und daß sie sich ganz zurückziehen und die Regierung ganz aufgeben will, da sie ja sieht, daß sie niedergeschlagen ist und allen lästig fällt, was sie jedoch, wie ich glaube, niemals machen wird, auf die Regierung zu verzichten oder sich zurückzuziehen.

Sie liebt aufs äußerste den Kaiser und kennt keine größere Befriedigung, als wenn sie sieht, daß ihm Lob und Beifall gespendet wird; dennoch möchte sie ihm befehlen und ihn leiten und sein ganzes Verhalten kennen und alles das, was er machen möchte. Besonders beklagt sie sich und ist maßlos empfindlich wegen der Art, wie er sich ihr gegenüber benimmt und daß er öffentlich alles, was sie liebt, herabsetzen und schmähen möchte; daß er alles, was sie macht oder gemacht hat, kritisiert und darüber ständig und in allem klagt.

Wenn sie zusammen sind, gibt es ununterbrochen Streit und immer widersprechen sie einander und wenn der Kaiser einen Schritt unternimmt, oder eine Sache oder einen Befehl, ohne es ihr zu sagen oder ihr *eine Aufmerksamkeit schuldig bleibt oder etwas tut, was ihm in den Augen des Publikums schadet, so ist sie darüber niedergeschlagen, weil sie ihn in allem entschuldigen möchte und es betrübt sie aufs äußerste, wenn er nicht als ein so großer Mann erscheint, wie sie ihn haben möchte . . .*

*Sie hegt gegen alle Zweifel und Verdacht, daß niemand sie mehr leiden kann, daß alle zum Kaiser halten und ihm nachlaufen um ihres Vorteils willen und sie im Stich lassen und ähnliche Dinge.*

*In diesem Punkt hat sie eine äußerste Eifersucht gegen jeden, der mit dem Kaiser spricht, ihn lobt oder ihm schreibt, daß man mit ihm gegen sie im Einvernehmen steckt . . .*

*Sie steht immer sehr früh auf und betet und liest, um acht Uhr empfängt sie uns, die Maria und Maximilian bis um neun, dann hört sie zwei Messen, nachher gibt sie Audienzen und sieht Leute und Minister bis zur Mittagszeit. Sie speist immer allein und dann ruht sie ein wenig, nachher sieht sie Leute bis um sechs, dann empfängt sie den einen oder anderen Beamten oder liest und um neun ist sie im Bett, aber oft steht sie in der Nacht auf und geht an ihren Schreibtisch arbeiten.*[78]

*. . . Der Kaiser hat sehr viel Talent, Fähigkeit und Lebhaftigkeit, er versteht sofort und hat die Gabe des Gedächtnisses und der Rede, da er gut zu reden und sehr gut schriftlich zu konzipieren versteht. Seit einiger Zeit ist seine Laune sehr schlecht, es scheint, daß er darüber verdrossen ist, noch nicht nach seiner Lust befehlen und regieren zu können, sondern daß er von der Kaiserin abhängen muß. Er beklagt sich sehr oft darüber. Er ist ein harter, gewalttätiger Mann, voll Ehrgeiz, der alles sagt und tut, um gelobt zu werden und damit man von ihm in der Welt spricht.*

*Er weiß nicht, was er will und langweilt sich mit allem und ist gar nicht fleißig, verachtet allen Arbeitseifer und die Geschäfte, außer den militärischen, er will sich nie Mühe geben und erledigt sie sofort nach dem ersten Eindruck, den man ihm vermittelt oder den er gewinnt, ohne ihn zu prüfen, um sich keine Mühe zu machen, wobei er sich auf sein Talent verläßt.*

*Er duldet keinen Widerspruch und ist voll willkürlicher, gewalttätiger Grundsätze und des stärksten, gewalttätigsten, härtesten Despotismus. Er liebt niemanden, macht ein freundliches Gesicht denen, die er wegen ihrer Umgebung braucht, aber dann macht er auch diese lächerlich. Er verachtet alles, was nicht seine Idee ist und liebt und will keine anderen Leute als jene ganz ohne Talent, die wie bloße Maschinen und nichts an-*

*deres gehorchen und die ihm die Ehre alles dessen lassen, was getan
wird.*

Er hat keine Prinzipien und gar keinen Arbeitseifer, schreit, schilt und
bedroht alle und entmutigt sie . . . er verachtet alle, hält unglaubliche,
despotische und äußerst unkluge Reden über das, was er machen möchte
gegen Beamte, ganze Nationen, Ungarn, Niederländer und andere, daß
er ihnen ihre Privilegien wegnehmen will und andere ähnliche Dinge,
derentwegen er, da sie öffentlich sind, sehr gehaßt, gefürchtet und kritisiert wird.

Er . . . denkt nur an sich und gibt keine Audienzen und empfängt
niemanden anders als auf dem (Kontrollor-) Gang, wo seine Diener vor
den Augen aller die niedrigsten, schändlichsten und verrufensten Personen hinbringen, wo von allen denen, die vorbeigehen, vor seiner Türe
jeden Tag die schmutzigsten Dirnen und Kuppler gesehen werden, da es
ihn sehr zu dieser Art von niedrigen und schmutzigen Frauen hindrängt,
die er sehr gut zahlt. Er glaubt sogleich diesem niedrigen Volk und auf
ihre Reden hin ist er imstande, gegen jedermann mit jeglicher gewalttä-
tigen Entschließung vorzugehen. Er glaubt immer und sogleich dem
niedrigen Volk und sorgt dafür, die Angelegenheiten desjenigen, der er
verdächtigt, mit jeglichem Mittel und auf den kleinsten Verdacht oder
Bericht hin, zu untersuchen oder untersuchen zu lassen. Er behandelt
die Leute schlecht, droht und jagt sie aus seinem Dienst, ist sehr roh und
hart mit seinen Leuten, aber dann sehr familiär mit dem niederen Volk,
Dienern usw., die, wenn sie ihn zu nehmen wissen, von ihm erhalten
und machen können was sie wollen . . .

Übrigens geht er überall bei Hof herum und schnüffelt in alle Zimmer
und Wohnungen, entweder aus Mißtrauen und Neugierde, oder um
Frauen, Weiber und Dienerinnen zu suchen, zu denen es ihn sehr hin-
zieht.

In der Stadt verkehrte er früher in vielen Gesellschaften, aber
jetzt . . . geht er entweder zur Fürstinwitwe Esterhazy, wo die Wallen-
stein, die Fekete, die Losarios und oft auch die Bucquoi hingeht, aber
immer dann und jeden Abend geht er zu den Fürstinnen François Liechtenstein, Carlo Liechtenstein, Kinsky, Clary und Gräfin Kaunitz, wohin
von Männern niemand kommt als der Marschall Lacy und Rosenberg,
wo er alle Abende verbringt, wobei er immer redet und predigt, und wo
man immer von den Staatsgeschäften spricht und alle diese Frauen, die
sich dann dessen im Lande sehr rühmen, sprechen dort von allen Geschäften, schelten ihn aus und er hört das mit großer Geduld an, da er

*sehr verliebt ist in die Carlo Liechtenstein, die das auch in ihn ist, aber sie hält ihn kurz und rühmt sich dessen, da sie eine sehr eitle und ehrgeizige Frau ist, sie rühmt sich öffentlich und auch ihr Mann, der deshalb äußerst unverschämt wird und der Kaiser schreibt ihnen immer und sendet ihnen Botschaften und sie tragen es zur Schau . . .*
*In allen Dingen ärgert und kränkt er immer die Kaiserin, er widerspricht ihr, er antwortet ihr nicht einmal und dann erzählt er es Außenstehenden. Er liebt überhaupt niemanden. Von den beiden Schwestern sieht er Maria Anna fast niemals, er hält sie für talentiert, aber er kann sie nicht leiden, weil er glaubt, daß sie immer intrigiert, um in den Geschäften Leute zu empfehlen, was er nicht leiden kann. Die Elisabetha sieht er nie und sagt, daß er sie nicht ausstehen kann, aber er läßt sich von ihr die Neuigkeiten erzählen, in der Öffentlichkeit jedoch und vor allen Leuten verachtet und schmäht er alle beide.*[79]

Dieser »Stato della famiglia« – die große Bestandsaufnahme der Familie – entspricht natürlich nicht dem Wunschbild, das sich pietätvolle Bewunderer Maria Theresias vom Familienleben am Wiener Hofe machen. Es ging dort letzten Endes so zu, wie in anderen großen Familien auch, wo Interessen sich kreuzen und zu Reibereien führen.

Da alle von der Kaiserin abhingen und diese autoritär regierte, so blieben geheime Aversionen der Kinder nicht aus. Nach diesem Bericht war Josephs Benehmen unklug und unschön. Sein Charakterbild rundet sich durch diese Informationen nach der negativen Seite ab. Dennoch kann man auf ihre Wiedergabe nicht verzichten, denn kurze Abschnitte aus seinen Korrespondenzen allein schaffen keinen umfassenden Eindruck.

Leopold war ein ruhiger, nüchtern denkender Mensch. Er wie Joseph regierten seit dreizehn Jahren. Joseph als Mitkaiser in ständigem Gegensatz zu seiner Mutter, Leopold in der ungleich angenehmeren Lage als selbständiger Großherzog von Toscana mit sehr viel Gewissenhaftigkeit und Liebe zu seinem Amt. Der jüngere Bruder hatte es leicht, sich auf den Posten eines kritischen Beobachters zurückzuziehen, denn er lebte weitgehend unbehelligt in Florenz. Fielen seine Aufzeichnungen krasser aus, als die Wirklichkeit war, so muß ihm doch zeitweise die Familie in diesem ungünstigen Licht erschienen sein.

Die Gegensätze am Kaiserhof zwischen Mutter und Sohn ließen sich niemals ausgleichen und es war nur ein Glück, daß keine außenpolitischen Krisen im Augenblick besondere Anforderungen an die österreichische Regierung stellten. Niemand wäre einer echten Bedrohung Herr geworden. Der einst so gefürchtete Fürst Kaunitz war ein alter Herr von siebenundsechzig Jahren. Den Zenit seines politischen Wirkens hatte er längst hinter sich gelassen und wurde allmählich kauzig und schrullig.

Zu den bedeutendsten letzten Reisen, die Joseph in seiner Eigenschaft als Mitkaiser durchführte, gehörte die Fahrt nach Rußland, die er im Frühsommer 1780 unternahm. Wie immer ließ sich Maria Theresia von unterwegs genauestens unterrichten, teils durch Mittelsmänner, teils durch den Kaiser selbst. Sie verfehlte nicht, die ganze Familie auf dem laufenden zu halten. So schrieb sie Anfang Juni 1780 an die Tochter Maria Amalia nach Parma:

*Die Zusammenkunft (mit der Kaiserin Katharina II. in Mohilew) ist zur beiderseitigen Zufriedenheit erfolgt. Sie erschien aufs prächtigste, Regimenter von Kürassieren, Ulanen, der ganze polnische Adel hinter ihrem Wagen, die anderen Wagen mit Leuten des Landes. Sie stieg bei der Kirche ab, wie sie es überall macht, und wurde von der ganzen Geistlichkeit empfangen. Indessen begab sich der Kaiser in ihren Palast. Sie hat ihn allein in ihrem Kabinett empfangen. Das Diner umfaßte fünfzig Gänge, und sie unterhielt die ganze Gesellschaft geistvoll und leutselig. Der Kaiser sagt, daß sie noch schön und stolz ist . . . (Katharina war einundfünfzig Jahre alt).*

Elf Tage später erfuhr Amalia erneut Näheres aus Rußland:

*Ich habe eben einen Brief des Kaisers vom 14. Juni aus Smolensk erhalten. Er will am 15. Juni nach Moskau abreisen und die Kaiserin nach Petersburg, wo er in fünfzehn Tagen sein will, um sich dort vierzehn Tage oder drei Wochen aufzuhalten, von wo er gerade über Riga und Litauen nach Galizien zurückkehren wird . . . geradewegs um die ersten Tage des Augusts zu uns. Ich gestehe, daß ich nicht ruhig sein werde. Er ist zwei Tage mit der Kaiserin gereist, öffentlich in einem Wagen zu sechs: Sie, er und Romanow im Fond, eine Hofdame, eine hübsche Nichte Potemkins, Cobenzl und ein Adjutant gegenüber. In allen Orten von dem Stadtrat und der Geistlichkeit empfangen. Feierlichkeiten ohne Ende, Diners mit achtzig Gängen, Soupers, Bälle, Schauspiele jeden Abend, selbst auf der Reise.*

An Erzherzog Ferdinand schrieb Maria Theresia am 21. 8. 1780:

*Endlich ist der Kaiser um 7 Uhr abends glücklich und gesund angekommen. Er ist nicht so abgemagert wie von den anderen Reisen . . . Er hat die bedeutendsten Kanal-, Hafen- und Maschinenanlagen besichtigt. Er scheint sehr befriedigt zu sein und ich bin es auch, da ich ihn bei guter Gesundheit sehe.* [80]

In keinem ihrer Briefe beklagte sich Maria Theresia jemals über Josephs schroffes Wesen ihr gegenüber. Im Gegenteil zeigte sie sich immer nur als besorgte Mutter, die ihren Sohn vermißte. Am 3. November 1780 war sie tiefbekümmert in einem Brief an Marie Antoinette, weil Joseph ständig an seinen Reiseplänen festhielt:

*. . . ich hätte so sehr gewünscht, daß dieser Winter den Reisen des Kaisers endlich ein Ziel setze, aber er ist eifrig damit beschäftigt, sich im Beginne des kommenden März nach den Niederlanden zu begeben, und er will den ganzen Sommer hindurch abwesend sein. Alle Jahre nimmt dies zu und es vermehrt meinen Kummer und meine Beunruhigung, während ich doch in meinem Alter der Hilfe und des Trostes bedürfte.* [81]

Der Gesundheitszustand der Kaiserin gab bis Ende Oktober 1780 zu keiner besonderen Besorgnis Anlaß. Ihre Beschwerden waren die herkömmlichen. Anfang November kamen Mimi und Albert aus Preßburg. Ihnen zu Ehren wurde am 8. November eine Fasanenjagd in Schönbrunn veranstaltet. Die Kaiserin bestand trotz des schlechten Wetters darauf, im Wagen daran teilzunehmen. Ungeachtet der Decken und Mäntel, in die man sie hüllte, bekam die Kaiserin nasse Füße. Doch sie wollte nichts davon hören, sich zu trocknen und aufzuwärmen, sondern bestand darauf, am Arme ihrer Kinder durch einige ihrer liebsten Räume im Schloß Schönbrunn zu gehen. Tausend Erinnerungen an ihren Franz, mit dem sie die jungen Jahre hier draußen in dem von ihr ausgebauten Palast verbracht hatte, stürmten auf sie ein und unvermittelt brach sie in Tränen aus. Als sie zur Hofburg nach Wien zurückkehrte, zitterte sie vor Frost. Bald zeigte sich ein schlimmer Husten und die Ärzte stellten ein Lungenödem fest. Dennoch arbeitete Maria Theresia unbeirrt weiter, erledigte Briefe und fertigte Depeschen ab.

Ihre Lieblingstochter Mimi war mit ihrem Gatten Albert ohne Befürchtungen für die Mutter nach Preßburg zurückgekehrt.

Am 20. November wünschte die Kaiserin einen Aderlaß, obwohl ihr Arzt Störck sehr dagegen war. Der Blutverlust brachte ihr nur momentan Erleichterung. Die Tage danach verringerte sich die Stärke ihres Pulsschlages, der abendliche Husten wurde immer schlimmer und von qualvollen Erstickungsanfällen unterbrochen. Störck schickte nach Preßburg, um Albert und Mimi wieder nach Wien zu bitten, denn das

Fieber der Kaiserin stieg ständig. Wegen dieser eigenmächtigen Handlung des Arztes geriet Joseph in Zorn. Albert schrieb in seinen Memoiren:

> *Es kam sogar zu einem unangenehmen Auftritt mit dem Arzt, weil der Kaiser ihm den Vorwurf machte, die Gefahr zu übertreiben, um später mit der Genesung umso mehr Ehre einzulegen.*[82]

Aber der Zustand der Kaiserin besserte sich nicht. Alle Welt war bekümmert, die Kranke verfiel zusehends. Nur Joseph allein wollte die Anzeichen der Auflösung nicht wahrhaben und beharrte darauf, die Mutter würde wieder genesen. Er wich nicht von ihrer Seite, schlief im Vorzimmer auf einem Feldbett. Am 29. November 1780 starb die Kaiserin in seinen Armen.

Mochten die Meinungsverschiedenheiten zwischen Mutter und Sohn noch so tiefgehend gewesen sein, Joseph war ohne Zweifel von dem Verlust der Mutter tief getroffen. Seine Sensibilität ließ ihn ihren Tod und die Begräbnis-Zeremonie als unaussprechlich traurig empfinden. Am 4. Dezember 1780, nach der Verbringung des Sarges in die Kapuzinergruft, wandte er sich mit ungewohnter Sanftmut an Leopold:

> *Ich bin so zerschlagen von der Trauerfeier gestern, daß ich Dir nur ein Wort sagen kann. Diese Beisetzung ist das Schrecklichste, was man sich vorstellen kann. Eine Mutter zu verlieren, der ich alle die vielen Jahre lang zugetan war, der mein Leben gehörte, der ich alle die vielen Wohltaten danke – das geht über die Fassungskraft. Da ist nun mein Lebensplan, alles ist gestört und ich finde mich fast allein auf der Welt. Die Vorsehung hat mir Weib und Kind, Vater und Mutter entrissen. Möchte mir doch wenigstens Deine Freundschaft erhalten bleiben, darum bitte ich von Herzen. Du kennst die meine seit Deiner Kindheit, tausend Beweise müssen Dich davon überzeugt haben. Nur Deine Freundschaft und die Erfüllung meiner Pflicht können mir das Leben erträglich machen. Leb wohl!*[83]

Trauer herrschte an allen europäischen Höfen und der Tod der Kaiserin erfuhr ein weltweites Echo. Man war sich bewußt, daß mit ihr eine Epoche zu Ende ging und man fürchtete die neue Zeit, die mit Josephs Alleinherrschaft anbrach. Selbst Friedrich der Große, der alte Gegner Maria Theresias, wußte ihre Persönlichkeit zu würdigen. Er schrieb an d'Alembert:

*Ich sehe, ohne mich zu beunruhigen, wegsterben und geboren wer-
den, an wen die Reihe kommt, daß er in die Welt tritt oder daraus geht.
Indes habe ich dennoch den Tod der Kaiserin-Königin bedauert. Sie hat
ihrem Thron und ihrem Geschlecht Ehre gemacht. Ich habe mit ihr Krieg
geführt, aber nie war ich ihr Feind.* [84]

Was nun in Wien begann, glich einer Revolution. Der einzige daran
beteiligte Rebell saß selbst auf dem Thron und hieß Kaiser Joseph II. Er
residierte als »Kaiser ohne Hof« und insofern lebte er wahrhaft trostlos.
Im Frühjahr 1781 reisten die Schwestern Marianna und Elisabeth ab.
Maximilian verließ Wien ebenfalls und widmete sich seiner geistlichen
Laufbahn. Ihn ließ der Kaiser weitgehend unbehelligt, aber über seine
Schwestern wachte er. Noch bevor die beiden Erzherzoginnen ihre
neuen Residenzen erreicht hatten, hielten die Chefs der Landesregie-
rungen in Kärnten und in Tirol schon eine kaiserliche Verfügung in ihren Händen:

*Die zwei Erzherzoginnen haben sich jeder Einmischung zu enthalten,
keine Protektionen und Anempfehlungen zu machen. Sollten sie es dennoch versuchen, so ist sofort Anzeige zu erstatten.* [85]

Mimi und Albert, das Ehepaar Sachsen-Teschen, mußte seine Preßburger Hofhaltung auflösen. Sie gingen nach Brüssel und wurden
gemeinsam Statthalter in den österreichischen Niederlanden, dem heutigen Belgien, wo sie die Nachfolge des verstorbenen Prinzen Carl von
Lothringen antraten.

Das Schloß Schönbrunn wurde gänzlich geschlossen. In der Hofburg
standen jetzt ganze Zimmerfluchten leer und Joseph ließ sie primitiv und
unschön mit Brettern vernageln, um unnütze Wachtposten zu ersparen.
Die Wiener sparten nicht mit Bemerkungen über den Einsiedlerkaiser
und einmal soll sich an der Mauer der Hofburg ein großer Zettel mit der
Ankündigung »Wohnung zu vermieten!« gefunden haben. [86]

Für sich persönlich hatte Joseph den sonst üblichen Handkuß schon
vor einigen Jahren verboten mit der Begründung, er sei keine Reliquie.
Er führte die neue Sitte ein, daß die Majestät auf dem Kaiserthron nicht
mehr im pluralis majestatis von sich sprach, sondern in der Einzahl; also
nicht mehr »Wir«, sondern »Ich«. Jetzt war seine erste Sorge, Handkuß
und Kniefall auch für die anderen Mitglieder des Kaiserhauses offiziell
abzuschaffen, »weil dieses zwischen Menschen und Menschen keine ge-
ziemende Handlung ist und Gott allein vorbehalten bleiben muß.« Aber

seine Schwestern, die Erzherzoginnen in Klagenfurt und Innsbruck, behielten dennoch für ihre Residenzen die alten Gepflogenheiten bei. Österreich war groß – und der Kaiser weit.

Fortan gestaltete sich das Leben Josephs bei aller Betriebsamkeit sehr monoton. Der Alltag des Kaisers, des mächtigsten Mannes in Europa lief nach folgendem Schema ab:

Im Sommer stand er um 5 Uhr, im Winter um 6 Uhr auf. Um diese Zeit mußten bereits zwei Kabinettssekretäre, von denen er ungefähr ein Dutzend beschäftigte, für ihn bereit sein. Noch im Schlafrock begann er mit ihnen die Arbeit. Um 9 Uhr wurde gefrühstückt. Dann rasierte sich der Kaiser eigenhändig, wurde frisiert und kleidete sich an. Während seiner Toilette erstattete der Oberstkämmerer Graf Rosenberg Rapport.

Dann begab sich Joseph in ein Kabinett am Kontrollor-Gang im Mezzanin (Zwischenstock) des Leopoldinischen Traktes und arbeitete dort mit seinen Sekretären weiter. Von Stunde zu Stunde ging er auf den Gang hinaus, hörte Leute an und nahm Bittschriften und Beschwerden entgegen.

Der Zutritt zum Kontrollor-Gang war jedermann gestattet und dieser daher meist überfüllt. So ging es bis 12 Uhr. Dann begab sich Joseph in die Stadt, um befohlene Arbeiten zu inspizieren. Manchmal zu Fuß, meist aber in einem offenen, grün lackierten zweispännigen Biroccio . . ., den er selbst kutschierte. Hinten stand ein einziger Bedienter auf dem Wagen. Bis gegen 16 Uhr wurde inspiziert. Dann wurde schnell zu Mittag gegessen. In Wien speiste er allein, auf Reisen mit seinen Sekretären. Nach der Tafel gab es eine Stunde Pause, während der Joseph meist musizierte. Dann ging die Arbeit weiter bis gegen 19 Uhr.

Hierauf besuchte Joseph sehr häufig das von ihm begründete Nationaltheater nächst der Burg, also das Burgtheater, wo er sich meist nur einen oder zwei Akte ansah. Aus dem Theater begab sich der Kaiser, wenn er in Wien war, fast allabendlich zu den sogenannten »fünf Fürstinnen« aus den beiden Häusern Liechtenstein, ferner Kaunitz, Kinsky und Clary. Diese Zusammenkünfte erfolgten abwechselnd in einem der fürstlichen Stadtpaläste und bildeten die einzige Erholung des Kaisers. Der letzte Brief seines Lebens war an diesen Damenkreis gerichtet. Gegen 23 Uhr fuhr Joseph, ohne jemals zu soupieren, wieder in die Burg zurück, wo er die inzwischen aufgelaufene Post erledigte und mit seinen Sekretären oft bis tief in die Nacht hinein weiterarbeitete. Auch des Nachts hatten zwei Sekretäre für alle Fälle Dienst.

Die gleiche restlose Hingabe an den Staatsdienst und das gleiche Arbeitstempo forderte Joseph auch von der Beamtenschaft. In einem Schreiben an deren Chef, den Grafen Leopold Kolowrat, heißt es unter anderem:

*Jeder Beamte muß sich seinen Geschäften gänzlich und vollkommen widmen und aus ihnen das Geschäft seines Lebens machen . . . Nichts denken, nichts hören, nichts sehen, als was zu diesem führt. Er muß sich meine Prinzipia ganz zu eigen machen . . . Unnützes vermeiden, das Nutzbare aber ohne Rast und Ruh zu allen Tagen der Woche, zu allen Stunden des Tages bis zur Erfüllung betreiben.*

Die geheimen Konduitlisten (Kontrolle des Betragens) wurden eingeführt, ja, die Beamten sogar zur Denunziation aufgefordert. Dies waren schon die Anfänge zum Apparat der »Geheimen Staatspolizei«, die nicht erst unter Franz II. und Metternich, sondern schon von Joseph II. erfunden wurde.

In einer zeitgenössischen Broschüre von Josef Richter hieß es wörtlich:

*Die Edeln im Volk wünschen, Kaiser Joseph möge nicht mit allzu großer Bereitwilligkeit Denunzianten anhören. Es ist weniger schädlich für den Staat, wenn hie und da ein Vergehen verborgen bleibt, als wenn Freund gegen Freund, Familie gegen Familie mißtrauisch gemacht und das Band der menschlichen Gesellschaft dadurch zerstört wird.*[87]

Neben den vielen Kritikern Josephs gab es zuweilen auch Bewunderer, die anerkannten, wenn er Vernünftiges anordnete. So schrieb ein vielgereister Franzose über das Wien des Jahres 1781:

*Nun sieht man, was der Kaiser während seiner Mitregentschaft im stillen vorgearbeitet hat. Alle Fremden, die hier sind, staunen, wie ruhig eine der größten und schnellsten Revolutionen bewirkt wird.*[88]

Nach Josephs Aufstieg vom Mitkaiser zum Alleinherrscher verging kaum ein Vierteljahr, ohne daß eine aufsehenerregende Neuerung durchgeführt wurde. Sein erstes Ziel war ein Vertrag mit Rußland. Er hielt seinen Bruder Leopold über seine Unternehmungen stets informiert:

*Ich bin dabei, einen Offensiv- und Defensiv-Vertrag mit Rußland abzuschließen und mit der (russischen) Kaiserin der Vermittler des zukünf-*

*tigen Friedens zu werden. Die beiden Ereignisse werden viel Aufsehen machen, und ich habe, glaube ich, meine Angelegenheiten durch meine Reise (1780) und meine beständige Sorgfalt wunderbar geordnet; aber ich kann auf keinen vollen Erfolg rechnen, wenn ich kein Mittel finde, den überwiegenden Einfluß des Königs von Preußen beim Großfürsten (Paul, Sohn und Erbe Katharinas) und bei der Großfürstin für immer zu entwurzeln. Der Großfürst wird von seiner Frau geleitet, und so wird es immer sein. Ihre Freundschaft kann man aber nur dadurch erwerben, daß man ihre Familie gewinnt.*[89]

Großfürst Paul hing an Friedrich dem Großen wie ein Sohn. Der Preußenkönig und sein Bruder Heinrich hatten die Ehe des russischen Thronfolgerpaares gestiftet und die Ehe war so glücklich und harmonisch, wie nur selten in fürstlichen Kreisen. Von seinen Vorfahren hatte Joseph zweifellos instinktiv gelernt, die politischen Vorgänge mit familiären Interessen eng zu verknüpfen. Um sich die Großfürstin geneigt zu machen, die eine geborene Prinzessin von Württemberg war, hatte Joseph jetzt vor, Leopolds dreizehnjährigen Sohn Franz mit der vierzehnjährigen Prinzessin Elisabeth Wilhelmine von Württemberg zu verloben. Leopold war der nächste am Kaiserthron, Franz würde sein Nachfolger werden, demnach eine glänzende Partie für das Mädchen.

Im Jahre 1781 suchte Joseph die Familie des Herzogs Friedrich Eugen von Württemberg auf und er schilderte dem zukünftigen Schwiegervater Leopold das neue Familienmitglied:

*Ich bin hier und habe die Familie gesehen (im damals württembergischen Montbéliard-Mömpelgard, dies war der Sitz der Großfürstin). Die Eltern gefallen mir sehr gut. Die Prinzessin ist nicht schön und wird nie hübsch werden. Sie ist für ihr Alter (14) groß, mager, gut gewachsen, hat ziemlich schöne Augen, ist blond, hat einen großen Mund und einen sanften Ausdruck, der nicht ohne Geist ist.*[90]

Jene Prinzessin sollte dazu bestimmt sein, in den letzten qualvollen Lebensmonaten Josephs seine einzige Freude, das Licht seines erlöschenden Lebens zu sein.

Zu den innenpolitisch bedeutendsten Vorgängen gehörte damals die Abschaffung der Leibeigenschaft. Damals wurde von der sogenannten »Aufhebung« der Versklavung viel Wesens gemacht, aber für heutige Begriffe brachte auch die »gemäßigte Untertänigkeit« noch viele Einschränkungen der persönlichen Freiheiten mit sich:

*Die Leibeigenschaft wird von nun an gänzlich aufgehoben, anstatt deren eine gemäßigte Untertänigkeit eingeführt und Folgendes gesetzmäßig vorgeschrieben wird:*

*1) ist jeder (bäuerliche) Untertan bloß gegen vorhergehende Anzeige und unentgeltlichen Meldezettel sich zu verehelichen berechtigt, sowie*

*2) jedem Untertan freisteht, unter Beobachtung dessen, was das Werb-Bezirkssystem vorschreibt, auch von der Herrschaft wegzuziehen und innerhalb des Landes sich niederzulassen oder Dienste zu suchen.*

*3) können die Untertanen nach Willkür Handwerke und Künste erlernen und ohne Losbrief ihrem Nahrungsverdienst da, wo sie ihn finden, nachgehen.*

*4) sind die Untertanen künftig nicht mehr schuldig, einige Hofdienste zu leisten.*

*5) nur haben jene, die beider Eltern verwaist sind, die gewöhnlichen Waisenjahre, und nur dort, wo sie Herkommens sind, auf dem Hofe abzudienen.*

*Da alle übrigen auf den untertänigen (bäuerlichen) Gründen haftenden Roboten (Frondienste), Natural- und Geldabgaben, zu denen die Untertanen auch nach der aufgehobenen Leibeigenschaft verbunden bleiben, durch die Urbarialpatente ohnehin bestimmt sind, so kann außer diesem von den Untertanen nirgends mehr etwas abgefordert werden. Übrigens aber bleiben die Untertanen ihren Obrigkeiten (Grundherren) auch nach der aufgehobenen Leibeigenschaft vermöge der hierüber ohnehin bestehenden Gesetze mit Gehorsam verpflichtet.*[91]

Eingedenk der schweren Kontroverse zwischen ihm selbst und seiner Mutter wegen des mährischen Religionsstreites, war Joseph schon seit langem entschlossen, hier grundlegend Wandel zu schaffen. So erging am 13. Oktober 1781 an alle k. u. k. Länderstellen das »Toleranzpatent«, für das ausschließlich katholische Österreich ein Ereignis von weittragender Bedeutung:

*Liebe Getreue!*
*Überzeugt einerseits von der Schädlichkeit alles Gewissenszwanges und anderseits von dem großen Nutzen, der für die Religion und den Staat aus einer wahren christlichen Toleranz entspricht, haben wir uns bewogen gefunden, den augsburgischen (Lutheranern) und helvetischen*

*(Calvinisten) Religionsverwandten, dann den nicht-unierten Griechen (Griechisch-Orthodoxen) ein ihrer Religion gemäßes Exerzitium (Gottesdienst) allenthalben zu gestatten, ohne Rücksicht, ob selbes jemals gebräuchlich oder eingeführt gewesen oder nicht. Der römisch-katholischen Religion allein soll der Vorzug der öffentlichen Religionsexerzitii verbleiben . . .*[92]

In zusätzlichen Ausführungsbestimmungen gestattete der Kaiser die Errichtung von Bethäusern, die allerdings in der ersten Zeit von außen nicht als solche kenntlich sein sollten. Auch wurde die Berufung und Erhaltung von Priestern und Lehrern erlaubt. Ein strenges Verbot erging aber hinsichtlich der bisher üblichen Einverständniserklärung von Neuvermählten, ihre Kinder römisch-katholisch taufen zu lassen. Man sicherte überdies den Nichtkatholiken absolute bürgerliche Gleichstellung zu.

Viel Zündstoff enthielt die als nächstes folgende »Kaiserliche Entschließung vom 29. November 1781, die Nutzlosigkeit vieler Klöster betreffend«. Anknüpfend an die Auflösung des Jesuitenordens und die Beschlagnahme seiner Klöster durch Entscheid von Papst Klemens XIV. im Jahre 1773, wollte jetzt Joseph seinerseits auf diesem Gebiete Änderungen herbeiführen. Es gab eine Unzahl von Orden und Kongregationen für Mönche und Nonnen, deren weltabgewandte Lebensweise dem rastlos und hektisch tätigen Joseph ein Dorn im Auge war. Hinzu kam, daß sich in manchen Klöstern Mißstände eingeschlichen hatten, denen anders als durch Auflösung zu begegnen nicht möglich war. Josephs Verfügung gegen die kontemplativen Orden lautete:

*Auftrag an die Hofkanzlei,*
*diejenigen, die dem Nächsten ganz und gar unnütz, nicht gottgefällig sein können, noch sonst in studiis sich hervortun, aufzuschreiben, die Vermögen und ihre Einkünfte, wie mit den Jesuiten geschehen, zu übernehmen und den Individuis (Mitgliedern) davon einstweilen nur Pensionen auszuwerfen . . .*
*Die Einkünfte sollen zum Besten der Religion und des Nächsten verwendet werden.*[93]

Joseph wußte seine Anordnungen durchzusetzen. Am 12. Januar 1782 erging ein kaiserlicher Erlaß, der die zu schließenden Klöster präzise angab. Von 2163 Klöstern waren bis zum Jahre 1786 immerhin schon 738 aufgehoben.

Diese Maßnahme betraf nun unmittelbar die Interessensphäre Roms und unter diesen ungewöhnlichen Umständen faßte der amtierende Papst Pius VI. den für damalige Verhältnisse aufsehenerregenden Plan, selbst nach Wien zu reisen, um mit dem unbotmäßigen Sohn der Kirche auf dem Wiener Kaiserthron unter vier Augen zu sprechen und zu retten, was noch zu retten war.

In Wien war man über den »wunderlichen Antrag« alles eher als erfreut. Besonders Staatskanzler Fürst Kaunitz, der eigentliche Antrieb und Scharfmacher auf dem Gebiete der Kirchenpolitik, war absolut dagegen. Doch der Kaiser beschwichtigte ihn mit den Worten:

*Kommt er, so sehe ich nichts Übles bevor. Denn entweder ist er ein vernünftiger und räsonnabler Mann, der wirklich das Gute der Religion will, alsdann werden sich die wichtigen Sachen mit ihm auf die vernünftigste Art abtun lassen, oder er ist es nicht, so wird darum nicht weniger geschehen, und wird seine Person, wenn sie hier gesehen wird, immer einen viel geringeren Eindruck machen, als wenn derselbe dem Volk mit dem ganzen Glanz seines Kirchenstaates als unfehlbar vorgestellt wird.*

Pius VI. äußerte den Wunsch, während seines Wiener Aufenthaltes in der Nuntiatur auf dem Platz »Am Hof« abzusteigen. Aber schon griff Joseph ein und ordnete an, daß er bei ihm in der Burg zu wohnen habe, und dies »nicht nur aus Gemächlichkeitsgründen, sondern auch wegen des anständigeren Eindruckes, den es bei dem ganzen Publico machen würde.« In Wahrheit natürlich, um den Papst ständig unter Kontrolle zu haben. Joseph sah der Ankunft des Heiligen Vaters ruhig entgegen, wenn er auch dessen Reise entschieden verurteilte.[94]

Der Papstbesuch war für Anfang März 1782 vorgesehen. Mit größter Begeisterung sahen die Wiener diesem Ereignis entgegen, da es endlich nach langer Zeit einmal wieder etwas Großartiges in Wien zu sehen geben würde. Mochte Joseph noch so sehr allen Prunk vermeiden, seine Wiener waren trotz allem auf Außerordentliches gefaßt. Das Landvolk ringsumher würde aus der Umgebung hereinströmen, zweifellos auch viele Fremde, und sensationelle Tage standen bevor.

Unglücklicherweise wurde Joseph gerade Anfang März von einem heftigen Augenleiden geplagt, dem mit keinem Mittel beizukommen war. Er schrieb etwas deprimiert an Leopold:

*4. März 1782*
*Wir werden also dieses Wunder, den Papst, in Deutschland sehen. Ich schicke Cobenzl zum Empfang an die Grenze und meine Küche. Meine*

*Augen haben sich so verschlimmert, daß ich seit drei Tagen eine Binde trage und alle halbe Stunde Umschläge mache.*

*7. März 1782*
*Ich bin Dir sehr verbunden für die Reiseliste des Heiligen Vaters, die Du mir geschickt hast. In dieser Zeit während der Fasten und im Hinblick auf die Ankunft ihrer kaiserlichen Hoheiten (Großfürst Paul von Rußland und seine Gemahlin) in Rom, ist seine Abreise ein wahrer Schwabenstreich. Sie läßt sich nur durch diesen mystischen Drang rechtfertigen und begreifen, daß er als der Retter der kirchlichen Rechte erscheinen will, während man ihm doch gar nichts Übles tun will.*

*Aber wie außergewöhnlich seine Ankunft hier auch ist und wenn man sich auch nicht auf all das vorbereiten kann, was er vorschlagen, tun oder verhandeln wird, so wird er mich doch, hoffe ich, als ergebenen Sohn der Kirche finden, als einen höflichen Hausherrn, als guten Katholiken im vollen Sinn des Wortes, aber zugleich auch als einen über Phrasen und tragische Gebärden erhabenen Menschen, der fest, sicher und unerschütterlich in seinen Grundsätzen ist und der nur das Staatswohl ohne irgendeine andere Erwägung im Auge hat.*[95]

Mit dem am 10. März eintreffenden Papst verfuhr Joseph ziemlich rigoros. Ganz ohne Prunk und Pomp, ja man könnte sagen: ganz ohne Bequemlichkeit für den Gast, fing er den päpstlichen Reisewagen auf offener Landstraße ab. Maximilian war bei ihm. Der Papst mußte seine bequeme Kalesche verlassen und in einen kaiserlichen Zweispänner umsteigen. Joseph nötigte ihn, als erste Sehenswürdigkeit von Wien die Militärakademie zu besichtigen. Alle Leuten fanden dies unangemessen hart und unfreundlich. Joseph mochte das gespürt haben. In seinem nächsten Brief an Leopold schilderte er die Ankunft des Papstes in einer milderen Version:

*Bis über Neustadt hinaus bin ich ihm entgegengefahren. Um jede feierliche Begrüßung zu vermeiden, bin ich auf dem großen Wege, nur in Gegenwart der Postillione, mit ihm zusammengetroffen. Ich habe ihn sofort aussteigen lassen, in meinen Wagen gesetzt und ihn geradewegs nach Wien in die Burg geführt, wo ihn alle Kammerherren und Staatsräte erwarteten. Dann habe ich ihm die Zimmerflucht, die er bewohnt, und die Räume zeigen lassen, die sich neben mir in demselben Stockwerk befinden. Darauf sind wir ins Betzimmer der Kapelle zum heiligen Joseph gegangen, wo ein Tedeum abgehalten wurde. Es kann nur über-*

*trieben klingen, wenn ich Dir die Zahl der Wagen, der Fußgänger und Reiter angäbe, die gestern unterwegs gewesen sind, um mich ankommen zu sehen; von Neudorf bis zur Burg war es wie ein Strom zu beiden Seiten, und es ist nicht zu viel, wenn ich Dir sage, daß hunderttausend Menschen auf den Beinen waren.*

*11. April 1782*
*Heute endlich ist Seine Heiligkeit mit einem Schriftstück niedergekommen . . . Alles, was ich Dir darüber sagen kann ist, daß diese beiden Kinder sich nie verheiraten werden (keine Übereinstimmung erzielt werden kann). Mit meinen Augen geht es endlich besser.*

*15. April 1782*
*Ich verbringe alle Tage fast drei Stunden mit dem Papst. Gestern habe ich ihn in den Augarten und in den Prater geführt; aber wegen meiner (empfindlichen) Augen habe ich nicht gewagt, dem Feuerwerk und Volksfest beizuwohnen, das der französische Gesandte aus Anlaß der Geburt des Dauphins gab. (Marie Antoinettes erstgeborener Sohn Ludwig 1782–1789) . . . Unsere Verhandlungen haben schließlich zu nichts geführt. Der Heilige Vater hat sich dann entschlossen, mir die verschiedenen Punkte der kirchlichen Ordnung mitzuteilen. Ich habe ihm sofort geantwortet. Damit Du Bescheid weißt, lege ich alles bei. Du wirst sehen, daß darin die bessere Einsicht und Höflichkeit herrscht, daß wir uns aber keineswegs über die Grundsätze einig sind, durch die wir beide das Beste der Religion anstreben.*[96]

Für die Dauer des Papstbesuches hatte Joseph angeordnet, daß für ihn weder bei Überschreiten der Landesgrenze noch bei seiner Ankunft in Wien die Glocken geläutet werden sollten, noch etwa bei anderen Gelegenheiten. Als Pius VI. sich jedoch in Wien aufhielt, wollte er gleich in den ersten Tagen die Kapuzinergruft besuchen. Erzbischof Migazzi erlaubte sich nun doch die Anfrage, ob denn nicht bei den Ausfahrten des Heiligen Vaters in der Stadt die Glocken geläutet werden dürften. Joseph, der inzwischen gesehen hatte, daß das Volk dem Papst nur so zuströmte, antwortete schließlich: »Warum nicht? Die Glocken sind doch die Artillerie der Kirche!«[97]

*22. April 1782*
*Endlich habe ich den Papst eingepackt . . . Ich bin wirklich froh über seine Abreise; denn namentlich in diesen letzten acht Tagen war die Geschichte fast unerträglich geworden. Diese Kniffe und Schweifwedeleien*

*bei seiner Verhandlung und seinen Reden, dieser wahrhaft lächerliche*
*Enthusiasmus, der vor allem die Frauen ergriffen hatte.*
*Alle Gänge, alle Treppen des Hofes waren mit Menschen vollgestopft.*
*Man konnte sich kaum vor all den Dingen schützen, die man ihm ge-*
*bracht hatte, damit er sie segnen sollte: Skapuliere, Rosenkränze, Bilder*
*usw. und bei dem Segen, den er vom Balkon siebenmal täglich erteilte,*
*war eine Menschenmenge, von der man sich keinen Begriff machen*
*kann, wenn man sie nicht selbst gesehen hat. Denn es ist keine Übertrei-*
*bung, wenn man sagt, daß jedesmal ungefähr 60 000 Seelen anwesend*
*waren. Das war zugleich das schönste Schauspiel, das man sehen konn-*
*te. Bis zu zwanzig Meilen und mehr im Umkreis waren die Bauern mit*
*ihren Frauen und Kindern hergekommen. Gestern ist eine Frau in der*
*Menge unter meinen Fenstern erdrückt worden.*[98]

Dieser Papstbesuch zeitigte keinerlei Ergebnis. Jeder beharrte auf seinem Standpunkt. Wenn Pius VI. auch de facto keine Änderung der von
Joseph ziemlich rauh eingeleiteten Reformen erreichte, so gab allein sein
Erscheinen in Österreich dem Katholizismus doch einen gewaltigen Auftrieb. Alle diejenigen, die bei Erlaß des Toleranzediktes um den Einfluß
und die Überzeugungskraft der römischen Kirche fürchteten, sahen jetzt
die herkömmliche Religion durch den Zulauf der Massen auf wunder-
bare Weise gefestigt.

Im Jahre 1783 nahm Joseph vor allem eine gänzliche Neuordnung des
Wiener Armenwesens vor, dem sich durch das neugeschaffene riesige
Allgemeine Krankenhaus auch eine Verlegung der Patienten sämtlicher
alten Krankenhäuser anschloß. Beraten von den Doktoren Brambilla
und Quarin wurden viele Verbesserungen an den bisherigen Spitälern
vorgenommen und die »große Völkerwanderung der Bresthaften« begann. In den großen Neubau kamen alle Patienten aus dem St. Marxer
Spital. Der Kontumazhof – die Quarantänestation der Stadt – wurde
mitsamt der Belegschaft des Bürgerspitals nunmehr ins renovierte St.
Marxer Spital verlegt.

Alle Armen kamen in das einstige Spanische Spital in der Boltzmann-
gasse, die Invaliden verlegte man in das neue Invalidenhaus in der Landstraße. Die Waisen vom Rennweg fanden eine neue Bleibe im Strudel-
hof. Das Bürgerspital wurde in einer umfassenden Planung zu einem riesigen Zinshaus umgebaut, was bis 1790 dauerte. Als neues Irrenhaus
hatte Joseph ein Gebäude errichten lassen, das der Volksmund sofort den
»Guglhupf« nannte, weil es in seiner Form an einen Napfkuchen erin-

nerte. Die Verlegung von seelisch Kranken aller Art dorthin erfolgte auch 1783. Joseph begann um die gleiche Zeit, die innerstädtischen Friedhöfe durch Neuanlagen außerhalb des Linienwalles zu ersetzen. Der Kirchhof des Ordens der Schwarzspanier wurde eingeebnet und mit dem neuen Garnisonspital überbaut.[99] Diese Änderungen nahm die Bevölkerung durchweg positiv auf und erkannte sie als das, was sie waren: eine enorme Verbesserung auf dem Gebiet des öffentlichen Gesundheits- und Armenwesens. Allgemein herrschte die Auffassung, daß diese Maßnahmen schon längst fällig gewesen seien.

Was aber weithin größtes Bedauern auslöste, das war die Handhabung der Klosterauflösung und Verschleuderung des klösterlichen Besitzes. Die meisten Kirchen der aufgehobenen Orden in der Wiener Innenstadt wurden niedergerissen, etliche auch entheiligt und profanen Zwecken zugeführt. In die ehemalige Schwarzspanierkirche verlegte man ein Bettenmagazin der Stadtverwaltung und aus der Dorotheerkirche wurde das Versatzamt – ein Leihhaus. Welche kulturell verheerenden Folgen die Klosteraufhebungen draußen im Lande Österreich zeitigten, schildert drastisch die nachstehende Zusammenfassung:

Wohl hatte der Kaiser angeordnet, den gesamten Besitz der aufzuhebenden Klöster genauestens zu inventarisieren und einzuschätzen und erst auf Grund dieser Listen den Verkauf im Versteigerungsweg vorzunehmen. Mangels eines hierzu geschulten Beamtenapparates aber wurde diese Anordnung von Kommissaren durchgeführt, denen aber auch schon alle Voraussetzungen hierzu fehlten. Die folgende Tatsache möge als Beweis dafür dienen:

Zusammen mit der Säkularisation sollte auch die königliche Burg zu Prag in eine Kaserne umgewandelt werden. In dieser befand sich auch das von Kaiser Rudolf II. angelegte Kunstkabinett. Das dabei aufgenommene Inventar ist geradezu ein Denkmal der Blödheit und des damals umgehenden Vandalismus. Eine Leda mit dem Schwan von Tizian schien in diesem glorreichen Dokument unter folgender Bezeichnung auf ›Nackertes Weibsbild von böser Gans gebissen.‹

Ein antiker Torso, der keinen Käufer fand, wurde einfach zum Fenster hinausgeworfen. Von dort holte sich ihn ein Trödler, der ihn dem Augenarzt Josephs II., einem Doktor Barth, um sechs Siebzehner anhängte. Zur Zeit des Wiener Kongresses (1815) wurde der Torso schließlich von König Ludwig von Bayern um 6 000 Golddukaten für die Glyptothek in München erworben. Es handelte sich um den berühmten Iloneus.

Genauso kurzsichtig benahmen sich die Herren Kommissare auch bei den Klosteraufhebungen. Die kostbarsten Manuskripte und Urkunden wanderten zu Tausenden zum Kässtecher (Altpapierhändler) als Stanitzelpapier, ganze Bibliotheken wurden sinnlos verschleudert und pro Wagen um einen Gulden verkauft. Unzählige Kunstschätze, Monstranzen und Ziborien fielen der Vernichtung anheim, wurden eingeschmolzen und um den Metallwert verschleudert.

Hand in Hand mit den Klosteraufhebungen eröffnete Joseph auch seinen Feldzug gegen den Aberglauben. Die Ausstattung der Heiligenfiguren mit Kleidern sowie das Aufhängen von Opfergaben in den Kirchen wurde untersagt. Prozessionen und Wallfahrten wurden auf ein Minimum reduziert. Auch sollten nur wenige oder gar keine Glocken mehr geläutet werden, um nicht so viel Metall, das so mühsam der Erde abgerungen werden muß, ohne Nutzen in der Luft schweben zu lassen.

Auch das Ausräuchern der Häuser und Wohnungen an den Vorabenden geistlicher Feste wurde abgestellt. Dafür wurden in allen Hauptkirchen Wiens ›Schwatzkommissare‹ eingeführt, die allzu theatralisch aufgeputzte Frauenzimmer oder schwätzende Personen, ohne Rücksicht auf ihren Rang und Stand, öffentlich abzuschaffen hatten. Alle diese Eingriffe in jahrhundertelange Gepflogenheiten wurden zwar murrend, aber doch noch hingenommen.[100]

Im März 1784 beorderte Joseph seinen Neffen Franz, den ältesten Sohn seines Bruders Leopold, aus Florenz nach Wien, um ihn als künftigen Thronfolger in die Staatsgeschäfte einzuführen. Er wohnte bei Joseph in der Burg. Mit seinen sechzehn Jahren war er noch recht jung. In seinem Wesen zeigte er sich zurückhaltend und manchmal unentschlossen, doch für den Gang der Geschäfte am Kaiserhof hatte er Interesse und enttäuschte seinen Onkel selten. Niemand kam in jener Zeit auf den Gedanken, daß Franz acht Jahre später selbst als regierender Kaiser amtieren würde.

Wurde von den zwar »murrenden«, aber doch geduldigen Wienern gesprochen, so änderte sich diese Haltung des Volkes im Herbst 1784 schlagartig, als Joseph eine neue Begräbnisordnung erließ, deren Einzelheiten geradezu unglaublich anmuten.

*Weil bei den Toten der einzige Zweck die Verwesung sei, so sollen diese in Hinkunft ganz ohne Kleidung in ein Tuch eingewickelt und mit Kalk bestreut werden.*

»Um der Landwirtschaft nicht zuviel fruchtbaren Boden zu entziehen, wurden die Einzelgräber abgeschafft und durchlaufende Massengräber vorgeschrieben. Jede der drei Pfarren, in deren Bereich einer der neu angelegten Friedhöfe außerhalb der Linien fiel, erhielt einen Leihsarg, in welchem die anfallenden Leichen bis zum Grab getragen werden durften. Dort wurde er ausgeleert und ging zum weiteren Gebrauch wieder zurück. Diese Leihsärge durften, um kostbaren Rohstoff zu sparen, nicht mehr aus hartem, sondern nur mehr aus weichem Holz verfertigt werden, durften keinerlei Verzierung aufweisen und nur mit einem flachen Deckel versehen sein.

Das aber war den Wienern zuviel! Ihre ›schöne Leich‹ ließen sie sich nicht nehmen. Überall kam es zu offenem Aufruhr, so daß sich Joseph gezwungen sah, den Erlaß mit Hofdekret vom 23. Januar 1785 wieder aufzuheben. Darin hieß es:«

*Da selbst die Wiener eine so große Sorgfalt für ihre Leiber auch noch nach ihrem Tode äußerten, ohne zu bedenken, daß sie alsdann nichts als stinkende Kadaver wären, so ist mir nichts weiter daran gelegen, auf was für eine Art sie künftig begraben sein wollen.*

»Der Reformfanatiker Joseph hatte damit seine erste Schlacht verloren.«[101]

Schon Maria Theresia hatte begonnen, ihre Erblande verwaltungsmäßig zu zentralisieren. Da dies in Josephs Sinne war, so setzte er das Werk seiner Mutter fort. Während aber die Kaiserin jede nur mögliche Rücksicht auf Sitten, Gebräuche, Gepflogenheiten und auf die ganze Mentalität der so unterschiedlichen Völkerschaften genommen hatte, so ging Joseph im Gegensatz zu ihr rigoros und taktlos vor. Als er befahl, die Kronen seiner Länder einzusammeln und diese in der Wiener Schatzkammer ebenfalls zu »zentralisieren«, stieß er seine Untertanen merklich vor den Kopf. Es war schon unerhört genug, daß sich der junge Herrscher weder in Prag noch in Preßburg zum böhmischen und ungarischen König hatte krönen lassen wie alle seine Vorfahren. Nun sollten auch noch die geheiligten Symbole aus ihren Ländern entfernt werden. Das war offener Raub.

*Am 13. April 1784 sandte Joseph einen Wagen von Wien nach Preß-*
*burg, wo die Stephanskrone unter einem der vier Ecktürme des Schlos-*
*ses in einer Truhe verwahrt lag. Die ungarischen Kronhüter aber waren*
*unter Mitnahme des Truhenschlüssels verschwunden, um diese natio-*

*nale Schande nicht miterleben zu müssen, so daß die Truhe gewaltsam erbrochen werden mußte.*

*Voller Erbitterung und mit eisigem Schweigen umstanden die Preßburger den Weg, den die Raubpatrouille zu nehmen hatte. Als diese auf dem Rückweg die Donau übersetzte, begann ein Wolkenbruch niederzuprasseln, während oben auf der Burg zweimal der Blitz einschlug.*[102]

Verwirrend und nicht ohne Komik verlief der Versuch, den bisher auswärts aufbewahrten österreichischen Herzogshut ebenfalls nach Wien zu bringen. Die Bezeichnung »Hut« ist irreführend, denn es handelte sich ebenfalls einwandfrei um eine Krone mit zwei halbrunden Bügeln, die jedoch sichtbar mit Samt gefüttert und an ihrem äußeren Rand reich mit bogenförmig gearbeiteten Hermelin-Zacken verziert war.

»Mit Handbillet vom 15. April 1784 gab Joseph dem obersten Kanzler der Hofkanzlei Grafen von Kolowrat folgenden Befehl:

*Da nunmehr alle Kronen und darzugehörigen Kleinodien in der hiesigen kaiserlichen Schatzkammer zur Aufbewahrung beisammen sind, so werden Sie den annoch in Klosterneuburg befindlichen Erzherzogshut auch herbringen lassen.*

Ein zwei Tage später ebenfalls an Kolowrat erlassenes Handbillett zeigte, was geschehen war.

*Gestern Abend überbrachte mir der Oberpolizeidirektor Beer (der damalige Polizeipräsident von Wien) das Erzherzogshütl von Klosterneuburg unter seinem Mantel versteckt, welches ihm im geheimen so aufgetragen wurde. Wie wenig dies anständig und nur zum Gelächter eingerichtet ist, muß jeder vernünftige Mensch einsehen, wie auch, daß es nur aus Dummheit oder bösem Willen geschehen sein mag. Da dieses von mir keineswegs so anbefohlen worden ist, und ich das, was einem anderen durch seine Handlungen gebührt, weit entfernt bin auf mich zu nehmen, so habe ich durch den nämlichen Polizeidirektor das Erzherzogshütl, ohne es aufzumachen, wieder nach Klosterneuburg zurückgeschickt und Ihm wird es obliegen, es auf eine anständige Art, welche ich nicht geglaubt habe, ihn noch lehren zu müssen, durch den Prälaten hierherbringen zu lassen, wozu weder Zwang noch weniger ein Oberpolizeidirektor notwendig ist.*

Am 19. Mai fand sich dann auch der steirische Herzogshut im Kreise seiner Kollegen in der Schatzkammer ein.«[103]

Von Joseph stammte der Gedanke, im Burgtheater eine Ehrengalerie einzurichten. Die berühmtesten Burgschauspieler der Zeit sollten von Hofmaler Häckel gemalt, die Geburtsdaten auf den Bilderrahmen vermerkt werden. Das war für die porträtierten Damen ein Anlaß etwas zu mogeln. So gab die schon etwas ältliche Madame Sacco ihr Geburtsjahr mit 1754 an, demnach wäre sie also dreißig Jahre alt gewesen. Joseph schüttelte den Kopf und sagte:

*Wir wollen so gefällig sein und es ihr glauben. Künftig aber bleibt das Alter von den Porträten weg, damit die Weiber keine Gelegenheit mehr haben, uns etwas vorzulügen.* [104]

Für die Diplomaten Europas brach mit dem Jahre 1785 eine arbeitsame Zeit an. Kaiser Joseph II. präsentierte einen neuen Plan, der ihm doch noch das heißbegehrte Bayern einbringen sollte: er wollte die österreichischen Niederlande dagegen eintauschen.

Dieses Projekt alarmierte den alternden, aber noch sehr aktiven König Friedrich von Preußen, sah er doch durch dieses Vorhaben alle Ergebnisse des Bayerischen Erbfolgekrieges gefährdet. Friedrich brachte es fertig, innerhalb kürzester Zeit den »Deutschen Fürstenbund« ins Leben zu rufen, der sich mit aller Energie gegen Ländertausch und Annektionen verwahrte. Einen Entwurf der Satzungen des Bundes lieferte der preußische Minister Graf Hertzberg. Ähnlich wurden nachher die Ziele des Bundes formuliert, womit Joseph als selbstherrlichem Kaiser die Hände gebunden waren.

*Wenn jemand, wer es auch sei, die verbündeten Fürsten oder auch jedes andere Glied des Reiches, von welcher Religion es auch sei, geistlichen oder weltlichen Standes, in seinem wirklichen Besitzstande mit eigenmächtigen Ansprüchen, mit Säkularisationen und Entgliederungen hoher oder niederer geistlicher Stifter, mit willkürlichen und aufgedrungenen Vertauschungen von alten erblichen Landen, den Reichs- und Hausverträgen mit den Traktaten zuwider, beunruhigen und die Übermacht dazu mißbrauchen sollte, so verbinden sich die vereinigten Fürsten, daß sie alle reichsgesetzmäßigen Mittel und auch alle ihre habenden Kräfte dahin anwenden wollten, um solchen Mißbrauch der Gewalt und Macht abzuwenden, um jedes Mitglied des Reiches bei seinem Besitzstande und das gesamte Reich bei seiner im Westfälischen Frieden, der Wahlkapitulation und den Reichsbeschlüssen begründeten Verfassung zu erhalten und zu handhaben. In jedem besonderen Falle wollen die verbündeten Fürsten sich über die alsdann erforderlichen Mittel auf das schleunigste beratschlagen, entschließen und vereinigen, auch sich dazu im voraus, ein jeder nach seinen Kräften und Umständen, soviel als möglich vorbereiten und einrichten.*[105]

Joseph war indigniert über das Betreiben des Preußenkönigs, den er früher so bewundert hatte. Heute durchkreuzte sein einstiges Vorbild seine Pläne empfindlich. Der Kaiser schrieb an die Zarin Katharina II. im Januar 1786:

*Wenn der König von Preußen die Hölle gegen mich und diejenigen, welche mit mir in einem freundschaftlichen Verhältnisse stehen, aufhetzen könnte, so würde er es gewiß tun, ohne daß er auf die Folgen blickte, die daraus entstehen können – wenn er nur seine Wut befriedigen kann. Der sogenannte Fürstenbund wird von ihm mit größter Leidenschaft aufgestachelt . . .*[106]

Der Fürstenbund sollte der letzte außenpolitische Erfolg des preußischen Königs sein. Gicht und Wassersucht verschlimmerten sich und er fühlte, daß er seinem Ende entgegenging. Sein Tod im August 1786 befreite Joseph von einem zähen, schlauen Gegner, dem der Kaiser sein Leben lang die Achtung nicht versagt hatte. Friedrich erlag seinen Leiden erst mit vierundsiebzig Jahren. Joseph dagegen war schon mit fünfundvierzig kein gesunder Mensch mehr. Zu sehr hatten anstrengende Reisen bei schlimmstem Wetter und sein unermüdlicher Arbeitseifer seine Gesundheit untergraben.

Von den einschneidenden verwaltungstechnischen Änderungen waren die österreichischen Niederlande nicht ausgenommen. Josephs ein Jahr jüngere Schwester Marie und ihr Mann Herzog Albert von Sachsen-Teschen vertraten die Krone als Statthalter in Brüssel. Am 1. April 1787 ergingen die neuen Erlasse des Kaisers dorthin, bald darauf erhob sich der »Aufstand in Flandern« mit dem Ziel, keine der neuen Verordnungen zuzulassen. Albert und Mimi gerieten in Bedrängnis, man wollte sie als Geiseln festhalten, um den Kaiser zur Rücknahme der Befehle zwingen zu können. Sie konnten nach heimlicher Vorbereitung am 19. Juli 1787 ihren Bewachern entkommen und langten nach einer Blitzreise von sieben Tagen in Wien an. Joseph blieb hart. Er wechselte seine Minister in Brüssel, gab jedoch den Wünschen seiner belgischen Untertanen nicht nach. Mimi litt sehr unter Josephs Härte und Rücksichtslosigkeit.

Josephs Aufmerksamkeit war indessen schon wieder abgelenkt. Mitte 1787 erklärte die Türkei an Rußland den Krieg und Joseph hatte einen Bündnisvertrag mit dem Zarenreich. Am 30. 8. 1787 schrieb er an Leopold:

*Der Krieg, den diese verdammten Türken soeben Rußland erklärt haben, bringt mich in die Lage des casus foederis (Beistand zu leisten); denn sie greifen Rußland an. Kaum habe ich ein bißchen geflickt, was man während meiner Abwesenheit in den Niederlanden verdorben hatte, so kommt schon wieder eine andere Belästigung, ein Krieg mit diesen verwünschten Ländern mit allen Krankheiten, Pest, Hungersnot und für wenig Gewinn. Man muß sich schließlich damit abfinden, sein Leben in Unruhe und Mühsal zu vollbringen*

*1. November 1787*
*Meine Gesundheit ist seit Mitte August nicht sonderlich gut; ich habe einen trockenen und krampfhaften Husten, wie der Keuchhusten der Kinder, der mich diese ganze Zeit quält. Ich habe schon alle möglichen Mittel geschluckt und kann doch nicht davon loskommen. Mein Magen ist auch seit zwei Tagen entweder von dem Husten oder von den Mitteln verdorben; ich habe sogar Fieber gehabt, aber heute ist es vorüber. Ich würde es gern lossein, wenigstens für den Krieg. Denn obgleich ich mein Leben lebe, ausgehe und arbeite wie gewöhnlich, so fühle ich doch, daß er mich auf die Dauer sehr stört.*[107]

Bei Ausbruch des türkisch-russischen Krieges im Sommer 1787 beeilte sich Joseph, der Zarin unverzüglich seine treue Gefolgschaft zuzusagen. Dies versicherte er Katharina II. mit nahezu heiteren Worten am 30. August:

*Die Türken müssen in der Tat den Verstand verloren haben, sonst würden sie sich vor solchem Wagnis gehütet haben. Ich kann mir denken, welche Entrüstung Ihre Majestät erfüllte, und teile diese Empfindung. Warum sind wir in diesem Augenblick nicht in Sebastopol? Da könnte man sich doch bei gutem Winde aufmachen und dem Großherrn und seinen unverschämten Räten mit Kanonenschüssen guten Morgen wünschen! Getreu dem Gelöbnis, das mich als Verbündeten an Euere Majestät knüpft, und noch bereitwilliger aus inniger Anhänglichkeit und Freundschaft werde ich mit allen mir zu Gebote stehenden Kräften beweisen, daß ich Ihre Sache auch für die meine ansehe.*[108]

Das waren schöne und klangvolle Worte, aber Joseph hatte es durchaus nicht eilig, Hals über Kopf in den Krieg zu ziehen. Es dauerte bis zum 9. Februar 1788, ehe der Kaiser den Türken seinerseits den Krieg erklärte und Truppen entsandte. Man sagte später, Josephs persönliche Teilnahme an diesem wenig glücklichen Feldzuge habe zu seinem frühen Tode beigetragen.

Zu des Kaisers innenpolitischen Maßnahmen in jener Zeit gehörte 1787 die Aufhebung der Zensur. Als endlich die ersehnte Pressefreiheit herrschte, erschienen viele Schmähschriften auf Joseph, die aber meist über ihr Ziel hinausschossen und einfach gehässig waren. Eine Broschüre jedoch war von dem Bestreben positiver Kritik getragen. Sie brachte konstruktive Vorschläge, wie sich der Kaiser wandeln könne. Die Schrift hieß: »Warum wird Kaiser Joseph von seinem Volke nicht geliebt?«

Der Verfasser war ein seriöser Mann, Josef Richter, Herausgeber der »Eipeldauer Briefe«, die das österreichische Publikum als beliebten Lesestoff schätzte. Richter analysierte jede Reform des Kaisers mit ihrem Für und Wider, kommentierte jede Maßnahme und kritisierte alle daraus entstandenen neuen Mißhelligkeiten. Was er anprangerte, war der absolute Mangel an Güte, den der junge Herrscher an den Tag legte. Er habe kein Verständnis für die Schwächen der Menschen. Man könne ein ganzes Volk nicht kommandieren wie die Soldaten beim Exerzitium, wie Joseph es tue. Von einem Herrscher erwarte man Weisheit und eine gewisse Behutsamkeit. [109]

Anfang des Jahres 1788, noch bevor der Kaiser mit seinem Neffen Franz in den Türkenkrieg zog, sollte die Hochzeit des jetzt zwanzigjährigen jungen Mannes mit Elisabeth Wilhelmine von Württemberg stattfinden. Joseph hatte große Zuneigung zu dieser Prinzessin, die sich in dem einen Jahr, die das junge Paar mit Joseph unter dem Dach der Wiener Hofburg verbringen sollte, zu herzlicher väterlicher Liebe entwickelte.

Der Kaiser plante ein Fest zur Hochzeit, das an Aufwand und Dauer an alte Tage am Kaiserhof erinnern sollte. Die Prinzessin ersuchte zwar den Kaiser formvollendet aber dringlich, die dafür vorgesehenen Beträge doch lieber den Armen zu geben und die Hochzeitsfeier ganz einfach zu gestalten. In diesem Falle war Joseph jedoch nicht für die bescheidene Zurückhaltung der Prinzessin zu gewinnen. Er entgegnete:

*Ich erkenne den Wert dieses Wunsches, allein meine Wiener mögen auch ein paar fröhliche Tage haben und die Kaufleute müssen auch le-*

*ben. Dennoch soll die Armut merken, daß ich meinem Herzen eine frohe Stunde mache.* [110]

Am 6. Januar 1788 wurden Franz und Elisabeth in der Hofburgkapelle getraut. Für die Wiener endlich eine Gelegenheit, wieder einmal zu schauen und zu staunen. Elisabeth sah in ihrem Brautschmuck wundervoll aus, wie zeitgenössische Stiche zeigen. Es war noch die Mode der sehr hohen Haarfrisuren, mit Federn und Blumen geschmückt. Noch trug man bei festlichen Gelegenheiten den Reifrock, obwohl sich neue Modetendenzen schon bemerkbar machten. Über die Hochzeit schrieb der Stiftshofmeister von Seitenstetten an seinen Abt:

*Hier ist der Himmel voller Geigen über die Vermählung des großherzoglichen Prinzen Franz . . . Es gibt Freikomödien, Frei-Bälle usw. Gleich nach vollendeten Feierlichkeiten geht es über die Türken los.* [111]

Der Türkenkrieg stand dem Kaiser unangenehm bevor, seine Gesundheit war so schlecht, daß er sich die Strapaze eigentlich nicht zumuten konnte, aber er sah es als seine Pflicht an, die Armee unter allen Umständen zu begleiten. Kurz vor seinem Aufbruch, am 28. Februar 1788, schrieb er an Leopold:

*Im letzten Augenblick vor meiner Abreise schreibe ich Dir. Du weißt, was ein Krieg ist, kennst die Zufälle, denen jeder ausgesetzt ist. Überdies wird dieser Krieg auch von zahlreichen seuchenartigen Krankheiten begleitet sein, die zum Teil das Klima, die Sümpfe, die Gewässer verursachen. Ich bin nur ein Mensch und daher allen Zufällen unterworfen. Ich für meinen Teil denke nicht daran und werde mich in mein Schicksal ergeben; aber mein Amt, der Staat, mein Vaterland liegen mir am Herzen.*

*Ich kenne dessen Zusammensetzung und ich muß Dich beschwören, lieber Bruder, lieber Freund, Dich durch gar keine Rücksichten abhalten zu lassen, sondern schon im voraus Deine Anstalten zu treffen. Bei der ersten Nachricht von irgendeinem Unfall, der mir zustoßen könnte, sei es nun eine Verwundung oder Krankheit, Fieber usw., so daß ich Dir selbst nicht schreiben kann, mußt Du Dich ungesäumt zur Armee oder nach Wien begeben; denn ich kenne unsere staatlichen Verhältnisse und wie notwendig ein Oberhaupt ist. Nur die Zusage von Deiner Seite kann mich beruhigen und für alle Ereignisse stählen.*

*Laß Dich nicht durch kleinliche Beweggründe abhalten, opfere die Rücksicht auf das, was man darüber sagen könnte, meinem Wunsche*

*und meiner Freundschaft, ich beschwöre Dich darum. Sei überzeugt,*
*daß ich im Falle einer Erkrankung mich nach dem Augenblicke sehnen*
*werde, Dich zu sehen und meine wichtigsten Angelegenheiten in Deinen*
*Händen zu wissen. Denn Dir gehören sie, für Dich arbeite ich, und Du*
*hast alle Gaben, sie gut zu führen. Die Verwirrung, die sonst bei der*
*Armee und überall herrschen würde, wäre unbeschreiblich und der Ver-*
*lust, der daraus entspringen könnte, unberechenbar. Ich zähle aber mit*
*Bestimmtheit auf Dich, und in dieser Hoffnung gehe ich meinem*
*Schicksal mutig und ruhig entgegen.* [112]

Die Lage an der Front war für die österreichischen Truppen nicht gün-
stig. Sie bestanden zwar aus 250 000 Mann, aber diese hatten einen
unendlich langen Frontabschnitt vom Dnjestr bis zur Adria zu verteidigen, was ihre Schlagkraft an den einzelnen Schwerpunkten dezimierte.
Im Laufe des Sommers gelang es den Türken, mehr und mehr nach We-
sten vorzudringen. Im Herbst befand sich das österreichische Heer vorübergehend auf dem Rückzuge. Die Stimmung der Soldaten war miserabel. Bei Joseph machte sich in zunehmendem Maße seine schwere
Krankheit bemerkbar, von der die Ärzte endlich sagten, es sei eine Lun-
genschwindsucht. Es ging ihm denkbar schlecht. Joseph schilderte Leopold sehr resigniert seinen Krankheitsstand während des großen Rück-
zuges durch das Banat am 20. September 1788:

*Ich habe Deinen lieben Brief erhalten und bin von dem Anteil gerührt,*
*den Du an meiner Gesundheit nimmst. Sie ist so schlecht, daß ich an*
*keine Wiederherstellung mehr glaube. Das Atmen wird mir schwer und*
*bei der geringsten Bewegung habe ich Herzklopfen und kann mich nicht*
*rühren, weder zu Fuß noch zu Pferde. Dazu eine Schwäche, die mich*
*ermattet, daß mir die Beine versagen (Joseph war 47), der Puls niemals*
*regelmäßig, wenig Schlaf; so bin ich und schleppe mich seit fast drei*
*Monaten dahin.*

*Aber wie die Armee in einem solchen Augenblick verlassen, wo alle*
*den Kopf verloren haben, wo wir durch die unverzeihliche Führung un-*
*serer Generale gezwungen sind, uns zurückzuziehen und das ganze*
*Banat dem Feinde zu überlassen. Und alles dieses, ohne eine eigentliche*
*Schlacht verloren zu haben. Ohne Schwertstreich haben sie (die Gene-*
*rale) die vorteilhaftesten Stellungen aufgegeben, aus den nichtigsten*
*Gründen, während wir selbst niemals den Feind angreifen konnten!*

*Mehr des Schreckens, des Unheils, der Schmach könnte uns gar nicht*
*zustoßen. Sobald ich einen Plan ausgearbeitet hatte, wurde er von de-*

*nen umgestoßen, die an der Ausführung mitarbeiten sollten. Kurzum,
ich kann Dir nur sagen, mein lieber Freund, ich bin das unglücklichste
Wesen und leide geistig wie körperlich alle erdenkliche Pein. Ich möchte
lieber unter einem Baum verenden, als die Dinge in ihrem augenblickli-
chen Zustand verlassen; denn der Marschall (Lacy) ist selbst so verzweifelt, daß er nicht weiß, was er tun soll.*

*Also, lieber Bruder, nach dieser traurigen Schilderung sieh zu, ob Du
nicht kommen kannst, denn ich kann für meine Gesundheit nicht bür-
gen. Sie ist derartig, daß ich von einem Tag zum anderen umfallen und
ein Nichts sein kann. Du siehst also, wie wichtig es ist, daß Du in der
Nähe bist, um über den Staat und Dein Erbe zu wachen.*

*Entschließe Dich, lieber Freund!*[113]

Es handelte sich bei dieser kriegerischen Auseinandersetzung um den
sogenannten Zweiten Türkenkrieg des russischen Reiches. Der erste
hatte von 1768 bis 1774 gedauert. Damals erlitten die Türken im Juli
1770 die spektakuläre Niederlage bei Lepanto. Diese verlorene Seeschlacht dämpfte ihre Unternehmungslust für einige Zeit. Damals wie
auch diesmal waren die Türken die Angreifer gewesen. Allerdings
konnte sich in diesem Herbst 1788 der Sultan Abd-ul-Hamid I. nicht
lange seinen Siegesträumen überlassen, denn unvermittelt wandte sich
das Kriegsglück. Die Österreicher faßten wieder Fuß und marschierten
nun, gleichsam auf dem Absatz kehrtmachend, durch das Banat wieder
ostwärts zurück, wobei zahlreiche Scharmützel mit den türkischen
Truppen stattfanden. Joseph hielt Leopold mehrfach auf dem laufenden:

*19. Oktober 1788*
*Obwohl die Russen im ganzen untätig waren und nicht einmal in der
Moldau, die wir ihnen erobert haben, bleiben wollen, wird es uns,
glaube ich, diesen Winter nichtsdestoweniger glücken, die Türken wieder aus dem Banat herauszubringen . . . Meine Gesundheit hält trotz
schwerer Atmung und Husten an, seitdem ich die Heilmittel gar nicht
mehr nehme, und ich bin imstande, meine Angelegenheiten wieder
wahrzuhaben und mich einige Stunden auf dem Pferde zu halten, obwohl die Jahreszeit nicht günstig ist.*

*17. November 1788 aus Semlin*
*Mein Befinden ist gut bis auf die Beklemmung, die mich wahrscheinlich
nicht mehr verlassen wird. Ich reise morgen von hier nach Peterwardein
und von dort geht es weiter über Esseg nach Pest und Ofen und über*

*Preßburg nach Wien. Mit einem ein- bis zweitägigen Aufenthalte in jedem Orte gedenke ich in den ersten Dezembertagen zu Hause zu sein.* [114]

Dem Teil der Heimfahrt, der durch Ungarn führen sollte, sah Josephs Begleitung skeptisch entgegen. Auch in Ungarn hatte der Kaiser die Aufhebung der Leibeigenschaft, Religionsfreiheit, die Einführung von Deutsch als Amtssprache und die Abschaffung der adligen Autonomie der Komitate verfügt. Dagegen lehnte sich der ungarische Adel auf. Man befürchtete auf dem Wege Behelligungen durch Aufständische, aber der kranke Kaiser kam unbelästigt zur österreichischen Grenze.

Den Winter 1788/89 versah Joseph sein Amt nur so gut es eben ging. Von seiner ehemals so zügigen Arbeitsweise, die zweiundzwanzig Sekretäre Tag und Nacht in Atem gehalten hatte, war nicht viel übriggeblieben. Am meisten litt er unter den von Husten erfüllten schlaflosen Nächten. Er verfiel zusehends, seine Entkräftung war mitleiderregend. Im Frühjahr 1789 ging es ihm so schlecht, daß er die Erledigung der täglichen Post Franz übertrug:

*14. April 1789*
*Da ich nun außerstande bin, die Geschäfte fortzuführen, so will ich ihm die Unterschrift aller Vorträge und Noten hiemit insolange auftragen, bis sich entweder meine Gesundheitsumstände bessern oder der Großherzog nach meinem Ableben was anderes verfügt. Bis dahin hat er sich zu unterschreiben mit dem Beisatz: wegen Unpäßlichkeit seiner Majestät des Kaisers; oder nach meinem Tod: In Abwesenheit meines Herrn Vaters.*
*Er wird sich daher alle Tage um 11 Uhr vormittags und 6 Uhr nachmittags in meine geheime Kabinetts und die Staatskanzlei verfügen, um die fertigen Stücke zu unterschreiben und zu expedieren, damit nichts liegen bleibt.* [115]

Zwei Tage später versah man Joseph mit den Sterbesakramenten, denn sein Zustand schien hoffnungslos. Wider alles Erwarten besserte sich jedoch sein Befinden ziemlich rasch und er ging, das warme Frühlingswetter nutzend nach Schloß Laxenburg, wo er ausschließlich seiner Gesundheit lebte. Bald darauf verlegte er seinen Aufenthalt nach Schloß Hetzendorf. Die gute Luft dort und das frühsommerliche Klima kräftigten ihn erstaunlicherweise so weit, daß er weite Spaziergänge unternehmen konnte, beispielsweise hinauf zur Gloriette im Schloßpark von

Schönbrunn. Das Schloßgebäude selbst haßte er und hat es niemals wieder betreten.

Die Besserung war trügerisch und nicht von langer Dauer. Als das Jahr 1789 zu Ende ging, konnte selbst ein medizinischer Laie erkennen, daß des Kaisers Tage gezählt waren. Er war fast zum Skelett abgemagert und ein hohler Bluthusten quälte ihn ununterbrochen. Dennoch verließ er sein Arbeitszimmer nicht. Zu viel galt es noch zu ordnen, besonders in Ungarn, wo offener Aufruhr herrschte. Im Januar 1790 entschloß er sich, seine Änderungen größtenteils zu widerrufen:

*Um allen Klagen in Ungarn und Siebenbürgen Einhalt zu tun, bin ich entschlossen, alle meine Verordnungen aufzuheben und die Regierung auf den Stand wie beim Ableben Ihrer Majestät der Kaiserin zurückzuversetzen, nur das Toleranzpatent (Religionsfreiheit), die Pfarreinrichtung und die Untertanen (Leibeigenschaft) ausgenommen.*

*Die Krone und die anderen Reichskleinodien sollen nach Ofen überbracht werden. Die Komitate und die Freistädte treten in ihre frühere gesetzliche Wirksamkeit; nur soll die öffentliche Verwaltung nicht gestört und nicht eigenmächtig verändert werden. Das Recht der Mitwirkung in der Gesetzgebung soll den Ständen erhalten bleiben . . .*

*Ich wünsche von Herzen, daß Ungarn dadurch an Glückseligkeit und guter Ordnung so viel gewinne, als ich durch meine Verordnungen in allen Gegenständen selbem verschaffen wollte.*[116]

Am 5. Februar 1790 befahl der Kaiser Doktor Quarin zu einer Unterredung und wünschte zu wissen, wie es mit ihm stehe. Quarin besaß den Mut, Joseph die Wahrheit zu sagen und ihm mitzuteilen, daß er ein verlorener Mann sei. Der Kranke belohnte die Offenheit seines Arztes mit der Verleihung der Baronie und einer Zuwendung von 10 000 Gulden. Am 14. Februar erklärte er einem seiner Minister resigniert:

*Ich vermisse den Thron nicht und fühle mich ruhig. Nur ein wenig gekränkt, durch so viel Lebensplage so wenig Glückliche und so viel Undankbare gemacht zu haben.*[117]

Am 15. Februar 1790 glaubte man nicht länger warten zu können und reichte Joseph abermals das Viatikum. Diesmal glaubte er selbst nicht mehr an eine Genesung, er fühlte sich zu elend. Die Gemahlin des Erzherzogs Franz, seine Lieblingsnichte Elisabeth Wilhelmine, die kurz vor ihrer Entbindung stand, erreichte mit Bitten und Drängen, daß sie den Todkranken noch einmal sehen durfte. Sie wurde endlich vorgelassen und der Kaiser lächelte ihr zu. Der Anblick des vom Tode Gezeichneten war jedoch zuviel für die junge Fürstin. Sie fiel in seinem Zimmer in Ohnmacht.

Man brachte die Erzherzogin in ihre Zimmer zurück und nicht lange danach begannen die Wehen. Am 17. Februar brachte sie ein Mädchen zur Welt, jedoch am Tage darauf starb die blühende junge Frau aus ungeklärten Gründen. Für Joseph war es der letzte Schicksalsschlag, diese ihm so nahestehende Verwandte zu verlieren. Eine seiner letzten Handlungen bestand darin, die Beisetzung der Verstorbenen zu regeln. Dabei ordnete er an, die Aussetzung des Leichnams, die sonst drei Tage lang üblich war, möge in diesem Falle unterbleiben, da diese voraussichtlich mit seiner eigenen Aufbahrung zusammenfallen würde.

Am gleichen Tag, dem 18. Februar 1790, wurde die einst von Joseph so rigoros entführte ungarische Stephanskrone wieder von Wien abgeholt und diesmal nach Ofen gebracht. Der Wagenzug rollte unter Josephs Zimmern durch das innere Burgtor. Der Kaiser sah es und sagte leise:

*Nun sehe ich, daß der Allmächtige noch bei meinen Lebzeiten alle meine Werke zertrümmert.* [118]

Kaiser Joseph II. starb am 20. Februar 1790 um fünf Uhr früh an einem langwierigen Lungenleiden. Er war nur neunundvierzig Jahre alt geworden.

Dieser Sohn der großen Maria Theresia nimmt im Schauspiel der Geschichte eine der tragischsten Rollen ein. Sein Sinnen und Trachten war auf eine Zukunft gerichtet, die für seine Völker noch lange nicht gekommen war. Der natürlich wachsenden Entwicklung seiner Untertanen pfropfte er willkürlich die Reiser seiner Erkenntnisse auf ohne zu bemerken, daß den Menschen seiner Zeit die dafür erforderliche Reife fehlte. Er plante seinen Zeitgenossen weit voraus und mußte erleben, daß viele seiner Werke scheiterten.

Im gesamteuropäischen Rahmen gesehen, wirkten sich seine Bestrebungen sehr segensreich aus. Im Jahr 1789 brach in Frankreich die Revolution aus, jahrelange blutige Greuel waren die Folge. Joseph hatte mit seinen drakonischen Reformen dafür gesorgt, daß in seinem Reich eine »Revolution von unten her« ausblieb, denn er, der größte Revolutionär von allen, saß selbst auf dem Thron. Viele seiner Zeitgenossen hielten die Neuerungen für unzumutbar, aber kommende Generationen wußten ihn zu würdigen und manche Geschichtsschreiber wollten ihn zum großen Volkskaiser Deutschlands und Österreichs erhoben sehen.

## Quellen und Anmerkungen zum Kapitel
### Joseph II.

1 Richard Raithel, Maria Theresia und Joseph II. ohne Purpur, Wien 1954. – Nachstehend abgekürzt »Raithel« genannt. – S. 3

2 Monika Kollreider, Hofreisen Maria Theresias, Diss. Wien 1965. – Nachstehend abgekürzt »Kollreider« genannt. – S. 35

3 Kollreider, S. 97
4 Kollreider, S. 100
5 Kollreider, S. 101
6 Kollreider, S..101
7 Kollreider, S. 102
8 Kollreider, S. 103
9 Raithel, S. 12
10 Friederike Wachter, Die Erziehung der Kinder Maria Theresias, Diss. Wien 1968. – Nachstehend abgekürzt »Wachter« genannt. – S. 86
11 Wachter, S. 100
12 Otto Christoph Graf von Podewils, Friedrich der Große und Maria Theresia, Diplomatische Berichte, hrsg. von Carl Hinrichs, Berlin 1937. – Nachstehend abgekürzt »Podewils« genannt. – S. 50
13 Podewils, S. 51
14 Wachter, S. 104
15 Fürst Johann Josef Khevenhüller-Metsch, Aus der Zeit Maria Theresias, Tagebuch des kaiserlichen Obersthofmeisters 1742–1776, 8 Bd., hrsg. von Hanns Schlitter, Wien/Leipzig 1907/1908. – Nachstehend abgekürzt »Khevenhüller« genannt. – Bd. II, S. 290
16 Wachter, S. 102
17 Wachter, S. 106
18 Wachter, S. 108
19 Wachter, S. 110
20 Wachter, S. 117
21 Egon Caesar Conte Corti, Ich, eine

Tochter Maria Theresias, ein Lebensbild der Königin Marie Karoline von Neapel, München 1950. – Nachstehend abgekürzt »Corti« gen. – S. 12
22 Wachter, S. 121
23 Corti, S. 14
24 Wachter, S. 81
25 Khevenhüller, Bd. IV/V, S. 41
26 Eduard P. Danszky, Sternkreuz, das Schicksal der Isabella von Parma, Mödling b. Wien, o. J. – Nachstehend abgekürzt »Danszky« genannt. – S. 214
27 Corti, S. 15
28 Heinrich Benedikt, Kaiseradler über dem Apennin. Die Österreicher in Italien 1700–1866, Wien/München 1964. – Nachstehend abgekürzt »Benedikt« genannt. – S. 428
29 Danszky, S. 23
30 Danszky, S. 6
31 Danszky, S. 50
32 Danszky, S. 59
33 Danszky, S. 61
34 Fred Hennings, Das josephinische Wien, Wien/München 1966. – Nachstehend abgekürzt »Hennings« genannt. – S. 12
35 Danszky, S. 93
36 Hennings, S. 15
37 Danszky, S. 112
38 Hennings, S. 15
39 Danszky, S. 119
40 Hennings, S. 18
41 Wachter, S. 50
42 Danszky, S. 239
43 Danszky, S. 257
44 Géza Rech, Wolfgang Amadeus Mozart. Lebensweg in Bildern, München o. J., S. 8
45 Raithel, S. 47
46 Danszky, S. 342
47 Hennings, S. 19

6  Joseph mit Ordenskette und Orden vom Goldenen Vlies,
umgeben von seinen Geschwistern: Karl, Leopold,
Maria Anna, Maria Christine, Maria Elisabeth, Maria Amalia

7   *Joseph als römischer König*

[48] Raithel, S. 49
[49] Khevenhüller, Bd. VI, S. 75
[50] Wachter, S. 71
[51] Raithel, S. 53
[52] Raithel, S. 53
[53] Hennings, S. 32
[54] Henry Vallotton, Kaiserin Maria Theresia, Herrscherin und Mutter, Hamburg 1968. – Nachstehend abgekürzt »Vallotton« genannt. – S. 186
[55] Vallotton, S. 187
[56] Hennings, S. 33
[57] Raithel, S. 55
[58] Benedikt, S. 79
[59] Raithel, S. 62
[60] Khevenhüller, Bd. VII, S. 2
[61] Hennings, S. 39
[62] Raithel, S. 62
[63] Raithel, S. 65
[64] Hennings, S. 28
[65] Hennings, S. 29
[66] Raithel, S. 65
[67] Raithel, S. 64
[68] Raithel, S. 66
[69] Raithel, S. 67
[70] André Castelot, Marie Antoinette. Tragik eines Lebens, aus dem Französischen von Albert von Streerbach, München 1975, S. 115
[71] Raithel, S. 70
[72] Raithel, S. 69
[73] Raithel, S. 71
[74] Raithel, S. 72
[75] Raithel, S. 73
[76] Raithel, S. 77
[77] Raithel, S. 77
[78] Adam Wandruszka, Leopold II., 2 Bde., Wien/München 1963. – Nachstehend abgekürzt »Wandruszka« genannt. – Bd. I, S. 335 ff.
[79] Wandruszka, Bd. I, S. 342
[80] Raithel, S. 82
[81] Kollreider, S. 203
[82] Vallotton, S. 306
[83] Raithel, S. 85
[84] Raithel, S. 86
[85] Hennings, S. 48
[86] Hennings, S. 49
[87] Hennings, S. 53
[88] Hennings, S. 27
[89] Raithel, S. 88
[90] Raithel, S. 88
[91] Raithel, S. 89
[92] Raithel, S. 91
[93] Raithel, S. 91
[94] Hennings, S. 72
[95] Raithel, S. 92
[96] Raithel, S. 92
[97] Hennings, S. 76
[98] Raithel, S. 92
[99] Hennings, S. 62
[100] Hennings, S. 67
[101] Hennings, S. 69
[102] Hennings, S. 55
[103] Hennings, S. 55
[104] Hennings, S. 57
[105] Raithel, S. 96
[106] Raithel, S. 97
[107] Raithel, S. 99
[108] Raithel, S. 98
[109] Hennings, S. 45
[110] Hennings, S. 81
[111] Hennings, S. 81
[112] Raithel, S. 99
[113] Raithel, S. 100
[114] Raithel, S. 100
[115] Hennings, S. 83
[116] Hennings, S. 84
[117] Raithel, S. 106
[118] Hennings, S. 85

# Marie Christine

*Herzogin von Sachsen-Teschen*
\* 13. Mai 1742 in Wien
† 24. Juni 1789 in Wien

Maria Theresias Bewunderer haben für die Zeit der ersten Regierungsjahre einen Begriff geprägt: man spricht von ihrer »Heldenzeit«. Marie Christine ist ein Kind dieser Lebensphase.

Im Frühjahr 1742 stand Maria Theresia kurz vor ihrem fünfundzwanzigsten Geburtstag und erwartete ihr fünftes Kind. Der erste Schlesische Krieg gegen Preußen neigte seinem Ende zu, aber die Dinge standen gar nicht nach ihren Wünschen.

Ihr Gegner König Friedrich II. von Preußen verlangte nicht weniger als »für alle Zeiten und in voller Souveränität« Schlesien und die Grafschaft Glatz sowie Teile von Jägerndorf. Seine Zugeständnisse bestanden darin, daß er auf die Fürstentümer Teschen und Troppau verzichtete und sich gleichzeitig verpflichtete, den Katholiken in Schlesien freie Religionsausübung zu gestatten.[1]

Nur widerstrebend hatte sich die Königin bereitgefunden, Bevollmächtigte für die Friedensverhandlungen zu ernennen. Es würde mit einiger Sicherheit noch im Sommer 1742 Frieden geben. Aber am Wiener Hof wie in ganz Österreich herrschte nur eine Meinung: man mußte diese schöne und reiche Provinz Schlesien eines Tages wiedererobern, daran durfte es keinen Zweifel geben.

Wenn all der politische Ärger an Maria Theresia nicht weiter zehrte, war dies einzig und allein einem Manne zu verdanken, den sich die junge Herrscherin seit kurzem, genauer seit dem unangenehmen Preßburger Landtag 1741, zum persönlichen Berater auserwählt hatte: Don Manoel Tellez de Menezes e Castro, Herzog von Sylva, Graf von Tarouca, einen Portugiesen. Er galt als erprobter Anhänger des Hauses Habsburg, hatte noch unter Prinz Eugen gefochten und sich als treuer Vasall bewährt. Zuletzt bekleidete er einen Posten im niederländischen Rat. Von dort berief ihn Maria Theresia zu ihrem »Privatminister«, als Ratgeber und Mentor. Er hatte eine Art, der jungen Fürstin auch die härtesten Wahrheiten so darzustellen, daß sie niemals beleidigt war, sondern ihre Fehler erkannte und seine Ratschläge annahm. Der Graf von Sylva-Tarouca, wie er bei Hofe abgekürzt genannt wurde, begann mit Vorsicht und Energie, mit Güte und Beharrlichkeit einige Ordnung in den turbulenten Tageslauf Maria Theresias zu bringen.

Er lehrte sie, sich die Arbeitsstunden einzuteilen, die Regierungsgeschäfte nach einem bestimmten Schema zu erledigen. Er setzte jedoch vor allem durch, daß die Königin »nicht so auf ihre Gesundheit stürme«, sich nicht verausgabe, nicht zu vieles auf einmal übernehme, sondern die Stunden der Ruhe und Erholung ebenso strikt einhalte wie den Arbeitsplan. Der große Menschenkenner und Philosoph Sylva-Tarouca verstand die Kunst, auch auf die Stimmung seiner impulsiven jungen Herrin Einfluß auszuüben. War sie bedrückt, heiterte er sie auf. Er flößte ihr Mut ein, wenn sie zu verzagen glaubte. Überschäumende Ausgelassenheit wußte er sanft zu dämpfen und alle Lebensäußerungen der jungen Frau zu einer wohlabgewogenen Würde hinzuleiten.

Maria Theresia hat im Laufe der Jahre dem unscheinbaren, uneitlen und bescheidenen Sylva-Tarouca ihre Wertschätzung in einer Weise zugewandt, daß die übrigen adligen Herren bei Hofe, selbst höchste Würdenträger, allmählich eine ziemlich heftige Eifersucht empfanden. Wo hatte man es je erlebt, daß ein unbekannter Ausländer so lange Jahre in höchster Gnade bei der Herrscherin stand!

Im Frühjahr 1742 zeitigten die ersten Ratschläge Sylva-Taroucas für Maria Theresia jedoch lediglich eine entspannende Wirkung. Sie ordnete ihre Gedanken, ließ die Regierungssorgen beiseite und wandte sich ganz dem freudigen Ereignis zu, das ihr bevorstand. Für ihren Geburtstag am 13. Mai 1742 war wie üblich große Gala vorgesehen und sie dachte nicht daran, die festlichen Veranstaltungen abzusagen, die ihr zu Ehren geplant waren. Da setzten unversehens die ersten Wehen ein.

Die Hofgesellschaft, die Damen ihres Gefolges, die ganze festlich geschmückte Menge, die die königlichen Vorzimmer bevölkerte, nahm beifällig murmelnd die Neuigkeit entgegen. Anstatt sich gratulierend vor der Königin zum Handkuß zu verneigen, begab man sich in die Hofkapelle, um an den stundenlangen Gebeten teilzunehmen. Am Abend um neun Uhr wurde das Allerheiligste in der Kapelle ausgesetzt.

Um elf Uhr nachts schenkte die Königin einem gesunden Mädchen das Leben. Die Kirchenglocken begannen zu läuten und auf den Basteien rund um Wien wurde die angemessene Anzahl von Kanonenschüssen gelöst. Das vierte Mädchen und kein zweiter Sohn! Das war bedauerlich, aber man mußte sich in Gottes Willen ergeben. Das Kind erhielt die Namen Maria Christina Josepha Johanna Antonia. Mochte man nun der

Tradition folgen oder galt es die betreffenden Heiligen besonders nachdrücklich zu ehren, jedenfalls hatte auch Marianna schon als zusätzliche
Taufnahmen Josepha, Johanna und Antonia erhalten. Diese Namens-
wahl bildete gleichsam ein feststehendes Programm für alle weiteren
Töchter.

Maria Theresia, stets bereit, an wundersame Fügungen zu glauben,
sah es als glückliche Vorbedeutung an, daß dies Kind gerade an ihrem
Geburtstag zur Welt gekommen war. Marie Christine war von Anfang
an ein sehr hübsches Kind, rund und rosig wie die Amoretten im Schlaf-
kabinett ihrer Mama. Mit dem vollen Namen Marie Christine sollte sie
kaum jemals in ihrem Leben genannt werden. In der Familie war sie einfach »die Marie«, Khevenhüller nannte sie »unsere Frau Maria«. Der
Vater sagte zu ihr »Madame Mimi« – nach lothringischer Art –, Maria
Theresia aber schloß das reizende Kind von Jahr zu Jahr mehr ins Herz,
nannte es ausschließlich Mimi oder, im wienerischen Dialekt: Mimerl.
Im Gegensatz zu Joseph, dessen Kindername Pepi später wieder in Vergessenheit geriet, behielt sie ihre Kosenamen bei. Maria Theresia schrieb
noch kurz vor ihrem Tode 1780: »Das Bild ist recht gut, aber es ist nicht
das niedliche Gesicht meiner lieben Mimi!«

Von Marie Christine sind etliche Bildnisse vorhanden. Zum erstenmal
in ihrem jungen Leben wurde sie mit ungefähr sieben Jahren auf einem
Gruppenbild im Kreise ihrer Geschwister dargestellt. Es zeigt Joseph als
Mittelpunkt mit dem Orden vom Goldenen Vlies. Alle Kinder blicken
todernst, keines lacht, keines lächelt auch nur.

Sehr lebendig dagegen wußte Jean-Etienne Liotard im Jahre 1761/62
die neunzehnjährige Erzherzogin zu zeichnen. Wohl blickt Mimi ernst,
dennoch hat Liotard den Anflug eines Lächelns um ihre Mundwinkel
festgehalten. Das Bild atmet Leben und Wärme. Es galt als Beispiel dafür, daß Mimi ihrer Mutter von allen Kindern am meisten geglichen haben soll. In späteren Jahren hat dann Alexander Roslin noch einmal ein
charakteristisches Porträt von ihr geschaffen. Sie wirkt darauf wie das
Urbild einer Dame des späten Rokoko.

Der Lebensweg des kleinen Mädchens begann an jenem 13. Mai 1742
unter denkbar günstigen Vorzeichen. Mimerl war von Anfang an das
Hätschelkind ihrer Mutter, sie wurde verwöhnt und wohl auch ein wenig verzogen. Solange alle Kinder klein waren, hatte das weiter keine
Auswirkungen. Aber je mehr alle heranwuchsen, je intensiver sie ihre
Umwelt spürten und alle Vorgänge richtig wahrnahmen, umso mehr
gab es ausgeprägte Rivalitäten in den Kinderzimmern der Wiener Hof-

burg. Mimerl wurde immer allen vorgezogen und bei fast allen Geschwistern entstand mit den Jahren eine mehr oder weniger starke Aversion gegen »die Marie«. Besonders deutlich tritt dies zutage in Leopolds Bestandsaufnahme der Familie 1778. Einem süßen kleinen Mädchen verzeiht man leicht, wenn es bevorzugt wird. Wenn aber eine erwachsene Frau von sechsunddreißig Jahren immer noch von der Mutter mit »Gnaden« überhäuft wird und die anderen Kinder leer ausgehen, so gibt das Anlaß zu familiären Konflikten.

Als Mimi geboren wurde, hatte sie nur zwei Geschwister, aber bis zu ihrem fünften Geburtstag kamen vier weitere hinzu. Zu Marianna und Joseph hatten sich 1743 Elisabeth, 1745 Karl, 1746 Maria Amalia und Anfang Mai 1747 Leopold gesellt.

Es ging lebhaft zu in dem von der kaiserlichen Familie bewohnten Trakt der Wiener Burg. Jeder, ob groß ob klein, hatte eine ganze Schar von Bediensteten, jedes Kind seine eigenen Räume, ein eigenes Tagesprogramm, eigene Pflichten. Es war ein unaufhörliches Kommen und Gehen in den Kinderzimmern. Kammerfrauen, Lakaien, Lehrer, Beichtväter, die diensttuenden Ajas und Ajos – die für alles die Verantwortung trugen – gaben sich unablässig die Klinken in die Hand. Bei den älteren Kindern meldeten sich schon fremde Gesandte zur Audienz und man forderte von den Kindern, daß sie ihr Spielzeug ohne Murren aus der Hand legten, um sich ernsthaft mit politischen Würdenträgern zu unterhalten.

Der junge und wendige preußische Gesandte Otto Christoph Graf von Podewils, auf den sich der helle Zorn der Kaiserin gegen seinen König in Berlin übertrug und der daher keinen gesellschaftlichen Anschluß in Wien fand, war ein sehr fähiger Mann mit viel Humor. Über die fünfjährige Mimi schrieb er am 22. März 1747:

*Die Erzherzogin Marie Christine ist von sehr hübscher Gestalt und zeigt viel Geist. Sie spricht ebenso gern französisch, wie ihr Bruder es haßt, und sie will nicht, daß man mit ihr in einer anderen Sprache spricht.*[2]

Mimis Namenstag fiel auf den 24. Juli. Für solche Gelegenheiten wurde bei Hof stets Gala angesagt; es gab eine endlose Gratulationscour und Geschenke. Auch die Geburtstage aller Familienmitglieder feierte man »in Gala und Geschmuck«. Den Eltern zu Ehren übten die Kinder kleine Theaterstücke oder Singspiele ein, zuweilen auch ein Ballett. Während der Chronist Khevenhüller alle Geburts- und Namenstage

Mariannas und Josephs ausdrücklich erwähnt, hat er in den ersten Jahren über »Madame Mimi« nichts verzeichnet. Erst am 13. Mai 1748, als Mimi sechs Jahre alt wurde, berichtete er, daß sie ein Menuett getanzt habe.[3]

Maria Theresia förderte es sehr, daß ihre Kinder sich ohne Scheu mit Gedichten und Liedern produzierten. Sie sollten Sicherheit des Auftretens erlangen, wie es in ihrem künftigen Leben von ihnen erwartet wurde. Auch wenn sie keineswegs perfekt waren, sie führten ihre Aufgaben aus, so gut sie eben konnten.

*11. Oktober 1749*

*. . . die Frauen Maria Anna und Marie aber – absonderlich die erstere, indem die zweite einen Defekt an der Sprach hat, comme si elle avoit de la bouillie dans la bouche (als hätte sie Mehlbrei im Mund), sonsten aber ein charmantes Kind ist – agiren recht hertzig.*[4]

Ganz offenbar hat Mimi jedoch ihren Sprachfehler bald überwunden, denn nirgends sind späterhin noch Bemerkungen darüber zu finden.

Marie erhielt sorgfältigen, aber einseitigen Unterricht. Sie bekam eigens für sie zusammengestellte Stundenpläne und ausgewählte Lehrer. Ihre Schwester Marianna war immerhin vier Jahre älter und so war an einen gemeinsamen Unterricht nicht zu denken. Marie faßte leicht auf, war begabt und fleißig. Mit den Jahren zeigte sie großes Zeichentalent und eignete sich verschiedene Techniken an. Wer das Schloß Schönbrunn besichtigt, findet dort ein kleines Bild aus dem Familienleben »Nikolausbescherung« genannt, eine Gouache von Mimis Hand. In der Kunstsammlung Albertina in Wien werden noch etliche Blätter von ihr mit Illustrationen zu »Don Quixote« und einige Kopien nach niederländischen Malern aufbewahrt.

Maries Aja war die Fürstin Trautson, der es jedoch nie gelang, die Sympathie der jungen Erzherzogin zu gewinnen. Schon häufig hatte Mimi die Kaiserin gebeten, ihr doch eine andere Aja zu ernennen, aber die Mutter setzte ihr Vertrauen in diese Dame und ermahnte ihre Tochter, recht brav und weniger aufsässig zu sein. Als Maria Theresia im Jahre 1754 längere Zeit in Prag war, hatte Mimi ihr geschrieben und die Mutter antwortete am 4. September sehr lieb und ausführlich aus dem Jagdschloß Podiebrad:

*Meine liebe Marie,*
*ich bin recht zufrieden mit Deinen Briefen, aber Deine Schreibweise ist*
*noch zu flatterhaft. Du mußt gleichmäßiger sein und beim Schreiben*

*nicht so hasten, man sieht ja, wie der Anfang ganz anders ist als das
Ende. Bei all Deinen Briefen habe ich die Sorgfalt und Mühe gespürt, die
die Fürstin sich mit Dir gegeben hat, und ich zweifle nicht, daß Du Dich
erkenntlich zeigst und es ihr durch besonders gutes Betragen lohnst . . .*

*Der Kaiser war heute früh auf der Jagd und hatte nach einem halben
Tag eine Strecke von hundertfünfzig Hirschen, Böcken und Frischlin-
gen . . .*

*Während die Gäste beim Spiel sitzen, nutze ich das schlechte Wetter,
mit Dir zu plaudern, denn von Prag aus war das ganz unmöglich. Ich
hatte nur die Morgenstunden für mich, mittags empfing ich die Damen,
um ein Uhr ging man zu Tisch, was immer bis fünf Uhr dauerte. Danach
gab es Musik oder ein lustiges Theater, vor neun und zehn Uhr abends
konnte ich mich nicht zurückziehen. Aufstehen schon um fünf Uhr
morgens jeden Tag, um sechs schon die ersten Audienzen, auf die Dauer
hätte ich diese Anstrengungen nicht aushalten können . . .*

*Ich küsse Dich innigst und halte Dich sehr lieb. Adieu, Deine getreue
Mutter*

*Maria Theresia*[5]

Im Jahre 1756 wurde endlich die Fürstin Trautson als Aja abgelöst und
die verwitwete Gräfin Maria Anna Vasquez trat deren Amt an. Das
junge Mädchen erfüllte nun mit doppeltem Eifer sein Pensum. Mimis
besondere Liebe galt den Sprachen. Französisch beherrschte sie nahezu
perfekt und sie vervollkommnete sich immer mehr in Italienisch. Ein
Maler aus der alten Künstlerfamilie Grassi erteilte ihr Zeichenunter-
richt.

Man sollte meinen, Mimi habe eine vergnügte und unbeschwerte Jugend verlebt. Sie war hübsch, der Liebling der Mutter und selten blieb
ein Wunsch ihr unerfüllt. Dennoch blieb das junge Mädchen inmitten
ihrer vielen Geschwister isoliert. Man vertraute ihr kein Geheimnis an,
zu manchem Spiel zog man sie nicht hinzu, lustige Streiche plante man
ohne sie – unweigerlich hätte die Kaiserin sonst davon erfahren, denn
Marie erzählte alles weiter.

Dadurch war Marie mit siebzehn oder achtzehn Jahren auch schon
gewitzt genug, mit niemandem über ihre erste Liebe zu sprechen. Sie
galt dem Prinzen Ludwig von Württemberg. Als Mimi auf ihn aufmerksam wurde, war er so jung und strahlend wie sie selbst, tanzte seine Me-
nuetts besonders aufmerksam, und wenn jene vorgeschriebene Szene
kam, daß die Damen ihre Fächer fallen lassen, die die Kavaliere dann

aufheben müssen, so überreichte Prinz Ludwig der schönen Erzherzogin den Fächer mit einem tiefen Blick in ihre Augen.

Allein die schönen Augenaufschläge galten bei der Kaiserin Maria Theresia so gut wie nichts. Als Mimerl im einschmeichelnden Wiener Dialekt einmal unauffällig vorfühlte, ob es eigentlich möglich sei, daß eine Erzherzogin einen deutschen Herzogssohn heirate, da wollte die Mutter noch gar nicht wahrhaben, daß ihre Tochter schon so erwachsen sei, um solche Gedanken in ihrem hübschen Kopf zu hegen. »Du bist noch viel zu jung!« hieß es. Mimerl schwieg dann wohl im Augenblick, kam aber mit großer Hartnäckigkeit auf deutsche Herzogssöhne zurück. Es war ihr jedoch kein Erfolg beschieden. Der Besuch des Prinzen ging zu Ende, ein anderer junger Edelmann in blendender Uniform hob der Erzherzogin den Fächer auf, und schließlich fand Mimi auch in den Augen anderer junger Leute jenes Auflitzen, das von Verehrung und Bewunderung herrührte. Die erste große Liebe verlor sich langsam im abwechslungsreichen Hofleben mit seinen vielen Festen und Veranstaltungen.

Im April des Jahres 1760, kurz vor ihrem achtzehnten Geburtstag, erhielt Marie ihren eigenen Hofstaat, dem Adam Philipp Graf Losy von Losynthal vorstand. Gräfin Vasquez avancierte zur Obersthofmeisterin. Beim übrigen Personal wurde einiger Wechsel vorgenommen, Amme und Kinderfrauen verließen sie und setzten sich zur Ruhe. Ihren Beichtvater, den gelehrten und menschenfreundlichen Jesuitenpater Franz Lechner behielt Marie auf ihren dringenden Wunsch bei. Mit dem neuen Hofstaat begann für Mimerl ein neues Leben. Wie die älteren Geschwister durfte sie an der kaiserlichen Tafel speisen, immer häufiger erhielt sie kleine Repräsentationspflichten zugeteilt, sie besichtigte Waisenhäuser oder ging anstelle der Kaiserin zu Andachten in verschiedenen Nonnenklöstern.

Was Mimi von ihren Geschwistern niemals erhalten hatte, bedingungslose Liebe und Zuneigung, das fand sie im Jahre 1760 von seiten ihrer ersten Schwägerin Isabella. Schon als Joseph noch mit der Prinzessin von Parma verlobt war, trat Mimi mit ihr in Briefwechsel. Als Isabella dann im Herbst 1760 nach Wien kam und die bisher unbekannte Briefpartnerin von Angesicht kennenlernte, gab es für die leidenschaftliche Isabella nur noch einen Menschen am Wiener Hof, dem sie fast all ihre Zuneigung widmete, das war Mimi.

Isabella als leidenschaftliche Südländerin schrieb Mimi nach wie vor schwärmerische und stürmische Briefe. Mimi, an so überschwengliche Lebensäußerungen nicht gewöhnt, erwiderte die Ergüsse der Schwägerin nur sehr zurückhaltend. Hatte es ihr zuerst geschmeichelt, sich von dem bewunderten Neuankömmling so umworben zu sehen, so hegte sie mit der Zeit Bedenken, diese Freundschaft möge ihrem Bruder Joseph auf die Dauer mißfallen. So wußte sie es einzurichten, daß der Inhalt der gegenseitigen Briefe und Billetts in rein geistige Bereiche einmündete. Der Gedankenaustausch nahm sublimere Schattierungen an. So beschäftigte sich ein Brief Isabellas an Marie mit der eigenartigen Stellung der Freundin als Lieblingstochter der Kaiserin. Die hochintelligente und scharfsinnige Italienerin hatte sich über dies besondere Mutter-Kind-Verhältnis ihre eigenen Gedanken gemacht. Sie schrieb diesen Brief im Jahre 1762, damals lebte sie schon zwei Jahre in Wien:

*Die Freundin einer Souveränin zu sein, erfordert eine unverbrüchliche Verschwiegenheit und eine Redlichkeit des Charakters, die jegliche Erprobung bestehen muß. Man muß auf tausend Unannehmlichkeiten gefaßt sein und sich daher von einem einzigen Grundsatz leiten lassen: wahrhaft und gerecht sein, seine Pflicht erfüllen und dies in Hingebung, voller Rücksichtnahme und in Ehrfurcht tun, aber sich nicht um die Stürme kümmern, die etwa unterdes entstehen könnten . . .*

*Besonders schwer ist es, der eigenen Mutter Freundin zu sein, weil die Ehrfurcht dort Schranken zieht, wo sonst Offenheit die Grundlage der Freundschaft bildet. Gestattet sie es aber, so muß man sich ihr gegenüber genau so verhalten, wie man bei einer anderen Freundin tun würde. Man kann ihr nur den Rat erteilen, wenn sie es befiehlt, dann aber muß man ihn mit vollster Offenheit geben. Ich könnte mich darüber sehr viel mehr aussprechen, denn ich darf wohl sagen, daß ich die Jahre, die ich bei meiner eigenen Mutter in Parma verlebte, eher ihre Schwester als ihre Tochter war, und das hat mir einen Zug von Aufrichtigkeit gegeben, den zu besitzen ich mir schmeichle.*

*Aber die Verhältnisse sind hier nicht die gleichen wie dort, und ich habe mich nur selbst angeführt, um zu zeigen, wie man die Freundin der eigenen Mutter sein kann. Du besitzest alle Eigenschaften hierzu, nur darfst Du Dich durch die Unannehmlichkeiten und Enttäuschungen nicht entmutigen lassen, die Du erfahren wirst.*[6]

Isabella wußte sich von der Kaiserin geliebt wie ein eigenes Kind. Maria Theresia bewunderte die schöne Schwiegertochter, die so herrlich Geige spielte. Ihre Musikalität und ihr liebenswürdiges Wesen ließen sie in den drei Jahren ihres Lebens am Wiener Hof zum allgemeinen Liebling werden.

In dem gleichen langen Brief, der schon oben erwähnt wurde, kam Isabella auf ihre immer wiederkehrenden Todesahnungen zu sprechen und gab Mimi ausführliche Verhaltensmaßregeln für den Fall ihres Todes.

*Die Kaiserin wird Dir vor allem ihr Herz öffnen, im ersten Schmerz über meinen Tod wird sie nichts so Teures besitzen als Dich. In Dir wird sie mich wieder aufleben sehen, denn sie weiß, daß Du meine Freundin warst, daß ich Dich anbetete und Du mich liebtest, all das wird Dir große Gewalt über ihr Herz geben . . .*

*Ich rate Dir daher als Freundin . . . Dich gleich anfangs und in einer Stunde, in der ihr Schmerz am stärksten sein wird, Dich in ihre Arme zu werfen. Sag ihr, daß Du eine Freundin verloren hast, die Dir vielleicht manchmal nützlich gewesen ist, und daß du das Verlangen hast, geleitet zu werden und Dein Herz auszuschütten, daß Du sie beschwörst, hierin an meine Stelle zu treten, daß Du wohl zwar wüßtest, wie sehr ihre Zeit in Anspruch genommen sei, daß Du aber ihre Güte für Dich kenntest und darum hofftest, sie würde Dich niemals verlassen.*[7]

Isabella ging den letzten Feinheiten menschlicher Seelenregungen nach und sie tat es mit Würde und Bescheidenheit. Als die junge Frau im Herbst 1763 starb, kam sich Mimi wie verwaist vor. Die Freundin war der einzige gleichaltrige Mensch, der ihr am Wiener Hofe nahegestanden hatte.

Im Jahre 1760, am 9. Januar, trafen zwei jüngere Prinzen des sächsischen Hauses in Wien ein. Es waren der zweiundzwanzigjährige Prinz Albert und sein ein Jahr jüngerer Bruder Clemens. Ihr Vater, der Kurfürst Friedrich-August II. von Sachsen, der gleichzeitig als August III. König von Polen war, hatte sie ohne große Hoffnungen auf ihre Laufbahn ziehen lassen. Was konnten zwei apanagierte Prinzen schon vom Leben erwarten?! Die gutaussehenden und fröhlichen jungen Leute traten zunächst in die österreichische Armee ein und machten den Feldzug 1760 gegen Preußen mit. Man befand sich seit 1756 im dritten Schlesischen Krieg, der später der Siebenjährige genannt wurde. Als jedoch im Winter die Kampfhandlungen aufhörten, kamen die Prinzen wieder nach Wien und amüsierten sich auf allen Tanz- und Maskenfesten. Marie Christine verliebte sich unvermittelt in Prinz Albert, mußte jedoch ihre Gefühle verheimlichen, denn sie wußte, daß ihr Vater für sie an einen seiner lothringischen Neffen dachte. Aber bisher waren noch keine Heiratsverhandlungen in bezug auf Marie mit fremden Höfen geführt worden. Die Mutter konnte sich noch jahrelang nicht an den Gedanken gewöhnen, ihre Mimi herzugeben, im Gegensatz zu ihren jüngeren Schwestern Karoline und Maria Antonia, die als halbe Kinder mit fünfzehn und vierzehn einhalb Jahren nach Neapel und Paris verheiratet wurden. Mimi jedoch war nahezu vierundzwanzig Jahre, als sie endlich heiraten durfte, für damalige Verhältnisse schon hors de concours.

Prinz Albert machte auch die nächsten Feldzüge gegen Preußen 1761 und 1762 als Feldmarschall-Leutnant mit. Er sagte später in seinen Memoiren, er sei immer mit Leib und Seele bei diesem Beruf gewesen. Prinz Clemens dagegen erkrankte schwer und mußte sich aus dem Militärdienst zurückziehen. Er schlug eine Laufbahn als Geistlicher ein und wurde 1763 Bischof von Freisingen und Regensburg.

Die Kaiserin war den beiden Prinzen sehr wohlgesonnen, denn verwandtschaftliche Bande verknüpften die Familien. Die Mutter Alberts war eine Cousine Maria Theresias. Kaiser Karl VI. – Mimis Großvater – und Alberts Großvater Kaiser Joseph I. waren Brüder gewesen. So sah sich die Kaiserin schon um dieser Verwandtschaft willen verpflichtet, ihr Augenmerk auf die jungen Leute zu haben. Kaiser Franz I., Mimis Vater, führte zwar unablässig den Namen des Herzogs von Chablais im Munde, wenn die Rede auf Maries Heirat kam, aber Maria Theresia war dieser Verbindung gar nicht geneigt. Der Herzog war ein Sohn ihrer Schwägerin Elisabeth Therese von Lothringen, die mit König Karl Emanuel von Sardinien verheiratet war. Gewiß, für Mimi würde die Aussicht bestehen, eines Tages Königin von Sardinien zu sein. Aber erstens kannte die Kaiserin den jungen Mann kaum, zweitens würden die Einkünfte dieses kleinen Königreichs nicht gerade verlockend sein, drittens liebte Mimi Prinz Albert. Wann auch immer der Vater seinen Schützling lobte, schwieg Maria Theresia still und hoffte auf eine günstige Wendung der Dinge. Je länger sich die Klärung dieser Heiratsfrage hinauszog, um so froher war im stillen die Mutter: sie behielt ihre Mimi am Wiener Hof.

Prinz Albert setzte sich durch sein bescheidenes, zurückhaltendes Wesen, seine gute Erziehung und seine Sprachkenntnisse am Hofe ins beste Licht. Er liebte Skulpturen und Malerei. In seinem langen Leben sollte er sich auf diesem Gebiet erstaunliche Fachkenntnisse aneignen. Ihm verdankt die Stadt Wien die Albertina, eine überaus reichhaltige Sammlung von Gemälden, Graphiken und anderen Kunstgegenständen, deren Grundstock einst aus Alberts Nachlaß stammte.

Die Kaiserin beobachtete diesen Auserwählten ihrer Mimi besonders sorgfältig. Er stammte von einem der prächtigsten europäischen Höfe.

August der Starke, der Schöpfer all des kulturellen Glanzes in Dresden, war sein Großvater gewesen und man erwartete unwillkürlich, die Üppigkeit des Milieus, die sybaritische Lebensführung am sächsischen Hofe, habe auf diesen jungen Abkömmling abgefärbt. Doch keine dieser Befürchtungen traf jemals zu. Albert war anspruchslos und durch die Kriegsjahre an ein entbehrungsreiches Leben gewöhnt. Er spielte sich nie in den Vordergrund und unterschied sich durch seine Ernsthaftigkeit von vielen jungen Leuten seines Alters und in seiner Stellung. Albert zeigte Charakterfestigkeit und Treue und dies war auch einer der Gründe, daß Maria Theresia ihn in zunehmendem Maße unterstützte. Sie hoffte, den Kaiser eines Tages doch für die Vereinigung der beiden jungen Leute gewinnen zu können und mahnte vorerst zur Heimlichkeit. Natürlich fiel Mimi dieses jahrelange Warten sehr schwer. Im Frühjahr 1765 bat die besorgte Kaiserin ihre betrübte Tochter mehrmals um Vorsicht und Geduld:

*Meine liebe Marie,*
*alles kann gelingen, wenn wir das strengste Geheimnis wahren. Vor allem darfst Du selbst dem Deinen keinerlei Hoffnung machen und darfst Dich keiner Menschenseele anvertrauen, zumal Dich ohnedies alle Leute schon bedauern. Ich kenne Deine schwierige Lage wohl und bin selbst darüber bekümmert, doch wenn Du Dir noch einige Monate Zwang antust, so besteht Hoffnung, daß wir zum ersehnten Ziel kommen. Deine Mutter und beste Freundin beschwört Dich, ruhig zu sein und alles in Gottes Hand zu legen, bei ihm allein wird Deine Seele Frieden finden. Ich habe Dich sehr lieb.*
*Maria Theresia*

und wenig später:

*Hab keine Vertraulichkeiten oder Geheimniskrämereien, weder mit Deiner Schwester noch mit sonst irgend jemand . . .*
*Sprich nicht mit Joseph über ihn. Wenn er Dich aushorchen will, sag ihm einfach, er solle Dich, wenn er Dich liebhat, in Ruhe lassen. Deine Lage sei ohnedies grausam genug für Dich, und Du müßtest Dich sehr vor ihm in acht nehmen, seitdem er Dir wiederholt zu verstehen gab, Du würdest Dich in den Herzog (von Chablais) auf der Stelle verlieben, sobald Du ihn nur gesehen hättest.*[8]

Für Christine setzte eine besonders schwere Zeit der Prüfung ein, als der Hof mit Ausnahme der jüngeren Kinder zu Leopolds Hochzeit im

August 1765 nach Innsbruck reiste. Albert und Clemens nahmen an allen Feierlichkeiten teil. Clemens traute Leopold und die Infantin Marie Luisa von Spanien. Maria Theresia zitterte, die beiden Liebenden würden sich auf der Reise durch Blicke oder liebevolle Gesten verraten. Vor der Abfahrt gab sie Mimi in einem hastig hingeworfenen Billett letzte Verhaltensmaßregeln:

*. . . Halt Dich also still und verdirb nichts durch zuviel Unrast. Sieh Dich vor bei Joseph, laß Dich auf kein Gespräch mehr ein und nenn nur ja nicht den Unsrigen . . .*
*Suche Vaters Zärtlichkeit mit tausend Aufmerksamkeiten und gib ihm keinerlei Anlaß, gegen Dich und mein Protégé zu sein, denn er ist hellhörig.*

Es sollte Mimi nur noch wenige Tage vergönnt sein, zu ihrem Vater zärtlich zu sein, denn der Kaiser starb am 18. August, als eben die offiziellen Feierlichkeiten für Leopolds Trauung vorüber waren.

Der Kaiser allein hatte zuletzt Alberts Werbung im Wege gestanden. Nun hielt Herzog Xaver, Familienchef und Regent des Kurfürstentums, bei Maria Theresia in Alberts Namen um Marie Christine an. Maria Theresia antwortete zuvorkommend und herzlich. Sie habe Albert wegen seiner vortrefflichen Eigenschaften wie ihren leiblichen Sohn liebgewonnen und gebe gern und freudig ihre Einwilligung. Innigste Neigung verbinde das junge Paar und sie hoffe deswegen auf ein dauerndes Glück.[10]

Im November 1765 befahl die Kaiserin, Albert möge sich in Preßburg aufhalten, zu Weihnachten durfte er jedoch nach Wien zurückkehren. Am zweiten Feiertag, den 26. Dezember 1765, wurde er von Maria Theresia persönlich zum Feldmarschall, Generalkapitän und Statthalter von Ungarn ernannt.

Es geschah einzig und allein mit Rücksicht auf den Trauerfall, daß die Verlobung Alberts und Mimis noch hinausgeschoben wurde. Vierzehn Monate Hoftrauer waren eine lange Zeit und nur sehr zögernd gab die Kaiserin auf Mimis Bitten hin die Einwilligung, daß die Hochzeit schon im April 1766 festgesetzt werden konnte. Albert ging der Schicklichkeit halber wieder nach Preßburg, aber er durfte Blumen und andere Geschenke an seine Mimi senden, fast täglich schrieben sich die beiden und die Kuriere von Wien nach Preßburg jagten an manchen Tagen zweimal über die Landstraßen.

Der Winter in Wien war in diesem Jahre sehr traurig. Die Kaiserin sah nur wenige Damen bei sich und erlaubte auch den Töchtern nur wenig Umgang. Der Kummer ließ Maria Theresia oft hart und ungerecht gegen die jungen Mädchen erscheinen, so daß sie weinend in ihre Zimmer gingen.

Joseph zeigte sich in schlechtester Laune. Er war seit einem Jahr mit der unglückseligen Josepha von Bayern verheiratet, die – wie er sich einmal beklagte – an ihrem Körper keine Stelle habe, die nicht von Pusteln bedeckt sei. Er haderte mit seinem Schicksal, glaubte er sich doch auf Lebenszeit an diese abstoßende Frau gebunden. Andererseits tat sie ihm im Grunde seiner Seele leid, weil er sah, wie sie unter seinem Verhalten litt. Dennoch konnte er ihr keine Freundlichkeit entgegenbringen. Barmherzigkeit lag ihm fern und so war an irgendwelche Annäherungen nicht zu denken. Mimi schrieb einmal über diesen schrecklichen Zustand:

*. . . ich glaube, wenn ich seine Frau wäre und so behandelt würde, ich wäre entflohen und hätte mich an einem Baum in Schönbrunn aufgehenkt.* [11]

Maria Theresia wußte, daß Albert als apanagierter Prinz ein »armer Mann« war. So machte sie ganz fest umrissene Pläne, das Paar so sicher wie möglich zu etablieren. Sie handelte unverzüglich. Ihre Tochter würde mit Albert in Preßburg wohnen. Das Preßburger Schloß war ein düsteres, mittelalterlich anmutendes Gebäude mit unheimlichen Kellergewölben und erstaunlich wenig Fenstern. Sie ließ es heimlich, schon vor des Kaisers Tod umbauen. Das Ergebnis war ein moderner Palast mit breiten Treppenaufgängen und lichten Korridoren. Die neu ausgebauten Zimmer waren so zahlreich, daß mühelos fünfhundert Personen untergebracht werden konnten. Die Wohnräume und Salons, Spielzimmer und Ballsäle wiesen alle Pracht und allen Luxus der damaligen Innenarchitektur auf: Seidentapeten, Wandgemälde, riesige Gobelins, Goldleisten und zierliche Schnitzereien, wertvolle handgearbeitete Türklinken in Tier- und Pflanzenformen, Supraporten, Deckengemälde und Wandschmuck von ersten Künstlern des Landes und aus Italien. Aus dem alten Festungsbau zauberten die 1,3 Millionen Gulden der Kaiserin ein märchenhaftes Heim für ihren Liebling Mimi.

Zum 1. April des Jahres 1766 wurde der Hofstaat des jungen Paares in Dienst genommen, an dessen Spitze Khevenhüllers Schwiegersohn Graf Bethlen und die Gräfin Vasquez die Posten der Obersthofmeister bekamen. Die Namen der Kammerherren und Hofdamen lesen sich wie Auszüge aus den österreichisch-ungarischen Adelsregistern: Starhemberg, Wallis, Sztaray, Czernin, Ugarte, Esterhazy, Schloißnigg, Miltitz, Sekkendorf, Lamberg. Der Haushalt wurde in königlichem Zuschnitt eingerichtet und sah für alle Sparten eines repräsentativen Lebens ganze Scharen von Bediensteten vor, insgesamt über hundertzwanzig Personen. Es gab allein vierzehn Edelknaben mit einem ihnen vorgesetzten Edelknaben-Direktor, nicht zu vergessen die eigene Kammermusik.[12]

Die Kaiserin überließ sich gänzlich ihrer großen Zuneigung für die Lieblingstochter und begünstigte Mimi und Albert in einer Weise, die unter den übrigen Geschwistern viel Neid erregte. Man empfand dies als große Ungerechtigkeit.

Sie überließ dem jungen Paar für seine Besuche in Wien ihre eigene bisherige Wohnung, die schönsten Zimmer der ganzen Burg. Maria Theresia zog nunmehr in den zweiten Stock in wesentlich schlichtere Räume. Bei Schloß Laxenburg wurde ein kleines separates Haus für Mimi und Albert eingerichtet. Um die Einrichtung des Preßburger Schlosses kümmerte sich die Kaiserin bis ins kleinste Detail. Sie fuhr noch vor der geplanten Hochzeit mehrmals dorthin und begutachtete alles, Wagen, Pferde, Aussteuer, Einrichtung, den Schmuck und die Nippessachen der Tochter. Nichts entging ihrer Aufmerksamkeit.

Gleich zu Beginn des April 1766 feierte man die Verlobung. Khevenhüller zeichnete davon ein Bild in »schwartzer Gala«, ein Hof im Trauerstaat, nur die Verlobten in bunten Sachen:

*Den 2. als den zu denen offentlichen Fiançailles der Erzherzogin bestimmten Tag versammlete sich alles gegen 12 Uhr in denen vorigen kaiserlichen Anticamera und Rathstuben; bald darauf giengen die hierzu bestellten Cämmerer den Prinzen in seinem Quartier abholen; und nachdeme er an denen gewöhnlichen Stellen von dem Hofmarschall, Obristhofmeistern und Obrist-Cämmerern empfangen worden, accompagnierte man selben biß zur Retirade (den Privatgemächern), wo er bei geschlossenen Türen die Anwerbung an die Kaiserin-Königin als Mutter und Souveraine und so fort an den Kaiser (Joseph) als Thronfolgern, Mit-Regenten und mithin corto modo Mitcapo (kurz gesagt Mitoberhaupt) des Hauses thate und der Braut das Portrait überreichte, so ihr von der Obristhofmeisterin vorn an die Brust angeheffet wurde . . .*
*Er und die Braut waren alleinig in gefarbter Kleidung; er in reichem Droguet (gewirktem Stoff) und sie in einem rosenfarbenen mit Brüsseler*

*Spitzen über und über besetzten Hof-Kleid. Der Kaiser und die zwei*
*Erzherzogen nebst denen Militaribus hatten Uniformen an, die übrige*
*Hof-Staat aber erschine in der nemmlichen schwartzen Gala wie an*
*denen leztern großen Gala-Tägen . . .*[13]

Obristhofmeister Khevenhüller, gewiß ein getreuer Anhänger des
Hauses und sonst völlig einig mit den Taten seiner Kaiserin, verzeichnete die Bedingungen der Ehepakten mit einigem Befremden:

*Den 5. (April) wurden in der Behausung des Grafen von Ulfeld die*
*Ehepacten unterschrieben . . . Die eigentliche Conditionen des Hei-*
*rathsbrieffs wurden von darummen sehr geheim gehalten, weil die Kai-*
*serin die Braut, für welche sie eine vorzügliche Neigung heget, über die*
*Massen avantagieret, indem sie derselben über alle andere Kostbarkei-*
*ten an Geschmuck und sonstig reicher Ausstaffierung annoch eine Do-*
*tem (Gabe) von vier Millionen verwilliget, worzu in specie (besonders)*
*die hungarische Cameral-Herrschaft Altenburg zugerechnet worden;*
*nebstdeme muste der Kaiser auch ferners seinen Consens (Einwilligung)*
*geben, daß dem Prinzen das Herzogtum Teschen abgetretten würde,*
*worauf er auch den Namen als Herzog von Sachsen-Teschen sich offent-*
*lich pro distinctione (als Würde) zugeleget hat.*[14]

Flinke Rechner unter den Beamten bekamen heraus, daß Albert und
Marie über Einkünfte von jährlich einer Million Gulden verfügen konnten. Selbst Kritiker und Neider haben allerdings später zugeben müssen,
daß die beiden von ihrem Wohlstand einen guten Gebrauch machten. Sie
gaben zahlreiche Almosen, zogen Künstler und Gelehrte an ihren Preßburger Hof, kauften Gemälde und Bücher, unterhielten ihr Orchester
auf einem hohen Niveau, verpflichteten Theatertruppen und lebten mit
einem ausgeprägten Hang für kulturelle Werte. Niemals kam ihnen
auch nur entfernt der Gedanke, ihr Geld zu verprassen, zu verspielen
oder zu verschleudern. Nach dem Tode der Mutter 1780 sollten sogar
Zeiten kommen, wo die Einkünfte nur spärlich flossen und sie durch die
politischen Zeitläufe gezwungen waren, zur Zahlung der vielen Gehälter
ihrer Angestellten Kredite aufzunehmen oder den Kaiser um Gnade und
Hilfe zu bitten.

Doch noch waren sorglose Tage, die Hochzeit stand unmittelbar bevor, man fuhr »in kleiner Suite« dazu nach Schloßhof, um allem Aufsehen in Wien zu entgehen.

Der Biograph der Erzherzogin Marie Christine, Prof. Adam Wolf, hat um die Mitte des 19. Jahrhunderts dort einen Besuch gemacht und fand noch viel von dem alten Glanz vor:

»Schloß und Gut liegen vier Meilen von Wien an der Grenze von Niederösterreich in dem Winkel zwischen March und Donau . . . Das Gebäude steht auf einer Anhöhe, ist viereckig, hat zwei Stockwerke, zwei Seitenflügel, Vorhöfe und so viel Fenster als Tage im Jahr . . . Wer einen Gang durch das Haus macht, ist überrascht von der Größe und Zahl der Räume. Ein prachtvoller Saal führt durch beide Stockwerke, an der Decke ist Stukkaturarbeit, Rokokomöbel stehen herum, bei jedem Schritte wird man an das 18. Jahrhundert erinnert.«[15]

In diesen lichten und damals noch luxuriös ausgestatteten Sälen fand am 8. April 1766 Mimis Hochzeit statt. Wieder waren alle Teilnehmer in tiefstem Schwarz, die Damen zwar in Seidenkleidern und schwarzen Spitzen, aber der Schmuck bestand aus schwarzem Jett und Onyxperlen oder -steinen, Brillanten, Gold oder Platin waren nicht erlaubt. Mimi erschien wie ein Schwan unter Raben in einem Kleid aus weißem, silberbesticktem Mousseline, das reich mit Edelsteinen besetzt war und bei jedem Schritt blitzte und funkelte. Albert war in Uniform und sein Bruder Bischof Clemens, der das Paar einsegnete, trug ein helles Meßgewand. So gab es bei der kirchlichen Feier wenigstens einige freundliche Akzente.

Maria Theresias Trauer ging noch so weit, daß sie an keiner der abgehaltenen Tafeln teilnahm, sondern immer in ihrem Zimmer »à petit couvert« speiste. Doch sie mochte empfunden haben, wie sehr das auf die Stimmung der Gäste drückte und hatte erlaubt, daß am 9. April einige ländliche Feste veranstaltet wurden. Es gab eine Bauernhochzeit mit Tanz, ein Karussel und andere ländliche Vergnügungen, zu denen einige der »distinguiertesten Preßburger« geladen waren. Man blieb vier Tage in Schloßhof, dann hielt das junge Herzogspaar am 13. April abends seinen öffentlichen Einzug in Preßburg. Neben der Kaiserin und Joseph waren von der Familie nur die Kaiserin Josepha und Marianna dabei, alle anderen Kinder hatten in Wien bleiben müssen. Als Maria Theresia nach einigen Tagen aus Preßburg abreiste und nach Wien zurückkehrte, war die Sehnsucht groß. Mutter und Tochter waren von einer bewunderungswürdigen Mitteilsamkeit. Am 18. April 1766 gingen ein Brief an Mimi, ein Brief an Albert und eine lange Instruktion für Mimi gleichzeitig mit demselben Kurier:

*Instruktion an Marie Christine*
*An Sonntagen ist öffentlich Gottesdienst bei Hofe, Predigt, große Mes-*
*se, um vier Uhr Vesper bei den Kapuzinern und Rosenkranz. Nur an*
*Festtagen wie jenen der hl. Jungfrau, der Apostel oder an Landesfesten,*
*wirst Du morgens öffentlich zur Kirche gehen, keine Predigt hören und*
*immer die Kirche wechseln, um allen Geistlichen ein Vergnügen zu be-*
*reiten . . .*

*Betrage Dich klug gegen den niederen Adel; dieser ist hier von dem in*
*anderen Ländern ganz verschieden; es gibt unter ihnen wie unter den*
*Magnaten viele, welche sehr ergeben sind . . .*

*In Ofen mußt Du eine zweite Tafel geben für die Edelleute, welche*
*Kempelen (Alberts Adjutant) halten wird. Du kannst auch außer Haus*
*speisen, aber nicht in der Stadt, sondern in den Gärten oder auf den*
*Gütern, welche nicht sehr entlegen sind.*

*Nach einem Jahre vom ersten September an kannst Du Bälle geben*
*und Theater besuchen. Die Fahrten in der Birutsche liebe ich nicht; aber*
*da dieser Punkt so wichtig für das Lebensglück der Menschen geworden*
*ist, will ich nichts dagegen sagen. Ich empfehle Dir nur alle mögliche*
*Vorsicht . . . Kutschiere nicht selbst, sondern lasse den Kutscher fah-*
*ren . . . Du kannst allein mit Deinem Gemahl ausfahren, aber eine*
*Dame soll folgen. In der Kirche oder im Garten kannst Du mit ihm allein*
*bleiben, aber immer soll ein Kammerdiener nachfolgen. Wenn Du allein*
*bist, darfst Du nur mit einer Dame oder der Kammerfrau ausgehen . . .*

*Du kannst einen Hoftag oder Cercle halten, wo auch Herren vom nie-*
*deren Adel erscheinen können, aber sie dürfen nicht spielen; an den Ta-*
*gen, wo der Adel in den Gemächern spielt, nur im Vorzimmer. Einige-*
*mal soll Musik und Ball sein . . .*

*Übe Dich in Latein und Ungarisch, um den Leuten einige Worte sagen*
*zu können . . .*[16]

Maria Theresia an Albert:

*18. April 1766*
*Mein lieber Sohn,*
*nicht so viel Complimente. Das Madame am Anfang Eures Briefes ist*
*mir zuwider, schreibt ein ander Mal meine liebe Mutter und bleibt da-*
*bei, wie ich es tue. Auch zeichnet einfach mit dem mir teuren Namen*
*Albert. Ohne Umstände. Wenn Ihr mit meiner Tochter glücklich seid,*
*so liegt darin alles, was ich erhoffte. Sie jedenfalls scheint es vollkom-*
*men und ist willens, sich Eure Liebe und Zuneigung zu erhalten . . .*

*Ich verlange nicht, daß Ihr mir regelmäßig schreibt, Ihr habt genug andere Correspondenz am Halse. Eure Mimi kann das übernehmen. Ich habe schon vier Briefe von ihr erhalten, die mir solche Freude bereiteten, sie sind voll davon, mit welchem Zartgefühl und welch besonderer Herzlichkeit Ihr sie über meine Heimreise nach der Hochzeit zu zerstreuen suchtet. Ich lege sie Euch immer ans Herz und bin stets Eure*
getreue *Maria Theresia*[17]

Kaum waren die Zeilen an Albert geschrieben, so fuhr die Kaiserin fort, ihrer Mimi endlose Ratschläge zu geben, von denen die wichtigsten als kurze Auszüge festgehalten seien:

*Meine liebe Tochter,*
*ich habe mich um acht Uhr zurückgezogen und schreibe Euch nun, da Ihr um eine baldige Antwort batet . . . Immer habe ich Euch vor meinen Augen, jetzt eben besonders.*

*Ihr könnt und müßt jedermann anhören und sollt alle Welt sehen. Ihr seid meine Tochter und braucht Euch keinerlei Zwang anzutun. Aber niemals dürft Ihr selbständig Entscheidungen treffen, sondern Eure Gespräche und Antworten sollen sich nach dem richten, was Euer Gemahl für gut befindet, und nicht vergessen, daß die Regierungsgeschäfte die Wege einzuhalten haben, die dafür vorgesehen sind . . .*

*Ihr sollt mich über alle wichtigen Vorgänge unterrichten, darum sollt Ihr zuhören, beobachten, den Leuten wenigstens ein Wort des Verstehens sagen, wenn man ihnen nicht sofort helfen kann. Das ist das mindeste, was man von uns verlangen kann . . .*

*Doch geht es freilich nicht an, daß Ihr als meine Tochter ohne Kenntnis der laufenden Geschäfte bleibt. Die Minister können Euch beide ja immer gleichzeitig zusammen sprechen, das hängt davon ab, wie Ihr beide es einrichten wollt, ich schreibe Euch darin nichts vor . . .*

*. . . es geht mir soweit ganz gut, nur bin ich ohne Ruhe. Mein Herz hat eine schwere Erschütterung erlitten und kommt noch nicht darüber hinweg, zumal an einem Tag wie dem heutigen nicht. Binnen acht Monaten verliere ich den besten Gatten, ein Sohn (Leopold) geht fort, dem meine ganze Liebe und Sorgfalt galt, und eine Tochter heiratet, die nach dem Tode ihres Vaters mein ganzer Trost und meine Freundin war . . .*[18]

Gerecht denkende Mütter mag es befremden, wie innig die Kaiserin an Mimi hing, denn man muß sich vergegenwärtigen, daß in der Wiener

Burg nach Mimis Weggang noch neun Kinder mit Maria Theresia lebten. Max, Antonia, Ferdinand, Karoline und Maria Josepha mochten
noch recht kindlich sein, denn sie waren schließlich erst neun, zehn, elf,
dreizehn und fünfzehn Jahre alt. Joseph befand sich in ständigem Konflikt mit der Mutter, aber die schöne Elisabeth mit zweiundzwanzig Jahren, Amalia im verständigen Alter von zwanzig und die intelligente und
geistig regsame Marianna mit ihren siebenundzwanzig Jahren wären, so
sollte man meinen, durchaus in der Lage gewesen, die Kaiserin zu trösten und zu unterhalten. Die Schwestern gaben sich auch zweifellos
große Mühe, aber die Sache war nicht so einfach. Maria Theresia befand
sich in einer Verfassung, in der sie ihre Betrübnis gewissermaßen genoß
und pflegte. So führte sie ein genaues Kalendarium mit sämtlichen To-
destagen der nächsten Familienangehörigen und ließ zu diesen Daten
Vigilien abhalten, bei denen sich die ganze Familie zu nächtlicher Andacht zusammenfinden mußte. Am 18. eines jeden Monats schloß sie
sich in ihr Schlafzimmer ein und verbrachte diesen Tag mit Gebeten und
in tiefster Einkehr, denn an einem 18. war der Kaiser gestorben.

Im gleichen Brief vom 18. 4. 1766 an Mimi, der politische und gesellschaftliche Weisungen enthielt, ließ die betrübte Mutter am Schluß
ihrer Wehmut ganz ungezügelt ihren Lauf:

*Heute nach Tisch war ich ganz dumm und kindisch, als ich um drei
Uhr Eure Schwestern in meiner Kammer hörte, glaubte ich einen Augenblick, meine liebste Mimi käme.*

*Ach, sie hält Hof bei sich und genießt die Nähe ihres Geliebten – ja,
das habe ich nun von meinen Sorgen, die ich seit zwei Jahren um sie
gehabt.*

*Doch ich . . . erhoffe . . ., daß Euch dieses Glück erhalten bleibe und
alle Tage größer werde. Aber ich will nicht vor Euch brummen, sondern
halte Euch von ganzem Herzen lieb.*[19]

Für Mitte Mai 1767 erwartete Mimi ihr erstes Kind. Sie war eine gesunde junge Frau, nichts sprach dagegen, daß sie nicht auch ein gesundes
Kind haben würde. Im Laufe des 15. Mai setzten die Wehen ein, die Geburt verlief über Gebühr langsam. Khevenhüller trug in sein Tagebuch
betrübende Nachrichten ein:

*Wie selbe dann auch . . . den 16., jedoch nach vill und langwührig
ausgestandenen Schmertzen um 9 Uhr Fruh mit einer Dochter entbunden wurden, welche aber so schwach auf die Welt gekommen, daß der*

*Prinz Clemens sich genöthiget gesehen, ihr nur in der Eille die Noth-Tauff zu ertheilen, und das liebe Kind den andern Morgen als den 17. bereits eine Leich gewesen . . .*

*Wegen dieses betrübten Zufalls und weil sich die Frau Kindbetterin wegen zunehmender Alteration in sehr critischen Umständen befande, wurde . . . der sonntägige Gottesdienst nur in der Cammer-Capellen gehalten . . .* [20]

Von den schrecklichen Tagen des Mai 1767, als die junge Kaiserin Josepha an den Pocken starb, Maria Theresia an der gleichen Krankheit so schwer danieder lag, daß man ihr am 1. Juni die Sterbesakramente reichte – davon merkte die fiebernde Mimi nichts, denn man verheimlichte ihr sorgfältig die schlimmen Ereignisse. Am 11. Juni hatten sich Maria Theresia und Mimi so weit erholt, daß die Ärzte ein Wiedersehen erlaubten. Keine Woche verging, da lag Albert am 17. Juni ebenfalls mit Blattern zu Bett. Die kaum genesene Marie machte sich die schwersten Sorgen, doch die Krankheit trat bei ihrem Mann in einer schwachen Form auf und Albert war bald außer Gefahr.

Die ganze Familie hatte dies verhängnisvolle Jahr in der einzigen Sorge und Bedrückung verbracht, wer nun wohl als nächster von den Pocken befallen und in Lebensgefahr geraten würde.

Von ihren Sorgen befreit, wandte sich die Kaiserin wieder mit mehr Anteilnahme ihren Regierungsgeschäften zu. Ihre Aufmerksamkeit galt Ungarn, nicht nur, weil Albert und Marie dort amtierten, sondern weil sie vorsichtig sondierte, welche Reformen in der Verwaltung des Landes wohl angebracht seien. So ernannte sie zum Beispiel nach 1765 keinen Palatin mehr für Ungarn. Erst sehr viele Jahre später sollte dies Amt unter ihren Nachfolgern wieder besetzt werden. Herzog Albert führte den offiziellen lateinischen Titel eines Locumtenens, was Statthalter bedeutet. Adam Wolf definierte den Unterschied der beiden Ämter:

*Der Palatin leistete den Eid auch der Nation, der Statthalter nur dem König (oder der Königin); der Palatin wurde aus drei von den Ständen vorgeschlagenen Männern erwählt, die Ernennung des Statthalters ging nur vom Könige aus. Der Palatin wurde als Organ angesehen, die Verlangen der Nation zum Throne zu bringen; die erste Pflicht des Statthalters war, die königlichen Befehle zu vollziehen; der Palatin präsidierte der Magnatentafel, der Statthalter einem Amte, der Statthalterei . . .*

*. . . der ungarische Adel erkannte Albert und (Marie) Christine in ihrer neuen Stellung vollkommen an und bezeigte ihnen persönlich seine Verehrung.*[21]

Mehr als ein Jahrzehnt durften sich Albert und Marie einer glanzvollen und friedlichen Zeit erfreuen. Preßburg erlebte in jenen Jahren einen Höhepunkt als ungarische Hauptstadt. Alle Regierungsbehörden hatten dort ihren Sitz, die hohen Beamten und der Adel wohnten dort. Seit dem letzten Bürgerkriege näherten sich die ungarischen Magnaten mehr und mehr der österreichischen Lebensform und dem für Europa tonangebenden französischen Kulturleben.

Man verhielt sich in Ungarn allen Neuerungen gegenüber sehr konziliant und aufgeschlossen. Die Kinder der Adligen lernten französisch und – nach altem ungarischen Brauch – lateinisch, sie erhielten deutsche Vornamen und das gemütvolle österreichische Deutsch wurde in Ungarn zur zweiten Umgangssprache. Die Nationen kamen sich menschlich näher. Dabei war es unerheblich, daß Deutsch-Österreich nach absolutistischen Prinzipien regiert wurde, während Ungarn in einem gewissen altfeudalen System verblieb, dessen Grundzüge sich im Mittelalter herausgebildet hatten und die getreulich beibehalten wurden. Hier Wandel zu schaffen versuchte Maria Theresia nur mit großer Vorsicht. Josephs rigorose Pläne auf diesem Gebiet sollten später fast gänzlich scheitern.

Drei von Mimis Schwestern heirateten in entfernte Länder. 1768 kam Marie Karoline nach Neapel, 1769 Maria Amalia nach Parma, 1770 das vierzehnjährige Kind Maria Antonia nach Paris. Als diese drei Töchter Maria Theresia zum Abschied umarmten, war es ein Lebewohl auf Lebenszeit. Alle drei haben die Mutter nicht wiedergesehen.

Wie gut hatte es dagegen Marie. Neben dem lebhaften Briefwechsel gab es eine Fülle von Besuchen hin und her, die Kaiserin fuhr nach Schloßhof und traf dort Mimi und Albert, oder die beiden kamen nach Wien und verbrachten dort in den herrlichen kaiserlichen Räumen einige Tage oder Wochen. Mimi brauchte nicht auf die Mutter, die Freunde, die Geschwister zu verzichten und hatte trotzdem ihren eigenen Lebenskreis in Preßburg. Sie hatte außerdem den geliebten Mann heiraten dürfen, während ihre Schwestern aufs Geratewohl einem unerzogenen Lümmel in Neapel, einem bigotten Schwachkopf in Parma und einem gutartigen, aber zum Handwerker besser taugenden Halbwüchsigen in Paris übersandt wurden. Das Glück meinte es gut mit Mimi.

Kaiser Joseph entführte der Schwester allerdings einigemale ihren Mann. 1769 beorderte er Albert dazu, ihn ins Banat zu begleiten und zwar zu einer Jahreszeit, die nicht dafür geeignet war, um sich meist zu Pferd durch weites, einsames Land zu wagen. Eine sehr kleine Eskorte gab der Unternehmung einen militärischen Anstrich. Ein Wagen folgte, wurde aber kaum benutzt. Man ritt bei Tage, man ritt bei Nacht. Bei einer Donauüberquerung wäre um ein Haar die Fähre gekentert, weil ein Pferd unruhig wurde und stieg. Joseph schien von einem wahren Fortbewegungswahn ergriffen und gönnte niemandem Ruhe. Schließlich machte er halt in Mehadica zu Beginn der Transsylvanischen Alpen, kehrte dann sofort um und eilte im gleichen Tempo durch Slawonien und die nächstliegenden ungarischen Komitate zurück nach Ofen. Diese große Reise begann am 17. April 1769 und endete am 20. Mai. Es war eine einzige Hetzjagd und selbst der an Strapazen gewöhnte Albert atmete erleichtert auf, als sie zu Ende ging.

So war Herzog Albert keineswegs begeistert, als Kaiser Joseph ihn im folgenden Jahre, ebenfalls wieder im wetterwendischen April, aufforderte, erneut eine Reise zu unternehmen. Man wählte die Route über Bruck, Ödenburg nach Fünfkirchen, ritt dann über das weite Pußtaland zwischen Theiß und Donau nach Szolnok, Tokai und Pest. Albert machte täglich Notizen und verfaßte auch über diese Reise, wie schon im vergangenen Jahr, einen ausführlichen Bericht für die Kaiserin. Das Land Ungarn, in welchem er Statthalter war, hat er jedenfalls vom Sattel aus gründlich kennengelernt.

Im Jahre 1771 durchlebte Mimi sorgenvolle Monate. Zwischen Österreich und der Türkei existierte damals ein Beistandsvertrag. Sollten beispielsweise die Russen die Donau überschreiten und Adrianopel angreifen, so war vorgesehen, daß Österreich der Türkei mit einem Corps Soldaten zu Hilfe kam. Kaiser Joseph behielt sich den Oberbefehl über diese Streitmacht vor, Albert sollte ein Kommando erhalten und auch in den Krieg ziehen. Ehe sich Maries Befürchtungen bewahrheiteten, daß Albert sich für eine so wenig naheliegende Sache in Gefahr begeben sollte, kam es zu dem Waffenstillstand von Giurgevo im Jahre 1772 und alle Kriegspläne wurden hinfällig.

In ihrem späteren Leben dachte Mimi manchmal mit Wehmut an die sorglose Zeit zurück, die sie zwischen 1766 und 1780 in Preßburg und in enger Verbindung mit der Mutter verlebt hatte. Waren ihr nach der unglücklichen Geburt 1767 auch keine weiteren Kinder mehr beschieden, so führte sie doch ein zufriedenes Leben, frei von Beeinträchtigungen, ohne Geldsorgen, ohne Angst vor revoltierenden Untertanen. Einmal befürchtete sie, die Mutter könnte sich über Albert geärgert haben und wäre verstimmt. Doch Maria Theresia beruhigte sie in ihrem nächsten Brief ganz grundsätzlich über diesen Punkt:

> *Wien, 4. Oktober 1771*
> *. . . Ich habe schon lange auf diesen meinen Sohn achtgegeben, viel früher, als Ihr ihm begegnet seid, ich kenne ihn daher genau, seinen ausgezeichneten Charakter, seine gute Seele, sein wohlbeschaffenes Herz. Der eitle Glanz fehlt, vielleicht versteht er nicht ganz, seine Ware gleich an den Mann zu bringen, aber dies gerade, ist es nicht das, was seinen Wert macht, die Wahrhaftigkeit und die Unbestechlichkeit an ihm? . . .*
> *Ich komme bestimmt am vierzehnten, aber nach dem Mittag. Ich werde eine Kleinigkeit in der Stadt essen. Genau kann ich die Stunde nicht angeben, und wenn ich eilen muß, werde ich gleich grantig für den ganzen Tag und möchte doch mit dem breiten Maul zu Euch kommen . . .*[22]

Den Winter 1775/76 wollten Albert und Mimi in Italien verbringen. Sie wollten die dort verheirateten Schwestern wiedersehen und ihre anekdotenumwobenen Ehemänner kennenlernen. Die Kaiserin war von dem Plan sehr angetan und gab Mimi nach ihrer Gewohnheit die genauesten Instruktionen mit. Kurz vor der Abfahrt schrieb sie an Mimi:

> *Du weißt, wie sehr mir Deine Schwester in Neapel am Herzen liegt, und ich muß ihr die Gerechtigkeit zubilligen, daß nach Dir sie diejenige ist, die mir stets die meiste wirkliche Anhänglichkeit erzeigte und den Wunsch nach meinen Ratschlägen und die Bereitwilligkeit ihnen zu folgen bewies. Aber jung und voreilig wie sie ist, immer in Gesellschaft eines heftigen Mannes ohne Erziehung, umgeben von allem, was es nur Schlechtes gibt, was kann man da hoffen?*
> *Es ist ein Wunder, daß die Dinge noch so gehen wie jetzt . . . Daß Deine Schwester nicht schweigen kann, läßt mich noch mehr fürchten . . .*
> *Ich gestehe, ich beschäftige mich sehr viel mit dieser lieben Tochter, aber recht mit der Befürchtung, daß es eines Tages hauptsächlich mit Spanien, das mit ihnen unwürdig verfährt, zu einem Krach kommen wird.*[23]

Die Kaiserin nannte die Dinge recht kraß beim Namen und bewies in
ihren Mutmaßungen viel Voraussicht. Leider konnte sie von Wien aus
wenig helfen und war weitgehend darauf angewiesen, sowohl in Neapel
als auch in Parma und Paris den Dingen einfach ihren Lauf zu lassen.

Am 28. Dezember 1775 setzte sich der Reisezug des Herzogspaars in
Bewegung. Man reist heute die Strecke Wien–Mailand in so unglaublich
kurzer Zeit, daß die alten Reisebeschreibungen wie aus einem Märchen-
buch anmuten. Zunächst einmal die Zurüstungen. Man brauchte eine
bewaffnete Eskorte, denn die Straße von Laibach nach Triest wurde
durch türkische und kroatische Räuberbanden derart verunsichert, daß
kein Mensch ohne handfeste Bedeckung diese Fahrt unternahm. Man
übernachtete in Bruck, dann in Marburg, danach in Cilly, ferner in Laibach und Görz. Die Straßen waren zum Erbarmen, das Wetter jämmer-
lich und Marie fragte sich, wozu sie eigentlich so viele neu in Wien ange-
fertigte Sommerkleider eingepackt hatte. Sie saß zitternd in ihren Pelz
gehüllt im Wagen und schaute betrübt in das Schnee- und Regenge-
misch, das an den Wagenfenstern in Rinnsalen herunterlief. In Görz
endlich hörten Schnee und Regen auf und es gab einige Huldigungen
und Empfänge. Von Porto Gruaro aus fuhr man mit drei kleinen Schiffen nach Venedig, wo man am 6. Januar 1776 eintraf. Die Stadt erweckte
zwiespältige Gefühle bei den Reisenden: Begeisterung für die herrlichen
Gebäude und Kanäle, Brücken und Plätze, aber auch lebhafte Abneigung
gegen den unübersehbaren Schmutz auf den Straßen und vor etlichen
Häusern. Sie wohnten in einem empfohlenen reinlichen Hotel »Lo
Scudo di Francia«. Albert traf hier einen alten Bekannten aus Dresden
wieder, den Komponisten Johann Adolf Hasse, der mit seiner einst so berühmten Gattin, der Sängerin Faustina Bordoni, in Venedig still und
fern der großen Welt seinen Lebensabend verbrachte.

Von Venedig führte der Weg über Ferrara und Bologna nach Florenz,
wo man bei Familie Leopold sechs sehr harmonische Wochen verbrachte.
Auffallend war der gute Zustand der Straßen im Lande Toscana, wogegen die Fahrt bis zur Grenze auf schlechten Wegen ein wahres Martyrium gewesen war. Mimi und Leopold gedachten ihres Vaters, des Kaisers Franz I., der bei der Übernahme der Toscana als erste Amtshandlung
den Befehl erteilte, feste Straßen anzulegen.[24]

Am 22. Februar verließen Albert und Marie Florenz und reisten weiter nach Rom. Diese erste Begegnung mit den Baudenkmälern und
Kunstschätzen der Antike war für beide ein nachhaltiges Erlebnis. Am
20. März gewährte ihnen Papst Pius VI. eine Audienz. Albert fand die

Stadt Rom bewunderungswürdig, aber die Armut und die Mißstände im Vatikanstaat waren ihm unerklärlich. Es ging alles einen verhängnisvollen Schlendrian, keiner sorgte für Ordnung, jeder blieb sich selbst überlassen und Not und Armut waren groß. Zur Abschiedsaudienz für das Herzogspaar überreichte der Papst Marie Anfang April eine goldene Rose, aber zu Sanierungsmaßnahmen für die Armen in seinem Lande sah er keine Möglichkeit. So oder ähnlich fand Albert die Zustände in ganz Italien mit Ausnahme der Toscana.

Marie Karoline von Neapel war glücklich, ihre zehn Jahre ältere Schwester Mimi nach einer achtjährigen Trennung wiederzusehen. Über den einst so problematischen König Ferdinand IV. von Neapel-Sizilien berichtete Albert recht freundlich und gemäßigt. Seit seiner Heirat mit Karoline waren acht Jahre vergangen, so daß er die größten Tollheiten seiner Rüpeljahre, sein schlechtes Benehmen und seine Grobheiten weitgehend abgelegt hatte. Da Karoline es verstand, mit ihrem Mann umzugehen und seine Sympathie zu gewinnen, konnte sie auch auf seine geistige Haltung Einfluß nehmen.

Anfang Juni fuhr man über Modena für einige Tage nach Parma, wo Mimis Schwester Maria Amalie mit ihrem fünf Jahre jüngeren Gatten, dem spanischen Infanten und Bruder Isabellas von Parma, jetzigem regierenden Herzog Ferdinand von Parma lebte. Man müßte eigentlich sagen: sie lebte neben ihm, denn ein Miteinander gab es in dieser Ehe, die 1769 geschlossen worden war, schon seit Jahren nicht mehr. Dennoch zeigte sich Ferdinand sehr gastfreundlich und man verbrachte angenehme Stunden. Da Ferdinand und Amalie wußten, wie sehr einst Mimi an Isabella gehangen hatte, zeigte man den Gästen vordringlich Isabellas einstige Gemächer im Schlosse von Colorno. Dort war zum Andenken an die früh Verstorbene alles unverändert geblieben.

Am 8. Juni 1776 reisten Mimi und Albert nach Turin und waren zwölf Tage Gäste des Königs Victor Amadeus III. von Sardinien, der in Turin residierte. Am 20. Juni trafen die Reisenden in Mailand ein. Mimi hatte ihren jetzt zweiundzwanzigjährigen Bruder Ferdinand, der elf Jahre jünger war als sie, schon in Modena am Hofe des Herzogs von Este getroffen. Hier in Mailand fand nun ein großer offizieller Empfang statt, wie es der Generalkapitän und Gouverneur der Lombardei sich schuldig war. Ferdinand führte ein angenehmes Familienleben mit Marie-Beatrix von Este und würde nach dem Tode seines Schwiegervaters der Erbe des Herzogtums Modena sein.

Am 28. Juni trennten sich die Geschwister und Albert und Mimi fuhren über Mantua und Vicenza nach Padua, um dort mit Leopold und Marie Luise aus Florenz zusammenzutreffen, man wollte über Venedig gemeinsam nach Wien reisen. Am 13. Juli kamen sie früh um vier Uhr in Leoben an, wechselten die Pferde und fuhren unverzüglich weiter. Sie planten, vor Wien noch einmal zu übernachten, um dann am nächsten Tag gut ausgeruht die Kaiserin zu begrüßen. Aber Maria Theresia sandte ihnen einen Kurier entgegen mit der Weisung, sie möchten noch diesen Abend nach Schönbrunn kommen.

Müde und verstaubt von der langen Fahrt wollten die jungen Leute die Mutter dennoch nicht enttäuschen und fuhren weiter. Sie wußten, wie sehnlich sie erwartet wurden und trafen um neun Uhr abends in Schloß Schönbrunn ein, wo ein herzliches Wiedersehen gefeiert wurde. Joseph, Marianna und Elisabeth waren ebenfalls anwesend.

Während der halbjährigen Abwesenheit waren die zärtlichsten Briefe zwischen Mutter und Tochter hin und her gegangen. Die Kaiserin schrieb unermüdlich, auch wenn es nur »ein Wischerl« war, wie sie ihre Handbilletts nannte. Manchen guten Tip für die Behandlung der einzelnen Herrscher an den italienischen Höfen hatten die Kinder der Mutter zu verdanken. Albert revanchierte sich nach seiner Rückkehr dadurch, daß er der Schwiegermutter einen sehr ausführlichen Bericht über die Reise anfertigte.[25]

Die Statthalter kehrten im August nach Preßburg zurück und nahmen ihre Amtstätigkeit wieder auf. Im Jahre 1778 mußte Albert im Verlaufe des Bayerischen Erbfolgekrieges einrücken. Er kommandierte 6 Infanterie- und 5 Kavallerie-Regimenter und führte seine Truppen zum Standort des Kaisers nach Jaromiřz. Mimis Besorgnis, Albert könnte sich Gefahren aussetzen, blieb unbegründet, denn es fanden kaum Kampfhandlungen statt.

Die Briefe, die Marie in der Zeit der Trennung an Albert schrieb, haben in ihrer Innigkeit und überströmenden Liebe etwas Rührendes. Selbst in einem Zeitalter, wo man seinen Gefühlen gern freien Lauf ließ, sind Mimis Briefe bemerkenswert. So schreibt nicht eine reife Frau im zwölften Ehejahr, sondern ein verliebtes junges Mädchen. Im Frühjahr 1778 sandte sie Albert ihr Miniaturporträt und sagte ihm die liebevollsten Worte dazu:

*Mai 1778*

*Die zärtlichste Frau sendet hier dem Besten der Sterblichen, dem angebeteten Manne ihr Bild, aber die kalten toten Farben können die leben-*

*digen Gefühle, von denen ihr Herz erfüllt ist, nicht wiedergeben. Möge
er es öfter mit Liebe betrachten; möge er sich der Augen erinnern, die
jetzt von Tränen überfließen; möge ihm das Bild die Wünsche ausdrük-
ken, die sie für ihn hegt; möge er darin täglich die Bitte lesen, sich für
ihre Liebe, für ihr treues Herz zu erhalten. Das ist ihr Ehrgeiz; dafür
existiert sie, dafür allein will sie leben. Das sind die Gedanken, von
denen die Seele Deiner treuen Frau erfüllt ist.*

*8. Mai 1778*

*Du verlangst, mein angebetetes teures Herz, daß ich Dir von meiner
Liebe, meiner Zärtlichkeit spreche? Nichts kann dieser gleichkommen.
Nur die Furcht, Dir, geliebter Mann, ungelegen zu sein, kann mich zurückhalten, davon zu sprechen, aber verlange nicht, daß ich Dir ein Bild
meines Herzens, eine Schilderung der Betrübnis und der Schmerzen,
von denen das Herz Deiner treuen Mimi voll ist, entwerfe. Kein Tag
vergeht, wo ich nicht Tränen vergieße.*[26]

Am 16. Juni fuhr Mimi nach Schloßhof, wollte dort übernachten und
am nächsten Tag in Preßburg an der Fronleichnamsprozession teilnehmen. An diesem Ort kamen die Erinnerungen an ihre Hochzeit mit
Macht über sie und sie sandte Albert ihre Gedanken:

*17. Juni 1778*

*Ich bin, mein angebetetes Herz, an diesem Orte, wo ich die glücklichsten
Stunden mit meinem lieben Gemahl zugebracht habe; ich war in der
Kapelle, wo das heiligste und glücklichste Band mich mit Dir vereinigt
hat; seitdem habe ich zwölf Jahre eine glückliche Zeit ohne Störung,
ohne Trübung, ohne eine Wolke der Betrübnis mit Dir verlebt. Welch
ein Unterschied mit der Gegenwart, wo ich allein bin, wo jeden Tag
meine Tränen fließen. Hier erneuert sich mein Leid; mein Kummer
bricht heftiger hervor, und ich fühle die Trennung schmerzlicher als je;
die Besorgnis für Deine Gesundheit, für alles, was ich noch zu erwarten
habe, bedrängt mein Herz. Ich bin so niedergeschlagen, daß ich nicht
den Mut habe, jene Zimmer zu betreten, wo ich die glücklichsten Mo-
mente meines Lebens zugebracht habe.*[27]

Mimi war die einzige der verheirateten Schwestern, die während ihrer
Hochzeit glückliche Augenblicke erlebt hatte. Amalia verachtete den bigotten Jüngling, mit dem sie zusammengegeben worden war, von Herzen. Marie Karoline schrieb einmal, sie würde lieber sterben, als »jene
Augenblicke« noch einmal erleben zu müssen, und der Dauphin von

Frankreich, Marie Antoinettes Bräutigam, war ein linkisches Kind, nicht im Stande, eine Frau glücklich zu machen. Elf Töchter einer großen Kaiserin: drei starben als kleine Kinder, zwei als Backfische, eine wurde eine ernsthafte alte Jungfer, die andere die skurrile Ausgabe des gleichen Frauentypus. Drei wurden jahrelang todunglücklich in ihren Ehen und versuchten aus ihrem Leben das zu retten, was zu retten möglich war. Nur eine einzige konnte sagen, daß sie glücklich geworden war.

Das schon erwähnte Tagebuch Erzherzog Leopolds, das er nach seinem Wiener Aufenthalt 1778 verfaßte, enthält besonders über Marie langatmige Aufzeichnungen. Prof. Adam Wandruszka, Leopolds Biograph, nannte ihn »illusionslos« und wer die folgenden kurzen Auszüge liest, wird diese Haltung bestätigen:

*Für die Maria schließlich und für den Prinzen Albert hegt sie (die Kaiserin) die größte Zärtlichkeit und Vertrauen, diese machen mit der Kaiserin was sie wollen, sie erhalten ununterbrochen Gnadenerweise und dieselbe kann ohne sie nicht sein. Diese, besonders sie, sind den ganzen Tag bei ihr und wenn sie nicht dort sind, so schreiben sie einander, . . . jeden Tag durch einen Eilboten. Sie kann zu jeder Stunde zu ihr gehen, wann sie will, und nur in sie, von allen ihren Kindern, setzt die Kaiserin ihr ganzes Vertrauen, sie kann ihr alles sagen, ihr zeigt sie alle Briefe, alle Schriftstücke und alle Staatsgeschäfte, zu ihr spricht sie über alles, ihr vertraut sie alles an, in allem befolgt sie ihren Rat, ihr gewährt sie alle Gnadenerweise, sie erreicht . . . Pensionen, nimmt Einfluß auf alle Verleihungen von Ämtern und wenn sie dagegen ist, kann man sicher sein, nichts mehr zu erreichen . . .*

*Sie rühmt sich dessen öffentlich und macht sich sehr wichtig und vergibt großartig ihre Protektion, so sehr, daß sich die Kaiserin vor ihr fürchtet und es nicht einmal wagt, aus Angst vor ihr und um nicht ihre Eifersucht zu erregen, den anderen Schwestern irgendeine Aufmerksamkeit zu beweisen, außer mit ihrer Erlaubnis oder hinter ihrem Rücken.*[28]

Aus Leopolds Bericht fühlt man sein Erstaunen und seine Mißbilligung darüber, daß eine seiner Schwestern es wagen konnte, die Mutter und Herrscherin in dieser Weise gewissermaßen unter dem Pantoffel zu haben. Leopold sah die Reiche regiert, die Ämter besetzt, die Gnaden vergeben, aber nicht von Maria Theresia, sondern von »der Marie«. Beinahe tat es Leopold wohl zu sehen, daß Kaiser Joseph das alles nicht ohne Gegenmittel hinnahm:

*Der Maria erweist er mehr Liebenswürdigkeiten und Aufmerksam-
keit, aber er hat vor ihr eine sehr große Angst und Verdacht, weil er
weiß, daß sie immer mit der Kaiserin ist, er kann sie nicht leiden, weil er
sagt, daß sie mit ihr intrigiert, um ihren Kreaturen Anstellungen und
Pensionen zu verschaffen, er erzählt alle diese Dinge, die sie tut, und
glaubt, daß sie die Kaiserin sehr viel Geld kostet und immer in allen Angelegenheiten intrigiert.*

*Er zeigt ihr seine Bosheit, indem er sie öffentlich lächerlich macht und
boshafte Dinge sagt und ihrem Gemahl Prinz Albert zufügt, den er
manchmal lobt, aber meistens verachtet und in der Öffentlichkeit lächerlich macht; aber gegenüber der Maria hat er große Angst und Eifersucht.*[29]

Ausführlicher als über alle anderen Geschwister verzeichnete Leopold
seine Beobachtungen über Marie Christine. Seine Suada ist endlos, er
machte hemmungslos seinem Ärger Luft. In ermüdende Wiederholungen eingebettet finden sich immer wieder Mißbilligung, Kritik und Angriffe gegen Mimi.

*Sie schilt alle mit großem Hochmut . . .*

*Sie ist voll Ehrgeiz und Gewinnsucht . . . sie gibt im Namen der Kai-
serin Geld aus und verwendet ihre Dienerschaft, als ob es ihre eigene
wäre . . .*

*. . . sie hat große Eifersucht und Abneigung gegen die beiden Schwe-
stern, Maria Anna, aber gegen diese weniger, wenngleich sie sie verachtet, sie lächerlich macht und von obenherab behandelt, aber gegen die
Elisabetha noch mehr, besonders seit sie gemerkt hat, daß sie begonnen
hat, Einfluß bei der Kaiserin zu gewinnen. Sie verfolgt sie dauernd,
hetzt die Kaiserin und alle gegen sie auf . . .*

*Sie hat einen ähnlichen Haß, aber noch heftiger, gegen die Erzherzo-
gin in Mailand und meinen Bruder (Marie-Beatrix und Ferdinand), weil
sie sieht, daß die Kaiserin sie gerne hat, und erzählt von ihnen schreckliche Dinge vor den Leuten und der Kaiserin, um sie gegen sie einzunehmen . . .*

*Sie hat eine sehr schöne und große Versorgung, mehrere Millionen
und Ländereien, außerdem in Eigenbesitz die Herrschaft von Altenburg, das Herzogtum Teschen, das höchste Amt in Ungarn und beim
Tod des Prinzen Carl (von Lothringen) für sie die Regierung der Niederlande, aber sie sagt, sie will in ihrem Testament alles einem meiner
Söhne vermachen und dann kommen und bei uns in Italien leben, da sie
nicht mit dem Kaiser bleiben will.*[30]

Leopold, schon bei seinen Mitteilungen über Joseph nicht wählerisch bei Klatsch und übler Nachrede, versäumte auch im Hinblick auf Mimi nicht, intime Einzelheiten preiszugeben:

*Ihr Mann, gut und ein Ehrenmann, ist ganz von ihr eingesponnen und seine ganze Familie ist ganz von ihr gewonnen und sie muß das sagen und tun, was sie will . . .*

*Sie ist im Lande allgemein verhaßt wegen ihrer Einbildung, Protektionen, Willkür und Reden, alle reden schlecht von ihr, besonders jetzt aus Anlaß des Krieges sagt das Publikum, das den Frieden nicht will, daß sie es ist, die die Kaiserin verpflichtet hat, ihren Generälen zu verbieten, nach Sachsen einzurücken, Bayern zurückzugeben und Frieden zu machen unter jeder, auch schändlicher Bedingung, damit Sachsen, wo sie alle ihre Kapitalien hat, kein Schaden zugefügt werde und daß man uns so betrogen hat, und um rasch ihren Mann wieder zu Hause zu haben. Und deshalb schimpft man auf sie und schreibt es außer ihr auch Rosenberg zu, der jetzt ganz ihre Kreatur ist, und den sie so gut in die Umgebung und in die Gunst der Kaiserin gebracht hat und deshalb sagen sie in der Stadt, sie habe ein Verhältnis mit ihm.*[31]

Maria Theresia war eine kluge Frau und die Differenzen unter ihren Kindern werden ihr sicherlich nicht entgangen sein. Die Liebe zu Mimi war jedoch tief eingewurzelt und erlosch erst mit dem Tode der Mutter. Als am 13. Mai 1780 die Kaiserin ihren dreiundsechzigsten Geburtstag beging, schrieb sie Mimi eines ihrer ganz privaten »Wischerl«, einen kurzen, herzlichen Tagesbericht:

*Der dreizehnte! Glücklicher Tag, der mir meine teure, liebste Mimi geschenkt hat. Ich habe den Tag mit meiner Andacht begonnen, als ich ging kam Euer Brief, ich habe noch nicht erfahren, wer von meinen Leuten ihn gebracht hat. Ich wollte allein bleiben, aber als ich die zwei Briefchen bekam, ließ ich Euren Bruder, die Schwestern, die Vasquez und die Störck zu mir zum Frühstück kommen . . .*

*Den Rest des Tages verbrachte ich ganz allein, trotz des scheußlichen Sturms, der mehrmals die Fenster aufriß – ich weiß nicht, wie die Leute bei dem Wetter ins Schloß kommen, die Planken auf der Terrasse werden noch wegfliegen. Seit sieben Uhr hat er sich gelegt, ich bin sehr froh darüber, da ich Euch auf dem Weg nach Lanschütz vermute. Bin sehr müde von der gestrigen Hitze und von allem Drum und Dran heute.*[32]

Am 4. Juli 1780 starb Herzog Carl von Lothringen im achtundsechzigsten Lebensjahr auf seinem Schloß Tervueren. Jahrelang hatte er die österreichischen Niederlande gemächlich regiert. Sein Amt war Marie und Albert schon in ihrem Heiratsbrief zugedacht. Im Laufe der Geschichte hatte es schon Ehepaare gegeben, die das Amt der Statthalter in Brüssel innegehabt hatten. Für das Herzogspaar von Sachsen-Teschen war jetzt der Augenblick gekommen, die Nachfolge des verstorbenen Onkels anzutreten.

Maria Theresia, von ihrer Krankheit schon sehr behindert, machte sich ein Vergnügen daraus, die neue Hofhaltung ihrer liebsten Tochter zu bestimmen und es war beinahe so, als heirate Mimi von neuem. Schloß Marimont sollte der Wohnsitz der Kinder sein, also ließ sich die Kaiserin Pläne kommen und überlegte, was geändert und verbessert werden könnte. Sie wollte eine tapfere Mutter sein, obwohl der enge familiäre Verkehr zwischen Wien und Preßburg jetzt ein Ende haben sollte.

Während sie insgeheim schon überlegt hatte, Mimi und Albert besonders tüchtige Minister zur Seite zu stellen, damit auch nach dem Umzug von Preßburg nach Brüssel lange Aufenthalte in Wien für das Herzogspaar möglich sein würden, ereilte der Tod die Kaiserin am 29. November 1780 und machte alle Pläne und Erwägungen mit einem Schlage zunichte. Der große Exodus der Geschwister aus der Wiener Hofburg begann.

Mimis Biograph Adam Wolf führt uns mit genauen Einzelheiten vor Augen, wie es an diesem Wendepunkt im Leben des Herzogspaars aussah: »Maria und Albert waren in tiefste Trauer versenkt. Beide hatten am meisten die Liebe Maria Theresias erfahren. Sie verloren mit ihr die beste Stütze. Bisher war ihnen ein Leben voll Frieden und Glück zuteil geworden, hinfort sollten sie alle bitteren Täuschungen des Geschickes erfahren, Kummer, Neid, Unbestand, Verlegenheit und das wüste Treiben eines empörten Volkes, bis auch sie die Ruhe fanden in der stillen Gruft, wohin sie ihre Mutter geleitet hatten.«[33]

»In einem ganz eigentümlichen Verhältnisse stand der Kaiser zu Marie Christine und Albert. Er war seiner Schwester sehr zugetan, aber er scheute sich nicht, auch gegen sie seine ökonomischen Maßregeln anzuwenden. Sie sollte ein Gut, das sie von der ungarischen Kammer gekauft hatte, wieder abtreten; die Pension von 4 000 Gulden, welche Maria Theresia der Oberhofmeisterin Vasquez bewilligt hatte, sollte verringert werden; nur auf die besondere Fürbitte Marie Christines ließ er der alten, halbblinden Frau den Gnadenpfennig.

Herzog Albert hatte als Generalkapitän von Ungarn 300 000 Gulden, als Kapitän der Jazygier und Kumanier 120 000 Gulden bezogen. Joseph setzte das Einkommen auf 385 000 Gulden herab. Auch die Einkünfte in den Niederlanden sollten verringert werden . . .

Marie Christine und Albert waren von alledem so unangenehm berührt, so betroffen, daß sie daran dachten, zu resignieren. Nur der Rat ihrer Freunde, die Rücksicht auf den Lärm, den ein solcher Schritt machen würde, der Gedanke, wie unangenehm sie in Wien oder einer anderen Stadt der Monarchie leben würden, vermochte sie davon abzuhalten. Marie Christine wurde beinahe krank. Sie klagte ihrem Bruder Leopold, daß der Kaiser gegen sie eingenommen sei. Für ihre Einrichtung in Brüssel wurde keine Vorsorge getroffen, und sie sollte in Brüssel, Marimont und Tervueren einen dreifachen Haushalt führen. Der Großherzog borgte ihr damals 200 000 Gulden.

Marie Christine und Albert wollten im Frühjahr 1781 abreisen. Alle Vorkehrungen waren getroffen, als ein Billet von Joseph kam, in welchem er sie bat, ihre Abreise aufzuschieben und erst anfangs Juli in Brüssel einzutreffen. Er wollte früher selbst in die Niederlande, um Land und Leute kennenzulernen . . .«[34]

Was man damals die »Österreichischen Niederlande« nannte, umfaßte mit geringen Abweichungen das Territorium des heutigen Belgiens. Albert und Mimi betraten Mitte Juni 1781 erstmalig belgischen Boden bei einer Stadt, die auf flämisch Tienen, auf französisch Tirlemont hieß. Aus Brüssel waren die leitenden Herren der Regierung gekommen, um den neuen Statthaltern nach altem Brauch zu huldigen. An ihrer Spitze stand der bevollmächtigte Minister Starhemberg, neben ihm der niederländische Staatssekretär Krumpipen, ferner waren Abgeordnete der Brabanter Stände und des Stadtrats von Brüssel erschienen. Auch vom neuen Hofstaat des Herzogspaares stellten sich einige Herren vor: Prinz Grimberghe als Oberststallmeister, Fürst Gavres als Obersthofmeister und Graf Boulay, der Oberstküchenmeister.

Der offizielle Einzug des neuen Statthalterpaares in Brüssel erfolgte am 10. Juli 1781, die Zeitungen und Chroniken vermerkten ausdrücklich »unter dem Jubel des Volkes«. Daß derartige Kundgebungen fragwürdig sein können, das sollten die Ankömmlinge noch zur Genüge erfahren.

»Albert und Marie Christine nahmen eine eigentümliche Stellung ein. Nach dem Willen der Kaiserin sollten sie beide gemeinschaftlich als Statthalter die Regierung führen: sie wurden in allen öffentlichen Dingen gemeinsam »les gouverneurs« genannt. In ähnlicher Weise hatten einst Clara Eugenia, die Tochter Philipps II. und ihr Gemahl Herzog Albrecht (vor anderthalb Jahrhunderten) im Lande regiert.«[35]

»Der neue Hof war mit allem fürstlichen Glanz umgeben; der päpstliche Nuntius, die Gesandten von England, Holland, Bayern, die Chargés d'Affaires (Geschäftsträger) von Malta und Lüttich waren an die Statthalter gewiesen . . . die Regierung war in guten Händen . . . Fürst Starhemberg hatte alle Eigenschaften eines Staatsmannes . . . Krumpipen war ein redlicher, sittlicher Charakter . . . Der Präsident des geheimen Rates Graf Neny war im öffentlichen Recht und in der politischen Administration sehr erfahren und durch das Werk über die belgische Verfassung vorteilhaft bekannt. De Cassier, der als Generalschatzmeister die Finanzen leitete, war ein alter, aber immer noch fleißiger, gewandter Herr. Vavrans, Präsident der Rechenkammer, konnte wegen seines hohen Alters nicht mehr rüstig arbeiten, wurde aber gut unterstützt und genoß als ein durchaus ehrenhafter Mann alle Achtung . . . So konnten Albert und Marie Christine hoffen, mit gutem Willen und in Erinnerung an die friedliche Verwaltung Maria Theresias, die Liebe und die Anhänglichkeit der Belgier zu gewinnen und hier wie in Ungarn glückliche Tage zu verleben. Diese Hoffnung wurde bald getrübt.«[36]

Erst von ihren Ministern hörten Marie und Albert, was der Kaiser nach seiner Rückkehr von der Rundreise durch Belgien mit ihnen besprochen hatte. Mit dem Herzogspaar selbst verhandelte Joseph ausdrücklich nicht, was beide sehr kränkte. Joseph wies ihnen eine rein repräsentative Stellung zu. Die leitenden Beamten aber hatten mit allen Zeichen kaiserlichen Unmuts erfahren müssen: daß die Mißbräuche in der Verwaltung einfach untragbar seien; daß die nun schon ein halbes Jahrhundert andauernde Sperrung der Schelde, dieses für Belgien so lebenswichtigen Flusses, nicht länger hingenommen werden könne.

Das sogenannte Barriere-Traktat war den Holländern zum Schutze ihres Handels im Jahre 1709 garantiert worden und trat vom 15. 11. 1715 an in Kraft. Infolge dieses Barriere-Vertrages war der gesamte belgische Handel fast völlig gelähmt.

Es hatte noch zu Lebzeiten Maria Theresias nicht an Versuchen gefehlt, von Wien aus manches umzuändern und sogar alte, längst vergessene Regierungsrechte wiederaufzunehmen; aber der damalige Statthalter Carl von Lothringen hatte sich den Entwürfen des Wiener Kabinetts energisch widersetzt. So ähnlich wie Carl, auf dem gleichen Fuße, ohne jede Einflußnahme, wollte Kaiser Joseph seine Schwester und seinen Schwager in den Niederlanden gehalten wissen. Es war blamabel, daß die

Minister mehr wußten als die Statthalter. Das Herzogspaar ärgerte sich darüber umso mehr, als sie von der Kaiserin eine ganz andere Behandlung gewohnt waren. »Ihr seid meine Tochter, es geht nicht an, daß Ihr von den laufenden Geschäften ohne Kenntnis bleibt!« Albert und Marie fühlten sich von Joseph übergangen und gleichsam degradiert.[37]

»Niemand war sich mehr klargeworden, was dieses schöne Land mit seinen unerschöpflichen Hilfsquellen durch eine wachsame, rührige und anregende Staatskraft an Wohlstand und Macht gewinnen könne, als sein jetziger Herr, Joseph II.

. . . (er) kam, nachdem seine Schwester sich in Brüssel eingerichtet hatte, abermals ins Land. Die Klagen über den langsamen Gang der Justiz, über die schlechte Verwaltung im allgemeinen, den Zustand des Landvolks, die große Zahl der Abteien und Mönche, alles bestärkte ihn in dem Gedanken, hier eine staatliche Reorganisation durchzuführen und damit auch den souveränen Rechten, die längst entschlafen schienen, neuen Glanz und Gehalt zu geben.«[38]

Herzog Albert war zu intelligent, als daß er nicht aus dem isolierten Leben, das er in Brüssel führen mußte, zuweilen ausbrach und sich aus erster Hand über die Zustände im Lande informierte. Eine Rundreise beider Statthalter noch im Herbst 1781 trug viel dazu bei, denn neben den Triumph-Pforten, die den kaiserlichen Stellvertretern errichtet worden waren, stand die ärmlich gekleidete ländliche Bevölkerung mit ihren barfüßigen Kindern. Überall sah man den Verfall an Häusern und Zäunen und noch so manches andere Merkmal eines wirtschaftlichen Niederganges. Nach ihrer Rückkehr nach Brüssel konnten Albert und Marie im wachsenden Maße aus der Zahl der Bittsteller und der Art der Bittgesuche ersehen, welche Mängel und Sorgen das Volk drückten.

Der Staat war ein Gefüge aus einzelnen Provinzen, in denen die Herren ein ziemlich unabhängiges Regiment führten. Der feudale Druck, die hierarchische Macht, hinderten das Aufkommen des Bürgers und des Bauern. Der alte Reichtum war zugrunde gegangen, die Armee verfallen. Im Steuerwesen und in der Rechtspflege galten die alten Vorrechte. Der Verkauf von Stellen war allgemein. Mißbräuche und Unterschlagungen kamen in allen Bereichen der Verwaltung vor. Eklatant hemmte die schon erwähnte Sperrung der Schelde allen Warenaustausch mit dem Ausland. Der Ausdehnung der Städte war durch halb verfallene Festungsmauern enge Grenzen gesetzt. Was uns heute an den belgischen alten Städten so anheimelnd, so puppenstubenartig anmutet – diese eng aneinandergerückten kleinen Häuser, die so liebevoll stilisiert und aus-

geschmückt sind – sie waren das Ergebnis einer fast unerträglichen Be-
schneidung des menschlichen Lebensraumes vor zweihundert Jahren.
Die Wälle durften noch nicht gänzlich fallen, denn man befand sich immerhin im Zeitalter der Belagerungskriege, aber Geld genug, die Fe-
stungsanlagen in Stand zu halten, gab es nicht.

Joseph investierte in Belgien viel Geld, um die Städte von ihren
Zwingmauern zu befreien. Anstelle der Wachttürme gab es Promenaden
und neue Straßen. Obwohl sich die Stände ganz allgemein gegen die kaiserlichen Dekrete zu wehren pflegten: mit dieser Maßnahme waren sie
einverstanden. Vororte entstanden, man konnte frei bauen. Viele Menschen genossen die Vorteile.

Thomas Mann, der in seinen Werken die historischen Zusammenhänge gern anführte, äußerte sich in bezug auf Revolution einmal sinn-
gemäß: wie deprimierend ist es mit anzusehen, mit welch ungeheurer
Langsamkeit und Trägheit die Materie, das Gros der Menschheit, neue
Zeitströmungen in sich aufnimmt und wieviel Zeit verstreicht, ehe diese
verwirklicht werden.[39]

Kaiser Joseph, der in seinen Reformen die Ziele der späteren französischen Revolution vorwegnahm, stieß mit seinen Neuerungen auf kirchlichem Gebiet auf heftigen Widerstand. Das religiöse Toleranzpatent,
dessen Auswirkungen in den übrigen Erbländern schon ausführlich beschrieben wurden, wurde allgemein als unerhörter Eingriff in die alten
Rechte aufgefaßt. Man fürchtete ein starkes Aufkommen der bisher als
Ketzer verschrieenen Protestanten aller Richtungen. Die direkte Anru-
fung des Papstes sollte abgeschafft werden. Selbst bischöfliche Hirten-
briefe wurden der kaiserlichen Bestätigung unterworfen; die geistliche
Disziplin an der Universität erfuhr manche Änderung. Aber noch gab es
deswegen keine Aufstände, die Bevölkerung verhielt sich abwartend, der
Klerus war verstimmt, aber nicht aufsässig.

Marie und Albert konnten als Statthalter wenig mehr tun, als die kaiserlichen Dekrete zur Kenntnis zu nehmen. Sie taten ihre tägliche Arbeit
und im übrigen das, was der Kaiser von ihnen verlangte: sie repräsen-
tierten. An ihre Freundin, die Fürstin Eleonore von Liechtenstein, berichtete Mimi am 6. Februar 1782:

*Im Fasching war jeden Montag Ball bei mir, die Gesellschaft war*
*zahlreich, der Raum etwas beschränkt. Der Ball fing um fünf einhalb*
*Uhr an und endete um neun Uhr mit einem Souper. Hier ist man nicht*
*gewohnt, lange aufzubleiben. Jeden Freitag gab Starhemberg einen*

*Ball. Dreimal in der Woche sind große Diners. Die Stunden, wo wir al-*
*lein, sind mir am liebsten. Ich arbeite, schreibe, lese alle Tage. Abends*
*sind ich und mein Mann immer allein und machen eine Partie (Kar-*
*ten).*[40]

Als im Frühjahr und Sommer 1782 Kaiser Joseph II. den Barriere-Vertrag offiziell aufhob und den holländischen Gesandten in Wien und
Brüssel entsprechende Erklärungen zustellen ließ, erfolgte zunächst
nicht der geringste Widerstand. Holland befand sich derzeit im Krieg mit
England und hatte kein Interesse an weiteren kriegerischen Verwicklungen. Man zog seine Truppen aus den Barriere-Plätzen auf belgischem
Boden nach und nach zurück. In Belgien keimte die Hoffnung auf, daß
jetzt eine neue, bessere Zeit anbrechen würde.

»Antwerpen war von seinem ehemaligen Glanz und Reichtum seit der
unglücklichen Flußsperre ganz herabgekommen; in dem Scheldehafen,
wo ehemals mehr als tausend Schiffe aller Nationen eingelaufen, ruhten
zwanzig kleine Segelschiffe. Gent, das einst eine Armee ins Feld stellen
konnte, zählte nur 50 000 Einwohner. Ostende war ganz ruiniert; in den
meisten Häfen wurde nur Schmuggel getrieben. . . In Flandern, wo der
menschliche Fleiß die Erde vom Meere abgerungen hatte, wohnte ein
fleißiges reinliches Volk, aber es waren für die Landschaft zu wenig Leute. In Hennegau und Namur gab es prächtige Schlösser und Wildparks,
aber die Dörfer waren elend, die Bevölkerung dünn (angesiedelt) und
verarmt.«[41]

Noch lebten Marie und Albert in der völligen Gewißheit, nun ihr ganzes weiteres Leben in Belgien verbringen zu müssen. Gleich im ersten
Jahr hatten sie sich ein großes Areal auf dem Lande in der Nähe von
Brüssel gekauft, wo sie ein Schloß nach ihrem Geschmack bauen ließen
und einen großen Park vorsahen. Dieses Schloß Laeken ist noch heute
eines der repräsentativsten Schlösser Belgiens und wird von der königlichen Familie bewohnt.

Der erste Minister der österreichischen Regierung in Brüssel, Fürst
Starhemberg, hatte um seine Ablösung beim Kaiser ersucht und wurde
durch den Grafen Belgiojoso ersetzt, der bisher als österreichischer Gesandter in London tätig war. Herzog Albert kannte ihn noch vom Siebenjährigen Kriege her und schätzte ihn sehr. Natürlich war der Graf ge-
altert und seine Schwerhörigkeit machte den Umgang mit ihm etwas
mühsam.

Herzog Albert hätte, da Kaiser Joseph ihm ohnedies keine Regie-
rungsbefugnisse einräumte, nur zu gern das Leben eines begüterten Privatmannes geführt. Das war jedoch auch wieder nicht möglich, denn der
Konflikt mit Holland spitzte sich zu. Albert machte sich die Mühe, die
Vorgeschichte des Verhältnisses Belgien-Holland zu erforschen.

Die Holländer waren, seit sie als freier Staat – oder als »die General-
staaten« – existierten, stets die Nachbarn eines Landes gewesen, dessen
Regierung weit entfernt amtierte. Niemals hatten Belgiens Herrscher
selbst in Brüssel gelebt, niemals waren die Reaktionen der Könige oder
Kaiser rasch und wirksam erfolgt. So erlaubten sich die Holländer schon
seit jener Zeit, als Belgien noch unter spanischer Herrschaft lebte, einen
Übergriff nach dem andern. Als zu Anfang des 18. Jahrhunderts Belgien
österreichisch wurde, änderte sich nichts an den Zuständen. Im Gegenteil, Holland versuchte, Gewohnheitsrechte zu schaffen, die schwer wieder rückgängig gemacht werden konnten. Weder Kaiser Karl VI. noch
Maria Theresia hatten daran etwas zu ändern vermocht.

Umso heftiger reagierte jetzt Holland, als Joseph durch seine neuen
Befehle den Barriere-Vertrag von sich aus einfach brach. Belgische
Schiffe sollten frei auf der Schelde verkehren dürfen. Dieser Plan gelang
jedoch nicht. Als im Oktober 1783 einige Schiffe von Antwerpen aus mit
vollem Winde dem Meer entgegensegelten, begannen die noch vorhandenen holländischen Besatzungen in den alten Festungen am Schelde-
ufer ihre halbverrosteten Kanonen abzufeuern. Die Kapitäne mußten
beidrehen. Ebenso wurde ein Schiff beschossen, das vom Meer her fluß-
aufwärts nach Antwerpen segeln wollte.

Joseph II. war aufs äußerste empört und beschloß, seine Anordnungen
mit Waffengewalt durchzusetzen. Der Kaiser befand sich jedoch auf
einer Reise in Ungarn. Wieder spürten die Holländer keine sofortige Reaktion auf ihr aggressives Verhalten. Europa war groß und Ungarn recht
weit.

Herzog Albert bekam zwar Operationspläne vom Kaiser und den Befehl, die Armee umgehend auf 60 000 Mann zu bringen, aber daran war
in der Kürze der Zeit nicht zu denken. Es gab in ganz Belgien nur 12 000
Mann und 900 Pferde für die Armee. Man hatte kaum Artillerie und vor
allem fehlte es an Pontons.

Die Holländer waren an sich nicht viel besser gerüstet, immerhin
brachten sie 30 000 Mann zusammen und hatten den Vorteil, daß ihnen
eine schlagkräftige Flotte und alle Wasserwege zur Verfügung standen.[42]

Den effektiven Ausbruch von Kampfhandlungen verhinderten die Holländer einfach dadurch, daß sie an sämtlichen Forts längs der Schelde die Schleusentore öffneten und alles erreichbare belgische Land unter Wasser setzten. Und nicht nur dies: auch entlang der Grenze von Flandern wandten sie das gleiche Verteidigungsmittel an ohne Rücksicht darauf, daß auch kilometerweit holländisches Terrain überschwemmt wurde. So beherrschte Holland uneingeschränkt das nördliche Flandern, die offene See, die Meeresarme und die Schelde. Das überflutete Land bildete auf lange Zeit zwischen den holländischen Soldaten und der belgisch-österreichischen kaiserlichen Armee einen weiten offenen See.[43]

Inzwischen war die diplomatische Tätigkeit äußerst rege. Nach langem Hin und Her entschloß sich Joseph, eine vorgeschlagene Vermittlung Frankreichs im Scheldestreit anzunehmen und einen Waffenstillstand zu schließen. Jedoch die Verhandlungen, die nach diesem Abkommen begannen, zogen sich derart in die Länge, daß Joseph ungeduldig wurde. Schließlich setzte er als Termin für einen erneuten Kriegsbeginn den 15. September 1785 fest. An Albert schrieb er zuversichtlich:

*23. August 1785*
*. . . Entweder haben wir Frieden, oder meine Husaren sollen am 16. September holländischen Käse essen . . .*[44]

Im Hinblick auf die schwierigen territorialen Verhältnisse willigte zwar der Kaiser am 2. September in einen neuen Aufschub der Kampfhandlungen ein, bestand jetzt jedoch auf einer finanziellen Entschädigung, die Holland an Belgien für die angerichteten Schäden zahlen sollte. Dafür blieben die Verhältnisse am Fluß nunmehr unverändert, die Schelde war weiterhin für belgische Schiffe gesperrt. Am 8. November 1785 endete der »Scheldekrieg« mit dem Frieden von Fontainebleau. Albert und Marie waren insofern sehr niedergeschlagen, als damit sämtliche berechtigten österreichischen Forderungen aufgegeben wurden. Persönlich fühlten sie sich bei all diesen Verhandlungen und Entscheidungen völlig machtlos und in allen Fragen übergangen.

Im Winter 1785/86 begaben sich Mimi und Albert auf eine Reise nach Wien, die infolge des strengen Frostwetters mühsam und gefährlich war. Sie erlitten einen Wagenbruch bei Straubing und bei Vilshofen rutschte der Wagen von der verschneiten Straße in einen Teich, dessen Eisdecke jedoch so dick war, daß sie nicht einbrachen. Joseph empfing die Schwester und den Schwager überaus freundlich, gab Empfänge und Feste, um die politischen Meinungsverschiedenheiten zu überspielen. Am

20. Februar 1786 reiste Mimi allein nach Preßburg, vermied jedoch, den Schloßberg zu betreten. Vor zwanzig Jahren hatte ihr die Mutter diesen Palast mit aller Liebe und allem Luxus bereitet. Vierzehn Jahre hatte Mimi hier als glückliche Ehefrau in gepflegter Umgebung gelebt. Heute diente das Schloß als Priesterseminar. Mit ihren Tabakspfeifen verqualmten die Seminaristen die alten Seidentapeten.[45]

Für Mitte März planten die Statthalter, von Wien abzureisen. Joseph bereitete sich auf eine Reise nach Rußland vor und sandte ihnen die neuen Administrationspläne für die österreichischen Niederlande erst kurz vor ihrem Aufbruch. Sie hatten kaum Zeit, sich mündlich darüber zu äußern, waren jedoch sehr konsterniert als sie sahen, daß alle von Joseph vorgesehenen Änderungen im Widerspruch zur bisherigen belgischen Verfassung standen. Albert bat den Kaiser, diese neuen Pläne langsam zu verwirklichen und rücksichtsvoll vorzugehen. Aber Josephs kurze Antwort lautete, es handle sich um das öffentliche Wohl, jeder Aufschub sei ein Verlust. Es komme nur darauf an, sich durchzusetzen, denn allzuviele Personen von Stand seien bei diesen Mißbräuchen beteiligt und daher nicht interessiert, gegen das alte Unwesen in Verwaltung und Kirche anzukämpfen. Es blieb den Statthaltern demnach nichts anderes übrig, als des Kaisers neue Weisungen mit nach Brüssel zu nehmen und sie dort dem ersten Minister Belgiojoso zu übergeben. Sie mußten alle Initiativen in dieser Angelegenheit der Regierung in Brüssel überlassen.[46]

Im Palais Royal erreichte sie eine Einladung des französischen Königspaares, Ende Juli nach Paris zu kommen. Die Schwestern Marie Antoinette und Mimi hatten sich seit sechzehn Jahren nicht gesehen. Als im Jahre 1770 die vierzehneinhalbjährige Antonia inmitten eines riesigen Gefolges von Wien abgereist war, zählte Mimi achtundzwanzig Jahre. Antoinette hatte ihre Mutter nie wiedergesehen, aber 1777 besuchte Joseph die Schwester und den Schwager.

Das Herzogspaar reiste am 26. Juli von Brüssel ab und wohnte in Paris zunächst in einem Gasthof. Sie wurden jedoch gleich am Abend ihrer Ankunft nach Versailles gebeten. Mimi und Albert unterhielten sich mit Marie Antoinette und Ludwig XVI. bei diesem ersten Treffen bis ein Uhr nachts. Es war der Anfang eines vierwöchigen Beisammenseins ohne den geringsten Mißklang. König und Königin boten alles auf, um ihre Gäste zu unterhalten und sie möglichst viel sehen und erleben zu lassen. Marie berichtete ihrer liebsten Freundin Eleonore Liechtenstein am 25. August 1786:

8　Isabella von Parma, erste Gemahlin Josephs

9    Kindertheater im Zeremoniensaal von Schloß Schönbrunn
anläßlich der zweiten Vermählung Josephs mit
Maria Josepha von Bayern, 1765. In der vordersten Reihe:
Leopold (18), Maria Anna (27), Maria Christine (23),
Maria Elisabeth (22), Maria Amalia (19), Maria Josepha (14)

*Der König war gütig und herzlich; er hat einen soliden, biederen Charakter und macht seine Frau sehr glücklich. Die Königin ist schön, liebenswürdig und natürlich; ich lobe sie nicht, weil sie meine Schwester ist, aber Sie wissen, ich bin wahr. Die Kinder sind gesund, schön und artig; die Tochter, welche das älteste Kind ist, zeigt Geist und Lebhaftigkeit und ist sehr avanciert (ihren Jahren voraus); die Königin beschäftigt sich sehr mit ihr.[47]*

Herzog Albert verfaßte auch über diese Reise wieder eine seiner genauen Reiseschilderungen, die in allen Einzelheiten zu lesen ein Genuß sind. Seine Aufzeichnungen bezogen sich nicht nur auf den Aufenthalt in Paris. Das Herzogspaar bereiste anschließend ganz Westfrankreich und die französische Kanalküste bis nach Dünkirchen; über Lille und Tournay kehrte man nach Brüssel zurück. In Tournay erwartete sie der Duc d'Ursel, der Kommandeur der belgischen Truppen. Von ihm erfuhren sie zuerst, welche Unruhe und Bitterkeit sich im Volke ausbreiteten, nachdem der neue Administrationsplan Kaiser Josephs in Kraft getreten war.

Besonders die Reformen auf kirchlichem Gebiet, zunächst abwartend aufgenommen, erregten jetzt in Belgien lebhaftesten Widerspruch. In Löwen gab es einen Aufstand von dreihundert Seminaristen, der durch ein Regiment Dragoner und drei Bataillone Infanterie niedergeschlagen wurde. Der Kaiser beschwerte sich bei Albert, daß dieser nicht kraft seiner Persönlichkeit und Autorität Ordnung geschaffen habe. Albert war empört über diese Vorwürfe, denn er hatte demissionieren wollen und war nur durch den lebhaften Einspruch Belgiojosos davon abgehalten worden. Der Minister ging kurz darauf nach Wien, um sich neue Instruktionen zu holen. Das Ergebnis war, daß ab 1. Januar 1787 neue Reformgesetze durch Edikt endgültig in Kraft gesetzt wurden, die die Reform des gesamten ständischen Rechtswesens, eine neue Steuergesetzgebung und eine Neueinteilung der Regierung in drei Kreise beinhalteten. Alle Provinzialverwaltungen sollten aufgelöst werden, die Kreisverwaltungen alleinige Geltung haben.

Kaiser Joseph hatte mit all seinen Bestrebungen ohne Zweifel recht. Aber für damalige Zeiten erschienen sie zunächst untragbar. Sie gingen derart in die Einzelheiten, wie es einer späteren Zeit hätte vorbehalten sein sollen. Sie schufen für eine große Menge von Menschen völlig neue Lebensbedingungen, enthoben viele Beamten ihrer Ämter, lösten ganze Behörden auf und unzählige Menschen verloren Amt und Brot. Die allgemeine wirtschaftliche Lage besserte sich durch diese Reformen durchaus nicht. Man klagte und jammerte im ganzen Land. Bei den Bauern fürchtete man das neue Gesetz über die Aushebung junger Burschen zum Wehrdienst, in den Städten die neue Strafprozeßordnung und die Steuerpostulate. Am 19. April 1787 ließen die Stände von Brabant der Regierung durch eine Deputation erklären, daß sie die Steuern nicht bewilligen würden, bis die alte Konstitution wiederhergestellt sei. Hierbei wurde auf alte Verfassungsurkunden und die Freibriefe der Städte bezug genommen. Man erinnerte sich an die im Geschichtsbewußtsein fest verankerte »Joyeuse Entrée«, den »fröhlichen Einzug«, eine Urkunde, die am 3. Januar 1356 Wenzel von Luxemburg und Johanna von Brabant und nach ihnen alle Fürsten des Landes beschworen hatten. Sie legte ein für allemal das Verhältnis zwischen dem Herrscher und den Ständen fest. Einer ihrer Artikel besagte:

> *Sollte es geschehen, daß der Fürst die Privilegien nicht beobachtet, sei es im Ganzen oder in einzelnen Teilen, so gesteht er zu, daß in diesem Falle die Untertanen aufhören ihm Dienste zu leisten, bis die Verletzung der Privilegien wiedergutgemacht ist.*[48]

Während des großen Brabanter Aufstandes beriefen sich die Bürgerversammlungen auf diese alte Charta des »fröhlichen Einzugs«, ein Dokument, das eindeutig die Rechte und Pflichten des Herrschers eingrenzte. In ganz Belgien gab es in den ständischen Sitzungen Tumulte. Minister und Statthalter stimmten darin überein, daß man Zugeständnisse machen müsse, um keine Revolution zu schüren. Als die Rücknahme von Josephs Anordnungen am 31. Mai 1787 nachts vom Balkon des Stadthauses verkündet wurde, brach das Volk in Jubel aus. Am nächsten Tag wurden die Statthalter nach dem Theater stürmisch gefeiert, man spannte ihnen die Pferde aus und nachts war die Stadt illuminiert. Diese Huldigung rief die Opposition auf den Plan, die grundsätzlich jede österreichische Regierung ablehnte. Marie Christine, die von all dem Tumult fast krank wurde, klagte am 7. Juni 1787:

> *Es gibt keine andere Alternative. Ich sehe nur das Unglück voraus, daß diese schönen Provinzen für den Kaiser und sein Haus für immer verloren gehen oder durch einen blutigen Krieg, der das Land ruiniert, wieder erobert werden müssen, wenn er nicht ratifiziert, was provisorisch angeordnet worden ist. Wenn er nicht Belgiojoso abberuft und die Vollmacht an uns überträgt oder jemand nach Wien schickt, um mit den*

*Ständen nach ihrer Verfassung eine Vereinbarung zu treffen. Dann werden sie bereit sein, ihr Leben, Geld und Gut dem Kaiser zu weihen, wie sie jetzt alles tun werden zur Aufrechterhaltung ihrer Constitution.*[49]

Der »dritte Stand«, die Bürger, gaben keine Ruhe. Man lehnte sich offen gegen das Militär auf und bildete Freiwilligen-Kompanien, die sich »Patrioten« nannten. Alle Gesinnungsgenossen schmückten sich mit Nationalkokarden. Selbst Belgiojoso wagte nicht, ohne dieses Bandgesteck aus dem Hause zu gehen. Das Statthalterpaar war im Begriff, eine Reise nach Wien anzutreten, um zur Stelle zu sein und sich zu verantworten, wenn Joseph von seiner Rußlandreise zurücksein würde. Aber die Patrioten bewachten das Palais Royal, man versprach sich von dieser halben Arretierung der Statthalter ein Faustpfand zur Durchsetzung der eigenen Wünsche. Marie vertraute der Fürstin Liechtenstein ihren Kummer an:

*27. Juni 1787*
*Unsere Lage ist schrecklich; man bewacht uns, wir können nicht abreisen, auch wenn wir wollten; ich weiß nicht, wie ich bei alledem noch nicht unterlegen bin, aber Gott schickt mir seine Gnade und die notwendige Kraft; ich habe für mich wenigstens den Trost, daß wenn wir nicht gewesen wären, der Kaiser diese Provinzen schon verloren hätte, und daß wir in allem unserer Pflicht und unserem Gewissen gemäß gehandelt haben. Gott möge nur bald den Kaiser von dieser unglückseligen Reise zurückführen.*[50]

Am 6. Juli 1787 brachte ein Kurier aus Wien Depeschen vom Kaiser, die seine tiefste Mißbilligung zum Ausdruck brachten. Kaunitz schrieb in Josephs Auftrag genaue Verhaltensmaßregeln und berief sowohl Belgiojoso als auch die Statthalter umgehend nach Wien. Die Regierung wurde einstweilen in die Hände des Militärkommandanten Murray gelegt. Die rebellischen Stände wurden aufgefordert, aus allen Provinzen Abgeordnete nach Wien zu schicken.[51]

Am 19. Juli gelang dem Herzogspaar die Flucht aus Brüssel bei Nacht und Nebel. In einer Parforce-Tour gelangten sie in sieben Tagen nach Wien, erreichten jedoch nichts. Joseph war von oberflächlicher Liebenswürdigkeit, behandelte sie aber wie unmündige Kinder und sprach fast gar nicht über Politik. Dafür handelte er umso eigenmächtiger und völlig ohne Einsicht, als die Abgeordneten der Stände im August 1787 in Wien

eintrafen. Er war ausgesprochen grob zu ihnen, machte keinerlei Zugeständnisse, alle neuen Anordnungen aus Wien sollten in Kraft bleiben.
Die Herren waren so verstört, daß manche von ihnen die Heimreise
scheuten. Wie sollten sie nach dieser Behandlung ihren Landsleuten in
Belgien unter die Augen treten? Als auch Graf Murray, vom Recht der
Aufständischen überzeugt, Zugeständnisse machte, wurde er abberufen
und an seiner Stelle General d'Alton und als Minister Graf Trauttmansdorff ernannt. Belgiojoso befand der Kaiser als zu schwach und löste ihn
ab.

Mimi korrespondierte, wie schon seit dem Jahre 1781, in diesen Monaten vertrauensvoll mit ihrem Bruder Leopold in Florenz. Ihr alter Le-
bensplan aus dem Jahre 1780, alle Ämter aufzugeben und als schlichte
Edelleute ohne Hofstaat und große Verpflichtungen in Italien zu wohnen, muß damals erneut zur Sprache gekommen sein. Leopold nahm in
seinem Brief vom 22. Oktober 1787 darauf Bezug. Er bat die Schwester
um baldige Nachrichten, wann sie zu reisen gedächten und wieviele Personen sie begleiten würden, um rechtzeitig die Quartiere bereitzustellen.[52]

Mimi und Albert kamen jedoch nicht dazu, ihre Reise nach Italien anzutreten, denn Joseph wünschte, sie sollten unbedingt nach den Niederlanden zurückkehren, darin war er unerbittlich. Vorher sollten sie allerdings noch an der Hochzeit des Neffen Franz in Wien teilnehmen, Leopolds Sohn, der am 6. Januar 1788 die Prinzessin Elisabeth Wilhelmine
von Württemberg heiraten würde. Die Hochzeit wurde mit einem für
Josephs Lebensstil ganz ungewöhnlichen Prunk gefeiert. Der Abschied
für Mimi und Albert war triste. Ungeachtet des kalten Frostwetters und
schlechter Wege, mißmutig und herabgestimmt durch die undankbare
Aufgabe, die in den Niederlanden auf die Statthalter wartete, begaben
sie sich am 13. Januar 1788 auf die Rückreise nach Brüssel.

Das Herzogspaar hatte alles versucht, um dem belgischen Verhäng-
nis, das sie voraussahen, zu entgehen. Albert hatte Joseph seine Dienste
im bevorstehenden Krieg gegen die Türken angeboten, aber der Kaiser
lehnte ab. Er wußte, die Belgier empfanden Sympathie für das Herzogspaar und Joseph wollte dies für seine Pläne ausnutzen. Die Belgier hingegen wußten, Albert und Marie Christine seien konservativ und im
Herzen einig mit dem Volke. Es war aber auch bekannt, daß die Statthalter niemals etwas gegen das Haus Habsburg unternehmen würden. Die
belgischen Untertanen spalteten sich bereits jetzt in zwei Lager. Doch
wie stark die treuen Kräfte waren und wie weit die Rebellion sich inzwi-

schen ausgebreitet hatte, wußte niemand. Weder d'Alton noch Trauttmansdorff hatten davon eine genaue Vorstellung.

»D'Alton hatte, um jeder Bewegung des Volkes zuvorzukommen, seine Dispositionen getroffen. Die Straßen waren mit Truppen besetzt . . . Die ganze Garnison trat unter die Waffen, das Stadthaus und die Tore wurden besetzt, es sah aus, als wenn Brüssel im Sturme genommen werden sollte. Marie Christine und Albert hörten von diesen Szenen in Bonn, als sie eben von dem Kurfürsten (Mimis Bruder Max Franz) Abschied genommen und abreisen wollten. Sie schwankten noch, ob sie in die aufgeregte Stadt zurückkehren sollten, bis ein Brief des Ministers sie dazu bestimmte. Er versprach sich von ihrer Ankunft einen günstigen Eindruck. Die Generalstatthalter wurden in aller Freude und Anhänglichkeit empfangen, aber . . . sie mußten bald inne werden, daß ihre friedlichen Bestrebungen keinen Boden mehr fanden.«[53]

Gerade jetzt nach der Rückkehr des Herzogspaars spalteten sich die Meinungen im Volke besonders kraß. Die aus Frankreich heimlich eingeschleusten Emissäre der sich dort schon vorbereitenden Revolution stempelten die Anhänger Habsburgs als »Royalisten« ab. Sie übernahmen das Wort aus dem Französischen, obwohl es ja in Belgien keinen König, sondern einen Kaiser zu bekämpfen galt. Es schien, als liege der Aufruhr allgemein in der Luft. Bei jedem nur denkbaren Anlaß rottete sich das Volk zusammen. »Bewegungspartei« nannten sich die Revolutionäre, die im Grunde für reaktionäre Ziele kämpften. Das Bibelwort »Seid untertan der Obrigkeit« verlor täglich an Geltung. Man wollte Tumult, man schuf ihn sich. Als die Universität von Löwen nach Brüssel verlegt werden sollte, gab es lebhaften Widerstand. Um die Schließung der bischöflichen Seminare in Mecheln und Antwerpen zu verhindern, gab es Aufstände. Soldaten wurden mit Steinen beworfen, sie feuerten in die Menge, etliche Menschen verloren ihr Leben.[54]

Während Kaiser Joseph mit seinen Truppen als Bundesgenosse Rußlands im Kriege gegen die Türken stand, korrespondierte er lebhaft mit Mimi. Er schrieb nach seiner Art ausführlich und auch offen, während Marie spürbare Zurückhaltung übte. Am 13. Juni 1788 umriß er die Lage in den Niederlanden mit wenigen Worten:

*Glaube mir, daß die Bewohner von Brüssel und die Niederländer im Ganzen ihre Nachbarn nachahmen; der Grund ist holländisch und darüber französischer Firnis . . . Wenn man fortfährt, mit Festigkeit zu handeln, wirst Du sehen, daß nach und nach alle diese Geschichten von Mißtrauen, Klagen und schlechter Laune aufhören werden. . . .*[55]

Noch ließ es die politische Lage zu, daß das Herzogspaar eine Sommerreise unternehmen konnte. Während Kaiser Joseph im Felde war, lavierte die Regierung in Brüssel unter d'Alton und Trauttmansdorff mehr oder weniger geschickt. Im Winter kehrte Joseph nach Wien zurück. Seine Gesundheit war schlecht. Schon im November 1788 schrieb er an dem Tag vor seiner Abreise aus dem Hauptquartier in Semlin, daß seine Atmungsbeschwerden wohl ein eingewurzeltes Übel seien, gegen die es kein Mittel mehr gebe.[56]

Marie unterließ es in keinem ihrer Briefe, sich eingehend nach des Bruders Gesundheitszustand zu erkundigen und erhielt von ihm auch jedesmal einen getreuen Rapport:

*Ich nehme Drogen, morgens Ziegenmilch, aber ich merke keine Veränderung.*[57]

Das neue Schloß Laeken, das sich die Statthalter erbauen ließen, war Anfang 1788 bezugsfertig geworden. Man verbrachte künftig dort die schöne Jahreszeit, sofern man anwesend war. Das Jahr 1789 bescherte Europa das Elementarereignis der französischen Revolution. Von nun an fühlte sich kein Souverän auf seinem Thron mehr sicher. Joseph reagierte mit Befremden und Besorgnis um seine Schwester Marie Antoinette. Er schrieb Mimi:

*29. Juli 1789*
*Ich habe Deinen Brief erhalten. Derselbe Kurier brachte mir die Nachricht von den unglaublichen Ereignissen in Frankreich . . . Es ist unbegreiflich, wie die Dinge soweit kommen konnten . . .*
*Ich bin wegen meiner Schwester wahrhaft in Unruhe, denn ich erfahre nichts und sie ist allein; alle ihre Bekannten haben sich gerettet. Man ist sehr gereizt gegen die Königin, weil man sie für eine Antidemokratin hält. Adieu, sorgen wir, daß dieses Beispiel nicht die Köpfe bei uns verdreht.*[58]

Am 25. Oktober 1789 überfiel ein Trupp französischer Insurgenten, wie man die Revolutionäre nannte, aus Holland kommend das Fort Lillo in Brabant, raubte die Kassen und nahm den belgischen Kanzler Krumpipen auf seinem Schlosse gefangen. Der Überfall wurde zurückgeschlagen, aber jetzt besetzten erneut fremde Aufwiegler belgisches Gebiet: in Flandern wurde Gent eingenommen und es dauerte Tage, ehe es befreit werden konnte.

Marie und Albert hatten Laeken verlassen und lebten in größter Unsicherheit in der Stadt. Der Kaiser stellte in einem Schreiben an Trauttmansdorff die Abreise der Statthalter anheim. Aber das Herzogspaar zeigte sich standhaft. Marie schrieb am 1. November an die Fürstin Liechtenstein:

*Unsere unvergleichliche Mutter hat uns als Erbteil Kummer ohne Ende zurückgelassen; ihr Leben war geebnet und erfüllt von Macht und Herrschaft; wir fühlen ihren Mut und wollen ihr in Gottesfurcht und Ergebenheit nachahmen.*[59]

In den regierenden Häusern Europas war man sich noch keineswegs darüber im klaren, von welcher Tragweite die französische Revolution letztlich für alle Staaten sein sollte. Der sonst so weitblickende Kaiser Joseph äußerte sich in einem seiner Briefe an Mimi recht bagatellisierend:

*3. November 1789*
*Was die Franzosen tun, um sich eine gute Konstitution zu geben, ist, daß sie sie zerstören. Dieselbe Torheit herrscht teilweise in Brabant. Es ist nur der Unterschied, daß der französische Rausch vom Champagner kommt; er ist rasch, aber leicht und vergeht schnell, während jener der Brabanter vom Bier kommt; er ist langwierig und hartnäckig.*[60]

Trauttmansdorff drang darauf, daß die Statthalter ihre wertvollen Kunstgegenstände und die graphische Sammlung Alberts verpackten. Marie ließ es geschehen, weigerte sich jedoch nach wie vor abzureisen, weil ihr dies wie Feigheit erschienen wäre. Der Minister erreichte, daß am 17. November 1789 die Abreise offiziell befohlen wurde, denn Brüssel war von Insurgenten nahezu eingeschlossen. Auch General d'Alton, der Militärbeauftragte, drängte zur Abfahrt. Er konnte sich nur für die Sicherheit des umständlichen Weges durch Luxemburg verbürgen. Am 18. November um vier Uhr früh reisten die Statthalter von Brüssel ab und kamen über Luxemburg und Trier nach Koblenz. Die Aufregung hatte Marie sehr geschadet und sie wollte in Koblenz abwarten, wie sich die Dinge nun entwickeln würden.

Von französischen Emissären geschürt, brach am 10. Dezember 1789 die Revolution in Brüssel aus. Weder General d'Alton noch der erste Minister Trauttmansdorff waren der Lage gewachsen. Niemand hatte im Ernst daran gedacht, keine Vorsichtsmaßregeln waren ergriffen worden. Die Verwirrung war so ungeheuerlich, daß der kaiserliche Schatz mit drei Millionen Gulden, die Kriegskasse, die Archive, Kanonen und viele tausend Gewehre in die Hände der Insurgenten fielen. Die belgische Armee, die Albert auf einen vorzüglichen Stand gebracht hatte, war in regellose Banden aufgelöst. Der kaiserlichen Herrschaft schien in Brabant ein für allemal ein Ende bereitet.[61]

Kaiser Joseph ahnte das Versagen seiner Beauftragten voraus und schickte am 28. November Vizestaatskanzler Graf Philipp Kobenzl als neuen kaiserlichen Kommissär in die österreichischen Niederlande. In Luxemburg hörte Kobenzl von den jüngsten Ereignissen und reiste nicht weiter. Die Deputierten der Provinzen Brabant, Flandern, Hennegau, Namur, Mecheln, Geldern und Tournay traten am 7. Januar 1790 in Brüssel zusammen und konstituierten sich als »Vereinigte belgische Staaten«. Die Stände von Limburg traten später bei. Einzig Luxemburg blieb bei Österreich.[62]

Marie und Albert hatten Anfang Dezember ihren Aufenthaltsort von Koblenz nach Bonn verlegt, wo ihnen Mimis Bruder Kurfürst Maximilian eine Wohnung im Schloß Poppelsdorf eingerichtet hatte. Der Winter verging für sie in trauriger Zurückgezogenheit. Mimi kränkelte, sie hatte sich die Ereignisse in Belgien sehr zu Herzen genommen. Der Kaiser, obwohl selbst todkrank, lud die Schwester zwar noch einmal nach Wien ein, aber Mimi fühlte sich nicht fähig, die weite Reise zu machen. Ihre Klagen an die Fürstin Liechtenstein sind herzergreifend:

*Poppelsdorf, 25. Dezember 1789*
*. . . Meine Lage ist schrecklich, Gott, welcher bestimmt hat, daß meine alten Tage von Kummer, Leid und Verlusten erfüllt sind, wird mir wie ich hoffe, seine Gnade nicht versagen, daß ich das alles mit Ergebung und Mut tragen kann. Unser Gewissen macht uns keinen Vorwurf, daß wir das Land unserm Herrn und der Monarchie nicht erhalten konnten. Die Katastrophe wäre schon 1787 eingetreten, wenn wir nicht immer dahin gewirkt hätten, daß alles Blutvergießen vermieden werde.*

*3. Januar 1790*
*Ich habe alles Mitleid mit dem Kaiser; krank und unglücklich erlebt er den Ruin und die Demütigung seines Hauses. Welch eine schmerzliche Aussicht. Ich weiß gar nicht, was ich Ihnen bei Beginn des Jahres wünschen soll.*

*22. Januar 1790*
*Meine arme Schwester in Frankreich ist so unglücklich, wie man es nicht mehr sein kann. Ich beklage mich nicht, weil ich wenigstens meine Freiheit genieße . . .*

*Es ist kein großes Verdienst, sich in den Willen Gottes zu ergeben; aber der einzige Trost in all diesen Qualen ist mir die Religion, das gute Gewissen und meine glückliche Ehe mit dem besten Manne. Verzeihen Sie mir diesen Schluß, aber es liegt darin der Grund meiner Dankbarkeit gegen Gott und meines Trostes in diesem Kummer.*[63]

Einen Monat später starb Kaiser Joseph II.

Der letzte Brief seines Lebens, den er am 19. 2. 1789 diktierte, galt Mimi. Er teilte ihr den Tod seiner sehr geliebten Nichte, der jungen Elisabeth von Württemberg mit, der Gemahlin seines Florentiner Neffen Franz. Seine letzten Worte waren:

*Adieu, ich umarme Dich und nehme Abschied von Dir, denn ich fühle, wie sehr meine Auflösung vorrückt.*

*Joseph*[64]

Der bisherige Großherzog von Toscana, Leopold II., bestieg mit zweiundvierzig Jahren den Thron seines Vaters Franz I. und seines Bruders Joseph II. Er reiste so schnell er konnte von Florenz nach Wien und traf binnen neun Tagen am 12. März ein. Inmitten eines Wustes von Arbeit fand er Zeit, Marie und Albert von den Sorgen seines neuen Amtes zu schreiben:

*19. März 1790*

*. . . Ich habe alles in der größten Unordnung vorgefunden, niemanden, dem ich mich anvertrauen oder der mir raten kann und ich bin seit zehn Tagen jeden Tag siebzehn Stunden an meinem Tisch um zu arbeiten ohne auch nur Luft zu schöpfen.*[65]

*9. April 1790*

*Binnen kurzem werden wir klar sein über das, was wir zu erwarten oder zu fürchten haben von den Preußen und Rußland . . . ich glaube nun, die Angelegenheit der Niederlande wird sich arrangieren.*[66]

Leopold schickte laufend Truppen und neue Instruktionen in die aufständischen Provinzen Belgiens. Er bereitete seine Schwester und ihren Mann brieflich darauf vor, daß sie eines nicht zu fernen Tages das Amt als Generalstatthalter wieder zu übernehmen hätten. Tatsächlich gab es eine Entspannung, weil England und Preußen ihre bisherige Agententätigkeit in Belgien einstellten und wenigstens von dieser Seite die Hetze gegen die Regierung aufhörte.

Die Zeit des Exils hatten Albert und Marie ausschließlich in Poppelsdorf bei Bonn verbracht. Nach der Abberufung Graf Kobenzls lag die Verantwortung für die belgischen Geschäfte wieder in ihren Händen. Mit eigenem Geld bezahlte die Herzogin die Truppen für die Niederlande, allein im März 1790 waren es 200 000 Gulden gewesen. Im September fand in Aschaffenburg ein großes Treffen der Geschwister statt. Leopold reiste mit seiner ganzen Familie zur Kaiserkrönung nach Frankfurt, hatte auch Albert und Mimi eingeladen, außerdem begleiteten ihn seine Schwester Marie Karoline und ihr Gatte Ferdinand, das neapolitanische Königspaar. Sie kamen von einer Doppelhochzeit in Wien, wo die beiden ältesten Töchter Marie Karolines zwei Söhne Leopolds geheiratet hatten. Der junge zweiundzwanzigjährige Witwer Franz hatte am 19. Oktober 1790 die achtzehnjährige Marie Thérèse geheiratet, die jüngere Schwester aus Neapel wurde am gleichen Tage mit Leopolds zweitem Sohn, dem einundzwanzigjährigen Ferdinand getraut.

In Frankfurt traf man außerdem Maximilian, der als Kurfürst von Köln im Krönungszuge mitzog. Kurz nach diesem festlichen Ereignis erkrankte Marie in ihrem achtundvierzigsten Lebensjahr an den Masern. Diese Attacke ging jedoch so schnell vorbei, daß Mimi Ende Oktober mit ihrem Mann nach Wien reisen konnte. Kaiser Leopold wünschte, sie sollten bei der Krönung in Ungarn anwesend sein. Seit dem Herbst 1741, als Maria Theresia Königin von Ungarn wurde, also seit neunundvierzig Jahren, hatte dies große Ereignis nicht stattgefunden. Joseph hatte bewußt auf eine demonstrative Krönung verzichtet.

Kaiser Leopold bewies in seiner nur zweijährigen Regierungszeit eine glückliche Hand. Am 27. Juli 1790 hatte er mit der Konvention von Reichenbach im Eulengebirge Frieden mit Preußen geschlossen und gleichzeitig auf Gebietserwerbungen in der Türkei verzichtet. Er bezeichnete dies Abkommen als »das am wenigsten schlechte« von allen Regelungen.[67]

Auch in Ungarn machten seine Ruhe, Festigkeit und maßvolle Nachgiebigkeit großen Eindruck. Man krönte ihn am 15. November mit großem Pomp und wählte kurz danach seinen achtzehnjährigen Sohn Alexander Leopold zum Palatin. Alle Anhänger der Politik Maria Theresias, gleichzeitig die früheren Gegner Josephs, zeigten frohe und zufriedene Gesichter. In Österreich war es den konservativen Kräften, an ihrer Spitze Kaiser Leopold, gelungen, eine Restauration in die Wege zu leiten, die auch auf baldige Befriedigung der Niederlande hoffen ließ. Am 31. Mai 1791 konnte Marie ihrer Freundin Eleonore Liechtenstein die Rückkehr nach Brüssel ankündigen:

*Ich bin an der Grenze meines Wanderlebens, das ich seit zwanzig*
*Monaten führe . . . In den ersten Tagen des nächsten Monats werden*
*wir unsere peinvolle Laufbahn wieder beginnen; sie ist dornenvoller als*
*sonst. Wie zur Strafe meiner Sünden sind die Niederlande über-*
*schwemmt mit Franzosen aller Art. Denken Sie sich an unsere Stelle;*
*welch angenehme Aussicht!*[68]

Mitte Juni 1791 traf das Herzogspaar in der belgischen Hauptstadt ein.
Eine Rückkehr im großen Stil. Wie vor zehn Jahren hielten sie auch
diesmal wieder einen feierlichen Einzug in der Kirche der heiligen Gudu-
la. Die ersten Eindrücke ermutigten sie: am Abend erleuchtete man die
ganze Stadt bis in die Vororte, und als die Regenten im Theater erschienen, wurden sie mit lauten, freudigen Zurufen begrüßt. Doch am nächsten Tage beim Empfang der Stände war die Atmosphäre sehr kühl. Der
alte Vorbehalt gegen alles Österreichische war bei diesen Männern doch
sehr spürbar. Dennoch fand am 30. Juni eine erneute Huldigung der
Stände in Brüssel statt, die sich im Laufe des Sommers in den Provinzen,
in welche die Statthalter reisten, mit allem Zeremoniell wiederholte.
Einzig in Namur gab es bei der Einfahrt Tumulte, aber die Stadtverwaltung entschuldigte sich ausdrücklich dafür. Der Empfang in Luxemburg
war der herzlichste von allen, aber auch Geldern zeigte sich äußerst
freundlich. Diese Provinz hatte sich von der Revolution gänzlich freige-
halten.[69]

In Brüssel und in den Provinzen wurden erneut alle Ämter so eingerichtet, wie sie zu Maria Theresias Zeiten bestanden hatten. Kanzler
Krumpipen trat wieder seinen Dienst an. Als bevollmächtigten Minister
schickte Leopold den Grafen Georg Metternich, den Vater des später so
berühmten Staatskanzlers Klemens Metternich, nach Brüssel.

Fast konnte der Eindruck entstehen, es herrsche wieder Frieden im
Land. Aber Kaiser Leopold wußte es besser. In Lille und Breda gab es
noch Komitees der Revolutionäre, die mit vier Millionen Gulden und
60 000 Gewehren ausgerüstet waren. Van der Mersch und van der Noot
waren die Führer dieser Rebellengruppen. Leopold schrieb am letzten
Tag des Jahres 1791 an Mimi:

*Ich erkenne den Stand der Dinge bei Euch. Ich bin überzeugt, daß we-*
*der Preußen noch Holland, die jetzt in Treue zu uns halten und die Ver-*
*träge unterzeichnen wollen, sich einmischen. Vielleicht wirkt England*

*unter der Hand, jedenfalls sind es aber die Franzosen und das Comitée in
Lille . . . Eine Explosion wird erwartet; man muß auf der Hut sein,
keine Gelegenheit geben. Wenn sie aber ausbricht, die Bewegung mit
militärischer Strenge unterdrücken.*[70]

Im Sommer 1791, gerade zu jener Zeit, als alle Geschwister Marie Antoinettes um das Gelingen ihrer Flucht nach Varennes bangten, kam
Leopolds zwanzigjähriger Sohn Karl von Lothringen-Toscana nach
Brüssel. Marie und Albert hatten sich diesen liebenswürdigen jungen
Menschen vom Kaiser zur Adoption auserbeten, er würde ihr Erbe sein,
nicht nur, was die Güter betraf, sondern auch im Amt des Statthalters
der Niederlande. In Brüssel sollte er seine diesbezügliche Ausbildung erhalten. Marie sorgte für ihn, als sei sie nicht nur seine Tante, sondern
nahm sich seiner an wie eine leibliche Mutter. Sie suchte die Angestellten für einen eigenen Haushalt für ihn, stattete ihn mit Kleidern und
Uniformen aus, engagierte seine Lehrer in den noch ergänzungsbedürf-
tigen Fächern und machte ihn mit Gleichaltrigen bekannt, damit er
Freunde finden möge. Karl bereitete dem Herzogspaar in den kommenden Jahren nur Freude. Mimi und Albert fanden in ihm vollwertigen
Ersatz für den eigenen Sohn, der ihnen versagt geblieben war.

Der Tod Kaiser Leopolds im Alter von nur vierundvierzig Jahren am 1.
März 1792 war für Mimi ein schwerer Schock. Alles geschah gänzlich
unerwartet, niemand war darauf vorbereitet gewesen. Familie und Untertanen erwarteten sich von Leopold noch eine lange und segensreiche
Regierungszeit. Doch das Schicksal wollte es anders. Nun wurde sein
vierundzwanzigjähriger Sohn Franz sein Nachfolger, wieder gab es eine
Kaiserin Maria Theresia auf dem Thron in Wien, es war die älteste Tochter Marie Karolines von Neapel, sie schrieb ihren Namen französisch:
Marie Thérèse.

Kurz nach Leopolds Tod, am 20. April 1792, erklärten die Franzosen
Österreich den Krieg. Der erste der Koalitionskriege nahm seinen Anfang.

Herzog Albert hatte den Oberbefehl der belgischen Truppen übernommen, befand sich jedoch in einer meist defensiven Position. Einzig
am 11. Juni 1792 gelang ihm ein glücklicher Angriff auf Maubeuge, wo
er die Avantgarde des französischen Generals Lafayette zurückschlug. Er
hielt dadurch für das österreichische Heer den Weg frei. Da Alberts
Streitkräfte nur geringe Stärke aufweisen konnten, waren keine sonstigen Heldentaten zu erwarten.[71]

Am 6. November 1792 standen sich die belgisch-österreichischen Truppen und die Franzosen in der Schlacht bei Jemappes gegenüber, in der die Franzosen siegten. Albert erkrankte schwer und mußte sein Kommando abgeben. Marie in Brüssel sah sich gezwungen, sich wieder einmal auf eine Flucht vorzubereiten und ihre Amtsgeschäfte in bestmöglicher Form abzuschließen. Zum alten Grafen Metternich hatte sich Graf Mercy aus Paris gesellt, der ehemalige Vertraute Maria Theresias in der Betreuung und Überwachung Marie Antoinettes. Marie wurde von beiden Staatsmännern gedrängt, zum Abschluß eine Schrift zu unterzeichnen, die die Aufrechterhaltung der alten Verfassung nochmals allen Ständen versprach. Mimi war sich völlig klar darüber, daß dies eigentlich über ihre Vollmachten hinausging, aber sie vertraute den beiden erfahrenen Ratgebern und beendete mit dieser Unterzeichnung ihre Tätigkeit als Statthalterin in den österreichischen Niederlanden. Am 9. November 1792 verließ sie Brüssel und hat den Wirkungskreis, den die Mutter ihr einst angewiesen hatte, nicht wieder eingenommen.

In der Commanderie du Dieux bei Maastricht wartete der kranke Herzog Albert auf seine Gemahlin. Er befand sich gesundheitlich in besorgniserregender Verfassung. Mimis Klagen darüber gingen am 18. November 1792 aus Münster an Eleonore Liechtenstein:

*Du wirst nicht zweifeln an meinem Unglück und Kummer, wenn Du liesest, daß ich wieder auf der Irrfahrt und flüchtig bin seit dem schmerzensreichen Tag vom 6. November (Jemappes). Die Sturmflut der Franzosen hat unser Land überschwemmt; unsere Armee wurde gezwungen, sich zurückzuziehen und wir mußten Brüssel verlassen. Mein Mann ist krank; ich konnte nicht in Maastricht bleiben, wie ich anfangs wollte; auch nicht in Aachen, das ganz von den schrecklichen Ideen erfüllt ist und wo die Revolution jeden Tag droht. So blieb mir nichts übrig, als meinen Kranken hier bei meinem Bruder abzusetzen.*[72]

Münster bot für den Winter 1792/93 ein relativ freundliches Asyl für die Flüchtigen. Maximilian war Fürstbischof von Köln und Bischof von Münster, hatte viele Bekannte und Freunde in der Stadt und suchte seine deprimierte Schwester durch einige gesellschaftliche Ablenkungen aufzuheitern. Gerade jetzt traf jedoch eine traurige Nachricht aus Brüssel ein. Vor der Abreise war es Marie gelungen, unter vielen Schwierigkeiten ein Segelschiff zu chartern und ihre besten alten Möbel, wertvolle Gemälde, die kostbarsten Bücher und einen Teil der umfangreichen graphischen Sammlung Alberts nach Hamburg zu verfrachten. Schon glaubte das Herzogspaar, die mit soviel Mühe gesammelten Gegenstände seien in Sicherheit. Da traf die Nachricht ein, daß die Barkasse vor der holländischen Küste gesunken sei.[73]

Auf der Reise nach Wien Ende Januar 1793 erfuhren sie in Hanau eine neue Hiobsbotschaft: ihr Schwager König Ludwig XVI. von Frankreich war am 21. des Monats in Paris mit der Guillotine hingerichtet worden. Für das Herzogspaar stürzte eine Welt zusammen. In ihre Trauer und Empörung mischte sich die brennende Sorge um Marie Antoinette, deren Schicksal noch durchaus ungewiß war.

Mimi fühlte sich in jener Zeit oft sehr elend. Die Zeit des Klimateriums hatte bei ihr früh eingesetzt und sie mit vielen Beschwerden behelligt. Sie stand jetzt im zweiundfünfzigsten Lebensjahr. In ihrem Erscheinungsbild hatte sich viel verändert. Sie war nicht mehr die reichgeschmückte Rokokodame, die unter ihrem Haargesteck aus wallenden Federn mit heiterer Distanziertheit auf den Beschauer blickte. Die Mode hatte sich völlig gewandelt. Der Reifrock galt als überholt. Die raffiniert geschnittenen Damenkleider, deren Taille immer weiter nach oben rutschte, fielen vorn glatt herunter, hinten wurden dem Rock Kissen unterlegt und der »Cul de crin« blieb für Jahre modern. Man puderte sein Haar nicht mehr weiß, sondern grau. Die Jacketts der Straßentoiletten zeigten bei den Damen beinahe schon den Schnitt der später so beliebten englischen Jagdkostüme.

Auch die Stadt Wien zeigte ein anderes Gesicht. Die alten Freunde und Freundinnen, die sie von früher her kannten, waren tot, verzogen, nicht mehr im Amt, entweder verarmt oder alt und gebrechlich. Mimi fand zu ihrer Freude die Fürstin Eleonore Liechtenstein bei bestem Wohlbefinden. Diese Freundschaft hatte sich unverändert erhalten. Mimi und Albert wohnten diesmal bescheiden und sehr zurückgezogen im Palais Lobkowitz. Die Briefe des Adoptivsohnes Karl vom Kriegsschauplatz bedeuteten ihre einzige Freude. Um alles über ihn zu erfahren, stand die Herzogin in ständiger brieflicher Verbindung mit seinem Adjutanten Capitaine Delmotte. Einmal bekannte sie ihm:

*Mein lieber Sohn hält mich noch am meisten an dieser Welt; er ist der Mittelpunkt meiner Sorgen, meiner Betrübnisse wie meiner Freuden.*[74]

Zu Ostern 1793 traf das Herzogspaar in Dresden ein. Albert wollte seine Familie wiedersehen und erhoffte sich in der Heimat endgültige Genesung von seiner Krankheit. Dort erfuhr Mimi von dem schrecklichen Ende Marie Antoinettes am 16. 10. 1793. Ihre tiefe, verzweiflungsvolle Betrübnis kam in einem Brief an ihre Freundin zum Ausdruck:

*Maria Theresia hätte nie geglaubt, daß sie Kinder in die Welt gesetzt habe, welche von den Bösen gepeinigt, durch Kabalen unterdrückt, mit Schimpf aller Art bedeckt werden und ihr Leben auf dem Schafott endigen sollten. Ich kann mich gar nicht über den Kummer trösten, den die Unglückliche noch in ihren letzten Monaten erfahren mußte, besonders wegen ihrer Kinder, denn sie selbst ist glücklich: der Tod schließt allen Gram und alles Leid.*[75]

Schon von Dresden aus legte Marie ihrem Neffen, dem Kaiser Franz II., ihre ohne Aussicht auf Konsolidierung zerrüttete wirtschaftliche Lage dar. Zum erstenmal empfand das Herzogspaar die Not des Lebens im eigenen Haushalt.

»Der Gegensatz war zu empfindlich. In den Niederlanden hatten sie Schlösser und Güter zur Verfügung, nun irrten sie flüchtig in der Welt herum. In Brüssel bezogen sie ein Gehalt von 385 000 Gulden . . . Nun hatte dies Einkommen aufgehört. Es fehlte an Geld für Haus und Hof und den ganzen Zug von Leuten, die in ihren Diensten standen. Mehr als hundert Personen, Beamte, Ärzte, Gärtner, Jäger, die nun in alle Welt zerstreut waren, Pensionäre noch vom Hofhalt Herzogs Carl von Lothringen mußten von Monat zu Monat versorgt werden. Der Ertrag ihrer Güter reichte dafür nicht zur Hälfte hin. Sie hatten schon früher empfindliche Opfer gebracht. Die Übersiedlung von Preßburg nach Brüssel 1782 hatte allein 167 231 Gulden gekostet. Für die Herstellung des Palais Royal in Brüssel und die Reparaturen von 1781–92 wurden 321 954 Gulden ausgegeben. Welche Summe kosteten Palais und Park von Marimont, von Tervueren!

Bei der Flucht waren fünf Tafelservices für zahlreiche Personen und Mobiliar von großem Wert im Meer versunken. Die Verluste des Gefolges mußten mit 60 000 Gulden besonders entschädigt werden.

Ihr Gehalt in Belgien war von den Ständen nie vollständig ausgezahlt worden, es war noch im letzten Jahre eine Summe von 671 000 Gulden rückständig. Marie Christine hatte in Wien von allem gesprochen und der Kaiser hatte ihr zugesagt, daß sie so wenig als möglich verlieren sollte.«[76]

Den Winter 1794/95 verbrachten Albert und Mimi in Heidelberg. Ihr Sohn Karl kam verwundet vom niederländischen Feldzug zurück und Marie pflegte ihn gesund. Im Frühjahr meldete sich Karl als genesen in

Wien zur Stelle. Das Herzogspaar reiste nach Mergentheim, um bei Maximilian zu sein, der dort im Deutschordenshause wohnte. Dorthin hatte er sich aus Köln geflüchtet. Im Bischofshof bei Augsburg trafen sie Alberts Bruder Clemens, der dort vereinsamt und verarmt sein Leben fristete. Ohne jedes Aufsehen traf man endlich im Juli wieder in Wien ein. Die Öffentlichkeit nahm kaum Notiz von ihnen, nur wenige Freunde erwarteten sie. Ihr Neffe, Kaiser Franz, hatte allerdings geschrieben, er würde sie mit der größten Freude empfangen und sie könnten ganz nach ihrem Belieben in Wien leben.[77]

»Marie Christine bezog nun mit ihrem Gemahl das Haus an dem Augustinerkloster, das ihnen vom Kaiser als Eigentum überlassen war ... So führte das Geschick Marie Christine nach einer Wanderschaft von einundzwanzig Jahren wieder in die Heimat und in dasselbe Haus zurück, in dem einst Prinz Albert seine ersten Liebesbriefe geschrieben und von Ruhm und Glück geträumt hatte.

Ein Ereignis, das im Sommer 1795 den Hof in Trauer versetzte, war der plötzliche Tod des Erzherzogs Leopold. Er war der Bruder des Kaisers, dreiundzwanzig Jahre alt, der schönste Prinz der Familie, seit 1790 Palatin von Ungarn und allgemein beliebt... Eine unglückliche Neigung Feuerwerke zu veranstalten brachte ihn ums Leben. Als er am 10. Juli 1795 in Laxenburg . . . damit beschäftigt war, erfolgte eine Explosion, welche zwei seiner Leute sogleich tötete und ihn so verwundete, daß er am 21. Juli starb. Der Erzherzog Karl (Mimis Adoptivsohn) wohnte in dem Zimmer über ihm und wäre bald mit dem ganzen Haus in die Luft gesprengt worden.«[78]

Am politischen Leben nahmen Marie und Albert keinen Anteil mehr. Das Wirken des neuen Außenministers Thugut erschien ihnen unheilvoll. Die Feldzüge von 1795 und 1796 standen unter dem Oberbefehl von Feldmarschall Clerfait, aber all seine Erfolge nützten ihm nichts, er unterlag einer harten Kritik aus Wien und nahm verärgert und verbittert im Januar 1796 seinen Abschied.

Sein Nachfolger wurde zu Mimis großer Freude der fünfundzwanzigjährige Karl. Er hatte alle Eigenschaften eines guten Feldherrn: Weitblick, Besonnenheit, nüchterne Erwägung aller Chancen und den Elan zu einem unerwarteten Angriff.

Im Winter 1796/97 wurde Karl als Oberbefehlshaber der österreichischen Truppen in Italien eingesetzt. Diese waren jedoch in einem derart desolaten Zustand, daß Karl seine Erfolgsserie hier nicht fortsetzen konnte. Die Kampfhandlungen wurden im Herbst 1797 durch den Frieden von Campoformio am 17. Oktober zwar nicht beendet, aber immerhin unterbrochen. In ganz Österreich herrschte große Erregung. Man verlor Belgien, Mailand und Mantua an Frankreich, gewann dafür die unbedeutenden Gebiete Venetien links der Etsch, Istrien und Dalmatien. Als Marie lange vor Friedensschluß von den Bedingungen der Präliminarien erfuhr, war ihr zumute wie nach einer persönlichen Kränkung:

*Ich kann mich nicht trösten über das vergossene Blut; so viele brave Leute sind verwundet, erschlagen; mein Herz ist traurig und tief erschüttert mitten in dem allgemeinen Jubel. Nur mit Tränen in den Augen und mit gepreßtem Herzen lobe ich den Frieden.* [79]

Marie litt in den letztvergangenen Monaten häufig an Magenbeschwerden, dachte aber, diese seien nervösen Ursprungs und achtete nicht weiter darauf. Am 24. Juli 1797 unternahm das Herzogspaar eine Reise nach Böhmen. Mimi machte eine Badekur in Teplitz und verspürte danach wesentliche Besserung. Von dort nach Dresden war es nicht weit und Albert und Mimi verbrachten noch wundervolle Wochen im Stadtschloß und in Schloß Pillnitz. Ausflüge führten sie in das charakteristische Elbsandsteingebirge, bizarre Felsen ragten in wunderlichen Formen über das schlangenförmig gewundene Flußbett der ruhig dahinfließenden Elbe. Mimi genoß dies alles in dankbarer Freude. Im Oktober war das Herzogspaar wieder in Wien.

Der Winter bekam Mimi nicht gut. Sie magerte ab, litt unter Appetitlosigkeit und verspürte starke Schmerzen, wenn sie Nahrung zu sich nahm, mochte diese so leicht und geringfügig sein, wie es nur immer möglich war. Am 12. März 1798 war ihr Zustand so schlecht, daß man ihr die Sterbesakramente reichte. Doch sie erholte sich zur Verwunderung der Ärzte und zur grenzenlosen Freude ihres Mannes. Albert mietete ihr ein Landhaus in der Vorstadt Mariahilf. Es war das kleine Palais des Fürsten Kaunitz, wo sie relativ erträgliche Frühlingsmonate verbrachte. Aber Mitte Juni verschlimmerte sich ihr Magenleiden in bedenklicher Weise.

*Sie hatte heftige Schmerzen, Erbrechungen, konnte nicht essen und brachte die Nächte zwischen Schlafen und Wachen zu. Sie selbst gab sich keiner Hoffnung auf eine Genesung hin. Am 20. Juni besuchten sie für einige Minuten die Fürstinnen Leopoldine und Eleonore Liechtenstein. Marie Christines Gesichtsfarbe war ganz verändert, Kinn und Nase schmal geworden, der Tod saß ihr auf den Lippen; aber sie lächelte die Frauen freundlich an:* »Warum haben sie mich nicht im Februar sterben lassen«, *seufzte sie leise. Am 22. berief ihr Leibarzt Quarin sechs andere Ärzte zur Consultation, unter ihnen die beiden Störck und Schreiber, die ersten Doktoren von Wien. Sie nahmen eine Magenverhärtung oder Geschwür im Magen an, aber alle stimmten überein, daß sie sterben müsse.*

*Frühmorgens hatte sich die Erzherzogin versehen lassen. Abends besuchten sie die Majestäten (Franz II. und Marie Thérèse). Die Kaiserin küßte ihr die Hand und versicherte unter Tränen, daß sie und ihre Kinder für sie beteten. Die Nacht war schrecklich. Der Herzog und die Kammerfrauen glaubten sie in den letzten Zügen. Der Arzt gab ihr Opium, welches ihr Bewußtsein und Empfindung nahm. Sie kam dann wieder zu sich und behielt die Sprache und den hellen Geist bis zum letzten Moment. Sie betete viel. Voll festen Mutes, ohne Klage, in frommer Ergebung wie ihre erhabene Mutter, wie ihr Bruder Joseph erwartete sie ihr Ende.*

*Noch am Todestage schrieb sie drei Briefe, bestimmte Gelder als Almosen und nahm Abschied von ihren Ärzten Quarin und Störck . . . Gegen Abend am 24. Juni, nach sieben Uhr, als eben die Sonne zur Neige ging, küßte sie ihrem Gemahle liebevoll die Hand und sprach noch leise den Namen Erzherzog Karl aus. Sie saß dabei aufrecht im Bett, senkte dann ihr Haupt und starb . . .*

*Die Fürstin Eleonore Liechtenstein brachte es über sich, die Tote noch einmal zu sehen. Die Züge waren verändert, hatten aber den Ausdruck einer Schlafenden, eine fast freudige Verklärung lag auf dem Gesichte. Die Fürstin schrieb an ihre Tochter:* »Niemals habe ich eine Tote gesehen, welche mir statt Schrecken eine solche tiefe Ruhe eingeflößt hätte.«[80]

Es mag befremden, aber vielleicht entsprach es einer Sitte der Zeit: Albert hatte noch am Abend des Todestages seiner Frau alle Vorkehrungen getroffen, sich in ein abgeschiedenes Landhaus in Kalksburg bei Wien zu begeben. Hier empfing er aus Mimis Vermächtnis den Abschiedsbrief »Pour mon Epoux à lui remettre le lendemain de ma mort!« – Meinem angebeteten Gatten am Tage nach meinem Tode zu übergeben. –

*Mein lieber, teurer Mann,*
*ich gebe mich rücksichtlich meiner Gesundheit keiner Täuschung hin, ich sehe und fühle, daß sie nicht wiederkehrt . . . Ich will noch von der*

*Zeit, in der ich mich besser befinde, profitieren, um Dir, mein verehrter*
*Gemahl, ein Lebewohl zu sagen . . . Wenn ich die Achtung und das Be-*
*dauern der Welt verdiene, so kommt das nur von Dir. Du warst mein*
*Vorbild, meine Triebfeder zum Guten, mein Leitstern, das einzige We-*
*sen, für das ich lebte, dem ich zugehörte und dessen ich würdig sein*
*wollte. Wie kann ich Dir meine Dankbarkeit schildern für all das Glück,*
*welches Du mich in so viel Jahren genießen ließest . . .*
*Mögest Du glücklich sein. Möge Dir in dieser Stunde der Engel des*
*Trostes beistehen! . . . Im Namen Gottes und unserer Liebe soll Dich*
*Hienieden nichts beunruhigen und stören, daß wir bald im Schoße Got-*
*tes vereinigt werden. Lebewohl tausendmal, mein geliebter Mann!*[81]

Albert litt außerordentlich unter Mimis Tod. Eine Zeitlang schien es,
als verlöre er selbst jede Freude am Leben. Er führte seine Memoiren
nicht weiter, sondern beschloß sie im Jahre 1798 mit einer warmherzi-
gen Würdigung der Verstorbenen:

*Nach zweiunddreißig Jahren der glücklichsten Ehe verlor ich die edel-*
*ste Frau, die je gelebt hat, mein Teuerstes auf Erden und den geliebten*
*Gegenstand meines ganzen Glücks. Dieses Glück war in diesem langen*
*Zeitraum auch nicht durch den kleinsten Streit gestört worden. Ihre au-*
*ßerordentliche Lebendigkeit hat oftmals das Urteil der Leute beirrt, wel-*
*che die schönen, großen Eigenschaften ihrer erhabenen Seele nicht*
*kannten. Gegen mich brach diese Lebendigkeit niemals hervor; sie of-*
*fenbarte sie mir nur in einer eigentümlichen Art, welche den Reiz ihrer*
*Seele erhöhte, und in einer beispiellosen Hingebung und Liebe für mich.*
*Diese dauerte bis zum Tod und zeigte sich noch in den letzten Momenten*
*in der rührendsten Weise.*
*Wie könnte ich Worte finden, um das auszudrücken, was ich in dieser*
*traurigen Zeit gelitten habe und was ich mein Leben lang für diese ange-*
*betete einzige Frau fühlen werde. Ich kann nicht mehr zu ihrem Lobe sa-*
*gen, als daß sie sich in allen Lebensverhältnissen als eine würdige Toch-*
*ter Maria Theresias gezeigt hat. Sie war ihr liebstes Kind und hat all die*
*edlen Eigenschaften ihres Geistes und Herzens geerbt, besonders den fe-*
*sten Mut, die Charakterstärke. In den schwierigsten Lagen des Lebens*
*hat sie dieselben bewährt . . .*
*Die Tränen, die auf ihr Grab fielen, sind ihr bestes Lob.*[82]

Als Albert davon hörte, daß der berühmte italienische Bildhauer Antonio Canova vor den Franzosen hatte fliehen müssen, berief er ihn nach

Wien und erteilte ihm den Auftrag, für Marie Christine ein Grabmal zu schaffen. Der Künstler arbeitete sechs Jahre daran und erhielt ein Honorar von 20 000 Gulden. Mimis sterbliche Überreste ruhen in einem verkupferten Zinnsarg in der Kapuzinergruft. Ihr Denkmal jedoch befindet sich in der Augustinerkirche und gehört zu den schönsten Monumenten Wiens.

Albert befand sich kurz vor der Vollendung seines sechzigsten Lebensjahres, als Mimi starb. Er lebte fortan sehr zurückgezogen und nahm kein öffentliches Amt mehr an. Neben seinen Kunstsammlungen beschäftigte ihn einzig noch sein Regiment, die Sachsen-Kürassiere, das ihm einst Maria Theresia verliehen hatte. Noch 1815 beim Wiener Kongreß, als der Herzog schon siebenundsiebzig Jahre alt war, ließ er es sich nicht nehmen, das schöne Regiment allen anwesenden Monarchen Europas selbst vorzuführen.[83]

Alberts Lebensabend gestaltete sich freundlich. Sein Adoptivsohn Erzherzog Karl heiratete 1815 die charmante Prinzessin Henriette von Nassau-Weilburg. Sie war evangelisch und machte den Christbaum in Wien populär.[84] Der in den napoleonischen Kriegen berühmt gewordene Heerführer Karl hatte sein vierundvierzigstes Lebensjahr erreicht und nahm nun eine strahlend hübsche Achtzehnjährige zur Frau. Beide bereiteten dem alternden Herzog Albert noch sieben Jahre voller Heiterkeit und familiärer Wärme. Er erlebte noch Enkelkinder aus dieser glücklichen Ehe. 1822 starb Albert an Altersschwäche, ruhig und ohne zu leiden; er war dreiundachtzig Jahre alt geworden.

Sein Zinnsarg steht links am Eingang zur Maria Theresien-Gruft nahe dem Sarge Kaiser Josephs. Mimi ruht zu Häupten des Grabmahls ihrer Eltern. Die Särge dieser beiden Liebenden stehen nicht vereint, aber wenigstens in der gleichen Halle der Kapuzinergruft in Wien.

## Quellen und Anmerkungen zum Kapitel
## Marie Christine

[1] Henry Vallotton, Kaiserin Maria Theresia, Herrscherin und Mutter, Hamburg 1968, S. 59

[2] Otto Christoph Graf von Podewils, Friedrich der Große und Marie Theresia, Diplomatische Berichte, hrsg. von Carl Hinrichs, Berlin 1937, S. 71

[3] Fürst Johann Josef Khevenhüller-Metsch, Aus der Zeit Maria Theresias, Tagebuch des Kaiserlichen Obersthofmeisters 1742–1776, 8 Bde, hrsg. von Hanns Schlitter, Wien/Leipzig 1907/1908. Nachstehend abgekürzt »Khevenhüller« genannt. – Bd. II, S. 223

[4] Khevenhüller, Bd. II, S. 358

[5] Die Mutter und die Kaiserin, Briefe der Maria Theresia an ihre Kinder und Vertrauten. Aus dem Französischen übertragen und hrsg. von Carl Rothe, Wien/München 1968. – Nachstehend abgekürzt »Rothe« genannt. – S. 85

[6] Rothe, S. 292

[7] Rothe, S. 292/293

[8] Rothe, S. 85/86

[9] Rothe, S. 87

[10] Adam Wolf, Marie Christine, Erzherzogin von Österreich, 2 Bde., Wien 1863. – Nachstehend abgekürzt »Wolf Biogr.« genannt. – Bd. I, S. 33

[11] Wolf Biogr., Bd. I, S. 37

[12] Wolf Biogr., Bd. I, S. 48 ff

[13] Khevenhüller, Bde. VI, S. 173

[14] Khevenhüller, Bd. VI, S. 174

[15] Wolf Biogr., Bd. I, S. 41

[16] Wolf Biogr., Bd. I, S. 63

[17] Rothe, S. 99

[18] Rothe, S. 89

[19] Rothe, S. 89

[20] Khevenhüller, Bd. VI, S. 235

[21] Wolf Biogr., Bd. I, S. 54

[22] Rothe, S. 91

[23] Egon Caesar Conte Corti, Ich, eine Tochter Maria Theresias, ein Lebensbild der Königin Marie Karoline von Neapel, München 1950. – Nachstehend abgekürzt »Corti« genannt. – S. 101

[24] Wolf Biogr., Bd. I, S. 86

[25] Wolf Biogr., Bd. I, S. 86–146

[26] Wolf Biogr., Bd. I, S. 158

[27] Wolf Biogr., Bd. I, S. 161

[28] Adam Wandruszka, Leopold II., 2 Bde., Wien/München 1963. – Nachstehend abgekürzt » Wandruszka« genannt. – Bd. I, S. 341

[29] Wandruszka, Bd. I, S. 347

[30] Wandruszka, Bd. I, S. 350

[31] Wandruszka, Bd. I, S. 351

[32] Rothe, S. 95

[33] Wolf Biogr., Bd. I, S. 175

[34] Wolf Biogr., Bd. I, S. 182

[35] Wolf Biogr., Bd. I, S. 184

[36] Wolf Biogr., Bd. I, S. 186

[37] Wolf Biogr., Bd. I, S. 187

[38] Wolf Biogr., Bd. I, S. 189

[39] Thomas Mann, Der Zauberberg, Stockholmer Gesamtausgabe im S. Fischer-Verlag 1959, S. 701. Originaltext: »Sehen Sie, was die Welt verwirrt, ist das Mißverhältnis, das zwischen der Geschwindigkeit des Geistes und der ungeheuren Unbeholfenheit, Langsamkeit, Beharrungsträgheit und -kraft der Materie besteht. Man muß zugeben, daß dies Mißverhältnis ausreichen würde, jede Interesselosigkeit des Geistes am Wirklichen zu entschuldigen, denn die Regel ist, daß die Fermente, die die Revolutionen der Wirklichkeit herbeiführen, ihm längst zum Ekel geworden sind.« Naphta zu Hans Castorp.

[40] Wolf Biogr., Bd. I, S. 199

⁴¹ Wolf Biogr., Bd. I, S. 190

⁴² Wolf Biogr., Bd. I, S. 211

⁴³ Wolf Biogr., Bd. I, S. 214

⁴⁴ Wolf Biogr., Bd. I, S. 218

⁴⁵ Wolf Biogr., Bd. I, S. 224

⁴⁶ Wolf Biogr., Bd. I, S. 227

⁴⁷ Wolf Biogr., Bd. I, S. 231

⁴⁸ Wolf Biogr., Bd. I, S. 244

⁴⁹ Brief vom 7. Juni 1787 an Eleonore Liechtenstein, Wolf Biogr., Bd. I, S. 256

⁵⁰ Brief vom 27. Juni 1787 an Eleonore Liechtenstein, Wolf Biogr., Bd. I, S. 257

⁵¹ Wolf Biogr., Bd. I, S. 258

⁵² Adam Wolf, Leopold II. und Marie Christine, ihr Briefwechsel im französischen Originaltext, Wien 1867. – Nachstehend abgekürzt »Wolf Briefw.« genannt. – S. 42

⁵³ Wolf Biogr., Bd. I, S. 268

⁵⁴ Wolf Biogr., Bd. I, S. 269

⁵⁵ Wolf Biogr., Bd. I, S. 278

⁵⁶ Wolf Biogr., Bd. I, S. 282, Brief vom 17. 11. 1788

⁵⁷ Brief Josephs vom 16. 12. 1788 an Marie Christine in Brüssel, Wolf Biogr., Bd. I, S. 282

⁵⁸ Wolf Biogr., Bd. II, S. 16

⁵⁹ Wolf Biogr., Bd. II, S. 22

⁶⁰ Wolf Biogr., Bd. II, S. 16

⁶¹ Wolf Biogr., Bd. II, S. 29

⁶² Wolf Biogr., Bd. II, S. 33

⁶³ Wolf Biogr., Bd. II, S. 37 ff

⁶⁴ Wolf Biogr., Bd. II, S. 42

⁶⁵ Wolf Briefw., S. 122

⁶⁶ Wolf Briefw., S. 133

⁶⁷ Wolf Briefw., S. 189

⁶⁸ Wolf Biogr., Bd. II, S. 93

⁶⁹ Wolf Biogr., Bd. II, S. 100

⁷⁰ Wolf Biogr., Bd. II, S. 103

⁷¹ Wolf Biogr., Bd. II, S. 134

⁷² Wolf Biogr., Bd. II, S. 142

⁷³ Wolf Biogr., Bd. II, S. 143

⁷⁴ Brief vom 27. Juni 1793 an Delmotte; Wolf Biogr., Bd. II, S. 146

⁷⁵ Wolf Biogr., Bd. II, S. 148

⁷⁶ Wolf Biogr., Bd. II, S. 148/149

⁷⁷ Wolf Biogr., Bd. II, S. 163

⁷⁸ Wolf Biogr., Bd. II, S. 174

⁷⁹ Briefe vom 3. und 17. Mai 1797 an Delmotte; Wolf Biogr., Bd. II, S. 181

⁸⁰ Krankheit und Tod der Erzherzogin sind erzählt nach den Memoiren des Herzogs Albert und den Briefen der Fürstin Eleonore Liechtenstein an ihre Tochter Gräfin Josephine Harrach, 19. Juni bis 17. Juli 1798; Wolf Biogr., Bd. II, S. 185

⁸¹ Wolf Biogr., Bd. II, S. 187

⁸² Wolf Biogr., Bd. II, S. 190

⁸³ Wolf Biogr., Bd. II, S. 209

⁸⁴ Eberhard Kusin, Die Kaisergruft, Wien 1973, S. 43

# Maria Elisabeth

*Äbtissin des Adeligen Damenstiftes zu Innsbruck*
\* *13. August 1743 in Wien*
† *22. September 1808 in Linz*

Ein getreues Bild vom Leben der Erzherzogin Elisabeth zu entwerfen kann insofern nur unvollständig geschehen, als jegliche wichtigen schriftlichen Zeugnisse von ihrer eigenen Hand fehlen. Sie lebte die ersten siebenunddreißig Jahre ihres Lebens stets am Hofe ihrer Eltern bzw. ihrer Mutter in Wien, sie kam nicht jung in fremde Umgebung, kein Heimweh gab Anlaß zu langen Briefen. Wohl pflegte sie Korrespondenz mit ihren Schwestern Karoline und Antoinette, aber unendlich viele Dokumente haben die vergangenen zweihundert Jahre nicht überlebt. Kriegswirren brachten Vernichtung von außen, Diskretion ließ manches Blatt in irgendein Kaminfeuer in Neapel oder Paris wandern. Vieles wurde auch seiner Unerheblichkeit halber gleichgültig weggeworfen. Der erhaltene Briefwechsel besteht aus mehr oder weniger amtlichen Weisungen an Beamte und Untergebene. Sie betreffen die Regelung von Dingen, die mit ihrem Haushalt oder den Angelegenheiten des Innsbrucker Damenstifts zusammenhängen.

Nirgends begegnet man der Emotion in diesen Fragmenten. Weder tiefempfundene Freude, noch persönliches Leid kommen darin zum Ausdruck. Elisabeths Charakter läßt sich nur erraten, zusammensetzen aus Überlieferungen wie ein Geduldsspiel, das dann am Schluß ein erkennbares Bild ergibt, aber nicht klar und scharf umrissen, sondern in mehrfach gebrochenen Linien.

Eine hohe gesellschaftliche Stellung wie die einer Tochter des römisch-deutschen Kaisers, Angehörige der höchsten Familie in Europa, kann unendliche Erleichterung auf der Lebensbahn bedeuten, kann aber auch unmäßige Gefährdung heraufbeschwören, wie es bei Antoinette geschah.

Für Elisabeth war ihr Rang lästige Fessel und hilfreicher Halt zugleich. In ihrer Jugend hätte sie ihr bevorzugtes Dasein zuweilen herzlich gern mit einem weniger beachteten Leben vertauscht, aber im Alter gaben ihr Abkunft und Stellung eine feste Stütze. Mit Etikette und Hofstaat wurde sie geboren, mit Hofstaat und Etikette verlebte sie auch ihre letzten Tage. Der hohe Rang schützte sie vor einem Abgleiten in den Bereich der Lächerlichkeit, hielt sie im Zaum beim Ausleben ihrer immer skurriler und komischer werdenden Eigenheiten, war ein Ausgleich für ihre durch Krankheit entstandene Häßlichkeit.

Dabei fing alles so verheißungsvoll an.

Nach dem 1. Schlesischen Kriege, der 1742 mit dem Frieden von Breslau ein Ende fand, rüstete Österreich fieberhaft. Die reduzierte Armee wurde nach preußischem Muster neu aufgebaut. Sowohl für die eilends ausgehobenen Rekruten als auch für die alten Haudegen im Heer gab es ein neues Exerzier-Reglement. Die Königin befahl die Anlage zahlreicher neuer Heeresmagazine und ließ schleunigst die Zuführungsstraßen dorthin ausbauen. Das Fourage-Wesen, die Lebensmittelbeschaffung im Kriege, wurde neu und gut durchorganisiert. Das waren die ersten Maßnahmen, die die Königin nach Friedensschluß in Gang gebracht hatte.

Am 2. Februar 1743 beschloß Maria Theresia ungeachtet der Aufwendungen für die Armee, der zeitweilig bedrohlichen Ebbe in den Kassen des Staates, ein kostspieliges, aber dringliches Unternehmen jetzt durchzuführen: die Königskrönung und Erbhuldigung in Böhmen.

Seit die junge Fürstin zur Regierung gelangt war, bestand für sie – noch auf viele Jahre hinaus – immer die Schwierigkeit, alle wichtigen Termine ihrer Amtsgeschäfte so zu koordinieren, daß sie sich in der Zeit vor einem jeden ihrer sechzehn Kindbetten Schonung auferlegen konnte. Zu Anfang einer Schwangerschaft ging es ihr meist sehr gut, und sie fühlte sich zu großen Taten aufgelegt. Als sie gewiß wußte, ihr sechstes Kind etwa Mitte August erwarten zu können, erging am 2. Februar 1743 die Mitteilung an die außerordentliche Hofkommission in Prag, daß der Termin für die Königskrönung festgelegt werden möge. Die Reise nach Böhmen müsse im Frühjahr stattfinden.

Mit diesem Bescheid ergoß sich eine Flut von Arbeit über alle Wiener und Prager Behörden, ebenso über die Stadt- und Gemeindeverwaltungen, die der Hofreisezug unterwegs berühren würde. Nach der Consignation (amtlichen Aufzeichnung) des Hofbuchhalters waren für alle Fuhren der Prager Reise insgesamt 218 Wagen und 887 Pferde nötig. Die Aufstellung der Reiseteilnehmer befindet sich auf einer Liste von vielen Seiten. Die Proviantliste für etwa einhundertvierzehn Personen ist staunenswert. An den Raststationen eines jeden Tages mußten zentnerweise Fleisch und Grundnahrungsmittel, Gewürze, Zucker, Zitronen, Mehl, Geflügel, Wild nach der Jahreszeit, mehrere Lägel frische Fische und allerlei Delikatessen bereitgehalten werden, darunter auch für jeden Tag

300 Frösche! Da zweiunddreißig Köche den Hofreisezug begleiteten, so dürften sie auch sehr gut zubereitet worden sein, Froschschenkel nach römischer Art paniert und mit feiner Kräutermayonnaise oder als Ragout in weißer Muskatsauce.

Maria Theresias älteste Tochter Marianna, vier Jahre alt und noch Mariandl genannt, sollte mit dieser Hofreise ihren ersten großen Auftritt in der Öffentlichkeit haben. Sie reiste ihren Eltern mit 22 Wagen Gefolge voraus.[2]

Bevor Maria Theresia mit Franz Stephan Wien verließ, wurde in der Stephanskirche ein dreitägiges öffentliches Gebet für eine glückliche Reise abgehalten. Am Reisetag besuchten die Herrscher früh um fünf die heilige Messe, stiegen dann sofort in ihr Gefährt, und gefolgt von lauter Sechsspännern mit dem Hofstaat setzte man sich in einem langen Zuge in Bewegung. Ungeachtet der frühen Tagesstunde hatte es die Wiener nicht daheim gelitten, und sie standen bis zur Donaubrücke, um ihre Königin abfahren zu sehen.[3]

Vor den Toren Prags erwartete die Königin und ihren Gemahl eine festlich geschmückte Wiese mit drei prächtigen großen Zelten. Stadtmilizen und ein Kürassierregiment nahmen Haltung an, zweihundert böhmische Adlige in höchster Gala standen zum Empfang bereit. Musikkapellen setzten ein, die Oberhäupter der Stadt begrüßten ihre Monarchin feierlich. Als der endlos erscheinende Festzug sich formiert hatte, bestand er aus zweiundzwanzig verschiedenen Abteilungen. Die Pracht der Galakleider, die goldbetreßten Livreen der zahlreichen Bedienten des Adels, die Zeremonienkleider der Herolde, all dies bot ein überwältigendes Bild. Die Pferde waren in ihrem kostbarsten Zaumzeug, zeigten gestickte oder brokatene Satteldecken, Turnierschabracken, goldene Steigbügel, und was nur immer die Welt der Reiter in jener Zeit an dekorativem Zubehör aufwies, das glitzerte heute funkelnd im schwachen Sonnenschein des kühlen Vorfrühlingstages.

Die Anteilnahme des böhmischen Volkes war stürmisch. In den alten Berichten wird hervorgehoben, daß sich ungeachtet des für April viel zu kalten Wetters Tausende von Menschen längs der Einzugsstraße eingefunden hatten. Obristhofmeister Khevenhüller, der das Wenzelsschwert feierlich dem Herrscherpaar vorantragen sollte, lieh sich in aller Eile ein Paar pelzgefütterte weiße Handschuhe und »thate . . . unter der Parokken ein kleines mit Peltz gefüttertes Käppl«, um seine anfällige Gesundheit nicht in diesen anstrengenden Tagen zu gefährden. Auch Maria Theresia entschloß sich, nicht den vorgesehenen prunkvollen muschelartigen, mit grünem Samt gefütterten und mit Gold ausgeschlagenen offenen Wagen zu nehmen, sondern des rauhen Wetters halber eine geschlossene Galakutsche zu benutzen. Die königlichen Reisewagen wurden leer im Festzuge mitgeführt.[4]

Am 12. Mai 1743 erreichten die Festlichkeiten ihren Höhepunkt mit der Krönung Maria Theresias zur Königin von Böhmen. Gleichzeitig war der Landtag einberufen worden. Die Abgeordneten der Stände hatten sich befehlsgemäß um sieben Uhr früh im Schloß einzufinden.

*So seins auch . . . die treu gehorsamsten Stände teils in gespitzten, teils in anderen Mantelkleidern, teils aber auch in roten Manteln in einer sehr großen und solcher Anzahl erschienen, daß die inneren und außeren Anti-Cameren (Vorzimmer), wie auch die große Ritterstuben damit angefüllet ware.*[5]

Nach alter Tradition war die Domkirche St. Veit der Schauplatz der feierlichen Krönungshandlung. Doch es gab einen Aufenthalt. Wegen der soeben eingelaufenen Siegesmeldung, daß Prinz Carl von Lothringen die Bayern bei Braunau geschlagen habe, wurde alles um zwei Stunden verschoben. Bald darauf trafen auch die Fahnen und Standarten, die man bei diesem Treffen erbeutet hatte, in Prag ein. Noch vor der Zeremonie der Krönung ließ Maria Theresia einen Dankgottesdienst für den Sieg bei Braunau abhalten.

Erst dann ging mit aufwendigster musikalischer Umrahmung, reicher Chormusik und im wahrsten Sinne des Wortes mit Pauken und Trompeten, die Krönung vor sich. Mit dem von Khevenhüller vor kurzem frostzitternd präsentierten Wenzelsschwert schlug heute Maria Theresia einundzwanzig Prager Herren zum Ritter.

Zwei Tage später erwähnte der Wiener Obristhofmarschall erstmalig, daß man zum Schutze der Königin Sicherheitsmaßnahmen getroffen habe. Dies geschah auf Grund einer Information der Garde, wonach ein »grün gekleideter Mensch« in einem Wirtshaus an der Straße, wo die Königin vorbeifuhr, »sein Gewehr geladen« und mit dem Wirt »verdächtige Reden« geführt habe. Man nahm sofort alle Landstreicher fest, jedoch stellte sich alles als ein Irrtum heraus. Der Grüne war ein Förster und hatte in aller Unschuld seine Dienstbüchse nachgeladen. Dennoch verursachte der Vorfall Aufmerksamkeit. Die Königin war täglich unbesorgt inmitten großer Menschenansammlungen zu sehen gewesen. Von nun an sandte man »so offt der Hoff über Land gienge« eine Abteilung Soldaten auf der betreffenden Straße dem königlichen Wagen voraus.[6]

Maria Theresia und Großherzog Franz Stephan verließen Prag am 16. Juni 1743. Die Königin befand sich im achten Monat ihrer Schwangerschaft. Litt sie ohnedies unter dem inzwischen heißen Wetter, so mußte ihr in diesem Zustand die über 300 km lange Reise besonders beschwerlich gewesen sein. Sie ordnete wegen der drückenden Hitze an, daß man die Nächte durchfuhr und sich ab neun oder zehn Uhr morgens in den Post-Stationen aufhielt, wo es Möglichkeiten zur Erfrischung gab. Alle Huldigungen in den Städten und Dörfern unterwegs verliefen daher im Schein der Pechfackeln, Pechkränze und Lichter. Die Bürger illuminierten ihre Fenster, Triumph- und Ehrenpforten wurden bengalisch beleuchtet.

Am 27. Juni machte man in Linz eine längere Station. Ausnahmsweise war ein Tagesausflug eingeplant. Man fuhr hinaus zum Schloß Steyeregg und nahm beim Landschaftspräsidenten Graf Antoni von Weißenwolff ein Mittagessen zu sich. Khevenhüller mokierte sich über die kurzen Dirndlkleider der jungen Landmädchen, die Tänze vorführten:

*Der Haußherr hatte einen besonderen Platz hierzu eigens zurichten und die Danzer und Danzerinnen ganz neu kleiden lassen, welche letztere aber wegen ihrer kurzen Röcke nicht sehr decent aussahen, zuvorderst weillen sie bei dem Dantz sehr gedräht und in die Höhe geschupft zu werden pflegen.*[7]

Am 3. Juli 1743 setzte das Herrscherpaar mit reduziertem Gefolge die Reise auf der Donau von Linz nach Wien fort, für die Königin entschieden eine große Erleichterung. Am 4. Juli abends traf man beim »Schäntzl Ufer« in Wien ein, wo sich ungeachtet des regnerischen Wetters abermals große Menschenmengen eingefunden hatten, um Maria Theresia mit solcher Herzlichkeit willkommen zu heißen, daß sie darüber Tränen der Rührung vergoß. Die kleine Marianna saß bei den Eltern in der königlichen Leibkutsche und hielt Einzug mit ihnen. Der zweijährige Joseph und die einjährige Mimi erwarteten die Reisenden an der Treppe der Hofburg, und die behinderte Kaiserin-Mutter Elisabeth Christine kam trotz ihrer schmerzenden Füße den Heimkehrenden bis zur zweiten Anticamera entgegen. Alles war in höchster Gala. Aber Maria Theresia hielt gerade eben noch so lange aus, bis ihr die anwesende Hofgesellschaft den Handkuß abgestattet hatte, dann zog sie sich erschöpft in ihre Zimmer zurück.[8]

*Den 12. (August 1743) liessen I. M. gewöhnlicher Massen wegen her-
beinahenden Termins der Schwangerschafft zur Ader, speisten mittags
mit der Ertzherzogin Maria Anna und abends ward gedanzt; und weillen die Nacht (in Schönbrunn) so schöne ware, so befahlen I. M., daß
man ihnen auf den Vestibule ausser des Saals, so zum Garten führt, den
Spill Tisch hinsetzen solle, und spillten Lansquenet biß gegen 11 Uhr,
wo sie sich ganz ruhig zu Bett begaben, allein*

*den 13. gegen anbrechenden Tag – . . . fiengen dieselbe an, einige
Vorbotten herannahender Geburt zu spühren, weßwegen sie sich sogleich noch selben Morgens in die Purg hinein begaben; und obschon I.
M. würcklich im Fahren unterwegs eine und andere sogenannte schlei-
chende Wehe empfanden und noch überdies aus einer Fatalität – weillen
der Zimmerwarter, der sich darauf nicht versehen, mithin auch sogleich
nicht an der Hand gewesen, um dero Wohnungs Zimmern aufzuspören
– gegen eine Viertelstund in der Trabantenstuben warten mußten,
gienge doch alles Gottlob ganz glücklich von statten und höchstdieselbe
wurden gegen 3 Uhr Nachmittag mit einer zwar sehr klein und schwachen Prinzessin entbunden, welche noch selben Abends gegen 8 Uhr laut
aufschlüssigen Protocolls Extract von dem Nuncio getaufft und Maria
Elisabeth Josepha Johanna Antonia benammset wurde. Die Tauff Path
waren die verwittibte Kaiserin Frau Mutter und der König in Portugall,
dessen Stelle der Herzog Leopold von Hollstain Toisonist vertretten.*

*Disen Abend und beide folgende Mittag ware offentlicher Taffldienst
oben bei der Kaiserin (Mutter), nebst grosser Gala, wo ich dann qua an-
gesezter Obrist Cämmerer mein Ammt bei den Herzog mit Reichung des
Hand Tüchls und Rückung des Sessels verrichtet, auch sodann die Ordonnanz gehollet, anbei aber mich immer in der Königin Spiegl Zimmer, um auch dero allerhöchste Befehl durch die Obrist Hoffmeiste-
rin . . . zu vernehmen, eingefunden habe.*

*Den 16., als ich gegen Mittag zu den Herzog, um die gewöhnliche Or-
donnanz zu hollen, gegangen, führte mich selber in die Cammer zu
I. M. der Königin, welcher zur glücklichen Entbindung allerunterthä-
nigst die Hand zu küssen mich unterstanden und allerhöchstdieselbe in
bestem Wohlsein mit ganz lebhafften Augen und munterer Stimm vorgefunden habe.*[9]

Maria Theresia begab sich so bald es ging noch einmal nach ihrem geliebten Schloß Schönbrunn. Das Herbstwetter war in jenem Jahr so
wundervoll, daß man bis zum 24. November bleiben konnte.

Zu den Vergnügungen der Jahreszeit gehörte ein Ausflug am 22. Oktober, den die Königin und Franz Stephan mitmachten. Khevenhüller erzählte die kuriose Geschichte. Man sei nach St. Veit zum Kardinal Erzbischof gefahren, wo nach dem Mittagsmahl die adlige Gesellschaft mit schön verzierten Winzergeräten in den Weinberg ausgeschwärmt sei. Die Lese wäre zwar schon vorübergewesen, aber man habe, falls nicht noch einige Trauben hingen, etliche dazu extra wieder anbinden lassen, damit die Herrschaften doch eine Ausbeute hätten.[10]

Mit der kleinen Elisabeth ließ es sich nicht gut an. Die Mutter machte sich viele Sorgen, denn das Kind hatte Ernährungsprobleme wie keines seiner Geschwister vor ihm. »Klein und schwach« auf die Welt gekommen, vertrug die jüngste Tochter keine Art Nahrung in genügender Menge. Medikamente wollten nicht anschlagen, bis endlich, nach zehn Monate dauernden Mißerfolgen, auf ganz einfache Weise Abhilfe gefunden wurde:

*Mann hat selbe besseren Luffts halber aus der Burg hinaus transportiret, weillen sie von der Geburt an immer krancklet und sehr schwach ist, also zwar, daß der Magen weder Gespinn (Muttermilch) noch sonstige Nahrung mehr nehmen wollen, biß endlichen der dermahlige Prothomedicus Dr. Engel ausgedacht, ihr Cioccolade (Schokolade) zu reichen, welche sie endlich bei sich behalten, auch würcklich seithero in etwas sich zu besseren scheinet.*[11]

Als Liesl gerade ein Jahr alt war, gab es erneut Krieg mit Preußen. Am 17. August 1744 traf eine verbürgte Nachricht in Schönbrunn ein, daß der König von Preußen erneut die Feindseligkeiten gegen Österreich aufgenommen habe. Er sei mit einem Armeekorps in Böhmen eingerückt, und ein zweites sei durch die kursächsischen Länder im Anmarsch, ebenfalls zur böhmischen Grenze. Friedrich II. publizierte ein Manifest, worin er Österreich verschiedener Verletzungen des Breslauer und des Berliner Friedens anklagte. Außerdem werde Kaiser Karl VII. von seiten Österreichs »unterdrückt«, und es sei Preußens reichsständische Schuldigkeit, den Kaiser zu beschützen.[12]

Der Kriegsausbruch kam Österreich ungelegen, man hätte sich mehr Zeit gewünscht für die Reorganisation der Armee. Dennoch blieb nichts anderes übrig, als unverzüglich Gegenmaßnahmen zu ergreifen. Maria Theresia fühlte sich vor allem dadurch beunruhigt, daß ja noch die Auseinandersetzungen mit Bayern und Frankreich weitergingen und kein Ende abzusehen war. An zu vielen Stellen waren jetzt österreichische

Soldaten gebunden. Friedrich II. zog auf Prag, doch konnte er keine großen Siege verzeichnen. Das Verhalten der böhmischen Landbevölke-
rung, die österreichtreu ihr Stroh vergrub, machte es dem Preußenkönig
unmöglich, seine Armee zu verpflegen, geschweige denn Winterquar-
tiere in Böhmen zu beziehen. Er zog sich nach Schlesien zurück. Erst das
Jahr 1745 sollte etliche Siege für Preußen bringen, so daß sich die verbündeten Gegner, Österreich, Kursachsen, England und Holland, dann
doch zu Friedensverhandlungen bereitfanden. Am 25. Dezember 1745
beendete der Friede von Dresden diesen zweiten Schlesischen Krieg.

Ungeachtet all dieser Kriegsereignisse war es Maria Theresia gelun-
gen, nach dem Tode Kaisers Karl VII. im Januar 1745 so geschickt auf die
Reichsfürsten einzuwirken, daß ihr Gemahl Herzog Franz Stephan im
September 1745 zum neuen Kaiser gewählt wurde.

In der Wiener Burg hielt der Kindersegen an. Im Februar 1745 wurde
voller Jubel ein zweiter Prinz begrüßt, Karl Joseph; ein Jahr später erneut ein Mädchen, die Erzherzogin Maria Amalia. Zur allgemeinen
Freude war das nächste Kind des Kaiserpaares wieder ein Sohn, Erzherzog Leopold, der spätere Kaiser Leopold II. Das Herrscherpaar sah sich
im Kreise von sieben gesunden Kindern. Elisabeth hatte sich mit der Zeit
völlig erholt und war mit vier Jahren ein lebhaftes, lustiges Kind. Der
Hof verbrachte einen vergnügten Sommer in Schönbrunn, und auch der
Herbst war angenehm dort draußen, so daß man den Aufenthalt bis November verlängerte.

Da kam urplötzlich eine Trauernachricht. Die kaiserlichen Kinder hatten ihre Urgroßmutter mütterlicherseits verloren. Weil weit droben im
Norden eine müde alte Dame das Zeitliche gesegnet hatte, auferlegte
sich der Wiener Hof sechs Wochen strengste Staatstrauer, und wie das
im einzelnen aussah, überlieferte Khevenhüller sehr bildhaft:

*Der Kälte wegen wurden alle Anstalten gemacht, damit man den 18.*
*November 1747 in die Burg zurückkehren könne. Die Herrschafften*
*wolten noch bei der wälschen Comödie bleiben und erst nach solcher*
*ganz spatt hereinfahren. Für den morgigen Gala Tag waren die Ordon-*
*nanzien bereits gegeben und sollte abends Appartment und Bal in dem*
*spahnischen Saal sein, als sich die ganze Scène durch die von dem Graf-*
*fen von Königsegg-Erps – welcher eben anlangte, da mann zur Comédie*
*gehen wollte – mitgebrachte Zeitung von dem Ableiben der verwittibten*
*alten Herzogin von Braunschweig – I. M. der Kaiserin Frauen Groß-*
*mutter, die den 12. hujus zu Blanckenburg an einer Entzündung der*
*Lungen im 77. Jahr ihres Alters gestorben – auf einmahl geändert.*

*Die wälsche Comédie wurde sogleich eingestellet, der Kaiser sezte sich in den ersten vorgefundenen Wagen und fuhre zur Burg herein, um I. M. der Kaiserin Frau Mutter dise betrübte Begebenheit auf die anständigste Art selbsten vorzubringen; die Kaiserin, Princesse (Charlotte) und allübrige Schönbrunner Compagnie folgten nach und nach . . . Die Gala auf morgen als den 19. (November 1747) wurde völlig eingestellet und die Herrschafften bliben dise ganze Wochen retiriret, biß alles zur Trauer nöthige berichtiget wurde . . .*

*Deme zufolge ward . . . die Trauer bis auf Ostern angesagt, die zwei ersten Anticameras auf beiden Seiten nebst der Rathstuben, Spieglzimmer und Retirade drapiret, ingleichen der Leibwagen, dessen Gutscher und Vorreuter, sechß Knaben und so vill aus der Livree schwarz gekleidet, sonsten aber kein Klaggeld bewilliget; und endlich nach villen Anfragen erhielte ich auch die Ordonnanz für uns Männer dahin, daß wir auf sechs Wochen bei Hoff in Schutz und langen Mänteln, außer des Mantelkleids aber mit schwartz düchenen Knöpfen, blau angeloffenen Degen und Schnallen und Manchetten von Musselin mit etwas breitern Saum zu erscheinen hatten; die Dames aber nahmen Mantel und weißen Crèpe und musten also bei den ersten Taffel Dienst und ersten Appartment in ihren Robben kommen, nachhero aber erschinen sie in Appartments-Kleidern.* [13]

Die drastische Hoftrauer erfuhr eine kleine Unterbrechung aus Anlaß des neununddreißigsten Geburtstags Franz I. Am 7. Dezember abends wurde von den Kindern des Kaiserpaares und Kindern aus befreundeten Familien »Die glücklich ausgegangene Prüfung« aufgeführt. Es war ein französisches Stück von etwa anderthalb Stunden Dauer, welches »recht hertzig« geraten war, wie der Chronist anmerkte. Der Obrist-Hofmeister knüpfte an die Vorliebe der Eltern, die Kinder so oft auftreten zu lassen, allerdings seine Betrachtungen:

*Kaiser und Kaiserin waren sehr content (zufrieden) und bezeugten ville Dancknemmigkeit der Fürstin von Trautsohn, welche alles angeordnet hatte und zu dergleichen Dinge einen besonderen Génie besitzet, ob zwar nicht jedermann approbiren will (ihr zugestehen), daß man die junge Herrschafften schon so früh und fast vor allen anderen Occupationen (Beschäftigungen) zu dem Theatro appliciret (dem Theater zuwendet), als wodurch das Gemüth von denen seriosen Übungen abgehalten und die natürliche Neigung zu Lustbahrkeiten und eitelen Amusements zu sehr exciteret (angeregt) wird . . .* [14]

Hier sprach Khevenhüller einen wesentlichen Punkt an, bei welchem gerade im Falle des Kindes Elisabeth erhöhte Aufmerksamkeit angebracht schien. Die Kleine, mochte sie auch erst knapp vier Jahre alt sein, neigte zur Albernheit und zu übertriebenem Übermut, war neckisch und kindisch zugleich. Wenn andere Kinder wohl eine ähnliche Anwandlung verspürten, so ging diese doch meist mehr oder weniger rasch vorbei. Liesl jedoch fand kein Ende bei ihren Späßen, ihrem Gekicher, und dies erhielt sich nahezu bis in ihre Jungmädchenzeit hinein. Als sie elf war, schrieb die Mutter in einem Brief an Mimi noch über sie: »Elisabeth ist in vielem zu kindisch . . .«[15]

Das Kaiserpaar bezweckte jedoch anderes mit diesen vielen Kinderkomödien: Die Kinder durften nicht schüchtern sein. Sie sollten lernen, sich frei zu bewegen. Wie erinnerlich hatte Joseph als Junge eine sehr langsame, schwerfällige Art zu sprechen. Mimi gurgelte beinahe beim Sprechen, so sehr hinderte sie ein Zungenfehler. Doch beide Kinder haben diese Beeinträchtigungen überwunden, nicht zuletzt dank der Festigkeit der Mutter, die sich ständig vor Augen hielt, daß ihre Kinder im Blickpunkt der Menschen stehen würden, daß sie frei sprechen müßten ohne jegliche Scheu. Es war eine sehr angenehme und fröhliche Therapie zur Überwindung von Hemmungen und Schüchternheit, was man hier bei Hofe praktizierte.

Im Mai 1748 befand sich Maria Theresia erneut in Erwartung eines Kindes, des zehnten. Mitte des Monats ließ die Kaiserin ihre ganze kleine Gesellschaft von sieben Kindern in Staatswagen verladen und fuhr mit ihnen zu »denen Capuzinern in die Statt«, denn es galt ein außerordentlich wichtiges Fest zu feiern. Wie man für nahezu alle Nöte des menschlichen Lebens einen besonders wirkungsvollen Heiligen verehrte, so war der heutige Tag dem heiligen Felicis de Candalitio » als großen Patronen für die Kindsblattern« gewidmet. Eingedenk der Schrecken, die damals alle Formen der Blattern in den Familien anrichteten, versäumte die Kaiserin niemals, den hilfsreichen Heiligen vorbeugend anzurufen, was auch etliche Jahre hindurch seine Wirkung zu tun schien.[16]

Wogegen es allerdings kein Mittel gab, das war der unglückliche Ausgang der zehnten Niederkunft Maria Theresias im September 1748. Das kleine Mädchen hatte kaum einige Atemzüge getan, als man ihm die Nottaufe gab und es bald darauf verschied. Sie hieß Charlotte Carolina. Die Etikettefragen bei der Beerdigung dieses Kindes muten grotesk an.[17]

Ein Jahr später war alles nahezu vergessen. Elisabeth war mit sechs Jahren das liebreizendste, lebhafteste und koketteste Kind, das man sich nur vorstellen kann. Die Mode der Zeit, das aufwendige und Zerstreuung bietende Leben am Kaiserhof, die Sitte, Kinder schon mit allem Luxus der Erwachsenen zu kleiden, gaben den Rahmen für alles, was ihr Kinderleben ausmachte. Es muß ein bezauberndes Bild gewesen sein, die drei ältesten Erzherzoginnen beim Ball zum Namenstag der Kaiserin Maria Theresia zu sehen:

*Den 15. (Oktober 1749) celebrirte mann in grosser Gala der Kaiserin a. h. Nahmenstag . . .*
*Nach der gesungenen Litanei und so bald alles illuminiret, kamen die Herrschafften in die große Gallerie . . . und nach einer kleinen Verweillung eröffnete der Ertzherzog Joseph (8) mit der ältesten Frauen (Marianna, 11) den Bal, und während dessen Minuet zoge (forderte) der russische Bottschaffter die zweite Ertzherzogin (Mimi, 7) auf und zugleich danzte ich mit der dritten Frauen (Elisabeth, 6) . . .*[18]

Khevenhüller war damals ein zweiundvierzigjähriger schlanker und eleganter Mann mit einer geradezu inbrünstig gepflegten Garderobe. Sein Farbensinn war so ausgeprägt, daß er beinahe körperlich darunter litt, für einen grünausgeschlagenen Paradeschlitten einmal durch das Los eine blaugekleidete Dame zugeteilt zu erhalten. Die beiden Farben vertrugen sich nach seiner Meinung nicht, und in seinem übertrieben verfeinerten Wesen war er darüber ganz unglücklich. Da er sich jedoch trotz seines hohen Amtes Sinn für Humor bewahrt hatte, so dürfte der Tanz des hohen Würdenträgers mit der sechsjährigen Liesl eher lustig als zeremoniös ausgefallen sein.

Je älter Elisabeth wurde, umso mehr durfte sie an Unternehmungen der Eltern und Veranstaltungen des Hofes teilnehmen. Das war keineswegs immer nur ein Vergnügen, denn die Kaiserin hielt strikt darauf, die Kinder, mochten sie auch noch so klein sein, zu kirchlichen Feiern mitzunehmen. Die Andachten dauerten zuweilen lange, man kniete ausdauernd und andächtig in den Betstühlen der kaiserlichen Familie. Von den lateinisch gesprochenen Messen verstanden die Kinder kaum ein Wort, Chöre und Orgelmusik waren ihnen noch nicht recht zugänglich, was sich mit den Jahren natürlich änderte.

Vom April 1752 wurde berichtet, daß zum Fest des Ordenspatrons bei den Paulaner-Mönchen das Kaiserpaar mit fünf Kindern erschien. Aus der Kutsche kletterten Joseph, Mimi, Liesl, Karl und Leopold, der Älteste elf, der Jüngste vier Jahre alt. Die Jungen trugen schön verzierte farbige taillierte Röcke, die so lang waren, daß sie erst kurz oberhalb der Knie abschlossen. Die Rockschöße waren in jenen Jahren mit einer steifen Leineneinlage versehen, so daß diese Kinder im schönsten Lausbubenalter schon recht gravitätisch wirkten. Dazu kam der Schmuck durch Orden, zudem die mit Metallarbeiten geschmückten Galanteriedegen, die schmalen Kniehosen, mit Stickerei verziert, und kniehohe seidene Strümpfe. Da die Herrenwelt zu schwarzen Schuhen rote Absätze trug, gingen die Knaben genauso. Die zarten Gesichter wurden uniform von sonderbar regelmäßig geformten Frisuren umrahmt: das gepuderte weiße Haar über der Stirn gleichmäßig im Halbrund auftoupiert, zwei strenge gerollte Querlocken über den Ohren, den Zopf mit Band steif eingeflochten und im Nacken mit einer schwarzen starren Seidenschleife festgehalten. Seltsamerweise machte diese Haartracht nicht älter, sondern schuf eine delikate alterslose Schönheit. Die Tracht der Mädchen war die der erwachsenen Damen, wobei keinesfalls gespart wurde an phantasievollen Arrangements der weißgepuderten Locken mit Blumenschmuck oder Federn, die tiefgezogenen Ausschnitte der kindlich flachen Dekolletés waren schmeichelnd mit Spitzen oder Rüschen umrahmt.

Am 13. August 1752 herrschte in Schönbrunn die übliche Betriebsamkeit, wenn die Kaiserin einer Niederkunft entgegensah. Dennoch hatte Maria Theresia angeordnet, der neunte Geburtstag von Liesl möge doch nur ja in großer Gala gefeiert werden und niemand solle sich im Vergnügen stören lassen. Gegen Abend wurde endlich verkündet, daß die Kaiserin einer Tochter das Leben geschenkt habe. Sie wurde am nächsten Tag auf die Namen Maria Carolina getauft, hieß jedoch nach ihrer Tante Charlotte von Lothringen in der ganzen Familie Charlotte, noch im Alter unterzeichnete sie Familienbriefe mit diesem Namen. In die Geschichte ist dies Kind später dann als Königin Marie Karoline von Neapel eingegangen. Elisabeth feierte nun die kommenden fünfzehn Geburtstage stets mit der Schwester gemeinsam.

Eine Pädagogin, die ihre Doktorarbeit über die Erziehung der Kinder Maria Theresias schrieb, hat sich in die alten Hofakten in Wien vertieft und kam zu einem recht betrüblichen Schluß in bezug auf die Erzherzogin Liesl:

».. . sie wurde, übereinstimmenden Berichten nach, die schönste Tochter Maria Theresias. Das Bewußtsein ihrer äußeren Vorzüge machte sie schon in frühester Kindheit kokett und eitel. Obwohl sie intelligenzmäßig ihren Geschwistern wahrscheinlich kaum nachgestanden wäre, konzentrierte sie sich ausschließlich auf ihr Äußeres und vernachlässigte jede Bildung. In keiner Richtung zeigte sie besonderes Interesse oder eine außergewöhnliche Begabung und blieb zeitlebens die unbedeutendste Tochter Maria Theresias.«[19]

Sie muß ihre Bildungslücken allerdings später gründlich aufgefüllt haben, denn um 1800 bezeichnen ihre Nichten aus Neapel Tante Liesl als »klug, geistreich, sehr gesprächig, trägt fast ausschließlich die Kosten der Unterhaltung!«

In den Jugendjahren wird wohl kein vernünftiger Mensch von einer hübschen Erzherzogin besondere Gesetztheit verlangen. Immerhin war die Kaiserin bemüht, ihre »beiden mittleren Töchter«, Elisabeth und Amalia vom Jahre 1756 ab in die Hände einer sehr vernünftigen Aja zu geben, es war dies die verwitwete Gräfin von Heister. Sie sollte es nicht leicht haben mit ihren Schützlingen. Beide waren lebhaft, kritisch, vergnügungssüchtig und oberflächlich. Ihre Redelust beschränkte sich allerdings auf die gängigen täglichen Plaudereien. Zuweilen artete dies in Schwatzhaftigkeit aus und das wäre noch nicht weiter schlimm gewesen. Daß junge Mädchen herumalbern, ist nicht ungewöhnlich. Aber Liesl machte nichts mehr Freude als zu klatschen. Dabei war sie einfallsreich und erfinderisch. Besonders die Form der Übermittlung ihrer Neuigkeiten war ihr Vergnügen: Sie liebte Bonmots, erfand redensartliche Wendungen, kleine Bosheiten, amüsierte sich über Pechvögel, gab sich mit Vergnügen recht schnippisch und schlagfertig. Nur der Mutter gegenüber mußte sie sich zusammennehmen. Maria Theresia konnte Ironie nicht leiden. Es war ihr in die Seele verhaßt, wenn ihre Kinder geistreich sein wollten auf Kosten anderer. Immer wieder in ihren Briefen an Joseph warf sie dem Thronfolger vor, er sei kränkend und verletzend in seiner Art und leider tue Elisabeth es ihm gleich.

Mit dem Ausbruch des 3. Schlesischen Krieges, der später der »Siebenjährige« hieß, vermehrte sich die Zahl der kirchlichen Andachten. Ab 1756 gab es eine neue allmonatliche Messe pro felici bello, »für einen glücklichen Krieg«. Sie fand im Stephansdom statt. Es gab später jede Woche die Seelen-Andachten für gefallene Soldaten. Diese und alle übrigen kirchlichen Übungen wurden vom Hofe augenfällig, ja demonstrativ wahrgenommen. Kaiser und Kaiserin nahmen öffentlich zu Ostern Fußwaschungen vor. Franz bei zwölf armen Männern, Maria Theresia bei zwölf armen Frauen. Die Kinder lernten schon früh, warum es in der Osterwoche »Pumpermetten« gab. Man sagte, die Seelen der Glocken zögen in der Karwoche nach Rom, drum schwiegen sie still. Die

Gläubigen wurden mit Holzrasseln und Stockklopfen auf den Kirchen-
bänken zum Gebet gerufen. An allen drei Pumpermetten der Karwoche
nahm die kaiserliche Familie teil.

Dabei war das Kaiserpaar strikt darauf bedacht, die vielen Mönchs-
und Nonnenorden an den Tagen ihrer Schutzheiligen oder Ordenspa-
trone zu besuchen und die Andacht in ihren Kirchen anzuhören. Khevenhüller allein nennt so ganz nebenbei einundzwanzig Mönchsorden
und sechs Nonnenklöster. War ein Sieg errungen worden, so wurde in
allen Kirchen das Te Deum gesungen und mit den Eltern knieten die Kaiserkinder auf den Samtpolstern und sangen mit. Noch viele Jahre hielt
diese streng kirchliche Ausrichtung des Hoflebens an. Erst nach dem
Tode der Kaiserin änderte Joseph alle Gewohnheiten radikal. Elisabeth
jedoch fand noch jahrelang Freude am Kirchenbesuch, und so war für sie
später der Abschied von Wien und ihr Eintritt in das Adelige Damenstift
in Innsbruck kein Bruch mit lebenslangen Gewohnheiten.

Als Elisabeth nahezu siebzehn war, erhielt sie einen eigenen Hofstaat.
Gräfin Antonia von Erdödy amtierte als ihre erste Obersthofmeisterin,
Geheimrat Franz Norbert von Trauttmansdorf wurde ihr Obersthofmei-
ster. Doch ihr Personal wechselte mehrere Male.

Anfang der sechziger Jahre, etwa 1762, entstanden zwei bemerkenswerte Bilder von Elisabeth. Der Maler und Graphiker Liotard hielt sich
längere Zeit am Wiener Hof auf und schuf von den größeren Kindern le-
bensvolle Zeichnungen. Liesl ist mit einer Frisur abgebildet, die von Zeit
zu Zeit immer wieder einmal in Mode kommt: glattes Haar wird von der
Stirn her in ein seitwärts um den Kopf laufendes Zopfkränzchen aufgenommen, was sehr zierlich und kunstvoll aussieht. Sie wurde ohne besondere Beschäftigung mit einem Gerät, einer Handarbeit abgebildet,
wie es bei den meisten anderen Geschwistern der Fall war. Man könnte
meinen, sie sitze vor einem aufgeklappten Toilettenspiegel oder vor
einem in einem Lesepult aufgestellten Buch. Ihr Gesichtsausdruck ist
weich, weiblich und von großem Liebreiz.

Das zweite Bild entstand zur neuen Ausschmückung des Riesensaales
in der Innsbrucker Hofburg, die bald nach 1765 umgebaut wurde. Alle
Erzherzoginnen tragen auf diesen Bildern geradezu überdimensionierte
Reifröcke, in denen sie fast versinken. Die Röcke sind so weit seitlich
ausladend, daß man heute kaum noch begreift, wie diese Stoffmassen
überhaupt in Form gehalten wurden. Keine Dame konnte einfach gera-
deaus durch eine normale Tür gehen. Man mußte Flügeltüren für sie
öffnen, oder aber die Damen zwängten sich seitwärts von Zimmer zu

Zimmer. Die Möbelform der Polstersessel mit weit zurückweichenden kurzen, nur eben angedeuteten Armlehnen ist keine Geschmacksspielerei, sondern im Hinblick auf die damalige Mode einfach eine Notwendigkeit. Elisabeth ist auf dem Innsbrucker Bild sehr hübsch getroffen, nur machte das dunkelseidene Kleid sie wesentlich älter als sie war.

Um 1765 etwa erhielt Liesl auch den ersten Heiratsantrag. Der Polenkönig Stanislaw II. August Poniatowski suchte sich mit einer der Kaisertöchter zu verbinden. Marianna als Älteste war zu kränklich und kam nicht in Betracht. Mimi hatte damals ihrer Mutter schon ihre Liebe zu Herzog Albert von Sachsen gestanden, also blieb nur Liesl. Sie strahlte Jugend, Gesundheit und Schönheit aus und war ganz zweifellos eine glänzende Partie.

»Stanislaw II. August Poniatowski war der erste Fürst, der um ihre Hand warb und sich das mächtige Habsburgerreich dadurch zum Freunde machen wollte, aber Maria Theresia lehnte seine Werbung ab, da ihr die Stellung eines Günstlings Katharinas (Kaiserin Katharina II. von Rußland) zu unsicher und seine Abkunft zu minder erschien.

Wenn auch Elisabeth zunächst die Abweisung dieses gut aussehenden Freiers bedauert haben mag, so wird sie doch nach den Teilungen Polens froh darüber gewesen sein, daß diese Verbindung nicht zustande kam. Allerdings könnte man bezweifeln, ob das Reich des Schwiegersohnes der Kaiserin Maria Theresia überhaupt aufgeteilt worden wäre . . .[20]

Noch im Herbst 1765, in der frischen, schmerzhaften Trauer um ihren Gemahl, traf Maria Theresia alle Anstalten für die Gründung des Innsbrucker Stiftes. Sie äußerte an Tagen der Depression sogar die Absicht, die Regierung gänzlich an Joseph abzutreten und in diesem Stift ihre Tage zu beschließen. Das gleiche erzählte man in bezug auf das Stift Hall, dem auch diese Ehre zuteil werden sollte.

Alle adligen Damen des Stiftes Innsbruck mußten ihre untadelige hohe Abkunft bis einschließlich der Ururgroßeltern nachweisen, und zwar mit allen Einzelheiten, Wappen und Insignien. Die eigens dafür gemalten Stammbäume sind heraldische Kunstwerke. Die strengen Bestimmungen für die Aufnahme in derartige Stifte, die mit einer finanziellen Zuwendung, der sogenannten Präbende, verbunden war und unverheirateten Damen den Lebensunterhalt sicherte, machen uns heute verständlich, weshalb die adligen Familien so sehr auf ebenbürtige Heiratsverbindungen versessen waren und jede Mesalliance als familiäres Unglück ansahen. Der Nachwuchs aus Mißheiraten ging für fünf Generationen aller Vorteile verlustig, die aus solchen oder ähnlichen Stiftungen herrührten. Das war bei dem großen Kinderreichtum, wo meist die überzähligen Töchter überwogen, ein echtes Problem. Auch Friedrich der Große mußte auf eine diesbezügliche Petition einmal abschlägig antworten: ».. . mit die Madames weiß ich nirgends hin!«[21] Der Leitgedanke, den Maria Theresia für die Aufgaben der Stiftsdamen zugrundelegte, war die immerwährende Trauer und Fürbitte für den verstorbenen Kaiser Franz I. Diese Anordnung mutet lebensfrohe heutige Menschen makaber an, aber im Sinne der damaligen Religiosität, der Bereitschaft zum Glauben allgemein und der Überlieferungen der Kirche war es gar nicht so absurd. Man glaubte an die Macht der Fürbitte, man kaufte Messen, ließ Totengebete lesen und versuchte auf jede nur denkbare Weise, die Zeit des Fegefeuers für die abgeschiedene arme Seele abzukürzen. In der Familie sah man es auch keineswegs als Marotte an, daß die Kaiserin ihrer Trauer so sichtbaren und nachhaltigen Ausdruck verlieh. Im Gegenteil, die fromme Stiftung galt als anerkennenswerte milde Tat einer guten Herrscherin, »die für Tirol etwas tat«, und als Ausdruck untadeliger Haltung einer kaiserlichen Witwe.

Noch einmal fand sich ein Freier am Wiener Hofe ein. Am 11. Juli 1766 schien sich eine Verbindung für Elisabeth oder Amalia abzuzeichnen und zwar mit einem Verwandten, den der Kaiser gern als Mimis Mann gesehen hätte: der Herzog von Chablais, Sohn des Königs von Sardinien. Aber da Joseph dagegen war, zerschlug sich der Plan endgültig.[22]

Dem Briefwechsel der Kaiserin mit ihrem Mitregenten Joseph verdanken wir auch durch eine gleichsam nebenher laufende Äußerung, wie Maria Theresia über ihre schönste und koketteste Tochter dachte. Sie war dabei, ihren Sohn wegen seiner Ironie zu tadeln und dabei kam sie auch auf Liesls Eitelkeit zu sprechen:

*Ein gescheites Wort, eine glänzende Phrase . . . Ihr gebraucht sie bei der ersten Gelegenheit . . . ganz wie Eure Schwester Elisabeth mit ihrer Schönheit gefallen will, bei einem Wachtposten der Schweizer Garde oder einem Prinzen, das ist ihr gleich.*[23]

Vom unheilbringenden Jahr 1767 war bisher in jedem Lebensbild der Kaiserkinder die Rede. Mimi lag lange krank nach einer schweren Entbindung. Die junge Kaiserin Josepha starb an den Pocken, Maria Theresia erkrankte schwer, Albert von Sachsen leicht; im Herbst 1767 flammte die Pockenepidemie erneut am Hofe auf. Die sechzehnjährige Erzherzogin Josepha, Liesls junge Schwester, starb innerhalb weniger

Tage. Kurz darauf erkrankte Elisabeth. Am 22. Oktober brachen bei ihr die Pocken aus, aber gleich in einer so außerordentlich schlimmen Form, daß man sie schon insgeheim aufgab. Auf ihrem Krankenlager ließ sie sich einen Handspiegel reichen, besah ihr Gesicht mit den Zerstörungen und brach in Tränen aus. Khevenhüller berichtete, daß die Krankheit derart wütete, daß man Elisabeth am 29. Oktober die letzte Ölung reichte. Kritische Tage stünden bevor und die Erzherzogin habe es selbst gewünscht.[24]

Maria Theresia, selbst immun durch ihre Erkrankung im Frühjahr, wachte mit rührender Hingabe und Sorgfalt Tage und Nächte am Krankenbett der Tochter. Zwischendurch sandte sie kurze Berichte an Ferdinands Verlobte, die Prinzessin Marie Beatrix von Este-Modena, mit der sie sich gut verstand und viel korrespondierte:

*3. November (1767)*
*Ich habe den Trost Ihnen mitteilen zu können, daß meine Tochter außer Gefahr ist und daß ich glühend wünsche, daß meine Söhne nicht von der selben Krankheit befallen werden. Es geht ihnen sehr gut, ich sehe sie immer von der Empore der Kirche aus und wenn sie ausgehen unter meinen Fenstern, wage aber nicht, mit ihnen in Verbindung zu treten, da ich dauernd bei meiner Tochter bin. Es bereitet mir genug Kummer, keinen anderen Trost als den zu haben, mich eben unter meinen Kindern zu befinden. Ich bitte Sie mir zu glauben, daß ich immer Ihre treue Mutter bin,*

*Marie Thérèse*[25]

Am gleichen Tag klagte die Kaiserin dem Grafen Anton Thurn ihr Leid:

*Ich muß fünfzig Jahre alt werden und sehe meine Kinder umkommen. Wie fürchte ich für meine Söhne, obwohl sie sich noch gut fühlen; ich bin wohl sehr ängstlich geworden und eingeschüchtert.*[26]

Die Verheerungen, die die Pocken angerichtet hatten und vor allem die Hilflosigkeit der Ärzte und die Unwirksamkeit ihrer Maßnahmen riefen in Wien einen Aufstand hervor, dem beinahe der kaiserliche Leibarzt van Swieten zum Opfer gefallen wäre. 1768 sandte der König von England auf Wunsch der Kaiserin den holländischen Arzt Indenhouss nach Wien, der die Erzherzöge Ferdinand und Maximilian, vierzehn und zwölf Jahre alt, vorbeugend impfte. Die »Geißel des Hauses Österreich«, wie Maria Theresia die Krankheit nannte, schien besiegt.[27]

Khevenhüller ging über die schreckliche Wandlung, die Elisabeths Aussehen erfahren hatte, taktvoll hinweg und vermerkte nur, die Erzherzogin habe sich »stark verändert«. Für Liesl jedoch war eine ganze Welt zusammengebrochen. Sie hatte der Pflege und dem Kult ihrer Schönheit gelebt. Jetzt gab es nichts, das diesen leeren Raum einnehmen konnte, keine geistigen Interessen, keine künstlerischen Begabungen. Bisher beunruhigte es sie nicht, wenn die Mutter einen königlichen Freier abwies. Sie hatte immer ihr gutes Aussehen als Garantie dafür betrachtet, einmal eine glänzende Partie zu machen. Doch die Jahre 1767 und 1768 brachten ihr die Erfahrung, daß nunmehr die Bewerber sich zurückzogen, wenn sie von ihrer Entstellung hörten, so der zweiundfünfzigjährige König Karl III. von Spanien und der französische König Ludwig XV., dreiunddreißig Jahre älter als Liesl. Gerade diesen beiden Verbindungen hätten Mutter und Bruder sich nicht widersetzt. Sie tanzte bei einem Maskenball bereits in einem Domino, der mit goldenen Bourbonenlilien bestickt war, dem Wappen der französischen Könige. Aber als die Gesandten um Bilder baten, wurden die Anträge nicht weiter verfolgt.[28]

Als einige Zeit vergangen war, besserte sich Liesls Stimmung. Ihr Hang zu Ironie und Witz machte vor der eigenen Person nicht halt. Aus dem Jahre 1770 liegen Berichte vor, daß Elisabeth sich durchaus wieder heiteren Gegenständen zugewandt hatte. Sie ging auf Gesellschaften, nahm an Bällen teil und tanzte mit großer Ausdauer, selbst dann, wenn es für bestimmte Gelegenheiten gar nicht vorgesehen war.[29]

Andererseits gab Khevenhüller verläßlich Kunde, daß die Erzherzogin doch einen seelischen Schaden davongetragen habe. Anfang 1771 kamen die Heiratsverhandlungen mit dem Herzog von Chablais erneut ins Gespräch, aber selbst mit diesem unbemittelten Freier zerschlugen sich alle Hoffnungen wiederum. Das mußte sie erneut sehr gekränkt haben. Den ganzen Sommer über schien sie überempfindlich und sehr verletzbar, worauf der ganze Hof Rücksicht nahm. Man griff sogar in der Gesellschaft zu allerlei Ausreden oder Notlügen, wenn es galt, sie vor Ärger, Kummer oder Zurücksetzung zu bewahren.[30]

Natürlich gab es immer wieder Tage, an denen sie nicht unter Menschen gehen wollte. Aber der Liebe und Beharrlichkeit der Familie gelang es dann doch, sie sogar wieder zu Aufführungen zu bewegen. Am 22. September 1772 war abends in Schönbrunn eine kleine Kammermusik, wobei der Kaiser und Elisabeth gesungen haben. Der nahezu sechzehnjährige Maximilian begleitete mit dem Bassetl.[31]

10  *Maria Christine als Herzogin von Sachsen-Teschen*

*11   Maria Theresia mit Kindern und Schwiegersohn: Maria Christine (34)
mit Herzog Albert von Sachsen-Teschen, Maximilian Franz (20),
Maria Elisabeth (33), Maria Anna (38), Joseph (35)*

Als Elisabeth dreißig Jahre alt war, stellte man überrascht fest, daß sie anfing, ihrer Mutter zu gleichen. Zwar waren Frische und Ebenmäßigkeit ihrer Haut für immer verloren, aber die Ähnlichkeit mit der Kaiserin in Mimik und Gestik brach unverkennbar durch. Joseph mochte Elisabeth insofern nicht sehr, als sie es liebte, sich extravagant aufzuführen, allzu frei, manchmal auch allzu vertraulich mit Personen von niederem Rang, was weder die Mutter noch der Bruder passend fanden.[32]

Im Herbst 1774 litt Elisabeth mehrere Monate an einer Kiefervereiterung. Die Mutter schrieb besorgt darüber an Ferdinand nach Mailand:

*Die arme Elisabeth bleibt hier, weil sie einen Abszeß an der Wange hat, den man ihr schon von außen geöffnet hat und außerdem dreimal einen Zahn ausgerissen. Sie tut mir wirklich leid, obwohl sie daran nicht unschuldig ist, indem sie harte und entgegengesetzte Mittel anwendete, um alles nur ja schnell und ohne daß es jemand anderes merkte, zu beenden.*

*Doch nichts mehr von diesen gefährlichen Sachen; ich hoffe, daß sie für die Zukunft durch dies Ereignis belehrt sein wird. Der Kaiser kommt, wir fahren ab, ich umarme Euch, Adieu . . .*[33]

Erst am 13. November des Jahres meldete Khevenhüller, die Erzherzogin Elisabeth habe erstmalig wieder an einem öffentlichen Gottesdienst teilgenommen. Sie sei lange Zeit wegen eines »Zahngeschwärs« unsichtbar gewesen und habe am »Kinnbacken« eine starke Narbe zurückbehalten.[34]

Wie heikel die Kaiserin in allen Tugend- und Etikettefragen gewesen ist, wie wenig die Töchter, mochten sie jung oder älter, schön oder häßlich sein, aus den Augen gelassen wurden, ja, wie selbst harmloses Vergnügen dadurch beeinträchtigt wurde, erzählt Khevenhüller:

Am 30. Januar 1775 sollte eine winterliche »Birocciade« stattfinden, eine Fahrt in etwa fünfundzwanzig offenen leichten Wagen. Man hatte im Gartenhaus von Schloß Laxenburg schon alles Notwendige vorbereitet, Heizung, Beleuchtung und Verköstigung einer Hofgesellschaft von etwa hundert Personen. Kaiser Joseph ordnete an, die fünfundzwanzig Damen sollten in einem Raum warten, die dazugehörigen Herren separiert in einem anderen. Damen und Herren zogen jeweils eine Partie durchnumerierter Lose, und die gleichen Ziffern fanden sich zusammen und sollten gemeinsam im Pirutsch davonfahren. Kammerherren und Bediente folgten in Kutschen.

Bei Elisabeth gab es einigen Aufenthalt. Die zweiunddreißigjährige Erzherzogin erhielt den Fürsten von Paar als Begleiter. Er hätte jedoch nicht neben Liesl im Wagen sitzen dürfen, weil dieser Platz auf gesonderten Befehl der Kaiserin ausschließlich der Obrist-Hofmeisterin vorbehalten war. Fürst Paar getraute sich jedoch nicht auf den hohen, hinter dem Wagen angebrachten Kutschersitz. Vielleicht gab er dies auch nur vor, um der unbequemen Fahrt auf einem Dienstbotenplatz zu entgehen. Schließlich mußte der kaiserliche Obrist-Stallmeister sich dazu bequemen, die Erzherzogin und ihre Hofmeisterin zu kutschieren.[35]

Liesl zeigte einiges Geschick, Theaterstücke für die Hofbühne auszusuchen, und man überließ ihr zumeist die Wahl. Als jedoch im Sommer 1775 der Mailänder Hof zu Besuch nach Wien kam, Ferdinand mit seiner Gattin Marie Beatrix, da wurden vornehmlich die Gäste gefragt, was sie sehen wollten.

Mit »den Mayländern« verstand die Kaiserin sich sehr gut. Ein umfangreicher Briefwechsel zeugt von dem guten Einvernehmen. In dieser Korrespondenz werden im Zusammenhang mit familiären Neuigkeiten heute in Vergessenheit geratene Bräuche und Sitten erwähnt.

1776 war ein sogenanntes »Jubeljahr«, das zum Andenken an den 1300 gewährten großen Ablaß gefeiert wurde, eben jenes Jubeljahr, das sich in der Redensart »alle Jubeljahre einmal« erhalten hat. Papst Sixtus IV. führte im Jahre 1475 die fünfundzwanzigjährige Distanz der Jubeljahre oder Ablaßjahre ein, die jeweils mit dem Öffnen des Jubeltores in St. Peter in Rom begannen. In einem Brief vom 12. Februar 1776 an Marie Beatrix schildert die Kaiserin die demonstrative Teilnahme der kaiserlichen Familie an den kirchlichen Feierlichkeiten:

*. . . Sie sehen, wie sehr ich empfindlich geworden bin, aber ich will mir nichts verderben für die Fastenzeit und für das Ablaßjahr, welches bei uns am 3. März beginnen wird und sechs Monate dauert.*

*Die Besuche in vier Kirchen fünfzehnmal scheinen für den Anfang viel, aber indem ich es wage, alles per Wagen zu machen und mit etlichen Wiederholungen – so ist es vorgesehen, daß man jeden Tag die vier zusammen besucht – läßt sich die Sache doch sehr leicht durchführen. Wir werden am 3. eine feierliche Prozession haben, dann übernehmen der Kaiser, Maximilian und die Elisabeth die Augustiner in der Kirche St. Michael, von da zu den Schotten und zum Schluß nach St. Etienne, wo ich auch mit der Marianne im Wagen sein werde, und ich werde den 8. das Ablaßjahr anfangen mit meinen Töchtern und meinen Damen, indem wir während vierzehn Tagen um acht Uhr morgens diese vier Kirchen per Wagen besuchen werden. Ich hoffe zu Gott, daß wir so die heilige Zeit würdig beschließen werden . . .*[36]

Elisabeth muß damals in einer depressiven Verfassung gewesen sein. Die Mutter erwähnte dies nacheinander in verschiedenen Briefen an Mimi und die Mailänder:

*4. März 1776*
*. . . die Elisabeth war so krank, daß sie auch an Fasttagen Fleisch essen mußte . . .*

*11. März 1776*
*Wir sind inmitten der größten Gottesdienste für das Jubeljahr und Elisabeth gehört zu den Glaubenseifrigsten. Ich wünschte, das hielte an . . .*

*28. März 1776*
*Elisabeth tut nichts als weinen, und manche andere Leute tun nichts als grollen (Joseph) . . .*

*30. März 1776*
*Die Elisabeth, wenigstens in der Kirche, wo ich sie gesehen habe, tat nichts als weinen und auf ihre Art inbrünstig beten; dennoch glaube ich, sie wird sich trösten : . .*

*11. April 1776*
*Die Elisabeth ist den ganzen Tag in Tränen aufgelöst wegen der Reise (der Kaiserin); ich gestehe, ich wünschte, ich wäre schon weg, diese letzten Tage kosten mich viel Kraft.*

*18. November 1776*
*. . . Ich verreise morgen für vier Tage nach Preßburg, vorher werde ich ein Déjeuner haben mit meinen vier Kindern zum Namenstag von Elisabeth, welchen Marianna ausrichtet mit einem Diner, Kinderball und einer Komödie . . .*[37]

Mit dem Tode des Fürsten Khevenhüller-Metsch am 18. April 1776 versiegte die zuverlässige Quelle, die vierunddreißig Jahre hindurch teils ernste, teils ermüdend langweilige, aber auch viele heitere Kommentare zum Leben am Wiener Hofe gegeben hatte. Doch geben die Familienbriefe Maria Theresias in ihrer Art charakteristische Streiflichter aus dem Zusammenleben der erwachsenen Kinder mit ihrer alternden Mutter, wenn auch die Neuigkeiten über Elisabeth äußerst spärlich sind. Die Kaiserin hat meist wenig Erfreuliches zu melden, wenn sie nach Mailand schreibt. Fast immer handelt es sich um Krankheiten:

*13. des neuen Jahres (Januar 1777)*
*Wir haben seit gestern eine Unmenge Schnee, nachts um ein Uhr gab es einen großen Blitz und einen Donnerschlag und seitdem einen Sciroc-co; alles schmolz und im Moment regnet es. Das alles macht mir nichts aus, wenn ich den Kaiser in seinem Logis weiß . . .*
*Man macht hier viele Pläne für Schlittenfahrten, aber noch ist nichts in die Tat umgesetzt worden. Der Kaiser hält es nicht für die Mühe wert, die Marie und die Marianne sind wegen ihrer angegriffenen Gesundheit nicht einzurechnen, Elisabeth und Maximilian sind entweder erkältet oder wagen es nicht, von sich aus Vorschläge zu machen; so sieht es so aus, als würde unser Karneval auf die traurigste Weise vergehen . . .*

*13. Februar 1777*
*Elisabeth leidet schon wieder an den Zähnen. Wenn ich an ihrer Stelle wäre, würde ich mir darüber Sorgen machen; ihre Leichtfertigkeit läßt sie das alles beiseite schieben. Daß all ihre Zähne schlecht sind, das ist ihre eigene Schuld; ich habe davon ziemlichen Kummer.*

*17. März 1777*
*Elisabeth hat noch zu leiden mit ihren Zähnen und an derselben Stelle, wo sie den Abszeß hatte, aber sie gibt es nicht zu und behauptet fest, sie bekäme einen Weisheitszahn; ich wünschte es, aber ich kann es nicht glauben. Sie hat kein Fieber, das beruhigt mich etwas.*[38]

Marianna und Elisabeth waren die beiden einzigen Töchter der Kaiserin, die bis zu ihrem Tode ständig bei ihr lebten. Ihr Gesundheitszustand wurde von der Mutter in fast allen Briefen fortwährend erörtert, sei es, daß sie Migräne hatten, Elisabeth über Magenbeschwerden klagte oder Schmerzen in den Knien verspürte. Marianna war vierzig, Liesl fünfunddreißig.

Als Leopold im Spätsommer seine Beobachtungen über alle Familienmitglieder niederschrieb, äußerte er sich auch über Elisabeth nicht besonders positiv:

*Die Elisabetha ist immer sehr unklug, aufs äußerste extravagant, auch sie lebt für sich allein (wie Marianna), sie fährt oft im Wagen aus und braucht unterwegs eine ihrer Damen von den ersten des Landes; und die ganze übrige Zeit verbringt sie damit, bei sich zu halten und auf-*

*zuziehen ein Mädchen, das vor der Tür ihrer Zimmer gefunden wurde und für das sie eine außerordentliche Zuneigung hat und das sie mit großer Hingabe erzieht. Sie weiß nicht, von wem es ist.*

*Sie ist von aller Welt gemieden und gefürchtet wegen ihrer schrecklichen Zunge, ihren extravaganten und unklugen Reden, sie unterhält sich damit, alle Geschichten und Klatsch aus der Stadt zu erfahren und weiterzuspinnen und daraus macht sie ganz unglaubliche Geschichten. Der Kaiser (Joseph) schätzt sie gar nicht und die Kaiserin schilt sie immer aus, aber dennoch hat sie sich, indem sie ihr alle Neuigkeiten erzählte und alles was sie weiß, so in ihre Gunst gesetzt, daß, wenn die Maria nicht da ist, sie sehr viel mit der Kaiserin ist und sehr viel Einfluß auf ihren Geist hat . . .*

*. . . Sie beklagt sich sehr über die Kaiserin wegen deren angeblicher Parteinahme für die Maria und weil sie nicht auch für sie eine Versorgung geschaffen hat und tatsächlich hat sie gar keine, da die Kaiserin den ganzen Fonds, den der Kaiser (Franz I.) in Ländereien und Kapitalien hinterlassen hatte, konvertiert hat zugunsten der Maria und des Prinzen Albert und Maximilians und nur ein wenig für die Maria Anna und gar nicht an sie (Elisabeth) gedacht hat. Deshalb steht sie jetzt ganz auf der Seite des Kaisers und hat einen sehr großen Haß und Eifersucht gegen die Maria und sagt von ihr zu allen schreckliche Dinge, sowohl über ihren Lebenswandel wie über alles.*[39]

In Leopolds geheimen Aufzeichnungen kommt deutlicher als in anderen Quellen jener Zeit die unglückliche Situation der Kaisertöchter, die keine verbrieften Rechte auf irgendwelche Zuwendungen und Versorgungen hatten, zum Ausdruck. Unter dieser mangelnden finanziellen Sicherung hatte besonders Elisabeth zu leiden. An anderer Stelle stellt Leopold mit Mißfallen fest, »die Marie« habe sich all ihre Vorteile durch Liebedienerei, Schöntun und Unterwürfigkeit bei der Kaiserin gleichsam »erschlichen«.

Die Söhne waren nach den Hausgesetzen versorgt. Joseph als Ältester war schon Mitkaiser geworden und würde einst uneingeschränkt die Erbländer regieren. Für Leopold war von 1761 an, nach Karls Tod, die Sekundogenitur vorgesehen, also das väterliche Erbland Toscana. Ferdinand wußte seit seinem sechsten Lebensjahr, daß ihm einst die Tertiogenitur des Hauses Habsburg-Lothringen, nämlich der Posten eines Gouverneurs der Lombardei mit Regierungssitz in Mailand zufallen würde, den er 1771 angetreten hatte. Außerdem wurde er nach dem Tode seines

Schwiegervaters Herzog von Modena. Aber schon für den vierten Sohn Maximilian wurde weitgehend improvisiert. Mit vierundzwanzig Jahren wurde er Deutschordensmeister, danach dann verhältnismäßig rasch Fürstbischof von Köln und Bischof von Münster.

Im Jahre 1778, als Leopold seine Bestandsaufnahme niederschrieb, waren wirklich schon alle Schwestern bis auf Elisabeth versorgt. Marianna war nominelle Äbtissin in Prag, ein Amt, das sie zwar nie ausübte, das ihr aber 80 000 Gulden im Jahr einbrachte. Mimi wirkte zusammen mit Albert als Statthalterin von Ungarn in Preßburg. Amélie war seit neun Jahren mit Herzog Ferdinand von Parma verheiratet. Marie Karoline hatte vor zehn Jahren Wien verlassen, um nach Neapel zu heiraten, sie war Königin von Neapel-Sizilien. Auch die jüngste Tochter, Marie Antoinette, war – seit 1774 Königin von Frankreich am reichen Versailler Hof – glänzend versorgt.

Elisabeth fühlte sich jahrelang übergangen. Obwohl am Hofe bekannt war, daß die Kaiserin das Innsbrucker Damenstift mit dem ausdrücklichen Wunsche begründet hatte, dereinst dort eine ihrer unverheirateten Töchter zu versorgen, so mangelte es offenbar im Jahre 1778 noch gänzlich an all jenen Verfügungen, die im einzelnen auf Elisabeth bezogen waren, so etwa die Höhe ihrer jährlichen Einkünfte und dergleichen. Ihr Kummer darüber kam unverhofft zum Ausbruch. Dies geschah im Zusammenhang mit Nachrichten aus Köln, daß mit aller Wahrscheinlichkeit Maximilian dort zum Koadjutor gewählt werden würde. Am 29. Mai 1780 schrieb die Kaiserin an Mimi:

*Ich sprach heute in großen Zügen darüber beim Frühstück zu Elisabeth und es schien mir, als sei sie darüber informiert. Wenige Minuten später begann sie zu schluchzen. Ich glaubte, aus Abschiedsschmerz für den Bruder; aber nichts von alledem; alle würden sich etablieren und sie allein werde hiergelassen und sei bestimmt, mit dem Kaiser allein zu bleiben, und das würde sie niemals tun. Wir hatten alle Mühe, sie zum Schweigen zu bringen. Es ist traurig, so wenig Vernunft mitanzusehen . . .*[40]

Noch einmal kam eine Verlobung Elisabeths ins Gespräch, und zwar mit dem Herzog Ludwig von Württemberg. Aber Maria Theresia erklärte dies Gerücht als eine Machenschaft des Königs von Preußen, es sei kein wahres Wort daran. Friedrich II. habe nur den russischen Hof damit beunruhigen wollen.[41]

Noch kurz vor ihrem Tode erwähnt Maria Theresia die Töchter in Briefen nach Mailand. Ihr Bemühen, den Kindern ihren eigenen bedrohlich ernsten Zustand zu verheimlichen, ist rührend:

*16. November 1780*
*Eure Schwestern sind immer erkältet, aber Maximilian fühlt sich prächtig und denkt ernsthaft an seine Studien . . .*

*20. November 1780*
*. . . ich gehe ganz mit der Mode; ich habe einen Schnupfen bekommen wie meine Töchter und die ganze Welt einen hier hat, und wenn ich es seit einem Monat vermieden habe, mir einen Aderlaß machen zu lassen, so wird es in fünf Stunden soweit sein, um die Kraft des Hustens zu brechen.*
*Glauben Sie nur nicht, daß ich krank bin. Ich lebe meinen gewöhnlichen Tageslauf, aber inkommodiert und ohne Geduld . . . Ihr könnt beide versichert sein, daß ich Euch nichts verberge . . .*[42]

So tapfer und unbesorgt die Kaiserin sich auch gab, der Tod ereilte sie, noch ehe der Monat November zu Ende ging. Die Totenglocken zu ihren Ehren läuteten für die beiden ledigen Erzherzoginnen die Freiheit ein.

Marianna und Elisabeth erfuhren erst nach und nach durch Joseph, wie sich ihre Zukunft nun gestalten sollte. Keine von beiden wollte in Wien bleiben. Marianna verlor die 80 000 Gulden aus Prag, weil sie nach Klagenfurt gehen wollte. Dort erhielt sie nur 50 000 Gulden Jahreseinnahme. Elisabeth bekam den gleichen Betrag für ihre Äbtissinnenstelle in Innsbruck.

Die Frage wird wohl immer offen bleiben, was die Erzherzogin Elisabeth, die an sich fröhliche, spottlustige und trotz allem Unglück dem Leben zugewandte Liesl, in den Tiefen ihres Herzens zu ihrem neuen Wirkungskreis in einem ewig trauernden Damenstift gesagt haben mag. Lag es nicht in ihrer Natur, diese weibliche Existenz mit Totengebeten Tag und Nacht aus tiefstem Herzen abzulehnen? Der Gedanke, ihr Leben lang kein anderes Kleid mehr anziehen zu dürfen, als eins aus schwarzer Seide, muß einer modisch verwöhnten Siebenunddreißigjährigen mehr als trostlos erschienen sein.

Aber es kamen andere, positive Überlegungen hinzu.

Als Äbtissin eines kaiserlichen Damenstiftes gewann Elisabeth uneingeschränkte Befehlsgewalt über eine kaiserliche Institution, Hoheit über einen eigenen Hofstaat, der in einer Stadt wie Innsbruck wesentlich mehr galt, als ihr bisheriger kleiner Hofstaat in der Wiener Burg.

Sie erhielt jetzt endlich ihre lebenslange Versorgung, um die sie so oft gebangt hatte. Nie mehr würde sie den mürrischen Joseph mit Bitten behelligen müssen. Seinen ironischen Späßen und Redensarten würde sie entgehen und Freiheit und Selbständigkeit gewinnen. Und nicht zuletzt fiel ins Gewicht, daß sie hohes Ansehen genießen würde. Neben dem kaiserlichen Damenstift im Hradschin zu Prag war das Innsbrucker Stift das feudalste in allen österreichischen Ländern. Die Riten bei Aufnahme der Stiftsdamen, eventueller Vermählung oder im Todesfall waren feierlich, streng, zeremoniös.

Dies alles mochte Elisabeth wohl erwägen und sich mit den Gründungsakten des Stiftes und allen Verordnungen ihrer Mutter näher beschäftigen als je zuvor.

Dem Stift in Innsbruck war ein Ordenszeichen verliehen worden, das alle Damen zu tragen hatten. Sie befestigten es an einer schwarzweißen Schleife links neben dem Halsausschnitt ihres jeweiligen Kleides. Es bestand aus einem ovalen Porzellan-Medaillon. Auf der Vorderseite die Kaiserkrone, darunter die Großbuchstaben F und MT, Franz und Maria Theresia bedeutend. Unter zwei gekreuzten Palmenwedeln stand in römischen Ziffern der Todestag des Kaisers: XVIII. Aug. MDCCLXV. Rund um·das Oval lief die Schrift »M. Theresia Aug. in memor. sponsi opt. capit. fund.« (Kaiserin Maria Theresia gründete dieses Kapitel im Andenken an ihren besten Gatten.) Die Rückseite des Medaillons zeigt Christus am Kreuz, zu seinen Füßen zwei beinerne Totenschädel.

Von Bewohnerinnen eines adligen Damenstiftes hat sich bis in unsere Tage die Meinung erhalten, es müßten alles höchst bejahrte Damen sein, die dort mehr oder weniger freudlos ihr Leben zubrachten. Dies traf gerade in der Anfangszeit des Innsbrucker Hauses keineswegs zu.

»Das Eintrittsalter der Damen in das Stift war sehr verschieden, dürfte aber in der ersten Zeit meist unter der vorgeschriebenen Grenze von vierundzwanzig Jahren gelegen sein. Bei einigen Damen ist es uns sogar bekannt: Die Gräfinnen Rosa Cavriani, Amalie Attems und Aloisia Trauttmansdorf waren einundzwanzig, die Gräfinnen Wilcekh und Trapp bei der Aufnahme gar erst achtzehn Jahre alt, die Gräfin Strasoldo zählte zweiundzwanzig, Gräfin Haugwitz erst neunzehn Jahre und die jüngste Dame, die je ins Stift eintrat, Gräfin Amalie Bissingen-Nippenburg, war bei der Aufnahme sechzehn Jahre alt.

Es ist durchaus verständlich, daß die Damen in diesem Alter natürlich nicht nur den Wunsch hegten, dem traurigen Zwecke des Stifts nachzuleben, sondern auch gern Theater, Bälle und Gesellschaften besuchten,

was ihnen ja auch – in gewissen Grenzen – erlaubt war; später gestattete
die Kaiserin den Fräulein sogar den Besuch von Maskenbällen, allerdings
mit der Einschränkung, daß diese von einem Mitgliede ihrer Familie veranstaltet sein mußten und immer mindestens vier Damen gemeinsam an
einer solchen Festlichkeit teilnehmen sollten.«[43]

Bei der Durchsicht der Gründungsdokumente war Elisabeth auch ganz
sicher der stereotype Text der Hofdekrete zu Gesicht gekommen, mit
denen die ersten Damen die Erlaubnis erhielten, in die Innsbrucker Hofburg einzuziehen:

*Von der Röm. Kays. zu Hungarn und Böheim Königl. Apostol. Ma-
jest. Erzherzogin zu Österreich, Unserer Allergnädigsten Frauen wegen
der Hoch- und wohlgeborenen*

*Fräule Rosa, Gräfin von Cavriani hiemit in Gnaden anzuzeigen:
Allerhöchst-gedacht Ihro Kays. königl. Apostol. Majest. hatten auf
derselben allerunterthänigsten Bitten, nach nunmehro über ihre
Stifftsmässige Geburt, und Herkunft beygebracht – auch richtig befun-
denen Geschlechtsproben, ihr Fräule Gräfin in den zu Innsprugg neu-
errichteten Königl. Damen-Stift eine Stelle, nebst derselben ankleben-
den Präbende allermildest zu verleihen geruht . . .*

*Decretum per Sacram Caesaro Regiam Majestatem in Consilio Can-
cellaria Bohemico – Austriaco – Aulicae . . .*

*Viennae Die 26 to Mensis Octobris*
*Anno Domini 1765 . . .*[44]

Die Präbende war die monatliche Pension, die alle Stiftsdamen erhielten.

Im Jahre 1780 zählte Elisabeth siebenunddreißig Jahre. Sie kam also,
wenn 1765 so viele junge Mädchen aufgenommen wurden, keineswegs
in ein Stift für alte Damen, sondern in eine Gemeinschaft junger Frauen,
die das Beste aus ihrem Leben zu machen suchten. Allerdings fand die
verstorbene Maria Theresia Erleichterung von den Verpflichtungen
nicht in allen Fällen angebracht. Die Jugend der Damen und die laxe
Handhabung der Vorschriften konnten zu nichts Gutem führen. So war
die erste Sorge der Kaiserin gewesen, eine ehrenfeste und angesehene
Oberdechantin zu gewinnen. Sie bestimmte die Baronin Enzenberg und
als ihre Stellvertreterin und Unterdechantin Gräfin Guidobalda Cavriani, beide vom adligen Damenstift in Prag.

Wenn sich jetzt Erzherzogin Elisabeth anschickte, als Oberhaupt zu
den Stiftsdamen nach Innsbruck zu reisen, so dürften zu ihrer täglichen

Lektüre die Satzungen des Stifts gehört haben. Insgesamt fünfzig Artikel, die mit allen nachträglichen Änderungen die rechtliche Grundlage für Elisabeths Wirken bildeten. Sie sollte die einzige Äbtissin sein, die jemals dem Stift vorstehen sollte. Elisabeth war deshalb so bemüht, ihr Amt korrekt zu verwalten, weil sie sich erinnern konnte, daß es in der Vergangenheit, noch zu Lebzeiten der Kaiserin, mehrmals Ärger gegeben hatte. Die Damen erledigten die Gebete so schnell und obenhin, verließen die Kirche mit so peinlicher Hast, daß dies zu Redereien in der Stadt geführt hatte. Daraufhin schickte ihnen die Kaiserin deutsche Übersetzungen der lateinischen Gebetstexte, denn sie meinte, die Unverständlichkeit des Textes sei schuld an dem mangelnden Interesse ihrer Schutzbefohlenen.

*Artikel 1 bestimmt die Bedingungen zur Aufnahme: Die Damen sollen arm, tugendhaft und mindestens 24 Jahre alt sein, doch kann die Kaiserin Waisen den Eintritt schon nach dem vollendeten 18. Lebensjahr gestatten. Die Damen haben nur Kleidung, Leibwäsche und ein silbernes Eßbesteck mitzubringen und beim Eintritt zweihundert Gulden zu erlegen.*

*Artikel 2 bestimmt, daß die Damen sechzehn adelig geborene Ahnen nach Art des Malteser-Ordens vor der Aufnahme nachzuweisen haben.*

*Artikel 4, 5 und 6: Solange keine Äbtissin ernannt ist, haben die Damen den beiden Dechantinnen, die die Leitung des Stifts einstweilen allein ausüben, gehorsam zu sein und sich ihren Weisungen zu fügen. Ober- und Unterdechantin haben darauf zu achten, daß die Fräulein die Satzungen genau befolgen, anständige Kleidung tragen, ein moralisch einwandfreies Leben führen und an den vorgeschriebenen Andachten regelmäßig teilnehmen. Damen, die den Andachten unentschuldigt fernbleiben, sind zu verwarnen und bei Wiederholung mit dem zeitweisen Verlust der Präbende zu bestrafen.*

*Artikel 7: Wenn mehr als die Hälfte der Fräulein wegen Urlaub oder Krankheit nicht an den täglichen Andachten teilnehmen können, so werden diese zwar wie sonst abgehalten, doch übernehmen die Franziskaner das laute Beten des Breviers und des Totenoffiziums, wofür die Damen von ihrer Präbende etwas zu geben haben.*

*Artikel 10, 11 und 12: Die Artikel regeln die Zeremonien, die bei Krankheits- und Todesfällen im Stift einzuhalten sind. An dem Begräbnis einer Dame haben alle anderen in ihren schwarzen Festkleidern teilzunehmen, ebenso an den Seelenmessen und anderen Andachten für die Verstorbene. (Diese Festkleidung bestand, wie im Hradschiner Stift,* aus einem schwarzen Seidenkleid und einem Mantel aus schwarzem Wollstoff mit meterlanger, hermelinbesetzter Schleppe und wurde nur zu offiziellen Anlässen getragen) . . .

Artikel 13 und 14 befassen sich mit der Alltagskleidung der Damen. Diese sollen immer schwarz, ohne Samt und Atlas gekleidet sein, farbige Bänder und Kopfputz sind verboten, Ringe, Ohrgehänge, Halsschmuck und wenige Spitzen aber erlaubt. Das Stift ist ja für ewige Zeiten verpflichtet, Trauer um Kaiser Franz I. zu tragen. Aus diesem Grunde trägt auch jede Dame ein Ordenszeichen an der linken Seite . . .

Artikel 16: Die Stiftsdamen bekleiden den Rang von Kammerherrenfrauen, die Ober- und Unterdechantin aber den von geheimen Ratsfrauen, weshalb sie von den anderen Damen mit »Euer Gnaden« angesprochen werden sollen.

Artikel 28: Die Damen dürfen (zunächst) keinen Maskenball und keine öffentliche Komödie besuchen, dagegen ist ihnen gestattet, einmal in der Woche in die Oper, sowie auf einen vom Adel veranstalteten Ball zu gehen. Im Falle einer Hofhaltung in Innsbruck ist ihnen auch die Teilnahme an allen Hofveranstaltungen wie auch Spazierfahrten und Gartenfeste erlaubt, doch müssen sie in allen Fällen um spätestens halb zehn Uhr zur Betung des Totenoffiziums wieder zu Hause sein.

Artikel 29: Jede Dame hat die Möglichkeit zu heiraten oder einem geistlichen Orden beizutreten. In beiden Fällen muß sie sich schriftlich aus dem Stifte abmelden, wobei auch ihre Präbende sofort erlischt.

Artikel 39, 40 und 41: Wenn eine Dame auf ihren guten Ruf nicht genug achtet, soll sie verwarnt, ihr die Präbende für einige Zeit entzogen und einer älteren Dame die Aufsicht über sie gegeben werden. Setzt sie die unerlaubte Bekanntschaft fort, so sind nach drei Monaten die Kommissare zu verständigen, die der Kaiserin darüber Mitteilung machen sollen. Hört die Dame auf keine Ermahnungen mehr und läßt sie sich einen großen Fehler zu schulden kommen, so ist sie aus dem Stifte hinauszuweisen und ihr Platz an eine andere Dame zu vergeben . . .

Artikel 42 und 43: Wenn eine Dame auswärtigen Besuch bekommt, hat sie dies sofort der Dechantin zu melden, die bei weiblichen Besuchen ein, bei männlichen zwei Stiftfräulein auswählt, die der Unterredung beiwohnen sollen oder selbst daran teilnehmen. Nur den Eltern oder Geschwistern ist es gestattet, mit den Damen allein zu sprechen . . .

Artikel 46: Die Damen müssen sich ehrliche, fromme und anständige Dienstboten nehmen, im anderen Falle haben die Dechantinnen das Recht, diese zu entlassen.

»Bis zum Jahre 1909 waren diese Satzungen . . . für das Stift verbind-
lich, wenn auch im Laufe der Zeit mit Genehmigung der (jeweiligen)
Kaiserinnen einige Punkte wesentlich gemildert wurden.«[45]

Als Erzherzogin Elisabeth im Frühjahr 1781 nach Innsbruck kam,
herrschte zwar noch tiefste Hoftrauer für Maria Theresia. Aber nach
deren Aufhebung, so hatte die Kaiserin selbst verfügt, waren den Damen
Garnituren von weißen Bändern erlaubt, weiße Spitzen, Perlen aller
Schattierungen und weiße frische Blumen als Schmuck, künstliche dagegen blieben verboten. Mit weißen Seidenschleifen, von feinen
schwarzen Streifen durchzogen, einem weißen Einsatz und weißen Spit-
zenvolants an den Ärmeln ist auch das schwarze Kleid garniert, in dem
sich Elisabeth mit dem Krummstab der Äbtissin für das Stift Wilten von
Franz Altmutter porträtieren ließ. Der Maler ignorierte mit milder Hand
die drei Kröpfe, die Elisabeth mit den Jahren bekommen hatte. Sie sieht
sehr stattlich aus auf diesem Bild, jeder Zoll eine Fürstin, wenn auch
keine Schönheit mehr.

Als des Stiftes »große Zeit« begann, also 1781, fing der kaiserlich königliche Hofportier Johann Pusch an, ein Tagebuch zu führen. Seine
Aufzeichnungen sind im Ganzen die typischen Notizen eines Beamten,
der einen gewundenen Kanzleistil schreibt. Aber hin und wieder wirken
seine Worte wie altertümliche Bilderbücher und sind voller Information
und Leben:

*7. Januar 1781*
*Die heute aus Wien eingelangten Nachrichten bringen uns die erfreu-*
*lich sichere Kenntniß, daß nach künftigen Ostern Ihre Königliche Ho-*
*heit die Erzherzogin Maria Elisabeth . . . nach Innsbruck kommen*
*und . . . daselbst höchstihre Residenz aufschlagen werde, auch sey be-*
*reits der Gubernialrat und Studien-Kommissions-Vizepräfekt Joseph*
*Graf Corette zum Obersthofmeister I. K. Hoheit wirklich ernannt wor-*
*den.*[46]

Innsbruck war damals eine kleine Stadt, in der zuweilen gar kein Geheimrat oder doch nur hin und wieder einer beschäftigt war. Die Stiftsdamen nun nahmen den Rang von Kammerherrenfrauen ein, die Dechantinnen gar den von Geheimratsfrauen, so war ihre gesellschaftliche
Stellung gleich zu Anfang hoch und angesehen. Der Gouverneur Graf
Enzenberg lud ständig die Dechantinnen und ihre Damen zu seinen Gesellschaften ein. Stiftsdamen, die dem Tiroler Adel entstammten, führ-

ten ihre Kolleginnen dort in die Familien ein. Außerdem wies Graf Enzenberg schon seit dem Jahre 1770 den Damen zwei Logen im Theater zur täglichen Benutzung an. Von 1765 an konnte sich das Stift die ersten zwanzig Jahre seiner Existenz einer guten finanziellen Lage erfreuen, denn die Währung war stabil. Keine Not und Teuerung schreckten die Damen, daß etwa ihre »anklebende« Präbende nicht mehr ausreichen möge. Erst die Koalitionskriege und die napoleonischen Kriege brachten den Etat des Stiftes ins Wanken.[47]

Elisabeth kam nach dem Tode der Mutter in eine Stadt, die nach Hofluft geradezu lechzte. Es hatte ja auch in den Überlegungen der verstorbenen Kaiserin gelegen, daß eine ihrer Töchter dort zu Innsbruck einen kleinen Hof errichten solle, damit die Tiroler wieder das Gefühl hätten, sie besäßen einen eigenen Landesherrn oder eine eigene Landesfürstin wie in früheren Jahrhunderten.

Liesl verließ Wien am 30. April 1781, reiste über Kärnten und überschritt die Tiroler Grenze daher vor Lienz, wo sie von zwei Deputierten der Landschaft begrüßt wurde, während zwei weitere sich ihrem Zug noch bei der letzten Poststation vor Innsbruck anschlossen. In den Städten und größeren Dörfern, die sie auf dieser Reise passierte, marschierten Militär und Schützen auf. Streng nach den Weisungen Josephs fand der Empfang in Innsbruck am 7. Mai 1781 statt. Hofportier Pusch berichtete:

*Heute sind Ihre Königliche Hoheit! die Erzherzogin Maria Elisabeth unter Abfeurung der Kanonen und Läutung aller Glocken nach ¹/2 5 Uhr Abends im höchsten Wohlsein allhier angekommen. Gleich bei der Triumphpforte empfing höchstdieselbe Seine Excellenz Herr General-Feldzeugmeister Graf v. Migazzi zu Pferde und ritten Ihr an der Seite, und begleiteten Sie nach der Burg.*

*Das ganze Kaiserl. Königl. Infanterie-Regiment des obbenannten Herrn . . . machte Spalier . . . und paradierte mit fliegenden Kriegsfahnen und klingendem Spiel.*

*Bei der Einfahrt in die K.K.Hofburg ward Ihre Königliche Hoheit von Seiner Excellenz Herrn Präsidenten und Landeshauptmann Grafen v. Heister, von sämmtlichen Herrn Gubernial- und Regierungs-Räthen und übrigem Adel empfangen, und verfügten Sich unter deren Vortretung in den großen Familien-Saal, vor welchem noch bey der letzten Stiegen alle Kais. Königl. Hochadligen Stiftsdamen Höchstdieselbe erwarteten.*[48]

Erst am 20. Mai fand die feierliche Introduktion der Erzherzogin als Äbtissin des Damenstiftes statt. An der Kirchentür wurde sie von der Geistlichkeit empfangen und in die Kirche geleitet, in der Militär Spalier stand. Den Bischofsstab nun selbst in die Hand nehmend, setzte sie sich auf der Epistelseite (rechts vom Altar, von der Gemeinde aus) nieder, worauf auch die anderen Anwesenden ihre vorbereiteten Plätze einnahmen. Ein Te Deum und ein Hochamt wurden abgehalten, dann begaben sich die Festteilnehmer in gemessenem Zuge zurück in die Hofburg. In den Stiftsräumen wurde das Einsetzungsdiplom des Kaisers verlesen. Elisabeth legte ihren vorgeschriebenen Eid ab und hielt dann eine bemerkenswert energische und kurze, jedoch nicht unfreundliche Rede. Sie sagte zuerst einleitend, sie hätte die Ehre der Stelle einer Damenstiftsäbtissin mit großer Freude angenommen, und fuhr dann wörtlich fort:

*Es wird nunmehr mein einziges Bestreben und Willen dahin zielen, das Beste des gesamten Stifts und das Wohl jeder von Ihnen, meine Damen, insbesondere zu befördern, wie es bis anhero unter der guten Aufsicht der Grafen Heister und Spaur wie auch der Freiin von Enzenberg geschehen ist, um mir dadurch das Wohlgefallen seiner Majestät, meines Herrn Bruders, zu erwerben und Ihre Zufriedenheit zu erhalten.*

*Ich erwarte auch Ihrerseits, meine Damen, daß Sie es an nichts werden ermangeln lassen, Ihre aufhabende Pflicht sowohl in der Aufsicht der Statuten als auch gegen mich, Ihre Oberin genannt, zu erfüllen, und wünsche besonders, daß Sie Ihr Zutrauen in allen Gelegenheiten an mich setzen mögen und auch als eine gnädige Freundin mich gegen Sie erzeigen zu können.*[49]

Elisabeth fand höchsten Respekt und eine freundlich-erwartungsvolle Aufnahme. Besonders glücklich war sie mit ihren beiden engsten Mitarbeiterinnen, den beiden Dechantinnen. Von Januar 1781 an hatte sie mit der Oberdechantin Freiin von Enzenberg – eine Verwandte des Landeshauptmanns – einen regen Briefwechsel unterhalten, in dessen Verlauf sie die Freiin »Du« nannte und ihr Verhältnis auf sehr freundschaftliche Basis stellte. Bald ernannte sie Frau von Enzenberg zur Obersthofmeisterin und gewöhnte sich an, sie nahezu ständig in ihrer Nähe zu behalten.[50]

Elisabeth erfreute sich, ähnlich wie Marianna in Klagenfurt, zuweilen der Besuche ihrer Geschwister. Maximilian war der erste Bruder, der sie 1781 aufsuchte. Als vorrangig aber empfand sie jene Festtage, an denen sie zu repräsentieren hatte, wenn fremde Fürstlichkeiten Innsbruck passierten. Joseph betrachtete diese Begebenheiten von Wien aus mit einer leicht ironischen, abwartenden Haltung. Als der Besuch Papst Pius VI. im Frühjahr 1782 in Wien stattgefunden hatte, stand auch Innsbruck auf der Liste der Rückreise-Stationen. Joseph schrieb am 26. April an Mimi:

*Heute wird Seine Heiligkeit in München sein; ich möchte zusehen, wie er dort empfangen und bestürmt wird.*

*Sein Zusammenkommen mit der Äbtissin und dem Kapitel in Innsbruck wird nicht weniger interessant sein. Ich habe Graf Sternberg mit Briefen abgeschickt, um den heiligen Vater dort zu grüßen und ihn bis zur Grenze zu begleiten.*[51]

Nun war diese Reise des Papstes von Rom nach Wien an sich schon etwas ganz Außerordentliches gewesen. Die Welt sprach davon und Wien war das Ziel Tausender von Gläubigen geworden, die sonst niemals den heiligen Vater gesehen hätten. Ähnliche Aufläufe und Volksansammlungen gab es in Tirol. Der Papst wurde für den 8. Mai 1782 erwartet. Auf Innsbrucks Straßen war kaum noch ein Vorwärtskommen, so dicht gedrängt standen die Leute. Militär und Schützenverbände bildeten Spalier und sorgten für die nötige freie Durchfahrt der päpstlichen Reisekutsche.

Spät abends erst traf Pius VI., auch »der schöne Papst« genannt, ein. Sein Einzug bot das übliche Bild: Unter Glockenläuten aller Kirchen fuhr der Papst die illuminierten Häuserreihen entlang. Längs der Straßen brannten unzählige Pechkränze und Fackeln, die vorsorglich beschafft worden waren. Nahe der Hofburg hatte die gesamte Geistlichkeit der Stadt Aufstellung genommen, an den Stufen der Hofburg standen Erzherzogin Elisabeth und die Baronin Enzenberg in prächtigster schwarzer Gala und empfingen den hohen Gast. Sie geleiteten ihn selbst in die für ihn vorbereiteten Wohnräume in der Hofburg. Nach der Teilnahme an einem Festgottesdienst in der Pfarrkirche und nachdem er vom Balkon der Burg aus das Volk mehrfach gesegnet hatte, setzte Pius VI. seine Reise am nächsten Tage fort.[52]

Schon bald, nachdem die Innsbrucker »ihre« Erzherzogin genügend in Augenschein genommen hatten, zumal bei solchen großen Gelegenheiten, erhielt Elisabeth ihren Spitznamen. Man nannte sie die »kropfete Liesl«, was durchaus wohlwollend und liebevoll gemeint war. Ihr seltsames Aussehen wurde auf die knappste Formel gebracht. Aber die Koseform Liesl deutete unbedingt darauf hin, daß es Elisabeth gelungen war, durch ihre vielen Wohltaten, ihr entschiedenes und aufgeschlossenes Wesen allen Nöten der Bevölkerung gegenüber allgemeine Beliebtheit zu erlangen. Auch mochte sich herumgesprochen haben, daß sie zu ihren Stiftsdamen ein gutes Verhältnis geschaffen hatte. Da ja alle Fräulein ohne Vermögen waren, spendete sie ihnen jährlich mehr als 700 Gulden. Sie schenkte aus ihrem Vermögen dem Stift mehrmals junge Wagenpferde und errichtete für die Damen auf ihrem Begräbnisplatz am Städtischen Friedhof eine Kapelle, die der beliebte Maler Franz Altmutter ausgestaltete.[53]

Natürlich gab es auch Mißhelligkeiten im Stift. Die jüngeren Damen machten sich zuweilen einen Spaß daraus, gegen unverbrüchliche Anstandsregeln zu verstoßen und abends noch – zwar zu mehreren, aber ohne den vorgeschriebenen Bedienten – spazierenzugehen. Dann mußte Elisabeth einschreiten, um das Ansehen der Stiftsdamen nicht zu gefährden. Ein anderes Mal hatte sich keine der Damen bereitgefunden, die Oberdechantin ins Theater zu begleiten. Elisabeth war darüber sehr ungehalten und tadelte die Damen scharf. Sie schrieb dazu, hätte sie von diesem Vorfall gewußt, so wäre sie selbst mitgegangen.[54]

Mögen diese Dinge auch als Bagatellen erscheinen. Aber in einem so streng von Etikette und Vorschriften bestimmten Institut gewannen sie Ausmaße, die ihnen eigentlich nicht zukamen.

Als einen gravierenden Schlag gegen die religiösen Übungen des Damenstiftes empfand man 1785 die Aufhebung des Franziskanerklosters durch Kaiser Joseph II., denn zu eng waren die Statuten des Stiftes mit der Anwesenheit jenes Ordens verbunden. Jetzt sollte anstelle des Ordens nur noch ein Generalseminar existieren.

Elisabeth befahl daraufhin, am Tage der Räumung des Klosters den Zugang zwischen dem Stift und der Franziskaner-Hofkirche von beiden Seiten zu versperren. Die Damen sollten bei feierlichen Gelegenheiten in die Pfarrkirche gehen und die gewöhnlichen Andachten in der Stiftskapelle abhalten. Elisabeth und ihre Fräulein würden die Hofkirche nicht eher wieder betreten, bevor sie nicht zur allgemeinen Andacht von neuem geöffnet werde. Diesen Befehl wolle sie, so sagte sie, vor ihrem kaiserlichen Bruder vertreten.[55]

Es kam jedoch wegen dieser Haltung Elisabeths zu keinem Disput mit Joseph. Liesl unterhielt zwar sonst nur den notwendigen dienstlichen Schriftwechsel mit ihm, gratulierte zu Neujahr, zu den Geburts- und Namenstagen, aber große Herzlichkeit hat zwischen diesen beiden Geschwistern nicht bestanden. In der Öffentlichkeit vertrat Elisabeth sonst weisungsgemäß die Meinung des Bruders und veranstaltete am 13. März und am 19. März eines jeden Jahres Feiern zu seinen Ehren.[56] Da der Kaiser eine große Abneigung gegen alle kontemplativen Orden hatte, so verfügte er auch, daß die Satzungen der adligen Damenstifte generell neu geordnet wurden. Im Jahre 1786 wurde, wie aus den Unterlagen des Wiener Adelsarchivs hervorgeht, auch das Innsbrucker Stift in diese Veränderungen mit einbezogen. Hierbei focht es ihn wenig an, daß er sich damit über die ausdrücklichen Bestimmungen seiner Mutter hinwegsetzte. Die beiden Messen an jedem Vormittag wurden zwar beibehalten, die dabei zu sprechenden Chorgebete aber wesentlich gekürzt; um drei Uhr nachmittags hatten die Damen dann den Rosenkranz und die Lauretanische Litanei zu beten, jedoch die lateinischen Gebete und das Totenoffizium am Abend fielen ganz weg, nur am Allerseelentag und an den Jahresgedenktagen des verewigten Kaiserpaares sollte die Abendandacht gehalten werden.

Als Joseph im Februar 1790 starb, sah Elisabeth der Thronbesteigung durch ihren Bruder Leopold mit großer Freude entgegen, denn mit diesem hatte sie sich immer viel besser verstanden als mit Joseph. Im Mai 1790 kamen Leopolds Gemahlin Marie-Louise, vom Chronisten Pusch schon »Königin von Ungarn und Böhmen« genannt, »nebst höchstden Prinzen und Prinzessinnen« aus Florenz auf der Reise nach Wien in Innsbruck vorbei und wurden von Tante Liesl würdig empfangen.

Kein Monat war seitdem vergangen, als eine andere prominente Gesellschaft in Innsbruck Station machte. Die Herzogin Anna-Amalia von Sachsen-Weimar befand sich auf der Rückreise von Italien und hatte sich in Venedig von ihrem Geheimrat Goethe abholen lassen. Pusch erwähnte ausdrücklich den »berühmten Göthe«, und daß die Gesellschaft in der Hofloge des Innsbrucker Theaters als Gäste der Erzherzogin die Aufführung des Lustspiels »Die Verfolgung« und des Melodramas »Bernardo und Blandine« gesehen habe.[57]

So angenehm diese Besuche waren, es gab auch welche, die Elisabeth aus mehreren Gründen Kopfzerbrechen machten.

Wie alle anderen Geschwister, so verfolgte auch Elisabeth mit großer Erregung die Vorgänge in Frankreich. Die Bedrängnis des Königspaares, vordringlich ihrer Schwester, war ihr bekannt. Sie kannte die Haltung der geflüchteten Brüder des Königs Marie Antoinette gegenüber und wußte, daß der Graf von Artois, der Bruder Ludwigs XVI., beschuldigt wurde, und wahrscheinlich zu Recht, Pamphlete über Marie Antoinette in Paris in Umlauf gesetzt zu haben. Ihre Kinder seien nicht legitim, niemand außer den Brüdern des Königs habe Ansprüche auf den Thron.[58]

Als nun im Jahre 1791 dieser Graf von Artois, der spätere Karl X. von Frankreich, seinen Besuch in Innsbruck angesagt hatte, sandte Elisabeth ratlos einen Eilkurier an Leopold nach Wien, mit genauen Weisungen für die Behandlung dieses fragwürdigen Schwagers.

Das Gespräch, das zwischen Artois und Elisabeth im Innsbrucker Theater stattfand, wurde aufgezeichnet und wirft ein Schlaglicht auf die unerschrockene Art, die Elisabeth an den Tag legen konnte, wenn ihr etwas mißfiel. Artois nannte sich beiläufig »einen guten Royalisten«, worauf Liesl mit verhaltenem Ingrimm erklärte, dann hätte er ja wohl den französischen König und die Königin nicht verlassen dürfen.[59]

Im März 1792 starb Leopold II., Elisabeths vierundzwanzigjähriger Neffe Franz II. wurde Kaiser. Elisabeth kannte Franz kaum, sie nahm sich aber vor, ihn und seine Familie bei nächster Gelegenheit zu besuchen.

Einen Schock für ganz Europa bedeutete die Hinrichtung der Königin Marie Antoinette am 16. Oktober 1793. Daß dies einer Tochter Maria Theresias jemals widerfahren würde, hatte im Ernst niemand geglaubt. Lange Zeit konnte man sich nicht beruhigen über die schmählichen, harten und traurigen Umstände der Hinrichtung. Elisabeth verstand die Welt nicht mehr. Nie wieder würden sich Monarchen sicher fühlen können, nie wieder würde das Leben so sorglos sein wie einst. Der Trauergottesdienst in Innsbruck für die ermordete Königin am 29. Oktober 1793 war überfüllt, die Menschen weinten. Elisabeth verfiel in Depression beinahe wie zu der Zeit, als ihr eigenes Leben so jäh zerstört wurde. Aber was hieß das schon gegen die Schmach in der Öffentlichkeit, die die Schwester zu erdulden gehabt hatte.[60]

Im Jahre 1796 lernte Elisabeth die Tochter ihrer unglücklichen Schwester kennen. Die Prinzessin hatte alle Greuel überlebt. Sie hieß Marie Thérèse Charlotte und erhielt von der im September 1795 neu gebildeten französischen Regierung, dem Directoire, die Erlaubnis zur Ausreise nach Wien. Kaiser Franz II. hatte sich ausdrücklich bereit erklärt, sie aufzunehmen. In Puschs Tagebuch hieß es:

*1. Jänner 1796*

*Abends um ¹/₂6 Uhr langten Ihre königliche Hoheit und die durchlauchtigste Prinzessin Maria Theresia von Frankreich dahier an und fuhren samt dem kaiserlichen Hofstaate, der sie abholte, in der Hofburg bey Ihrer königlichen Hoheit, Ihrer durchlauchtigsten Tante.*

*3. Jänner 1796*
*Heute nach vollendeter* ¹/₂8 *Uhr-Messe ist Ihre königliche Hoheit die*
*Prinzessin Maria Theresia nach Wien abgereist. Ihre königliche Hoheit*
*(Elisabeth) haben höchstdieselbe bis zum Wagen begleitet. NB.: Der*
*Anblick dieser schönen, erst 18jährigen Prinzessin – die ihre königlichen*
*Eltern auf dem Schaffotte verloren, deren Bruder, den Dauphin, in sei-*
*nem zehnten Lebensjahre anno 1795 Gram und Elend im Tempelthurme*
*verzehrte – mußte jedes Herz mit Mitleiden erfüllen und rühren. Nach*
*der Übergabe zu Basel fragte höchstdieselbe mit sichtbarer Ängstlich-*
*keit:* »*Bin ich jetzt wohl sicher?*«[61]

Im Verlauf der Revolutionskriege mußte Elisabeth zweimal vor den
anrückenden Franzosen fliehen. Im Sommer 1796 zog sich Elisabeth aus
dem gefährdeten Innsbruck zurück, um in St. Johann das Weitere abzuwarten. Erst Mitte November konnte sie zurückkehren. Doch schon im
März 1797 floh Elisabeth erneut, diesmal weiter, nach Bayern. Von dort
kehrte sie erst Ende des Jahres heim.[62]

Von allen Aufzeichnungen über die »kropfete Liesl« sind zweifellos
diejenigen am interessantesten, die nicht aus amtlichen Urkunden oder
aus der Feder des ehrfürchtigen Chronisten Pusch stammen, sondern
von den Kindern ihrer Schwester Marie Karoline, Königin von Neapel-
Sizilien. Mit diesem Besuch aus Neapel sah Liesl endlich die günstige
Gelegenheit gekommen, einmal wieder in Wien eine Visite zu machen.
Sie hatte die Schwester seit langen Jahren nicht gesehen.
    Zwei ihrer Töchter hatte Karoline 1790 mit Leopolds Söhnen verhei-
ratet. Ihre älteste Tochter Marie Thérèse war die Gattin von Franz II.
und derzeitige Kaiserin. An deren Hof reiste jetzt Liesl nach Wien. Eine
Unzahl von Kindern und jungen Leuten bevölkerten die Wiener Kaiser-
schlösser, vor allem die Hofburg und Schönbrunn, wo man den Sommer
zubrachte. Kaiser Leopold hatte sechzehn Kinder gehabt, sein Sohn
Franz in seiner zweiten Ehe zwölf. Dies junge Volk wurde teilweise gemeinsam erzogen und heckte manchen Streich aus. Unter den Brüdern
des Kaisers fielen Karoline besonders Karl mit neunundzwanzig und der
einundzwanzigjährige Anton ins Auge, weil diese als Partner für ihre
Töchter Mimi und Amélie in Frage gekommen wären. Aber ihre vorsich-
tigen Anspielungen auf eine neuerliche habsburgische Doppelhochzeit
fanden bei Franz II. keinerlei Gegenliebe.
    Marie Karoline brachte aus Neapel drei heiratsfähige Töchter mit und
ihren neunjährigen Sohn Leopold, der von seinen Vettern sagte, solche

großartigen Hanswurste habe er noch niemals gesehen. Der »Neapler Hof« richtete sich in Schönbrunn häuslich ein und blieb bis Ende 1801.

So konnte sich Elisabeth alle ihre Reisewünsche erfüllen, hielt sich monatelang in Wien und Schönbrunn auf, lernte die kaiserliche Familie kennen, sah die Schwester wieder, machte auch Bekanntschaft mit deren Kindern, es sollte ein denkwürdiger Aufenthalt werden.

In jenem großen Familienkreis von Cousins und Cousinen waren die Augenzeugen für alle Erlebnisse mit und um Elisabeth zu finden. Dem Briefwechsel der Prinzessinnen von Neapel mit den daheimgebliebenen Geschwistern wurden die nachstehenden kurzen Auszüge entnommen. Die anderthalb Jahrhunderte unauffindbar gewesenen Briefe entdeckte der Historiker Egon Caesar Conte Corti im Calabrischen Hausarchiv.

*Ganz besonderes Interesse aber bietet Erzherzogin Elisabeth, die nun siebenundfünfzigjährige Schwester der Königin, auch sie dick, komisch-häßlich, berühmt durch ihre unbekümmerten, spitzigen, ja oft rohen Bemerkungen, ein richtiges, wenn auch ältliches enfant terrible der kaiserlichen Familie. Wenn sie den Mund auftut, so überläuft es Marie Karoline jedesmal kalt, was ihm wohl jetzt wieder für ein unpassender Ausdruck entfliehen wird. »Tante Liesl« wird bald zu einem unerschöpflichen Gesprächsstoff für die jungen Prinzessinnen (aus Neapel).*[63]

*Nichts verrät mehr deren einstige Schönheit; eine bei Hof verkehrende Dame nennt sie sogar »eine ungewöhnlich häßliche, abstoßende, ja Schrecken einflößende, aber auch ungewöhnlich geistreiche Fürstin!« So erinnert sich die Baronin Du-Montet in ihrer Lebensgeschichte.*

*Sie ist eher klein, äußerst dick, blatternarbig und hat eine Gestalt, die beim bloßen Anblick zum Lachen reizt. Besonders komisch wirken ihre stark ausgebildeten Kröpfe, drei an der Zahl, die sie meist mit einem Seidentuch überdeckt hält. Manchmal aber fragt sie plötzlich jemanden mitten unter vielen ehrfürchtigen Gästen: »Wollen Sie die Kröpfe von der Liesl sehen?« Und dann entblößt sie diese, bewegt sie hin und her und freut sich der Verblüffung ihres Gegenübers.*[64]

*Als einmal die kaiserliche Familie im Begriff war, das Theater zu besuchen, warteten Liesl, die neapolitanischen Gäste und Herzog Albert von Sachsen-Teschen auf das Kaiserpaar (Franz II. und Marie Thérèse), das sich verspätet hatte. Der Herzog beginnt zu gähnen und es gelingt ihm nicht schnell genug, die Hand vorzuhalten, als ihm Liesl schon mit dem Fächer auf den offenen Mund schlägt.*

*Tante Liesl geniert sich nicht, sie sagt aller Welt und auch ihrer Schwester Marie Karoline die tollsten Sachen ins Gesicht. Selbst der Kaiserin erklärte sie einmal rundheraus, sie sei ein Steinesel, wobei ihr überlassen werden mußte, was für eine besondere Art von Esel sie damit meinte. Die Königin ist noch die einzige, die einigen Einfluß auf sie üben kann . . .*

*Die sehr starke Frau wird überdies meist von einer überlangen und dünnen, zudem gezierten Hofdame begleitet, was die unvorteilhafte Gestalt der Erzherzogin noch hervorhebt. Aber Frau Elisabeth ist nicht auf den Kopf gefallen und was sie denkt, trifft meist den Kern. Da man der Tochter Maria Theresias überdies aus Ehrerbietung kaum je in gleicher Weise antworten kann und sie so immer Siegerin bleibt, fürchtet sich jedermann vor ihr.*

*Eine solche Dame muß natürlich auf die zahllosen jungen Herren, Mädchen und Kinder des sonst so feierlichen Hofes, die, um der langweiligen Etikette zu entfliehen, ohnehin zu jedem Schabernack bereit sind, bald wie eine Aufforderung zum Tanz wirken. Erheiternd ist auch, wenn sie mit den ganz kleinen Kindern der Kaiserin zu spielen beginnt, sich plötzlich auf alle Viere niederläßt und einen recht umfangreichen, rundlichen Bären mimt. Bei Tische spart sie nicht mit Bemerkungen über alle Welt. Die aufwartenden Lakaien verbeißen sich das Lachen mühsam. Einem lief dabei eine Träne die Wange herunter und fiel in die Speise, worauf ihn Liesl erstaunt ansah und bemerkte: »Sie regnen ja, mein Lieber!«*

*Plötzlich einmal, als alle Töchter Marie Karolines feierlich bei Tische saßen, sieht sie eine nach der anderen durch das Lorgnon aufmerksam an, dann platzt sie vor aller Welt heraus: »O, Mimi ist nicht von der Familie, sie hat ja schwarze Augen und Haare!« Marie Karoline wird unruhig und meint, das wäre doch gar nicht wahr, sie wäre nur dunkler als die anderen, worauf Tante Liesl erklärt: »Ich will einmal die Augen aller derer untersuchen, die bei Tische sitzen.« Und nun beginnt sie, diese mehr als dreißig Augenpaare mit ihrem Lorgnon zu studieren. Das ging schon fast über den Spaß.⁶⁵*

*Eines Tages nach dem Essen geht die Königin, wie sie oft tat, mit Tante Liesl, ihren Kindern und deren Vettern auf den Basteien in der Richtung zum Augarten spazieren. Da reißt plötzlich ein Windstoß der Erzherzogin die Perücke vom Kopf, während sie bemüht ist, ihre wehenden Röcke in Ordnung zu halten. Der Jubel der »bande joyeuse« (der vergnügten Bande) ist nicht einzudämmen, worauf Tante Liesl sich auf den Boden setzt und erklärt, keinen Schritt weiterzugehen, bevor man ihr die Perücke zurückgebracht habe.*

*Bei der Jause (Nachmittagskaffee) schüttet sie sich eine volle Tasse Kaffee über ihr lichtes Kleid. Sie ruft »Wasser, Wasser!«, worauf die Buben, an der Spitze der kleine Neapolitaner Leopold, jeder mit einer Karaffe herbeieilen und wahre Ströme über die Erzherzogin ausgießen, bis sie ihnen wütend ihren Schal ins Gesicht wirft.*

*Tante Liesl kann aber, wenn sie will, auch sehr liebenswürdig sein und besitzt im Grunde ein warmfühlendes Herz.* »Trotz allem ist es nicht möglich, ihr nicht gut zu sein«, *schreibt (die neapolitanische) Prinzessin Christine von ihrer Tante,* »es ist ein Vergnügen zu sehen, wie gerne sie Mama hat.«[66]

*Zudem ist* »Grüß Dich Gott«, *wie die Jugend sie nennt, sehr klug, sehr gesprächig und trägt oft stundenlang fast ausschließlich die Kosten der Unterhaltung. Spöttisch betrachtet sie den (31jährigen) Großherzog (Ferdinand III.) von Toscana, der es liebt, im Garten zu graben, Holz zu hacken, und gern den Tischler spielt.* »Du hast offenbar Deinen Beruf verfehlt«, *meint sie.* »Aber wenn Du Tischler geworden wärest, dann hättest Du Großherzog spielen wollen.«[67]

*Wenn einer der kleinen Prinzen unartig ist, dann sagt* »Grüß Dich Gott« *gelegentlich auch einmal:* »Wissen Sie, Erzherzog Rudolf, das ist recht unmanierlich und recht ungeschickt«, *und bei aller Lächerlichkeit der Erscheinung wirken Ton und Haltung plötzlich sehr ernst und hoheitsvoll.*[68]

*Marie Karoline bemüht sich ohne Unterlaß, die Schwester ein wenig in Schranken zu halten . . ., aber damit hat sie kein Glück . . . Was wird Liesl jetzt wieder sagen und wieder tun? So beginnen selbst die anfangs herzlichen Beziehungen der beiden Töchter Maria Theresias zueinander darunter zu leiden . . .*[69]

*. . . die . . . Beziehungen zu Tante Liesl trüben sich. Mit der Zeit erbost sich diese darüber, daß die Mädchen allzuviel über sie lachen und das ist nicht ungefährlich bei einer Frau mit so schneller und scharfer Zunge.* »Tante Liesl ist nicht mehr liebenswürdig, sondern beginnt uns schädlich zu werden« *meldet nun auch Amélie.* »Ihr Ziel ist, Zwietracht in die Familie zu tragen, was hoffentlich nicht gelingen wird . . . Mama und wir alle fürchten und vermeiden sie nun.«[70]

*Jedem Mitglied der Familie gibt sie einen Spitznamen. Der Kaiser z. B. heißt* »der Lümmel«, *die Toto* »der kleine Teufel«, *Amélie* »Königin Kleopatra«, *Erzherzog Rainer* »der Ochs«, *Erzherzog Ludwig*

*»Duckmaus«, der dreizehnjährige Rudolf, später Erzbischof von Ol-*
*mütz, »Nestsch . . .ßl!« Leider verbietet die Ehrerbietung der Prinzes-*
*sin Amélie, den Namen, den Liesl Marie Karoline gibt, nach Neapel zu*
*melden.*[71]

Die verläßliche Kunde von Elisabeths Auftreten bei dieser Wien-
Reise, die uns Graf Corti übermittelt, will nun allerdings nicht in das
Bild einer würdigen Äbtissin des kaiserlichen Damenstifts zu Innsbruck
passen. Aber das Leben selbst leitet die boshafte Liesl wieder zur Ernsthaftigkeit zurück.

Am 26. Juli 1801 gab sie in Schloß Hetzendorf ein Abendessen für
Freunde und Familienangehörige, wobei ihre Brüder Ferdinand und Max
sich bei bester Laune zeigten. Am nächsten Tag starb Maximilian, vom
Schlage getroffen. Wie immer bei so plötzlichen Todesfällen, fehlte es
nicht an bösen Zungen, die einen unerwünschten Zusammenhang zwischen dem unbekömmlichen Abendessen und dem raschen Tod konstru-
ieren wollten. Allein Elisabeth wehrte sich mit aller Schärfe gegen das
Getuschel. Schließlich war ja die restliche Abendgesellschaft am Leben
geblieben. Aber die Eintracht in der Familie stellte sich erst wieder ein,
als Elisabeth im September 1801 die Heimreise nach Innsbruck plante.
Prinzessin Toto drückte die Meinung der ganzen Familie aus, wenn sie
nach Neapel schrieb:

*Gute Reise, je eher, je lieber, niemand kann sie mehr recht leiden und*
*es ist ihre eigene Schuld, denn sie hat in allen Haß erweckt dadurch, daß*
*sie so viel Falsches hinterbringt und Geschichten über Geschichten er-*
*findet.*[72]

Die Wiener Reise hatte nicht nur Liesls Wünschen nach einem Wiedersehen mit der Familie entsprochen. Sie brachte eine tatkräftige Hilfe
für das Stift, dessen wirtschaftliche Lage durch die Revolutionskriege
sehr gelitten hatte. Als Elisabeth jedoch nach Innsbruck kam, mußte sie
feststellen, daß sie mit den tausend Gulden, der vom Kaiser bewilligten
jährlichen Finanzhilfe, nur eben das Haushaltsdefizit des letzten Jahres
decken konnte, denn die Teuerung war rapide fortgeschritten. Elisabeth
setzte ihren Ehrgeiz darein, mit den Schwierigkeiten fertig zu werden
und gab eine Liste von neun ausgetüftelten Punkten heraus, die strenge
Sparmaßnahmen über das Stift, die Damen und die Dienstboten ver-
hängten.

Aber alle Bemühungen führten zu nichts, weil die unsicheren Zeiten alle Kalkulationen zunichte machten. Das Stift mußte sein Kapital angreifen, dadurch verringerte sich das jährliche Einkommen immer weiter, die Verschuldung wuchs.[73] Nach der Niederlage von Austerlitz mußte Kaiser Franz II. im Frieden von Preßburg am 26. Dezember 1805 Tirol, das alte Land des Erzhauses, an Bayern abtreten. Der bayerische Kurfürst Maximilian IV. Joseph erhielt aus Napoleons Hand die Königswürde mit voller Souveränität. Dazu kam reicher weiterer Gewinn an Land und Städten. Vom 1. Januar 1806 an nannte sich Bayerns Staatsoberhaupt König Maximilian I. Joseph.

Indessen packte Erzherzogin Elisabeth in Eile ihren Haushalt zusammen, denn ihre Abreise glich wiederum einer Flucht. Es gelang ihr, die wichtigsten Stiftsdokumente und einige Kostbarkeiten aus der Stiftskapelle mitzunehmen. Sie floh zum Kaiser nach Wien[74] und übergab die offizielle Verzichtserklärung auf ihr Amt:

*Wien, den 20. März 1806:*
*Da durch Abtretung Tirols mein mir von Ihro Majestät den Kaiser Joseph mein Herr und Bruder Anno 1780 den 2. Jänner gegebene Stelle als Äbtissin des Damenstiftes in Innsbruck anjetzo die Verwaltung genommen ist, so übergebe ich mit dieser Schrift das von dem Archivar Secretär Röggla gebacktes Kistl und entsage von nun an auf alles, was den Innsbrucker Damenstift angehört.*

*Elisabeth, e.h.*[75]

Mit gemischten Gefühlen war Liesl nach Wien gegangen, denn sie erinnerte sich sehr genau des kühlen Abschieds 1801. So ergab schon ihre erste Unterredung mit dem Kaiser, daß sie keineswegs in Wien zu bleiben wünsche und um die Anweisung einer angemessenen Residenz bitte.

Den Kaiser drückten, wie nahezu alle Souveräne Europas, schwere Sorgen. Er zog sich jedoch mit Vernunft und Klugheit aus der Affäre. Die verbliebenen Erbländer hatte er mit einer feierlichen Proklamation am 11.8.1804 zum »Kaiserreich Österreich« erklärt. Er selbst nannte sich als österreichischer Kaiser Franz I.

Napoleon hatte Europa so verändert, daß es kein »Römisches Reich deutscher Nation« mehr gab. Kaiser Franz legte am 6.8.1806 die römische Kaiserkrone nieder und erklärte das alte Kaiserreich, die alte Kaiserwürde, für erloschen. Der schwerwiegende Entschluß erschien ihm

unbedingt nötig. Er wollte Österreich aufrechterhalten, rangmäßig
nicht hinter dem Korsen zurückfallen, und gleichzeitig dem französischen Usurpator, als den er ihn ansah, die Möglichkeit nehmen, sich
auch noch der Krone Karls des Großen zu bemächtigen. Im übrigen taktierte er sehr vorsichtig mit Napoleon und beförderte all seine Tanten
und Onkel – Kinder Maria Theresias –, die ihre Länder in Italien verloren
hatten, in entfernte Residenzen.

Für Erzherzogin Elisabeth fand sich ein standesgemäßes Unterkom-
men in der Hauptstadt Oberösterreichs, in Linz. Das Haus gehörte
einem Grafen Heinrich von Khevenhüller, führte die Grundstücksbe-
zeichnung »Altstadt Nr. 50« und lag in der Theatergasse. Liesl konnte
sich mit ihrem Hofstaat von etwa fünfzig Leuten erneut etablieren und
machte nur zu gern Gebrauch von der Nähe des Theaters. Sie ließ keine
Aufführung aus, es sei denn, sie war krank.

Ebenso wie ihre Schwester Marianna einst in Klagenfurt, zeigte sich
Liesl in Linz sehr wohltätig. Mit der Stadtverwaltung kam die Erzherzogin gut aus. Ihr zu Liebe wurde die schlecht gepflasterte Theatergasse eigens neu aufgeschüttet. Auch genehmigte man einen kleinen Anbau am
Linzer Theater, der es Liesl ermöglichte, ihre Loge von außen zu erreichen. Sie litt unter einer panischen Angst vor einem eventuell ausbre-
chenden Feuer. Theaterbrände gab es häufig, weil alles noch mit offenen
Lampen beleuchtet wurde.

Hier in Linz starb Erzherzogin Maria Elisabeth von Österreich am
22. September 1808. Sie war fünfundsechzig Jahre alt geworden. Ihre
letzte Ruhestätte fand sie im Alten Dom zu Linz, auch Ignatiuskirche
genannt. Ihre sterblichen Überreste sind in einem guterhaltenen verkupferten Zinnsarg aufbewahrt.[76]

Ein Testament verfaßte die Erzherzogin schon im Jahre 1794, als sie
einmal eine schwere Krankheit durchmachte. Als Universalerben setzte
sie den Kaiser ein unter der Voraussetzung, daß er von der Erbschaft alle
Pensionen zahlen würde, zu denen sich Elisabeth ihren Angestellten gegenüber verpflichtet hatte. Insgesamt waren bei ihrem Tode siebenund-
neunzig Personen pensionsberechtigt. Die Zahl der Empfänger vermin-
derte sich naturgemäß mit den Jahren. Um einen Begriff von dem
Zuschnitt ihres Linzer Haushalts zu geben, genügt ein Blick auf die Pen-
sionsliste:

*Obersthofmeister Graf Persico; Hofdame Rosa Gräfin Sarntheim;
der Leibarzt; die Kammerfrau; 2 Kammermädchen; 2 Kammerdiene-*

*rinnen; 1 Wirtschafter; 1 Kanzlist; 2 Kammerdiener; 2 Türhüter; 2 Zuckerbäcker; 1 Kellermeister; 3 Köche; 2 Sommeliers (Untergebene des Kellermeisters); 1 Kammerlakai; 1 Portier; 6 Leiblakaien; 4 Hausknechte; 2 Austräger; 1 Bedienter der Hofdame; 2 Kutscher; 1 Vorreiter; 1 Reitknecht; 4 Küchenmägde.*

*In Innsbruck waren noch zu versorgen: 1 Beichtvater; 1 Wirtschafter; 1 Chirurg; 2 Türhüter; 2 Krankenwärter; 2 Leiblakaien; 1 Gartenwächter; 2 Kutscher; 1 Gärtner; 1 Senner.*

»Die übrigen Pensionen gingen an Witwen aus dem Wiener Hofstaat vor 1780, auch über zwanzig verarmte adlige Damen wurden mit kleinen Pensionen bedacht.«[77]

Fürsorglich zeigte sich die Erzherzogin gegenüber demjenigen Arzt, der sie in ihrer Todeskrankheit behandeln würde. Ihm setzte sie ein Legat von 2000 Gulden aus, weil ihr Tod seiner Praxis schaden werde.[78]

Wenn man liest, Elisabeth sei »die unbedeutendste Tochter« Maria Theresias gewesen, so überkommt einen ein unbehagliches Gefühl. War sie nicht ein Opfer ihrer unzulänglichen Zeit?

Nur etwa ein Drittel ihres Lebens war ihr in Jugend, Fröhlichkeit, Schönheit und vor allem mit Zukunftsaussichten vergönnt. Ein gekrönter Ehemann, zahlreiche Kinder, die regierende Fürsten heiraten würden, all das schien sicher. Dann kam die schwere Krankheit und damit die Häßlichkeit, das seelische Leid, die Zurücksetzung. Aus der umworbenen liebenswürdigen Kaisertochter wurde eine klatschsüchtige alte Tante. Die Ironie der Jugend wurde zu beißendem Spott. Es hatte Jahre gedauert, ehe sie sich unter vielen Tränen auf ihre neue Rolle als Äbtissin innerlich vorbereitete. Für Elisabeth besonders zutreffend scheint Voltaires Gedicht:

> *Man stirbt zweimal, ich sehs auf eins:*
> *Nicht mehr lieben und nicht gefallen, –*
> *Das ist das schwerste Los von allen;*
> *Nur nicht mehr leben, ist noch keins . . .*[79]

## Quellen und Anmerkungen zum Kapitel
### Maria Elisabeth

[1] Monika Kollreider, Hofreisen Maria Theresias, Diss. Wien 1965. – Nachstehend abgekürzt »Kollreider« genannt. – S. 36

[2] Hartschier = Leibgardist. Kommt aus dem Italienischen arciere = Bogenschütze.

[3] Kollreider, S. 135

[4] Fürst Johann Josef Khevenhüller-Metsch, Aus der Zeit Maria Theresias, Tagebuch des kaiserlichen Obersthofmeisters 1742–1776, 8 Bde, hrsg. von Hanns Schlitter, Wien/Leipzig 1907/1908. – Nachstehend abgekürzt »Khevenhüller« genannt. – Bd. I, S. 139

[5] Kollreider, S. 140

[6] Khevenhüller, Bd. I, S. 150

[7] Khevenhüller, Bd. I, S. 161

[8] Khevenhüller, Bd. I, S. 166

[9] Khevenhüller, Bd. I, S. 172

[10] Khevenhüller, Bd. I, S. 182

[11] Khevenhüller, Bd. I, S. 222

[12] Khevenhüller, Bd. I, S. 238

[13] Khevenhüller, Bd. II, S. 189

[14] Khevenhüller, Bd. II, S. 194

[15] Brief Maria Theresias vom 4. Sept. 1754 an Marie Christine; Die Mutter und die Kaiserin, Briefe der Maria Theresia an ihre Kinder und Vertrauten. Aus dem Französischen übertragen und hrsg. von Carl Rothe, Wien/München 1968. – Nachstehend abgekürzt »Rothe« genannt. – S. 85

[16] Khevenhüller, Bd. II, S. 225

[17] Khevenhüller, Bd. II, S. 263

[18] Khevenhüller, Bd. II, S. 359

[19] Friederike Wachter, Die Erziehung der Kinder Maria Theresias, Diss. Wien 1968, S. 203

[20] Ellinor Langer, Die Geschichte des Adeligen Damenstiftes zu Innsbruck, Innsbruck 1950. – Nachstehend abgekürzt »Langer« genannt. – S. 65

[21] Randverfügung Friedrichs auf dem Gesuch des Generalmajors von Rothkirch um eine Präbende für eine seiner Töchter: »es seynd 30 bis 40 anwartschaften auf jeder Stelle. Er soll hübsch Jungens Machen, die kann ich alle unterbringen aber mit die Madames weiß ich nirgends hin.« (1780); Der König, Friedrich der Große in seinen Briefen und Erlassen. Verb. Text von Gustav Mendelssohn-Bartholdy, Ebenhausen b. München 1923, S. 485

[22] Briefe der Kaiserin Maria Theresia an ihre Kinder und Freunde, 4 Bde, hrsg. von Alfred Ritter von Arneth, Wien 1881. – Nachstehend abgekürzt »Arneth Briefe« genannt. – Bd. IV, S. 479

[23] Rothe, S. 49

[24] Khevenhüller, Bd. VI, S. 275

[25] Arneth Briefe, Bd. IV, S. 89/90

[26] Arneth Briefe, Bd. IV, S. 50

[27] Henry Vallotton, Kaiserin Marie Theresia, Herrscherin und Mutter, Hamburg 1968. – Nachstehend abgekürzt »Vallotton« genannt. – S. 195

[28] Langer, S. 65, Vallotton, S. 195

[29] Khevenhüller, Bd. VII, S. 7, Eintragung vom 25. 2. 1770

[30] Khevenhüller, Bd. VII, S. 93

[31] Khevenhüller, Bd. VII, S. 146. – Bassett, Bassetl = ein Instrument in der Art und Größe zwischen dem heutigen Kontrabaß und dem jetzt gebräuchlichen Violoncello. Es hatte die Form einer Viola da Gamba. (Riemanns Musiklexikon, Mainz 1967, S. 87)

[32] Langer, S. 66

[33] Briefe Arneth, Bd. I, S. 296. Brief Maria Theresias vom 1. Sept. 1774 an Ferdinand.

[34] Khevenhüller, Bd. VIII, S. 52

[35] Khevenhüller, Bd. VIII, S. 59

[36] Briefe Arneth, Bd. III, S. 218

[37] Briefe Arneth, Bd. II, S. 406; Bd. III, S. 223; Bd. II, S. 15; Bd. II, S. 414; Bd. II, S. 18; Bd. III, S. 256

[38] Briefe Arneth, Bd. III, S. 263; Bd. II, S. 70; Bd. III, S. 269

[39] Adam Wandruszka, Leopold II., 2 Bde, Wien/München 1963. – Nachstehend abgekürzt »Wandruszka« genannt. – Bd. I, S. 349

[40] Briefe Arneth, Bd. II, S. 462; siehe auch Zitat aus Leopolds Tagebuch, Wandruszka, Bd. I, S. 334

[41] Briefe Arneth, Bd. II, S. 300. Maria Theresia an Ferdinand am 17.10.1780

[42] Briefe Arneth, Bd. III, S. 439

[43] Langer, S. 63

[44] Langer, S. 53

[45] Langer, S. 22

[46] Historische Notizen, gesammelt und dargestellt nach Art eines Tagebuches von Gottfried Pusch, Stadtarchiv Innsbruck, Sign.Nr.Cod. 136/1, Inv.Nr. 335. – Nachstehend abgekürzt »Pusch« genannt. – S. 203

[47] Langer, S. 56

[48] Pusch, S. 1

[49] Langer, S. 69

[50] Langer, S. 72

[51] Adam Wolf, Marie Christine, Erzherzogin von Österreich, 2 Bde, Wien 1863. – Nachstehend abgekürzt »Wolf Biogr.« genannt. – Bd. I, S. 195

[52] Langer, S. 79

[53] Langer, S. 73

[54] Langer, S. 74

[55] Langer, S. 77

[56] Langer, S. 78

[57] Langer, S. 76

[58] Vincent Cronin, Ludwig XVI. und Marie Antoinette, aus dem Englischen von Monika Courths, Düsseldorf 1975 – Nachstehend abgekürzt »Cronin« genannt. – S. 540

[59] Langer, S. 75

[60] Langer, S. 76

[61] Pusch, S. 118

[62] Langer, S. 79

[63] Egon Caesar Conte Corti, Ich, eine Tochter Maria Theresias, Lebensbild der Königin Marie Karoline von Neapel, München 1950. – Nachstehend abgekürzt »Corti« genannt. – S. 350

[64] Brief der Prinzessin Marie Antoinette von Neapel, genannt Tóto, vom 21. Jan. 1800 aus Schönbrunn an ihren Bruder Francesco in Neapel; Corti, S. 358

[65] Brief Totos und Amélies vom 31. Okt. 1800 aus Wien an ihre Schwägerin Klementine in Neapel; Corti, S. 360

[66] Brief der Prinzessin Marie Christine von Neapel, genannt Mimi, vom 18. Nov. 1800 aus Wien an ihre Schwägerin Klementine in Neapel; Corti, S. 360

[67] Brief der Prinzessin Amélie von Neapel vom 1. Jan. 1800 aus Wien an ihren Bruder Francesco; Corti, S. 360

[68] Corti, S. 360

[69] Corti, S. 360

[70] Brief der Prinzessin Amélie von Neapel vom 15. Jan. 1801 aus Wien an ihre Schwägerin Klementine in Neapel; Corti, S. 367

[71] Brief Prinzessin Amélies von Neapel vom 1. März 1801 aus Wien an ihre Schwägerin Klementine in Neapel; Corti, S. 371

[72] Brief Totos von Neapel vom 16. Sept. 1801 aus Schönbrunn an ihren Bruder Francesco in Neapel; Corti, S. 381

[73] Langer, S. 49

[74] Langer, S. 81

[75] Langer, S. 81. Das Datum der Amtseinsetzung ist im Original verschrieben. Es müßte heißen »Anno 1781 den 2. Jänner«.

76 Nach Angaben des Archivs der Landeshauptstadt Linz, Herrn Direktor Dr. Katzinger vom 2. Juni 1978, Az. 408–14/K/Sch/236

77 Langer, S. 83

78 Langer, S. 82

79 Aus dem Gedicht von François M. Arouet de Voltaire: »An Frau von Châtelet«; Lyrik des Abendlands, München 1963, S. 314

# Karl

* 1. Februar 1745 in Wien
† 18. Januar 1761 in Wien

Die ersten beiden Jahre im kaum sechzehnjährigen Leben Karls von Österreich waren von erheblicher Bedeutung für die Dynastie. Der zweite Sohn Maria Theresias war geboren, der Bann gebrochen, der mehr als dreißig Jahre lang wie eine schwere Last auf der Ehe Kaiser Karls VI. gelegen hatte, der noch die ersten fünf Ehejahre seiner Tochter bis zu Josephs Geburt überschattete. Habsburg würde in Zukunft männliche Thronerben haben. Neben Joseph wuchs nun noch ein Erzherzog auf, bestimmt dazu, einmal Großherzog von Toscana zu werden, aber auch jederzeit bereit, im Falle eines Unglücks zum Thronfolger aufzurücken. Mochten nun die Zeitläufte werden wie sie wollten, zwei Söhne, das bedeutete die Gewähr für Bestand und Fortgang des habsburgischen Hauses, ohne Schwierigkeiten, ohne Sondergesetze, ohne europäische Probleme.

Über Karl findet man in der Literatur der Zeit und in nachträglichen Veröffentlichungen viel Erdichtetes. So wird ihm Rivalität mit Joseph um Rang und Ansehen zugeschrieben. Karl soll geäußert haben, Joseph sei »ein simpler Herzogssohn«, während er selbst schon im »kaiserlichen Purpur« geboren sei. Karl ist am 1. 2. 1745 geboren. Sein Vater wurde am 13. September 1745 zum römisch-deutschen Kaiser gewählt. Die Unrichtigkeit dieser immer wiederkehrenden Anekdote fällt sofort ins Auge. Das erste wirkliche Kaiserkind war Amalia.

Wie immer in Fällen von wenig überkommenem persönlichem Schrifttum, kann man sich nur an die Äußerungen von Augenzeugen halten.

Karls Leben war trotz aller Sorgfalt beengt in der Entfaltung, verlief auf vorgezeichneter Bahn. Er war von Kindheit an durchdrungen vom Bewußtsein seiner fürstlichen Sendung, und gelegentliche Unarten vermochten diese Grundstimmung nicht zu beeinflussen. Seine persönliche Haltung, sein Charme gewannen ihm die Herzen seiner Umgebung. Sein Tod, sein Begräbnis werden allen unvergeßlich bleiben, die je davon gehört haben.

Karls Ankunft am Wiener Hof erfolgte gleichsam »en passant« im Trubel höfischen Alltags, inmitten gesellschaftlicher Nichtigkeiten und eiliger kleiner Reisen. Der überbeschäftigte Obristhofmeister Khevenhüller notierte am 31. Januar 1745:

*Indessen hatte die Königin, welche bereits einige Vorbotten der Niderkunft empfunden, solche aber möglichst verbeissen wollen, sich nachher Hietzing um alldorten ihr Gebett zu verrichten und sofort zuruck nach der Stadt und Purg begeben.*

*Der Herzog kamme etwann nach einer kleinen Stund von Hetzendorf zuruck nach Schönbrunn und nahme mit uns Schlittenfahrer und Fahrerin das Mittagsmahl ein, nach welchem wir gegen vier Uhr . . . in die Stadt zuruck gekommen und . . . auf der Bellaria abgestigen und in die Anticamera auf der Königin Seiten gegangen, welche anfänglich befohlen, daß man dorten den Abend zubringen solte, nachhero es aber eben der bereits empfindenden Geburts Vorbotten halber widerummen contremandiret (abgesagt) hatte.*

*Abends war Gesellschaft und Soupé bein Fürst Auersperg, zu welchen auch der Herzog und Prinz Carl (von Lothringen) sich eingefunden, weßhalben es auch darmit sehr spatt und biß halber ein Uhr sich verzögerte, um welche Stund der Herzog widerhollte Post bekamm, daß es mit der Königin Entbindung immer mehr Ernst zu werden anfienge; worauf er sogleich . . . nach Hoff eilte; und weillen die Etiquette mit sich bringt, daß in dergleich Fählen und wann die Herrschafft gefährlich krank liegt, die Hoffämter sich nach Hoff verfügen und die Nacht hindurch in der Anticamera oder Spiegelzimmer wachend zubringen müssen, so schickte ich sogleich . . . mit dem Befehl, daß mann mich unverzüglich avisiren solle, wann das Hochwürdige ausgesezt würde, so nicht ehender zu geschehen pflegt, als wann die Frau würcklich zum Kind geht.*

*Weillen nun (nachts nach eins) die Antwort kamm, daß noch gar kein Ernst hierzu anschiene und ich ohnedeme von der gelittenen Kälte und übrige Fatigue ganz nidergeschlagen war, liesse ich mich auskleiden und legte mich zu Bett; kaum aber hatte ich mich nidergelegt, als die Nachricht kamm, daß man sogleich das Venerabile (Allerheiligste) exponiren würde, weßwegen ich dann widerummen aus dem Bett gesprungen und . . . mich von neuem angezogen, nebst meiner Frauen nach der Burg gefahren bin.*

*. . . allein es ware nur ein blinder Lerm und das Hochwürdige ward erst um vier Uhr nach gegebenem heiligen Seegen ausgesezt, gegen wel-*

*che Stund auch erst die Obrist Hoffmeisterinnen . . . als welche nach*
*der Etiquette in der Cammer sein müssen, beruffen wurden.*

*Bald darauf liesse sich auch I. M. die Kaiserin (Elisabeth Christine)*
*herunter tragen. Darauf verzog es sich doch biß gegen neun Uhr, wo*
*dann die Königin zu allgemeinen Trost und Jubel mit dem zweiten Sohn*
*ganz glücklich entbunden ward.*

*Der Herzog kamme selbsten heraus ins Spieglzimmer, um die gute*
*Bottschaft unß allen Anwesenden zu melden, kunte aber vor Freuden*
*fast nicht reden.*

*Bald darauf kamme auch die Kaiserin aus der Cammer heraus und ob*
*sie zwar ihres bekannten Zustands halber so schwach an Füssen, daß sie*
*kaum stehen kann und sich immer tragen lassen muß, gieng sie aus der*
*nemmlichen Emotion von Freuden mit verwunderlicher Geschwindig-*
*keit zum Fenster, um solches zu eröffnen und selbsten hinunter zu*
*schreien, daß ein Ertzherzog gebohren worden seie . . .*

*Weillen aber die Königin so spatt in der Nacht zum Kind zu gehen an-*
*gefangen und folglich dem Volck dises noch nicht bekant sein kunte, so*
*ware der Zulauff weder auf den Burgplatz noch auch sonsten in denen*
*Anticameren nicht wie es sonsten gewesen wäre . . .*

*Wir Anwesende gratulirten sofort dem Herzog und küsten der Kaise-*
*rin die Händ, und nach emfpangenem zweiten Seegen und angehörten*
*Te Deum Laudamus, welches sogleich in der Cammer Capellen more*
*solito (nach dem Herkommen) beschahe, verfügten wir andere, so ge-*
*wacht hatten, unß nachher Haus, wo mich zwar ein wenig auf das Bett*
*warff, allein wegen zu sehr erhitztem Geblütt und noch in mir stecken-*
*der Unruhe keine Minuten ruhen kunte.*

*Gegen ein Uhr verfügte ich mich in großer Gala wider zuruck . . . der*
*Königin Gesundheit halber mich zu erkundigen, als auch um auf des*
*Herzogs Seiten meine Cour zu machen. Die Ordonnanz zur Tauff hatte*
*ich bereits vorhero von dem Herzog . . . erhalten und um sechs Uhr*
*abends geben müssen.*

*Zu Mittag hatte ich ein großes Diné . . . so mir wegen der heutigen*
*vorgefallenen Function und weillen ich gar nichts geschlaffen, fast ein*
*wenig zur Unzeit und ungelegen gekommen . . .*

*Die Function der Tauff geschahe bald nach sieben Uhr in der Ritter-*
*stuben und mit denen gewöhnlichen . . . Coeremonien, worbei nur an-*
*zumerken, daß 1. der Cardinal Nuncius die Function verrichtet, 2. die*
*Kaiserin (Elisabeth Christine) im Nahmen der Königin von Pohlen und*
*der Printz Carl . . . den Ertzherzog aus der Tauff gehoben, 3. selber die*

*Nahmen Carolus, Josephus, Emanuel, Joannes Nepomucemus, Antonius, Procopius überkommen und endlichen 4., daß der Herzog ihn nicht sogleich wie den erstgebohrenen zum Ritter geschlagen . . .*[1]

Karls Geburt fiel in kriegerische Zeiten. Schleppend und unabsehbar zog sich seit fünf Jahren der Österreichische Erbfolgekrieg gegen Bayern und Frankreich hin. Brennend aktuell und mit bedauerlichem Fortschreiten des Geschehens gestaltete sich dagegen der 2. Schlesische Krieg gegen Preußen.

Als Karl gerade vier Monate alt war, traf den nichtsahnenden Wiener Hof eine wahre Hiobsbotschaft:

*Den 6. (Juni 1745) als an heiligen Pfingsttag ware Toison Ammt (Andacht für die Ritter des Goldenen Vlieses). Die Herrschaften speisten im Spiegelzimmer der Kaiserin. Nachmittag war Toison Vesper und abends Appartement (Abendgesellschaft) in Schönbrunn.*

*Während disem kamme der hinckende Bott auß Schlesien; der Courrier stieg vor dem Schloß auß und überbrachte ganz in der Stille seine Depechen von dem Printz Carl (von Lothringen) an dem Herzog (Franz Stephan), welcher erst nach dem Appartement der Königin die üble Nachricht vorbrachte.*

*Mann hielte solche verborgen biß des anderen Morgens, da sie durch ein und andere Particular (Privat) Brieff, jedoch nur en gros (in großen Zügen) dem Publico kund wurde und – wie wohl zu glauben – eine desto größere Consternation (Bestürzung) verursachte, als man wegen der großen Superioritet (Überlegenheit) unserer Armée sich einer solchen Sauerei nicht vermuthen kunte.*[2]

Was den Chronisten Khevenhüller zu so markanten Ausdrücken veranlaßte, war die für Österreich verlorene Schlacht bei Hohenfriedberg am 4. Juni 1745 gewesen. In Wien gab es keine »blasenden Postillone«, die den Sieg verkündet hätten, es kam »der hinckende Bott« still und leise. Diesmal erklangen die Siegesfanfaren und Te Deums im preußischen Land, und zu Ehren des außergewöhnlich glücklichen Ereignisses wurde später eine der beliebtesten Regimentsmusiken, der »Hohenfriedberger Marsch«, komponiert.[3]

Ganz Österreich bejammerte die schlechte Führung seiner besten Truppen und das gänzliche Versagen des jungen und unerfahrenen Prinzen Carl von Lothringen. Dieser Bruder Franz Stephans hatte sich beharrlich geweigert, erfahrene Feldmarschälle zu Rate zu ziehen, als sich die militärische Situation bei den Jauerschen Bergen in Niederschlesien zuzuspitzen begann. Das Ergebnis war die vernichtende Niederlage von Hohenfriedberg.

In den ersten Lebensjahren des kleinen Karl war Gräfin Maria Katharina von Saurau seine Aja, mußte sich jedoch aus Gesundheitsgründen im November 1749 von der Gräfin Wildenstein ablösen lassen. Kaiserin Maria Theresia bat sie jedoch, noch eine Weile neben der neuen Aja im Amt zu bleiben. Seltsamerweise erhielt Karl mit neun Jahren keinen eigenen Hofstaat, wie sonst bei zweitgeborenen Söhnen üblich; lediglich sein bisheriges Personal wechselte. Graf Künigl trat sein Amt als Vize-Ajo an, bedeutende Pädagogen wie Jacob Sauboin und Claudius Joseph Orri de Morveau unterrichteten ihn in Geschichte, Geographie und Fremdsprachen.

Da der 1747 geborene Leopold Karl altersmäßig sehr nahe stand, unterrichtete man die beiden Jungen meist gemeinsam, zumindest in den ersten Jahren. Nachdem man ihnen die Grundbegriffe wie Schreiben, Rechnen und Lesen beigebracht hatte, differenzierte sich der Unterrichtsplan wieder, und es ist überliefert, daß Sauboin 1751 ganz zu Leopold überwechselte. Leopold war erst fünf, Karl sieben Jahre alt. Man hielt es offenbar nicht für verfehlt, die lebhaften und aufgeweckten Kinder so früh wie möglich lernen zu lassen. Bei Karl blieb der Abbé Franz Jungblut, und zusätzlich erteilte ihm Josephs Lehrer Brequin Mathematikunterricht. Die Kinder mußten in den kommenden Jahren häufige kleine Examen über sich ergehen lassen. Einige dieser Prüfungsunterlagen wurden zuweilen der Öffentlichkeit zugänglich gemacht, so 1888 auf einer »Maria-Theresien-Ausstellung« in Wien: »Examen Mathématiques de Messeigneurs Les Archiducs Charles et Leopold«.[4]

Die Kaiserin war sehr stolz auf ihre drei Buben. Zur Eröffnung des Landtags in Preßburg 1751, als es um Steuererhöhungen für Ungarn ging, steckte sie Joseph, Karl und Leopold, zehn, sechs und vier Jahre alt, in schwarze, reichgestickte ungarische Tracht. Nach dem feierlichen Gottesdienst erschien die Kaiserin im Rittersaal des Preßburger Schlosses, nahm auf dem Thronsessel Platz, und ihre drei Söhne traten zu ihr. Die Ungarn, für solche innigen Äußerlichkeiten sehr empfänglich, brachen in lauten Jubel aus.[5]

Maria Theresia, ihr Gemahl und der Thronfolger Joseph wurden mit lateinischen Ansprachen begrüßt und antworteten ebenso. Allein Karl erhielt seine Begrüßung vom Sprecher der Stände in ungarischer Sprache. Dank seiner guten Vorbereitung antwortete der Knirps ebenfalls ungarisch. Dies wurde sehr hoch eingeschätzt. Es war das erstemal, daß ein Mitglied der kaiserlichen Familie jemals diese Sprache öffentlich gebrauchte. Der kleine Text mit dem großen Erfolg wurde ehrfürchtig überliefert. Man rühmte Karl dafür, daß er die schwierige Sprache ohne Stockung und akzentfrei hersagte.[6]

Zahlreiche Mitteilungen über Karl, auch wechselweise Carl oder Charles genannt, finden wir in der ausführlichen »Instruction pour Monsieur Vinants«, einen seiner Erzieher.

Charles war kein Engel, sondern ein ganz normaler Junge mit gutem und schlechtem Benehmen, je nach Lust und Laune. Zuweilen betonten seine Lehrer seinen »soliden Geist« und die »gerechten Gedanken«. Dann wieder tadelte man seinen Jähzorn, seine Wutanfälle oder gewisse kindliche Albernheiten. Seine Erzieher seufzten über seinen Mangel an Konzentrationsfähigkeit. Jeder Regenschauer vor den Fenstern, eine Fliege an der Wand, ein Sandkorn auf dem Tisch ließen ihn aufspringen und die Bücher hinwerfen.

Die Ziele seiner Ausbildung waren hochgesteckt, idealisiert. Er hörte Geschichten von Helden, Märtyrern und ähnlichen vorbildlichen Menschen, denen nachzueifern ihm als erstrebenswert hingestellt wurde. Alles, was man ihm in möglichst spannender Form vortrug, sollte »seiner hohen Geburt angepaßt« sein. Er lebte eben noch in der Zeit der selektiven Fürstenerziehung, die den Prinzen eine zurechtgestutzte Wirklichkeit suggerierte, die »dauphinierte Ausgabe« des Lebens.[7]

Im Rahmen der Anforderungen wurde Charles jedoch als vielversprechender Schüler betrachtet. Seine Auffassungsgabe sei lebhaft und für ihm sympathische Lehrer finde er die rührendsten Ausdrücke, um sie für sich einzunehmen. Seine Wutausbrüche wurden mit Gelassenheit zunächst hingenommen und erst dann bestraft, wenn er sich beruhigt hatte, damit er einsehen lerne, worin er sich ändern müsse. Die Lehrer waren angehalten, ihm ihr Bedauern darüber auszudrücken, daß er die Strafen durch sein Verhalten herausgefordert habe.[8]

Dem neunjährigen Karl wurde unverhofft dazu verholfen, sich als Reitersmann zu zeigen, ähnlich wie es bei Joseph einmal geschah. Die Notiz bei Khevenhüller zeichnet ein seltsam intimes Familienbild von diesem Ereignis:

*Den 28. (Mai 1754) ware der Kaiser auf der Baitz und accompagnirte (begleitete) uns nicht allein der Ertzherzog Joseph (13) heute bereits für das zweite Mahl, sondern mann machte auch dem Ertzherzog Carl –*

*welcher in biroccio folgte – die Surprise (Überraschung), daß er im Zu-*
*rückkeren ein für ihn praeparirtes Pferd, so anfänglich hinter einem Ge-*
*büsch verstecket ware, gähling ansichtig und ihme erlaubt wurde, sich*
*darauf zu setzen und also reutend den Kaiser nach Haus zu begleiten;*
*die Kaiserin lage am Fenster, um selben bei den alten Schloß passiren zu*
*sehen.* [9]

Karls Namenstag war der 4. Oktober. Noch immer, selbst vierzehn
Jahre nach seines Großvaters Tode, wurde an diesem Tage auch nach-
drücklich des verstorbenen Kaisers Karl VI. gedacht, und in dessen
Schatten verlief gewissermaßen der Tag, wenn auch nicht ohne Glanz.
Die Hofgesellschaft zog »unangesagte Gala« an, man gratulierte dem
kleinen Erzherzog offiziell, die Botschafter erschienen zur Cour. Der Ajo
Graf Künigl gab seinem Schützling ein großes Diner. [10]

Das waren Ablenkungen und Feste, zwischen denen brav gelernt werden mußte. Khevenhüller, der an allen Schulprüfungen der Söhne teilnahm, berichtete vom 17. März 1755 voller Stolz:

*. . . wurden beide jüngeren Ertzherzoge Carl und Peter Leopold ge-*
*wöhnlicher Massen in deren Graff Kaunitz, Baron Bartenstein und*
*meiner Gegenwart ex historia (in Geschichte), geographia und elemen-*
*tis matheseos (Grundfächern) examiniret und ist verwunderlich, wie*
*dise beide kleinen Herrn sich hierbei sowohl in linea memoria (gedächt-*
*nismäßig) als zumahlen auch judicii (im eigenen Urteil) distinguiret*
*(ausgezeichnet) und ganz ausnemmliche Specimina (Proben) ihrer von*
*Gott überkommenen grossen Talenten dargeleget haben.* [11]

Wenig später publizierte man das Ergebnis langwieriger Verhandlungen über die Titulierung und Anredeform der kaiserlichen Kinder in
Wien. Über diesen Punkt gingen die Meinungen sehr auseinander, und
es sind ganz erstaunliche Mengen Papier in den Protokollen mit Begrün-
dungen des Für und Wider beschrieben worden.

Hierauf näher einzugehen lohnt insofern, als dieser Fall klarer als andere zeigt, in welchen Schranken, welchem ungeheuer komplizierten
behördlichen Apparat, sich das Leben bei Hofe abspielte.

*30. März 1755*
*Übrigens wurde . . . heut . . . bei Hoff . . . bekant gemacht . . . ,*
*daß mann denen durchl. jungen Herrschafften führohin nach dem Bei-*
*spiel anderer königlicher Printzen und Princessinnen den Titel Königli-*
*che Hoheit geben solle.*

*Dise Neuerung ware bereits auf ein vorjähriges Conferenz-Guttach-*
*ten . . . eventualiter beliebet und indessen bei ein und anderen Hoff das*
*Erforderliche präpariret worden.* Die Sach an sich selbsten kunte niemahlen einige gegründete Contradiction (Widerspruch) finden und denen Kindern einer Erb-Königin von Hungarn und Böhmen nicht conte-
stiret (streitig gemacht) werden, was sogar denen Descendenten (Ab-
kömmlingen) von erwählten Königen gleichwie denen pohlnischen
Printzen nicht versaget wird; . . .[12]

Khevenhüller mißbilligte die Änderung. Er fand, die bisherige Titulierung »erzherzogliche Durchlaucht« sei so einzigartig in der Welt, daß
die »königliche Hoheit«, die so viele andere Fürstenkinder auch für sich
beanspruchten, eher eine Entwertung des Ansehens der Kaiserkinder
darstelle. Er habe dagegen gestimmt; auch der Kaiser neige nicht zu solchen Neuerungen, aber nun sei es einmal beschlossen worden und nicht
mehr zu ändern.

Das Kinderleben von Erzherzog Karl war genau wie das seiner Ge-
schwister durchsetzt mit vielen kleinen öffentlichen Auftritten. Die
Leute in Wien und im Land draußen sollten »die Buam« von der Maria
Theresia auch zu Gesicht bekommen.

*Den 15. (November 1756) ware um 9 Uhr Ordonnanz zur Closter*
*Neuburger-Raiß, wohin dises Jahr der Ertzherzog Carl ebenfahls mit-*
*kamme. Selber fuhre nebst dem Ertzherzog Joseph mit dem Kaiser, die*
*Kaiserin verrichtete davor ihre Andacht zu Hietzing.*[13]

Der nicht weit von Schönbrunn gelegene Ort Hietzing mit seinem
Gnadenbild der Muttergottes war seit Anfang des 16. Jahrhunderts
Wallfahrtsort, auch oft »Maria Hietzing« genannt. Die Kaiserin betete
häufig dort.

*Den 1. Februarii (1757) ware Gala wegen des Ertzherzog Carls Ge-*
*burtstags welcher gewöhnlicher Massen die Complimenten emp-*
*fing . . .*[14]
*Den 13. (Oktober 1757) ware bei der Himmel-Porten die zweite Pro-*
*fession der dortigen Oberin, einer Gräfin Nigrellin, worzu der Hof in*
*publico (öffentlich) erschine, und hätten I. I. M. M. (Ihre Majestäten)*
*im Closter speisen sollen; allein weillen die Kaiserin schon ein paar Täge*
*her mit einer Geschwulst beim rechten Aug incommodiret ware, so*
*wohnte der Kaiser zwar dem Kirchendienst und dem Actu professionis*
*(dem Gelübde) bei, . . . fuhre aber . . . auf Mittag zurück nach Schön-*
*brunn.*

*Mithin speisten im Closter die beiden Ertzherzoge Carl (12) und Leo-*
*pold (10) nebst denen Ertzherzoginnen Maria Anna (19) und Maria*
*(15), zu deren Taffel verschiedene Dames . . . nebst dem Wienneri-*
*schen Herrn Ertzbischoffen geladen wurden.*[15]

Anknüpfend an den großen öffentlichen Erfolg, den seinerzeit der
sechsjährige Karl mit seinen wenigen ungarischen Worten in Preßburg
erzielt hatte, erteilte man ihm vom Dezember 1758 an systematischen
ungarischen Unterricht. Sein Lehrer Johann Izdenczy hatte sich schon
als Josephs ungarischer Präzeptor bewährt.

Als Karl vierzehn Jahre alt war, wurden bereits die ersten Gespräche in
bezug auf seine spätere Heirat geführt. Man erinnert sich, daß im Jahre
1759 die Vermählungsverhandlungen mit dem späteren spanischen König Karl III. in eine Krise gerieten. Er wollte durchaus seine Tochter Maria Luisa mit dem Thronfolger Joseph zusammengeben. Aber die französischen Unterhändler kamen mit ihren Vorschlägen für die Enkelin
Ludwigs XV., Prinzessin Isabella von Parma, dazwischen, denen Maria
Theresia den Vorzug gab. Frankreich war ihr wichtigster Verbündeter
im gegenwärtigen großen Krieg gegen Preußen. Um den sehr gekränkten und empörten Hof in Neapel zu versöhnen, schlug die Kaiserin Karl
als Ehepartner für Maria Luisa vor, die, im gleichen Jahr wie Karl geboren, altersmäßig ganz vorzüglich zu ihm gepaßt hätte.[16]

Erzherzog Karl, der in der Zeichnung von Liotard als ein so ernsthafter, brav dreinblickender Junge festgehalten wurde, vor sich auf dem
Tisch die Zeichnung einer Festung, auf der er mit einem Zirkel Entfernungen auszumessen scheint, kam wie alle anderen Jungen seines Alters
in die Flegeljahre. Er muß sich einiges Unglaubliche erlaubt haben, denn
von seinem vierzehnten Geburtstag berichtet Khevenhüller:

*Den 1. Februarii (1759) wurde zwar wegen des Ertzherzogs Carl Ge-*
*burtstags-Gala angesagt. Er empfienge aber keine Complimenten, aus*
*vorschützender Unpäßlichkeit; in der That aber geschah es aus Straff*
*und um ihn zu demütigen, weillen dieser kleine Herr von einem unge-*
*mein hochtrabenden Geist ist und zumahlen seinen Cammerherrn und*
*Bedienten die Čhocant- und empfindlichste Sachen zu sagen weiß.*[17]

Es gab also Strafen am Kaiserhof für die Kinder, und harte außerdem.
Es mag kein Unglück für einen Vierzehnjährigen sein, auf eine Gratulationscour von hundertfünfzig Leuten zu verzichten. Aber alle Gratulan-
ten brachten das sogenannte »Bindband« oder »Angebinde« mit. Auf

diese Geschenke und Leckereien freuten sich die Kaiserkinder alle, denn sie lebten zwar unter opulenten Umständen, wurden aber nicht verwöhnt. »An Fasttagen keine Kipferl, nur Schwarzbrot, das ist genug!« Karl konnte von Glück sagen, daß nach außen hin seine Blamage von dem dünnen Mäntelchen der Ausrede einer »Unpäßlichkeit« überdeckt wurde.

Doch es gab bessere Tage. Zum nächsten Namenstag des Vaters fand am darauffolgenden Tag eine musikalische Aufführung aller Kinder statt, die geheimnisvoll einstudiert worden war.

*Den 5. (Oktober 1759) hatte die Kaiserin nach den Rosencrantz ein kleines Impromptu und Cammerfest zu Ehren des gestrigen hohen Nahmens-Tags angestellet, so vor dem Kaiser ein Geheimnuß und Surprise sein sollen. Sämmtliche junge Herrschafften . . . producirten ein Concert. Der Ertzherzog Ferdinand machte die Ouverture mit der Paukken, sodann recitirte der kleinste Herr Maximilian . . . (einen) wälschen Glückwunsch . . .*

*Die kleinste Ertzherzogin Antonia sange ein französisches Vaudeville, die übrige alle italiänische Arien. Der Ertzherzog Carl spillete ein Concert auf der Violine und der älteste Herr (Joseph) auf den Violoncello; . . .*[18]

Etwa einen Monat später bekam Karl die Windpocken, zunächst wohl in ziemlich heftiger Form, denn die Kaiserin war sehr unruhig. Seinetwegen wurde der Aufenthalt in Schönbrunn schon am 9. November abgebrochen, denn Maria Theresia ertrug es nicht, dort draußen so lange auf Nachrichten von ihrem Lieblingssohn – son fils bien-aimé sagte Khevenhüller – warten zu müssen. Die Krankheit zog sich einige Zeit hin, man fragte bei Hof täglich in der Anticamera der Kaiserin, wie es Erzherzog Karl ginge. Doch es gab nichts weiter über ihn zu berichten. Da Khevenhüllers Tagebücher von 1760–1763 verloren gegangen sind, so kann man seine sporadische Berichterstattung nun nicht mehr zu Rate ziehen.

Ein anderer tritt an Khevenhüllers Stelle, kein Zeitgenosse, jedoch der hervorragend unterrichtete Biograph der Prinzessin Isabella von Parma Eduard P. Danszky. Karl hatte seine schöne Schwägerin gerade einige Monate gekannt und sie sehr verehrt und angeschwärmt. Da befiel ihn »die Geißel des Hauses Habsburg«, die Pocken. Er erkrankte Anfang Januar 1761. Isabella nahm nicht nur innigsten Anteil an dem bedrohlichen Zustand, in dem sich der junge Schwager befand. Für sie war es auch die erste Begegnung mit dem grausig-feierlichen Totenzeremoniell am Wiener Kaiserhof.

*Am nächsten Tag war ihr klar, was als schmerzlichste Ahnung auf ihr gelastet hatte. Der berühmte 13., sonst Glückstag der Familie, brachte eine Ansage, in der sich das allgemeine Bangen zum Schrecken verdichtete.* »*Viatikum für S. Kgl. Hoheit Erzherzog Carl.*« *Das Sterbesakrament sollte, wie gewöhnlich, vom Nuntius dargereicht werden. Aber der Prinz war so schwach, daß um halb vier Uhr Hoffouriere dem Burgpfarrer den allerhöchsten Befehl überbrachten, den Versehgang vorzunehmen . . .*

*Nur die Majestäten, Joseph, Isabella, Leopold, Marianne, Mimi und Amalie folgten dem Burgpfarrer mit dem Allerheiligsten nach und wohnten der letzten Ölung bei.*

*In steter Angst und Aufregung verbrachte man die folgenden Stunden. Die Nacht war sehr unruhig, aber am Morgen verspürte der Prinz eine leichte Besserung, die den ganzen Tag anhielt. Am 15. verschlechterte sich sein Zustand wieder, doch war am Abend neuerdings eine Besserung zu verzeichnen. Am 16. glaubte van Swieten die Krise überstanden und machte den Bangenden Hoffnung auf eine baldige Genesung.*

*Am 17. stieg das Fieber plötzlich an, das Befinden des Prinzen wendete sich zum Ärgsten, um zehn Uhr abends mußte man alle Hoffnung aufgeben. Entsetzen ergriff die alte Hofburg. Die Teilnahme überstieg alles gewohnte Maß; umsomehr, als Erzherzog Carl wirklich von allen geliebt war, weil man seine Zutraulichkeit, sein offenes Wesen, seine Freude an Scherzen von seiner frühesten Jugend an gewohnt war.*

*Die schmerzliche Trauer nahm noch zu, als man von der bewundernswerten Geduld erfuhr, mit der er sein Leiden ertrug, als man von der Ruhe Kenntnis erhielt, mit der er vom Leben Abschied nahm . . . Trotz der starken Schmerzen, gegen die alle Mittel machtlos waren . . . bewies er ein Heldentum im Leiden, das den alten Holländer (van Swieten) außer Fassung brachte.*

*Der Erzherzog fragte, ob er sich mutig genug gegen den Tod aufführe, er sei Oberst eines Kavallerie-Regiments und wolle S. Majestät keine Schande machen. Die in Tränen aufgelöste Kaiserin tröstete er mit den Worten:* »*Trauere nicht über meinen Tod, liebste Mutter, ich würde dir größere Schmerzen bereiten, wenn ich am Leben bliebe . . .*«

*Er sprach nicht zu Ende, da Joseph an sein Lager getreten war. Auf dessen zärtliche Worte antwortete er nicht, als ihm der Bruder aber Isa-*

*12 Maria Elisabeth als Äbtissin des Adeligen Damenstiftes in Innsbruck*

13  *Karl*

14  *Maria Amalia als Kind*

15  *Maria Amalia als Herzogin von Parma mit ihren Kindern*

16  Vermählungsbild von Maria Amalia und
Herzog Ferdinand von Parma, 19. Juli 1769

*bellas Grüße ausrichtete und ihm versicherte, nicht Scheu vor einer An-*
*steckung hielte sie ab, zu ihm zu kommen, sondern übergroße Teil-*
*nahme an seinem Leiden, das sie nicht mit ansehen wolle, richtete Carl*
*einen dankbaren Blick auf den Thronfolger und sagte:* »*Es ist gut, daß*
*sie nicht gekommen ist, ich habe Ihnen, mein lieber Bruder, noch Ab-*
*bitte zu leisten, falls ich Sie durch jugendliche Unüberlegtheit beunru-*
*higt oder erzürnt habe.*«
*Joseph ergriff seine Hand und erklärte:* »*Ich bin mehr in Ihrer Schuld*
*als Sie in der meinen, lieber Bruder Carl.*«
*Beide schienen tief ergriffen, auch über die Tränen der Kaiserin, und*
*verhielten sich schweigend.*[20]

Karl starb am 18. Januar 1761. Von keinem der kaiserlichen Kinder ist
in solcher Ausführlichkeit die Kunde erhalten, in welcher Weise man
mit den Toten der kaiserlichen Familie verfuhr.

Wilhelmine von Bayreuth berichtete in ihren Memoiren von der
Überschwemmung der Bayreuther Prinzengruft durch eine rote Balsam-
flüssigkeit, die aus dem defekten Sarg einer »sehr beleibt gewesenen«
Fürstin nach achtzig Jahren ausgetreten war. In dieser Art gibt es ähnliche Fälle. Die Maßnahme, alle leicht verweslichen Teile eines Körpers
für die Gruftbestattung zu entfernen, mag hygienische Gründe haben.
Sie verliert dennoch nichts von ihrem Schrecken.[21]

*Auch Tod und Begräbnis waren vom Zeremoniell in feste Formen ge-*
*bannt. Theatralische Veräußerlichung des Schmerzes half allen, über*
*das Unabwendbare, Unabänderliche hinwegzukommen. Der alte*
*Brauch war der verläßliche Verbündete würdevoller Fassung selbst in*
*übergroßem Leid und Kummer. Er zeigte, wie man vor der Öffentlich-*
*keit in Ehre und Würde bestehen könne.*
*Der Trauerflor, der sogenannte* »*Fleck*«*, den die nächsten Leidtragen-*
*den bei der Hoftrauer oder* »*Klage*« *vor dem Gesicht trugen, war das*
*vollkommene Visier. Im Kondukt zumindest und in der Öffentlichkeit*
*war das wahre Gesicht verhüllt, man sah nicht, wie tief der Schmerz*
*ging. Wer nicht trauerte, brauchte Trauer nicht zu heucheln, er trug den*
»*Fleck*« *wie ein Kleidungsstück, das vom Zeremoniell vorgeschrieben*
*war, es gehörte zur Gala des Todes.*
*Isabella war tiefer betroffen, als sie zeigen durfte. Haltung war der*
*einzige Halt in diesen Stunden und Tagen, denn die Trauer wurde*
*kunstvoll . . . geteilt . . . Die Majestäten waren so fassungslos, daß sie*

*tagelang ihre Gemächer nicht verließen, sie erschienen erst beim See-
lenamt; die jungen Herrschaften blieben drei Tage zurückgezogen, gingen aber im Kondukt. Die Bestürzung war so groß gewesen, daß die
Aufbahrung der Leiche zum erstenmal in der Hofkapelle erfolgte, es war
ein Novum . . .*

    *Es war auch das erste Mal, daß die Kronprinzessin Kenntnis von dem
Sterberituale im Erzhause erhielt mit den unerbittlichen Einzelheiten.
Am 19. wurde die Exentrierung vorgenommen, wie man die Sezierung
des Leichnams nannte, da für die einzelnen Teile besondere Behandlung
und Aufbewahrung vorgeschrieben war; das Herz kam in eine vergoldete Silberurne in das Herzgrüftl bei St. Loretto zu den Augustinern, die
Intestina, Augen, Hirn und Lunge mit den Eingeweiden in einem Kup-
ferkessel zu St. Stephan und die übrige einbalsamierte Leiche in die Kapuzinergruft. Bei der Aufbahrung standen die Herzurne zu Füßen des
Entseelten, dessen Antlitz und Haupt dem Altar zugewandt war, die Intestina auf der obersten Staffel der Paradebühne, über der sich ein riesi-
ger Baldachin aus schwarzem Samt erhob.*

    *Der Tote war von dem Grafen Künigl, seinem Ajo, mit Beihilfe der
Kammerdiener in ein schwarzseidenes mit schwarzen Spitzen besetztes
Mantelkleid gehüllt worden, auf das Haupt wurde ihm ein glatter Hut
ohne Federn gesetzt, dicht zur Seite legte man ihm den Degen, in die
Hände ein Kruzifix. Das Goldene Vlies, Erzherzogshut und Prinzen-
krone lagen auf roten Pölstern, ebenso Säbel und Portepee. Auf allen
fünf Altären wurden ständig Messen gelesen. Für die Totenwache waren
Kammerherren und Garden aufgeboten, stundenweis abwechselnd die
Augustiner-Patres.*[22]

    *. . . Als um halb sechs Uhr der Erste Obersthofmeister dem Thron-
folger Meldung erstattete, daß alles bereitstehe, setzte sich der Trauer-
zug in Bewegung: Edelknaben mit ihren Instruktoren, die Hofpatres,
der äußere Hofstaat in Schurz und langem Mantelkleid, aber unbedeck-
ten Hauptes, die Kammerherren in gleicher Trauertracht, die Geheimen
Räte, Gardehauptleute und Ritter des Goldenen Vlieses, alle barhäuptig
und ohne den »Fleck« vor dem Gesicht. Hinter ihnen schritten Erzherzog Joseph und Erzherzog Leopold in langem schwarzen Mantelkleid
und den »Fleck« vor dem Gesicht, bedeckten Hauptes, mit vom Hut bis
zur Taille herabhängendem Trauerflor. Bis zum Vorhaus leuchtete ihnen ein Kammerherr, dort übernahmen zwei Edelknaben mit weißen
Wachsfackeln diesen Dienst. Edelknaben trugen auch die Schleppe der
langen Mäntel.*

Nun kam, von Toni Salm an der Hand bedient, die Thronfolgerin mit herabhängendem Flor vor dem bleichen Gesicht; im Trauerkleid von schwarzem Gros de tour, mit schwarzem Hals- und Ohrgehänge, Schurz und langem Mantel, den Schlepp trug ein Edelknabe. Hinter ihr schritten Marianne mit Camillo Colloredo, Mimi mit Losy, Elisa mit Trauttmansdorff, Amalia mit Cavriani. Es folgten die Fürsten . . ., die Gemahlinnen der Obersthofmeister, die Oberhofmeisterinnen und Kammerfräule, jede mit einer Stadtdame und zuletzt Hof- und Stadtdamen vermischt.

In der Hofkapelle nahm der Fürsterzbischof die erste Einsegnung vor . . . Von der Augustinerkirche führte ein Bretterweg bis zur Kapuzinerkirche, den der Wiener Magistrat für ähnliche Aufzüge . . . jedesmal zeitgerecht anlegen ließ. Die höchsten Herrschaften folgten in der früheren Ordnung dem Sarge nach, in der rechten hielten sie brennende Wachskerzen, an der linken wurden sie von ihren Oberhofmeistern geführt.

Die Hofmusikkapelle sang auf dem Weg choraliter das Miserere. In der Kapuzinerkirche wurde der Sarg auf die vorbereitete Tafel niedergestellt, und nach den Responsorien das »Libera me Domine« angestimmt, welches alle Hofsänger, auch die jubilierten (pensionierten) Gesangsvirtuosen aus der Predieri-Zeit[23] mit feierlicher Rührung mitsangen.

Nach der Einsegnung erteilte Ulfeld dem Oberstkammerfourier den Befehl, den Sarg zu öffnen, um den Pater Guardian von der Identität des toten Prinzen zu überzeugen, übergab ihn mit feierlichen Worten seiner und des Ordens treuer Obhut und nahm das Gelöbnis des Ordens mit dessen Bitte um den kaiserlichen Schutz zur Kenntnis. Nun bedeckte Künigl des Verewigten Gesicht wieder mit dem Übertan, ließ den Sarg mit zwei Schlössern zuschließen und übergab Ulfeld die beiden Schlüssel, einen davon erhielt der Guardian, den andern die Schatzkammer.[24]

Bei Karls Tod war der zwanzigjährige Joseph gerade ein Jahr mit Isabella verheiratet. Die Ehe war voller Zuneigung, gut und vielversprechend. Außer Joseph blieben drei Brüder im Geschwisterkreis: Leopold als Dreizehnjähriger, Ferdinand nahezu sieben, Maxl vier Jahre alt. Abgesehen von den älteren Schwestern Marianna, Mimi, Liesl und der fünfzehnjährigen Amalia, lebten auch Johanna und Josepha noch, elf und neun Jahre alt. Karoline mit acht und Antonia mit fünf Jahren machten bei den Mädchen den Beschluß.

Die Burg war voller Jugend. Zwölf gesunde Kinder blieben den trauernden Eltern. Wie oft mochte Maria Theresia sich dies zum Trost vor
Augen gehalten haben. Und wie mochte dagegen erneut die Angst auf-
gestanden sein in ihrem Herzen: Zehn Tage genügen, nur zweihundert-
vierzig Stunden, und ein gesundes Kind ist tot, wenn die Pocken es ergreifen, das unerbittliche Übel, gegen das es kein Mittel gab!

An ihre alte Vertraute und Freundin, die Gräfin Rosalie Edling,
schrieb die Kaiserin in den schmerzlichen Tagen nach Karls Begräbnis:

*Liebste Salerl,*
*in meiner großen Betrübnis, einen so lieben Sohn, als wie der Karl war,*
*verloren zu haben, habe keine andere Consolation (Tröstung), als mei-*
*ner alten guten Freunde mich zu erinnern, wo Du eine der Ersten bist*
*und niemals genug Dir meine Erkenntlichkeit bezeigen kann für alles*
*Gute, was ich Dir schuldig bin.*

*Bete für mich, da ich es in allem nötig habe, denn Gott mir viel auferlegt. Ich verdiene es nur allzuwohl, verlange nichts anderes als zu seiner Ehre und zum Nutzen der Länder und Heile meiner Kinder, so lang Gott es noch will, mein Leben anzuwenden, so traurig es auch jetzt und künftig noch zu sein scheint. Seine Gnade ist mir aber dazu höchst nötig, denn ohne selbe ist der Mensch nichts und ich noch weniger als ein anderer.*

*Liebste Salerl, ich wünschte statt dieses Briefes mit Dir reden zu können und bleibe allzeit Deine gewiß treue alte Freundin*
                                    *Maria Theresia*[25]

## Quellen und Anmerkungen zum Kapitel
### Erzherzog Karl

1 Fürst Johann Josef Khevenhüller-Metsch, Aus der Zeit Maria Theresias, Tagebuch des kaiserlichen Obersthofmeisters, 1742–1776, 8 Bde, hrsg. von Hanns Schlitter, Wien/Leipzig 1907/1908. – Nachstehend abgekürzt »Khevenhüller« genannt. – Bd. II, S. 21

2 Khevenhüller, Bd. II, S. 62

3 Der »Hohenfriedberger Marsch« ist nachweislich eine Musik aus der Zeit Friedrichs des Großen, möglicherweise sogar von ihm selbst komponiert, ist aber zur Zeit der Schlacht noch nicht nachweisbar gespielt worden. Auf seine Melodien geht das volkstümliche Lied »Fridericus Rex« zurück. Dies entstand jedoch erst mehr als vierzig Jahre nach Friedrichs Tod. Sein Text stammt aus dem Roman »Cabanis« von Willibald Alexis, 1832 in 6 Bänden erschienen. (Gekürzte Neuausgabe 1912 Fritz-Ekkardt-Verlag Leipzig, Seite 175)

4 Friederike Wachter, Die Erziehung der Kinder Maria Theresias, Diss. Wien 1968. – Nachstehend abgekürzt »Wachter« genannt. – S. 134

5 Alfred Ritter von Arneth, Geschichte Maria Theresias, 6 Bde, Wien 1870, – Nachstehend abgekürzt »Arneth Geschichte« genannt. – Bd. IV, S. 185

6 Arneth Geschichte, Bd. IV, S. 184

7 Wachter, S. 137

8 Arneth Geschichte, Bd. IV, S. 178

9 Khevenhüller, Bd. IV, S. 177

10 Khevenhüller, Bd. III, S. 207

11 Khevenhüller, Bd. III, S. 230

12 Khevenhüller, Bd. III, S. 232

13 Khevenhüller, Bd. IV, S. 51

14 Khevenhüller, Bd. IV, S. 65

15 Khevenhüller, Bd. IV, S. 122

16 Wachter, S. 138

17 Khevenhüller, Bd. V, S. 86

18 Khevenhüller, Bd. V, S. 131

19 Khevenhüller, Bd. V, S. 136 f.

20 Eduard P. Danszky, Sternkreuz, das Schicksal der Isabella von Parma, Mödling b. Wien o. J. – Nachstehend abgekürzt »Danszky« genannt. – S. 165

21 Gruftöffnung der Peterskirche in Bayreuth im Dezember 1733; Memoiren der Markgräfin Wilhelmine von Bayreuth, aus dem Französischen von Annette Kolb, Leipzig 1923, S. 395

22 Danszky, S. 166

23 Predieri, Luca Antonio, 1688–1767. Italienischer Komponist und Kapellmeister. Führte 1735 seine Oper »Il sogno di Scipione« (»Der Traum des Scipio«) in Laxenburg vor dem österreichischen Hofe auf. 1738 Vizekapellmeister, von 1746 bis 1751 Hofkapellmeister in Wien. (Riemanns Musiklexikon 1961)

24 Danszky, S. 168

25 Die Mutter und die Kaiserin, Briefe der Maria Theresia an ihre Kinder und Vertrauten, aus dem Französischen übertragen und hrsg. von Carl Rothe. Wien/München 1968, S. 183

# Maria Amalia

*Herzogin von Parma*
*\* 26. Februar 1746 in Wien*
*† 18. Juni 1804 in Prag*

Am 12. Februar 1746 gedachten Maria Theresia und Kaiser Franz Stephan in aller Stille ihres zehnten Hochzeitstages. Der Hof nahm keine Notiz davon, es war nicht üblich. Am 23. Februar war der Karneval zu Ende, und Franz ließ sich, um mit gutem Beispiel voranzugehen, im Oratorium der Hofkapelle das Aschekreuz auf die Stirn zeichnen. Die Kaiserin hatte sich dispensiert. Ihr achtes Kind konnte stündlich kommen, das Knien fiel ihr schwer.

*Den 26. (Februar) gegen 11 Uhr nachts wurden I. M. die Kaiserin einer Ertzherzogin gantz glücklich entbunden . . .*

*Den 27. ware große Gala. Alles erschine auf der Kaiserin Seiten, um sich (nach) dero Gesundheit zu erkundigen . . .*

*Abends gegen sechs Uhr gienge die gewöhnliche Tauff Function in der Ritterstuben für sich . . . die neugebohrene Frau hierbei von der Kaiserin Frau Mutter und dem Printz Louis von Wolffenbüttel . . . gehalten und selber die Nahmen Maria Amalia Josepha Johanna Antonia gegeben wurde . . . Den 28. ware abermahlen große Gala und der Kaiser speiste in publico (öffentlich) nebst Taffl Music in der großen Anticamera in einem Campagne Kleid . . .*[1]

Jene Erzherzogin war zur Welt gekommen, deren Schicksal daran zweifeln ließ, ob Maria Theresia wirklich eine gute Mutter war, oder ob sie über alle Vernunft hinaus der Staatsräson gehorchte. In gewissem Sinn waren sie wohl alle Opfer der politischen Vernunft, diese hübschen fröhlichen Mädchen, deren Jugendporträts uns Liotard hinterließ: Amalia, Johanna Gabriele, Josepha, Marie Karoline und schließlich Maria Antonia. Die Kaiserin hat es in ihren Briefen selbst einmal gesagt in bezug auf Josepha, daß sie diese als ein Opfer der Politik betrachte. Aber sie sei vor allem die allgemeine Mutter ihrer Länder, für deren Wohl sie verantwortlich sei, und dem müsse sich alles unterordnen.

Kaiserin Maria Theresia bezeichnete in der späteren Korrespondenz ihre Tochter Mali mehrmals als Dickkopf. Dennoch war dieser offensichtlich nicht stark genug, um ihre Wünsche so erfolgreich durchzusetzen wie Mimi, die es glänzend verstand, die Zuneigung der Kaiserin für sich auszunutzen und ihr Vergünstigungen abschmeichelte, von denen die Geschwister nicht zu träumen wagten.

Amalia oder Amélie, wie sie in der Familie genannt wurde – der Kindername Mali wurde später vergessen –, war noch keine vier Monate auf der Welt, als das Herzogtum Parma plötzlich in aller Munde war. Im Zuge des Österreichischen Erbfolgekriegs hatte ein spanisch-französisches Heer die italienischen Besitzungen des Hauses Habsburg erobert. Mailand und die Lombardei wurden militärisch besetzt. Aber plötzlich wendete sich das Glück. Fürst Joseph Wenzel Liechtenstein siegte mit der österreichischen Armee am 1. 6. 1746 bei Piacenza über die Feinde und eroberte alle besetzten Provinzen wieder zurück.

*Den 22. (Juni 1746), alß wir eben mittags zu Tisch saßen, kamme eine zweite ... Staffetta mit der nicht weniger important und erfreulichen Nachricht an, daß nachts vorhero Adjutant Graff Antoni von Althann auß Italien angelangt und die erste Bottschaft von dem, den 16. curr. bei Piacenza erfochtenen herrlichen Sieg ... I. M. nach Mannerstorff überbracht habe, von wannen selber disen Vormittag in der Statt erwartet werde, um den gewöhnlich- freudig- und offentlichen Einritt mit vorblasenden Postillionen zu thun.*[2]

Parma und Piacenza waren für Österreich gerettet, die Lombardei wieder österreichisch. Maria Theresias Vater hatte sich bereits vor elf Jahren mit dem spanischen Infanten Don Carlos verglichen, dem Sohn Philipps V. aus dessen zweiter Ehe mit Elisabeth Farnese. Kaiser Karl VI. hatte viel geboten, um Parma und Piacenza seinem Hause zu erhalten. Und als Don Carlos 1735 mit seinen Spaniern abzog, verschleppte er unzählige Meisterwerke der Antike, vierhundert wertvolle Gemälde, die herzogliche Medaillensammlung, das Naturalienkabinett, die Bibliothek und die schönsten Möbel nach Neapel, wo er fortan herrschen sollte. Von diesem kulturellen Aderlaß konnte sich Parma auf Jahre hinaus nicht erholen.[3]

Der Ärger um die allgemeine politische Lage und um den Verlust so vieler Kunstschätze hatte bewirkt, daß Karl VI. körperlich krank wurde. Der Kummer schlug ihm auf die Galle. Gerade jetzt 1746 war der Wunsch stärker denn je, diese italienischen Besitzungen, mochten sie noch so sehr angefochten werden, nicht wieder aus der Hand zu geben. Doch es sollte anders kommen.

Als der leidige und langjährige Österreichische Erbfolgekrieg am 18. Oktober 1748 mit dem Frieden von Aachen zu Ende ging, mußte Maria Theresia Parma und Piacenza als Tertiogenitur der spanischen Infanten an Don Philipp von Spanien abtreten. Dieser war ebenfalls, wie der bilderwütige Don Carlos, ein Sohn Philipps V. von Spanien, aus dessen zweiter Ehe mit Elisabeth Farnese. Don Philipp war ein unternehmender, jagdfreudiger junger Mann von achtundzwanzig Jahren. Seine Wichtigkeit erhöhte sich dadurch, daß er mit der Lieblingstochter König Ludwigs XV. von Frankreich verheiratet war, der ständig unter Heimweh leidenden Prinzessin Louise Elisabeth. Parma wurde also 1748 zur dritten Versorgungsmöglichkeit der Söhne des Madrider Königshauses.

Das Zustandekommen all dieser Abkommen, Tauschaktionen und Verträge ist zurückzuführen auf das eifrige Betreiben einer weiblichen Schlüsselfigur, der alle Seitenlinien der spanischen Bourbonen ihr Dasein verdanken: Elisabeth Farnese.

»Die spaghettiliebende Welt verdankt Parma den Parmesan, der aber nicht im Gebiete des Herzogtums, sondern in der Umgebung der lombardischen Städte Lodi und Codogno erzeugt, dann erst nach Parma gebracht und durch dortige Händler in alle Welt versandt wurde. Der Käse, die Parmesaner Salami (der Parmaschinken und andere Delikatessen) dienten (dem italienischen Staatsmann) Alberoni (1664–1752) dazu, sich der Königin von Spanien, Elisabeth Farnese . . . unentbehrlich zu machen; so kommt dem Parmesan nicht nur kulinarische, sondern auch weltgeschichtliche Bedeutung zu.

Philipp V. behielt Alberoni in Madrid zurück, wo er die Interessen des Hauses Farnese vertrat . . . Die Botschafter der Westmächte und die hohen Würdenträger in Madrid schlossen ihn in ihr Herz, denn Alberoni war ein geistreicher Causeur und nicht zuletzt ein glänzender Koch.

Nach dem Tod der (spanischen) Königin Marie Louise war es Alberoni geglückt, die Ehe des Witwers mit Elisabeth Farnese zu vermitteln. (Sie war eine Tochter des Herzogs Edoardo II. von Parma.) Nicht nur die Gefühle der Dankbarkeit verbanden die junge Königin, die ihrem indolenten Gatten die Regierungsgeschäfte abnahm, mit ihrem Landsmann, sondern wie erwähnt auch die Köstlichkeiten, die er sich von Parma kommen ließ und die ihm Gelegenheit gaben, wann immer er wollte sich bei ihr zu melden . . .«[4]

Es blieb für Maria Theresia nach 1748 nichts anderes übrig, als aufmerksam abzuwarten, ob sich in Zukunft mit Kindern aus all diesen Zweigstellen der spanischen Macht, die Elisabeth Farnese für Philipp in

Parma, für Carlos in Neapel gründete, passende Heiraten würden schließen lassen. Auf diese Weise käme der österreichische Einfluß auf die Politik der Länder erneut zur Geltung.⁵ »Bella gerunt alii, tu felix Austria nube!« (Andere führen Krieg, Du glückliches Österreich, heirate.) Amalia, kein halbes Kind wie ihre Schwestern Josepha, Karoline und Marie Antoinette, sondern eine vernünftige und selbständige junge Frau von dreiundzwanzig Jahren, wurde im Kampf der Staaten um die italienischen Provinzen zu einer besonders unglücklichen Hauptfigur.

Um die Zeit von Amalias Geburt war die Kaiserin ganz außerordentlich besorgt um die Moral ihrer Landsleute. Man sucht vergebens in allen überkommenen Dokumenten, ob allgemeine innere Einkehr, der Einfluß ihres Beichtvaters oder ein äußerer Anlaß für die plötzliche Sittenstrenge der gewiß lebenslustigen Fürstin verantwortlich zu machen sind. Maria Theresia, selbst glücklich verheiratet und Mutter von derzeit acht Kindern, rief eine Sittenkommission ins Leben, deren Beauftragte die lustigsten Erlebnisse zu verzeichnen hatten, die in ganz Wien weitererzählt wurden. Der preußische Gesandte Otto Christoph Graf von Podewils überlieferte einige dieser Vorfälle der Nachwelt:

*1747*
*Der zweite Obersthofmeister der Kaiserin-Königin, Fürst Trautson, ist bei einer Dame von der Oper gefunden worden. Die Kommissäre für die öffentliche Schamhaftigkeit haben jedoch die Höflichkeit gehabt, ihn warnen zu lassen, daß er sich sofort zurückziehen solle, da sie sonst nach den Befehlen, die sie vom Hofe hätten, gezwungen seien ihn verhaften zu lassen. Man versichert tatsächlich, es werde veröffentlicht werden, während des Karnevals dürfe sich jedermann nur seinem Geschlecht entsprechend maskieren, und es würde zwei Personen verschiedenen Geschlechts nicht erlaubt sein, mitten während des Balles allein miteinander zu sprechen.*

*Wien, 18. November 1747*
*Als die Kaiserin-Königin dem (Feldmarschall-Leutnant) Grafen Königsegg befahl, darüber zu wachen, daß die Offiziere nicht schlechte Häuser besuchten, und hinzufügte, daß die, die man finden werde, nicht befördert werden würden, antwortete der Graf, er sei froh, daß dieser Befehl nicht immer bestanden habe, denn sonst würde er bestimmt noch Fähnrich sein.*

*2. Dezember 1747*
*Die Unzufriedenheit ist auch fast allgemein und es läuft eine Reihe*
*von Schmähschriften gegen die Regierung um, vor allem aber gegen die*
*Kommission, die für die öffentliche Keuschheit eingerichtet worden ist,*
*und die Kaiserin wird in ihnen keineswegs geschont.*

*9. Dezember 1747*
*Die Keuschheitskommission gibt täglich Anlaß zu den lächerlichsten*
*Szenen. Es ist, wie man mir versichert, nicht lange her, daß eine recht*
*hübsche Geschichte passiert ist. Einer der Kommissäre hatte versucht,*
*den Kammerdiener eines jungen Mannes von Stande zu gewinnen, da-*
*mit er ihn benachrichtige, wenn dieser irgendein Mädchen bei sich habe.*
*Dieser unterrichtete seinen Herrn davon, welcher ihm befahl, ihn für*
*eine bestimmte Stunde zu bestellen. Der Kommissär kam und fand ihn*
*tatsächlich mit einem Mädchen. Der junge Mann spielte den Erschreck-*
*ten, bat ihn inständig, ihn nicht bloßzustellen, und bot ihm 100 Duka-*
*ten. Nachdem er sich eine Weile gesperrt hatte, nahm er sie an, aber*
*kaum hatte er das Zimmer verlassen, als der junge Mann ihm hundert*
*Stockschläge gab und ihn zwang, das Geld, das er erhalten hatte, wieder*
*herauszugeben. Er hat nicht gewagt, sich darüber zu beklagen.*[6]

Die Empörung und die Heiterkeit um die Keuschheitskommission zogen weite Kreise. Selbst ein so ergebener und kaisertreuer Mann wie der
erste Obristhofmeister Khevenhüller enthielt sich nicht einiger Kritik:

*7. Januar 1748*
*Die Kaiserin war so rigoros, daß man der geringsten Ungebühr wegen*
*die Mascheren (Masken) nicht allein sogleich weggeschafft, sondern so-*
*gar in Arrest legen lassen; wie denn selbe überhaupt in puncto sexti sehr*
*geschärffte Ordres ausgehen lassen und eine besondere Commission*
*niedergesezt, welche lediglich darauf sehen müssen, damit alle heimli-*
*che Zusammenkünfften verhindert und gestöhret würden, die mann*
*nachhero — weillen die Commissarii in der That die Sach zu weit getriben*
*und aus ungegründetem Verdacht ein und andere unschuldige, darunter*
*auch verheirathete Persohnen zu beiderseitigem Ärgernus und Prostitu-*
*tion via facti aufheben lassen — schertzweise nur la Commission de cha-*
*steté genant und sogar in auswärtigen Zeitungen öffentlich darüber ge-*
*spottet hat.*[7]

Nun hat es ja zweifellos eine familienfreudige Kaiserin, die fast jedes
Jahr ein Kind zur Welt bringt, ziemlich schwer, ihren Untertanen Ent-

haltsamkeit zu predigen, die sie selbst vor Gott und vor der Welt nicht zu üben brauchte. Ihr Standpunkt war also von Anfang an erschüttert. Die Sache verlief sich dann auch mit der Zeit im Sande, und die Zeit der Prüderie fand bald ein Ende.

Die Einzelheiten aus der Kinderzeit und aus den Jugendjahren Amalias sind der Hofchronik Khevenhüllers zu entnehmen und keineswegs originell. Wichtig ist nur eine Eigenheit, daß sie sich mehr als alle anderen Schwestern für die Jagd interessierte. Kaiser Franz merkte ihr an, welchen Spaß ihr Jagdausflüge bereiteten und nahm sie schon in jungen Jahren mit auf die Jagd. Die erste diesbezügliche Notiz darüber erscheint, als Amélie sechs Jahre alt war. Der Vater muß die Neigung des Kindes mit Erfolg gepflegt haben, denn in späteren Jahren wurde berichtet, daß diese Jagden für die unglückliche und benachteiligte Herzogin in Parma ihr einziges Vergnügen darstellten, dem sie leidenschaftlich nachging. Das Leben des Kindes Amélie am Wiener Kaiserhof entbehrt jeglicher Besonderheit. Sie war recht isoliert, viel allein, ein wenig grüblerisch wie viele Einzelgänger. Marianna als Älteste war ihr acht Jahre voraus. Mimi und Liesl wurden zusammen erzogen, und die drei und vier Jahre Altersunterschied schufen einen erheblichen Abstand. Für Karl als männlichen Nachkommen des Hauses wurde, obwohl er nur ein Jahr älter war als Mali, sowieso eine eigene Regelung getroffen hinsichtlich Unterricht und militärischer Erziehung.

Die danach folgenden Kinder kamen ebenfalls nicht in Betracht, da Leopold, ein Jahr jünger, auch wieder der Prinzenerziehung unterlag. Die zwei Jahr jüngere kleine Karoline starb am Tag ihrer Geburt am 17. 10. 1748. Die 1750 geborene Johanna Gabriele wurde mit der nur ein Jahr jüngeren Josepha zusammen erzogen, und so blieb Amélie ein Einzelkind in der Schar der Kaiserkinder, ähnlich wie Marianna.

Amélies Gesundheit war nicht übermäßig robust. Sie machte Kinderkrankheiten durch wie alle ihre Geschwister. Einmal gab es jedoch besondere Aufregung um sie. Mali war neun Jahre alt.

*2. 8. 1755*
*. . . nach 10 Uhr begleitete ich I. I. M. M. (Ihre Majestäten) zu denen*
*Capucinern, allwo selbe das Ammt hörten, sodann bald nach 12 Uhr*
*speisten und nach 3 Uhr die Rückreis antratten, mithin und bald nach 8*
*Uhr zu Schönbrunn eintraffen, allwo sie auch die Consolation (den*
*Trost) hatten, die Erzherzogin Amalia auf besserer Hand vorzufinden.*

*Diser kleinen Frauen ware ein besonderes Accident (Unfall) zugesto-
ßen, daß mann nemmlichen das arme Kind – welches bei einem lezthin
gehabten convulsifischen (krampfartigen) Zufall (Anfall) guttwillig
keine Clystier nehmen wollen und mann also gezwungen gewesen, ihr
selbe mit Gewalt einzuspritzen – mit dem Röhrl an den Mastdarm in etwas laediret, also zwar, daß anfänglich gar die Formirung eines Ge-
schwur und Abcès beforchten wurden ware, et heureusement on en a été
quite pour la peur (glücklicherweise war man von dieser Angst befreit).* [8]

Die Liebe der jungen Erzherzogin gehörte ziemlich ausschließlich der
Natur, dem Wald, dem Leben der Tiere. Das Wild bei der Fütterung zu
beobachten, jegliche Art von Jagd waidgerecht auszuüben, daran hing
sie, das interessierte sie, davon verstand sie etwas. Der Vater, gutartig,
nachsichtig und immer bereit, seinen Kindern Freude zu bereiten, gab
ihr viel Gelegenheit, ihn bei allen großen Jagden zu begleiten.

*20. Juli 1764*
*Die jungen Herrschaften machten sich . . . eine anderweitige Di-
straction (Zerstreuung) und besahen . . . des Grafen Palffy in denen
Auen neu erbautes Jägerhaus, allwo sie mit einem Gouté (Vesperbrot)
bedienet wurden und die Freude hatten, das schwartze Wild (Wild-
schweine) in sehr großer Quantitet auf die ganz nahe herum gestreute
Schütt kommen zu sehen.*

*23. Juli 1764*
*Der Kaiser verraiste zu gleicher Zeit mit denen Erzherzoginnen Maria
Anna und Amalia und noch ein paar Schützinnen zur Hirschjagd nacher
Hollitsch.* [9]

Kaiser Franz I. liebte über alles die Bewegung in freier Luft, das
Durchstreifen der Wälder, morgendliche Stille bei Pürsch und Beitz, die
Spannung, das Wild anzugehen und endlich zu erlegen. Amélie fühlte
sich darin gänzlich einig mit ihm. Keine ihrer Schwestern hatte den Ehrgeiz, es ihr darin gleichzutun. Obwohl Berichte von gemeinsamen Jagden von Mimi und ihrem Mann bekannt sind, so ist doch überliefert, daß
Amélie als die Amazone der Familie galt. [10]
Bis zu ihrem achtzehnten Lebensjahr kümmerte es Amélie nicht im
geringsten, für welchen Thron, für welche Aufgabe sie einst vorgesehen
sein würde. Außer Joseph war noch keines ihrer Geschwister verheiratet, und des Bruders Ehe war durch Isabellas frühen Tod zu einer Tragödie geworden. Über das Grab hinaus gehörte Josephs ganze Liebe Isabel-

la, ihrer kleinen Tochter Reserl sein ganzes Herz. Auf der anderen Seite der Wiener Burg saß jedoch in ihrem Arbeitszimmer die Mutter und ging mit dem Zeigefinger die Stammbäume europäischer katholischer Prinzessinnen durch, um jetzt unter allen Umständen einen Ersatz für die auch von ihr sehr geliebte Isabella zu finden. Amélie bekam schon früh einen Begriff davon, daß eine Heirat in einem Herrscherhaus keineswegs mit dem Begriff des Vergnügens gleichzusetzen sei.

Anfang des Jahres 1765 gab es die für Joseph so bedrückende und lediglich von der Staatsräson bestimmte zweite Hochzeit mit der Kaisertochter Prinzessin Josepha von Bayern. Alle wußten, wie traurig es um Joseph stand. Dessen ungeachtet fanden der Reputation halber große Hochzeitsfeierlichkeiten statt, wenn auch nicht in dem überschwenglichen Ausmaß wie bei der Prestigehochzeit mit Isabella 1760. Offensichtlich wollte man Joseph aufheitern. Das überlieferte Familienbild aus Schönbrunn, wo alle Erzherzoginnen bei einer Theateraufführung in dunklen Kleidern, die wie Trauerroben anmuten, nebeneinander sitzen, wie die Orgelpfeifen aufgereiht, stimmt allerdings eher melancholisch als freudig. Die Jugend bei Hofe machte sich jedoch nicht unnütz das Herz schwer und führte für den Bruder und seine froschäugige Braut eine kleine Oper auf, eine Hochzeitsserenade von berühmten Autoren:

*24. Januar 1765*
*Abends wurde das erste Fest in einer kleinen Operette bestehend aufgeführet, unter den Titl: il parnasso confuso (Der verwirrte Parnaß), worzu der Abbate Metastasio le parole (die Worte) und der Cavaliere Gluck la musica componiret . . .*

*Es war auch dises in der That und sans flatterie (ohne Schmeichelei) eines der sehenswürdigsten, so vielleicht noch an einem Hof aufgeführet worden, indeme es nicht allein lediglich aus den vier Erzherzoginnen Elisabeth, Amalia, Josepha und Charlotte bestanden, die zwei jüngste Herren und Frauen dabei gedanzet und der Erzherzog Leopold das Instrument geschlagen und respective den Orchestre dirigiret, sondern auch sämtliche dise hohe Personages sich sowohl im singen, wegen natürlicher Schönheit der Stimme und der Methode, als im agiren . . . ultra expectationem (über Erwarten) und zu allgemeiner Verwunderung hervorgethan haben . . .* [11]

Als im August 1765 Kaiser Franz I. starb, vermochte nur ein einziger Gedanke die Kaiserin vorübergehend aus ihrer Trauer zu lösen, das war die große Verantwortung, die sie jetzt allein für ihre zehn noch unverheirateten Kinder zu tragen hatte. Mimis Heirat wurde mit ihrer Verlobung zu Weihnachten 1765 perfekt. Sobald es nur einigermaßen schicklich sein würde, sollte die Lieblingstochter zum Traualtar gehen. Marianna kam schon damals als Heiratskandidatin nicht mehr in Frage, weil sie ständig kränkelte. Es blieben fünf Töchter übrig. Liesl war dreiundzwanzig, Mali zwanzig. Für diese, so befand die Kaiserin, schienen Heiratspläne dringlich, denn sonst wurden beide zu alt.

Im Zusammenhang mit Mimi war zu Lebzeiten des Kaisers häufig der Herzog von Chablais im Gespräch gewesen. Es war dies ein Neffe des Kaiserpaares, Sohn der mit dem König Karl Emanuel III. von Sardinien verheirateten Schwester des Kaisers, Elisabeth Therese. Gleichsam um des Kaisers Willen nachträglich zu erfüllen und doch noch eine ihrer Töchter mit dem Kandidaten des Verstorbenen zusammenzugeben, liefen im Juli 1766 erneut Verhandlungen mit dem sardischen Hof bezüglich Elisabeth oder Amalia:

*Ich überlasse dem König die Wahl unter den beiden. Ich neige mehr zu Elisabeth, aber wenn man nur an das Wohl des Neffen und die Annehmlichkeit der Familie denkt, glaube ich, daß Amélie willkommener wäre.* [12]

Dieser Plan zerschlug sich jedoch, so daß man später davon keine Nachrichten mehr findet. Amélie wurde überhaupt nicht gefragt, wie keines der kaiserlichen Kinder ernsthaft nach seinen Wünschen befragt wurde, wenn es um die Ehe ging – außer Mimi, dem Liebling. Dies war zu dieser Zeit in keinem der europäischen Fürstenhäuser üblich. Staatsräson und Bündnispolitik bestimmten auch die Heiratspolitik und hatten absoluten Vorrang vor persönlichem Glück. Außerdem waren die Fürstenkinder von frühester Kindheit an dazu erzogen, gesellschaftlichem Rang und hervorragender Stellung außerordentliche Bedeutung beizumessen.

Maria Theresia erklärte daher auch ihren Töchtern, mochten sie noch halbe Kinder sein wie Josepha (15), Charlotte (14) oder Antonia (11), oder schon vernünftiger wie Liesl und Amélie, sie müsse an sie die dringliche Bitte richten, ihr das Leben nicht unnütz schwer zu machen durch Eigenwilligkeit und Trotz. Sie liebe sie alle gleich, aber ihre Lage sei doppelt schwer, weil sie eine jede von ihnen nicht nur standesgemäß etablieren müsse, sondern auch die für Österreich günstigsten politischen Verbindungen beachten müsse. Versöhnung alter Feindschaften, festere Verknüpfung neuer Bündnisse, die Beibehaltung des Wiener Einflusses auf die Politik abgetrennter, ehemals österreichischer Gebiete, all das müsse sie bedenken. Sie kam dann auf Josepha zu sprechen, die mit Ferdinand von Neapel verlobt war . . .

*. . . und so lieb ich auch meine Familie und Kinder habe, dergestalten, dass kein Fleiss, Kummer, Sorgen noch Arbeit vor selbe spahre, so hatte jedoch derer Länder allgemeines Bestes denenselben allezeit vorgezogen, wann in meinem Gewissen überzeuget gewesen wäre, dass solches thun könne, oder dass derselben Wohlstand dieses erheischete, in deme sothaner Länder allgemeine und erste Mutter bin.[13]*

Danach kamen dann die bekannten tragischen Ereignisse. Josepha starb am vorgesehenen Tag der Hochzeit 1767. Liesl verlor alle Schönheit durch eine schlimme Form der Blattern. Von den heiratsfähigen Erzherzoginnen blieben drei: Amélie, Charlotte und Antonia.

Was niemand für möglich gehalten hatte, das glaubte Amélie Ende 1767 gefunden zu haben: ihre große Liebe. Noch spukte in ihrem Kopf die Märchenhochzeit der Schwester Mimi im vergangenen Jahr mit dem geliebten Albert. Sie wußte also, daß die Mutter persönlichen Neigungen durchaus zugänglich sein konnte. Amélies Augen strahlten um diese Zeit, sie wiegte sich in den schönsten Zukunftsträumen:

*29. 12. 1767*

*Den 29. hatte der erst angelangte Prinz von Zweybrücken seine Audienzien und wurde ungemain fêtiret (gefeiert), also zwar, daß man sogar vermuthen wollen, die Kaiserin hätte einige Absicht auf ihn für die Erzherzogin Amalia, wiewollen das dermahlige Etablissement und ohne der künftigen Perspektive auf die Succession (Nachfolge) seines de la main gauche (zur linken Hand) mit einer Tänzerin vereheligten Herrn Oncle, des Herzogs von Zweybruck, nicht zum besten wäre; zumahlen die Anwartschaft auf die pfaltz- und bayerische Churländer ebenfahls noch im weiten Feld stehet.*

*Der churpfältzische Hof hat gleichwollen zimmlich anständige Offerten gemacht und in specie das neuburgische Etablissement pro nunc (für jetzt) angetragen; allein die französischen Partisans (Parteigänger) und nachdeme selbe das Impegno (den Eifer) für Parma immer zu verstärken gewußt, fanden Mittel, die gegenseitige Anwürff (Heiratsanträge) zu vereiteln, obschon die Erzherzogin selbsten um so mehr für disen Prinzen incliniret (eingenommen war), als er in der That d'une fort jolie figur (von einer sehr ansprechenden Erscheinung) und sie anbei dem französischen Geblüt und Génie recht besonders abgeneigt ist, wie dann auch die leidige Folgen dessen nur gar zu sehr gezeigt haben.* [14]

Was Mimi gelungen war, das konnte Amélie nicht durchsetzen. Nicht mit Bitten, nicht mit Tränen. Denn hinter dem Nein des Hofes stand wie ein böser Zauberer Fürst Kaunitz. Der Prinz von Zweibrücken sei »zu unbedeutend« und »nicht begütert genug«. Er könne der Frau Erzherzogin Amalia nicht das Leben bieten, das sie gwohnt sei.

Aber Wien hatte sich mit diesen Entscheidungen einen Feind geschaffen. Nicht nur die Werbung 1767 für Amélie, sondern ein zweiter Heiratsantrag für Elisabeth 1770 endeten für Prinz Karl von Zweibrücken mit Ablehnungen, die außerdem noch in so wenig angenehme Worte gekleidet waren, daß Karl beleidigt war. Als 1778 die Erbfolge für Bayern akut wurde, war es dem von Wien abgewiesenen Prinzen von Zweibrücken nur zu recht, daß König Friedrich II. von Preußen sich auf seine Seite schlug und seine Interessen wahrnahm. Übrigens bedeuteten das gute Aussehen Karls und Amélies Liebe zu ihm keineswegs die Garantie für lebenslanges Glück. In späteren Jahren wurde zuverlässig berichtet, der Prinz von Zweibrücken sei als Landesherr ein Tyrann und mache seinen Mitmenschen das Leben schwer.

»Amalia . . . war ein wahres Stiefkind des Lebens. Sie wurde es durch eigene Schuld, aber in noch größerem Maße durch die Schuld der Mutter als Kaiserin, wozu Kaunitz, in dessen Staatskanzlei sich die Geschicke der Kaiserkinder zumindest mitentschieden, beigetragen hat. Die lebhafte Erzherzogin, zur Heftigkeit neigend und eigenwillig in ihrem Wesen, hatte alle Anlagen zu einem starken Charakter.« [15]

Auch nach der Hochzeit Josephs und Isabellas befaßte sich Maria Theresia weiterhin mit der Herzogsfamilie aus Parma. Die Kaiserin ließ sich Berichte ihres Gesandten vorlegen, um sich über die weiteren Möglichkeiten für ihre Kinder auf dem laufenden zu halten. Da gab es also noch Isabellas Geschwister, den im Januar 1751 geborenen Herzog Ferdinand von Parma und die am Ende des gleichen Jahres geborene Prinzessin Marie Luise von Parma, die eine der fragwürdigsten von allen europäischen Königinnen werden sollte.

*1763*

*Diese Prinzessin Marie Luise von Parma, auch äußerlich ihrer älteren schönen Schwester, die Josephs von Österreichs Gattin (wurde) . . . völlig ungleich, zeigt schon in frühester Jugend Anzeichen von maßlosem Stolz und Ehrsucht, aber auch von hemmungsloser Sinnlichkeit.*

*Als der Ehevertrag mit dem naheverwandten spanischen Kronprinzen (Karl Anton Diego, Sohn Karls III.) unterzeichnet wird, ist sie zwölf Jahre alt und sagt ihrem nur elf Monate älteren Bruder:»Ich werde nun Königin von Spanien, du wirst aber höchstens einmal ein kleiner Herzog von Parma sein!«*

*Worauf der junge Ferdinand ihr handgreiflich erwidert:»Dann erlaubt sich der Herzog von Parma der Königin von Spanien eine Ohrfeige zu geben!«*[16]

Ferdinand von Parma stand der Titel eines Infanten von Spanien zu, da sein Vater ein spanischer Königssohn war. Mochten die Gesandtenberichte aus Parma in den nächsten Jahren auch Abträgliches über ihn berichten, Maria Theresia sah darüber hinweg. Ferdinand war der Erbe eines Herzogtums, um das schon ihr Vater hart gekämpft hatte. Daß eine ihrer Töchter Herzogin von Parma werden würde, das stand bei ihr eigentlich schon lange fest. Sie wußte nur noch nicht, welche das Los treffen würde. Nach dem Tod des Kaisers fiel dann die Wahl auf Amélie.

Wie konnte es, so fragt man sich heute, bei einer so vernünftigen Herrscherin wie Maria Theresia zu dieser Fehlentscheidung kommen, die dreiundzwanzigjährige Amélie mit einem unreifen Achtzehnjährigen zu verheiraten? Die Berichterstattung der Gesandten und sonstiger Reisender, die die Kaiserin um Rat befragte, hat hier offenbar versagt.

Hinzu kam noch, daß der alte Herzog Philipp von Parma bis zu seinem Tode 1765 alles nur Erdenkliche veranlaßt hatte, um den Schein aufrechtzuerhalten, er tue alles für die Erziehung seiner Kinder. Was ihm bei Isabella so wundervoll gelang, mußte bei den Veranlagungen von Isabellas Geschwistern kläglich scheitern. Schwester und Bruder, die sich einst geohrfeigt, entwickelten sich beide nicht zum Guten. Marie Luise in Madrid trieb über lange Jahre hinweg einen wahren Kult mit ihrem Geliebten Godoy. Ferdinand in Parma erregte auf andere Weise die Gemüter.

Zwar hatte Parma einen großen Ruf als Stadt der Wissenschaften und Künste, und um diesem Range zu entsprechen, gewann der besorgte Vater Herzog Philipp für seinen einzigen Sohn namhafte Gelehrte als Erzieher. Aber der eigene Ruhm und die eigenen Interessen standen bei diesen beiden Herren im Vordergrund. Es gelang ihnen nur spärlich, dem dürftigen Geist des jungen Don Ferdinando einige Reiser ihrer Weisheit einzupflanzen.

»Gabriel Bonnot de Mably war das Musterkind der Aufklärung. Als Historiker zeichnete er sich durch seine Forschungen auf dem Gebiete der Geschichte und der Kultur des alten Roms aus, aber weit größer war der Einfluß seiner kommunistischen Werke, in denen er das Eigentum verwarf und Gleichheit für alle forderte. Seine Gesellschaftslehre hat einen Niederschlag in der Constituante (Verfassunggebenden Versammlung) gefunden und auf Zeitgenossen und Nachfahren Einfluß ausgeübt. Sein jüngerer Bruder Etienne Bonnot de Condillac vertrat in seinen psychologischen Werken den Sensualismus und gehört zu den großen Philosophen Frankreichs. (Condillac schrieb ein aus dreizehn Bänden bestehendes Lehrwerk für Ferdinand.) Die beiden Philosophen wollten einen Prinzen erziehen und heraus kam – ein Betbruder. Ferdinand war ein völlig untaugliches Objekt der Erziehung: eigensinnig, roh, ausschweifend und bigott. Das Läuten der Kirchenglocken und das Rösten von Kastanien in Gesellschaft von Bauern gehörten zu seinen Lieblingsbeschäftigungen.«[17]

Die dreiundzwanzigjährige Amélie sollte einen achtzehnjährigen Schwachkopf heiraten. Der Gedanke war ihr so entsetzlich, daß sie eigentlich keinen anderen Trost hatte, als einen lebhaften Briefwechsel mit Marie Karoline in Neapel zu beginnen, die dort seit Mai 1768 Königin war. Auch die fünfzehnjährige Karoline hatte sich an die befremdlichen Sitten und Verhaltensweisen eines tölpelhaften, unerzogenen, plump aussehenden Achtzehnjährigen zu gewöhnen.

Aber Amélie war eine fertige junge Dame, für damalige Begriffe schon ein wenig zu alt für die Ehe. Diese Heirat mit dem Knaben in Parma empfand sie von Anfang an als eine traurige Notlösung.

Man versüßte ihr den spürbaren Kummer mit einer schönen, angemessenen Ausstattung, dem Hinweis auf die Zugehörigkeit zum sehr wohlhabenden spanischen Hofe, auf die Rolle, die sie immerhin als Herzogin von Parma in Europa spielen würde und darauf, daß die Zeit den Altersunterschied zwischen ihr und Ferdinand ausgleichen würde.

Amélie erhielt den Status einer Infantin von Spanien und selbst dann, wenn die Ehe nicht glücklich verlaufen sollte, so umgäbe sie doch die Gloriole einer sehr würdigen Familie. Gewiß, das gab man zu, es sei nicht sehr würdig, wenn der Herr Gemahl beim Glockenläuten unter Kreischen und Juchhu mit dem Glockenseile in die Lüfte zu fahren liebte. Doch diese Zeit würde vergehen, er sei dann später älter und gesetzter.

Amélies Einkünfte aus dem Herzogtum Parma wurden in beträchtlicher Höhe ergänzt durch eine Pension des spanischen Hofes in Madrid, weil die Aufwendungen für die Beibehaltung der spanischen Etikette in Parma einen Zuschuß erforderlich machten.

Die Hochzeit Amélies und Ferdinandos war für Ende 1768 vorgesehen, verzögerte sich aber aus seltsamen Gründen. Der mächtigste Mann
im Herzogtum Parma war der von Spanien eingesetzte erste Minister
Guilleaume du Tillot, der praktisch alle Regierungsgeschäfte für den
jungen Herzog erledigte. Er hatte es für richtig gehalten, sich den allgemein in Aufnahme kommenden Maßnahmen gegen kirchliche Einrichtungen und Orden anzuschließen. So war in Parma der Jesuitenorden
aufgelöst worden, Klöster wurden säkularisiert, ihre Besitztümer ent-
eignet. Verbleibende Abteien sollten besteuert werden. All dies mißfiel
Papst Clemens XIII. in Rom.

Die Ausstellung des von Wien beantragten Dispenses für die Verwandt-
enheirat zwischen Erzherzogin Maria Amalia von Österreich und Herzog
Don Ferdinando di Bourbon-Parma wurde immer wieder aufgeschoben.
Im Februar 1769 starb Clemens XIII., und erst im Mai 1769 trat der neue
Papst, Clemens XIV., sein Amt an. Nun wurde die Formalität erfüllt und
die Hochzeit konnte für den 19. Juli 1769 festgesetzt werden.[18]

Doch schon im Oktober 1768 hatte sich abgezeichnet, daß man mit
dem Hofe von Parma allerlei Merkwürdigkeiten erleben konnte. Hofrat
von Posch meldete der Kaiserin, daß nach einer vertraulichen Mitteilung
des spanischen Botschafters Mahoni der parmesische Minister du Tillot,
ein Korsett und ein Paar Schuhe der Erzherzogin Amalia sowie genaue
Auskunft über die Farbe ihres Haares zu erhalten wünsche. Maria Theresia schrieb dem Hofrat mit einiger Reserve am 15. Oktober 1768:

*Anbei die erfüllten Ersuchen, aber ich sollte hinzufügen, daß ich nicht
weiß, warum sie die Farbe des Haares haben wollen. Hier ist sie. Aber
was die Schnürleibchen und die Schuhe betrifft, so sollten Sie vorsorgen,
daß man da keinen unnützen Aufwand treibt. Es ist so, daß sie für einige
Jahre ausgestattet sein wird mit Kleidern, Spitzen, Leinenzeug und
Schuhen, sogar das Brautkleid, welches vom gleichen Silberstoff ist wie
dasjenige der Königin (von Neapel) bringt sie mit.
. . . ebenso mit Juwelen. Sie hat ein sehr schönes Collier in Hufeisen-
form, ein Gesteck für die Frisur, Ohrringe aus Edelsteinen, Gürtel-
schnallen, Knopfgarnituren für Mieder, Agraffen, Schuhschnallen. Sie
hat keinen Diamantstrauß. Wenn man ein Geschenk machen will,
würde dies das beste sein . . .
Ich möchte wissen, ob man (bei der Übergabe) Ihnen (folgendes) mit-
geben wird: Hofkleider, reich oder mit schwarzen Schleppen, und ob ein
farbiger Rock dabei sein wird. Ich hoffe, man wird meiner Tochter ein*

*Appartement-Kleid übergeben, welches ein spezielles Hofkleid ist, und*
*man wird sie wissen lassen, was man in Parma täglich trägt, welche*
*Kleider, große oder kleine Reifröcke? All dies liegt in Ihrer Hand.*[19]

Herzog Philipp von Parma, Amélies verstorbener Schwiegervater,
war als Landesfürst durchaus eine Persönlichkeit gewesen. Zwar berichtet man noch heute von seiner übertriebenen Jagdleidenschaft und seinen vierhundert Meutehunden, die er hielt. Dies war auch einer der
Gründe, weshalb seine französische Gattin niemals lange in Parma lebte,
sondern die meiste Zeit bei ihrem Vater in Versailles verbrachte.
Aber Philipp hat das von Plünderungen so mitgenommene Parma
wieder zu kultureller Blüte geführt. Die alte Gemäldesammlung bot ein
trauriges Bild mit leeren Wänden, da Hunderte von Bildern nach Neapel
und Madrid gegangen waren. Philipp restaurierte nicht nur das Gebäude, sondern beauftragte Kunsthändler und trug selbst eifrig zusammen,
was sich nur an Arbeiten guter Künstler finden ließ. Vor allem bemühte
er sich, Werke von Antonio Allegri, genannt Correggio (um 1490–1543)
wiederzuerlangen, der zwar in Correggio geboren war, aber hauptsächlich in Parma gelebt und gearbeitet hatte und daher als großer Sohn der
Stadt verehrt wurde. Der Herzog kaufte ohne Murren den »San Girola-
mo« für einen damals horrend erscheinenden Betrag. Philipp sorgte dafür, daß die umfangreiche Palatinische Bibliothek ergänzt und geordnet
wurde und berief dorthin bedeutende Direktoren. Die Ausgrabungs-
stätte Veleia ließ er nach archäologischen Gesichtspunkten – was damals
selten war – ausräumen und baute für die wertvollen Funde das Historische Museum. Es gab in Parma eine Kunstakademie, ferner das weltbe-
rühmte Teatro Farnese aus dem Jahre 1628, den Dom mit den einmalig
schönen Fresken Correggios und das eigenwillig gebaute achteckige Bap-
tisterium. Institute, Bauten und Akademien waren erfüllt von einem regen geistigen Leben. Amélie kam keineswegs in die Wüste.[20]
   Da Don Philipps Tochter Isabella von Parma sich in Wien während der
kurzen Zeit ihrer Ehe mit Joseph so außerordentlicher Sympathie auf
Grund ihrer Intelligenz, ihrer musischen Begabung, ihres Taktes und ihres logischen Verstandes erfreut hatte, übertrug die kaiserliche Familie
in Wien zunächst diese Liebe und Hochachtung auf den jungen Ferdinand von Parma, von dessen sorgfältiger Erziehung in Wien viel geredet
worden war. Daß von allem kulturellen Glanz, der ihn umgab, kaum
mehr als eine dünne Firnisschicht an ihm haften geblieben war, konnte
niemand wissen, auch die Kaiserin nicht. Nach außen hin hatte man Fer-

dinand gelehrt, wie er aufzutreten habe, vor dem Spiegel die Armbewegung einstudiert, wie er die Hand zum Kusse zu reichen habe und dergleichen; er repräsentierte leidlich, er bewirtete Gäste mit guten Dingen und unterhielt sie mit einigen Redensarten; er zeigte sich vor allem gern seinem Volke. Aber nach kurzer Zeit in Gesellschaft verließen ihn die eingelernten Floskeln, er war nicht mehr im Stande, Gespräche weiterzuführen und blickte nur noch unbewegt und teilnahmslos vor sich hin. Es muß jedoch angemerkt werden, daß sowohl er als auch sein gleichnamiger neapolitanischer Vetter, Karolines Mann, von den beiden Töchtern Maria Theresias im Laufe der Jahre beeinflußt und zu einem mehr oder weniger normalen Verhalten bewogen werden konnten.

An Amélie, die bisher ein heiterer Mensch gewesen, zehrte der Kummer über die verlorene Liebe, der Gram um den so wenig verheißungsvollen Bräutigam, dazu noch ein dumpfer Groll über die Ungerechtigkeit der Mutter. Sie magerte ab und kränkelte.[21]

Maria Theresia war viel zu feinfühlig, um die Veränderung im Äußeren und im Wesen ihrer Tochter nicht zu bemerken. Nach der Trauung per procurationem in Wien, bei welcher der fünfzehnjährige Ferdinand seiner Schwester als Ersatzbräutigam zur Seite gestanden hatte, schrieb die Kaiserin an die Gräfin Enzenberg nach Innsbruck:

*Wir sind in den größten Hochzeitsfeierlichkeiten. Ich erzähle Ihnen darüber nichts, Sie wissen es bereits . . . Wollte Gott, daß alles glücklich verläuft, aber mein Herz ist bedrückt. Ich fürchte immerzu eine Katastrophe oder daß sie auf der Reise plötzlich krank wird.*[22]

Auf besonderen Wunsch der Mutter, die auch während der Hochzeit ihre schwarzen Witwenkleider und den Spitzenschleier um ihr Haar nicht abgelegt hatte, fuhr Amélie über Innsbruck. Dort sollte sie, genau wie Karoline auf dem Weg nach Neapel im vorigen Jahr, in dem zur Kapelle umgebauten Sterbezimmer des Vaters in der Hofburg vor dem Abschied aus der Heimat ein Gebet verrichten.

Alle Porträts Amalias zeigen sie als schöne, zumindest hübsche Frau. Etliche Male ist sie auf Kinderbildern zu sehen. Das ausdrucksstärkste Bild von ihr ist zweifellos das Porträt von Liotard im Jahre 1762. Sie blickt dem Beschauer gleichsam abwägend entgegen, grüblerisch, zweifelnd an dem, was man ihr sagt. Ganz sicher war sie intelligent, was Maria Theresia aber nicht wahrhaben wollte.

Aus der Hochschätzung für Parma erklärte sich auch der strenge Maßstab, den Maria Theresia an Amélie als zukünftige Herzogin von Parma legte. Die Tochter wurde vor der Abreise mit tausend Ermahnungen versehen und eingehend instruiert:

*Ihr wißt wohl, daß Ihr für Künste und Wissenschaften, die so nützlich und allgemein und der jetzigen Zeit fast unentbehrlich in der Welt geworden sind, niemals viel Sinn und Geschmack gehabt habt. Ihr habt es verstanden, aller Mühe und Sorgfalt, die man sich derenthalben um Euch gegeben hat, aus dem Wege zu gehen . . .*

*Was könnt Ihr einem so ausgezeichneten und wohl gebildeten Fürsten bedeuten wie Eurem Gemahl? Womit wollt Ihr ihn unterhalten? . . .*

*Nehmet Euch zum Vorsatz, nichts von hier zu erzählen, man wird Euch darum umso mehr achten . . .*

*Ihr seid andererseits wohl begabt, den Menschen mit rechter Offenheit zu begegnen. Ihr seid sogar hilfsbereit. Ihr habt, wenn Ihr aufgelegt seid, etwas sehr rührendes, dem man sich nicht entziehen kann, besitzet viel Geduld und eine fügsame Art. Pfleget diese guten Eigenschaften . . .*[23]

Nach diesen Zeilen zu urteilen, dürfte Amalie allerdings ahnungslos über die wahren Neigungen und Fähigkeiten ihres Mannes in die Ehe gegangen sein. Die Ermahnungen der Mutter enthielten, ähnlich wie bei Mimi, Gebote für strikte Einhaltung der religiösen Pflichten, äußerste Zurückhaltung und Bescheidenheit, sie solle möglichst wenig reden, denn ihr Französisch sei mangelhaft, sie solle nicht hochmütig sein, weil sie eine Kaisertochter, ihr Gatte aber ein Herzogssohn sei. Auch ihr Vater sei ein Herzogssohn gewesen, und diesen Hochmut zu überwinden sei erste Pflicht. Sie sei älter als der Infant Ferdinando und habe alles zu vermeiden, was ihr als Herrschsucht ausgelegt werden könne. Sie sei die Untertanin ihres Gemahls. Die über neun Seiten langen Verhaltensmaßregeln solle sie jeden Monat einmal lesen.[24]

Amélie hat es ganz sicher nicht getan. Der italienische Schriftsteller Paltrinieri schilderte den Herzog Ferdinand und Amélie aus italienischer Sicht:

*Sobald er von den Qualen der Philosophie Condillacs und von der Strenge seines Gouverneurs Keralio befreit war, gewannen seine natürlichen Instinkte, die keineswegs verloren gegangen waren, die Oberhand.*

*Noch nicht einmal durch seine Verheiratung wurden die Neigungen des Herzogs geändert. Im Gegenteil, die unglückliche Ehe mit einer*

*Prinzessin, deren Charakter so verschieden von dem seinen war, trieb
ihn noch mehr zur Bigotterie. Sie war die Erzherzogin Maria Amalia
von Österreich, sechste Tochter Maria Theresias. Du Tillot war gegen
diese Heirat, er hätte ihn lieber mit den Estes oder den Orléans verbunden gesehen. Die neue Herzogin wurde von diesem Widerwillen unterrichtet. Als sie in Parma mit mehr als grandiosen Feiern empfangen
wurde, schwor sie, sich zu rächen.*[25]

Offenbar hat jedoch Amélie nichts gegen den Willen ihres Gatten getan, sondern wußte sich mit ihm einig in ihrer Abneigung gegen du Tillot. Die endgültige Hochzeit fand in Parma am 19. Juli 1769 statt. Schauplatz war der prunkvolle Palast von Colorno, eigentlich das Sommer-
schloß der Herzöge, von Ferdinand aber später fast ausschließlich bewohnt. Schon im darauffolgenden Oktober hatten es Ferdinand und
Amélie soweit gebracht, daß es den ersten großen Krach zwischen Parma, Wien und Madrid gab. In ihrem Bestreben, du Tillot loszuwerden,
waren sie wohl etwas zu weit gegangen. Die Kaiserin schrieb ganz zer-
fahren und aufgeregt an ihren Sohn Leopold nach Florenz am 19. Oktober 1769:

*. . . der Kurier aus Neapel . . . ich benutze diesen sicheren Boten,
um Sie zu informieren, in welches Entzücken mich der beste der Väter,
der König von Spanien versetzt hat.*

*Ich fange mit Parma an.*

*Ich füge Ihnen hier den Brief des Königs bei. Er wurde verursacht
durch die laufenden Beschwerden bei meiner Tochter. Mahoni und besonders St. Elisabeth (Santa Elisabetta) beklagten sich seit einiger Zeit
schon über die Unbotmäßigkeiten, die in Neapel und Parma vor sich gehen. Wenn diese letztere entgegen allen meinen Ratschlägen und Briefen über die Stränge schlägt, so habe ich geglaubt, es wäre an der Zeit,
dem Hof von Spanien die Augen zu öffnen, daß ich mich da in nichts
einmische . . .*

*Das Wort aus Neapel hat mich zunächst erschreckt.*

*Ich habe etwas scharf an meine Tochter geschrieben, ich hätte zwar
keine Klagen gegen sie, aber die Kindereien könnten der Gesundheit
schädlich sein. Das ist praktisch alles, was passiert ist.*

*Stellen Sie sich mein Erstaunen vor, als ich jetzt über meine Tochter
den Brief des Königs erhielt, wo ich von Anfang bis Ende zitiert bin und
alles so dargestellt ist, als sei ich es, die die Anklägerin spielt. Was soll
der Infant denken? Meine arme Tochter dort ist niedergeschmettert und
ich bin in Verzweiflung.*

*Glücklicherweise befindet sich Rosenberg noch hier; ich beauftrage*
*ihn, alles an Ort und Stelle zu regeln, aber Sie sollten wissen, daß (Blatt)*
*No. 3 von Mahoni ist.*
*Ich gestehe, daß ich mich niemals in einer ähnlichen Situation befun-*
*den habe. Welch eine Politik . . .*
*Meine Glaubwürdigkeit ist hin! Ich kann doch nicht sagen, daß dies*
*alles nicht wahr ist! Ich selbst kann doch kein Dementi an den König ge-*
*ben! . . . der Kaiser weiß nichts von dem Brief des Königs an den Infan-*
*ten. Er hat das Papier No. 2 von Amélie noch nicht gesehen. Er wird es*
*sehr mißbilligen, indem er findet, daß es seltsam sei, daß ich meine*
*Tochter geopfert habe. Wenn ich dies getan habe, dann aus Staatsräson.*
*Ich habe gedacht, einen Souverän für mich einnehmen zu können . . .,*
*der hier Rat schaffen kann und indem ich den Abgrund kenne, in den*
*meine Tochter sich anschickt hineinzurennen. Ich wollte sie noch beizei-*
*ten retten.*[26]

Die Kaiserin erwog mehrere Möglichkeiten. Entweder würde man ihr
die unbotmäßige Tochter zurücksenden, das wäre eine Blamage. Oder
man müßte eine offizielle Ehescheidung durchführen, für die sich
Gründe gewiß finden lassen würden. Aber auch dies stellte beide Herr-
scherhäuser, Madrid und Wien, vor peinliche Konsequenzen. Also verhielt man sich abwartend, zumal Amélie bald darauf Nachwuchs erwartete. Am 22. November 1770 kam in Parma Prinzessin Caroline zur
Welt, ein ungewöhnlich schönes, aber sehr ernstes und stilles Kind.
Aber die Sorgen in Wien gingen weiter.

*Maria Theresia sandte (noch) einen eigenen Gesandten, den Herrn*
*von Knebel, um der Tochter den Kopf zurechtzusetzen . . . Kaunitz*
*sprach sich für den von Amalie beanstandeten Minister aus und betonte*
*die Pflicht der Infantin zu einem ganz zurückgezogenen, nur auf die*
*Familie gerichteten Leben.*
*Die junge Herzogin aber brach in leidenschaftliche Anklagen gegen*
*ihren trägen, verlogenen und unfähig schwachen Gemahl aus. Sie sei in*
*Parma von Schurken, Lügnern und Spionen umstellt. Sogar ein franzö-*
*sischer Sondergesandter griff im Sinne der Ermahnungen Maria There-*
*sias ein und legte dem herzoglichen Paare völlige Enthaltung von den*
*Staatsgeschäften nahe . . .*[27]

Im Jahre 1771 entschloß sich der spanische König Karl III. endlich, du
Tillot in Parma abzulösen und José de Llano, einen Beamten der spani-

schen Staatskanzlei, nach Parma zu senden. Zunächst herrschte dort Erleichterung. Gleichzeitig schöpfte Marie Karoline in Neapel, von Amalie wohl unterrichtet, erstmalig Hoffnung auf ihre eigene Erlösung vom spanischen Aufpasser Tanucci, der die gleiche Funktion an ihrem Hofe ausübte wie du Tillot in Parma. Karoline war es auch, die Amalie immer wieder brieflich tröstete. Der Briefwechsel ist jedoch größtenteils nicht erhalten. Die Mahnung der Kaiserin, heikle Briefe sofort zu verbrennen, wurde gerade bei dieser Korrespondenz strikt befolgt.

Als Amélie nach Parma gekommen war, hatte sie vor allem eins getan: sich Land und Leute angesehen. Man rühmte, sie sei sogar zu Fuß in der Stadt umhergelaufen, um sich die vielen schönen alten Häuser anzusehen, die imponierenden Palazzi des Parmaer Adels. Man sah sie auch zu Pferd in kleiner Kavalkade durch die Stadt und die schöne Umgebung reiten. Bald darauf nahm sie auch ihre Jagdausflüge auf, in Erinnerung an ihren Vater und mit den besten der Spürhunde, die von ihrem Schwiegervater her noch bei Hofe gehalten wurden.

Amélie hatte schnell erkannt, daß ihr junger Ehemann in all seiner Albernheit beim Volk im Herzogtum und in der Stadt beliebt war. Aus diesem Grunde begann sie, bei ihren Ausritten Münzen unter das herbeilaufende Publikum zu werfen. Sie kümmerte sich um das Armenwesen, richtete Sprechstunden im Palazzo Farnese für besonders bedürftige Arme ein. Sicher hat sie damit manchem Mißstand abgeholfen. Nur war das auch wieder nicht im Sinne des spanischen Hofes. Eine Beschwerde lief ein, sie fülle die Gänge des herzoglichen Palastes mit Bettlern.

Als der in vieler Hinsicht sehr verdiente Minister du Tillot den Rücken gekehrt und still und bescheiden zum Tor hinausgefahren war, zeigte sich Herzog Don Ferdinando vor allem darauf bedacht, alle Maßnahmen gegen die Kirche, die Jesuiten und kirchliche Einrichtungen wieder rückgängig zu machen. Wie weit das ging, war erschreckend. Der Infant führte sogar die Inquisition wieder ein. Paltrinieri berichtet, daß nur die große Milde die Herren Inquisitoren davor bewahrte, sich den Unwillen des Volkes zuzuziehen.[28]

Einheimische sahen in Herzogin Amalia eine Fürstin, die von Wien her an das Frauenregiment ihrer Mutter gewöhnt sei und es nun folgerichtig auch in Parma einzuführen versuche. Die Berichte der vielen Gesandten, die in den ersten Jahren ausgesandt wurden, die Unstimmigkeiten zu bereinigen, sind nicht alle negativ. So berichtete Graf Firmian, die Ehe sei gut, Infant Ferdinando sei in seinem Haß gegen du Tillot der Aktivere gewesen. Aus Versailles kam Graf Boisgelin, der ebenfalls für

Amélie und ihren Gatten sprach. Beide seien viel gemäßigter als man bisher angenommen habe. Nach einer kurzen Zeit der Ruhe kam es erneut zu schweren Verstimmungen. Der neue spanische Bevollmächtigte de Llano wurde ebenso attackiert wie sein Vorgänger. Nun war der spanische Hof ernsthaft verärgert. Maria Theresia ahnte Schlimmes und sandte im März 1772 Rosenberg erneut mit ausgesprochen strengen Warnungen nach Parma.

Keinesfalls solle sich Amalia darauf verlassen, von Wien finanziell unterstützt zu werden. Ihre Ehepakte seien abgeschlossen, sie habe auf das mütterliche Erbe verzichtet. Sie sei Mitglied des spanischen Königshauses. Sie dürfe sich keinesfalls von den Eigenheiten ihres Gatten veranlaßt sehen, ihn zu verlassen, eigene Wege zu gehen, ihren Tag getrennt von ihm zu verbringen. Sie müsse täglich um ihn sein. Wenn schon die Gegebenheiten einer guten Ehe, Treue, Liebe und Unterwürfigkeit oder Hochachtung nicht erfüllt seien, so habe sie doch das Schicksal ihres Gatten in allem zu teilen und sich von seiner Person unter keinem Vorwande zu trennen. Sie habe »den Palast in Parma nicht ohne werktätige Gewalt zu verlassen«, da sie schicklicherweise denselben mit nichts anderem als mit einem angemessenen Aufenthalt in einem Kloster auf parmesischem Gebiet vertauschen könne. Dies und nichts anderes sei der einzig mögliche Aufenthalt für einen Trennungsfall. Auch in dieser Situation sei sie von der Versorgung durch das spanische Königshaus gänzlich abhängig.

Amélie wurde ermahnt, sich ernsthaft zu prüfen, ob nicht in jedem Falle ein geschäftskundiger Minister besser die Regierung in Parma führen könne als sie, die sie nur allzu rasch in ihren Entschließungen sei und oft nicht genügend Einsicht habe. Mit Mutterwitz und Oberflächlichkeit könne man kein Land regieren. Sie solle keinesfalls verreisen, aus welchem Grunde auch immer, denn das gäbe ihren Gegnern am Hofe von Parma nur Gelegenheit, gegen sie Intrigen zu spinnen.

Amélie möge bedenken, daß sie jetzt eine Enkelin des Königs von Frankreich (Ludwig XV.) und eine Nichte des Königs von Spanien (Karl III.) wäre. Diese Höfe seien ihr und ihrem Gemahl im Grunde nichts schuldig, und alle Zuwendungen hingen von der Güte der Könige ab. Sie sei die Gemahlin eines jüngeren Sohnes aus dem Hause Bourbon. Er sei Infant von Spanien. Also sei sie ihm schuldig, seine Denkart, seine Gesinnung, seine Handlungen privat und öffentlich anzunehmen und alle Hofgebräuche, alle Finessen der Etikette mitzumachen und sich ganz einzufügen, da es »unschicksam wäre«, daß ein spanischer Infant die österreichischen Gebräuche einführe.

Rosenberg, der diesen schier endlosen Text mit Vorschriften erhielt, wurde angewiesen, auf die so oft fließenden Tränen der Kaiserin wegen der mißratenen Tochter in Parma hinzuweisen.

*Ich bedauere selbe nicht, wenn sie fruchten . . . Allein, wenn ich sehe, daß Eigensinn, kurzsichtige Stützigkeit und Vorurteil dasjenige vereiteln, was gesunde Vernunft, Notwendigkeit, Schuldigkeit und Gewissen und getreuer mütterlicher Rat vermögen sollten, so wird der Graf sie auf das Bündigste versichern, daß ich ihre Aufführung nicht allein öffentlich mißbilligen, sondern auch, geschehe was immer wolle, mich ihrer in keiner Gelegenheit annehmen, und zur Erhaltung meiner Ehre und Ruhe sie ihrem Schicksal und elenden Ratgebern auf ewig überlassen werde . . .*

*Ich erwarte von seinem Eifer die Erfüllung dieser mir so nahe am Herzen gelegenen Sache. Da ich aber nicht gesonnen bin, ihn monatelang, besonders fruchtlos, allda zu lassen, so soll er . . . ohne weiteres von mir neue Befehle zu erwarten, Parma verlassen, um auf beständig mir alle weiter anzuwendende Mühe zu ersparen.*[29]

Da alle Mahnungen nichts fruchteten, brach Maria Theresia am 7. Mai 1772 alle Korrespondenz mit Amalia ab. Sie verbot auch Karoline in Neapel und Ferdinand in Mailand ebenso wie Leopold in Florenz mit ihr zu korrespondieren. Es erging ein strenger Befehl, alle etwaigen Briefe Amalias an die Geschwister im verschlossenen Umschlag an Minister Llano nach Parma zurückgehen zu lassen.[30]

Dennoch haben sich Briefe erhalten, aus denen die wache Sorge der Kaiserin darüber sprach, was in Parma weiterhin geschah. Nach außen hin schien die Ächtung Amalias vollkommen, aber insgeheim und im wie immer sehr vertraulichen Briefwechsel mit Ferdinand in Mailand führte Maria Theresia eine etwas mildere Sprache.

*15. Oktober 1772*
*Ich hoffe, daß Ihre Schwester nicht die Dreistigkeit haben wird, Sie ohne Voranmeldung zu besuchen. Wenn sie das tut, sollen Sie antworten; Sie wagen es nicht sie zu sehen.*

*Wenn sie Sie überraschen sollte, erweisen Sie ihr vierundzwanzig Stunden Höflichkeiten und fordern Sie sie dann auf abzureisen, oder (sagen Sie), daß Sie den Befehl hätten, dies zu sagen. Ihre Gesellschaft, Ihre Erzählungen sind nicht zuverlässig, sie gibt gern an und flunkert.*[31]

*3. Dezember 1772*
*Zur Stunde werden Sie die Entscheidung der unglücklichen Affäre in Parma schon wissen. Der spanische Gesandte . . . zurückberufen, ebenso alle Fremden, man hat ihnen ihre Pension zugesichert, aber die Apanage des Infanten von 60 000 Scudi zurückgezogen und ein Verbot erlassen, daß die wöchentlichen Kuriere, welche aus Spanien kommen, nicht mehr über Parma gehen dürfen.*

*Nun haben sie auf der einen Seite keinen Pfennig und andererseits werden sie vielleicht für ein Jahr zufrieden und geschmeichelt sein, ihre Unabhängigkeit errungen zu haben und von allen Ausländern befreit zu sein.*

*Diese Freiheit ist teuer erkauft, die Armut wird sich bald einstellen. Welchen Zweck hat nun so ein Eklat . . ., wenn man sich mit all seinen Eltern überwirft?*

*Ich kann einfach nicht umhin Ihnen zu sagen, daß wir wissen, daß die Affäre des Königs von Schweden, welche sie in den Zeitungen gelesen haben, den letzten Anstoß zu dieser Unternehmung gegeben hat. (Gustav III. hatte sich in Stockholm am 19. August 1772 von der Vorherrschaft der Stände befreit.) Ich gestehe Ihnen, daß es mich erschreckt. Bei all dem ist doch überhaupt kein Verstand.*

*Ihre Schwester soll in Umständen sein – Camuti (der Leibarzt Amalias) hat es Störck geschrieben – sie ist im zweiten Monat. Ich weiß nicht, ob sie dies nicht nur vorschützt. Ich bin unglücklich und Sie werden mir rechtgeben, daß ich immer diesen gefährlichen Dickkopf Ihrer Schwester gekannt habe.*[32]

*Die Kaiserin an Leopold in Florenz, 19. Dezember 1772*
*. . . wie, so frage ich, könnte ein Minister . . . den Infanten hindern, außerhalb seines Hauses zu schlafen, zu den Mönchen zu laufen, sich mit dem gemeinen Volk zu verbrüdern oder lächerliche Befehle zu geben, wenn er keine Schildwache vor der Tür haben will, sich keineswegs als Persönlichkeit fühlt. Was kann man anderes tun, als ihn für verrückt oder blödsinnig halten? Wie soll man meine Tochter hindern, selbst in die Pferdeställe zu gehen, in die Berge zur Jagd zu reiten, das Geld, das sie hat, für Geschenke rauszuwerfen und dann noch unbegreifliche Entschlüsse zu fassen, ohne sie einzusperren! Da kann man doch nichts anderes machen, als sie für närrisch zu erklären oder ihr einen Prozeß zu machen?*[33]

Bezüglich einer möglichen Schwangerschaft hatte Amélie sich keineswegs verrechnet oder diese nur zu ihrer Entlastung angegeben. Am 5. Juli 1773 lag der erste Sohn des Herzogspaares von Parma in der Wiege. Man versprach sich davon allseits sowohl in der Politik als auch in der Familie eine Besserung der verfahrenen Zustände. Das Kind hieß Ludwig. Maria Theresia reagierte sehr reserviert auf das freudige Ereignis mit zwei Billetts an Ferdinand:

*15. Juli 1773*

*Eifern Sie ihrer Schwester nach, die so glücklich niedergekommen ist. Der Infant hat uns unterrichtet. Ich werde antworten, aber mit dieser Antwort hat es sein Bewenden. Es hat hier weder eine besondere Abendgesellschaft noch Glückwunschcour gegeben seit alle Korrespondenz abgebrochen ist, und dies so lange, bis Spanien seine Korrespondenz (mit Parma) wieder aufnimmt.*[34]

*12. August 1773*

*Wir haben eben die Neuigkeit aus Spanien erhalten, daß der König über den Sohn in Parma ganz entzückt war, daß er drei Tage Gala abgehalten hat und daß er den Orden vom Goldenen Vlies an den Kleinen geschickt hat.*[35]

Das Recht zur Verleihung des ursprünglich burgundischen Ordens vom Goldenen Vlies hatte bis 1700 allein in der Hand der spanischen Habsburger gelegen. Die alten Mitgliederlisten enden 1700 mit dem Tode Karls II. und dem Aussterben der Habsburger Linie in Spanien. Sie beginnen neu mit dem »Toison Autrichienne« unter Oberhoheit Kaiser Karls VI. 1712 und auf spanischer Seite mit dem »Toison Espagnole« unter Oberhoheit des Bourbonen König Philipp V. von Spanien 1701. Im Jahre 1773 ist auf österreichischer Seite überhaupt kein Orden verliehen worden. Auf der spanischen Mitgliederliste steht als einziger neuer Ritter »Louis de Bourbon, prince de Parme, depuis roi d'Etrurie (1773–1803)« – »Ludwig von Bourbon, Prinz von Parma, später König von Etrurien«.[36]

Zweifellos ist nach diesem noblen Akt der Ordensverleihung auch der Briefwechsel von Madrid nach Parma wieder in Gang gekommen. Maria Theresia zögerte nicht länger, zumal auch der spanische Minister de Llano nach Parma zurückgekehrt war. Vorübergehend überwogen freundliche Gedankengänge, die familiäre Bindung gewann wieder die Oberhand. Die Kaiserin verkündete ihrer Freundin, der Gräfin Enzenberg in Innsbruck:

*16. Oktober 1773*
*Die Wiederaussöhnung mit Parma ist nun vollständig. Sie waren*
*immer daran interessiert, ich hoffe, daß es dauerhaft ist. Spanien und*
*Frankreich haben sich großzügig benommen. Das Wirtschaftliche ist ja*
*ein wichtiger Punkt.*
*Ihre (Amalias) Tochter ist schön wie ein Engel und der Sohn scheint es*
*zu werden. Sie hat mir ihr (eigenes) Porträt geschickt. Wenn ihr dies*
*ähnelt, kann sie keine zwei Jahre mehr leben! Sie sieht aus, als hätte sie*
*die Auszehrung, die Schwindsucht. Keine Farbe, beinahe häßlich, so*
*war sie nie.*[37]

Kein Jahr war seit dieser Aussöhnung vergangen, als erneut der Drang
nach Unabhängigkeit bei dem Herzogspaar durchbrach. Diesmal erreichten Ferdinand und Amélie auf gütlichem Wege, daß Minister de
Llano nach Madrid zurückbeordert wurde. Der Herzog machte geltend,
er sei jetzt dreiundzwanzig Jahre alt und könne nun wirklich die Regierungsgeschäfte allein führen. Zu seinem neuen Minister ernannte er den
Grafen Don Giuseppe Pompeo Sacco.

Hatte seit dem Bruch mit Madrid und Wien in Parma eine gewisse
Inaktivität geherrscht, so erhielten jetzt Don Ferdinandos Bestrebungen,
die darauf abzielten, der Kirche, den Klöstern, den Jesuiten alle alten
Privilegien wieder einzuräumen, erneut Auftrieb. Beim einfachen Volk
gewann ihm das viele Sympathien. Er wurde, und das mutet etwas grotesk an, immer beliebter bei seinen Untertanen. Man nannte seine Indo-
lenz »sanftmütig«; man hielt ihn für gebildet, wenn er den Fuß in seine
Bibliothek im Palast von Colorno setzte; seine Nachgiebigkeit in allen
klerikalen Interessen, Steuerfreiheit für Klöster und ähnliche Dinge, die
in anderen Ländern im Zuge der Aufklärung längst endgültig abgeschafft waren, legte man Don Ferdinando als persönliche »Großzügigkeit« aus.

Amélie jedoch sah den Herzog von anderer Seite. Sie lebte de facto von
ihrem Ehemann getrennt. Er hatte sich in Colorno eingerichtet, dem lu-
xuriösesten und komfortabelsten aller Paläste des Herzogtums. Sie entschied sich für Sala und ging dort ihren Neigungen nach. Er verbrachte
täglich viele Stunden in der Kirche San Liborio, wobei er es sich zur Ehre
anrechnete, die niedrigsten Reinigungsarbeiten in der herzoglichen Kirche zu verrichten. Amélie fand, er habe als Mensch kein Rückgrat, keinen Charakter, keinen Wesenszug, auf den man sich hätte verlassen
können. Seine Absurditäten und Albernheiten, seine Servilität der Kir-

che gegenüber brachten sie zur Raserei. In Wien war man auch fromm gewesen, manche Leute hatten ihre demütig-christliche Mutter sogar bigott gescholten. Aber die Messen, die Besuche der Gräber der Heiligen, die Prozessionen, die Gänge zur »Saulen« am Graben oder auf dem Hof hatten unter Wahrung der Würde stattgefunden. Sogar die Fußwaschungen, alles hatte Ernsthaftigkeit, Dezenz, vornehme persönliche Haltung ausgestrahlt.

Don Ferdinandos Frömmigkeit war eine Farce oder schien es wenigstens zu sein. Auf Amélies Vorhaltungen ließ Don Ferdinando sich zuweilen herbei, die Vorträge seines Ministers Graf Sacco über die Regierungsgeschäfte zu hören. Dann saß der Herzog am Schreibtisch und malte Männlein und Figuren auf sein Schreibpapier, bis ihn wieder sein Raptus packte. Dann ging er zu den Mönchen und becherte halbe Nächte mit ihnen. Wenn er »außerhalb schlief«, so bedeutete dies in vielen Fällen, daß die Patres ihn nach einem solchen Gelage in eine Gastzelle zur Ausnüchterung bringen mußten, weil er in seinem desolaten Zustand nicht mehr nach Hause konnte. Dann wieder verschwand Don Ferdinando auf Jahrmärkten, an Markttagen oder bei ähnlichen Gelegenheiten von der Seite seiner Begleiter, und man fand ihn Stunden später angeheitert bei seinen geliebten Maronibratern auf der Straße sitzend. Nicht selten geschah es, daß Ferdinand in handfeste Prügeleien verwickelt wurde.[38] Unter diesen Umständen war es Amélie nicht zu verdenken, daß sie den Geboten ihrer Mutter, »den Herzog um keinen Preis zu verlassen«, nicht folgen konnte. Im Gegenteil, der einzig erträgliche Ausweg aus dem Dilemma ihres Lebens war, ihr Leben strengstens von seinem Tun und Treiben zu separieren. Nur so wurde die ganze Sache erträglich.

Ungeachtet der vollzogenen Aussöhnung mit Parma bekam die Kaiserin in Wien niemals genug von dort zu hören und zu lesen. Wer auch immer nach Italien reiste, seien es Familienangehörige, Wiener Hofleute, fremde Gesandte, immer bat Maria Theresia in eigenhändig und im dringlichen Ton geschriebenen Billetts, doch nur ja über den Hof in Parma genauestens informiert zu werden. Die Nachrichten mußten in ihren Ohren immer wieder unerfreulich klingen, denn nach ihren Vorstellungen von einem Eheleben handelten die Kinder in Parma nun einmal nicht. Ihr Sohn Ferdinand in Mailand erhielt im April 1774 eine dieser bewegten Klagen:

*Ihre unglückliche Schwester! Kann sie denn niemals klug werden? Und immer Geheimniskrämerei und Intrigen? . . . Der liebe Gott strafe mich am empfindlichsten Punkt meines Herzens, wenn ich je gewußt habe, was das ist: eine Intrige. All denen, die diese Schwäche haben, geschieht nur Unheil.*[39]

Indessen ließ sich Amélie in ihrer Handlungsweise nicht beirren. Sie allein konnte beurteilen, wie es überhaupt möglich war, mit ihrem exzentrischen Gatten auszukommen. Offenbar mußte sie einen modus vivendi gefunden haben, der es ihr sogar ermöglichte, sich im ehelichen Zusammenleben mit ihm zu arrangieren. Insofern verhielt sie sich sehr wohl kompromißbereit, wenn dies auch immer von der Mutter bestritten wurde. Amélie wußte genau, welchen Wert die drei großen Höfe, die ihr Leben bis in alle Einzelheiten zu bestimmen versuchten, auf baldigen und möglichst zahlreichen Nachwuchs in Parma legten.

So kam am 28. November 1774 ihre Tochter Marie Antonie zur Welt, die jedoch für die Zukunft insofern keine Bedeutung gewann, als sie 1841 hochbetagt, jedoch unvermählt als Äbtissin der Ursulerinnen in Rom starb. Als jedoch die Nachricht von dem freudigen Ereignis ihrer Geburt am 5. Dezember in Wien eintraf, befahl die Kaiserin »kleine Gala«, sagte ein abendliches Appartement an, die Damen wurden zum Handkuß befohlen, und das Diplomatische Corps absolvierte eine Gratulationscour.

Ehe das Herzogspaar von Sachsen-Teschen, Mimi und Albert, Ende 1775 zu seiner großen Italienreise aufbrach, schrieb Maria Theresia in einem streng vertraulichen Brief an Mimi, die Lage ihrer Schwester sei nahezu unerträglich, das wisse sie wohl, aber sie selbst habe eben auch viel Schuld daran. Mimi möge ihr doch den Gefallen tun, ihr die Fehler dieses armen Infanten »sorgfältig herauszuklauben«, und ihr dann zu sagen, wie in aller Welt es nur möglich sei, daß neben einer so unvergleichlichen Schwester wie Isabella von Parma ein so schrecklicher Bruder existieren könne. Sie müsse so oft an allem zweifeln. Aber – ein anderer habe Mätressen, übertreibe die Jagd, spiele womöglich hoch, hielt sich teure Pferde etc. Indem Don Ferdinando wenig Geldmittel habe, brauchte er ja schließlich irgendeinen Spaß. Man müsse sich wohl zufrieden geben, wenn er nur kein ausgesprochenes Laster habe. Und ob es denn wahr sei, daß er oft ein bißchen viel mit den Mönchen trinke. »Sagen Sie mir nur ja alles!« beschwor die Kaiserin die Reisende.[40]

Von dieser Reise Mimis liegt in der ausführlichen Aufzeichnung ihres Mannes endlich einmal ein anschaulicher, weder von Lokalpatriotismus noch von politischer Abneigung gefärbter Bericht über den Hof von

Parma vor, wenn man hierbei auch in Rechnung stellen muß, daß sich die Gastgeber zweifellos im besten Lichte zeigen wollten. Anfang Juni 1776 trafen die Verwandten in Parma zusammen, und Albert hielt alles Wissenswerte fest:

> *Bei Tagesanbruch kamen wir an und stiegen im Gasthaus zur Post ab. Der Infant hatte uns nicht so früh erwartet. Er und seine Frau kamen aber, als sie unsere Ankunft erfuhren, sogleich von Colorno herein und in unser Hotel, so daß wir kaum Zeit zum Umkleiden hatten. Der Empfang war herzlich, freundschaftlich; sie führten uns in ihr Palais, wo wir frühstückten und ihre kleine Familie sahen. (Karoline sechs Jahre, Ludwig drei und Marie Antonie fast zwei Jahre.)*
>
> *Der Infant entspricht in seiner Persönlichkeit ganz dem Porträt, das man mir entworfen hatte. Seine Figur ist nicht sehr nobel und vorteilhaft, aber nicht unangenehm. Das Gesicht, das für schön gelten könnte, drückt gar nichts aus. Der Ausdruck wechselt nie. Ich habe das bei keinem anderen Menschen gesehen.*
>
> *Sein Empfang war ungezwungener als ich dachte. Er ist sehr höflich, spricht sehr gescheit über die verschiedensten Dinge, wie sie bei einer solchen Gelegenheit ins Gespräch gezogen werden. Wenn man länger um ihn ist, bemerkt man, daß seine Kenntnisse nicht über einen gewissen Kreis hinausgehen, der ihm von seinen Studien geblieben ist . . . er ist am meisten über Kunst und wissenschaftliche Gegenstände unterrichtet. Über Regierung und Politik hörte ich ihn gar nicht sprechen und weiß auch nicht wie tief er blickt.*
>
> *Bei all seinen Schritten und Entschließungen begleitete ihn eine angeborene Scheu und Verlegenheit. Sie ist die Frucht einer zu strengen Erziehung. Daher kommt auch die geringe Teilnahme, die er für alles andere, sogar für seine Kinder hat. Die meisten versicherten mich, er habe ein gutes Herz, andere sagten, er sei hart und aufbrausend. Ich glaube das nicht, denn er sieht gar nicht danach aus. Wenn es sich so verhielte, wäre diese Bösartigkeit die schlechteste, weil sie heimlich und versteckt ist. Mehr Glauben schenke ich dem, was man mir über seine Trägheit, seine Indolenz, seine geringe Fähigkeit für die Geschäfte sagte.*
>
> *Die Infantin (Amalia) war so verändert, daß ich sie nicht wiedererkannte. (Seit sieben Jahren nicht gesehen.) Keine Spur von jenem Glanze, jener Schönheit, die man einst an ihr bewunderte, ist geblieben. Ihre schöne Taille ist verschwunden. Kleidung und Gang tragen noch mehr bei sie zu entstellen. Sie ist weniger fröhlich, weniger entschieden als*

*jemals. Ihre älteste Tochter ist das schönste Kind, das man sich denken kann, hat aber einen Zug von Düsterheit und Traurigkeit, so daß man es nur mit Wehmut ansehen kann. Die anderen Kinder sind weniger schön. Ihr Betragen gegen sie und den Infanten ist kühl. Man kann daraus entnehmen, daß die Verschiedenheit des Geschmackes und Lebensganges ihre Herzen und Gefühle nicht näherbringt.*

*Der erste Minister oder vielmehr der Staatssekretär Graf Sacco gilt für einen borniertten Menschen und genießt gar kein Ansehen, ebensowenig der Marquis Canossa, der die Finanzen leitet. Diese sind, nebenbei gesagt, alle verpachtet. Der Hof des Infanten ist auf großem Fuße eingerichtet. Man findet, wenn auch in geringer Zahl, alle Chargen, Offiziere, sogar die berittenen Garden wie am Hofe von Neapel oder Madrid. Die Herren schienen in ihre Funktionen nicht eingewöhnt, das konnte nicht überraschen, da der Infant die meiste Zeit in Colorno zubringt. Seine Gemahlin führt ein ebenso zurückgezogenes Leben in einem anderen Landhaus, Sala, und unterhält sich damit, spazieren zu gehen oder zu Pferde zu jagen.*

*Den Tag nach unserer Ankunft logierten sie uns bei sich ein und gaben ein Diner mit 60 oder 70 Couverts. Der französische und spanische Gesandte, die sich hier ein großes Ansehen geben, waren gegenwärtig. Der Saal, in welchem wir speisten, war gut meubliert, aber das übrige entspricht der Residenz eines regierenden Herrn wenig, und es ist unbegreiflich, warum der frühere Minister einen Teil der alten Residenz niederreißen ließ, ohne einen anderen aufgebaut zu haben. Nachmittags führte uns der Infant in diese alte Residenz, um uns den Saal der Akademie zu zeigen. Dort sahen wir den heiligen Hieronymus von Correggio und ein Bild, welches die Infantin Isabella der Akademie geschenkt hatte. Wir erinnerten uns an jene Prinzessin, die bei uns so gekannt und bewundert war. Wir fühlten das Unglück, sie so bald verloren zu haben, doppelt tief . . .*

*Der Infant zeigte uns die Stadt und die Zitadelle. Das Bataillon Garden, das er vorführte, ist das schönste Corps in ganz Italien durch die Größe der Mannschaft und die prächtige Uniform. Aber es repräsentiert fast die Hälfte seiner Armee . . .*

*Am 8. Juni führte uns der Infant nach Colorno . . . Die Gärten sind schön, aber die altberühmten Wasserwerke zerstört. Nach der Rückkehr von Colorno gab uns der Infant einen Hofball, der aber nicht sehr besucht war. Nach dem Souper nahmen wir Abschied und reisten noch in der Nacht nach Turin ab.*[41]

Die Berichte über Amélies schlechtes Aussehen, ihre schwankende Gesundheit und ihr so stark verändertes Wesen sind zweifellos wahr. Es war kein Wunder, wenn sich die Disharmonie ihres Lebens und ihres Schicksals ihrer Erscheinung mitteilte. Sie war lebenslang verurteilt, in einem kleinen Herzogtum, in beschränkten finanziellen Verhältnissen zu leben, einen schwierigen und unzuverlässigen Partner zur Seite. Sie war als Kaisertochter gleichsam verdammt zu einem minderen Niveau und ausgeschaltet aus dem politischen Leben. Dabei hatte sie immer das Bild Marie Karolines vor Augen, die sich in Neapel mehr und mehr mit den Regierungsgeschäften befaßte. Ein Schicksal wie ihres wäre keiner Tochter Maria Theresias leicht gefallen. Alle waren sensibel, leicht verletzbar, durch Rücksichtnahme und bevorzugte Stellung in Wien verwöhnt.

In den Briefen Maria Theresias vom Zeitpunkt der Verheiratung Amélies 1769 bis zum Tode der Kaiserin 1780 klingt immer wieder brennendes Mitleid mit dieser Tochter auf. Als sie den Bericht von Mimi und Albert 1776 erhalten hatte, äußerte sie im August zu ihrer Schwiegertochter Beatrix nach Mailand, sie möchten doch alle sehr lieb zu Amélie sein und Kontakt mit ihr pflegen, es wäre ein Werk der Nächstenliebe. Sie habe in Parma weder eine Zufluchtsstätte, noch eine Aussprachemöglichkeit noch Geldmittel; aber sie beklage sich ihr gegenüber nie und sie müsse gestehen, dies greife ihr ans Herz.[42]

Während Maria Theresia in der Zeit des kurzen Zerwürfnisses 1772/73 all ihren in Italien verheirateten Kindern verbot, mit Amélie umzugehen, umso mehr ermunterte sie Ferdinand, Leopold und deren Frauen in der rührendsten Weise, die unglückliche Schwester aufzuheitern, sie liebevoll zu behandeln und gut zu ihr zu sein.

*Im übrigen: amüsieren Sie sie, beweisen Sie ihr alle Freundschaft, nichts wäre mehr am Platze als das!*[43]

So schrieb die Kaiserin im Januar 1777 an Ferdinand nach Mailand. Mit allen Ehren wurde auch wieder die Geburt der nächsten Enkeltochter Charlotte am 7. September des gleichen Jahres gefeiert. Der mündliche Bericht Mimis und Alberts mußte die Mutter noch mehr ergriffen haben als die sachliche und zurückhaltende Reiseschilderung Alberts. Von Zeitgenossen wurde allerdings immer kritisiert, daß die Kaiserin niemals größere Geschenke nach Parma sandte, während sie den anderen Höfen gegenüber recht großzügig sein konnte.

Seltsam mutet es an, daß Leopold, sonst so weitschweifig über seine Geschwister in seinem Geheimbericht von 1778 berichtend, gerade über Amalia gar nicht viel erzählte. Er erwähnte nur kurz, Amalia sei sehr unglücklich wegen ihrer eigenen Schwäche, der ihres Mannes, ihrer Extravaganzen, Schulden und schlechtem Benehmen. Auch muß 1778 gerade einmal wieder eine Mißstimmung aufgekommen sein, denn Leopold konnte nur vermerken, die Kaiserin sei über Parma »äußerst verärgert«. Sie wolle von dort nichts mehr hören und mische sich weder direkt noch indirekt mehr ein.[44]

Was blieb Amélie übrig, als sich denjenigen Ablenkungen zuzuwenden, die ihr von Jugend an gefielen. In aller Morgenfrühe auf einem guten Pferd durch stille duftende Wälder zu reiten wie einst mit dem Vater. Die Landschaft der Emilia hatte sie längst erkundet. Sie hatte mitangesehen, wie in Italien die Jagd gehandhabt wurde, wie ihr Schwager, der König von Neapel, sich auf eine wüste Knallerei auf zusammengetriebene Kreaturen beschränkte. Amélie hatte immerhin den Ehrgeiz, waidgerecht und wie es sich gehörte zu jagen, die Schon- und Setzzeiten einzuhalten und ihre Jäger so zu schulen, daß sie vor ihrem Vater hätten bestehen können. Die Jagden brachten ihr den notwendigen Ausgleich, verscheuchten trübe Gedanken, zerteilten Ärger und Erbitterung und die Schönheit der Natur linderte wohl so manche verzweifelte Stunde.

Ihre ganze Erziehung, ihre Abkunft, der Wunsch der Mutter und nicht zuletzt ihr Hochmut ließen sie Wege finden, sich mit ihrem problematischen Ehemann von Zeit zu Zeit immer wieder so weit zu verständigen, daß noch zwei Kinder geboren wurden. Nach Prinzessin Charlotte der kleine Prinz Philipp, der nur von 1783 bis 1786 lebte, und zuletzt die Prinzessin Luise 1787, die nur ein Jahr lang lebte. Ihr Sohn Ludwig – Louis de Bourbon mit dem Orden vom Goldenen Vlies – heiratete 1795 Marie Luise, eine Tochter des Königs Karl (Diego) IV. von Spanien und ihrer Tante gleichen Namens. Aus dieser Ehe gingen die Vorfahren der letzten Kaiserin von Österreich, Zita, hervor. Sowohl Zita aus dem Hause Bourbon-Parma als auch ihr Gemahl, Kaiser Karl I. von Österreich aus dem Hause Habsburg-Lothringen, sind demnach Nachkommen Maria Theresias.

Wenige Wochen vor ihrem Tode schrieb Maria Theresia einen langen Brief an Ferdinand, dem sie schon vorher mitgeteilt hatte, wie sehr sie über die Haltung des Infanten immer wieder erschrocken sei und wie leid ihr Amélie täte. Dennoch sei das Ansinnen der Kinder in Parma, die Kaiserin möge doch ihre Schulden bezahlen, für sie unerfüllbar, denn es handelte sich um beträchtliche Summen. Zu Ferdinand war die Mutter in diesem Punkt ganz offen. Er war als Gouverneur der Lombardei in Mailand der Nachbar des Herzogtums Parma und mußte Einblick in alle Vorfälle haben.

*19. Oktober 1780*

*Wegen der anderen sehr wichtigen Sache, der Affären von Parma, will ich Ihnen gegenüber nicht leugnen, daß ich seit zwei Monaten für Ihre Schwester zittere. Sie sollen wissen, daß sie mich kontinuierlich bestürmt hat, nach hier zu kommen. Sie hat mir immer geschrieben, man würde sie zu Tode quälen, sie wolle lieber wissen, ob es Hoffnung für sie gäbe oder nicht.*

*Ich habe nun die Gelegenheit ergriffen mich nach dem Geld zu erkundigen, das man braucht, um sich an der Wahl (zur Coadjutorin) für ihre Tochter in Loretto beteiligen zu können. Ich habe ihr angedeutet, daß sie diese kleine Reise nicht machen kann, ohne daß ich 2 000 sequins (Zechinen) beisteuere, soviel wird das dort kosten. Ich gebe zu, daß der Etat, ohnehin mit Schulden belastet, für unnütze Ausgaben nicht in Anspruch genommen werden kann. Sonst wäre es besser, nicht mehr daran zu denken.*

*Als sie und der Infant mir – mehrfach wiederholt – zu verstehen gegeben haben, daß 100 000 sequins (1 Zechine = 9,50 Goldmark), welche ungefähr die Hälfte ihrer Schulden ausmachen, kaum bewirken könnten, daß sie wieder ins Reine kämen, bin ich zu dem Schluß gekommen, die Verhandlungen abzubrechen und keine Hoffnung zu lassen.*

*Seit diesem Moment haben sie mir nicht mehr geschrieben. Vierzehn Tage danach klagte sie über Fieber. Das hat mehr oder weniger bis heute gedauert. An einem Tag sagt sie, sie stirbt, am anderen geht es ihr besser. Sie schreibt mit jeder Post wie gewöhnlich, ohne daß sich irgendetwas ändert, sagt, daß sie trotz des hohen Fiebers aufsteht, aber nicht die Kraft hat, irgendetwas anderes zu machen. Sie selbst legt die Berichte von (ihrem Arzt) Camuti offen bei. Endlich hat er mit einer anderen Tonart an Störck geschrieben . . ., daß er nicht länger schweigen könne, daß Ihre Schwester nichts ißt, nicht regelmäßig wie sie sollte. Sie verdirbt sich mit Gewalt dadurch, daß sie heimlich ißt, behauptet aber, daß sie nichts essen könne und will unbedingt eine Köchin von hier (aus Wien) haben, die ich aussuchen soll. Aber wir haben hier bei Hof keine jungen Lehrlinge mehr und die zwei alten möchten nicht in ein anderes Land.*

*Der Infant schließlich seufzt mir vor, ihr doch den Gefallen zu tun und sie kommen zu lassen, wenn sie sich erholt hat und er antwortet auf alles, was man ihm sagt, daß er keinen Ausweg mehr wüßte ihr zu helfen . . . Ich gestehe Ihnen, da ich die Heftigkeit und Dickköpfigkeit Ihrer Schwester kenne, ist für sie alles zu fürchten. Sie hat keinen vernünftigen Menschen um sich und noch weniger jemanden, der ihr imponiert, was sie so sehr nötig hätte.*

*. . . Vielleicht ist man (inzwischen) zu der Überzeugung gelangt, daß sie in Piacenza bessere Luft hat. In diesem Falle würde es mich freuen. Aber um sie herkommen zu lassen, so würde ich offengestanden nicht wissen, wie ich mich gefällig erweisen sollte. Meine Lage ist zu kritisch. Der Kaiser (Joseph) hat erklärt, nicht einen Tag hierbleiben zu wollen, wenn sie käme. Sie können überzeugt sein, daß all diese Winkelzüge und Intrigen nur geschehen, um bei uns einen Rückhalt zu gewinnen, wie ihre verstorbene Schwiegermutter ihn seinerzeit in Frankreich hatte.*[45]

Am Schluß des langen Schreibens teilte die Kaiserin Ferdinand noch vertraulich mit, wenn der Infant sie nochmals um Geld bitten würde, käme der ganze Vorgang an die Hofkanzlei. Sie sei nicht imstande, sich mit diesen Dingen noch länger zu belasten und sich darüber aufzuregen.

Nach dem Tode der Mutter wurde der Umgang der Geschwister miteinander zweifellos ungezwungener. Es wird von Reisen berichtet, die Amélie im Jahre 1782 zu Leopold nach Florenz unternahm. 1783 besuchte sie Elisabeth in Innsbruck und fuhr darauf neun Tage zu Marianna nach Klagenfurt. Bei den Elisabethinerinnen fühlte sich Amalia außerordentlich wohl und schloß Freundschaft mit der Oberin Xaveria Gasser. Noch heute sind zwanzig Briefe Amalias im Kloster aufbewahrt. Aus ihnen spricht die herzliche Liebe der jüngeren Schwester, die zu Marianna immer wie zu einer Mutter emporgesehen hat. Als Amélie am 15. Juni 1783 von Klagenfurt Abschied nahm, verfaßten Mariannas Hauspoeten ein Gedicht auf die Reise der Herzogin Amalia von Parma, durch die endlich einmal drei Schwestern nach langer Zeit wieder vereint waren:

> *Du eilst, gesehen kaum, und schon geliebt von hier;*
> *Es flieht mit Dir der beyden Schwestern Ruh:*
> *So rufet der Tyroler Dir,*
> *Und so der Kärntner zu,*
> *Für beyde doppelt schwere Wunden,*

*Die langsam nur die Zeit, der Arzt der Herzen, heilt.*
*Seit wann sind denn, sonst stäts so eng,*
*So sanft verbunden,*
*Seit wann sind denn die Grazien getheilt?*[46]

Eine Schmeichelei, aber auch eine herzliche Huldigung für einen Gast, der in harmonischer Umgebung einmal aufatmete.

Die Kommentare, die ansonsten über Amélie kursierten, waren lange nicht so galant. Königin Marie Karoline von Neapel schrieb über Amélie an ihre Schwester Mimi im November 1783:

*Sie ist so frech, so ausgelassen, daß jedermann sich berechtigt fühlt, ihr alle Unverschämtheit anzutun.*[47]

Dabei erging sich Karoline in ernsthaften Erwägungen, ob die Schwester nicht etwa geisteskrank geworden sei, denn dies sei doch sonst nicht ihre Art gewesen.

Ein vernichtendes Bild zeichnet Paltrinieri:

»Unruhig, furchtlos, leidenschaftlich, gewalttätig lebte Maria Amalia das liederliche Leben zwischen ihren zahlreichen Jagdhundemeuten, ihren Pferden, ihren Reitknechten und Höflingen. Mit einem noch schlechteren Ruf hätte sie der Geschichte nicht überliefert werden können, man sagt sogar, es wäre besser gewesen, wenn das Schicksal ihre Geburt und ihre ganze Existenz mit dem Mantel des Schweigens umhüllt hätte. Man nannte sie die Messalina des 18. Jahrhunderts. Es wurde, wie immer, übertrieben, oder besser gesagt, es wurde lediglich einer einzigen Seite des gesamten Charakters dieser Prinzessin zu viel Aufmerksamkeit geschenkt. Sie hatte zwar sehr viele Fehler, es gelang ihr jedoch, die Liebe des Volkes zu gewinnen und sie wollte das Herzogtum von der demütigenden Abhängigkeit . . . seitens der Höfe Spaniens und Frankreichs . . . befreien.«[48]

Zehn Jahre nach Maria Theresias Tod war es für Parma nicht mehr wichtig, mit diesem oder jenem Hof gutzustehen. Die französische Revolution von 1789 hatte andere Maßstäbe gesetzt. Emissäre der neuen Freiheitslehre schwärmten in ganz Europa aus. Die italienischen Fürstenhäuser hatten durchweg unter schweren Anwürfen durch Schmähschriften zu leiden. Man wollte die Fürsten generell, ob sie gute oder schlechte Herrscher waren, dermaßen diskreditieren, daß das Volk sich umso eher gegen sie auflehnen könne. Unablässig wurden immer neue und immer noch ärgere Verleumdungen über die Fürstinnen ausge-

streut. Von Marie Karoline aus Neapel sind Belege erhalten, in welcher
Weise sie sich beschimpfen lassen mußte, und wie unverschämt Anfang
der neunziger Jahre die neuen französischen Gesandten der Revolutions-
regierungen auftraten.

Eingedenk dieser allgemeinen Umstände kann man mit Sicherheit annehmen, daß die Verunglimpfungen Amélies, die sie als »Messalina des
18. Jahrhunderts« darstellen wollen, ebenfalls aus dieser Epoche stammen, die keine Schranken mehr kannte. Den gleichen Beinamen »Messalina« erhielt übrigens auch Marie Karoline, ohne daß auch nur der geringste Grund dafür vorhanden gewesen wäre. Ferdinand und Marie Beatrix, die als Gouverneure der Lombardei in Mailand residierten, obwohl
Ferdinand die Erbfolge im Herzogtum Modena angetreten hatte, mußten ebenso unter Diffamierungen leiden. Auch Florenz und das habsburgische Besitztum Toscana wurden mit Pamphleten überschwemmt, bis
1796 Napoleon seine Hand darauf legte.[49]

Alle Berichte der damaligen Zeit, Schilderungen von Fremden, Zei-
tungsartikel und Familienbriefe sind subjektiv gefärbt. Auf diese Weise
ergeben sich die unterschiedlichsten Urteile. So sei auch hier eine Lob-
rede auf den Herzog Don Ferdinando von Parma wiedergegeben, Amélies so oft geschmähten Gatten:

»Geboren, aufgewachsen, erzogen in Parma, war Don Ferdinando di
Borbone der populärste und beliebteste unter den Fürsten. Er selbst
liebte seine Geburtsstadt am meisten und in ihrem Dialekt pflegte er
auch gewöhnlich zu reden. Er widerstand furchtlos dem napoleonischen
Druck, der ihn gegen Ende seiner Regierungszeit aus Parma entfernen
wollte.«[50]

Ferdinand soll zwar nach der Überlieferung heroisch ausgerufen haben: »Hier lebe ich, hier will ich auch sterben!« Aber jedem, der Einblick
in die Verhältnisse in Parma hatte, mußte klar sein, daß Parma an eine
Verteidigung gegen die Franzosen überhaupt nicht denken konnte. So
sprechen denn die Historiker weniger von Ferdinands »Furchtlosigkeit«
als von seiner »Anpassungspolitik«, was die Sache eher treffen dürfte.
Obwohl unter seiner Ägide Parma keineswegs im Überfluß lebte, empfand man seine Regierung doch als milde, angenehm und für alle Einwohner Parmas gedeihlich. Man hielt sich etwas darauf zugute, daß jenseits der Alpen in Frankreich seit 1789 die Köpfe rollten, während in
Parma noch bis 1796 alles friedlich blieb.[51]

»Don Ferdinando hatte ein winziges Heer zusammengestellt, das er
selbst ›meine friedliche Armee‹ nannte, wogegen seine Spötter diese je-

17   *Leopold im Alter von 14 Jahren*

18  Leopold als Großherzog von Toskana mit Gemahlin Maria Luisa v. Spanien
und Kindern: Marie Therese (18), Franz (Kaiser Franz II.) (17), Ferdinand (Ferdi-

*nand III. v. Toskana) (16), Maria Anna (15), Karl (14), Leopold (13), Joseph (9),*
*Klementine (8), Anton (6), Amalie (5), Johann (3), Rainer (2), Ludwig (1)*

19   *Leopold als Kaiser Leopold II.*

doch mit der Bezeichnung ›i soldà dla botaja‹ – die Truppe des Dickerchens – verlachten.

Die französische Republik konnte also keinen Grund haben, sich um das kleine Herzogtum Sorgen zu machen, auch deshalb nicht, weil Don Ferdinando alles tat, um irgendwelche Streitigkeiten mit der neuen Regierung zu vermeiden . . .
Napoleon beabsichtigte jedoch nicht, den kleinen Staat, der auf seinem ruhmreichen Weg lag, zu schonen. Am 6. Mai 1796 besetzte der große General Piacenza, wobei er die öffentlichen Gelder raubte. Er zwang den Herzog, der ihm . . . seine Bevollmächtigten gesandt hatte, zu verhandeln und einem demütigenden Waffenstillstand zuzustimmen.

Die Bedingungen waren sehr schwer: Don Ferdinando mußte den »heiligen Hieronymus« von Correggio und weitere fünfzehn Bilder nach Napoleons Auswahl abgeben. Ferner eine Kriegskontribution in Höhe von zwei Millionen Francs, 1 700 Pferde, 2 000 Ochsen, 10 000 Doppelzentner Weizen, 5 000 Doppelzentner Hafer und 5 000 Paar Schuhe.

Der Herzog opferte all seine Reichtümer, wobei er sogar seinen Schmuck verpfändete, um den ihm auferlegten Bedingungen nachzukommen. Schließlich konnte er am 5. November 1796 mit der Republik ein Friedensabkommen schließen, das die Erhaltung des Herzogtums sicherte. Es befand sich nun jedoch unter der Oberherrschaft der Franzosen, die dem Herzog nur eine scheinbare Souveränität ließen.«[52]

Ferdinands Nachgiebigkeit sollte ihm jedoch keinen Vorteil bringen. Am 9. Februar 1801 wurde ein vorher geschlossener Geheimvertrag außer Kraft gesetzt, in welchem er sich mit der Abtretung von Parma, Piacenza und Guastalla im Tausch gegen die Toscana einverstanden erklärt hatte. Nur setzten die Franzosen in diesem Vertrag von Lunéville nicht ihn, sondern seinen Sohn Don Luis als künftigen Besitzer der Toscana ein und gaben ihm den Titel eines Königs von Etrurien.

Kurz danach, im Abkommen von Aranjuez vom 31. März 1801, sollte den Herzögen von Parma vollends der Boden unter den Füßen weggezogen werden. Beauftragte für die Vertragsformulierung waren Napoleons Bruder Josef und der einstige Favorit des spanischen Königspaares, der die letzten Jahre gänzlich die Regierung geführt hatte: Godoy, der sich hochtrabend »Friedensfürst« nennen ließ. Don Ferdinando von Parma weigerte sich, den Vertrag von Aranjuez anzuerkennen. Dies hatte zur Folge, daß sich die fürstenfeindliche Agitation im Herzogtum Parma erheblich verstärkte.

»Inzwischen wurde gegen das Leben des Herzogs eine Verschwörung vorbereitet. Man verübte gegen ihn einen Anschlag in seinem eigenen Palast in Colorno. Don Ferdinandos Güte war jedoch so groß, daß er seinem Attentäter verzieh und ihm sogar half, sich in Sicherheit zu bringen.

Aus diesem Grund geschah es vielleicht, daß die Nachricht von seiner Vergiftung verbreitet wurde, als der großzügige und fromme Souverän kurz danach plötzlich in der Abtei von Fontevivo erkrankte und innerhalb von achtundvierzig Stunden (am 9. 10. 1802) starb.

Es wurde bald eine Regentschaft gebildet, die aus der Herzoginwitwe Maria Amalia, dem Minister Graf Schizzati und dem Marquese Cesare Ventura, Minister und Stellvertreter des Königs von Etrurien, bestand. Die Regentschaft teilte am selben Tage durch eine Proklamation an das Volk mit, daß sie im Namen des ›gesetzlichen Erben‹ zeitweilig regieren würde: Erbe auf Grund des Abkommens von Aranjuez konnte jedoch nur Frankreich sein.

Die Herzogin Maria Amalia war sich sofort über diese unvermeidliche Sukzession im Klaren. Am 22. des selben Monats reiste sie aus Parma ab . . .

Am darauffolgenden Tag . . . erhielt der Stellvertreter der französischen Regierung . . . eine Depesche von Talleyrand, in der ihm genaue Anweisungen erteilt wurden. Moreau erklärte durch eine Proklamation . . . daß vom 9. Oktober 1802 an ›alle Rechte und Befugnisse hinsichtlich der Souveränität über die Staaten Parma, Piacenza und Guastalla der französischen Republik zustehen und zustehen werden«[53]

Das Notifikationsschreiben über den Tod des Herzogs Ferdinand von Parma gelangte mit dem gleichen Kurier nach Wien, mit dem Amélie ihre Anfrage an den Kaiser richtete, wo sie selbst nun in diesen unsicheren Kriegszeiten ihre Zuflucht nehmen solle. Während sich die Herzogin noch um die Beisetzungsfeierlichkeiten für ihren Gemahl kümmerte, rüstete sie schon zu ihrer Abreise. Don Ferdinando fand am Ort seines Todes, in der Abtei von Fontevivo seine letzte Ruhestätte.

Kurz vor Weihnachten 1802 traf Herzogin Amalia in Prag ein und nahm ihre Wohnung in der königlichen Burg über der Moldau, im Hradschin. Sie residierte dort vom 22. Dezember an still und unauffällig. Amalia hatte aus Parma italienisches Dienstpersonal mitgenommen. Als Tochter der einst so gefeierten Königin von Böhmen war sie jedoch verpflichtet, auch einige Herren und Damen des Landes in ihren Dienst zu nehmen. So behandelte sie ab 1803 als neuer Leibarzt Wenzel Edler von

Bauer, ihr Kämmerer war ein Major Prokop von Wratislaw und einige Herren der Familie Schluderer.

Im Jahre 1804 fühlte sie sich schon Ende Mai recht schlecht. Ihr altes Leiden machte ihr zu schaffen, das sie schon bei jedem Kindbett sehr gequält hatte: eine Verhärtung der Brustdrüsen. Hinzu kamen nahezu unerträgliche rheumatische Beschwerden, die ihr fast den linken Arm lähmten. Ihr Zustand verschlechterte sich sehr schnell. Sie spürte den Verfall ihrer Kräfte und konnte gerade eben noch zwei Testamente und ein Kodizill abfassen lassen und unterschreiben. Am 9. Juni 1804 erhielt sie die letzte Ölung, am 18. Juni trat der Tod ein. Man verzichtete auf jegliche Exentrierung und entnahm ihrem Körper lediglich das Herz, das in eine silberne, vergoldete Herzurne gelegt wurde.[54]

Amélies Bestattung erfolgte am 21. Juni im Dom zu St. Veit in Prag, wo Maria Theresia einst zur Königin von Böhmen gekrönt worden war und mit dem ruhmreichen Wenzelsschwert einige böhmische Herren zum Ritter geschlagen hatte. In diesem Dom befand sich eine Kaisergruft. Kaiser Maximilian II. 1527–1576, und Kaiser Rudolf II., 1552–1612, hatten dort ihre letzte Ruhestätte gefunden.

Als Amélie mit achtundfünfzig Jahren starb, lebten nur noch drei der sechzehn Kinder Maria Theresias: Liesl in Innsbruck, Marie Karoline in Neapel und Ferdinand in Wien, der vor den Franzosen aus Mailand geflohen war.

»Rein äußerlich war Amalia der Kaiserin am ähnlichsten und neben Karoline von Neapel die einzige der Töchter, die wirkliches politisches Interesse und diesbezüglichen Ehrgeiz zeigte. Allerdings besaß sie nicht den klaren staatsmännischen Verstand in dem Ausmaß wie ihre Mutter.«[55]

Es ist die Frage, wie sich Maria Theresia entwickelt hätte, wäre ihr ein Los zuteil geworden wie Amalia. Die Kaiserin hatte das seltene Glück, ohne Bevormundung oder Demütigung ihre Persönlichkeit frei entfalten zu können. Sie war einzig gebunden an die Gesetze des Staates und der Religion, aber sonst »nur ihrem Gott« verantwortlich, wie sie einmal schrieb. Sie hat wahre Größe nur gewinnen können, weil alle Umstände dafür günstig waren.

In den verwickelten, kleinlichen, abhängigen und ständig gegängelten Familienumständen von Parma hatte Maria Amalia ständig unter Bosheiten, Verunglimpfungen und Schmähungen zu leiden. Im Alter von dreiundzwanzig Jahren verließ sie Wien und sah es ihr Leben lang nicht wieder. Bei Lebzeiten hatten Mutter und Bruder ihr hartnäckig und entgegen ihren ständigen Bitten eine Reise nach Wien verweigert. Aber das Herz der toten Amélie wurde am 24. Juni 1804 nach Wien überführt und in der Lorettokapelle der Augustinerkirche beigesetzt.

Auf dem Abkommen von Aranjuez fußend, kamen auf lange Jahre die eigentlichen Erbberechtigten in Parma, Don Ferdinandos und Amélies Kinder und Enkel nicht zur Regierung, denn die französische Republik, danach das Kaiserreich, war allein erbberechtigt. Nach Napoleons Sturz und Tod gelangte durch einen Beschluß des Wiener Kongresses das Herzogtum Parma an die kaiserliche Witwe Marie Louise, die jedoch kaum jemals in Parma lebte. Erst nach ihrem Tode 1847 trat Amélies Enkel Karl II. im Jahre 1848 wieder als Herzog von Parma in Erscheinung. Die Familie von Amélies Sohn Herzog Ludwig lebte in Lucca. In der Zeit von 1815–1848, nach Auflösung des Königreiches Etrurien, war Herzog Ludwig mit dem Herzogtum Lucca belehnt worden, das ein weitaus kleineres Gebiet als Parma darstellte und bei weitem nicht die Einnahmen hatte. Die Erbfolge des Hauses Bourbon-Parma fiel über Amélies Urenkel Karl III. an dessen Sohn Herzog Robert. Aus Roberts zweiter Ehe mit Prinzessin Maria Antonia, Tochter des Prinzen Michael von Portugal, stammte als fünftes Kind Prinzessin Zita, die spätere Gemahlin des letzten österreichischen Kaisers Karl I., der 1918 in Wien abdankte und 1922 starb.

Auf dem Abkommen von Aranjuez fußend, kamen auf lange Jahre die eigentlichen Erbberechtigten in Parma, Don Ferdinandos und Amélies Kinder und Enkel nicht zur Regierung, denn die französische Republik, danach das Kaiserreich, war allein erbberechtigt. Nach Napoleons Sturz und Tod gelangte durch einen Beschluß des Wiener Kongresses das Herzogtum Parma an die kaiserliche Witwe Marie Louise, die jedoch kaum jemals in Parma lebte. Erst nach ihrem Tode 1847 trat Amélies Enkel Karl II. im Jahre 1848 wieder als Herzog von Parma in Erscheinung. Die Familie von Amélies Sohn Herzog Ludwig lebte in Lucca. In der Zeit von 1815–1848, nach Auflösung des Königreiches Etrurien, war Herzog Ludwig mit dem Herzogtum Lucca belehnt worden, das ein weitaus kleineres Gebiet als Parma darstellte und bei weitem nicht die Einnahmen hatte. Die Erbfolge des Hauses Bourbon-Parma fiel über Amélies Urenkel Karl III. an dessen Sohn Herzog Robert. Aus Roberts zweiter Ehe mit Prinzessin Maria Antonia, Tochter des Prinzen Michael von Portugal, stammte als fünftes Kind Prinzessin Zita, die spätere Gemahlin des letzten österreichischen Kaisers Karl I., der 1918 in Wien abdankte und 1922 starb.

Quellen und Anmerkungen zum Kapitel
Maria Amalia

[1] Fürst Johann Josef Khevenhüller-Metsch, Aus der Zeit Maria Theresias, Tagebuch des kaiserlichen Obersthofmeisters 1742–1776, 8 Bde, hrsg. von Hanns Schlitter, Wien/Leipzig 1907/1908. – Nachstehend abgekürzt »Khevenhüller« genannt. – Bd. II, S. 78

[2] Khevenhüller, Bd. II, S. 95

[3] Heinrich Benedikt, Kaiseradler über dem Apennin. Die Österreicher in Italien, 1700 bis 1866, Wien/München, 1964. – Nachstehend abgekürzt »Benedikt« genannt. – S. 427

[4] Benedikt, S. 422

[5] Benedikt, S. 427

[6] Otto Christoph Graf von Podewils, Friedrich der Große und Maria Theresia, Diplomatische Berichte, hrsg. von Carl Hinrichs, Berlin 1937, S. 114; 15. 11. 1747

[7] Khevenhüller, Bd. II, S. 202

[8] Khevenhüller, Bd. III, S. 255

[9] Khevenhüller, Bd. VI, S. 47

[10] Amélie Engels, Maria Anna, eine Tochter Maria Theresias, Diss. Wien 1964. – Nachstehend abgekürzt »Engels« genannt. – S. 8

[11] Khevenhüller, Bd. VI, S. 77

[12] Brief Maria Theresias vom 11. 7. 1766; an die Gräfin Sophie Amalie Gräfin von Enzenberg; Briefe der Kaiserin Maria Theresia an ihre Kinder und Freunde, 4 Bde., hrsg. von Alfred Ritter von Arneth, Wien 1881 – Nachstehend abgekürzt »Arneth Briefe« genannt. – Bd. IV, S. 479

[13] Friederike Wachter, Die Erziehung der Kinder Maria Theresias, Diss. Wien 1968. – Nachstehend abgekürzt »Wachter« genannt. – S. 95

[14] Khevenhüller, Bd. VI, S. 280

[15] Richard Suchenwirth, Maria Theresia, ein Kaiserleben, Leoni/Starnberger See 1975. – Nachstehend abgekürzt »Suchenwirth« genannt. – S. 308

[16] Egon Caesar Conte Corti, Ich, eine Tochter Maria Theresias, ein Lebensbild der Königin Marie Karoline von Neapel, München 1950. – Nachstehend abgekürzt »Corti« genannt. – S. 17

[17] Benedikt, S. 428

[18] Benedikt, S. 429

[19] Arneth Briefe, Bd. IV, S. 324

[20] Vincenzo Paltrinieri, Parma, Aus dem Italienischen von Dr. Roberta Gess-Giove, München 1929. – Nachstehend abgekürzt »Paltrinieri« genannt. – S. 182

[21] Wachter, S. 211

[22] Arneth Briefe, Bd. IV, S. 490

[23] Die Mutter und die Kaiserin, Briefe der Maria Theresia an ihre Kinder und Vertrauten, aus dem Französischen übertragen und hrsg. von Carl Rothe, Wien/München 1968. – Nachstehend abgekürzt »Rothe« genannt. – S. 105

[24] Rothe, S. 106

[25] Paltrinieri, S. 186

[26] Arneth Briefe, Bd. I, S. 25 u. 29

[27] Suchenwirth, S. 309

[28] Benedikt, S. 430

[29] Instruktion für Graf Franz von Rosenberg, März 1772; Rothe, S. 113 u. 120

[30] Schreiben Maria Theresias an Ferdinand in Mailand vom 7. Mai 1772; Arneth Briefe, Bd. I, S. 98

[31] Arneth Briefe, Bd. I, S. 159

[32] Arneth Briefe, Bd. I, S. 167

[33] Arneth Briefe, Bd. I, S. 34

[34] Arneth Briefe, Bd. I, S. 217

[35] Arneth Briefe, Bd. I, S. 221

[36] »La Toison d'Or«, Cinq Siècles d'Art et

d'Histoire, Ausstellungskatalog des Museums der schönen Künste in Brügge 1962. Hrsg. von der Stadt Brügge in Belgien; umfassende Geschichte des Ordens vom Goldenen Vlies, S. 59

[37] Arneth Briefe, Bd. IV, S. 508
[38] Paltrinieri, S. 189
[39] Arneth Briefe, Bd. I, S. 270
[40] Arneth Briefe, Bd. II, S. 380
[41] Adam Wolf, Marie Christine, Erzherzogin von Österreich, 2 Bde, Wien 1863, B. I, S. 123
[42] Arneth Briefe, Bd. III, S. 241
[43] Arneth Briefe, Bd. II, S. 66
[44] Adam Wandruszka, Leopold II.,

2 Bde., Wien/München o. J., Bd. I, S. 338, 352
[45] Arneth Briefe, Bd. II, S. 305
[46] Archiv Tratzberg, Engels, S. 111
[47] Brief Karolines an Mimi vom 25. 11. 1783, Corti, S. 119
[48] Paltrinieri, S. 188
[49] Benedikt, S. 432
[50] Paltrinieri, S. 186
[51] Paltrinieri, S. 190
[52] Paltrinieri, S. 190
[53] Paltrinieri, S. 192
[54] Haus-, Hof- und Staatsarchiv, Hofzeremonialprotokoll von 1804, fol. 397 v. Ferner Familienakten Kart. 83
[55] Engels, S. 113

# Die Kinder Amalias
## aus ihrer Ehe mit Herzog Ferdinand von Parma

1 Karoline * 22. 11. 1770 † 1. 3. 1804
Heirat am 9. 5. 1792 mit Maximilian Herzog von Sachsen
* 13. 4. 1759 † 3. 1. 1838

2 Ludwig (Don Luis de Bourbon) * 5. 7. 1773 † 27. 5. 1803
Ab 1801 König von Etrurien. Heirat am 25. 8. 1795 mit Maria Luisa, Tochter des Königs Karl IV. von Spanien * 6. 7. 1782
† 13. 3. 1824

3 Marie Antonie * 28. 11. 1774 † 20. 2. 1841
Äbtissin der Ursulerinnen in Rom

4 Charlotte * 7. 9. 1777 † 3. 4. 1813

5 Philipp * 22. 5. 1783 † Juni 1786

6 Luise * 17. 4. 1787 † 22. 11. 1788

# Leopold II.

*Großherzog von Toscana 1765–1790*
*Römisch-deutscher Kaiser 1790–1792*
\* 5. Mai 1747 in Wien
† 1. März 1792 in Wien

Das Wetter des 25. Februar 1792 war sonnig und vorfrühlingsmäßig. Kaiser Leopold II. befahl den Prinzen Carl von Liechtenstein zu einem Ausritt nach Schönbrunn. Doch der Sonnenschein hatte über die noch herrschende winterliche Kühle hinweggetäuscht. Man fror. Leopold machte sich, in Schönbrunn angelangt, dadurch Bewegung, daß er die kalten Sommerzimmer inspizierte, einen Hofbeamten mit zwei Sekretären zur Seite. Sie notierten mit fliegenden Bleistiften, welche Anordnungen seine Majestät für den diesjährigen Sommeraufenthalt der kaiserlichen Familie gab.

Schon im vergangenen Jahr hatten Leopold und Kaiserin Maria Luisa mit einem Dutzend Kindern aller Altersstufen dort angenehme Sommermonate verbracht. Aber das Schloß war reparaturbedürftig und vernachlässigt. Die Reise von der Wiener Burg zum Schloß Schönbrunn hatte im vergangenen Jahr einer Expedition geglichen. Zu lange war es unter Kaiser Josephs Ägide unbewohnt gewesen, zehn Jahre unbenutzt, ungeliebt, ja, ängstlich gemieden aus Ersparnisgründen.

Doch diesmal würde wieder alles so sein wie zu Maria Theresias Zeiten. Leopold wies auf die herabgefallene Zierleiste der Wandverkleidung im Musiksaal. Ein Sekretär hob sie eilig auf. Der Kaiser diktierte die noch auszuführenden Kontrollen, die Reparaturen, er würde seinen Kammerheizer schicken, die Öfen nachsehen zu lassen. Einige Vergoldungen in den Prunkzimmern mußten aufgefrischt werden. Nun, es würde alles seine Ordnung haben, wenn man im Mai herauskam. Leopolds Blick schweifte zur Gloriette empor. Die Parkanlagen sahen noch winterlich aus, die Beete mit Tannenzweigen bedeckt, die Rosenstöcke mit Strohmänteln umwickelt. Prinz Liechtenstein sah nach seiner Taschenuhr. Leopold wandte sich ab von dem hohen, bis zum Boden reichenden Fenster. Als er plötzlich husten mußte, durchfuhr ihn links in der Lendengegend ein schneidender Schmerz.

»Gehn ma, meine Herrn, daheraußen ists noch ungemütlich!« Er schritt zur Tür. Obwohl er gutgelaunt wienerisch gesprochen hatte, blickte Prinz Liechtenstein den Kaiser prüfend an. Sein Lächeln hatte etwas Gezwungenes. Es war seltsam, wie ihn heute das Reiten anstrengte. Als er in der Burg bei der Bellaria aus dem Sattel stieg, war er außer Atem und völlig erschöpft. Langsam ging er die Treppen hinauf. Wie einst seiner Mutter, war ihm die eingeschlossene Luft seines Arbeitszimmers nahezu unerträglich. Er riß die winterlichen Doppelfenster auf und atmete tief. Erneut ein Hustenanfall und wieder dieser unheimliche, schneidende Schmerz im Leib.

Vier Tage später war Kaiser Leopold II. tot.

Selten hat das Hinscheiden eines erst vierundvierzigjährigen Herrschers mehr Bestürzung und Verwirrung ausgelöst. Leopold saß nur anderthalb Jahre auf dem Kaiserthron in Wien. Mitten in chaotischen Zuständen hatte er die Zügel der Regierung sehr weise, sehr behutsam, aber straff geführt. Alle Hoffnungen in Europa richteten sich auf diesen bedächtigen, sachkundigen und bisher fast unglaublich erfolgreichen Herrscher.

Am unverblümtesten sprach sein Schwager, König Ferdinand von Neapel, aus, was alle Welt dachte:

*Welch ein Wechsel der Szene, welche unheilvolle Tragödie! Wer konnte sie sich jemals erwarten! Ich weiß es, ich muß es glauben, und doch ist es mir unmöglich, mich davon zu überzeugen . . .*

*Wie ist es denn nur möglich, daß die Ärzte wirklich solche Esel gewesen sind, daß sie die Krankheit nicht erkannt haben, die, wenn man ihren Bericht liest, ein Kind erkannt hätte, und ihn sterben zu lassen wie einen Hund, ohne Sakramente und ohne sein Testament gemacht zu haben? Meine arme Schwester, wie wird es ihr gehen!*

*. . . Gott gebe, daß damit die Katastrophe zu Ende ist. O Gott, und welchen allgemeinen Umsturz wird dieses schreckliche Unglück zur Folge haben!*

*Ich versichere Euch, daß ich ganz betäubt bin . . ., da ich einen wahren Freund verloren habe, den ich liebte, schätzte und auf dessen Redlichkeit ich mich verlassen konnte . . .*[1]

Redlichkeit, Verläßlichkeit waren die hervorstechendsten Eigenschaften dieses Herrschers in Krisenzeiten. Auf ihm ruhten die Augen Europas voller Hoffnung und gerade er wurde so früh abberufen.

Damals, vor vierundvierzig Jahren, sah Kaiserin Maria Theresia ihrer neunten Niederkunft mit einiger Gelassenheit entgegen, denn eine Sensation stellte dies Ereignis im Kaiserhaus gewiß nicht mehr dar. Sie fühlte sich überaus wohl und war bis zuletzt lebhaft beschäftigt. Nach einigem Zögern hatte sie sich entschlossen, diesmal ihr Wochenbett nicht in der Hofburg abzuwarten, sondern das schöne Maiwetter in ihrem geliebten Schönbrunn zu genießen und dies neunte Kind dort draußen in all dem Frühlingsglanz zur Welt zu bringen.

Sie versetzte damit den Obersthofmeister Khevenhüller und seine Untergebenen in Unruhe.

*3. Mai 1747*

*Bei meiner Zurückkunfft nach Hauß fande ich ein Billet von I. M. der Kaiserin, worinnen selbe mir von der zwar allzeit vorgesehenen Entschließung, dero Kindbett aus Ursach des fürdauernden schönen Wetters zu Schönbrunn zu halten und sammtliche junge Herrschafften mit sich hinaus nehmen zu wollen, die Nachricht und zugleich den Befehl gabe, das nöthige dießfahls . . . zu bewerckstelligen, weßhalben mich sofort nach dem Essen hinauß begabe, und beide Mayestäten daraußen erwartete.*

*I. M. die Kaiserin kammen gegen siben Uhr abends und durchgiengen sogleich die für übermorgen nachfollgen sollende junge Herrschafften bestimmende, leider – gleich dem übrigen, theils erst neu verfertigt, theils an Mauerwerk abgeänderten oder neu verbutzten Gebäude – noch nicht gar zu drucken (trocken) seiende Zimmer und befahlen zu mehrerer Vorsichtigkeit, solche die Nacht hindurch zu heitzen . . .*

*Den 4. (Mai 1747) gegen Abend empfanden I. M. die Kaiserin einige Vorbotten herannahender Entbindung, weßwegen ich bei denen Cammerleuthen den Befehl hinterlassen, daß bei zunehmenden Schmertzen mann mich sogleich aufwecken solte, so dann auch bald nach 2 Uhr in der Nacht geschahe . . .*

*Den 5. kammen I. M. der Kaiser zu uns hinaus und meldeten, daß es sich mit der Niderkunfft vermuthlich biß gegen 10 Uhr hin verziehen würde, so auch richtig eingetroffen, sindemahlen I. M. die Kaiserin . . . gegen ein Viertl nach zehn Uhr, Gottlob, gantz glücklich mit einem dritten Ertzherzogen entbunden worden . . .*

*Bald nach 6 Uhr gieng der Tauffactus vor sich, worzu man des mehreren Raumes halber die größere Anticamera ausersehen . . . Dem Ertzherzog wurden die Nahmen Petrus (zumahlen die russische Kaiserin aus Lieb und Veneration für ihren Herrn Vattern sich ein solches pro speciali favore (als besondere Gunst) ausgebetten) Leopoldus Josephus Joannes Antonius Joachim Pius Gotthardus zugeleget . . .*

*Den 6. (Mai 1747)*
*Heute fruh spedirte mann den Cammerherrn Freiherrn von Kettler nach*
*St. Petersburg, um aus besonderer Finesse der russischen Kaiserin als*
*Tauffpathin von gegenwärtig erfreulichen Begebenheit Parte (Nach-*
*richt) zu geben; an die andere Höffe geschahe es gewöhnlichermassen*
*nur durch Notifications Schreiben.* [2]

Maria Theresia und Kaiser Franz I. waren ganz offensichtlich bemüht,
die russische Zarin Jelisaweta Petrowna, Elisabeth I., zu ehren und bei
guter Laune zu halten. Ihr Kanzler Bestuschew setzte alles daran, Österreich als zuverlässigen Bundesgenossen zu erhalten. Dies traf sich mit
den Absichten des damals noch im Ministeramt tätigen Fürsten Kaunitz,
der das Vertrauen Maria Theresias genoß. Daher also der Kurier nach
Petersburg, darum auch wurde der dritte Erzherzog Peter Leopold genannt. Während sogar Khevenhüller in seinem umfangreichen achtbän-
digen Tagebuch die ersten Jahre getreulich »Peter Leopold« schrieb, so
besann man sich am Hofe doch mit der Zeit, daß ja eigentlich nur Leopold der traditionelle Familien-Vorname war, und so blieb es dann später
bei Leopold und nach dem Tode der Zarin Elisabeth im Januar 1762 nahm
ohnedies niemand mehr Anstoß daran.

Für seine Eltern und Geschwister blieb er allerdings sein Leben lang
»der Poldl«, und einmal erfuhr man es sogar aus kaiserlichem Munde in
aller Öffentlichkeit, daß er im Gespräch nie anders als »der Poldl« genannt wurde. Doch davon später.

Kaiser Franz I. und Maria Theresia kannten in jenen Jahren keine er-
sprießlichere Beschäftigung, als Pläne für ihre zahlreichen Kinder zu
schmieden. So kam – Leopold war gerade sechs Jahre alt – am 11. Mai
1753 ein offizieller Vertrag zustande, der die Zukunft des dritten Erzherzogs sichern sollte. Sein Bruder Joseph (12) und sein Bruder Karl (8) waren damals als Thronfolger des Habsburgerreiches und als Großherzog
von Toscana vorgesehen. Für den dritten Sohn blieb die Tertiogenitur,
das Generalgouvernement in der Lombardei mit Sitz in Mailand. Dort
amtierte als Gouverneur derzeit Herzog Franz III. von Modena. Um
diese Stellung jedoch auch familiär zu festigen, wurde mit Franz III.
von Modena für den damals sechsundzwanzigjährigen Erbprinzen
Ercole ein Abkommen geschlossen. Die Tochter des Erbprinzen Ercole
von Modena, Prinzessin Marie Beatrix, 1753 drei Jahre alt, würde später
den Erzherzog Leopold von Österreich heiraten. Mit dieser Eheschließung sollte ferner die Erbfolge im Herzogtum Modena für den Fall ge-

koppelt werden, daß Herzog Ercole und seine Gemahlin ohne männlichen Erben bleiben sollten. Ein Sohn des Herzogspaares, der kleine Rinaldo, geboren am 4. Januar 1753, war schon nach vier Monaten gestorben. Es ist anzunehmen, daß die geringe Aussicht auf weitere Söhne schon 1753 feststand. Leopold sollte also später einmal Generalkapitän der Lombardei und Herzog von Modena werden.[3]

Es wäre an sich nicht nötig gewesen, dies zu betonen, aber der Form halber verpflichtete sich die Kaiserin in diesem Erbvertrag, Leopold zu einem fähigen Regenten der Lombardei, also eines italienischen Landes, zu erziehen. Dies geschah vom Anfang seines Schulunterrichtes an. Er erhielt bedeutende Pädagogen als Lehrer, wovon Jacob Sauboin ihm besonders ans Herz wuchs. Leopold ließ später sogar seine eigenen zahlreichen Kinder von ihm unterrichten. 1756 erhielt er einen zweiten Lehrer von Format: Jean Brasseur, ebenso bekam er zusammen mit seinem Bruder Karl als Mathematiklehrer Monsieur Brequin. Die Erzieher verglichen zuweilen ihre Schützlinge und stellten fest, daß von klein auf der junge Leopold wesentlich ernsthafter und gesetzter war als seine älteren Brüder. Joseph war zerstreut und lebhaft, Karl immer fröhlich und oft abgelenkt. Aber Leopold konnte sich konzentrieren:

*Nach dem Urteil der Lehrer faßte Joseph schnell, aber nicht mit Anhaltung; Leopold hingegen langsamer, aber fester. Joseph war voller Feuer; Leopold immer gemäßigt. Joseph wollte mit Ungeduld alles erschöpft wissen. Leopold ging stufenweise. Immer behauptete Leopold in der wissenschaftlichen Bildung den Vorzug. Beyde Prinzen waren aber nach ihrer gleich günstigen Anlage geistvoll und ganz nach dem Abriß ihrer großen Mutter.*[4]

Als Leopold zehn Jahre alt war, nahm er altersmäßig die Mitte im großen Geschwisterkreis ein. Genau sechs Geschwister waren älter als er, sechs jünger. Darunter der vierte Erzherzog, den man Ferdinand getauft hatte, und der 1756 geborene Maximilian.

Auch bei Ferdinand, geboren 1754, wurden schon früh Überlegungen über seine Versorgung angestellt, aber alle noch vagen Pläne wurden durch den plötzlichen Tod des Erzherzogs Karl umgestoßen. Die Sekundogenitur des Hauses wurde vakant. Alle übrigen Söhne hatten aufzurücken. Das Seltsame an diesem Austausch der Länder, die die Erzherzöge einst regieren sollten, war jedoch, daß zugleich mit der Versorgung auch die Braut wechselte.

Leopold rückte nach als Großherzog von Toscana. Für ihn war die spanische Königstochter Maria Luisa vorgesehen. Ferdinand dagegen war plötzlich dritter Sohn des Hauses, und ihm stand nun die Lombardei zu. Er würde in Mailand leben und nun an seiner Seite Leopolds Vertragsbraut Marie Beatrix von Este-Modena. Später einmal Herzog von Modena zu werden, war nun nicht mehr die Laufbahn für Leopold, sondern für Ferdinand.

Kurz nach Karls Tod im August 1761 bewog Maria Theresia einen verdienten General des Siebenjährigen Krieges, den sie an sich im Felde sehr gut hätte brauchen können und der auf Kriegsruhm brannte, mit all ihrer Überredungskunst dazu, die Erziehung des vierzehnjährigen Leopold zu übernehmen. Es war dies Franz Graf Thurn. Er war sehr unglücklich über diese Aufgabe, die zugleich mit viel zu erwartendem Ärger auch eine erhebliche Einschränkung seines Privatlebens fordern würde. Als verdienter Soldat und treuer Diener des Kaiserhauses konnte er sich jedoch dem Auftrag nicht entziehen. Er beklagte sich bei Hofe bitter über sein Los, und zunächst gab ihm die Kaiserin eine Charakteristik seines Schützlings von solcher Art, daß alle Befürchtungen Thurns gerechtfertigt schienen:

*Er ist träge und faul, in diesem Punkt müssen Sie mit Genauigkeit arbeiten. Sie müssen sehr darauf achten, daß er sich, sitzend, stehend oder gehend, ohne Verrenkungen hält, denn in seinem Alter nehmen junge Leute oft eine Gewohnheit an, die ihnen dann für immer bleibt. Er ist ganz voll derartiger Unarten.*

*Was den Geist und das Herz betrifft, so müssen sie sich vor allem darum bemühen, seine Veranlagung und seine Neigungen gründlich zu studieren, um seine Begabungen fruchtbar zu machen und sogar geschickt einen Vorteil aus seinen Schwächen und Fehlern zu ziehen, mit dem äußersten Bemühen, sie auszureißen und zu ersticken, sowohl durch Ermahnung wie durch Gewohnheit.*

*. . . Leopold hat von Natur ein gutes, großmütiges und mitleidiges Herz. Er ist wissensdurstig und möchte sich sogar in die abstraktesten Materien vertiefen. Er ist recht geschickt in seinen Aufgaben, aber er hat zugleich eine falsche Scham, die ihm unendlich schadet. Er sucht seine Ziele durch Listen und auf krummen Wegen zu erreichen, die man ihm nicht angehen lassen darf.*

*Ich wünschte, daß er in Miene und Haltung freier, offener und sicherer wäre, in Aussprache und Stimme weniger grob, in Benehmen und*

*Ausdrucksweise gewinnender. Er liebt sehr die kleinen Leute und die Platitüden. Er möchte gern höflich sein, aber er weiß sich noch gar nicht dementsprechend zu benehmen.*[5]

Franz Thurn gab sich die größte Mühe mit Leopold und hatte auch einige Male die Genugtuung, daß seine konzentrierte Arbeit anerkannt wurde und die Kaiserin sich ihm gegenüber sehr freundlich und liebenswürdig zeigte. Thurn bekleidete den Rang eines Vize-Ajos. Ajo war Graf Künigl. Nach einiger Zeit im Amt überreichte Thurn der Kaiserin auch seinerseits eine Ausarbeitung, die den Titel trug »Fidèle tableau de S. A. R. l'archiduc Léopold . . .«, komplett und zu deutsch »Getreue Schilderung seiner Königlichen Hoheit des Erzherzogs Leopold aus der Zeit, da man mich mit der Leitung seiner Erziehung beauftragte«. Thurn ging methodisch vor und setzte eine Tabelle mit zwanzig Punkten auf, die einerseits die Fehler, andererseits die Fortschritte Leopolds enthielt.

Der spätere Biograph des Erzherzogs Leopold, Prof. Adam Wandruszka, stellte hierüber ausführliche Betrachtungen an:

»Das in düstersten Farben gemalte Bild von Leopolds Wesen . . . zeigt einen verschlossenen, stets übelgelaunten, nur an seinem Alter kaum mehr zukommenden Kindereien interessierten, trägen und gehemmten Burschen, der keiner höheren Regung fähig ist, streitsüchtig, unaufrichtig, sein Äußeres bewußt vernachlässigend ›aus Angst, in den Ruf eines kleinen Stutzers zu geraten‹, mit einer ausgesprochenen Vorliebe für den Umgang mit Domestiken und Straßenklatsch, wie er sich auch bemühe, das Deutsch der niedrigsten Volksklassen zu sprechen.

Gerade in diesem Punkt des ›allemand autrichien‹, des Wiener Dialekts, gibt Thurn zu, daß seine Bemühungen, Leopold zu bessern, bisher noch keinen Erfolg gehabt hätten; und tatsächlich hat Leopold sich noch als Kaiser gerne einer stark mundartlichen Sprache bedient, wobei er dies allerdings offenbar ebenso wie sein Sohn Franz (andererseits aber auch schon Franz Stephan und Maria Theresia) bewußt als Mittel einsetzte, um seinen Ruf als gütig wohlwollender ›gemütlicher‹ und leutseliger Herrscher zu bestärken.

Aber auch hinsichtlich der Vernachlässigung seines Äußeren, der schlechten Haltung, des dauernden Spuckens und Nägelbeißens sei noch kein sichtbarer Fortschritt zu verzeichnen, und es werde wohl noch geraume Zeit dauern, bis es gelinge, ihn dank des fortgeschrittenen Alters und der zunehmenden Vernunft in diesen Punkten entscheidend zu bessern . . .

An dieses ›Tableau‹ fügte der Vize-Ajo noch eine Übersicht über Leopolds Studienfortschritte. Dort heißt es: «

*Seine Königliche Hoheit beherrscht sehr gut die französische, die deutsche und die lateinische Sprache und ein wenig die böhmische, ist aber nicht sehr stark in der Kunst, sich schriftlich auszudrücken. Er ist sehr gut in Religion, weltlicher und kirchlicher Geschichte, Geographie und Naturgeschichte. Er ist sehr gut in Physik unterrichtet und in . . . der Rechtskunde. Er versteht genügend von Mechanik und besitzt mehrere schöne Kenntnisse, unter anderem ein besonderes Talent gut zu rechnen und sich dadurch in der Gesellschaft sehr beliebt zu machen. Er kennt seine Mathematik gut, und man braucht ihm nur die Praxis jener, die sich auf die Kriegskunst bezieht, beizubringen.*

*Was die körperlichen Übungen betrifft, so wäre er, da er sehr geschickt ist, durchaus in der Lage, sie in vollendeter Weise zu erfüllen, aber die geringe Lust sich anzustrengen hindert ihn oft daran, hier zu glänzen, wie es ihm seine natürliche Geschicklichkeit gestatten würde. In der Musik neigt er viel mehr zum Clavecin als zur Violine.* [6]

Wie wenig Rücksicht die Kaiserin jedoch auf die persönlichen Neigungen ihres Poldl nahm, ging aus einem eigenhändig geschriebenen Zettel an Franz Thurn hervor, in dem sie, entgegen dem Bericht des Lehrers, befiehlt: »Das Violinspiel soll gepflegt werden, und das ist schon das vierte mal, dass das angeordnet wird.« [7]

Über einen vorrangig gepflegten Unterricht im Italienischen hörte man zu dieser Zeit noch nichts.

Aus dem Jahre 1762 ist die Zeichnung erhalten, die der berühmte Maler und Graphiker Liotard von allen Kaiserkindern, auch von Leopold, anfertigte. Ein pummeliger kleiner Herr mit Pausbacken und kindlichem Gesichtsausdruck, dem man keineswegs ansieht, daß er schon in den Flegeljahren ist. Er hält seinen Dreispitz brav unter den Arm geklemmt und durch kein besonderes Attribut deutet der Künstler darauf hin, welche Talente oder Neigungen dieser so kindlich aussehende Vierzehnjährige wohl haben mag.

Für die Entwicklung Leopolds war nicht nur sein Vize-Ajo Franz Thurn von wesentlicher Bedeutung, sondern auch dessen jüngerer Bruder Anton Graf Thurn. Mit beiden Brüdern verband den Erzherzog eine lebenslang dauernde Freundschaft. Dagegen beruhte die Beziehung Leopolds zu seinem offiziellen Ersten Ajo, dem Grafen Künigl, mehr auf Respekt als auf Zuneigung.

Die Ereignisse der Familie in den sechziger Jahren des 18. Jahrhunderts berührten den heranwachsenden Leopold um so stärker, als er selbst von deren Auswirkungen schicksalhaft betroffen wurde. Es begann mit dem ereignisreichen Jahr 1763. Der allen fast unerträglich lang erscheinende Siebenjährige Krieg ging zu Ende. Die Pläne für Leopolds Versorgung fanden durch die Eltern ihre endgültige vertragliche Regelung und sahen vor, daß Leopold zugleich mit seiner Eheschließung als Statthalter nach Florenz gehen würde. Die Verträge mit dem Hof König Karls III. von Spanien kamen dank der kundigen und engagierten Mitwirkung des österreichischen Gesandten in Madrid, Franz Graf Rosenberg, sehr bald zustande. Leopold schrieb dem derzeit abwesenden Franz Thurn, noch nie habe am Wiener Hof eine so unbeschwerte und von Herzen fröhliche Stimmung geherrscht wie zu Ausgang des Sommers 1763.

Um so schmerzlicher und betäubender traf alle, auch Leopold, der Tod seiner Schwägerin Isabella von Parma, für die er eine schwärmerische Neigung gehegt hatte. Zwei Jahre später empfand er es als trostreich, daß seine spanische Braut Maria Luisa eine so außerordentliche Ähnlichkeit mit Isabella von Parma hatte.

Noch in tiefster Trauer um die junge Fürstin kamen auf den Wiener Hof einige bedeutsame Tage zu, die man unter glücklicheren Umständen vielleicht sogar gefeiert hätte. Am 12. Januar 1764 leistete Joseph seinen offiziellen Verzicht auf die Erbfolge in der Toscana. Kaiser Franz hatte die Sekundogenitur für dies Erbland mit der üblichen Installationsurkunde festgelegt und der spanische Hof hatte davon eine Kopie erhalten.

Wenige Wochen später, am 16. Februar 1764, erfolgte die Trauung per procurationem des pausbäckigen sechzehnjährigen Leopolds mit der anderthalb Jahre älteren Maria Luisa von Spanien in Madrid. Leopold blieb in Wien, an Maria Luisas Seite stand der tüchtige Graf Rosenberg. Nun war der Poldl also verheiratet und niemand wußte so recht, warum der Madrider Hof damit eigentlich eine so große Eile gezeigt hatte. Obristhofmeister Khevenhüller, sonst meist in Übereinstimmung mit allen Maßnahmen seiner Majestäten, erlaubte sich in seiner Tagebucheintragung ein Ausrufungszeichen, um seiner Verwunderung über diese voreilige Ehe Ausdruck zu verleihen:

*Den 4. (März 1764) hatte der spahnische Bottschaffter bei I. I. M. M.*
*(Ihren Majestäten) und dem Erzherzog Leopold in specie Audienz (eine*
*Sonder-Audienz), um seine Notifications- und Gratulations-Schreiben*

*wegen des den (sic!) vorigen Monaths zu Madrid per procura in persona
unseres dortigen Bottschaftern Grafen Franz von Rosenberg vollzogenen Copulations-Actus höchst besagten Erzherzogs k. H. mit der Infantin Maria Louysa, zweiten Frauen Dochter des catholischen Königs
May. zu überreichen.*[8]

Um den noch etwas verdutzten jungen Ehemann aufzuheitern, nahm
ihn sein Vater mit, als man Ende März mit Joseph nach Frankfurt am
Main reiste, um den Thronfolger dort zum römischen König krönen zu
lassen, eine Maßnahme, die die Kontinuität in der Erbfolge auf dem römisch-deutschen Kaiserthron für die Habsburger sichern und ähnliche
Zwischenfälle wie im Jahre 1742, als Albrecht von Bayern zum Kaiser
gewählt wurde, verhindern sollte.

Der berühmteste Berichterstatter dieser Feierlichkeit in Frankfurt war
Goethe, dessen Schilderung im Kapitel über Joseph wiedergegeben wurde. Auch Leopold verfaßte anschauliche Briefe über seine Erlebnisse an
den jüngeren Grafen Thurn. Er bewunderte vor allem die herrlichen
Yachten der Kurfürsten von Köln und Trier, die am Mainufer ankerten.
Leopold schrieb humorvoll, und erstmalig kam er auf die Neckereien zu
sprechen, denen er im Hinblick auf hübsche junge Hofdamen ausgesetzt
war. Er fand alles unterhaltsam, auch den Festochsen mit den vergolde-
ten Hörnern, der im Triumph durch die Stadt geführt wurde, ehe man
ihn am Spieße briet. Leopold berichtet auch, was Goethe nicht tat, daß
am Krönungstag dem Kaiser Franz I. als Ehrengeschenk ein Waschbek-
ken mit Wasserkrug und zwei große Leuchter von der Stadt Frankfurt
übergeben wurde, alles aus vergoldetem Silber, ferner eine Börse mit
500 Goldstücken, jedes im Wert von zwei Dukaten, zwei Wagen mit Hafer und zwei Wagenfuhren Rheinwein. Die gleichen Gaben erhielt der
neue König von Rom, Leopolds Bruder Joseph. Von sich selbst berichtete
er in lebhafter Betrübnis:

*– und ich armer, kleiner Erzherzog erhielt nur eine Börse mit 250
Stücken.*[9]

Zum Herbst 1764 wurde ein eigener Hofstaat für Leopold zusammengestellt. Als Obersthofmeister ernannte man Feldmarschall Marchese
Botta, der später von Graf Rosenberg abgelöst werden sollte. Franz Graf
Thurn fungierte als Oberstkämmerer. Zu Hofdamen ernannte man Maria Charlotte Gräfin Daun, Eleonore Gräfin Inzaghi, Rosa Gräfin Wallis,
zu Kämmerern Franz de Paula Graf Dietrichstein, den Marchese Boil

und Johann Graf Taaffe. All diese Herren und Damen erhielten ihre Bestallungen zugleich mit den beginnenden Reisevorbereitungen zur eigentlichen und persönlichen Hochzeit Leopolds mit Maria Luisa.
Maria Theresia bestand darauf, dieses Hochzeitsfest in Innsbruck »bei ihren lieben Tyrolern« abzuhalten. Die Kosten und Aufwendungen für die Hofreise waren außerordentlich, aber noch ehe genaue Voranschläge und Listen zur Diskussion standen, gingen im Oktober 1764 schon einige Schiffe mit Hofbagage von Wien ab. Der Wasserweg von Wien in die Landeshauptstadt am Inn hatte seine Tücken. Die Schiffe mußten notgedrungen während des Winters mehrmals irgendwo Station machen, bis endlich die spät einsetzende Schneeschmelze des Jahres 1765 und der dadurch erhöhte Wasserstand des Inns die Weiterfahrt erlaubte, so daß die Schiffe mit dem Gepäck gerade eben rechtzeitig im August in Innsbruck zur Stelle sein konnten.[10]

*Was dise unangenehme Raiß veranlasset und wie selbe ungehindert viller wohlmainenden Vorstellungen von der Kaiserin resolviret (beschlossen) worden, kann aus meinen Ministerial-Acten . . . gelesen werden. Sicher ist es, daß niemand wohl begreiffen können, warumen dise Frau wider des Kaisers und Ministerii Willen und Einrathen zu ihrer selbsten eigenen grösten Unbequemlichkeit dise weite Raiß unternehmen wollen, da sie mit vill mehrer Gelegenheit und doppelt wenigeren Unkosten die Entrevue (das Treffen) und Beilager-Festivität (Hochzeitsfest) zu Gratz oder wann sie doch schon die Fatiguen (Anstrengungen) der Raiß nicht geachtet, noch lieber zu Mailend hätte halten können, wo man nicht allein wegen der Wohnung und Vivres (Verpflegung) alle Facilitet (Bequemlichkeit) gefunden, sondern auch den Vortheil gehabt hätte, daß mann weder Artisten noch Virtuosi zu denen anstellenden Festen mitführen, noch so villes Geld in die Fremmde schicken dörffen, um die Lebenswaaren und andere Nothwendigkeiten, deren Tyrol nicht genugsamm fourniren (aufbringen) kunte, herbei zu schaffen.*
*Daß die Hochzeit nicht in Wien gehalten worden, ware in der That die einzige Ursach, daß es der König in Spannien nicht gern gesehen, weil er sich eingebildet, die Infantin dörffe etwann in dem großen Getümmel eines so zahlreichen Hofes nicht pariren (genügend in Erscheinung treten), zumahlen seine Nièce (Nichte), die verstorbene Erzherzogin (Isabella), eine so allgemain und vorzügliche Approbation (Aufnahme) gefunden hatte; daß aber zu Innsprugg das Beilager vor sich gehen sollen, zu Gratz oder einem sonstigen von der Haubt-Residenz in etwas ent-*

*fernten Orth, scheinet mir, wäre dem König sehr indifferent (gleichgül-*
*tig) gewesen.*

*Ville verfiellen dahero auf die Vermuthung, die Kaiserin hätte bei di-*
*ser Gelegenheit das Stifft Hall nochmahlen besehen wollen, weil sie (wie*
*man aus ein und anderen ihr entfallenen Reden abnehmen zu können*
*vermainet) mit dem Gedanken in geheimm umgehe, sich, im Fall dem*
*Kaiser etwas menschliches zustossen solte, dahin zu retiriren, wo ohne-*
*hin verschiedene Erzherzoginnen ihr Leben heilig beschlossen haben.* [11]

Franz Stephan klagte, ihm bekäme das Klima in Tirol nicht, er fühle
sich durch die vielen hohen Berge rund um Innsbruck bedrückt.

Noch im Sommer hatte Franz Stephan für seinen Sohn Leopold eine
langatmige Unterweisung verfaßt, wie er sein Leben in Zukunft gestalten solle. Seltsam und fast beängstigend mutete es Leopold später an, als
er las, er solle mindestens einmal im Jahr als geistliche Übung sich vorstellen, er müsse am nächsten Tag sterben. So wie man Gott dann innerhalb kürzester Frist seine Seele übergeben solle, so müsse man auch all
seine inneren und äußeren Angelegenheiten einmal im Jahr grundlegend ordnen. Nur so verliere der Gedanke an den Tod seine Schrecken.
Der Vater behandelte diesen Punkt mit großer Eindringlichkeit und legte
Leopold nahe, diese Instruktionen mindestens viermal im Jahr zu lesen,
mögen seine Eltern nun noch am Leben sein oder nicht. [12]

Zur Zeit von Leopolds Hochzeit glich Innsbruck eher einem turbulenten Feldlager als einer ruhigen Provinzhauptstadt. Von nah und fern
kamen die Menschen, um den Kaiser und die Kaiserin zu sehen. Für
manche Bergbewohner war es das Ereignis ihres Lebens.

Die von Wien mit hergereisten Hofbeamten arbeiteten voller Emsig-
keit, denn unendlich viel galt es zu bedenken und zu beachten. Die Bekö-
stigung der Hofangestellten, die Unterbringung, Feste, Spiele, Veranstaltungen. Der neue Hofstaat der Infantin reiste Maria Luisa bis Genua
entgegen. Joseph benutzte die Gelegenheit, eine Besichtigungsreise nach
Südtirol zu machen.

Leopold hingegen, die Hauptperson, konnte gar nichts unternehmen.
Der Bräutigam war von einem äußerst lästigen Übel befallen, das ihm etliche Tage jeden Schritt aus seinem Zimmer verbot: Er litt an einer hartnäckigen Diarrhoe. Während sich alles auf die Ankunft der spanischen
Braut vorbereitete, die Fahnen in österreichischen und Tiroler Farben
aufgezogen wurden, Trachtenkapellen durch die Straßen zogen,
schluckte Leopold Tierkohle-Pulver und schwarzen Tee und aß nichts

außer geriebenen Äpfeln. Zu seinem Leidwesen half bei dieser heftigen Infektion der Verdauungsorgane selbst die strengste Diät nicht.

Leopold konnte das unruhige Treiben von den Fenstern der Innsbrukker Hofburg aus verfolgen, mochten seine Gedanken auch bei seiner Jugendliebe sein, auf die er auf Drängen seiner Mutter hatte verzichten müssen. Im Mai des Jahres hatte Maria Theresia nachdrücklich darauf bestanden, daß er »seine Affäre« beende. Dies geschah in der trockenen Form einer letzten Beschwerdeliste der Kaiserin an Franz Thurn, die nochmals die Unzulänglichkeit des jungen Ehemannes in zehn Punkten festhielt. Als letzter und gravierendster Fehler wurde seine Neigung zu »Mademoiselle Ördödy« moniert und nach dem Stand dieser Angelegenheit gefragt. Leopold legte sich seine Antworten auf Grund dieser Liste zurecht, denn keine Frage sollte offenbleiben.[13]

Leopold war unter den vielen reizenden Hoffräulein besonders die Tochter des Grafen Nikolaus Erdödy de Monyorokerék aufgefallen. Bald hatte er erfahren, daß Josepha von Erdödy ein Jahr jünger war als er. Noch nie, so glaubte er, war ihm ein weibliches Wesen begegnet, das so strahlend schön und gleichzeitig so klug, gebildet und von so untadeligem Ruf und Charakter war. Zu Anfang ihrer Begegnung hatte sich Leopold Josepha gegenüber unbeholfen gefühlt, aber sie hatte eine liebenswürdige Art, seine Verlegenheit zu vertreiben.

Josepha von Erdödy würde eines Tages heiraten. Leopold glaubte zu wissen, daß der Reichshofrat, Graf Windisch-Grätz der Bräutigam sein würde. Er hatte der Comtesse de Erdödy wegen einiges an Spott und Anspielungen von der Hofgesellschaft ertragen müssen, aber auch die nicht immer taktvollen Neckereien seines Bruders Joseph. Franz Thurn, seinen Freund und Vertrauten, hatte er darüber unterrichtet:

*. . . daß ich nicht leugnen kann, daß ich an ihr (Josepha Erdödy) hänge, aber daß sie (die Mutter) überzeugt sein kann, daß da nichts Schlechtes daran ist und daß diese Neigung mich befreit und gehindert hat an vielen anderen Leidenschaften, ich werde ihr ewig verpflichtet sein, aber daß im Übrigen Ihre Majestät sowohl meiner Person wie ihrer sicher sein kann.*

*. . . Heute vormittags nach der Beizjagd ließ mich ihre Majestät die Kaiserin kommen und befragte mich . . . Ich antwortete ihr etwa so, wie ich die Antworten vorbereitet hatte, aber gedrängter ohne Verlegenheit . . . Schließlich sagte sie mir, daß der König (von Rom, Joseph) mich immer mit Mademoiselle Ördödy aufziehe, ich bewahrte mein*

*kaltes Blut und sagte ihr, daß sie in diesem Punkte beruhigt sein könne, worauf sie antwortete, sie sei überzeugt von meiner Tugendhaftigkeit . . .*

*Im Übrigen war sie sehr gnädig mit mir, wobei sie mehr wie eine gute Freundin als wie eine Mutter zu mir sprach und ich werde gewiß alles mir mögliche tun, um sie in jeder Hinsicht zufriedenzustellen. Ich bin gegenwärtig wie ein Quaker ohne Leidenschaft, ruhig, gleichmütig, alles ist mir . . . gleichgültig . . .*[14]

Inzwischen verschlechterte sich der Gesundheitszustand des Erzherzogs. Koliken schüttelten ihn. Die Ärzte gaben sich bedenklich und verabreichten ihm Beruhigungsmittel. Draußen spielte schmetternde Marschmusik, eine Schützenkapelle in Tiroler Tracht, umgeben von freudig erregten Menschen und hin- und herlaufenden Kindern. Man sandte einen Läufer, die Tiroler Schützenmusik drunten wegzuschicken. Seine königliche Hoheit war schwer krank.

Stafettenläufer brachten die Nachricht, daß Maria Luisa in Genua eingetroffen sei. Dort ging also alles gut. Eine zweite Nachricht löste äußerste Bestürzung aus: Herzog Don Philipp von Parma, mit fünfundvierzig ein Mann in den besten Jahren, Josephs einstiger Schwiegervater, war einem plötzlichen Tod durch Pocken zum Opfer gefallen. Die Pocken machten vor niemandem Halt, die Dysenterie aber auch nicht. Leopold bekam hohes Fieber. Sein Zustand verschlechterte sich derart, daß man erwog, ihm zur Sicherheit das Viaticum, das auch Wegzehrung genannte letzte Abendmahl, mit dem der Sterbende versehen wurde, reichen zu lassen. Er wehrte sich jedoch stürmisch, so elend er sich auch fühlte. Dann versuchten es die Ärzte mit einem neuen Mittel, einem besonders bitteren chinesischen Tee, der zwar abscheulich schmeckte, aber ihn in die Lage versetzte, am 29. Juli mit Anton Thurn und einigen Kämmerern seiner Braut nach Bozen entgegenzufahren. Da er sehr schwach war, ging die Reise in ganz kleinen Tagestouren vonstatten.

Die Begegnung der jungen Eheleute in Bozen ließ beide erleichtert aufatmen: Sie fanden sich annehmbar, ja, sympathisch. Maria Luisa war ein schönes Mädchen, Leopold größer als sie und stattlich. Sein reduzierter Zustand schuf sofort die Basis für ein Vertrauensverhältnis, das unter anderen Umständen wohl nicht so schnell entstanden wäre. Maria Luisa nahm wärmsten Anteil an seiner Krankheit und sprach die Hoffnung aus, daß, wenn ihre Ehe schon mit Krankenpflege beginne, ihr die Wiederholung eines solchen Falles dann in Zukunft hoffentlich für immer erspart bliebe.

Der Empfang des von Bozen kommenden Hofreisezuges sollte im Prämonstratenserkloster in Wilda oder Wilten stattfinden. Die ungeduldige Kaiserin fuhr den sehnlichst erwarteten jungen Leuten eine Stunde entgegen:

*. . . und kammen sodann zwischen 6 und 7 Uhr allerseits an, wo wir dann biß in der Infantin Wohnungs-Zimmer begleitet und ihr allda die Hand geküsset haben . . .*

*Nach einer zimlich kurtzen Verweilung kehrte wieder alles in die Statt zuruck, und zwar sehr eingenohmen von der Frauen Maintien (Haltung) sowohl als Bildnus (Erscheinung). Die Surprise (Überraschung) muste desto wahrer sein, weil mann uns dise Princessin als hässlich, rot-haricht und übl erzogen beschriben hatte.*

*Au premier abord (im ersten Moment) glaubte ich unsere verstorbene Erzherzogin (Isabella) zu sehen, welcher sie ville Anmahnung gibt (an die sie sehr erinnert), ausser daß sie sehr blond ist, mithin auch einen schöneren und lichteren Teint hat. Die Manieren aber und auch die Démarche (das Betragen) seind fast die nemmliche der höchstseeligen Frauen und die Lebhafftigkeit scheinet nicht minder zu sein, mais pas la même force d'esprit (aber nicht die gleiche Stärke des Geistes).*[15]

Für den 5. August 1765 waren der große öffentliche Einzug der Infantin in die Stadt Innsbruck und anschließend die Trauung vorgesehen. Einen Tag vorher ging es Leopold immer noch so schlecht, daß er an keiner Mahlzeit teilnehmen konnte und sich abends früh zurückziehen mußte. Während das Volk voller Fröhlichkeit draußen feierte, herrschte in der Hofburg im prunkvollen Rahmen eine sehr gedämpfte Stimmung. Alles hatte große Gala angelegt. Brillanten und Perlen funkelten bei Damen und Herren. Die weiten Reifröcke mit ihren Stoffmengen raschelten bei jeder Bewegung, es gab unvergleichlich kostbare Spitzen an den Roben der Damen zu sehen. Aber Leopold war kein fröhlicher Hochzeiter.

*Bald nach gehobenem Soupé de noce (Hochzeits-Souper) . . . giengen I. I. M. M. (Ihre Majestäten) ganz allein und incognito mit denen Brautleuthen in das ihnen angewiesene Appartement. Da aber der Erzherzog Leopold sich noch immer schwächlich befande, so darffte man es nicht wagen, ihn zur Braut zu lassen, sondern er muste wegen seiner schlechten Gesundheit noch ferners ville Zeit hindurch lit à part (getrennte Schlafzimmer) machen.*[16]

Für sein langes Ausharren und das Pech, das ihn jetzt verfolgte, sollten ihn die kommenden Jahre mehr als entschädigen.

Zunächst traf ihn jedoch wie ein schwerer Schock der plötzliche Tod seines Vaters, ebenso hart, wenn nicht härter als seine Geschwister. Sein Leben war ohnehin an einem Wendepunkt angelangt, nun rückte er unerwartet zu einer Stellung auf, die er sich mit seinen achtzehn Jahren noch keineswegs erwartet hatte. Er wurde jetzt an Stelle seines Vaters Großherzog von Toscana und trat in den Rang eines souveränen Herrschers. Leopold sah Schwierigkeiten und Ärger auf sich zukommen. Joseph hatte in einer feierlichen Zeremonie offiziell Verzicht auf das Großherzogtum leisten müssen. Khevenhüller rühmte damals die Haltung des Thronfolgers, der kniend, die Hand auf der Bibel, dem Herrn Hof-Kanzler die Verzichtsklausel nachsprechen mußte, aber man tuschelte, diese Preisgabe der reichen Provinz sei ihm ganz und gar nicht gleichgültig gewesen.[17]

Noch in diesem Jahr sollte es zu Auseinandersetzungen kommen. Wenn Leopold in jenen turbulenten und schmerzlichen Tagen nach dem 18. August 1765 einen Menschen von Herzen bewunderte, so war dies seine Mutter. In all ihrem Schmerz, ihrer Gebrochenheit, hielt sie es für ihre Pflicht, sich zu langen Instruktionen für Leopold aufzuraffen. Der Termin der Trennung von Sohn und Schwiegertochter blieb auf den 30. August festgesetzt. Sie verfaßte, ihren Kummer beiseite drängend, eine umfangreiche »Instruction Générale«, dann eine Privatinstruktion, die Religionsübungen betreffend, und schließlich noch eine streng private Unterweisung, seine Gesundheit betreffend.

*»Hélas! Vous êtes Souverain!«*

So begann die Kaiserin zu ihrem achtzehnjährigen Sohn zu sprechen. »Ach, Du bist Herrscher!« Sie sah ihn noch gar nicht als selbständiges Oberhaupt eines schönen und fruchtbaren Landes, als Fürst einer eleganten Stadt mit wundervollen Kunstschätzen. Für sie blieb er der eben flügge gewordene Poldl, dem man zwar nicht mehr aufs Nägelbeißen schauen mußte, der in ihren Augen jedoch alles andere als ein perfekter Landesvater sein konnte.

Leopold empfing das umfangreiche handschriftliche Konvolut seiner Mutter mit allem gebührenden Respekt. Unter anderem ermahnte sie ihn:

*Beschütze die Künste, aber diejenigen, die nützlich sind. Versuche, allmählich im Palast die Nuditäten zu beseitigen, vor allem auf den Bil-*

*dern: gib Widerwillen dagegen zu erkennen, und gestatte nicht, daß man solche Werke macht.*[17]

Schon bei seiner Hochzeit in Innsbruck hatte sich Maria Theresia ähnlich verhalten. Im Riesensaal der Innsbrucker Hofburg, wo viele Zeremonien stattfinden sollten, hingen etliche Gemälde von einigem Wert, der Kaiserin hatten sie jedoch überhaupt nicht gefallen. Khevenhüller berichtet:

*Dieser berühmte Saal ware gleich der Burg renovieret und wegen der zwar sehr schönen, aber da und dort gar zu nacketen Gemälden, wormit die Wände gezieret seind, mit Tapeten überzogen worden.*[18]

In Leopolds Instruktionen berührt Maria Theresia sowohl staatspolitische als auch persönliche Dinge:

*Du weißt, wie sehr die Monarchie sonst noch unter meiner unglücklichen Regierung gelitten hat, durch die Kriege, durch so viele ungeheure Ausgaben, durch die Schulden, die zu zahlen sind. Ich muß außerdem noch für neun weitere Kinder sorgen.*[19]

Sie ging auf Einzelheiten in der Regierung des toscanischen Landes ein, von denen sie ihm bisher bewußt nichts gesagt hatte, weil allein der Vater ihn in sein Amt einweisen sollte. Doch nun war alles anders.

*Ich werde Dich niemals in Deiner Eigenschaft als Souverän stören . . . Aber in Deinem Alter bedarfst Du des Rates und einer Person, die die Welt kennt, und die Dir von ganzem Herzen zu helfen bereit ist.*

*Ich will nur noch leben, um mein Seelenheil zu gewinnen und meinen Kindern nützlich zu sein. Ich werde dann mit Ungeduld darauf warten, daß der liebe Gott mir die Gnade erweist, mich mit dem einzigen zu vereinigen, das ich in dieser Welt gehabt habe.*

*Da ich seit 42 Jahren erzogen wurde und zärtlich vereinigt war mit meinem Gemahl, habe ich in allen Widerwärtigkeiten meines unglücklichen Lebens keinen anderen Trost und Halt gehabt, als in dieser reinen und ruhigen Liebe und in dieser vollkommenen Vereinigung. Ich wünsche sie Dir ebenso, als das einzige wahre Gut auf dieser Welt.*

*Du hast allen Grund, es zu erhoffen, da der liebe Gott sich Deiner angenommen hat: in so vielem glücklicher als Dein Bruder, hängt es nur von Dir ab, es vollkommen zu sein, so weit man es auf dieser Welt sein kann. Du hast eine in jeder Hinsicht liebenswerte Frau und ebenso einen beachtlichen Staat, durch die Fürsorge Deines großen und guten Vaters, der Dich großartig versorgt hat.*

*Wenn Du von den Pfaden der Tugend und der Vernunft abweichst,*
*wirst Du sehr viel schuldiger sein als ein anderer . . .*[20]

Die Reise von Innsbruck nach Florenz wurde, immer noch mit Rücksicht auf Leopolds Krankheit, in vierzehn Tagen zurückgelegt, also in kleinen Etappen. Joseph begleitete das Großherzogspaar bis Sterzing, begab sich dann sofort auf den Rückweg und traf unterwegs seine Mutter. Mit ihr reiste er nach Wien zurück.

Leopold kannte die Historie der Stadt Florenz sehr gut. Er wußte, daß das florentische Idiom Ausgangspunkt für die italienische Schriftsprache gewesen war. Florenz galt seit Jahrhunderten als Zentrum europäischer Geistigkeit. Das Leben und Wirken berühmter Männer wie Dante Alighieri, Petrarca, Boccaccio, Donatello, Michelangelo Buonarroti, Leonardo da Vinci und Machiavelli ist mit den Städten Florenz und Pisa verbunden. Die Toscana galt bis zum Beginn des 17. Jahrhunderts als eines der kultiviertesten Länder des alten Europa. Durch den Dreißigjährigen Krieg, der fast ganz Nordeuropa von 1618 bis 1648 überzog, kam es zu einer gewissen Lähmung allen geistigen und kulturellen Lebens. Ferner gaben die damaligen Beherrscher der Toscana, die letzten Medici, keine bedeutenden Impulse mehr für die kulturelle und geistige Fortentwicklung. Die Aufmerksamkeit der Staaten Europas lenkte sich außerdem vorrangig auf die überseeischen politischen Möglichkeiten. Frankreich und England erwarben oder eroberten nordamerikanische Kolonien, Streitigkeiten brachen aus, und diese politische Unruhe zog sich bis zur Beendigung des Spanischen Erbfolgekrieges 1713 hin.[21]

Nach dem Tode des letzten Medici kam das Großherzogtum Toscana als Reichslehen an Franz Stephan von Lothringen.

Die Toscana war ein Reichslehen wie viele andere, wie etwa das Herzogtum Braunschweig zur damaligen Zeit, oder das Kurfürstentum Hannover. Auch über Florenz hielt der römisch-deutsche Kaiser sein Szepter, in diesem Falle Joseph in Wien, den Maria Theresia kurz nach dem Tode seines Vaters zum Mitkaiser ernannte. Leopold entging also nicht gänzlich der Bevormundung durch seinen Bruder. Er war auf ein mildes Oberhaupt in Gestalt seines freundlichen Vaters gefaßt gewesen. Jetzt sollte er unverzüglich merken, daß von Wien her ein kalter Wind wehte, seine Träume vom jungen Herrschertum empfindlich störend.

Joseph hatte als Universalerbe seines Vaters 22 Millionen Gulden bekommen; 2 Millionen Gulden waren in der Toscana angelegt, die Leopold unverzüglich zur Verfügung stellen sollte. Der Siebenjährige Krieg hatte immer wieder Anleihen erforderlich gemacht. Joseph wollte nichts für sich selbst, sondern alles, was er geerbt hatte, dem tiefverschuldeten und notleidenden Österreich zur Verfügung stellen. Dazu gehörten auch die zwei Millionen Gulden aus der Toscana. So verlangte er rigoros und ohne mit sich handeln zu lassen, diese für Leopold ungeheuere Summe, stellte seinem Bruder jedoch in Aussicht, dafür lebenslänglich 4% Zinsen von der österreichischen Monarchie zu erhalten, was er als besondere Vergünstigung und brüderliche Geste verstanden wissen wollte.

*Das ist es, lieber Bruder, was ich Dir vorschlage; Dir die Gelder zu lassen, ist dem Mitregenten nicht möglich; der Staat braucht sie zu sehr, aber auf diese Weise, wenn Du zustimmst, erweise ich dem Großherzog und meinem Vaterlande einen Dienst.*[22]

Der Großherzog scheute sich, die Toscana von auch hier so dringend nötigem Geld zu entblößen, und aus diesem kleinen Land eine Geldmenge abzuziehen, die auf Jahre und mit festem Zins vom Vater hier angelegt worden war. Es hatte 1764 eine Hungersnot gegeben. Alle Hoffnungen der verarmten und notleidenden Bevölkerung richteten sich auf ihn, den ersten wirklichen Herrscher, nach achtundzwanzig Jahren der »Reggenza lorense«, der lothringischen Regierung ohne den im Lande residierenden Fürsten.

Leopold verlegte sich auf eine hinhaltende Taktik, die jedoch am Ende erfolglos blieb. Er mußte zahlen. Für die Hungernden im Lande gab er Geld aus seinem Privatvermögen. Die Trockenlegung der Sümpfe der Maremmen um die Stadt Siena mußte auf einen späteren Zeitpunkt verschoben werden.

Unglücklicherweise mußte Leopold feststellen, daß die Kaiserin den lebhaftesten Anteil am Verlauf der Geldgeschichte nahm. Sie nahm sowohl Joseph wegen seiner Heftigkeit ins Gebet, was Leopold aus Wien durch Gewährsleute erfuhr, kanzelte aber auch Leopold ab. Ohne den großmütigen Erbverzicht Josephs auf die Toscana wäre Leopold nichts anderes als ein »kleiner Erzherzog« des österreichischen Hauses mit der normalen Jahresversorgung von 40 000 Gulden, das möge er bedenken und gefälligst Josephs Wünsche erfüllen.

In Florenz kam es zu Schwierigkeiten durch den leitenden Minister Marchese Botta. Weder Joseph noch Leopold fanden es erträglich, mit ihm zu arbeiten, und der alte Herr hatte schon mehrfach um seinen

Rücktritt gebeten. Die Kaiserin schickte den von Madrid abberufenen Grafen Rosenberg, der sich in Zukunft als Nothelfer an allen italienischen Höfen erweisen sollte.

Am 9. Februar 1766 starb Franz Thurn. Rosenberg befand sich eben seit zwei Wochen in Florenz. Die Gerüchte schwirrten, Rosenberg habe Thurn einen tadelnden Brief der Kaiserin überbracht, dies sei die Ursache seines plötzlichen Todes. Leopold scheint der gleichen Ansicht gewesen zu sein. Der Tod seines alten Lehrers war der Anlaß, daß er in einen Zustand ganz ungewöhnlich tiefer Trauer und Lethargie verfiel. Der englische Geschäftsträger in Florenz, Sir Horace Mann, schrieb an Walpole am 15. Februar 1766:

*Der ganze Hof ist durch diesen Todesfall aus den Fugen geraten. Die Tafel ist aufgehoben und der Großherzog sieht sehr wenige Leute.*[23]

Leopold mochte deutlicher als zuvor erkannt haben, wie sehr er von Wien abhängig war, wie schwierig es sein würde, die Interessen der Toscana gegen die übergeordneten Notwendigkeiten des Reiches durchzusetzen, wie aussichtslos das Unterfangen war, bei so viel Unselbständigkeit ein guter Landesherr zu sein. Seine melancholischen Anfälle suchten ihn stärker heim als sonst. Er hatte keinen Vertrauten mehr seit Franz Thurns Tod. In Wien redete man sich ein, er habe einfach nur Heimweh.

Nach Beendigung von Hoftrauer und Fastenzeit fand endlich die längst fällige Huldigung statt. Am 31. März 1766, dem Ostermontag, versammelte sich der »Senat der Achtundvierzig«, der »Rat der Zweihundert«, ferner die Vertreter und Inhaber der wichtigsten Ämter im Staat in höchster Gala im »Salone dei Cinquecento« des Palazzo Vecchio in Florenz. Die Regierungsurkunden über die Sekundogenitur für Leopold und die Urkunde über den Erbverzicht Josephs wurden verlesen. Die Sprecher des Senats Ottavio Manelli und der »Consigliere di Stato« Pompeo Neri hielten Ansprachen, worauf alle Anwesenden, auch hier mit der Hand auf einem Evangelienbuch, den Treueid ablegten.[24]

Im Mai begaben sich Maria Luisa und Leopold auf eine Huldigungsreise durch das Herzogtum. Man hielt sich einige Tage in Pisa, danach noch in Livorno auf. Überall fanden festliche Empfänge und alle nur denkbaren Veranstaltungen statt. Das Großherzogspaar machte sich bekannt, man jubelte ihm zu, es hatte sich auch ein wenig amüsiert und Leopold fand, nach all den Unannehmlichkeiten der ersten Monate stehe ihnen dies auch zu.

Die endgültige Beilegung des Erbschaftsstreits mit Wien fand im Juni 1766 statt. Kaunitz unterzeichnete als Bevollmächtigter des Kaisers, Rosenberg als Vertreter Leopolds. Die definitiv errechnete Summe, die aus den toscanischen Kassen entnommen wurde, belief sich auf 1 200 000 Gulden. Bis zu seinem Abschied aus Florenz betrachtete Leopold dies Abkommen als eine erzwungene Vereinbarung, als Auslieferung von Geld, das eigentlich dem Lande Toscana gehöre. Es hätte niemals Bestandteil der josephinischen Erbschaft sein dürfen. Aber weder jetzt noch später ließ sich irgend etwas an der ganzen Affäre ändern.[25]

Am 14. Januar 1767 kam als erstes Kind des Großherzogspaares eine Tochter zur Welt, der Kaiserin zu Ehren Marie Therese genannt, was insofern etwas irritierend war, als ja auch Josephs kleine Tochter aus der Ehe mit Isabella den gleichen Namen trug. Der florentinische Adel stiftete zu diesem großen Ereignis einhundert armen Bräuten, die ausgelost wurden, jeweils eine Aussteuer. Nach Beendigung des Karnevals wurden diese so unverhofft beschenkten Paare im Dom von Florenz vom Erzbischof persönlich eingesegnet. Leopold und Maria Luisa nahmen an den Feiern teil.[26]

In jenen Monaten konsolidierte sich die Zusammenarbeit eines Ratgebergremiums, bestehend aus Anton Graf Thurn, dem Bruder des verstorbenen Erziehers, Johann Graf Goëss und Franz Graf Rosenberg-Orsini, das dem Großherzog lange Jahre zur Seite stehen sollte. Mit diesen drei zuverlässigen Männern sprach Leopold bewußt Deutsch, während er sich im Umgang mit seinen toscanischen Mitarbeitern um ein immer perfekteres Italienisch bemühte.

Durch die Not des Landes – eine Mißernte löste die andere ab – sah sich Leopold gezwungen, Hilfsmaßnahmen für die in manchen Landstrichen hungernde Bevölkerung zu ergreifen. Sie hatten zunächst provisorischen Charakter, erwiesen sich jedoch später als der Anfang jenes umfassenden staatspolitischen Erneuerungswerkes, das als die »leopoldinischen Reformen« in die toscanische Geschichte einging und richtungweisend für andere Staaten war. Als erste Neuerung wurden alle Zölle und Abgaben auf Brot und Getreide abgeschafft. Es sollte sowohl freie Einfuhr wie auch freie Ausfuhr herrschen. Niemand durfte mehr Steuern auf Brot oder Gebäck erheben. Diese Verordnungen traten unverzüglich in Kraft.

Über die Art der Korrespondenz Leopolds mit Joseph und Maria Theresia, aber auch über Leopolds politisches Wirken im ganzen gesehen, äußerte sich Leopolds Biograph Prof. Adam Wandruszka:

»So werden schon in diesem Briefwechsel (des Jahres 1766) die Themen angeschlagen, die dann auch in der Folgezeit in der Korrespondenz zwischen Florenz und Wien im Vordergrund stehen: einmal die Nachrichten von den verwandten bourbonischen Höfen, besonders von jenen in Madrid und Neapel, dann die Nachrichten aus Rom, schließlich allgemein die Mittelmeerpolitik.

Neben dem Verhältnis zu den ja mit ihrer Seeräuberei auch die toscanische Schiffahrt und die toscanischen Küsten bedrohenden nordafrikanischen Barbareskenstaaten, sind es dann der Reihe nach die anderen Probleme und Entwicklungen der Politik im Mittelmeer . . .

Leopold hat alle diese Erkundungs- und Informationsaufträge sehr gewissenhaft und mit offenkundiger Freude und Anteilnahme ausgeführt. Mehrere Faktoren mögen dabei zusammengewirkt haben: sein starker Familiensinn und das Bestreben, sich vor der Mutter und dem Bruder zu bewähren . . . später dann wohl auch die Überlegung, daß bei der Erbenlosigkeit Josephs früher oder später ihm, Leopold selbst, oder einem seiner Söhne die Herrschaft über die Österreichische Monarchie zufallen würde, so daß es in seinem ureigensten Interesse lag, die Politik der europäischen Großmacht Österreich in jeder Hinsicht zu fördern und zu unterstützen.

. . . Die Tatsache aber, daß er in dem Vierteljahrhundert seiner toscanischen Periode nicht nur der Regent seines kleinen Landes, sondern zugleich Mitwisser und Mitarbeiter, wenn man will Agent der Außenpolitik der österreichischen Großmacht war, ist dann wohl zum Verständnis seiner europäischen Politik als Kaiser und König von 1790-1792 wichtig . . .«[27]

Von Anfang Februar 1768 an wartete Maria Theresia mit ständig steigender Spannung auf die Kuriere aus Florenz. Ihre ganze Hoffnung auf Nachkommenschaft für das Haus Habsburg-Lothringen setzte sie auf Leopold und seine Kinder. Mit Joseph war nach dem Tode der unglücklichen Kaiserin Josepha keineswegs mehr zu rechnen. Also konnte der ersehnte Thronfolger für Österreich nur aus der Familie in Florenz kommen.

Damals existierte das große neue Burgtheater noch nicht, auch nicht das von Kaiser Joseph II. errichtete Burgtheater am Michaelerplatz. Man spielte Theater in jenen Räumen, die auf alten Plänen der Wiener Hofburg mit »Ballhaus« und »Galerie des Erzherzogs Ernst« angegeben sind. 1741 wurden diese beiden Säle völlig umgebaut und ergaben schließlich das Hoftheater in der Burg.[28]

Was dies alte Burgtheater mit der Erbfolge des Hauses Habsburg zu tun hatte, das erzählt Philipp Graf von Cobenzl aus eigener Anschauung:

*Am letzten Tage im Karneval war ich im Hoftheater. Ein Schrei aus der kaiserlichen Loge zog alle Blicke dorthin. Es waren die Erzherzoginnen, die aufgeschrien hatten, als sie Maria Theresia sahen, die seit dem Tode Franz' I. niemals mehr im Theater erschienen war.*
*Die Kaiserin umarmte ihre Kinder. Das Publikum jubelte, ohne freilich den Grund für ihr Erscheinen zu ahnen, als Maria Theresia an den Logenrand trat und so laut sie konnte rief: »Der Poldl hat an Buam!«*
*Auf diese Weise erfuhr man also, daß die Großherzogin von Toscana in Florenz glücklich von einem Prinzen entbunden worden war . . .* [29]

Die Geburt dieses Knaben, nach seinem Großvater Franz genannt, war allerdings von ganz entscheidender Bedeutung. Er war das zweite Kind von einer Schar von sechzehn Nachkommen, die Leopold im Laufe der Jahre mit Maria Luisa haben sollte. An diesem Franz hing die Erbfolge für die Familie. Er sollte später viermal heiraten und auch seinerseits dreizehn Kinder haben.

Von den schrecklichen Sorgen ihres Urgroßvaters, des Kaisers Karl VI., um männliche Nachkommenschaft, wußten diese Kinder und Kindeskinder alle nichts mehr. Es brauchte niemals mehr eine Pragmatische Sanktion bezüglich weiblicher Thronfolge zu geben, die Maria Theresia zu ihrem Amt verholfen hatte. Ihr Poldl in Florenz sollte zwölf Söhne haben, von denen ihn zehn überlebten.

Zu Anfang des Jahres 1768 stand es für Leopold fest, daß sich in Zukunft sein Augenmerk besonders auf Neapel richten würde, weil Maria Carolina, anstelle ihrer Schwester Josepha, dorthin heiraten würde. Die bisher zu Ehren ihrer lothringischen Tante immer nur Charlotte genannte Erzherzogin Maria Carolina war zum Zeitpunkt ihrer Heirat, der für Mai 1768 festgesetzt war, erst fünfzehneinhalb Jahre alt. Maria Theresia hielt es für richtig, daß Leopold und seine Gattin, die Schwester König Ferdinands von Neapel, die kleine »Grünschnabelkönigin« in ihre neue Heimat Neapel begleiten sollten. Leopold hatte zugesagt, vorsichtig und abwägend und immer voraussetzend, daß Maria Luisa, die ihre zweite Niederkunft im Februar erwartete, wieder wohlauf sein würde.

Am 7. April 1768 war Maria Carolina per procurationem an der Seite ihres Bruders Erzherzog Ferdinand mit dem König von Neapel, der auch

Ferdinand hieß, getraut worden. »Du bist der falsche Ferdinand!« zischelte sie ihrem Bruder zu, als sie sich in ihrem Hochzeitsstaat gegenüberstanden. Noch auf dem Weg zur Augustinerkirche konnten sich die beiden Halbwüchsigen, Bruder Ferdinand vierzehn, Maria Carolina fünfzehn, das Lachen kaum verbeißen. Doch mit Orgelklang und Chören wurden sie ernsthaft. Die Trauung verlief traurig, denn als sie die Tränen der Kaiserin und der Geschwister sahen, kämpften beide genauso emotionell jetzt mit den Tränen, wie sie vorher gekichert hatten. Für Mutter und Tochter wurde es ein Abschied auf Lebenszeit.

Die junge Königin von Neapel reiste noch am gleichen Tag von Wien nach Italien ab. In Bologna erwartete sie Leopold und nahm sie für eine Woche mit nach Florenz, wo er sie ein wenig in die Sitten italienischer Höfe einführen wollte. Leopold und Maria Luisa begleiteten von nun an den langen und sehr prunkvollen Hofreisezug der Schwester und Schwägerin. Am 12. Mai erfolgte im ersten Städtchen auf neapolitanischem Boden, in Terracina, die »Entrega«, die offizielle Übergabe der österreichischen Erzherzogin in die Hände des Fürsten von San Nicandro. Er war ein eleganter und höflicher Mann, der nur den einen schweren Fehler hatte, daß er als Erzieher des Königs von Neapel gänzlich versagte. Ferdinand IV. von Neapel-Sizilien hatte entsetzliche Manieren.

Maria Carolina bekam ihren Gatten, von dem sie bisher so wenig Gutes gehört hatte, erst eine halbe Stunde später zu sehen. Man fuhr nach Portello. Dort erblickte sie einen langaufgeschossenen, sehr gesund wirkenden, festlich gekleideten, aber unendlich linkischen jungen Burschen, der vor Verlegenheit nicht wußte, wo er seine Arme und Hände lassen sollte. Maria Luisa und er begrüßten sich mit einem Schwall spanischer Worte. Die Geschwister hatten sich Jahre nicht gesehen. Maria Luisa, sechs Jahre älter als der verlegene Bräutigam, versäumte nicht, ihm zum Schluß auf spanisch mit freundlichstem Lächeln, um den Text zu kaschieren, zu versichern: »Und wenn du nicht nett zu ihr bist, das sage ich dir, dann drehe ich dir persönlich den Hals um!« Nach diesem geschwisterlich-burschikosem Rat fand endlich Leopold Gelegenheit, den Schwager zu begrüßen.

Natürlich war sich das Großherzogspaar seiner großen Verantwortung bei dieser heiklen Aufgabe bewußt. Auch sie hatten, wie alle Welt, von der Tolpatschigkeit und den seltsamen Angewohnheiten des Königs von Neapel gehört. Ihre vornehmste Aufgabe sollte sein, Carolina daran zu hindern, daß sie auf dem Absatz kehrtmachte und weinend nach Wien zurückfloh.

Die Hochzeitsfeierlichkeiten fanden im Prunkschloß von Caserta statt. Über die Peinlichkeit der ersten Ehetage und über die vielen Festlichkeiten mit einem Gewimmel geputzter fremder Leute halfen sie den beiden Hochzeitern getreulich hinweg. Die brieflichen Berichte Leopolds nach Wien waren sogar zuweilen positiv. Er fand, der König habe gute Charakteranlagen und seine geistigen Gaben seien nur vernachlässigt, er habe wirklich gesunden Verstand. Nur sei er aus ungeklärten Gründen in miserable Hände gefallen. Seine Höflinge seien wahre Strolche, und seine Redeweise sei übelster Straßendialekt der neapolitanischen Lazzarone.[30]

Unglücklicherweise ergab es sich, daß Maria Luisa, die sich erneut in gesegneten Umständen befunden hatte, in Neapel eine Fehlgeburt erlitt, so daß sich ihre Familie sehr um sie sorgte. Aber sie erholte sich überraschend schnell, wie sie ja überhaupt von einer bewundernswerten Gesundheit war. Leopold begrüßte dies um so mehr, als der Aufenthalt in Neapel für ihn problematisch zu werden begann. Sowie er ausfuhr oder ausritt, bedrängten ihn die Leute auf den Straßen und verlangten von ihm, er solle für billigeres Brot und Mehl sorgen wie in Florenz. Dies artete nachgerade zu einer Verfolgung des Großherzogs aus, der ja auf die Zustände in Neapel keinerlei Einfluß hatte.

Außerdem kostete ihn der König viel Nervenkraft. Sechs Wochen lang ließ er alles über sich ergehen: Er mußte sich von seinem Schwager ins Bein zwicken lassen, mußte gewärtig sein, daß Ferdinand ihn hinter offenen Türflügeln mit lautem »Buh!« erschreckte und andere Kindereien mehr erdulden. Maria Luisa versuchte etliche Male, auf den Bruder Einfluß zu nehmen. Schließlich reisten die Florentiner Verwandten ab, und Leopold gestand, er habe sich nach dem Abfahrtstag buchstäblich gesehnt, die letzten Wochen seien ein Martyrium für ihn gewesen. Zurück in Florenz, mußte sich Leopold erst einmal erholen. Er begab sich unverzüglich in seine Lieblingsvilla »La Petraja« und machte eine Brunnenkur mit dem Sprudel von Portoferraio.

Die fünfundzwanzig Jahre der Herrschaft Leopolds in der Toscana sind zu vergleichen mit den unermüdlichen Fingerübungen eines Klaviervirtuosen, dem es am Schluß nur zwei Jahre lang vergönnt war, Konzerte vor großem Publikum zu geben.

Seinen Spuren nachzugehen, seine politischen und persönlichen Erfolge oder Niederlagen zu erforschen und alle Dokumente der Nachwelt zu sichern, das hat Leopold den Historikern leichtgemacht. Kein Fürst seiner Zeit hat so wie er alle seine Maßnahmen nicht nur schriftlich vor-

bereitet, sondern auch bei ihrer Durchführung alles sehr genau proto-
kollieren lassen. Viele Akten waren in mehreren Kopien verbreitet und
lagen in mehreren Abfassungen in unterschiedlichen Archiven. Er selbst
hat einmal gesagt, er würde nachgerade in Tintenfässern ertrinken und
von Aktenbergen erdrückt werden.

Im November 1768 schrieb er einmal an Joseph über seine Arbeitsweise:

*Was Deine Augen betrifft, so bin ich recht böse darüber zu erfahren,
daß Du darunter leidest, um so mehr, als ich aus Erfahrung weiß, wie
schmerzhaft und unangenehm das ist.*

*Ich leide furchtbar darunter, besonders jetzt, wo die Nächte lang sind
und man sehr viel bei Kerzenlicht arbeiten muß. Ich wage Dir zu raten,
nichts dagegen zu nehmen, aber sie am Morgen und am Abend mit
etwas frischem Wasser zu benetzen.*

*Was auch sehr viel Erleichterung bringt ist, am Abend mit einer ein-
zigen Öllampe im Zimmer zu arbeiten, man leidet darunter viel weniger
als unter dem Wachslicht. Ich habe einen Schirm vor der Lampe und einen anderen über den Augen, beide aus grüner Seide. Man muß auch
die offenen Kamine meiden.*

*Es geht mir so wie Dir, wenn ich mir die Akten vorlesen lasse, so
schlafe ich entweder ein, oder mein Kopf denkt an sieben oder acht andere Dinge zur gleichen Zeit, und ich brauche die doppelte Zeit, so daß
mir das eine unendliche Qual bedeutet, aber man muß Geduld haben.*[31]

Es war Leopold vergönnt, am Ende seiner Regierungszeit in Florenz
auf ein stolzes Lebenswerk zurückzublicken. Aus einem noch nach mit-
telalterlicher Art und Weise geführten Staatswesen hatte er durch vorsichtige und wohlüberlegte Reformen den damals wohl modernsten
Staat Europas geschaffen, nach dessen Muster und Modell sich andere
Fürsten zu richten suchten. Was Joseph während seiner zehnjährigen
Selbständigkeit als Kaiser von 1780 bis 1790 mit Gewalt durchsetzen
wollte, wofür er Rückschläge und Volkserhebungen in Kauf nehmen
mußte, das hatte Leopold in Ruhe und Bedachtsamkeit für seine Toscaner längst erreicht: steuerliche Gleichheit für alle Stände, Aufhebung
der enormen Vergünstigungen für die Geistlichkeit, eine nahezu preußische Ordnung in Heer- und Beamtenwesen, Reformen für die Schulen
und Universitäten, Reglementierung der Armenpflege, bessere ärztliche
Betreuung des Volkes, Modernisierung des Hospitalwesens, Auf- und
Ausbau einer angemessenen kleinen Flotte.

Vor allem aber gehörte nach Leopolds neuem Erbpachtgesetz den Bauern wirklich der Boden, den sie beackerten, was einen ungeheuren Aufschwung der Landwirtschaft zur Folge hatte. Seine Toscana war das italienische »Musterländle«, und jeder Fremde, der den Fuß über die Grenze setzte, bekam den unvergleichlich guten Zustand der Straßen zu spüren.

Die politische Wirksamkeit Leopolds kann im Rahmen eines so kurzen Lebensbildes nur angedeutet werden. Alle Einzelheiten sind in der ausführlichen Biographie von Prof. Adam Wandruszka zusammengefaßt.

Selbst aus Leopolds Privatleben lassen sich nur einige Streiflichter festhalten, die sein Bild beleben und uns menschlich nahebringen. Die Quelle dafür ist die Korrespondenz mit seinen Geschwistern Joseph, Marie Christine, Karoline, Ferdinand und Maximilian. Zum Briefwechsel mit Joseph meint Wandruszka:

»Gewiß ist in dem Briefwechsel von beiden Seiten sehr viel empfindsame Übertreibung, höfisches Komplimentieren und, darunter verborgen, aber gelegentlich doch sichtbar, feine Ironie gegenüber dem Gesprächspartner wie gegenüber der Rolle, die man selbst nun einmal hat übernehmen müssen. Ein Augurenlächeln der beiden jungen Herrscher, die beide allzufrüh vom Becher der Macht getrunken haben, von sich wie vom anderen wissen, daß sie davon nie mehr loskommen werden, trotz des bitteren Nachgeschmacks, der ihnen beiden auch schon längst nicht mehr unbekannt ist.

Gerade dieses Wissen aber ist es, das sie, trotz fortbestehender schon charakterlich begründeter Gegensätze und Rivalitäten, aneinander bindet, da jeder von ihnen, in der durch ihre Stellung bedingten Einsamkeit und Isolierung nur einen ebenbürtigen Gesprächspartner auf dieser Welt, ja nur einen Menschen kennt, der die gleiche Sprache spricht und versteht: der ferne Bruder.

Die Mutter gehört einer anderen Generation und Vorstellungswelt an, die jüngeren Geschwister zählen nicht und werden von Joseph wie von Leopold mit gewiß weitgehend unberechtigter Geringschätzung beurteilt. So sind die zahlreichen und langen Briefe zwischen beiden, die sich gerade in jenen Jahren durch einen besonders herzlichen Ton auszeichnen, doch von beiden Seiten im wesentlichen aufrichtig gemeint und echte menschliche Dokumente von einzigartigem Wert.«[32]

Zu denjenigen Dingen, die beide Brüder sich gegenseitig mit »einem Augurenlächeln« mitgeteilt haben, gehören die Fragen der Nachkommenschaft und auch die Mitteilungen Josephs über seine Liebesaffären, aus denen er dem Bruder gegenüber kein Geheimnis machte. Er zog ihn bewußt ins Vertrauen und erhoffte sich das gleiche von Leopold. Doch dieser war zunächst einmal vorsichtig, obwohl er es mit zunehmenden Jahren mit der ehelichen Treue keineswegs mehr so ernst nahm wie zu Anfang.

Sein Eheleben war fast zu vorbildlich und Leopold mußte sich noch zu Lebzeiten der Kaiserin von dem mokanten Joseph manchen Spott mit anhören, weil pünktlich wie die Maikatzen jedes Jahr ein Prinz oder eine Prinzessin in der herzoglichen Wiege zu Florenz eintraf.

Joseph betrachtete das alles als eine willkommene Entlastung von dynastischen Verpflichtungen, die eigentlich seine Aufgabe gewesen wären:

*Deine liebe Gemahlin wieder guter Hoffnung dient mir trefflich als Schutzschild gegen die Angriffe, die man von Zeit zu Zeit in der Sache einer Verehelichung gegen mich richtet. Fahre fort, lieber Bruder, gesunde Kinder in die Welt zu setzen, die Dir ähnlich sind. Du kannst mich Dir nicht inniger verpflichten, sie werden immer die meinigen bei jeder Gelegenheit sein, dem Staat ist gedient und ich bin der Verpflichtung enthoben, eine Frau zu haben, was ein Zustand ist, den ich verabscheue.*[33]

Leopold wurde mit anfeuernden Sätzen bedacht wie solchen:

*Trefflicher Bevölkerer!* . . . *Fahre fort, lieber Bruder, und lasse nicht nach, gib der Monarchie kühnlich so viele Kinder, wie Du kannst, wenn sie Dir ähnlich sind, können es niemals zu viele sein!*[34]

Maria Theresia hingegen sah den Kindersegen in Florenz von einer anderen Warte. Mit grenzenlosem Mißtrauen erfüllt gegen Ammen, Kinderfrauen, Lehrer, Ajos und Ajas aus fremden Ländern, wandte sie einen großen Teil ihrer Zeit daran, dem Florentiner Hof Ratschläge über das Wickeln oder Nichtwickeln von Säuglingen zu geben, österreichische Kinderfrauen zu empfehlen, Lehrer vorzuschlagen und schließlich über die Leiter der Erziehung der Kinder mit Leopold nachgerade Streit anzufangen. Leopold war ein wahrer Fanatiker neuzeitlicher Kindererziehung und bestand auf seiner Meinung. Schließlich wären es ja wohl seine Kinder und ihm allein obliege die Verantwortung, diese gut und richtig zu erziehen. So trübten diese Meinungsverschiedenheiten bis zu einem gewissen Grade die Beziehungen zur Mutter.

Maria Theresia verfolgte auch jeden Besuch, der zu ihren nach Italien verheirateten Kindern aufbrach, mit unstillbarer Neugier. Als Mimi und Albert 1776 für längere Wochen in Florenz waren, mußte Albert täglich berichten:

*Der Großherzog . . . erfreut sich einer blühenden Gesundheit und ist voll Fröhlichkeit. Die Anfälle von Hypochondrie (Schwermut), denen man ihn unterworfen glaubte, scheinen nicht mehr so häufig wiederzukehren. Seine Tätigkeit ist geteilt zwischen der Verwaltung des Landes und der Erziehung seiner Kinder. Er arbeitet den größten Teil des Tages. Die Arbeit ist seine Unterhaltung; er geht ins Detail ein und beachtet alles, was seine Aufmerksamkeit anzieht. Dessen ungeachtet findet er Zeit, sich mit anderen Dingen zu beschäftigen; man ist überrascht von der Fülle seiner Kenntnisse in Physik, Naturgeschichte und Landwirtschaft, er hegt große Sorgfalt für die Hebung des Ackerbaues, der Industrie und des Handels, »der Quellen des Gemeinwohls«.*

*Er ist sehr liebenswürdig im Umgange; seine Conversation ist immer interessant durch die gesunde Verständigkeit, die überall durchleuchtet; er gibt den Ton für alle in der Gesellschaft an.*

*Die Großherzogin, seine Frau, verdient das Vertrauen, das er ihr erweist; sie lebt nur für ihn und hat keinen anderen Ehrgeiz, als seine Liebe zu erhalten und zur guten Erziehung der Kinder beizutragen. Die vielen Geburten haben sie sehr abgemagert; von dem Glanz der Schönheit, den sie in ihrer Jugend besaß, ist wenig mehr zu bemerken; ihre Gesundheit hat aber nicht gelitten. Obwohl sie nicht mehr so lebhaft ist wie früher, so besitzt sie doch eine naive Heiterkeit und gleiche Laune; sie erhalten ihr die Achtung und Anhänglichkeit aller jener, die mit ihr verkehren. Um ihr Lob vollständig zu sagen: sie ist eine gute Freundin, eine gute Frau, eine gute Mutter. Die Kinder sind ihr höchstes Glück; sie sind gesund, voll Verstand und Gemüt. Graf Colloredo leitet ihre Erziehung ganz vortrefflich; Marquis Manfredini ist ihm beigegeben und er ist dazu vollkommen geeignet. Der Hof ist nicht zahlreich, erscheint aber in Glanz und Würde . . .*[35]

Das sollte eigentlich die Kaiserin beruhigen, aber ihre Wißbegierde war keineswegs gestillt und im Austausch der kleinen Billetts, der »Wischerl« mit Mimi, tauchten dann Probleme auf wie etwa dieses:

*4. April 1776*

*Ich habe Ihnen schon so viele Fragen über die Kinder gestellt; ich möchte noch wissen, ob sie daran gewöhnt sind, jedesmal wenn sie kommen*

*oder gehen die Hand zu küssen? Ich weiß schon, daß die Großherzogin*
*sie nicht küßt; sagen Sie mir doch, was Sie in dieser Sache gemacht ha-*
*ben; es würde mich Mühe kosten, darauf zu verzichten* . . .[36]

Diesen Punkt erwähnte die Kaiserin deshalb, weil sie sich gerade um
jene Zeit mit dem Plan trug, all ihre Kinder in Italien – zumindest in
Norditalien – persönlich zu besuchen. Infolge ihrer schwankenden Gesundheit unterblieb jedoch die Reise.

Dafür beschied sie zwei Jahre später Leopold zu sich nach Wien, als Joseph während des Bayerischen Erbfolgekrieges mit seinen Truppen im
Feld war. Die Mutter erwartete von Leopold diesen oder jenen Rat in Re-
gierungsangelegenheiten, aber er hielt sich ganz bewußt zurück, da er
Josephs Eifersucht kannte.

Die ganze Atmosphäre am Wiener Hof gefiel ihm in diesem Sommer
1778 überhaupt nicht. Sein geheimes Tagebuch, das schon zur Charakte-
risierung seiner älteren Geschwister herangezogen wurde, war der Niederschlag seiner ungünstigen Eindrücke in der Familie. Die Unstimmigkeiten zwischen der Mutter und dem als Mitregent ebenfalls tonangebenden Joseph hatten mittlerweile in Wien einen Zustand geschaffen, in
welchem jedes Familienmitglied in irgendeiner Form Partei ergriff.
Dennoch sprach keiner frei heraus. Die Geschwister wollten es mit niemandem verderben, suchten sich bei Beeinträchtigungen so gut es ging
zu schützen. Dabei verloren sie jegliche Unbefangenheit untereinander.
Obwohl außer dem elfjährigen Maxl nur noch Elisabeth und Marianna
in der Burg wohnten, außerdem natürlich auch Joseph, wenn er anwesend sein konnte, so waren doch Zwischenträgereien anscheinend die
Hauptbeschäftigung der kaiserlichen Familie, wobei Mimi durch ihren
Einfluß auf die Kaiserin viel beitrug.

Die Eindrücke, die Leopold in jenem Sommer erhielt, sind zweifellos
echt und unmittelbar nach ihrer Beobachtung aufgezeichnet. Man meint
die Enttäuschung des immer recht braven Sohnes, des vorbildlichen Fürsten zu spüren. Nach Wandruszka findet in seinem Familientagebuch
der Kummer eines verkannten Musterknaben Ausdruck. Psychologisch
sei interessant, daß die am schwärzesten geschilderte Mimi später, als
die Mutter tot war und Joseph sie schlecht behandelte, sich eng an Leopold anschloß und Joseph sie sogar mehrmals der »Konspiration« bezich-
tigte, die sich zwischen Florenz und Brüssel angesponnen hatte.[37]

Leopold hat nach diesem nicht sehr erfreulichen Aufenthalt im Sommer und Herbst 1778 seine Mutter nicht wiedergesehen. Es gab jedoch

nicht mehr so große Meinungsverschiedenheiten über Kindererziehung und die Kaiserin liebte es, in ihren Briefen an Freundinnen die Enkel in Florenz immer sehr zu loben. Ihre Zuneigung zu Leopolds Familie zeigte sich in der großen Anzahl der Briefe, die gewechselt wurden. Noch kurz vor ihrem Tode ließ es sich die schwerkranke Kaiserin nicht nehmen, ihrem Poldl und Maria Luisa einen Gruß zu senden, den letzten Brief, den sie überhaupt in ihrem Leben schrieb:

*Meine teuren innigst geliebten Kinder*
*Ich bin untröstlich wegen des Curiers, den man Euch gestern schicken muße, denn ich fühle ja den Eindruck, den er Euch gemacht haben muß, weil ich die ganze Größe Eurer Liebe zu mir kenne.*

*Ihr könnt Euch denken, wie unruhig ich bin, es ist mein Trost, daß Ihr rechtschaffene Christenmenschen seid, die den Frieden in sich selbst finden. Gott sei mit Euch, ich gebe Euch beiden und Euren lieben zehn Kindern meinen Segen.*

*Maria Theresia*[38]

Nach dem Tode der Kaiserin vertiefte sich ganz zweifellos die Beziehung zwischen den Brüdern in Wien und Florenz. Jener Brief, den Joseph nach der Bestattung der Mutter, zurückgekehrt aus der Kapuzinergruft, an Leopold schrieb, gehört zu den ergreifendsten Schriftstücken der Korrespondenz. Er bittet ihn inständigst um seine Freundschaft, das einzige, was ihm jetzt noch bliebe. Leopold hat in den kommenden zehn Jahren keine Gelegenheit versäumt, dem Bruder gegenüber loyal und, so weit dies anging, auch herzlich zu sein. Einige Male wurde ihm dies von Joseph aber recht schwer gemacht.

Im Jahre 1784 bat der Kaiser den knapp sechzehnjährigen Franz, den ältesten Sohn Leopolds und Thronfolger, zur weiteren Erziehung nach Wien zu kommen. Nach einigem Widerstreben erfüllten Leopold und Maria Luisa dem Kaiser diesen Wunsch. Am Abend des 21. Juni 1784 traten Leopold, der künftige »Kaiserlehrling« Franz und dessen Erzieher, Graf Colloredo mit einem nur kleinen Gefolge die Reise nach Wien an. Der Großherzog fuhr, nur von seinem Sekretär begleitet, denkbar bescheiden in einer nur zweispännigen Kutsche. Erzherzog Franz und Colloredo und zwei Reitknechte folgten mit einem vierspännigen Wagen des Typs, den man in Florenz carozza inglese nannte. Auch der vierspännige Küchenwagen wurde mitgeführt. Am 30. Juni erwartete der Kaiser seine Verwandten in Laxenburg zum Mittagessen. Dort traf Franz seine zukünftigen Lehrer.

Am nächsten Tag durfte der junge Mann seine siebzehnjährige Braut, Prinzessin Elisabeth von Württemberg, kennenlernen, die mit ihrem Gefolge im Salesianerinnenkloster in Wien wohnte und dorthin auch den künftigen Gatten und Leopold zum Essen einlud. Die Eheschließung sollte wegen der Jugend des Bräutigams erst sehr viel später stattfinden. Damals war noch kein Zeitpunkt vereinbart. Das Paar verstand sich sehr gut und zeigte sogar einige Anzeichen von Verliebtheit. Prinzessin Elisabeth gewann durch ihr angenehmes und taktvolles Wesen sogar Josephs Sympathie.

Bei diesem Aufenthalt 1784 empfand Leopold nochmals, wie schon 1778, die kaum verborgene Eifersucht des kaiserlichen Bruders. Dies war deshalb so unangenehm und peinlich, weil er sich als Waffe dagegen ja niemals der gleichen Mittel bedienen durfte wie Joseph.

Der Kaiser ließ ihn kaum allein, er sollte keine Gelegenheit haben, mit den Herren aus Josephs Umgebung zu sprechen. Leopold stellte fest, daß gegen ihn eine latente Campagne übler Nachrede geführt wurde, die das Ziel haben sollte, ihn zum Gegner des Bruders abzustempeln und ihn in Wien so unbeliebt wie möglich zu machen.

Leopold überlegte sich geeignete Vorsichtsmaßnahmen, um keine offene Mißstimmung zwischen sich und Joseph aufkommen zu lassen. Er lebte sehr zurückhaltend, merkte, wie die Beamtenschaft ihm auswich. Jeder hatte Angst, er würde, wenn er mit dem Großherzog sprach, als Kritiker Josephs in Verdacht geraten. Leopold redete auch in Gesellschaft kaum mit jemandem, besonders nicht mit den von Joseph als Umgang bevorzugten Fürstinnen. Bei Spaziergängen mit dem Bruder nahm er niemals deutschsprechende Diener als Begleitung mit, um jede Zwischenträgerei zu vermeiden. Er lebte wie in Feindesland. In seiner Denkschrift über die Wiener Reise 1784 hieß es:

*. . . tatsächlich bemerkte ich mehrmals, daß Klatsch über mich dem Kaiser hinterbracht worden war, denn in der letzten Zeit zeigte er Mißtrauen hinsichtlich der Personen, die zu mir kamen und an den letzten Tagen hat er mich nie alleingelassen und nicht zugelassen, daß ich irgendjemanden sehe, indem er mir immer Besuche, Bittsteller und Belästigungen sandte, oder indem er mit mir war, damit ich dazu keine Zeit hätte.*[39]

Mit der Übernahme des jungen Erzherzogs Franz als Kaiserlehrling nach Wien bezweckte Joseph noch ein anderes Ziel. Er wollte seinen damaligen Verzicht auf die Sekundogenitur Habsburgs, die Toskana, für die folgende Generation rückgängig machen. Franz würde sein Nachfolger werden. Aber keineswegs sollte nun wiederum einer von Franzens Brüdern Großherzog von Toscana werden, sondern dies Land sollte zu Österreich gehören und kein Objekt der Separation innerhalb der Familie mehr sein. So wurde eine Abolitionsurkunde unterzeichnet, welche die Abschaffung der Sekundogenitur Toscana beinhaltete, die zwar noch Leopold bis zu seinem Lebensende innehaben sollte, aber keiner seiner Söhne. Leopold sah keinen Grund, gegen diesen Wunsch Josephs anzugehen und so geschah alles nach dem Willen des Kaisers.

Im Jahre 1786 kam es in Pisa zu einem für Leopold bedeutungsvollen Ereignis. Im Theater wurde eine sehr schöne, aber ziemlich unbegabte junge Tänzerin namens Livia Raimondi von Studenten ausgepfiffen. Dies kränkte die junge Dame derart, daß sie zusammen mit ihrem Vater um eine Audienz beim Großherzog ersuchte, der sich gerade in Pisa aufhielt. Signorina Raimondi beklagte sich bitter über den Vorfall. Noch nie in ihrer Karriere sei dies vorgekommen und sie bäte um den Schutz des Landesherren.

Es ist nicht feststellbar, ob dieser Anlaß die erste Begegnung Leopolds mit Livia Raimondi war, oder ob sie sich schon früher kannten. Aktenkundig ist jedoch, daß Leopold, sonst in all den Jahren ein weitgehend treuer Gatte, sich nun mit vierzig Jahren ohne allzugroße Geheimhaltung eine Geliebte zulegte. An der Piazza San Marco in Florenz, an der Ecke der Via degli Arazzieri, richtete er Livia ein kleines Palais ein, das heute als Offizierskasino dient. Damals installierte Leopold die Dame seines Herzens mit all jener Methodik, die jede Unternehmung seines Lebens kennzeichnete. Es gab für das Haus Inventarverzeichnisse, die die Ausstattung bis zur letzten und kleinsten Miniatur an der Wand aufführten, darunter auch ein Gruppenbild der großherzoglichen Familie im Schlafzimmer.

Maria Luisa muß dies Verhältnis nicht nur gutmütig geduldet haben, sondern ganz zweifellos war sie in gewisser Hinsicht erleichtert, einen Teil ihrer ehelichen Pflichten an eine Jüngere delegieren zu können. Sie hatte 1788 ihr sechzehntes Kind geboren, den Erzherzog Rudolf. Dazu ertrug sie im Laufe der Jahre mindestens drei Fehlgeburten. Ein zunächst nur schwach auftretendes Lungenleiden machte ihr mehr und mehr zu schaffen. Es gibt glaubwürdige Hinweise, daß Livia Raimondi bald den Rang einer Freundin der Familie einnahm, die mit der Großherzogin Handarbeiten machte und von den Töchtern des Großherzogs gelegentlich besucht wurde. Leopold und Livia hatten einen Sohn, Luigi, der eine

gute Erziehung genoß und nach Leopolds Tod als Ludwig von Grün in
Wien studierte, Hofkammerbeamter wurde und 1814 an einer Lungen-
krankheit starb.[40]

Als Ende des Jahres 1789 Kaiser Josephs Gesundheitszustand immer
schlechter wurde, schrieb er immer dringlichere Briefe nach Florenz,
Leopold möge doch kommen. Er möge ohne Rücksicht auf irgendwelche
üble Nachrede, daß er nur auf des Kaisers Tod warte, doch unbedingt
nach Wien reisen, denn noch vieles sei zu besprechen. Er spüre, daß er
nicht mehr lange zu leben habe.

Leopold konnte sich nicht entschließen, dem letzten Wunsch seines
Bruders nachzugeben. Zu tief saßen in seiner Erinnerung die mannig-
fachen Unannehmlichkeiten mit Josephs Umgebung. Er wollte nicht
wieder zur Zielscheibe von Intrigen und Eifersüchteleien um des Kaisers
Gunst degradiert werden. So verging nach Josephs Ableben am 20. Februar 1790 einige Zeit, ehe Leopold in Wien eintraf. Er wurde auch noch
so krank, daß er zehn Tage nicht aus Florenz abreisen konnte. So kam er
erst am 12. März 1790 gegen halb elf Uhr nachts in Wien an. Am nächsten Tage trat der neue Kaiser unverzüglich sein Amt an. Seine Familie
war in der Toscana zurückgeblieben, um eine freundlichere Jahreszeit
zur Übersiedlung abzuwarten.

Aus Briefen Leopolds an Mimi ist bekannt, daß er ein heilloses Durcheinander bei Hofe vorgefunden hatte. Mit den auf Joseph eingeschwore-
nen Beamten wollte er keinesfalls weiterarbeiten. Infolgedessen galt es
zunächst, neues Personal für die Kanzleien einzustellen. Fürst Kaunitz,
mittlerweile neunundsiebzig Jahre alt, querköpfiger denn je und gegen
Leopold eingenommen, war bettlägerig. Als Leopold am 15. März 1790,
von seinem Sohn Franz begleitet, den alten Fürsten besuchte, nahm er es
auf sich, drei Stunden bei dem Kranken zu verweilen »in einem Zimmer,
das einem Treibhaus glich«. Der neue Kaiser sah sich wichtiger Stützen
beraubt. Kaunitz, der Leiter der Außenpolitik, durch Krankheit ausgeschaltet. Hadik, Feldmarschall und Präsident des Hofkriegsrates, war am
Tage von Leopolds Ankunft gestorben. Es blieben ihm die Feldmarschälle Lacy und Laudon, die Präsidenten der obersten Hofstellen und
die übrigen Minister sowie der Erzbischof von Wien, Kardinal Migazzi.
Eine alte, eingefahrene Equipe, gewiß, aber die Impulse, sie in Gang zu
setzen, darüber war sich Leopold klar, würden ausschließlich von ihm
selbst kommen müssen.[41]

Es gab einige ganz dringende Angelegenheiten, die zu regeln kein Augenblick gezögert werden durfte. Die Unruhen in Böhmen erachtete

20  *Johanna Gabriele im Alter von 11 Jahren*

21    *Maria Josepha im Alter von 15 Jahren*

Leopold als absolut vorrangig und verfügte mit Handschreiben vom 21. März 1790 die Aufhebung der »Josephinischen Steuerregulie-rungs-Hofkommission«, die auf soviel Widerstand gestoßen war. Die Böhmisch-Österreichische Hofkanzlei in Prag wurde angewiesen, sofort Verhandlungen mit den Ständen aufzunehmen. Josephs einstige Anhänger im Beamtenstab wurden vom Dienst beurlaubt, sein großer ehemaliger Gegner Graf Johann Rudolf Chotek wieder auf seinen Posten als Vizekanzler der Hofkanzlei zurückberufen.

Desgleichen galt es, ähnliche Maßnahmen in Ungarn zu treffen, wo gegen Josephs Reformen Aufstände ausgebrochen waren. Auch in Belgien wurden alle Vorkehrungen getroffen, die aufgeregten Stände wieder zu normalen Verhandlungspartnern zu machen.[42]

Während Leopold beharrlich und zügig alles in die Wege leitete, um sich als gemäßigter, aufgeklärter und insofern moderner Monarch zu erweisen, daß er zwar die Traditionen hochhielt und vieles auf den Stand zurückführte, wie es zur Zeit seiner Mutter gewesen war, so erkannte er natürlich, daß dies alles seine Grenzen haben würde. Joseph hatte vieles geschaffen, was gut für die Menschen war, die religiöse Toleranz, die Erleichterungen für die Leibeigenen. Dies blieb weitgehend unangetastet. Dennoch gab es aus den Kreisen der engsten Mitarbeiter Josephs viel Haß gegen Leopold. Man verbreitete Pamphlete und ließ verlauten, er habe fünfundzwanzig Jahre nur in Italien gelebt, sei italianisiert und das hieße: er sei doppelzüngig und trügerisch, man dürfe ihm nicht trauen.[43]

Leopold ließ sich jedoch dadurch nicht beirren. Er saß täglich siebzehn Stunden an seinem Schreibtisch, nachts bei der Öllampe mit dem grünseidenen Schirm, um nur das Dringendste aufzuarbeiten. Er klagte Mimi, er käme nicht einmal dazu, zwischendurch an die Luft zu gehen. Sein Sohn Franz sei ihm eine große Hilfe und Stütze.[47]

Da Leopold bekannt war, welch unheilvolle Wirkung preußische Agententätigkeit in Ungarn und Belgien bei den Aufständen gehabt hatte, schrieb er am 26. März 1790 jenen bedeutungsvollen Brief an den preußischen König Friedrich Wilhelm II., der eine Annäherung und friedlichen Ausgleich zwischen Österreich und Preußen bewirken sollte. Leopold von Ranke bezeichnete diesen ersten Schritt Leopolds als »einen großen historischen Moment« in der europäischen Geschichte. Er hatte im Juli die Konvention von Reichenbach zur Folge, später das Pillnitzer Fürstentreffen. Reichenbach bot zwar noch kein ideales Ergebnis, dennoch bezeichnete Leopold das Abkommen »als das am wenigsten schlechte«.[45]

Die Verhandlungen mit Ungarn erwiesen sich als außerordentlich schwierig, da dort nahezu unerfüllbare Forderungen gestellt wurden. »Sie wollen alles haben wie bei Karl dem Großen«, seufzte er. Schließlich erklärte Leopold am 20. August 1790 einer ungarischen Reichstagsabordnung, keine anderen Verpflichtungen auf sich nehmen zu wollen, als in den Diplomen Karls VI. und Maria Theresias enthalten waren. Über weitere Wünsche werde er gern verhandeln, aber erst nach der Krönung.[46]

Während der ganzen Zeit, da Leopold die Regierungsarbeit fast ganz absorbierte, hatte er dennoch die familiären Interessen nicht vernachlässigt. Mit dem Hofe von Neapel waren bedeutsame Vereinbarungen getroffen worden, die am 19. September 1790 zu der sensationellen dreifachen habsburg-bourbonischen Hochzeit führten. Leopolds Söhne Franz und Ferdinand heirateten die beiden ältesten Töchter ihrer Tante, Königin Marie Karoline von Neapel-Sizilien, Marie Thérèse und Ludovica. Gleichzeitig fand in Abwesenheit des erst dreizehnjährigen Prinzen Francesco von Neapel, auch Karolines Sohn, die Prokura-Trauung mit der ebenfalls erst dreizehn Jahre alten Tochter Leopolds, Klementine, statt. Um all die Korrespondenz, die mit dieser Dreifachhochzeit zusammenhing, zu bewältigen, mußte Kaiser Leopold die Zahl der Arbeitsstunden an seinem Schreibtisch drastisch erhöhen. Sein Bruder Ferdinand bedauerte ihn. Leopold erwiderte:

*Ja, Du hast recht, ich arbeite . . . wie ein Tier – come una bestia –.*[47]

Zu dieser Hochzeit fuhren alle Geschwister, wegen der ermutigenden Vorgänge in Frankreich in einer unerwartet erleichterten Stimmung. Den ersten Jahrestag der Revolution hatte man in Paris in einer Weise begangen, die über die Befürchtungen für König Ludwig XVI. und Königin Marie Antoinette hinweghalfen. Der Präsident der Nationalversammlung und der König schworen gemeinsam am Altar des Vaterlandes Treue auf die neue Verfassung. Marie Antoinette hob neben ihrem Gatten den fünfjährigen Dauphin Louis in die Höhe und der Jubel der Leute ringsum kannte keine Grenzen. Zwar blieb Leopold auf diese Nachrichten hin skeptisch, aber im Hinblick auf die bevorstehenden Feste war dies alles eine gute Basis für ungetrübte Stunden.

Nach der Hochzeit in Wien begab sich die ganze Familie nach Frankfurt am Main, wo nach inzwischen erfolgter einstimmiger Wahl Leopolds die Krönung zum römisch-deutschen Kaiser am 9. Oktober stattfand. Die traditionellen Zeremonien waren die gleichen wie bei seinem

Vater Franz I. und seinem Bruder Joseph II., aber über die volkstümlichen Belustigungen zur Krönung hinaus gab es einige kulturelle Ereignisse von Rang.

Eine deutsche Schauspieltruppe führte das von Iffland geschriebene Schauspiel »Friedrich von Österreich« auf. Französische Künstler feierten wahre Triumphe mit Voltaires »Mérope«. Der kurmainzische Musikdirektor Vincenzo Righini führte eine Krönungsmesse auf, die dann später wieder in Vergessenheit geriet.

Während diese Künstler alle in kaiserlichem oder fürstlichem Auftrag gereist waren, blieb es Wolfgang Amadeus Mozart überlassen, auf eigene Rechnung am 15. Oktober 1790, einen Tag vor der Abreise des Kaisers, seine beiden »Krönungskonzerte« zu Gehör zu bringen, das Klavier-Konzert F-Dur, Köchelverzeichnis 459, und das Klavier-Konzert D-Dur, KV 537. Ihr Ruhm hat alle anderen künstlerischen Darbietungen weit übertroffen. Damals aber wurden sie gleichsam am Rande und unaufgefordert vorgeführt.[48]

Die Damen unterzogen noch in Frankfurt am Main sämtliche Staatsroben einer gründlichen Revision, denn in vier Wochen war die nächste Krönung. Am 15. November 1790 wurde Leopold II. zum König von Ungarn gekrönt, seinen Sohn Alexander Leopold wählten die ungarischen Stände zum Palatin von Ungarn. Dies Amt war charakteristisch für die ungarische Regierungstradition. Andere Länder wählten einen solchen Sprecher des Volkes nicht. Lange war dies Amt nicht besetzt gewesen. Der neue Palatin wurde allgemein sehr gefeiert.

Betrachtet man die Resultate von Leopolds erstem Regierungsjahr, so ist festzustellen, daß es ihm nicht nur gelungen war, die bedrohlichen Zustände in Ungarn und Belgien zu beschwichtigen, sondern auch ihre Ursachen teilweise zu beheben. Er war nunmehr gewählter und gekrönter Kaiser des Reiches Karls des Großen. Endlich hatten auch Ungarn und Böhmen wieder einen gekrönten König wie zur Zeit seiner Mutter und seiner Ahnen. Joseph war die ungekrönte Ausnahme gewesen. Weder Preßburg noch Prag hatte ihn jemals im Purpur feiern dürfen. Leopold galt schon jetzt als Bewahrer der Tradition und sein Ruf als weiser Herrscher begann sich auszubreiten.

Zu den wichtigsten innenpolitischen Maßnahmen gehörte die neue leopoldinische Unterrichtsverfassung, die auch eine Neuordnung des Universitätswesens einschloß. Wenn auch diese Bestrebungen Leopolds durch seinen frühen Tod und den Rückfall seines Nachfolgers in »josephinischen Studiendespotismus« nicht voll zur Auswirkung kamen, jedenfalls zunächst nicht, so kann man die Ziele Kaiser Leopolds II. zur Schaffung eines autonomen Unterrichtswesens in ihrer Bedeutung mit dem Wirken Wilhelm von Humboldts in Preußen vergleichen. Durch die mangelnde Initiative Kaiser Franz II. ruhte die Leopoldinische Schulreform bis 1849, als sich Leopolds Ideen in der Thun-Hohensteinschen Reform in Österreich wiederfanden. Leopold hatte zu Beginn seiner Regierungszeit diesem Reformwerk »den höchsten Rang vor allem anderen« eingeräumt.[49]

In aller Stille hatte zu Leopolds vordringlicher Aufgabe auch die Rückgängigmachung der »Abolitionsurkunde« hinsichtlich der Abschaffung der Toscana als Sekundogenitur des Hauses Habsburg-Lothringen gehört. Sein Sohn Ferdinand wurde im April 1791 als Großherzog Ferdinand III. in sein Amt in Florenz eingesetzt. Allerdings gab es zwischen ihm und seinem Vater starke Spannungen. Wie einst Leopold selbst, so empfand jetzt sein Sohn alle Ratschläge aus Wien als Bevormundung. Aber Leopold hatte nach seinem Weggang auch in Florenz Unruhen zu bekämpfen gehabt und wollte jetzt Ferdinand den Weg ebnen. Zweitens murrte der junge Fürst heftig wegen der aus Gründen der Staatsräson geschlossenen Ehe mit seiner Cousine Ludovica. Die unglückliche Prinzessin hatte starke Ähnlichkeit mit ihrem Vater, dem einst so ungeschlachten König Ferdinand von Neapel-Sizilien, der seiner großen Nase wegen »il re nasone« genannt wurde. Ihr Wesen und Charakter wiesen keine Züge auf, die ihrem Ehemann mühelos über mangelnde Schönheit hinweghelfen konnten. Ludovica war nicht heiter, geistreich oder künstlerisch begabt, sondern ernst, still und zurückhaltend. Die Ermahnungen seines Vaters beantwortete der neue Großherzog von Toscana zuweilen mit gewagten Anspielungen auf Leopolds Verhältnis zu Livia Raimondi, was ihm einige Male Hausarrest eintrug.[50]

Die Krönung Leopolds zum böhmischen König in Prag am 6. September 1791 war der unbestrittene Höhepunkt seiner Regierungszeit, gleichzeitig aber auch der letzte große Auftritt seines Lebens. Maria Luisa wurde am 12. September offiziell zur böhmischen Königin gekrönt, eine lange nicht mehr gesehene Zeremonie. All dies war weit mehr als eine leere Formalität. Als König von Böhmen war der Habsburger von alters her auch der erste der Kurfürsten des Heiligen Römischen Reiches. Eigentlich bedingte die böhmische Königskrone erst das Recht, als Kaiser überhaupt zu kandidieren. Im Falle Leopolds war man umgekehrt verfahren, was zum Teil mit der unzufriedenen Grundstimmung der europäischen Länder zusammenhing.

Die Feierlichkeiten in Prag waren beeindruckend und ganz Prag sah sich in die Zeit Maria Theresias zurückversetzt. Es gab einen jungen Herrscher mit einer riesengroßen Familie, Friedensschlüsse und vernünftige Regelungen auf allen Gebieten der Politik und des öffentlichen Lebens.

Diesmal hatte Mozart von der Stadt Prag den offiziellen Auftrag erhalten, die Festoper für Leopolds Königskrönung in Böhmen zu schreiben. Er wählte Metastasios schon mehrfach vertontes Libretto »La clemenza di Tito«, das durch den sächsischen Hofpoeten Mazzolà nach Mozarts Ideen geändert und gestrafft worden war. Der Auftrag war kurzfristig und Mozart mit Arbeit überhäuft. Die Secco-Rezitative der Oper vertraute er daher seinem Freund und Schüler Süßmayer zur Komposition an.[51]

Leopold blieb fast einen Monat in Böhmen. In Brünn zog er sich wieder einmal eine Magen- und Darmverstimmung zu, die er leider nicht nachhaltig genug bekämpfte und daher noch lange damit zu tun hatte. Nach seinem plötzlichen Tod am 1. März 1792 hielt sich unter den vielen Gerüchten über die Ursache hartnäckig dasjenige, der König und Kaiser sei in Böhmen bei oder nach der Krönung vergiftet worden. Andere besagten, Freimaurer, Jesuiten oder französische Emissäre der Revolution hätten die Vergiftung auf geheimen Wegen veranlaßt. Doch konnte nie etwas bewiesen werden.

Die meisten Versionen und Mutmaßungen sind in ihren Einzelheiten haltlos. Nur eine konkretere Spur gibt es, die Historiker Graf Corti einmal erwähnte:

*Bis zum heutigen Tage ist es noch nicht ganz geklärt, ob der Tod wirklich nur der in Prag zugezogenen Kolikerkrankung oder aber einem Anschlag zuzuschreiben war. Eine vergiftete Limonade soll dabei im Spiele gewesen sein. Zumindest hat ein verhafteter junger Hofmeister des Reichsvizekanzlers Grafen Colloredo namens Colombe dies später eingestanden.[52]*

Während der Bericht der Ärzte nach der Autopsie beharrlich bei der Todesursache blieb, es sei eine »ganz plötzliche Entzündung – acutissima inflamatione« – gewesen, läßt das Krankheitsbild und alle Überlieferungen den modernen Arzt jedoch vermuten, es dürfte eine linksseitige Oberlappenpneumonie mit eitriger Pleuritis gewesen sein, also zwei Krankheiten: eine Lungenentzündung und eine eitrige Rippenfellentzündung. Die Behandlung durch Leopolds Leibarzt Dr. Lagusius-Ha-

senöhrl, vier Aderlässe innerhalb von zwei Tagen und zahlreiche Ein-
läufe, war für den Kranken verhängnisvoll. Er wurde so schwach, daß er
bei einem einfachen Hustenanfall erstickte.[53] Leopold blieb keine Frist, das Viaticum oder die letzte Ölung zu empfangen oder die Beichte abzulegen. Er starb in den Armen der Kaiserin
Maria Luisa. Sie nahm sich den Tod ihres Mannes so zu Herzen, daß sie
ihm am 15. Mai des gleichen Jahres in den Tod folgte. In der Kapuzinergruft stehen ihre Särge beieinander.

Auf den Thron in Wien gelangte mit eben vierundzwanzig Jahren
Leopolds Ältester, Franz II. Er schwärmte für seinen verstorbenen Onkel
Joseph II. und ließ ihm auf dem heute Josephsplatz genannten Hof der
Wiener Burg ein Standbild errichten. Das Denkmal für seinen Vater
stellt einen traditionellen Sarkophag dar mit der Figur des Lebenden auf
kunstvollem Schrein liegend. Eine weibliche Gestalt in trauernder Haltung lehnt sich an das Denkmal. Es ist in den Schatten der Georgskapelle
der Augustinerkirche in Wien verbannt.

Nachhaltiger als in Österreich gedachte man Leopolds jedoch in Italien. Hier tritt auch wieder der Name Peter hervor, den er einst, Zar Peter dem Großen zu Ehren, bei der Taufe erhalten hatte. In Pisa ist sein
Denkmal, die Statue Peter Leopolds im römischen Gewand, zu bewundern, das ihm die Toscaner 1832, vierzig Jahre nach seinem Tode, bereits
in der Zeit der italienischen Freiheitsbewegung setzten. Es trägt die Inschrift: AL GRANDUCA PIETRO LEOPOLDO CUARANTA ANNI
DOPO LA SUA MORTE.

Kaiser Leopold II., den seine Bewunderer schon während seiner kurzen Regierungszeit »den Weisen« oder »den Milden« zu nennen begannen, berührt vor allem deshalb sympathisch, weil er von sich aus verstand, das überkommene Bild des »Musterfürsten« etwas zu retouchie-
ren. Seinen Kindern und Geschwistern erschien er als ein Mensch wie
andere auch mit Vorzügen und geheimen Schwächen. So fand der Kaiser
trotz seines arbeitsreichen Tageslaufes die Zeit, intime Beziehungen zu
den schönen Wienerinnen und Ungarinnen anzuknüpfen. In seinem
Nachlaß fanden sich Liebesbriefe und ähnliche Dinge. Marie Thérèse,
die neue junge Kaiserin, berichtete darüber ihrer Mutter nach Neapel.
Königin Marie Karoline schrieb pietätvoll zurück:

*Hélas, er war schwach, aber doch ein guter Vater . . . Ich bin Eurer*
*Zärtlichkeit und kindlichen Dankbarkeit verbunden, daß Ihr versteckt*
*habt, was (seinem Andenken) Schaden bringen könnte . . . Ich hoffe,*
*Ihr habt alles verbrannt und vernichtet . . ., was davon heikel war.*[54]

## Quellen und Anmerkungen zum Kapitel
## Leopold II.

[1] Adam Wandruszka, Leopold II., 2 Bde., Wien/München 1963. – Nachstehend abgekürzt »Wandruszka« genannt. – Bd. II, S. 384 u. S. 438

[2] Fürst Johann Josef Khevenhüller-Metsch, Aus der Zeit Maria Theresias, Tagebuch des kaiserlichen Obersthofmeisters 1742–1776, 8 Bde., hrsg. von Hanns Schlitter, Wien/Leipzig 1907/1908. – Nachstehend abgekürzt »Khevenhüller« genannt. – Bd. II, S. 152 ff.

[3] Friederike Wachter, Die Erziehung der Kinder Maria Theresias, Diss., Wien 1968. – Nachstehend abgekürzt »Wachter« genannt. – S. 140; siehe auch Wandruszka, Bd. I, S. 43

[4] Wachter, S. 140, nach Joseph Sartori, Leopoldinische Annalen, 2 Bde., Augsburg 1792/93, Bd. I, S. 47

[5] Handschriftlich französisch im Haus-, Hof- und Staatsarchiv in Wien (nachstehend abgekürzt HHSt. genannt), Familienakten Karton 55. Gedruckt im frz. Originaltext in: Briefe der Kaiserin Maria Theresia an ihre Kinder und Freunde, 4 Bde., hrsg. von Alfred Ritter von Arneth, Wien 1881. – Nachstehend abgekürzt »Arneth, Briefe« genannt. – Bd. IV, S. 17 ff.; deutsch bei Wandruszka, Bd. I, S. 47

[6] Wandruszka, Bd. I, S. 50

[7] Wandruszka, Bd. I, S. 51

[8] Khevenhüller, Bd. VI, S. 4. Die Hochzeit per procurationem hatte am 16. Februar 1764 in Madrid stattgefunden.

[9] Wandruszka, Bd. I, S. 68

[10] Monika Kollreider, Hofreisen Maria Theresias, Diss., Wien 1965, S. 166 u. 178

[11] Khevenhüller, Bd. VI, S. 103

[12] HHSt. Familienakten, Karton 55;

deutsch bei Wandruszka, Bd. I, S. 82 »Instruction pour mon fils Leopold, ce 15 Janvier 1765« und »Sur le Mariage«.

[13] Wandruszka, Bd. I, S. 102

[14] Wandruszka, Bd. I, S. 103

[15] Khevenhüller, Bd. VI, S. 118 u. 120

[16] Khevenhüller, Bd. VI, S. 71

[17] Wandruszka, Bd. I, S. 113

[18] Khevenhüller, Bd. VI, S. 110

[19] Wandruszka, Bd. I, S. 114

[20] Wandruszka, Bd. I, S. 117. Abschriften aller drei Instruktionen im Familienarchiv Rosenberg.

[21] Wandruszka, Bd. I, S. 128

[22] Wandruszka, Bd. I, S. 139

[23] Wandruszka, Bd. I, S. 155

[24] Wandruszka, Bd. I, S. 163

[25] Wandruszka, Bd. I, S. 164

[26] Wandruszka, Bd. I, S. 192

[27] Wandruszka, Bd. I, S. 192

[28] Harry Kühnel, Die Hofburg, Wien/Hamburg 1971, S. 56

[29] Henry Vallotton, Maria Theresia, Herrscherin und Mutter, Hamburg 1968, S. 199

[30] Wandruszka, Bd. I, S. 213 f.

[31] Wandruszka, Bd. I, S. 225

[32] Wandruszka, Bd. I, S. 224

[33] Wandruszka, Bd. I, S. 203

[34] Wandruszka, Bd. I, S. 203

[35] Adam Wolf, Marie Christine, Erzherzogin von Österreich, 2 Bände, Wien 1863. – Nachstehend abgekürzt »Wolf Biogr.« genannt. – Bd. I, S. 91

[36] Arneth, Briefe, Bd. II, S. 419

[37] Wandruszka, Bd. I, S. 355

[38] Die Mutter und die Kaiserin, Briefe der Maria Theresia an ihre Kinder und Vertrauten. Aus dem Französischen übertragen und hrsg. von Carl Rothe, Wien/München 1968, S. 287

[39] Wandruszka, Bd. II, S. 97

40 Wandruszka, Bd. II, S. 164 ff.
41 Wandruszka, Bd. II, S. 252
42 Wandruszka, Bd. II, S. 254
43 Wandruszka, Bd. II, S. 253
44 Wolf Biogr., Bd. II, S. 73
45 Wandruszka, Bd. II, S. 265
46 Wandruszka, Bd. II, S. 288
47 Egon Caesar Conte Corti, Ich, eine Tochter Maria Theresias, ein Lebensbild der Königin Marie Karoline von Neapel, München 1950. – Nachstehend abgekürzt »Corti« genannt. – S. 172; Leopold II, an seinen Bruder Ferdinand, 10.

(?) 1790, Abschrift aus dem HHSt in Wien.
48 Wandruszka, Bd. II, S. 311
49 Wandruszka, Bd. II, S. 326
50 Wandruszka, Bd. II, S. 345
51 H. Steger und Karl Howe, Der neue Opernführer, Goldmanns gelbe Taschenbücher, München 1968, S. 196
52 Corti, S. 186; Schreiben des Grafen Lehrbach an Graf Cobenzl, München vom 20. 2. 1793, HHSt. Wien.
53 Wandruszka, Bd. II, S. 383
54 Corti, S. 188

## Die Kinder Leopolds aus seiner Ehe mit Maria Luisa von Spanien

1  Marie Therese * 14. 1. 1767  † 7. 11. 1827
Heirat 18. 10. 1787 mit Anton König von Sachsen * 27. 12. 1755  † 6. 6. 1836
2  Franz II. * 12. 2. 1768  † 2. 3. 1835
Wurde 1792 Kaiser, 1804 Kaiser von Österreich, legte 6. 8. 1806 die römisch-deutsche Kaiserwürde nieder. 1. Ehe: 6. 1. 1788 mit Elisabeth Wilhelmine, Tochter des Herzogs Friedrich Eugen von Württemberg, 1767–1790. 2. Ehe: 19. 9. 1790 mit Marie Thérèse, seiner Nichte, Tochter des Königs Ferdinand IV. (I.) von Neapel-Sizilien, 1772–1807. 3. Ehe: 6. 1. 1808 mit Maria Ludovica, seiner Nichte, Tochter des Erzherzogs Ferdinand von Österreich-Modena, 1787–1816. 4. Ehe: 10. 11. 1816 mit Karoline, Tochter des Königs Maximilian I. von Bayern, 1792–1873
3  Ferdinand III. * 6. 5. 1769  † 18. 6. 1824
Großherzog von Toscana 1790, Heirat am 19. 9. 1790 mit Ludovica, Tochter des Königs Ferdinand IV. von Neapel-Sizilien, 1773–1802
4  Marie Anna * 21. 4. 1770  † 1. 10. 1809
5  Karl * 5. 9. 1771  † 30. 4. 1847
Hoch- und Deutschmeister 1801–1804, Herzog von Teschen 1822, Heirat am 17. 9. 1815 mit Henriette, Tochter des Fürsten Friedrich-Wilhelm von Nassau-Weilburg, 1797–1829

6 Leopold * 14. 8. 1772  † 21. 7. 1795
Palatin von Ungarn, starb bei einem Experiment mit Feuerwerks-
körpern.

7 Albrecht * 19. 12. 1773  † 22. 7. 1774

8 Maximilian * 23. 12. 1774  † 9. 3. 1778

9 Josef * 9. 3. 1776  † 13. 1. 1847
Palatin von Ungarn 1796. 1. Ehe: 30. 10. 1799 mit Alexandra,
Tochter des Zaren Paul I. von Rußland, 1783–1801. 2. Ehe:
30. 8. 1815 mit Hermine, Tochter des Fürsten Viktor II. von An-
halt-Bernburg-Hoym, 1797–1817. 3. Ehe: 24. 8. 1819 mit Marie,
Tochter des Herzogs Ludwig von Württemberg, 1797–1855

10 Klementine * 24. 4. 1777  † 15. 11. 1801
Heirat am 25. 6. 1797 mit Franz I. König beider Sizilien, 1777–
1830

11 Anton * 31. 8. 1779  † 2. 4. 1835
Hoch- und Deutschmeister 1804. Großmeister des Deutschen Ordens in Österreich 1809

12 Amalie * 15. 10. 1780  † 25. 12. 1798

13 Johann * 20. 1. 1782  † 11. 5. 1859
Reichsverweser 1848–1849, Heirat am 8. 2. 1827 mit Anna Maria,
Tochter des Postmeisters Plochl, 1804–1885, wird »Freiin von
Brandhof« 1834. Der Sohn führt seit 1845 den Namen Graf von
Meran.

14 Rainer * 30. 9. 1783  † 16. 1. 1853
Heirat am 28. 5. 1820 mit Elisabeth, Tochter des Prinzen Karl
Emanuel von Savoyen-Carignan, 1800–1856

15 Ludwig * 13. 12. 1784  † 21. 12. 1864

16 Rudolf * 8. 1. 1788  † 23. 7. 1831
Kardinal und Fürst-Erzbischof von Olmütz 1819

## Die Kinder Kaiser Franz II./I.
Durch seine Familie setzte sich die Linie der österreichischen
Kaiser fort

Aus 1. Ehe

1 Ludovika 1790–1791

Aus 2. Ehe

1 Marie Louise 1791–1847 (Louisella)
Heirat 1810 mit Napoleon Bonaparte, Kaiser der Franzosen

2 Ferdinand I. 1793–1875
Heirat 1831 mit Maria Anna Pia von Sardinien, regierte 1835–1848

3 Carolina 1794–1795

4 Carolina 1795–1799

5 Leopoldina 1797–1826
Heirat 1817 mit Don Pedro I. von Brasilien

6 Maria Clementina 1798–1881
Heirat 1816 mit Leopold von Salerno

7 Joseph 1799–1807

8 Carolina 1801–1832
Heirat 1819 mit Friedrich August, Prinz von Sachsen

9 Franz Karl 1802–1878
Heirat 1824 mit Sophie von Bayern

10 Maria Anna 1804–1858

11 Johann Nepomuk 1805–1809

12 Amalia * und † 1807

# Charlotte Carolina

*＊ und † 17. September 1748 in Wien*

Ein Vierteljahr vor der Geburt des zehnten Kaiserkindes in Wien kam hoher Besuch aus der Türkei. Bei diesem Anlaß geriet das Protokoll in einige Verlegenheit. Nach der alten Etikette hatte der türkische Abgesandte einen »Rock-Kuß« vorzunehmen, was dem Obristhofmeister Khevenhüller als eine gar zu indezente Annäherung an die Person ihrer Majestät der Kaiserin erschien. Allein es gab keinen Ausweg. Der Bericht des Chronisten erging sich in der Schilderung der unglaublichen Schwierigkeiten, die entstanden, wenn ein osmanischer Edelmann der Kaiserin in Wien seine Aufwartung machte:

*Den 10. (Juni 1748) kammen die Herrschafften in die Statt und gabe die Kaiserin dem Effendy Audienz nach Inhalt des Prothocolls; und obzwar selber die meiste Schwürigkeit gemacht, den Rockkuß abzustatten und es auch in der Audienz bei den Kaiser nicht gehörig bewerckstelliget, so thate er sich heute ebenfahls in diesem Punct besseren; und nachdeme die Bienséance (der Anstand) ohnehin nicht verstattet hätte, der Kaiserin als einer Dame und Weibs Persohn den Saum des Rocks et le bas de la jupe (den unteren Teil des Rockes) zu berühren und zu küssen (mithin man bereits bei der Abschiedsaudienz des letztern Groß Bottschaffters auf einen Mezzo termine (Mittelweg) bedacht gewesen, der sich zwar damahlen ganz natürlich gefüget, da die Kaiserin in der tieffen Trauer gewesen, und also gewöhnlichermassen eine Mante und langes Fürduch (Stola) getragen, dessen Saum sie selbsten dem Bottschaffter zum küssen darreichen kunte, welches sich aber anjezo – da sie, noch einig andere Damen weder bei den Hoffkleid, noch sonsten ein Fürduch zu tragen pflegen – nicht thun lasset), so haben I. M. – um doch den Rockkuß zu marquiren – den Saum dero gewöhnlichermassen anhabenden Appartements Mänterls mit der Hand dem Bottschafter dargeboten, so er auch sehr ehrerbietig und mit tieffer Neugung des Haubts geküst hat, wiewollen (obwohl) auch diser Actus submissionis (Akt der Unterwerfung) – die Wahrheit zu sagen – nicht gar decent und in der That gar zu vertraulich ausgesehen, daß mann einer Dame (geschweige ein Türck einer so großen Frauen) so nahe an die Brust oder doch an das Mieder gekommen; allein ein solches ware bei der einmahl festgesetzten Nothwendigkeit bei beizubehaltender alter Etiquette nicht wohl zu vermeiden.* [1]

Uns mutet die Umständlichkeit der damaligen Zeremonien so fremd an, daß bewußt Khevenhüllers Text aufgeführt wurde, um einen Begriff davon zu vermitteln, welche Rolle alle diese Finessen der Etikette in damaliger Zeit spielten. Zu jener Zeit, da Maria Theresias Kinder jung waren, hatte dies alles seinen Sinn. Die Belohnung guter Taten und Bestrafung von Unarten erfolgte vielfach durch Gewährung oder Entziehung der Erlaubnis zum Handkuß. Normalerweise hatten die Kinder, so alt sie sein mochten, beim Betreten und beim Verlassen des Zimmers, in dem sich ihre Mutter aufhielt, dieser die Hand zu küssen. Für Fremde bedeutete der Handkuß noch lange Zeit eine besondere Vergünstigung.

Obristhofmeister Khevenhüller, dessen achtbändiges Tagebuch davon zeugt, daß er sich mit allen Gebräuchen bei Hof, deren oberster Hüter er kraft seines Amtes war, auch gänzlich einverstanden zeigte, hat sich doch zuweilen gegenteilig geäußert. So auch im August 1748 kurz vor der zehnten Niederkunft der Kaiserin. Kaiser Franz I. verreiste. Bei diesem Anlaß erwies sich Khevenhüller definitiv als Vorläufer des Freiherrn von Knigge, auch er schrieb über den Umgang mit Menschen:

*Den 29. (August 1748) fruh, bald nach 5 Uhr und nach gehörter heiliger Meß, verraiste der Kaiser nebst dem Printzen und einigen Chasseurs nachher Böhmen . . . und zumahlen I. M. erst gegen den 16. künfftigen Monaths zuruckkeren wollen, so fande mich eigends bei dero Levée ein (welches ich sonsten, weillen der Herr mich gleich anfangs meines Obrist Cammerer Ammts davon dispensiret, nicht zu thun pflege), um ihro vor der Abrais die Händ zu küssen, welche Attention (Aufmerksamkeit) dann auch allergnädigst aufgenohmen worden.*

*Und habe ich immer mehr gelernet, wie große Herrn dergleichen kleine Finesse (Feinheiten) und Attention offt besser remarquiren und mit größerem Danck als die essentielleste (wesentlichste) Dienste ansehen; mithin kann einer, welcher schon par destinée à la galère (zum Los eines Galeerensträflings) und bei Hoff angebunden leben muß, auf solche Bagatellen nicht genug Acht haben, woran ich leider nur gar zu villmahlen impingiret (vernachlässigt, war zu faul dazu) und dißfalls öffteres theueres Lehrgeld gegeben, auch würcklich heutigen Tags noch immer Rechuten (Rückfälle) zu thun pflege . . .*

*Weillen man aber auf dieser Welt für sich allein nicht lebet, so ist auch billig, daß mann sich in thunlichen Sachen nach der anderen, absonderlich seiner Herrn und Oberen Génie richte.*[2]

Für Maria Theresia bedeutete das Jahr 1748 die Beendigung eines langen, äußerst unangenehmen und kostspieligen Krieges. Die Friedensverhandlungen waren im Gange und schon stand fest, daß sie Mitte Oktober in Aachen zum Abschluß kommen würden. Während Maria Theresia in politischer Hinsicht aufatmen konnte, bereitete sich ein familiäres Ereignis vor, das die Kaiserin sehr erschütterte: die zehnte Niederkunft ging nicht gut aus. Es war der 17. September 1784. Am Abend vorher hatte das Kaiserpaar noch die abendliche Opernvorstellung in Wien besucht. Den Vormittag des 17. nahmen Konferenzen in Anspruch. Es wurde über die Rückführung von Truppen und über Anstalten für deren Überwinterung gesprochen. Kaiser und Kaiserin befanden sich unterdessen wieder in Schönbrunn, wo auch die Frau von Khevenhüller-Metsch – damals noch Gräfin – zur Mittagstafel geladen war.

Die Kaiserin empfand erste Anzeichen der bevorstehenden Geburt und befahl ihren Arzt van Swieten zum letzten Aderlaß vor der Entbindung. Gräfin Khevenhüller-Metsch benachrichtigte sofort ihren Mann, der sich unverzüglich von Wien nach Schönbrunn begab, denn sein Amt schrieb ihm vor, bei dergleichen großen Ereignissen anwesend zu sein.

*Zu End des Rosencranzes gienge der Kaiser mit mir und noch ein paar Männern in Garten spatzieren und sagte uns, wie die Kaiserin zwar seit mittags einige Wehe empfindete, allein weillen sie immer auszusetzen pflegten, so würde ihrer Gewohnheit nach wohl schwärlich vor Mitternacht oder Anbruch des Tags etwas daraus werden.*

*Kaum aber waren wir eine kleine halbe Stund herumgegangen, als ein Cammerherr dahergeloffen kamme, um dem Kaiser im Namen derer in der Cammer befindlichen Frauen eilends herbeizuruffen; welcher dann auch sofort nebst unß mit starcken Schritten zuruckeillete.*

*Als wir in die Gallerie kammen, sahen wir alles mit viller Praecipitation (großer Eile) zur gewöhnlichen Exponirung des Hochwürdigsten sich anschicken; und der erste Seegen ware kaum vorüber, als sich ein Bruit sourd (heimliches Gerücht) ausbreitete, die Kaiserin wäre würcklichen entbunden; jedoch wolte niemand sagen, wie es mit selber stünde und ob es ein Sohn oder eine Dochter sei.*[3]

Khevenhüller wußte ebensowenig wie die anderen Herren seiner Umgebung. Da sah man die Prinzessin Charlotte von Lothringen, Schwester des Kaisers, in größter Bestürzung durch das Zimmer eilen, mit ihr eine andere Dame, die nur die leisen Worte flüsterte: »Nous avons un enfant foible« – wir haben ein schwächliches Kind!

Unter den Wartenden verbreitete sich Katastrophenstimmung. Einer sah den anderen an, keiner sprach, niemand wollte der erste sein, die schreckliche Nachricht wirklich auszusprechen. Da wurde Khevenhüller zum Kaiser gerufen:

*Disen fande ich schreibend und – wie wohl nicht anderst möglich – mit sehr bestürzten Gesicht; er sagte mir: vous irez à Hezendorff porter cette lettre à impératrice mère (Gehen Sie nach Hetzendorf und bringen Sie diesen Brief der Kaiserin-Mutter); und nachdeme er den Brief gesiglet, fügte er noch mit wenigen bei: vous sçaurez déjà ce qui est arrivé, j'ai seulement peur pour l'impératrice qui croit que l'enfant est mort sans batême, et jette de hauts cris. (Sie wissen schon, was passiert ist. Ich habe nur Angst für die Kaiserin, daß sie glaubt, das Kind sei ohne Taufe gestorben und sie wird in lautes Klagen ausbrechen.)*

*Ich antwortete ebenfalls nur kurtz, wie in dergleichen Umstände die Bienséance mit sich bringt, und batte ihn, er mögte auf sich und die Kaiserin und auf beiderseitige Conservation (Schonung) bedacht sein. Hierauf gabe er mir das Billet und sagte noch: je ne sçait moi-Même pas si c'est un fils ou une fille (ich weiß selber nicht, ob es ein Sohn oder eine Tochter ist).*[4]

Khevenhüller warf sich in den nächsten Hof-Biroccio und jagte nach Hetzendorf, wo aber schon ein Kammerherr von sich aus heimlich einen Läufer mit der schlimmen Nachricht vorausgeschickt hatte. Bis zur Kaiserin-Mutter war die Kunde jedoch noch nicht gedrungen. Elisabeth-Christine saß noch unbefangen mit ihren Damen am Spieltisch.

Als sie den Obristhofmeister erblickte, winkte sie ihn herbei und fragte lebhaft, wie es denn in Schönbrunn stünde. Khevenhüller sagte nur, sehr zurückhaltend, Ihre Majestät sei niedergekommen und befinde sich wohl und alles übrige stehe in diesem Brief, den er dann mit einer Verneigung übergab.

Die alte Kaiserin warf die Karten hin, riß den Brief auf und brach in Tränen aus. Alle Damen standen erschrocken auf. Die Kaiserin-Mutter zog Khevenhüller in ihre Privaträume und wollte sofort mit ihm ins Schloß Schönbrunn zu ihrer Tochter. Die Oberhofmeisterin Gräfin Paar war ihnen gefolgt und beide bemühten sich nach Kräften, die erregte alte Fürstin davon abzuhalten, nach Schönbrunn zu fahren. Khevenhüller legte ausführlich dar, wie sehr das Erscheinen der verehrten Frau Mutter die »Kindlbetterin« beunruhigen würde. Nach langem Zögern und unter vielen Tränen setze sich Elisabeth Christine schließlich an ihren Schreibsekretär und warf mit fliegender Hast einige Zeilen für ihre Tochter auf ein Papier, faltete es flüchtig zusammen ohne zu siegeln und sandte den erleichterten Khevenhüller damit zurück.

*Bei meiner Zurückkunfft in Schönbrunn ware mann von dem ersten Allarme schon in etwas zuruckgekommen und ware von der vorbeigegangenen Catastrophe so villes bekannt worden, daß I. M. gegen halb 5 Uhr mit einer Ertzherzogin, jedoch insoweit unglücklich genesen seie, daß – weillen das Kind nicht wohl gewendet und zuerst mit den Füsselen gekommen – die Hebamme es sofort nothgetauffet und selbes hierauf nach gar wenig Minuten (also zwar, daß ungehindert des Prothomedici (ersten Medicus) Van Swieten und der Hebamme Versicherns, ville doch, ob es noch bei Leben die Tauff erhalten habe, zweifflen wollen) verschieden.*

*Weillen die Kaiserin sich auch mehrers herbeigegeben und, Gottlob, bei ihro nicht die geringste Gefahr sonsten sich äußerete, fande sich der Calme (die Ruhe) nach und nach wiederumen ein.*[5]

Bei Hofe mußte man in sehr alten Akten nachschlagen, was eigentlich zur Bestattung eines so rasch wieder dahingegangenen Kindes zu geschehen habe. Schließlich fand man ehrwürdige Unterlagen, deren Inhalt dem Kaiser vorgetragen wurde. Er ordnete einige Änderungen an, dann eilte ein Kammerfourier damit nach Wien.

In Schönbrunn teilte sich die Hofgesellschaft in zwei Lager. Die einen hielten strikte Trauer für angebracht, die anderen befürworteten zumindest einen Tag Gala, damit doch »markieret werde«, daß die »höchste Kindlbetterin« bei »hohem Wohlsein« aus dieser Niederkunft hervorgegangen sei. Bei glücklichen Geburten pflegte man drei Tage Gala zu halten. Aber der Kaiser ordnete schließlich an, es solle überhaupt keine Gala angelegt werden. Dennoch gab es einige Verwirrung:

*Das Unschicksammste hierbei ware, daß ungehindert keine Gala sein sollen, mann doch denen Dames befohlen, in Appartement Kleidern (Gesellschaftskleidern) die ersten drei Täge . . . zu erscheinen, worbei noch die Confusion unterloffen, daß mann theils Dames von reichen, und anderen von glatten Stoff Röcken gemeldet.*

*Allein so gehet es immer, wann keine ordentliche und legale Etiquette ist, wie es leider an unseren Hoff dermahlen zugehet, wo ein jeder schaffen und hoffmeistern will und, nach dem Sprichwort, niemand mehr weis, wer Koch noch Kellner seie.*[6]

Draußen im noch sommerlichen Schloß Schönbrunn hatte man die kleine Charlotte Carolina provisorisch in jenem Zimmer aufgebahrt, das ihr ohnehin zugedacht war. Bald darauf brachte man den kleinen Leichnam jedoch in die Burg und es erfolgte eine kurze Aufbahrung in den Sommerzimmern. Am Abend sollte die Beisetzung erfolgen. Khevenhüller fuhr abends mit zwei Kammerherren in die Burg und hatte erstmalig Gelegenheit, das Kind zu betrachten.

*Übrigens sahe man dem armen Kind seinen Mörder auf der Stirn geschrieben, indeme es von dem lincken Aug an, ein wenig ober den Augenbrauen bis hinter den Schlaff (die Schläfe) einen stark mit blau unterloffenen Streiff und bei den Schlaff einen Drucker und Enfoncement (Vertiefung) hatte, so gar zu sichtbahrlich in der Geburt oder aus einer unglücklichen Bewegung der Mutter oder durch einen unglücklichen Grieff der Hebamme geschehen sein muß; ob aber übrigens zu der üblen Lage des Kinds – nachdeme die neun vorige Geburten so glücklich gewesen – die in der großen Hitz zu Anfang des sechsten Monaths der Schwangerschaft und (der löblichen Gewohnheit nach) mit so viller, unnötiger Fatigue (Anstrengungen) immer mittelst der Post à toute bride (spornstreichs davongejagt) gemachte letzere Excursion nachher Mähren nicht ein villes beigetragen, davon will ich meines Orts nicht decidiren (von mir aus nicht entscheiden) . . .*

*. . . wie es dann auch an Glossir- und Ausstellungen (Randbemerkungen und Kritiken) nicht gemanglet, daß bei der letzeren Niderkunfft, nebst der alten Obristhoffmeisterin, niemand dann die Fürstin v. Trautsohn und Gräfin Losi (welche zwei letztere niemahlen Kinder getragen) zugegen gewesen und mann die Aya, Gräfin von Saurrau – welche allein noch das Handwerck verstehet und selbsten verschiedene Kinder gebohren – zu spatt (spät) dazu beruffen, mithin die Kaiserin der blossen Willkuhr der Hebamme und des Prothomedici Van Swieten überlassen habe, wo doch in dergleichen Fällen nicht genugsamme Vorsichtigkeit gebraucht werden kann und das Volck – wann der Frauen was geschehen wäre – über den Kaiser und uns alle bei Hoff (daß wir selbe vernachlässiget hätten) zu schreien und zu klagen Ursach über Ursach gehabt haben wurde.*[7]

Am 24. September 1748 durfte der Chronist und Augenzeuge der Kaiserin die Hand küssen und fand sie viel bleicher als nach den anderen Entbindungen. Aber sie war nicht niedergeschlagen und wesentlich gefaßter, als der Obristhofmeister erwartet hatte. Am 27. September stand Maria Theresia zum erstenmal auf und empfing die Kammer-Zutritts-Frauen zum Handkuß auf einem Sofa sitzend.

Von der kleinen Charlotta Carolina, um deren kurzes Erdendasein sich soviel Sorge, Aufregung und protokollarische Schwierigkeiten rankten, ist nur ein kleiner reich verzierter Zinnsarg in der Kapuzinergruft geblieben. Im Verzeichnis der bestatteten Personen nach der alphabetischen Reihenfolge trägt sie die Ziffer 56. Das Hofburg-Pfarrprotokoll Nr. 2, 38 aus dem Kaiserlichen und Königlichen Haus-, Hof- und Staatsarchiv bildet das klassische Beispiel dafür, daß sich innerhalb ein und desselben Dokumentes die Kindernamen ändern. Die im Text genannte Charlotta Carolina verwandelte sich in der Überschrift in eine Karoline. Ein Spiel mit Namen, das sich genau zwanzig Jahre später wiederholen sollte. Die einzig überlebende Charlotte der Töchter der großen Kaiserin wurde zur Stunde ihrer Vermählung nach Italien die Königin Maria Carolina.

*Quellen und Anmerkungen zum Kapitel*
*Charlotte Carolina*

[1] Fürst Johann Josef Khevenhüller-Metsch, Aus der Zeit Maria Theresias, Tagebuch des kaiserlichen Obersthofmeister 1742–1776, 8 Bde., hrsg. von Hanns Schlitter, Wien/Leipzig 1907/1098. – Nachstehend abgekürzt »Khevenhüller« genannt. – Bd. II, S. 230

[2] Khevenhüller, Bd. II, S. 257
[3] Khevenhüller, Bd. II, S. 262
[4] Khevenhüller, Bd. II, S. 263
[5] Khevenhüller, Bd. II, S. 264
[6] Khevenhüller, Bd. II, S. 264
[7] Khevenhüller, Bd. II, S. 266

# Johanna Gabriele

* 4. Februar 1750 in Wien
† 23. Dezember 1762 in Wien

Als der Maler Jean-Etienne Liotard die Serie der Kinderbilder aus der kaiserlichen Familie mit Johanna fortsetzte, war sie elf Jahre alt. Der Maler bestand darauf, die Kinder sollten mit irgend etwas beschäftigt werden, während die Sitzungen für die Porträts stattfanden. Amélie hatte sich eine Stickerei ausgewählt, Sepherl bestand darauf, am Clavicord abgebildet zu werden, Mimi, die selbst mit viel Talent malte, wurde mit ihren Farben und Malsachen dargestellt. Hannerl meinte, sie könne ja etwas schreiben.

So hält sie auf dem Porträt in der rechten Hand eine Gänsefeder. Derlei Federn gab es in recht großer und üppiger Ausführung, bunt gefärbt oder weiß, rechte Prachtfedern. Das Kind aber schreibt mit einem halbierten Gänsekiel, an dem nur einiges struppiges Gefieder von der Prozedur des Stutzens noch übrig geblieben ist. Johanna trägt eine Frisur von weißgepuderten Querlocken seitlich bis hinauf zur Scheitelhöhe. Mitten auf dem Kopf ist ein kleiner Blumentuff mit einem dunklen Band als Zierde befestigt. Eine enge Kette mit großen runden Perlen, wahrscheinlich weißen Korallen, liegt um ihren Hals. Das Kind trägt keine Ringe, aber einen zur Kette passenden Ohrschmuck.

Der feinfühlige Porträtist, dem man nachrühmte, er stelle nicht nur das Abbild eines Menschen, sondern auch seine Seele dar, zeigt uns Johanna als liebes Mädel, fröhlich, gutmütig und brav.

Die Geburt dieser Erzherzogin gab der Kaiserin Trost und Zuversicht. Sie würde weiterhin gesunde Kinder haben. Das Unglück mit der armen kleinen Charlotte vom September 1748 würde sich nicht wiederholen. Im Februar 1750 bei Hannerls Geburt konnte man frohen Herzens die drei Tage Gala bei Hofe einhalten. Insgeheim gab es in etlichen Klosterkirchen der Stadt Dankesmessen, die die Kaiserin aus Anlaß der glückhaften Niederkunft bestellte.

Auf das Hannerl in der Wiege schauten sieben Geschwister. Marianna war mit zwölf die Älteste, gefolgt von Pepi, dem neunjährigen Thronfolger Joseph, der um seiner dominierenden Stellung willen viel mehr hofiert wurde als die Mädchen, was diese zuweilen sehr ärgerte. Als Verbündete in diesem Streit unter den Geschwistern um die Vorrangstellung galten die achtjährige Mimi und die siebenjährige Liesl. Dann folgte der gescheite Erzherzog Karl, der mit fünf Jahren schon schreiben konnte, danach Amélie, die vier Jahre älter war als Johanna Gabriele. Der dreijährige Poldl war derzeit der Liebling der Familie, ein komischer pausbäckiger Knirps, immer zu Streichen aufgelegt.

Johanna Gabriele bekam nach einem Jahr eine Schwester, die gerade am elften Namenstag Josephs zur Welt kam. Dadurch verstand es sich nahezu von selbst, daß sie Maria Josepha genannt wurde. Voller Stolz stand Joseph bei der Taufe Pate. Zeitlebens fühlte sich Joseph dieser Schwester besonders verbunden, wohingegen sich die Liebe seiner ersten Gemahlin, Isabella von Parma, in inniger Weise der kleinen Hannerl zuwandte. So war das Thronfolgerpaar den heranwachsenden beiden Mädchen besonders verbunden, bis schließlich beide Schwestern und Isabella den Pocken zum Opfer fielen.

Die erste Aja Johannas war die Gräfin Maria Anna von Wildenstein, die auch für Josephas Pflege die Oberaufsicht erhielt. Obwohl sich in den Jahren bis 1756 jedes Jahr neuer Nachwuchs in der Familie einstellte, Karoline 1752, Ferdinand 1754, Maria Antonia 1755 und schließlich Maximilian 1756, bildeten Johanna und Josepha eine kleine Gruppe für sich. Auf dem großen Familienbild von Martin van Meytens aus dem Jahr 1754 sind sie im Mittelgrund des Bildes abgebildet, drei und vier Jahre alt, seitlich der Kinderwiege, in welcher der sechs Monate alte Ferdl mit einem schwarzen Mützchen zu sehen ist. Diese festen Babymützen, oft noch mit Kinnband, waren damals auf zahlreichen Babybildern zu sehen. Sie sollten dazu dienen, daß die Kleinen keine abstehenden Ohren bekamen.

1756 kamen die Erzherzoginnen Johanna und Josepha unter die Obhut der Gräfin Maria Walburga von Lerchenfeld, einer würdigen und gesetzten Dame von zweiundvierzig Jahren, die eine sehr herzliche Art im Umgang mit den Kindern zeigte. Die Vorschriften, die Maria Theresia ihr zum Dienstantritt überreichte, ermöglichen uns, Einblick in die Erziehungsmethoden der kaiserlichen Kinder insgesamt zu nehmen. Gräfin Lerchenfeld erhielt die kaiserlichen Instruktionen gleichzeitig mit genauen Stundenplänen.

*Undatiert (November 1756)*
*Es folgen hier die Stunden, wie glaubte, dass die Ordnung mit den zwei*

*Töchtern solle gehalten werden. Ich habe nichts anderes beizusetzen, als dass auf die Gesundheit eine genaue Obsicht getragen werde, und das Mindeste van Swieten, dem allein die Kinder anvertraut sind, zu erinnern. Es möchte die Gesundheit selbst, einen Fall oder andere kleine Anstösse geben, so wäre nicht allein ich gleich davon zu informieren, sondern auch van Swieten auf das Genaueste und das Geschwindeste.*

*Was er erlaubt, dass die Kinder essen dürfen, ist selben zu gestatten, und sind sie in diesem Punkt nicht heiklich traktiert worden. Ich verlange, dass sie von Allem essen sollen und keine Ausstellungen oder Aussuchung im Essen machen von einem besseren Bissen oder Speise, auch keine Discurs vom Essen selbe halten lassen. Fische essen selbe alle Freitage, Samstage und alle anderen Fasttage.*

*Obwohl die Johanna besonders einen Ekel für selbe bezeigt, so wäre es ihr nicht angehen zu lassen und sie zu animieren, daß sie sich nicht zu lange dabei aufhalte, indem alle meine Kinder die nämliche Aversion dagegen gezeigt und Alle es müssen überwinden, dass alle die sieben älteren die ganze Fasten schon zwei Jahre mit uns halten, mithin in diesem Punkte gar nicht zu weichen.*[1]

Zu Anfang empfand Gräfin Lerchenfeld es als eine besondere Härte der Kaiserin, daß Hannerl sich unbedingt zum Fischessen zwingen sollte. Was sie mit dem Kinde bei Fischgerichten erlebte, verleidete ihr beinahe selbst den Geschmack an dem Gebotenen. Johanna bekam Krämpfe, erbrach mehrmals unter schmerzhaftem Würgen, so daß der Arzt van Swieten schließlich im Einvernehmen mit der Kaiserin eine kleine Campagne eröffnete, die Hannerl von ihrem Widerwillen heilen sollte. Es profitierten bei der Gelegenheit alle kleineren Geschwister davon.

Zunächst ließ man sie eine Forellenzuchtanstalt besuchen, wo die frischgefangenen Tiere in einem Fischbehälter mit klarem Wasser vergnügt umherschwammen. Man machte Hannerl auf die große Sauberkeit dieser Tiere aufmerksam, wie sie sich reinhielten, niemand müsse ihren Stall ausmisten, wie man dies bei Kühen oder Schweinen tue. Auch die anderen Fische, die großen Fogasche (Zander) aus dem Plattensee oder gar ein Waller, ein dicker Wels aus der Donau, sie alle seien die sauberste und appetitlichste Nahrung, die ein Mensch sich nur aussuchen könne.

Als nächste Station führte van Swieten seine kleine Patientin, denn für den Arzt war Hannerls Zustand eine Art Krankheit, in die Küche. Bei den kaiserlichen Köchen war man wohlvertraut mit allerlei Finessen und

Kniffen, um die vielen Fischgerichte den Kindern mundgerecht zu machen. Vorerst wurde gezeigt, wie ein frisches Stückchen Fisch, gleichviel welcher Art, sofort seinen Geruch verlor, wenn man es mit Zitronensaft abreibe oder bis zum Kochen oder Braten in Zitronensaft liegen ließe. Dann zeigten Fischköche, wie der Sud beschaffen sein müsse, in welchem Fische durch Zugabe von Piment, Zwiebelstücken und festen großen Lorbeerblättern gänzlich anders schmeckten als solche, die nur mit Salzwasser abgekocht waren.

Als das Hannerl eines Tages schrecklich jammerte, daß sie aus lauter Angst vor Gräten keinen Bissen herunterbrächte, da erhielt sie eine Lehrstunde beim Küchenmeister, der ihr einen »Karpfen nach Prager Art« zubereitete. Sie durfte dabeisein, wie der gekochte Karpfen völlig entgrätet wurde, alles weiße Fischfleisch säuberlich auf einer Porzellanschale lag. Danach brachte man in einer Kasserole ein buntes Kräuterallerlei, mit Karottenstückchen in Butter gedünstet. Ein Gehilfe hatte Gelatine aufgelöst und mit der würzigen Fischbrühe einen Aspik bereitet. Man gab alles in eine Stürzform, die genau wie ein Fisch aussah. Auf Aspik, Kräuter und die feingezupften Fischteilchen kam immer wieder lagenweise die Aspikbrühe, die alsbald erstarrte. Zum Schluß versicherte ihr der Küchenmeister, wenn heute beim Nachtmahl ein buntdekorierter Fisch aufgetragen würde, dann sei es eben jener Prager Karpfen, bei dessen Zubereitung sich Hannerl habe überzeugen können, daß keine einzige Gräte in ihm vorhanden sei.

Eine ähnliche Stunde gab es noch bei der Herstellung jener kleinen »Quenelles de brochet«, wobei das entgrätete Fleisch eines schönen frischen Hechtes durch ein Sieb passiert und mit Mehl zu kleinen Klößen geformt wurde. In sprudelndem Salzwasser gekocht, gab man sie mit einer weißen, nach Muskat duftenden, ein klein wenig süß schmeckenden Soße zu Tisch.

Ganz langsam, nach und nach, unter Verwendung vieler pikanter Soßen und Beigaben und Mengen von Zitronenschnitzen gelang es der Gräfin Lerchenfeld, Johanna auch das Zerlegen von Fischen zu erklären und sie sorgte, daß zuerst an großen Fischen die Anatomie studiert wurde. In der Malstunde mußte mehrmals aufgezeichnet werden, wie das Skelett eines Fisches beschaffen war. Man schaffte aus dem Naturalienkabinett des Kaisers Fossilien herbei, Sandsteinplatten, in denen sich Schneckenhäuser und Knochenfische abgeformt hatten. Staunend betrachtete Hannerl diese Überreste aus alter Zeit. So wurden die verhaßten Fischmahlzeiten Anlaß zu Unterrichtsstunden. Bald konnte Johanna

auch an Fasttagen ohne Zwischenfälle an der elterlichen Tafel teilnehmen und sich als perfekte kleine Feinschmeckerin erweisen. Kaiser Franz
Stephan, dessen Lieblingsgericht »in Butter abgesottene Forellen« waren, wunderte sich, daß Johanna wußte, woher die Forellen ihre schöne
blaue Farbe bekamen und welchen Essig man dazu tunlichst verwendete.
Während Hannerl heranwuchs, verlor sich ihre Abneigung gänzlich.

Aber es gab noch sehr viele andere Punkte, für die Gräfin Lerchenfeld
Verhaltensmaßregeln erhielt:

*Zucker sehe ich nicht gern, dass sie viel bekommen, mithin so wenig
als es sein kann, ihnen zu geben, an den gebotenen Fasttagen aber sollen
sie nichts ausser der Mahlzeit essen, ausgenommen ein kleines Stückchen Brod, um sie von Jugend auf an dieses Gebot zu gewöhnen. Ich er-
laube auch, aber allein an Fischtagen, dass die Kinder abwechselnd einmal einen Milchkaffeh, einmal einen Milchthee bei mir zum Frühstück
holen lassen, sonst aber bleibt es bei der Suppe.*[2]

Unter Maria Theresias Ägide wurde noch sehr viel Wert darauf gelegt,
die Fastentage ihrem Sinne nach einzuhalten, nämlich bewußt auf
schwere Nahrungsaufnahme zu verzichten und ein ersichtliches Opfer
zu bringen, das gleichzeitig der Gesundheit förderlich war.

Am kaiserlichen Hof wurde damals jedenfalls die Sitte nicht mitge-
macht, an Fastentagen zwar das Fleisch wegzulassen, aber dafür eine reiche Folge anderer Speisen herzurichten: Krebse, gebackene Froschschenkel, Fische aller Art, Eierspeisen, Gebäck und süße Strudel. In
manchen Gegenden Österreichs durften auch Biber und Fischotter als
Fastenbraten gegessen werden, weil dies ja Tiere sind, die sich von Fischen ernähren. Nach dem Tode der Kaiserin wandelten sich in Josephs
Junggesellenhofhaltung viele Sitten, unter anderem auch die Speisen-
folgen. Sowohl Kirchenfeste als auch Fastenregeln wurden abgeschafft
oder vereinfacht.

Keine der Erzherzoginnen war während des Tages auch nur eine Minute allein. Die Kammerfrauen mußten sich im Dienst schichtweise ab-
wechseln. Der Umgang mit den »Meistern«, womit die Kaiserin die Lehrer meinte, sollte durch die Kammerfrauen überwacht werden. Gräfin
Lerchenfeld erhielt Befehl, strikt darauf zu achten, daß den Kindern kein
unnützes Schwatzen gestattet sei. Sie hätten während der Unterrichtsstunden nur das zu reden, was zur Schulstunde gehöre, »unnütze Discurse« haben zu unterbleiben. Weiter geht es im strengen Reglement:

*Die Sauberkeit ist genau zu beobachten, sowohl im Waschen als Kämmen, welches alle Tage geschehen soll.*

*Wegen der Unterhaltungen überlasse ich ihr Alles. Ausgehen, Spielen, mit Karten, mit grossen oder kleinen Damen, Schauspiel, Alles ist mir recht, was sie für gut finden wird, zu den Geschwistern gehen, bei ihr Leute sehen, Alles ist erlaubt und wird von ihr dependiren (abhängen).*

*Wegen der Religion habe ich nichts zu erinnern, weil sie ihnen da das beste Exempel geben kann, auch der Beichtvater allein mit ihrem Unterricht chargirt (beauftragt) ist, mit dem alle geistlichen und weltlichen Bücher eher zu überlegen sind, als man ihnen selbe gestattet. Im Zimmer und in der Kirche sollen sie ihr Gebet mit Respect verrichten. Obwohl sie nicht viel zu verschenken haben, so sähe ich doch gern, dass sie bisweilen Almosen und Einem oder dem Anderen etwas geben, nicht aber auf die Sollicitation (das Ersuchen) ihrer Leute, allein mit ihrem Vorwissen.*

*Mit keinem Thürhüter oder Kammerheizer sind Discurse zu gestatten oder haben sie ihnen Befehle zu geben; sie sind geboren zu gehorsamen und sollen es mithin bei Zeiten gewöhnen. Ich fürchte, die Johanna hat einen starken Kopf (ist ein Dickschädel), obwohl sie sonst Fähigkeiten genug hat; wenn dem also ist, so ist ihr bei Zeiten solcher zu brechen; das wird sie selbst noch besser mit der Zeit erfahren.*

*Die Josepha scheint noch ein gutes Kind zu sein, aber nicht so capabel (begabt).*

*Keine Furcht vor nichts ist selben zu gestatten, weder vor Gewittern, Feuer, Geistern, Hexen und anderen Kindereien, auch den Leuten keine solche Discurse zu erlauben oder furchtsame Sachen zu erzählen.*

*Vor keiner Krankheit ist ihnen Scheu zu machen, sondern ganz natürlich von Allem mit ihnen zu reden, auch von den Blattern und dem Tode; es ist allzeit gut, ihnen denselben bei Zeiten bekannt zu machen.*

*Keine Aversionen (Abneigungen) sind ihnen gegen nichts und noch weniger gegen Jemand zu gestatten, keine Familiarität mit den Leuten, höflich mit Allen, besonders mit Fremden. In all ihren Spielen ist nicht zu erlauben, dass sie etwas Gemeines oder Hartes vorstellen.*

*Sie wird am besten wissen, all dies einzuleiten, und ich habe all mein Vertrauen zu ihr. Jede Stunde, wann sie will, kann sie zu mir kommen, ich werde ihr in Allem gern an die Hand gehen. Keine Stunde ist ihr vorgezeichnet, da zu sein, doch sähe ich gern, dass sie, ohne zu sagen wann sie kommt, abwechselte und nach und nach bei Allen sich einfände, denn auf die Rapporte der Leute ist sich nicht allzeit zu verlassen.*

*Ernstlich verboten ist, dass Jemand den Kindern etwas bringe, weder von Esswaaren noch anderen Sachen, ohne ihre Erlaubnis. Wenn sie etwas abzuändern fände, erwarte ich ihren Vortrag.*

Maria Theresia[3]

Als diese Instruktionen ergingen, war Hannerl sechseinhalb Jahre alt, Josepha fünfeinhalb. Der nachstehende Stundenplan galt für beide Mädchen.

*Norma und Regulirung der Stunden für Ihre königlichen Hoheiten die Erzherzoginnen Johanna und Josepha*

| *(Von fremder Hand)* | *(Bemerkungen und Zusätze von der Hand der Kaiserin)* |
|---|---|
| *Um halb 8 Uhr aufstehen.* | *Auch die Feiertage ausser Sonntag.* |
| *Um halb 9 Uhr den Schreibmeister, eine Stunde für beide Herrschaften zum Lesen, Buchstabiren und Schreiben.* | |
| *Um 10 Uhr die heilige Messe, um 11 Uhr die französische Lection, um 12 Uhr speisen.* | *In die Messe allzeit die Aya, allzeit die Kammerfrau Bachofen.* |
| *Um 2 Uhr dreimal die Woche den Pater Richter bis 3 Uhr, die anderen Tage, auch Sonn- und Feiertage die geographischen Karten, etwas traduciren, Fabeln, ein und anderes Fragbuch, Handarbeit und dergleichen bis 4 Uhr.* | *Montag, Mittwoch und Freitag, auch Feiertags.*<br><br>*Sonntag, Dienstag, Donnerstag, Samstag von 2 bis 5 Uhr, allzeit die Bachofen dies besorgen soll.* |
| *Um 4 Uhr dreimal die Woche den Tanzmeister* | *Montag, Mittwoch und Freitag, auch Feiertags.* |
| *Um 5 Uhr täglich den Rosenkranz in der Kirche.* | |

*Abends Spiel, Visiten, bisweilen Theater und Ausgehen.*

*Allzeit die Aya selbe führen. Die Pianin schläft allzeit in der Kammer, bleibt bis zur Messe um 10 Uhr, kommt wieder um 1 Uhr, Montag, Mittwoch und Freitag bis 5 Uhr. Kommt alle Abende um 8 Uhr wiederum. Die Bachofen kommt alle Morgen um halb 11 Uhr, bleibt bis 12 Uhr, Sonntags, Dienstags, Donnerstags, Samstags kommt selbe von 1 Uhr bis 5 Uhr, hat nacher nichts mehr zu tun, ausser die Aya liesse sie holen.*[4]

Vergegenwärtigt man sich die genaue Einteilung der Erzieherinnen für alle Stunden des Tages und der Nacht, so kommt einem wieder Khevenhüllers Bemerkung in den Sinn, wer bei Hofe sei, der wäre »wie auf einer Galeere angebunden«. Den Kindern hat das Pensum sicher nicht so sehr viel ausgemacht. Es waren frische, quirlige kleine Mädchen, denen Beschäftigung nur willkommen war. Außerdem gab es viel Ablenkung. Dreizehn Kinder und ein Elternpaar feierten jeweils Geburtstage und Namenstage, dreißig Galatage im Jahr allein aus diesen Anlässen. Im Kalender der pietätvollen Kaiserin standen außerdem die Namens- und Todestage ihrer Eltern, die mit Gebeten und Andachten begangen wurden. Da Prinz Karl und Prinzessin Charlotte, die Geschwister des Kaisers, häufig für lange Zeit in Wien lebten, wurden auch ihre Gedenktage gewürdigt. Außerdem nahm der Vater die Kinder vielfach mit auf Jagdausflüge in die nähere Umgebung. Die Mutter dagegen befahl Söhne und Töchter zu Ordensfesten in umliegende und Wiener Klöster, während des Krieges von 1756 bis 1763 zu den Andachten für einen glücklichen Verlauf des Krieges und für die gefallenen Soldaten.

Auf die Erfüllung aller religiösen Pflichten wurde sehr streng geachtet. Die Kaiserin schickte all ihren Ermahnungen noch einen undatierten Brief, auch vom November 1756, hinterdrein:

*Das Frühstück in der Fasten zu nehmen mit einiger Moderation. Hier folgt, was für Befehle in die Küche ergangen, nach welchen sich zu halten ist. Abends allzeit Fastensuppe, Eier und eine Mehlspeise, aber nichts Süsses, keine Obstspeise oder Gebackenes. Nichts unter Tags, als*

*ein Viertel einer Semmel, wenn es nöthig ist, zur Jause zu geben, keinen*
*Zucker, Süsses, Chocolade oder Kaffeh.*

*Die drei Bitt-Tage werden die zwei Töchter diese Stunden halten: zwei*
*heilige Messen von 9 bis 10 Uhr, Nachmittags Jede eine halbe Stunde*
*von 2 bis 3 Uhr, und um halb 8 Uhr zum Beschluss Beide.*
*Ich wünsche, daß die Aya sich wohlbefinden möge.*[5]

Im Herbst 1756 brach der Siebenjährige Krieg aus. Hannerl kannte
seit ihrem sechsten Lebensjahr bis zu ihrem Tode nichts anderes als
Kriegszeiten. Bei Siegen ritten die »blasenden Postillone« mit der frohen
Kunde in die Höfe der Burg. Aus allen Fenstern schauten Neugierige.
Bei Niederlagen jedoch erfuhr man zunächst nichts. Der »hinckende
Bott« kam heimlich und bei Nacht. Nur am nächsten Tag hatte die Kaise-
rin rotgeweinte Augen und so erfuhr die Umgebung dann doch, was pas-
siert war.

Mitten in diesem harten Krieg gab es ein großes und pompöses Fest,
das Johanna und Josepha ebenso wie ihre Geschwister begeistert mitfei-
erten: Thronfolger Joseph heiratete am 6. Oktober 1760 Prinzessin Isabella von Parma, die sich unter den pausbäckigen Geschwistern ihres
Gatten so exotisch ausnahm »wie ein Paradiesreiher auf einem Hühner-
hof«. Josephs junge Brüder verehrten Isabella alle. Von der schwärmerischen Freundschaft Isabellas zu Mimi wurde schon ausführlich berichtet. Aber auch von dem zehnjährigen Hannerl wurde die neunzehnjährige schöne Schwägerin geradezu angebetet.

In die Zeit nach 1760 sind ganz sicher die vier kurzen Briefe einzuord-
nen, die undatiert und in französischer Sprache von Maria Theresia an
Hannerl geschrieben wurden. Einmal schickte sie der Kleinen ein Geschenk, um sie nach einer Krankheit zu trösten, die das Kind tapfer
durchgestanden hatte.

*Meine liebe Tochter.*
*Von der Aya erfuhr ich mit viel Vergnügen von Eurer Genesung und*
*davon, wie Sie vernünftig gewesen sind und Ihre Schmerzen so geduldig*
*ertragen haben. Fahren Sie so fort und Sie werden immer glücklich sein.*
*Ich sende Ihnen diese Kleinigkeit, um Sie zu amüsieren, indem ich Sie*
*zärtlichst umarme.*[6]

*Meine liebe Tochter.*
*Empfangen Sie mit diesem Billet meine Wünsche für Ihren Tag. Der*
*liebe Gott hat Sie mit so vielen guten Eigenschaften ausgestattet, so daß*

*es nur von Ihnen abhängt, glücklich zu sein, alles nur zum Guten anzu-
wenden und den Ratschlägen Ihrer Eltern, aber auch denen Ihrer lieben
Aya und aller derer, die mit Ihrer Erziehung beauftragt sind, mit
Sanftmut und Fügsamkeit zu folgen und damit Ihren Eltern zum Troste
zu gereichen, die Sie zärtlich lieben, was Ihnen zu Ihrem Glück verhel-
fen möge.*

*Marie Thérèse*

*Meine Compliments an die Aya und an ihre Schwester.* [7]

*Meine liebe Tochter.*
*Da ich Seine Majestät (den Kaiser) nicht selbst begleiten kann, vertraue
ich diesen Zeilen meinen Glückwunsch für Ihren Tag an. Ich hoffe, daß
Sie die große Gnade erkennen, die Ihnen Seine Majestät zuteil werden
läßt, indem er bei dieser großen Hitze kommt, um Sie zu sehen. (Vermutlich zu Johannas Namenstag am 30. Mai) Bemühen Sie sich durch
Ihr Benehmen, Ihre Sanftmut, Ihre Folgsamkeit, Ihren Fleiß und Ihre
Devotion besonders, immer mehr und mehr unsere Gnadenerweise zu
verdienen und sich unserer Freundschaft würdig zu erweisen . . .* [8]
*Ich bin zufrieden mit Ihren beiden Briefen, obgleich ich eigentlich täg-
lich einen zu erhalten hoffte. Ich genieße es im Moment, allein im
Hause zu sein, um zu schreiben (aus einem Jagdschloß); es ist Mittag
und ich habe eben mit den Jägern gespeist. Es waren: der Kaiser, Ihr
Bruder (Joseph) und Madame (Prinzessin Charlotte von Lothringen),
Ihre beiden Schwestern (Marianne und Mimi), die beiden Auersperg,
die beiden Colloredo, Reischach und die Fürstin Auersperg. Sie sind fort,
um zwei Stunden entfernt von hier Fasanen zu schießen.*
*Die anderen Damen und Kavaliere wollen eine Fabrik besichtigen und
die Gebäude, die immens sind. Meine Leute desgleichen, so daß ich mich
in meinem Appartement eingeschlossen habe. Es ist charmant und hat
den schönsten Blick. In zwei Jahren hoffe ich, Sie hier mit Ihrer Schwester und den Damen Lerchenfeld und Wallis zu sehen.*
*Alle fühlen sich großartig und das Wetter ist charmant, aber ich
werde nicht traurig sein, wieder mit Euch anderen zusammenzutreffen,
das wird unfehlbar der Dienstag um acht Uhr abends sein.*

*Ich bin immer Ihre treue Mutter*
*Marie Thérèse*

*Meine Compliments an die Aya, informieren Sie mich, wie es ihr geht.* [9]

Im Januar des Jahres 1761 erlitt die Familie mit dem Tode Karls den
bisher schwersten Schicksalsschlag. Der seelische Druck lastete nahezu

unerträglich auf allen. Düster war das Bild der Menschen in der Burg. Alle trugen tiefste Trauer, die Herren dunkle Knöpfe, Schuhschnallen und blauangelaufene Degen, die Damen Kleider aus Wolle und Crêpe, das Stirnzüngerl an der Trauerhaube, nur diese mit feinen weißen Blenden abgesetzt.

Maria Theresia selbst empfand diese Düsterkeit als Belastung, und als Hannerls elfter Geburtstag am 4. Februar herannahte, veranlaßte sie zu Ehren des Kindes eine Änderung der Etikette, und ordnete für diesen Tag Halbtrauer an, so daß man weiße Garnituren sah, hellen Schmuck, graue und violette Kleider in allen Schattierungen. Als Johannas Geburtstag vorüber war, sank alles wieder in tiefstes Schwarz zurück.

Ein Lichtblick war der 1. März 1761, als drei Erzherzoginnen ein kirchliches Fest feierten. Amalia sollte, fünfzehn Jahre alt, ihre Firmung erhalten, Johanna und Josepha die Erstkommunion. Jede durfte sich einen Firmpaten wählen. Hannerl hatte mit großer Eindringlichkeit gebeten, Isabella möge ihre »Godel« werden, wie man in Wien sagte. Amalia erhielt Marianna und für Josepha bestand kein Zweifel, daß einzig und allein Joseph bei ihr dies Amt ausüben könne.[10]

Die Wahl der Paten verriet die Zuneigung der Kinder untereinander. Amalia schrieb im späteren Leben einmal an Xaveria Gasser, die Oberin der Elisabethinerinnen, sie habe Marianna immer wie eine Mutter geliebt. Der Altersunterschied der Schwestern betrug acht Jahre. Joseph hing so sehr an seiner Schwester Josepha, daß er sich Jahre später bereit erklärte, sie auf ihrer Reise zur Hochzeit nach Neapel zu begleiten. Als dann Karoline Sepherls Platz einnahm und als Königin nach Neapel ging, weigerte sich Joseph strikt, diese auch zu geleiten. Das Bild der geliebten Sephi hätte ihm immer schmerzlich vor Augen gestanden. Wie sehr Isabella an Hannerl hing, ist aus ihren Schriften zu ersehen.

Johannas staatspolitische Bedeutung auf dem Schachbrett der Politik, in welchem sie eines Tages als »Dame« und somit wichtige Figur im Spiel der Interessen Österreichs eingesetzt werden sollte, deutete sich in einem Brief der Kaiserin an Fürst Kaunitz vom Mai 1762 an. Graf Mahony, der spanische Gesandte in Wien, unternahm auf Wunsch König Karls III. erste Schritte der Annäherung für dessen Sohn König Ferdinand IV. von Neapel.

*Mahony hat mir mehrere Male während der Abendgesellschaften, bei Cercles oder auf Kinderbällen davon gesprochen, besonders über die beiden, Johanna und Josepha. Er wiederholte mehrmals, er hoffe, sie beide als Königinnen zu sehen.*

*Als Mayo abgereist ist (der Marchese Don Nicolo de Majo war vor dem Herzog von Santa Elisabetta neapolitanischer Gesandter in Wien), hat er mich bewogen, Mahony zu schmeicheln, daß er alles vermag über den Geist seines Herrn (Karl III.) und den Minister (Riccardo Wall), und daß er ein ehrenhafter Mann sei und allein fähig, die beiden Häuser für immer auf das Innigste zu verbinden.*

*Er hat mir die Porträts zurückgegeben . . . wenn der König einmal Freund und Verbündeter des Hauses (Habsburg-Lothringen) sein würde, so wäre dies für immer und alle Zeit und kein anderer Minister könne dies ändern. Aber man solle sich vertraglich festlegen so bald es ginge und von dem derzeitigen günstigen Augenblick profitieren. Das wäre es, womit die Unterhaltung geendet hat.*

*Die letzten Tage des Karnevals drängte er mich wieder . . . die gute Stimmung in Spanien für eine engere Bindung dorthin zu nutzen, als es im Augenblick die militärische Konvention sei.*[11]

Im Verlaufe des sehr ausführlichen Schreibens der Kaiserin an Kaunitz erwähnte sie, daß man vorläufig noch nicht über die beiden Erzherzoginnen Johanna und Josepha verhandeln wolle, da die Prinzen in Neapel doch noch sehr jung seien.

Aber das würde sich alles von selbst entwickeln, wenn einmal eine grundsätzliche Vereinbarung getroffen sei und man damit eine Basis habe für spätere Verhandlungen. Man sei es in Wien gar nicht gewohnt, seine Töchter anzubieten, aber dieser Punkt sei nicht schwierig, denn die Kaiserin wünsche die Freundschaft des spanischen Königs, auch ohne irgendwelche Heiratsgespräche. Die Audienz habe geendet, indem die Kaiserin Mahony strikt verbot, die Töchter in irgendeiner Form zu loben oder anzupreisen, es solle vorläufig noch nicht davon gesprochen werden.[12]

Man nahm bei Hofe jedoch allgemein an, Maria Theresia habe sich damals schon Gedanken gemacht, daß Johanna nicht so gut zu Ferdinand von Neapel passen würde, da sie ein Jahr älter war als er.

Hannerl hat Mozart noch gekannt. Im Oktober 1762 war sie dabei, als Vater Leopold Mozart mit dem nahezu siebenjährigen Wolfgang und der etwas älteren Tochter Nannerl in Wien konzertierte. Die Kinder musizierten mehrmals draußen in Schönbrunn bei der kaiserlichen Familie. Alle staunten über die Fertigkeit des freundlichen Kindes am Spinett. Doch bald darauf erkrankte Wolfgang an Scharlach und sein Vater schrieb besorgt an seinen Freund Hagenauer nach Salzburg:

*Wien, 30. October 1762*
*Glück und Glaß, wie bald bricht ein Essig Krug! ich dachte es fast, daß*
*wir vierzehn Täge hintereinander gar zu glücklich waren, Gott hat uns*
*ein kleines Kreuz geschicket, und wir danken seiner unendlichen Güte,*
*daß es noch so abgelauffen ist, den 21. waren wir Abends um sieben*
*abermals bey ihrer Kaiserinnen Maiest: unser Woferl war aber schon*
*nicht recht wie sonst . . . Ich begegnete dem H: Medicum der gräfin v.*
*Sinzendorf und erzählte ihm die Umstände. Er kam gleich mit mir. Es*
*war ihm lieb, daß wir so verfahren hatten: es seie eine Art eines Schar-*
*lach-Ausschlags . . .*

*Wien, 6. November 1762*
*In was für gefahr mein Woferl, und in was für Angst ich seinetwegen*
*ware. Gott Lob! es ist wieder alles gut. Gestern haben wir unseren guten*
*Herrn Dr. Bernhard mit einer Musik bezahlt . . .*[13]

Keine fünf Wochen vergingen nach des kleinen Mozarts Genesung,
als Gräfin Lerchenfeld an einem Abend Johanna müde und lustlos vor ihrem Nachtmahl sitzen sah. Besorgt fragte sie das Kind, was ihm fehle.
Hannerl hielt sich den Kopf vor Schmerzen, alle Glieder taten ihr weh
und der sofort herbeigerufene Arzt van Swieten fand sie fiebernd. Sofort
wurden die beiden Schwestern getrennt, Josepha durfte Hannerl schon
diesen Abend nicht mehr sehen.

Johanna lag apathisch, die eingeteilten Nachtwachen wechselten ständig kühle Kompressen auf der heißen Stirn des Kindes. Am nächsten Tag
sah der Arzt zu seinem Schrecken die typischen Anzeichen der schwarzen Pocken, hellrote Flecken auf der zarten Haut der Innenarme, am
Hals, bald darauf auch im Gesicht und am ganzen Körper. Die Familie
geriet in Alarm, aber am besorgtesten schien Isabella, Josephs Gemahlin, Hannerls Schwägerin.

»Johanna, der stille Liebling Isabellas, ihr Patenkind, lag an der
schrecklichen Seuche danieder.

Es war ein schwerer Schlag für Isabella. In dem zweiten Stadium ihres
Liebes- und Ehelebens, das sie mit dem Kampf um ihre seelische Freiheit
begonnen hatte, wirkte der bevorstehende Verlust doppelt erschütternd.
Es war die Seuche, die ihr die geliebte Mutter, die ihr den lieben jungen
Schwager Karl entrissen hatte, sie fühlte das Schicksalhafte, das ihr mit
dieser Krankheit zusetzte . . .

Sie litt umsomehr, als man ihr jeden Besuch bei der Kranken auf das
Strengste verwehrte. Sie erfuhr nur durch Antonia Erdödy, wie es mit

der liebsten kleinen Schwägerin stand. . . Marianne durfte zu ihr, sie hatte ja die Blattern bereits hinter sich so wie Joseph. Alle wußten, wie zärtlich Isabella die Zwölfjährige liebte, die sich mit gleicher Innigkeit an sie geklammert hatte. Wo immer sie zusammengetroffen waren, hatte die Kleine sie mit stürmischer Umarmung begrüßt und andere eifersüchtig gemacht . . .

Sie war außer sich, sah sich im Traum gleichfalls mit den Blattern behaftet und erlebte alles Leid der Kleinen wie am eigenen Leib. Wenn sie allein war, schrieb sie wieder und zuweilen mehrmals am Tag an Mimi. Bald voll überschwenglicher Hoffnung, wenn die geringste Besserung eintrat, bald voll düsterer Ahnungen, wenn das Fieber stieg. Alle Schwankungen verzeichnete sie. In einem der letzten Berichte hieß es:«

*Ich bin recht zufrieden mit meiner Schwester Johanna. Ich beginne mir sogar einzubilden, daß sie nicht sterben wird . . . Ich male mir aus, wie glücklich sie darüber sein wird.*

*Ach, warum bin ich um ihretwillen ganz trostlos und untröstlich. Warum befinde ich mich nicht an ihrer Stelle? Der Tod ist nichts Böses. Ich schwöre Dir, daß ich mein ganzes Leben hindurch nie ernster darüber nachgedacht habe als jetzt, da er dies unschuldige Kind, meinen Engel Johanna bedroht . . .* [14]

Das wechselnde Krankheitsbild verschlimmerte sich zusehends. Zwei Tage vor Weihnachten 1762 reichte man dem armen Hannerl die letzte Ölung. Maria Theresia quälte sich durch die Tage, die sonst vor dem Fest immer voller Glanz und Fröhlichkeit gewesen waren. Schon trafen Weihnachtsgeschenke in der kaiserlichen Familie ein. Um sich abzulenken schrieb die Kaiserin an Mimi, da ja alle Familienangehörigen voneinander separiert waren wegen der Ansteckungsgefahr:

*Dezember 1762*
*Das hübsche Bild und Ihr reizender Brief waren sehr aufmerksam und ließen mich einige Augenblicke meine entmutigende Lage vergessen; ich weiß dies dankbar zu schätzen. Ihre Schwägerin (Isabella) bedankt sich durch mich und sie scheint mir mit ihrer Kassette zufrieden zu sein; ich konnte ihren Dank nicht entgegennehmen ohne dadurch das Geheimnis preiszugeben.*

*Ihre Schwester (Johanna) hat dreiviertel Stunde gebeichtet mit einer Genauigkeit und allen Zeichen der Zerknirschung und der Ergebung, der Beichtvater hat geweint vor Rührung; seither ist sie sehr schwach.*

*Ich kann Gott nicht genug danken, daß er mir diesen Trost gegeben hat; ich gebe dies Kind gänzlich in seine Hand und erwarte ihr Ableben, das nicht glücklicher sein könnte.*

*Versuchen Sie Haltung zu bewahren und mir den Trost zu geben, dessen ich so sehr bedarf.* [15]

Am 23. Dezember starb Johanna Gabriele. Sie ließ eine Schar weinender und betender Geschwister zurück. Ihre verzweifelte Mutter und der nicht minder verstörte Vater trafen die notwendigen Anordnungen für ihre Bestattung. Maria Theresia dankte noch am gleichen Tage der treuen Gräfin Lerchenfeld:

*Liebste Aya!*
*Gott hat uns eine liebe Tochter genommen, die sehr viel Trost uns versprochen, aber auch durch ihren seligen Tod den größten procuriert.*

*Ich danke ihr für alle ihre mütterlichen Sorgen, die sie in ihren Lebzeiten und ihrer so langwierigen Krankheit so treu geleistet. Versichere sie die Wallis des Nämlichen und alle Kammerleute; mehr kann ich heute nicht über mich nehmen.* [16]

Es war das fünfte ihrer Kinder, das die trauernden Eltern in der Kapuzinergruft beisetzen lassen mußten. Diesmal war ein heranwachsendes Mädchen, klug, hübsch und liebenswürdig das neue Opfer der grauenhaften Krankheit geworden, der man damals hilflos ausgeliefert war.

Einerseits geben uns Johanna und Josepha überzeugende Beispiele, wie streng die Töchter Maria Theresias gehalten wurden, wie eng ihr Bewegungsfeld war, wie sehr sie ihren Eltern untertan waren. Aller Mutwille sollte gebrochen werden. Hatten sie eine Vorliebe für eine bestimmte Kleidung oder eine Abneigung gegen bestimmte Speisen, wurden sofort Maßnahmen ergriffen, diese Eigenwilligkeit zu beseitigen. Hannerl, die vielbeneidete Kaisertochter, wurde ihr Leben lang – zumindest in unseren Augen – am kurzen Zügel gehalten.

Andererseits darf man das Zeugnis Mariannas nicht außer acht lassen, die von sich und ihren Geschwistern als einer »Anzahl Jugend« sprach, »welcher kein Zaum angelegt war«. So kann man wohl behaupten, daß die Kinder am Wiener Hof im Vergleich zu anderen Fürstenkindern der Zeit mit Nachsicht, Milde und liebevollem Verständnis erzogen wurden.

Quellen und Anmerkungen zum Kapitel
Johanna Gabriele

[1] Maria Theresia an die Gräfin Lerchenfeld. Briefe der Kaiserin Maria Theresia an ihre Kinder und Freunde, 4 Bde., hrsg. von Alfred Ritter von Arneth, Wien 1881. – Nachstehend abgekürzt »Arneth, Briefe« genannt. – Bd. IV, S. 101

[2] Arneth, Briefe, Bd. IV, S. 102

[3] Arneth, Briefe, Bd. IV, S. 103

[4] Arneth, Briefe, Bd. IV, S. 104

[5] Arneth, Briefe, Bd. IV, S. 105

[6] Maria Theresia an ihre Tochter Johanna, Nr. I. Arneth, Briefe, Bd. III, S. 19

[7] Dito Nr. II. Arneth, Briefe, Bd. III, S. 19

[8] Dito Nr. III. Arneth, Briefe, Bd. III, S. 20

[9] Dito Nr. IV. Arneth, Briefe, Bd. III, S. 20

[10] Eduard P. Danszky, Sternkreuz – das Schicksal der Isabella von Parma, Mödling b. Wien, o. J. – Nachstehend abgekürzt »Danszky« genannt. – S. 174

[11] Maria Theresia an den Fürsten Wenzel Kaunitz. Arneth, Briefe, Bd. IV, S. 249

[12] Arneth, Briefe, Bd. IV, S. 251

[13] Das Mozart-Buch, Chronik von Leben und Werk. Zusammengestellt und eingeleitet von Kurt Pahlen, Wiesbaden 1969, S. 49

[14] Danszky, S. 318

[15] Arneth, Briefe, Bd. II, S. 357

[16] Arneth, Briefe, Bd. IV, S. 115

# Josepha

\* *19. März 1751 in Wien*
† *15. Oktober 1767 in Wien*

Kein Kind der Kaiserin Maria Theresia hat jemals in seinem Leben einen Weihnachtsbaum gesehen. Selbst Königin Karoline von Neapel, die letzte Tochter der Kaiserin, die am 14. September 1814 die Augen für immer schloß, hat den Christbaum in Wien nicht mehr erlebt. Ein Jahr nach ihrem Tode heiratete ihr Neffe Erzherzog Karl, der dritte Sohn Leopolds, die deutsche Prinzessin Henriette von Nassau-Weilburg. Am 24. Dezember 1815 stand der erste geschmückte Tannenbaum auch am Wiener Hof. Mimis Gemahl, Albert von Sachsen-Teschen, hat sich noch sieben Jahre an dieser schönen Sitte erfreuen können, er lebte mit Karl und seiner Familie zusammen.

Am Heiligen Abend im Jahre 1762 begab man sich in tiefster Trauer in die Hofkapelle zu den Totenvigilien, den nächtlichen Gebeten für die verstorbene Johanna. Die elfjährige Josepha empfand den Verlust der Schwester besonders hart. Sie hatten gemeinsame Wohnräume benutzt, ihr ganzes Leben hatten sie miteinander verbracht. Lehrstunden, Lehrer, Kammerleute, alles teilten diese beiden Mädchen, sogar die Aja Gräfin Lerchenfeld war beiden zugeteilt.

Die mütterliche Gräfin Lerchenfeld ließ Josepha in den letzten Tagen des Jahres 1762 nicht aus den Augen. Das Kind weinte sich schier die Augen aus. Nachdem der Leibarzt der Kaiserin für einige Nächte Beruhigungspulver gemischt hatte, befal die besorgte Mutter tägliche Ausfahrten für alle kleineren Kinder, damit sie der quälenden Trauer, den schwarzgekleideten Gestalten der Hofburg für einige Zeit entzogen waren. Erst allmählich fand die ganze Familie zum Alltag zurück.

Maria Theresia rettete sich in die Arbeit, Kaiser Franz fuhr mehrmals zur Jagd, für die Kinder indessen nahm der Unterricht mit einigen Abwandlungen seinen Fortgang. Die Kaiserin ordnete für den Sommer 1763 einen neuen Stundenplan für Josepha an, der ungleich reichhaltiger und anstrengender war als jener für Hannerl und Sepherl im Jahre 1756.

*»puncta, die vor disen sommer seind befohlen worden und künfftig zu halten«*

*Um 7 Uhr aufstehen, das Morgen-Gebett betten, die geistliche Lesung machen, sich ankleiden und frühstücken.*

*Von 8–9 Uhr täglich den Schreibmeister*
*Montag, Mittwoch und Freytag*
*von 9–10 Uhr Pater Richter, die Christliche Lehr, lateinisch lesen auch ein deutsches Buch oder Schriften lesen.*

*Von 10–11 Uhr Montag und Freytag Saumill (Geschichtslehrer)*
*Um 11 Uhr in die Meß*
*Um 12 Uhr zu Mittag speysen*
*Von halber 2 bis 2 Uhr die Histori lesen*
*Von 2 bis 3 Uhr die teutsche Lehr*
*Von 3 bis 4 Uhr den tantz Meister*
*Von 4 bis 5 Uhr den Wällschen (italienischen) Meister*
*Um 5 Uhr den Rosenkranz*
*Dienstag, Donnerstag und Samstag*
*Von 9 bis 10 Uhr französische Lehr*
*Von 10 bis 11 Uhr, Dienstag und Donnerstag Saumill*
*Samstag zwei Brief schreiben*
*Um 11 Uhr in die Meß*
*Um 12 Uhr zu Mittag speysen*
*Von halber 2 bis 2 Uhr die Histori lesen*
*Von 2 bis 3 Uhr den Reit Meister*
*Von 3 bis 4 Uhr Mancrini (Italienisch)*
*Von 4 bis 5 Uhr Wagenseill (Musiklehrer)*
*Um 5 Uhr den Rosenkranz*[1]

Diese neue Tagesordnung wurde wenig später durch den Befehl an die Gräfin Lerchenfeld ergänzt, daß Josepha heimlich spanisch lernen sollte und daß darauf besonderer Wert zu legen sei. Zu jener Zeit war noch nicht sicher, ob Sepherl nach Neapel gehen würde, deshalb sollten diese Sprachübungen noch geheim bleiben. Der Spanischunterricht erfolgte dem voraussichtlichen Schwiegervater König Karl III. von Spanien zu Gefallen. Vom Herbst 1763 an brauchte man allerdings kein Geheimnis mehr daraus zu machen, denn Josepha wurde jetzt offiziell als zukünftige Königin von Neapel betrachtet. König Carlos hatte Maria Theresia die Wahl ihrer Tochter freigestellt.

Josepha war höchst unzufrieden, denn die Berichte des österreichischen Geschäftsträgers in Neapel, des Grafen Ernst von Kaunitz-Rittberg, lauteten trostlos.

Die Kaiserin schrieb am 13. Oktober 1763 an die Gräfin Lerchenfeld:

*Sie wird einen Gatten besitzen, der seit seiner frühesten Lebenszeit Niemand höheren als sich und gar keine Schranken kennt, der bis zu dieser Stunde sich mit gar nichts beschäftigt . . .*

*Ich kann Ihnen nicht verhehlen, daß ich die Vorteile dieser Verbindung erkenne, aber mein Mutterherz ist doch durch dieselbe aufs äußerste beunruhigt.*

*Ich betrachte die arme Josepha als ein Opfer der Politik. Wenn sie übrigens nur ihre Pflichten gegen Gott und ihren Gatten erfüllt und für ihr Seelenheil sorgt, dann würde ich zufrieden sein, selbst wenn sie unglücklich würde.*

*Der junge König läßt keinerlei Neigung zu irgendetwas erkennen außer für die Jagd und für das Schauspiel. Er ist überaus kindisch, er lernt nichts, er spricht nur das schlechte Italienisch der Bauern und selbst dies sehr grob. Er weiß überhaupt nicht, was Aufmerksamkeit bedeutet, ja er hat selbst Zeichen von Härte und Rauheit bei vielen Gelegenheiten gegeben. Er ist nichts anderes gewöhnt, als seinen Willen durchzusetzen. Er hat niemanden, der ihm eine Ausbildung geben könnte oder wollte. Das ist das unglückliche Los dieses Fürsten. Man schildert ihn schwierig, er habe eine weiße Haut und ähnele vollkommen der sächsischen Familienrichtung (seine Mutter war eine sächsische Prinzessin), ich wünschte, er hätte auch deren Herz.*

*Alles, was ich Ihnen hier sage, soll für Sie allein bestimmt sein und nur an Ihre Adresse gerichtet, es soll Ihnen als Leitfaden dienen und Sie in den Stand setzen, meiner armen Tochter die Tugenden und Gesinnungen fest einzuprägen, um Erfolg zu haben oder wenigstens um an jenem Hofe, an den sie kommen soll, nicht unterzugehen . . .*

*Versuchen Sie vor allem, in ihr den Geist der wahren Frömmigkeit zu nähren, welchen sie zwar bisher rein äußerlich immer zeigte. Sie muß jetzt erkennen, daß sie dort in dieser (fremden) Welt keine andere Zuflucht und keinen anderen Trost haben wird als das Gebet. Sie soll sich nicht scheuen, dies auch öffentlich zu bekennen. Sie soll liebreich und huldvoll sein! Ihre Gesichtszüge sind nicht anmutig, ebenso wenig ihr Benehmen, sie hat etwas Rauhes an sich. In jenem Land dort legt man viel Wert auf Sanftmut.*

*Sie wissen wie sehr, und zwar vom ersten Moment an, die verstorbene Königin in Neapel verabscheut wurde, weil sie sich nicht leutselig genug gezeigt hat . . .*

*Ich sollte Sie noch auf einen Punkt hinweisen, der mir überaus miß-*
*fällt: sie (Josepha) hat für nichts Ausdauer. Sie möchte nur immer von*
*einem Zimmer ins andere laufen und nichts fertigbringen. Das ist eine*
*schreckliche Zukunftsaussicht. Die Untätigkeit ist Gift für alle Men-*
*schen, aber noch mehr für Jungverheiratete.*
*Sie ist sehr neugierig; das ist ein anderer Punkt, der mich zittern läßt.*
*Sie ist schrecklich boshaft und rauh mit ihren Leuten. Sie schätzt die*
*Kinsky, weil sie mit ihr schwatzt. Sie weiß viele Geheimnisse aus Pri-*
*vathäusern. Ich empfehle Ihnen, nicht zu dulden, daß man vor ihr (Jo-*
*sepha) davon spricht, weder über Einzelheiten finanzieller Verhältnisse*
*noch was die Überbringerin der Nachrichten tut. Sie (Josepha) steht zu*
*hoch für diese Kleinlichkeit, die doch nur zu lauter Lügen führt.*
*Ich bin einverstanden, daß die Tochter Leute bei Ihnen oder in ihrem*
*eigenen Kabinett sieht. Wenn sie zu Ihrem Zimmer hinaufgeht, soll ein*
*Kammerdiener oder ein Türsteher vor ihr hergehen, der vor der Tür*
*(Ihrer Gemächer) zurückbleiben wird, falls man Befehle zu erteilen*
*wünscht, damit man keine Domestiken kommen lassen muß.*
*Ich übergebe Ihnen nun erneut diese Tochter mit Einwilligung Seiner*
*Majestät des Kaisers und auf seinen eignen ausdrücklichen Wunsch. Sie*
*werden hoffentlich niemals vergessen, daß Sie mir am meisten dafür ge-*
*eignet erschienen und daß ich niemals Grund haben werde, diesen*
*Schritt zu bedauern oder meine Wahl rückgängig zu machen.*²

Die Zeit drängte. Ferdinand von Neapel würde am 12. Januar 1767
sein Amt als König antreten, mit sechzehn wurde er großjährig. Man
mußte sich jetzt in Wien Mühe geben, Josepha so anziehend und gewin-
nend wie möglich erscheinen zu lassen. Sie war zwölfeinhalb Jahre alt. In
knapp vier Jahren würde sie Königin sein.

Maria Theresia war sich bewußt, daß der Stundenplan, die vielen
Sprachübungen und die ständigen Korrekturen an der allgemeinen Haltung und Aufführung das Mädchen ziemlich beanspruchen würden. Daher folgte auf die lange, offizielle Instruktion an die Gräfin Lerchenfeld
noch eine Nachschrift, ebenfalls undatiert, aber mit Sicherheit vom November 1763, die einige Erleichterungen vorsah und nochmals auf einige
Eigenheiten Josephas einging, die noch behoben werden sollten:

*Alle Sonntage geht sie öffentlich mit in die Kirche und speiset auch*
*mit uns.*
*Das Frühstück ist täglich abzuwechseln nach ihrem Belieben; man*
*soll sie auch dabei Brod essen lassen, so viel sie will, ausgenommen an*

*gebotenen Fasttagen, wo sie allzeit Chocolade nehmen soll mit vier Stückchen Brod, niemals aber ein Kipfel. Abends an diesen Tagen nur eine Suppe und noch eine Speise, aber nichts Süsses oder Gebackenes.*

*Gewöhnlich ist ihr zu Mittag und Abends genug zu essen zu geben, was und wieviel sie will, ohne sie darüber zu chicanieren; auch kann sie ausgekleidet soupieren. Selbst die Speisen anzuordnen ist ihr nicht erlaubt, jedoch von alledem, was vorhanden ist, kann sie essen.*

*Den Rosenkranz soll sie laut in ihrer Kammer beten . . .*

*Ausgehen soll sie, so oft es sein kann, um sich zu kräftigen, in der wälschen (italienischen) Sprache sich wohl üben, wie auch in der Musik. Weil sie nach Neapel destiniert (bestimmt) ist, soll man ihr ihren Beruf möglichst erleichtern. Der dortige Hof geht sehr auf die Etikette und will gnädige und freundliche Souveräns haben. Aber eben dies kann die Tochter gar nicht, welches doch sehr notwendig wäre.*

*Mit der Andacht bin ich eine Zeit her sehr übel zufrieden gewesen. Sie hat auch allerlei Propos (Einwendungen) über ihre Leute und etwas Rauhes und Widerwärtiges in ihrem Betragen, mit welchem ich unzufrieden bin . . .*

*Die Tochter verdient ihre Tendresse (Zärtlichkeit) wegen des Attachements (der Anhänglichkeit), mit welchen sie ihr allzeit zugethan war, was auch die Hauptursache ist, warum ich ihr selbe wieder übergebe.*[3]

Sepherl, »nach Neapel destiniert«, ging durch eine strenge Schule, wie die Mutter sie ihr vorschrieb. Ihr ganz persönliches Glück war, daß sie in der Gräfin Lerchenfeld eine so außerordentlich vernünftige und herzliche Frau gefunden hatte, die ihr manche Schwierigkeit zu erleichtern wußte.

Es kam so weit, daß ihre jüngere Schwester Charlotte die Mutter flehentlich bat, doch auch für sie die von den Mädchen angehimmelte Aja Lerchenfeld zu bestimmen, was dann später auch geschah.

Über die nahezu lückenlos dargestellten und streng anbefohlenen Erziehungsmethoden urteilte ein Kenner der gesamten Briefwechsel-Literatur der Kinder Maria Theresias ziemlich abschätzig. Graf Corti faßte seine Eindrücke nach jahrelangen Forschungsarbeiten zusammen:

»Die Fortschritte der Mädchen, besonders die Art, ihre Gedanken schriftlich auszudrücken, bleiben stark hinter denen der Erzherzöge zurück. Sprachen werden wohl gelernt, aber nur oberflächlich, und da die Erzherzoginnen, sofern sie heiraten, noch kaum im Backfischalter schon die Heimat verlassen, kennen die meisten eigentlich gar keine, nicht einmal die Muttersprache gründlich, was sich ganz besonders in ihren Briefen und Schriften zeigt.«[4]

Außer zu Joseph zeigte Josepha zu keinem ihrer anderen Geschwister eine besondere Bindung. Mit Hannerl war ihr die Gefährtin der Kindheit gestorben. Fünf Jahre, von 1762 bis 1767, blieb Josepha ziemlich für sich, was die Abwicklung ihres Tagesprogramms betraf. Natürlich nahm sie an allen Ereignissen im Familienkreis Anteil, speiste häufig öffentlich mit den Eltern, gab zuweilen Audienzen für fremde Gesandte und nahm in jeder Weise am Hofleben teil. War eine Gratulationscour für eines der vielen Geschwister angesagt, so fiel zu dieser Zeit der Unterricht aus, was allgemein als selbstverständlich hingenommen wurde.

Joseph und Josepha waren einander sehr zugetan. Die zehn Jahre Altersunterschied bewirkten, daß sie scherzhafterweise als »Liebespaar« bezeichnet wurden, was beide aber keineswegs störte. Als Sepherl im Oktober 1763 erfuhr, daß Isabella sterben mußte, weinte sie tagelang, denn sie wußte, wie sehr der Bruder an seiner geliebten Frau gehangen hatte. Bei den Andachten für die Kranke, bei den Vigilien nach ihrem Tod, konnte die Gräfin Lerchenfeld zum erstenmal feststellen, daß Josepha mit ganzer Seele die tiefe Bedeutung der religiösen Zeremonien miterlebte. Der Verlust der Schwägerin, Josephs mitleiderregender Zustand der Verzweiflung, die Trauer der Familie ließen Josepha nachdenklicher und ernster erscheinen, als man sie je zuvor gesehen hatte.

In den Jahren bisher wurde der Josephi-Tag, der 19. März, Namenstag des Thronfolgers und der Erzherzogin Josepha, in großer oder zumindest in Campagne-Gala begangen. 1764 mußte Josepha jedoch auf Josephs Anwesenheit verzichten. Kaiser Franz I. befand sich mit seinen Söhnen Joseph und Leopold sowie einem großen Gefolge auf der Reise zur Krönung in Frankfurt am Main.

Im Jahr 1765 dagegen feierte die Familie den 19. März besonders glanzvoll, denn nun gab es drei Personen, die den Josephi-Tag begingen: Joseph, seine zweite Gemahlin Josepha von Bayern und Sepherl, die Schwester. Der Tag war ausgefüllt von früh bis spät. Die gesamte Hofgesellschaft ging zuerst im großen Cortège zum römischen König. Es gab öffentlichen Kirchen- und Tafeldienst. Am Nachmittag Andacht und eine große Prozession vom Nonnenkloster der Siebenbücherinnen aus. Maria Theresia versäumte nicht, allen Namenstagskindern persönlich in deren Wohnräumen ihre Glückwünsche zu überbringen, »pour faire ses félicitations«, wie Khevenhüller ausdrücklich anmerkte.[5]

Der 13. Mai 1765, Geburtstag der Kaiserin und der Erzherzogin Mimi, wurde in großer Gala und mit vielen Festlichkeiten gefeiert. Am folgenden Tag fand eine Parade statt, die insofern erwähnenswert ist, weil Khevenhüller über eine militärische Einzelheit schrieb. Erstmals wird von einer neuen Waffengattung in Österreich berichtet: vom aufgepflanzten Bajonett.

*Den 14. (Mai 1765) lösete das Lascysche Infanterie-Regiment das Erzherzog Ferdinandische, so bishero in Garnison gestanden, ab, und wurde von I. I. M. M. (Ihren Majestäten) bei denen Hof-Ställen en passant paradieren gesehen.*

*Selbes war in weisser Uniforme mit gelben Lappen und Aufschlägen und anstatt der Hüte mit Mützen von Filtz, in Form eines Casquette (Schirmmütze), mit einem Federbuschen versehen und hatte anbei nach der jetzigen neuen Einrichtung.le bayonet au bout de fusil (das Bajonett am Ende des Gewehrs) und einen kurzen Säbel an der Seiten.*[6]

Der Sommer des Jahres 1765 war gänzlich den Vorbereitungen für Leopolds Hochzeit in Innsbruck gewidmet. Josepha gehörte zu den jüngeren Kindern, die den Bruder und die Eltern nicht begleiten, sondern in Wien bleiben sollten. Der plötzliche Tod des Kaisers Franz I., der Verlust des Vaters für alle Kinder, traf Josepha tief. So wenig es Briefe von ihr gibt, ein Billet ist erhalten, in welchem sie einmal dem Vater, der sich auf einem Jagdausflug befunden hatte, zärtlich schrieb:

*Ich kann Ihrer Majestät die Freude, die ich empfinde, weil sich der Zeitpunkt Ihrer Rückkehr nähert, nicht beschreiben. Ich kann Ihnen versichern, daß ich zu fast nichts anderem mehr fähig bin, als Sie zu erwarten.*[7]

Franz Stephan hat seine jüngeren Kinder nicht wiedergesehen. Maria Theresia schrieb von Innsbruck aus an Josepha:

*Hélas, ma chère fille,*
*– ach, meine liebe Tochter, – ich kann Sie nicht trösten, unser Schmerz hat den höchsten Grad erreicht. Sie verlieren einen unvergleichlichen Vater und ich einen Gatten, einen Freund, dem mein ganzes Herz gehörte. Seit zweiundvierzig Jahren sind wir zusammen aufgewachsen, unsere Herzen und unsere Gefühle, sie kannten nur ein Ziel. All mein Unglück seit fünfundzwanzig Jahren erschien mir erträglich, da ich diese Stütze hatte. Ich bin unbeschreiblich niedergeschlagen, mir bleibt*

22  *Maria Karoline als Königin von Neapel*

23   *Ferdinand IV. (I.) von Neapel-Sizilien*

24   *Maria Karoline und Ferdinand IV. zu Besuch*
*bei Papst Pius VI., 20. April 1791*

*nur die Religion und Ihr, meine anderen lieben Kinder, die mir das*
*Leben wieder erträglich machen könnten, obwohl ich nichts anderes er-*
*sehne als mein Seelenheil.*

*Beten Sie für unseren guten und würdigen Gebieter und für Euch an-*
*dere gebe ich Euch meinen Segen und bin*

*immer Euere gute Mutter*
*Marie Thérèse*[8].

Die Kaiserin wandte nun ihr besonderes Augenmerk auf die Aufgabe,
ihre große Kinderschar zu versorgen. Nachdem Joseph von ihr zum Mitkaiser ernannt worden war, wandte sie sich unverzüglich ihrer Lieblingstochter Mimi zu. Deren Hochzeit sollte noch während der Hoftrauer im April 1766 stattfinden.

Im August des gleichen Jahres erhielt die Kaiserin durch ihren Staatskanzler, den Fürsten Wenzel Kaunitz, die Nachricht, daß König Carlos III.
von Spanien nun das »Vermählungsgeschäft« zwischen seinem Sohn
Ferdinand und der Erzherzogin Josepha zu einem baldigen Ende zu bringen wünsche. Josephas Tante, die lothringische Prinzessin Charlotte,
bot sogleich der Kaiserin an, für eine luxuriöse und wahrhaft kaiserliche
Ausstattung zu sorgen. Sie habe in Frankreich die besten Verbindungen.
Maria Theresia, froh darüber, in diesem Punkte entlastet zu sein,
stimmte zu. Josephas Maße für Taillenweite, Rocklänge, Schuhgröße
und Miederumfang gingen zusammen mit dem offiziellen Auftrag an
Prinzessin Charlotte zur baldigen Ausführung.

Josepha selbst fühlte sich bei all den Vorkehrungen und Zurüstungen
für ihre Hochzeit sehr deprimiert. Mehr als einmal war sie ganz verzagt.
Viele Tränen flossen und ihrer Schwester Charlotte gegenüber äußerte
sie sich ganz entmutigt:

*Ich muß jemand heiraten, den ich nie gesehen und der außerdem, wie*
*ich höre, einer schönen Palastdame, der Prinzessin Belmonte, den Hof*
*machen soll.*[9]

Diese Betrachtung stellte Sepherl mit einem Anflug von Neid deshalb
an, weil Mimi soeben ihre große Liebe hatte heiraten dürfen, den Herzog
Albert von Sachsen-Teschen.

Am 23. Dezember 1766 unterschrieb König Carlos III. in Madrid den
Heiratsvertrag, der am 13. Januar 1767 in Wien eintraf. Einen Tag zuvor
erlangte Ferdinand IV., König von Neapel-Sizilien, mit sechzehn Jahren
seine Großjährigkeit. An seinem Tagewerk änderte sich nichts. Die Füh-

rung der Staatsgeschäfte lag in den bewährten Händen des Ministers Bernardo Tanucci. Bisher gab es niemanden, der ihm dies Amt streitig gemacht hatte. Der junge König verstand nicht das geringste von der Regierung seines Landes. Tanucci war sicher, daß sich mit der Ankunft der ebenfalls erst sechzehnjährigen kleinen Wienerin in Neapel nichts ändern würde.[10]

Die Trauung Josephas sollte per procurationem in Wien stattfinden, als Datum war der 14. Oktober vorgesehen. Die ganze Stadt, der Hof, die Familie rüsteten für die große Hochzeit, zu der man zahlreiche Gäste einlud. Im alten Schloß des Prinzen Eugen, im Belvedere, fand die öffentliche Präsentation der Aussteuer statt, die dem Publikum zugänglich war. Unter den vielen Neugierigen befand sich auch Khevenhüller.

*Wien, 15. 8. 1767*
*Übrigens hatte ich anheut die Curiositet, die Ausstaffierung der Erzherzogin Braut, welche jedermänniglich dise Täge hindurch gezeigt wurde, im Belvedere zu sehen, und fand selbe, wie mann mir gesagt hatte, nemmlichen sehr reich und kostbahr, zumahlen selbe gegen 200 000 Gulden gekostet, aber ohne Gusto und nicht wohl assortiret. Die Wäsche hatte so übl gerathen, daß mann selbe gar nicht sehen lassen und dahier meistens neu machen müssen . . .*
*. . . wie mann dann 99 dergleichen Kleider gezehlet hat, einige ein bißchen mehr, andere ein bißchen weniger reich und kostbar.*[11]

Man denkt an diese üppigen Kleidungsstücke, wenn man im Riesensaal der Innsbrucker Hofburg vor dem Gemälde Josephas steht, das sie in großer Toilette zeigt. Sie kann, als dies Bild entstand, höchstens fünfzehn Jahre alt gewesen sein. Ihr Aussehen jedoch ist das einer Fünfundzwanzigjährigen. Das Bild ist nicht von der Anmut eines jungen Mädchens geprägt, sondern von der Würde einer reichgekleideten Königin. Demonstrativ hält Josepha auf diesem Bild ihr linkes Handgelenk dem Beschauer entgegen. Die Kaiserin schenkte damals ihren Töchtern eine »Plaque«, ein Medaillon mit Ösen am ovalen Rand. Die Miniaturmalerei zeigt Maria Theresia in Witwenhaube und schwarzem Habit. Josepha ließ das Schmuckstück in ein mehrreihiges Perlenarmband einarbeiten.

Nicht nur in Wien liefen die Hochzeitsvorbereitungen auf Hochtouren. Aus Neapel traf schon im März 1767 ein Bericht des österreichischen Gesandten Ernst Graf Kaunitz-Rittberg ein. Er meldete, daß die Wege von Neapel bis Rom in einem erbärmlichen Zustand und nahezu gänzlich verfallen seien. Deshalb habe Tanucci den Befehl gegeben, »daß

solche hergestellet werden sollen«. Man kommandierte eintausendfünf-
hundert Mann zu diesen Straßenarbeiten und hoffte, die Chausseen innerhalb von drei Monaten in besten Zustand zu bringen.[12]
Am 8. September sollte die Verlobung stattfinden. Der bisherige neapolitanische Gesandte, Herzog von Santa Elisabetta, war zum Botschafter ernannt worden, um die Anwerbungs-Zeremonie mit der nötigen
Vollmacht vorbringen zu können.

*Abends gegen 6 Uhr ware die Ordonnanz in großer Gala zu Schön-*
*brunn. Bald darauf kamme der neapolitanische Bottschaffter mit sei-*
*nem ganzen Gefolge in seiner Hof-Uniforme angekleidet . . . und*
*wurde erstens zum Kaiser (Joseph) und sodann zu der Kaiserin . . . zur*
*offentlichen Audienz begleitet und introduciret (eingeführt), bei welch*
*letzterer als Mutter und Souveraine er die Anwerbung um die Erzherzo-*
*gin Josepha im Nahmen seines Königs gemacht und nach erhaltener Er-*
*laubnis dessen mit Brillanten verseztes Portrait der Braut überrei-*
*chet, der es sofort ihre Aya, die Gräfin von Lerchenfeld, der Gewohnheit*
*nach vorne mitten an die Brust angehenget . . . Bald nach sieben Uhr*
*fienge der Bal paré an . . .*
*Den 9., als den zweiten Gala-Tag . . . wurde auf dem Théatre nächst*
*der Burg eine neue von dem Abbate Metastasio componirte Opéra, Par-*
*ténope genannt, gegeben, worzu der alte berühmte sachsische Capell-*
*meister Sr. Hasse die Music verfertiget . . .*[13]

Josephas Verlobung fand inmitten der Trauerzeit für die verstorbene
Kaiserin Josepha statt, Josephs zweiter und so sehr vernachlässigter Gemahlin.
Das düstere Bild der schwarzgekleideten Gestalten bei Hof wurde zum
23. August 1767 etwas gemildert durch hellen Schmuck und helle An-
steckblumen, Spitzenmanschetten und dergleichen. Doch zugleich trauerte der Wiener Hof um den jungen Prinzen Heinrich von Preußen, einem Neffen Friedrichs des Großen, der im Juni 1767 an den Blattern verstorben war. Das Haus Habsburg war über Maria Theresias Mutter Elisabeth Christine mit Friedrich dem Großen verwandt. Der alten Kaiserin
Nichte aus dem Hause Braunschweig-Bevern, nach ihr Elisabeth Christine genannt, war die Gemahlin Friedrichs des Großen.[14]
Für die ausländischen Gäste gab es viele Feiern und Veranstaltungen.
Die Protokollbeamten hatten eine schwere Zeit, denn der spanische Botschafter Graf Mahony machte Schwierigkeiten beim Hochzeitszeremo-
niell. Die Erzherzogin Josepha, so legte er auf Befehl seiner Regierung

dar, sei nach der Trauung per procurationem effektiv Königin von Neapel. Sie sei demnach eine auswärtige Souveränin, die als Gast am Kaiserhofe nach der Trauung beim Auszug aus der Kirche den Vortritt vor Kaiserin Maria Theresia beanspruchen könne und müsse.

Nun wollte der Wiener Hof ja keineswegs den König von Spanien als Schwiegervater verärgern, man hielt es jedoch für gänzlich untragbar, daß die junge Josepha, die man noch vor nicht gar so langer Zeit im Park von Schloß Schönbrunn mit den Geschwistern hatte herumtollen sehen, nun vor ihrer Mutter, der Kaiserin vorangehen sollte. Die Wiener Hofbeamten verhielten sich zunächst ausweichend. Später kam nie wieder die Rede darauf, da das Schicksal eine unerwartete Wende nehmen sollte.[15]

Zu den Hochzeitsfeierlichkeiten reiste auch Leopold Mozart mit seiner Tochter Maria Anna und dem jetzt elfjährigen Wolfgang nach Wien, um dort eine Chormusik zu Gehör zu bringen.

Während eine ganze Stadt in Vorfreude schwelgte, denn Hochzeitsfeste am Kaiserhof waren Feiertage für alle Wiener, während man auf sämtlichen Poststationen von Wien nach Florenz, Rom und Neapel schon damit begann, Pferde in genügender Anzahl bereitzustellen, denn der Hochzeits-Reisezug sollte mehr als hundert Karossen mit sich führen, während also alles fieberhaft beschäftigt war, mußte Josepha ganz unversehens von dieser Welt Abschied nehmen. Am 5. Oktober 1767 schrieb der Augenzeuge Khevenhüller:

*. . . weil aber die Erzherzogin-Braut seit gestern Fruh unpäßlich worden und mann aus den Symptomen der Kranckheit nichts Indifferentes vermuthen können, so blibe die Kaiserin zu Haus . . . indeme bei der krancken Frauen gegen Abend würcklich die Blattern auszuschlagen angefangen . . .*

*Den 6. wurde vollends Lerm bei Hof. Mann schickte sogleich Currier nacher Italien und Spannien ab, um in specie die wegen der Raiß der Erzherzogin bereits gemachte Veranstaltungen zu contremandiren (absagen), zumahlen bei einer so gearteten Kranckheit auch bei derselben günstigsten Vorgängen für heuer darauf nicht mehr zu gedencken, mithin sofort beschlossen worden ware, die Erzherzogin erst zukünfftiges Frühjahr abraisen zu lassen . . .*[16]

Alle Vorgänge spielten sich mit großer Schnelligkeit, ja mit Hektik ab. Sämtliche Kaiserkinder, die noch nicht »geblattert« hatten, wurden unverzüglich von Schönbrunn in die Hofburg nach Wien geschickt. Der

Geistliche, Prinz Clemens von Sachsen, Mimis Schwager, der die Trau-
ung hatte vornehmen sollen, reiste unverrichteterdinge wieder nach
Freising zurück. Alle Unterhaltungen bei Hofe wurden abgesagt. Die
Kaiserin, selbst gerade im Juni von einem schweren Blatternanfall gene-
sen und daher immun, zog ins Mezzanin, in den Zwischenstock, um den
Zimmern Josephas näher zu sein.

*Den 10. (Oktober) fande man für nöthig, bei denen fürdauernden so
gefährlichen Umständen der Erzherzogin die heiligen Sacramenten der
Kirchen in extremis zu ertheilen, weßhalben der Burg-Pfarrer in der
Fruh herausbestellet und nur auf das favorable tempo (die günstigste
Zeit), wo selbe wieder zu sich kommen mögte, gewartet wurde . . . und
liesse sie gegen fünf Uhr Nachmittag administriren, ihr auch sofort die
letzte Ölung reichen . . .*
*Die Kaiserin . . . nahme den letzten Seegen aus ihrem Oratorio. Dise
betrübte Mutter in Thränen zerfliessen sehen, muste Aller Herzen rühren, zumahlen nach aller Beschreibung der Kranckheit keine oder doch
sehr wenige Hoffnung des Aufkommens obwalten kunte . . .*
*Den 15. continuirten (hielten an) dise betrübten Umstände . . . Ich
fande natürlicherweis alles in gröster Consternation und hatte der Kaiser bereits die Ordre im Stall geben lassen, die Wägen fertig zu halten,
um eveniente tristi casu (im eintretenden Trauerfall) sogleich nacher
Wienn zu gehen.*
*Gegen 5 Uhr abends, da mann vermercket, daß die krancke Frau in
Zügen zu greiffen anfienge, wurde das Hochwürdige in der Capellen exponiret, und kaum eine Stund darnach erfolgte der seelige Hintritt.*[17]

Khevenhüller, der Josepha von Kind an kannte, glaubte ihr kurzes Leben von magischen Zufällen und Zahlen durchwoben. Sie sei am Jose-
phitag geboren, dem Namenstag des Bruders. Am Tag des heiligen Franziskus von Assisi sei sie bettlägerig geworden, also am Namenstag des
Vaters. Am Tag der heiligen Therese von Avila sei sie gestorben, am
Namenstag der Mutter. In derselben Stunde, die für ihre Trauung vorgesehen war, verfiel sie in die tödliche Krisis, und schließlich stand ihr
Sarg dann in derselben Kapelle in Schönbrunn, in der sie hätte getraut
werden sollen.[18]
Über Josephas Aussehen, Charakter, ihr Benehmen und ihre Anhänglichkeit wußte Khevenhüller nur Gutes aufzuzählen. Am Todestag notierte er ergriffen:

*Die Liebe, die Déférence (Ehrerbietung) und der Respect für die Frau*
*Mutter kunten nicht grösser sein, worvon sie noch den heutigen Morgen*
*ein abermahliges Zeugnus gegeben; dann als sie aus . . . gehabter*
*Schwachheit wieder zu sich gekommen, erinnerte sie sich des heutigen*
*Fest-Tags und fragte die Kaiserin, ob nicht heute Theresia wäre; und als*
*dise bejahet, fuhre sie weiters fort, wie leid es ihr seie, daß sie der Frau*
*Mutter ein so trauriges Bindband geben müste; allein, sagte sie zum*
*Schluß, sie hätte ohnedem als morgen von ihr Abschied nehmen und auf*
*allzeit weg raisen müssen; dafür gienge sie in den Himmel, wo sie vill*
*besser aufbehalten sein würde etc.*[19]

In Neapel hatte es vor kurzer Zeit ein schlimmes Vorzeichen gegeben.
Auf einer festlichen Ausfahrt, bei der König Ferdinand Geldstücke unter
das Volk werfen sollte und wahre Menschenmengen die Straßen säum-
ten, stürzte ein vierstöckiges Haus ein und begrub zahlreiche Menschen
unter seinen Trümmern. Der Festzug mußte ausfallen.

Am 19. Oktober brach »unter greußlichem Geprassel und Getöse« der
Vesuv aus. Die Lava floß direkt auf das Schloß Portici zu, so daß man
dort in fieberhafter Eile aufbrach. Der König und sein Hofstaat, Jäger,
Bedienstete, alles flüchtete Hals über Kopf noch um ein Uhr in der Nacht
zurück in die Stadt. Am 22. Oktober kam die Todesnachricht aus Wien
nach Neapel.[20]

Natürlich wurde sofort Hoftrauer angesagt, und da Ferdinand nicht
auf die Jagd gehen durfte, fiel es ihm ein, »Begräbnis« zu spielen. Ein
junger Höfling wurde in einen Sarg gelegt, sein Gesicht bemalte man mit
Schokoladenpunkten, diese sollten die »schwarzen Blattern« markieren.
Mit Kerzen und frommen Gesängen begann das Ganze, um nahezu blas-
phemisch mit allerlei Allotria zu enden. Auf diese Weise nahm der
königliche Bräutigam den Verlust seiner Braut auf.[21]

In Wien dagegen war die Trauer aufrichtig und nachhaltig. Khevenhüller berichtete von einer Art Legendenbildung über die Vorgeschichte
von Josephas plötzlicher Ansteckung:

*Mann fande auch nach der Hand die Ursach, welche vermuthlich der*
*armen Frauen die leidige Kranckheit und zumahlen eine so bößartige*
*Gattung der Blattern zugezogen hatte, doppelt betrübt und unglücklich,*
*indeme bemercket worden, daß die Kaiserin selbe den nemmlichen*
*Morgen, ehe sie mit ihr nacher Laxenburg gefahren, in die Grufft zu de-*
*nen P. P. Capucinern mitgenohmen, um ex pietate filiali (aus töchterli-*
*cher Pietät) von ihrem verstorbenen Herrn Vattern sich (um mich diser*

*trivialen Expression zu bedienen) vor der Abraiß zu beurlauben; und ob*
*mann schon die Vorsichtigkeit gebraucht, die Truegen (den Sarg) der*
*letzt verstorbenen Kaiserin, als für welche die gewöhnliche große zin-*
*nerne Sarg noch nicht verfertiget, mit einem Tuch zuzudecken und die*
*Fenster der Grufft, um selbe auszulüfften, vorhero eröffnen zu lassen,*
*so ist dennoch sehr wahrscheinlich, daß mann die gifftige Exhalationen*
*(Ausdünstungen) gleichwollen nicht genugsamm verhinderet, zu ge-*
*schweigen der natürliche Apprehension (Furcht), welche die junge Frau,*
*wann sie es auch nicht zu kennen gegeben, empfunden haben dörffte,*
*zumahlen, da sie sich noch den nemmlichen Abend zu klagen und übl zu*
*befinden angefangen hat, worbei auch dieser Umstand noch besonders*
*ist, daß die Erzherzogin, wie sie es ein und anderen noch den eigenen*
*Tag erzehlet, vor der Sarg ihrer verstorbenen Frauen Schwester Joanna,*
*mit welcher sie erzogen worden, niedergekniet und aus altzartem Ver-*
*trauen sie gebeten, daß (wann sie, wie sie nicht zweiflete, für den Ange-*
*sicht Gottes sich befinde) für sie betten mögte, daß im Fahl ihre bevor-*
*stehende Vermählung nicht zu ihrer Seelen Heil gereichen solte, der*
*liebe Gott auch in dem Moment ihrer Abraiß noch alles hinterstellig*
*(rückgängig) machen mögte.*[22]

Schon zu Beginn der Hochzeitsfeierlichkeiten war davon die Rede gewesen, daß südlich von Wien die Pocken grassierten. Inzwischen hatte
sich die Epidemie enorm ausgebreitet. Die erschrockenen Wiener flüch-
teten in Scharen aus der Stadt. Auch Leopold Mozart und seine beiden
Kinder befanden sich in Bedrängnis, und als sie endlich abreisten, war
Wolfgang schon infiziert. Immerhin kam die Familie noch bis Olmütz:

*Wolfgang und Nannerl erkrankten beide. Der Domdechant Graf An-*
*ton Podstatzky, der – dies war ein seltener Fall! – sich vor der Krankheit*
*nicht fürchtete, nahm die Familie in sein Haus auf. Neun Tage lang lag*
*Wolfgang fast blind . . .*[23]

Vater Mozart befand sich zwei Wochen lang in ärgster Sorge um seine
beiden Kinder. Außerdem plagte ihn, den Sparsamen, der Verdienstaus-
fall, da man ja unter diesen Umständen keine Konzerte hatte geben können. Immerhin lag ihm die Gesundheit der Kinder doch mehr am Herzen
als das Geld. Am 10. 11. 1767 schrieb Leopold Mozart nach Salzburg
und meldete seinem Freunde Lorenz Hagenauer die glückliche Wendung:

*Te Deum Laudamus! Der Wolfgangerl hat die Blattern glücklich
überstanden! Und wo? – in Ollmitz!*

*– Ich suchte vergebens in der Geschwindigkeit für uns alle eine andere
Wohnung (in Wien) zu erfragen . . . und ich flohe mit dem Wolfgang
zu meinem guten Freunde . . .*

*Man sprach in ganz Wienn von nichts als den Blattern. Wenn 10 Kin-
der auf den Todten Zetel stunden, so waren derer 9, die an den Blattern
gestorben waren. Wie es mir zu Muth ware, läßt sich leicht einbilden,
ganze Nächte giengen schlaflos dahin . . .*

*Ich war entschlossen, gleich nach dem Tode der Prinzessin Braut nach
Mähren zu gehen, bis die erste Traurigkeit in Wienn in etwas vorbey
wäre; Allein man ließ uns nicht weg . . . so bald aber die Erzherzogin
Elisabeth sich übel befand, ließ ich mich von nichts mehr aufhalten,
dann ich konnte den Augenblick kaum erwarten, meinen Wolfgang aus
dem mit den Blattern gänzlich angesteckten Wienn in eine andere Luft
zu führen . . .* [24]

Kaum vierzehn Tage nach Josephas Tod begann die Korrespondenz
um ihre Nachfolge. Seine katholische Majestät, der König Carlos III. von
Spanien schrieb am 2. November 1767 aus Madrid an Maria Theresia,
daß er natürlich völlig untröstlich sei, aber –

*Aber es hängt von uns ab, unseren Verlust so viel als möglich wieder
gutzumachen. Ich habe so viel Eifer, mein Haus mit jenem Eurer Majestät zu verbinden . . ., daß ich Sie ohne zu schwanken und ohne auch
nur einen Augenblick Zeit zu verlieren bitte, mir für meinen Sohn in
Neapel eine andere ihrer Töchter zuzubilligen. Wir werden uns eben
einbilden, bloß den Namen vertauscht zu haben und die Vorsehung wird
unsere guten Absichten segnen.* [25]

## Quellen und Anmerkungen zum Kapitel
## Josepha

¹ Friederike Wachter, Die Erziehung der Kinder Maria Theresias, Diss., Wien 1968. – Nachstehend abgekürzt »Wachter« genannt. – S. 224; nach der Familien-Akte Karton 54, fol. 2 aus dem Haus-, Hof- und Staatsarchiv in Wien, abgekürzt HHSt. genannt.

² Maria Theresia an die Gräfin Lerchenfeld am 13. Oktober 1763. Die Briefe der Kaiserin Maria Theresia an ihre Kinder und Freunde, 4 Bde., hrsg. von Alfred Ritter von Arneth, Wien 1881. – Nachstehend abgekürzt »Arneth, Briefe« genannt. – Bd. IV, S. 116

³ Arneth, Briefe, Bd. IV, S. 119

⁴ Egon Caesar Conte Corti, Ich, eine Tochter Maria Theresias, ein Lebensbild der Königin Marie Karoline von Neapel, München 1950. – Nachstehend abgekürzt »Corti« genannt. – S. 19

⁵ Fürst Johann Josef Khevenhüller-Metsch, Aus der Zeit Maria Theresias, Tagebuch des kaiserlichen Obersthofmeisters 1742–1776, 8 Bde., hrsg. von Hanns Schlitter, Wien/Leipzig 1907/1908. – Nachstehend abgekürzt

»Khevenhüller« genannt. – Bd. VI, S. 88

⁶ Khevenhüller, Bd. VI, S. 94

⁷ Wachter, S. 59

⁸ Arneth, Briefe, Bd. III, S. 25

⁹ Corti, S. 26

¹⁰ Corti, S. 22

¹¹ Khevenhüller, Bd. VI, S. 256

¹² Corti, S. 23

¹³ Khevenhüller, Bd. VI, S. 262

¹⁴ Khevenhüller, Bd. VI, S. 265

¹⁵ Corti, S. 26

¹⁶ Khevenhüller, Bd. VI, S. 269

¹⁷ Khevenhüller, Bd. VI, S. 272

¹⁸ Khevenhüller, Bd. VI, S. 273

¹⁹ Khevenhüller, Bd. VI, S. 273

²⁰ Corti, S. 28

²¹ Corti, S. 28

²² Khevenhüller, Bd. VI, S. 273

²³ Das Mozart-Buch, Chronik von Leben und Werk, zusammengestellt und eingeleitet von Kurt Pahlen, Wiesbaden 1968. – Nachstehend abgekürzt »Pahlen« genannt. – S. 95

²⁴ Pahlen, S. 96

²⁵ Corti, S. 29

# Marie Karoline

*Königin von Neapel-Sizilien*
\* *13. 8. 1752 in Wien*
† *8. 9. 1814 in Hetzendorf*

Neapel sehen und sterben! – Dieses italienische Sprichwort bedeutet, daß nur derjenige, der das zauberhafte Neapel gesehen hat, ruhig sterben könne, alle anderen müssen befürchten, etwas zu versäumen.

Für die Erzherzogin Maria Carolina, Charlotte genannt, drohte sich der Sinn der alten Redensart zu verkehren: sie glaubte fast, deshalb sterben zu müssen, weil sich ihr das schöne Königreich Neapel unter gar so schlimmen Bedingungen darbot. Der König, den sie nun stellvertretend für ihre verstorbene Schwester Sepherl heiraten sollte, war ein hochaufgeschossener Kindskopf mit einer dermaßen großen Nase, daß ihn seine Neapolitaner halb zutunlich, halb spöttisch »Il Re Nasone« nannten.

Wenn es nur das gewesen wäre. Charlotte wäre bereit gewesen, eine wie auch immer geartete Nase bei ihrem Zukünftigen in Kauf zu nehmen, wenn dahinter wenigstens ein ganzer Mann, ein passabler Kamerad, ein intelligenter Mensch gesteckt hätte. Aber das alles traf auf diesen Ferdinand IV. von Neapel-Sizilien nicht zu. Wie oft hatte sie mit Sepherl über die Neapler Partie gesprochen und beide waren sich einig gewesen, daß eigentlich am allerbesten ihre ältere Schwester Amélie dorthin passen würde, sogar der Wiener Gesandte in Neapel, Graf Kaunitz, hatte in einem Schreiben diese Ansicht vertreten, aber Karl III. von Spanien, Ferdinands Vater, bestand darauf, es müsse Charlotte sein.[1]

Des Grafen Kaunitz despotischer Vater, Fürst Wenzel Kaunitz, Staatskanzler in Wien, befürwortete eine baldige Entscheidung der Kaiserin lebhaft. Da der älteste spanische Königssohn schon mit der häßlichen Marie Luise von Parma verheiratet worden war, so wollte Kaunitz keineswegs, daß auch noch der neapolitanische Thron den Erzherzoginnen »hinwegschwämme«. Also schrieb der Fürst nach Madrid:
*Die Erzherzogin Charlotte, die der Verstorbenen zunächst steht, ist heiratsfähig und in einem Alter, das jenem des Königs von Neapel angepaßt ist. Sie steht der Toten in nichts nach, ja hat den Vorteil, die Blattern bereits gehabt zu haben, so daß ihre Schönheit nicht den Verheerungen dieser grausamen Krankheit ausgesetzt ist.*[2]

Seit ihrer Verehelichung führte Karoline offiziell den in ihrer Taufur-
kunde aufgeführten Namen (Hof-Burg-Pfarr-Protokoll 2,41 vom
13. August 1752), wonach eine »Archi Ducissa Austria nominibus Maria Carolina Ludovika Josepha Johanna Antonia« auf eine ganze Reihe
von Namen getauft worden war.

Maria Carolina hatte nicht viel Zeit, sich auf ihr neues Amt vorzubereiten. Vom Tode Josephas bis zu ihrer Trauung per procurationem in
Wien sollten genau 183 Tage vergehen. Dann kam noch die Gnadenfrist
bis Mitte Mai 1768, ein knapper Monat, bis das Zusammenleben mit
ihrem infantilen Ehemann beginnen sollte.

»Körperlich sieht er nicht gerade verführerisch aus, einmal weil er sich
gar nicht pflegt, dann weil seine ganze Erscheinung überhaupt nicht einnehmend ist und eine übergroße Nase das Gesicht beherrscht.

Aber gesund ist er in jeder Beziehung, alles in allem ein kraftstrotzen-
der junger Mensch. Der König ist zwar schon siebzehn Jahre alt, aber
nach Kaunitz ›noch ein pures Kind‹ und als echtes solches auch lernfaul;
von Geschäften versteht er natürlich gar nichts, aber man hat ihn auch
sonst zu nichts Vernünftigem angehalten, so liest er fast nie ein Buch
und versteht weder Musik noch Zeichnen. Da man ihn nie gelehrt hat,
sich für sich allein zu beschäftigen, so verbringt er selbst die wenige Zeit
zwischen der Vormittags- und Nachmittagsjagd mit allerlei Kindereien
und Possen, zu denen sich seine Höflinge um so mehr darbieten, als sie
auf diese Art die Gunst und Vertraulichkeit des Königs zu erlangen hoffen. ›Aber sicher ist, daß der König eine empfindliche Seele und überhaupt auch sehr gute Eigenschaften hat.‹

Obwohl der junge Monarch sich dem Marchese Tanucci (dem Ersten
Minister) völlig unterordnet, dem der König von Spanien auch jetzt nach
der Großjährigkeitserklärung Ferdinands in Wirklichkeit nach wie vor
alle Macht überläßt, so lehnt er sich begreiflicherweise innerlich doch
gegen diese Bevormundung auf. Der Minister verfügt sogar über einen
Stempel mit der königlichen Unterschrift, von dem er weitgehenden Gebrauch macht. Da er merkt, daß man ihm Ferdinand leicht entfremden
könnte, weil dieser, wie wohl jeder junge Mann, sich mit der Zeit eines
Hofmeisters werde entledigen wollen, sieht er der bevorstehenden Heirat Ferdinands mit einer habsburgischen Prinzessin in Anbetracht seiner
persönlichen Stellung mit einigem Mißtrauen entgegen.«[3]

Zwar interessierte Karoline sich als lebenslustiges junges Mädchen
weitaus mehr für ihre Aussteuer, ihre hundert Hochzeitskleider und alle
Fragen von Putz und Mode, doch die Mutter legte großen Wert darauf,

daß sie sich zunächst einmal über die innenpolitische Situation am Hofe von Neapel informierte. Maria Theresia fand auf ihrem Schreibtisch unter anderen Akten ein Schreiben des Legationssekretärs Anton von Binder vom 26. 8. 1767, das dieser an den Staatskanzler Fürst Kaunitz gerichtet hatte, und das an sie weitergeleitet worden war:

*Die neapolitanische Parthey nun wünscht nichts sehnlicher, als daß Ihro Majestät die Königinn sich der Regierung, da es des Königs Majestät sowohl an dem Willen, als an der Fähigkeit fehlet, annehmen und mithin der gänzlichen Zugrunderichtung dieser in so elenden Umständen sich befindenden Ländern zuvorkommen möchten.*

*Die Sizilianische Parthey hingegen sehete ungemein gerne, wenn es bey dem alten auch für das künftige verbliebe . . . Sie verlangt von dem Könige:* »*Allerhöchstderselbe möchte betrachten, wie unanständig es sein würde, sich hofmeistern und von einer so jungen Prinzessin regieren zu lassen . . .*«[4]

Maria Theresia hatte lange Abende damit verbracht, die schwierige Situation Karolines zu überdenken und ihr für jeden, aber auch den belanglosesten nur denkbaren Konfliktfall Weisungen zu geben.[5]

Wichtig erschien ihr Carolinas Stellung zu Tanucci, obwohl ja gerade unter seiner Ägide das große Königreich Neapel-Sizilien in, wie berichtet, »so erbärmlichen« Zustand geraten war. Maria Theresia riet ihr, ihn zunächst zu halten und zu schützen, bis sie die Verhältnisse in Neapel genau erkundet habe.

*Da Du fast alle Welt zu bekämpfen haben würdest, mache ich Dich wiederholt aufmerksam, daß Du Dich nicht im Vorhinein gegen jemand einnehmen lassen sollst. Es ist das Los aller eifrigen Minister, ihren Nebenbuhlern und Neidern zur Zielscheibe zu dienen.*

*Wenn wir sie nicht halten, wenn wir sie nicht gegen den Haß, die gemeinen Vorurteile, den Neid und die Eifersucht von ihresgleichen schützen würden, wir fänden keinen mehr . . .*

*Man muß also recht vorsichtig vorgehen, bevor man sich entschließt, sich gegen einen solchen Mann wie Tanucci zu stellen, der . . . alles Vertrauen der beiden Könige besitzt . . . Ich will indes nicht damit sagen, daß Du Dich gänzlich der Führung Tanuccis überlassen sollst . . .*[6]

Nicht eindringlich genug konnte die Kaiserin ihrer Tochter die Beachtung der Religion und aller ihrer Vorschriften vor Augen führen:

*Da der liebe Gott Dich dazu bestimmt hat, zu herrschen, so mußt Du ein gutes Beispiel geben, insbesondere in unseren verkehrten Zeiten, in denen unsere heilige Religion so wenig geübt und geliebt wird, ja es scheint, daß die Großen sich schämen, sie zu haben und zu bekennen . . . Ich erzittere, wenn ich sehe, wie die Religionslosigkeit immer mehr zunimmt . . . Das Beispiel eines Souveräns aber ist die Hauptsache . . . Aller Anfang ist schwer und Deine Lage schwieriger als die einer jeden anderen.*[7]

Dieser letzte Satz bezog sich ganz unzweifelhaft auch auf den Kernpunkt der mütterlichen Instruktionen: die Behandlung des so wenig sympathischen zukünftigen Ehemanns.

*Du wirst leicht an der Haltung und den Manieren des Königs erkennen, daß man diesbezüglich seine Erziehung nicht allzu genau genommen hat . . . Er ist förmlich stolz darauf, die platte neapolitanische Mundart zu sprechen . . ., so daß ein Fremder alle Mühe hat, ihn zu verstehen. Er scheint aber eine gewisse Milde in seinem Charakter aufzuweisen, und eine Seele zu besitzen, die dem Guten zugewandt ist . . .*

*Es handelt sich nun für Dich (darum), . . . das Vertrauen Deines Gatten zu gewinnen, aber man muß es verdienen und Du kannst es nur erwerben, wenn Du Dich ihm durch Sanftmut und Liebenswürdigkeit angenehm machst, ohne ihn jemals Überlegenheit fühlen zu lassen . . . Man kann ganz gut in feiner Weise und in Zärtlichkeit den Schmerz ausdrücken, den einem gewisse Dinge bereiten, aber niemals dabei Vorwürfe, lange Erklärungen und noch weniger Streitereien anwenden. Das Stillschweigen ist oft das sicherste . . .*

*Du weißt, daß die Frauen dem Willen ihrer Gatten, ja selbst ihren Launen (caprices) unterliegen müssen, soweit diese unschuldig sind . . . Sein Geschmack und selbst seine Eigenwilligkeiten müssen Dir Gesetze sein . . . Die Welt muß glauben, daß Du nur nach dem Geschmack Deines Gatten denkst und handelst. Verlasse Deinen Mann so wenig wie möglich . . . folge ihm daher überall, solange er Dich bei sich haben will; Du darfst ihm aber auch nicht zur Last fallen. Da Dein Mann nun einmal liebt zu scherzen und den Hanswurst zu spielen, lasse ihn dabei . . . und tue selbst am Anfang mit, aber doch immer mit etwas Zurückhaltung . . .*[8]

Marie Karoline war ein sehr hübsches junges Mädchen, war für ihre fünfzehn Jahre sehr entwickelt und hatte schönes blondes Haar, blaue

Augen, gepflegte Zähne und eine sehr hübsche Figur. Damals glich sie
der Kaiserin so auffallend, daß man allgemein darüber sprach. Maria
Theresia selbst erwähnte dies in einem Brief an die Gräfin Enzenberg
vom 23. 3. 1768:

> *(Charlotte) . . . qui me ressemble le plus de mes filles . . .*«[9]

Als man König Ferdinand von Neapel Miniaturbildnisse seiner Braut
zeigte, schlug er sich erfreut auf die Knie und rief ein über das andere
Mal:»Que bella cosa, que bella cosa!« Aber ein Brief, ein persönliches
Zeichen seiner Freude über die bevorstehende Verbindung blieb aus.
Am 3. Februar 1768 unterschrieb man ihren Heiratskontrakt. Dies
war das Dokument, das den Namen Charlotte überhaupt nicht nannte.
Maria Carolina trat offiziell ihre neue Laufbahn an.

»Neben der Zuwendung von 200 000 fl. (Gulden) verpflichtet sich die
Kaiserin, der Braut alle ihrem Range gebührenden Juwelen, Gold, Silber
und die gesamte Ausstattung beizustellen. Der jungen Königin wird
neapolitanischerseits ein jährlicher Betrag von 50 000 Scudi (6666 Dukaten) im Jahre versprochen, der nur für ihre kleinen Ausgaben zu ihrer
völlig freien Verfügung stehen soll. Der gesamte übrige Hofhalt muß
aus den Einkünften des Reiches bestritten werden. Als Brautgeschenk
wird ihr einmalig die gleiche Summe vorausbezahlt. Endlich trifft man
auch Bestimmungen für die Heirat in Vertretung und für die Reise der
jungen Frau nach Neapel.

Der Vertrag enthält jedoch keinerlei wie immer geartete Verfügung
darüber, daß die Königin im Falle der Geburt eines Sohnes auf Sitz und
Stimme im Kronrat Anspruch haben solle.«[10]

Die Neugier auf die Braut war in Neapel nicht weniger groß, als umgekehrt die Wißbegierde nach den Eigenheiten des Bräutigams. So erfuhr Ferdinand von allen Seiten, daß seine Zukünftige eine sehr lebhafte
und temperamentvolle junge Dame sei, »heiter und aufgeräumt«. Dies
habe, so berichtete man nach Wien, den Knabenkönig ungemein beruhigt. Er hoffte, sie würde an seinen Späßen Gefallen finden, und ein
Sackhüpfen seiner Höflinge in dem geräumigen Thronsaal des Schlosses
von Neapel schien ihm die rechte Begrüßung der jungen Königin in
ihrem Reich.

Offiziell verlautete natürlich nichts über diese kindischen Vergnügungen. Es kam sogar endlich ein Brief aus Neapel, zwar nicht von Ferdinand selbst geschrieben, denn er schrieb kaum, aber von ihm unterzeichnet. Erstmalig wandte sich der siebzehnjährige König an Maria

Theresia mit dem vollen Titel: »Edelste und großmächtigste Fürstin, Schwester und liebste Mutter«. Er versicherte, er werde dem »kostbaren Pfand, das ihm Ihre Majestät anvertraue, die zärtlichste und beständigste Liebe entgegenbringen«.[11]

Die letzten Wochen vor der im April geplanten Trauung per procurationem in Wien erbat Staatskanzler Fürst Wenzel Kaunitz etliche Audienzen bei der Erzherzogin Carolina.

»Er hegt genau so wie die Kaiserin insgeheim den Wunsch, durch die Erzherzogin den Einfluß des habsburgischen Hauses in Neapel wieder geltend zu machen, was trotz allem Beiwerk aus des Kanzlers Weisungen an die fürstliche Braut deutlich erhellt.«[12]

»*Euere kaiserliche Hoheit werden sich die für ihre Stellung notwendigen Kenntnisse am besten erwerben, wenn Höchstdieselbe nach dem Beyspiel der vorigen Königin . . . dem geheimen Staatsrathe und den übrigen wichtigeren Beratschlagungen jederzeit persönlich beywohnen und sich von allem gründlich belehren lassen, allenthalben Begierde, sich zu unterrichten zeigen . . .*«

»Nun entwickelte Kaunitz ein Bild der damaligen Weltlage; Spanien und Frankreich stehen zwar, obwohl beide Länder von Bourbonen beherrscht werden, immer in geheimer Eifersucht, jetzt aber haben beide vor dem zur See übermächtigen England Furcht. Das führte 1761 zu dem sogenannten ›pacte de famille‹, dem Bündnis der beiden bourbonischen Könige, dem beizutreten auch für Nepael in Betracht käme.

Bei den derzeitigen engen Beziehungen des Kaiserhofes zu Frankreich hofft man, daß die nunmehrige Heirat den spanischen Hof darüber beruhige, in Wien würde man nicht bei der ersten Gelegenheit wieder darauf bedacht sein, das Habsburg kürzlich entrissene Königreich beider Sizilien gewaltsam erneut an sich zu bringen . . .

So wird die kleine fünfzehnjährige Prinzessin auch mitten in das große Weltgetriebe hineingestellt; man sollte meinen, daß diese Kaunitzschen Grundzüge für sie ihrem Alter entsprechend weniger Interesse böten, aber nein, im Gegenteil, sie vertieft sich in diese politischen Erwägungen weitaus mehr als in alle anderen. Marie Karoline fragt, erwägt, äußert Ansichten, ja bestreitet solche sogar, so daß Kaunitz sich verwundert. Der Staatskanzler kann schon damals erkennen, daß dieses Kind für seinen künftigen Beruf nicht nur Interesse, sondern auch Begabung besitzt. Sein Sohn ist Gesandter in Neapel, er soll der Königin, wo er kann, an die Hand gehen . . .

Nachdem so die Grundlagen für das Verhalten der künftigen jungen Königin gelegt sind, meldet sich wieder die Etikette zu Wort. In einem Vortrag wird genau festgelegt, die Kaiserin habe ihre Tochter künftig schriftlich mit ›Meine Frau Schwester und liebe Tochter‹ anzureden und den Brief dann mit den Worten zu schließen: ›Eurer Majestät gute Schwester und zärtliche Mutter.‹ Demgegenüber habe die junge Königin Maria Theresia zu schreiben: ›Meine Frau Schwester und sehr liebe Mutter‹ und am Ende ›Euer kaiserlichen Majestät gute Schwester und sehr gehorsame Tochter‹ zu zeichnen. Die Kaiserin hört sich das wortlos an und schreibt in der Folge einfach ›Mein liebes Kind‹ und die Tochter ›Meine allerliebste und anbetungswürdige Mutter‹.«[13]

Marie Karolines Hochzeit wurde auf den 7. April 1768 festgelegt. Die Trauung fand um zwölf Uhr mittags statt. Marie Karolines vierzehnjähriger Bruder Ferdinand führte sie in höchster Gala zum Altar. Alle waren sich bewußt, daß diese Zeremonie einen Abschied fürs Leben bedeutete. Die Augustinerkirche war wundervoll ausgeschmückt, Karoline trug ein weißes Atlaskleid, auf dem Myrthenzweige befestigt waren. Stellvertreter Ferdinand, der »falsche Ferdinand«, wie sie ihn gerade noch tuschelnd genannt hatte, antwortete auf die Frage des päpstlichen Nuntius Eugenio Visconti: »Ich will es und verspreche es so.« Als jedoch der Nuntius seine Frage an die Braut richtete, fragte diese, wie alle kaiserlichen Töchter in dieser Situation, unter tiefer Verbeugung erst die Mutter.

*Maria Theresia nickt mit Tränen in den Augen, worauf auch die Erzherzogin, aber leise und zitternd antwortet:*
*»Ich will es und verspreche es so.«*
*Nun folgen die ewig bindenden Worte und der Nuntius reicht auf goldener Tasse die Trauringe. Da braust der Ambrosianische Lobgesang durch die Kapelle und als man die Kaiserin auf ihr Töchterchen zustürzen sieht und sie ihr Kind, das nun Frau und Königin ist, umarmt, können sich alle Anwesenden der Tränen nicht erwehren.*[14]

Nun war Wirklichkeit, was man schon seit nahezu zwei Jahrzehnten im Kaiserhause gedacht, geplant und gewünscht hatte.

»Nach der Hochzeitsfeier löst sich die Gesellschaft noch in der Kirche auf, um die dornenvolle Rangordnung zu umgehen, dann versucht die Kaiserin traurigen Herzens mit ihrem Töchterchen zu speisen, nur bringen beide keinen Bissen hinunter. Immer wieder liegen sie sich in den Armen.

Indessen rüstet man noch am selben Tage zur Abreise. Marie Karoline küßt, nun in blauem, mit goldenen Borten geschmückten Reisekleid weinend ihre Geschwister, eins nach dem anderen. Besonders ihr liebstes Schwesterchen Maria Antonia, von dem ihr der Abschied am schwersten fällt, ferner die gute, von ihr so geliebte Gräfin Lerchenfeld und in ihnen alle Freunde und Freundinnen, ja die ganze Heimat. Die bleibt ja nun zurück, soll ihr entschwinden, eingetauscht werden für ein unbestimmtes Etwas, das in weiter Ferne liegt und vielleicht Glück bedeutet oder auch das Gegenteil.

Dann schreitet Marie Karoline zur sechsspännigen Karosse . . . Schon ist sie eingestiegen, da springt sie noch einmal heraus, umarmt ihre Mutter und drückt das Schwesterchen Maria Antonia wieder und wieder ans Herz. Dann beginnen die drei vorausreitenden Postillone ihr fröhlich Lied zu schmettern und der endlose Wagenzug, der einer Karawane gleicht, setzt sich in Bewegung.

Es ist die erste Szene eines gewaltigen, abenteuerlichen Trauerspieles.«[15]

Die Reise machte Karoline so viel Vergnügen, daß sie dadurch schon beinahe Anstoß erregte. Neben ihrem Wagen ritten vier junge Männer der Nobelgarde in Galauniform auf geradezu herrlichen Schimmeln. Um den Kontrast zu dem so unvorteilhaft aussehenden Ehemann nicht zu groß erscheinen zu lassen, schickte man die Nobelgarden voraus, so daß Karoline sie nicht ständig vor Augen hatte.

Der Zug hatte siebenundfünfzig Wagen, siebzehn davon sechsspännig. Der ganze Hofstaat der jungen Königin begleitete sie bis zur Übergabe, danach verließen sie alle Österreicher, der italienische neue Hofstaat erwartete sie schon. Dem Hofstaat folgte ein Troß von viersitzigen Wagen, welche Dienstleute beförderten.

Für den Verpflegungsdienst waren fünf Tafelwagen vorgesehen, davon zwei allein mit Silber und Tischwäsche. Diese und vier Wagen mit den »Bettnotdurften« reisten immer eine Station voraus. Die Königin und ihr Gefolge sollten pünktlich und gut zu essen bekommen und sollten in hofeigenen Betten schlafen.[16]

Überall, wo das riesige Gefolge mit zweihundertfünfzig Personen erschien, blau-gold gekleidet wie auch Karoline, die kindliche Königin von Neapel, lief das Volk von weither zusammen. An allen Orten wurde gefeiert, in Brixen spielten Schützenkapellen in tirolerischer Tracht. Besonders lebhaft wurde Karolines Heimweh in Innsbruck, wo sie in dem zur Kapelle umgestalteten Sterbezimmer des Vaters in der Hofburg eine

418 *Die Kinder Maria Theresias*

Andacht hielt. Aus Innsbruck stammt ihr sehnsüchtiger Brief an die Gräfin Lerchenfeld:

> *Schreiben Sie mir alles von meiner Schwester Antonia, auch die kleinsten Einzelheiten, was sie spricht und tut und fast auch was sie denkt. Ich bitte flehentlichst, sie nur ja recht zu lieben, denn ich interessiere mich schrecklich für sie.*[17]

Marie Antoinette war damals zwölfeinhalb Jahre alt. Zwei Jahre später, im Mai 1770, sollte sie mit genau so prächtigem, genau so luxuriösem Aufwand zu einem nahezu ebenso fragwürdigen Gatten als Dauphine nach Frankreich reisen. Karoline und Antoinette, die beiden Grünschnabel-Königinnen der Kaiserin, verband eine innige geschwisterliche Liebe.

In Mantua traf Marie Karoline ihren zukünftigen Schwager Don Ferdinando, Herzog von Parma, der im nächsten Jahr ihre Schwester Maria Amalia heiraten sollte. In Bologna, das im Bereich des Kirchenstaates lag, gab es Schwierigkeiten mit dem Protokoll. Zwischen dem Heiligen Stuhl, derzeit eingenommen von Papst Clemens XIII., und dem Königreich Neapel gab es eine ständige Spannung. Die Päpste betrachteten seit 1264 Neapel-Sizilien quasi als päpstliches Lehen, weil Papst Urban IV. einst Karl von Anjou zum Königreich Neapel-Sizilien verholfen hatte, um sich Manfred Lancias zu erwehren. Dieser, ein Sohn Friedrichs II. von Hohenstaufen aus dessen Verbindung mit Bianca Lancia, hatte sich schon in Palermo zum König krönen lassen.

Seit 1264, als der heilige Thomas von Aquin das Offizium für das neu einzusetzende Fronleichnamsfest verfaßt hatte, war es Brauch, daß der König von Neapel einen Sack voll Dukaten auf einem festlich geschmückten weißen Zelter – einem sanften Pferd für Geistliche und Damen, das auf Paßgang dressiert war – in der Peterskirche in Rom überreichen ließ, wobei besonders gelobt wurde, wenn eben jener Zelter vor dem Sitz des Papstes sich auf die Knie der Vorderfüße niederließ. Im Verlaufe der vergangenen fünfhundert Jahre hatten die Könige von Neapel immer wieder versucht, die demütige Geste der Unterwerfung, die in diesem »Feste der Chinea« ausgedrückt wurde, außer Kraft zu setzen und den großen Beutel Dukaten zu sparen. Bisher war es jedoch nicht gelungen. Erst unter Marie Karolines Ägide sollte dies verwirklicht werden.[18]

Zunächst erhielt jedoch die kleine Königin vom Minister Tanucci durch Graf Pallavicini den allerstrengsten Befehl, während der Begrüßung des Abgesandten des Vatikans unbedingt in der Karosse sitzen zu bleiben. So kam, um dies »beleidigende Verhalten« nicht so kraß zu gestalten, kein Kardinal zur Begrüßung, sondern ein einfacher Prälat, der päpstliche Nuntius Monsignore Millo. Durch das halbgeschlossene Fenster nickte Marie Karoline gehorsam ihren Dank und nur ihr offenes und frisches freundliches Lächeln entschärfte die ganze Situation ein wenig.[19]

Dies alles war Karoline lästig und derzeit noch völlig unverständlich, auch die Tatsache, daß sie vom Moment ihrer Trauung in Wien an strengster spanischer Etikette unterliegen sollte. Morgens und abends waren all ihre Hofdamen beim An- oder Auskleiden anwesend. Sie lehnte es ab, sich dabei helfen zu lassen, nur hier und da von einer Zofe. Doch in Florenz bei ihrem Bruder Leopold und dessen spanischer Gemahlin Maria Luisa erfuhr sie dann, diese Form könne keineswegs in Neapel beibehalten werden. Dort werde die Etikette König Karls III. im vollen Umfang ausgeübt und die Königin dürfe keinen Handschlag tun.

Die ersten Briefe zwischen Florenz und der Heimat wurden gewechselt. Großherzog Leopold bereitete seiner kleinen Schwester tagelang die rauschendsten und prächtigsten Feste, aber die Kleine schrieb sehnsüchtig:

*Ich finde, daß es eine sehr hübsche Stadt ist, . . . aber ich bleibe meinem lieben Wien immer treu; die Dinge sind hier wohl größer und schöner, aber sie haben für mich nicht diesen Zauber (charme) und diese weiche Zartheit, wie jene von Wien.*[20]

Besonders besorgt zeigte sich auch Kaiser Joseph, der ihr viele gute Ratschläge gab. Sie erhielt seine Briefe vom 16. 4. und 17. 4. 1768 noch in Florenz. Der Ton war ernst.

*Sorge dafür, liebe Schwester, daß meine Briefe niemals in andere Hände kommen als in die Deinen . . ., wenn Du mich nicht auf einfache, fade Komplimente beschränken willst . . . Sei glücklich und zufrieden; wenn Du aber keinen Grund dazu haben solltest, möge Dir der Herr die Kraft geben, die Sache gottergeben zu ertragen und genügend Philosophie, um sie mit Gleichmut hinzunehmen und das Beste daraus zu machen, das sich tun läßt.*[21]

An Leopold gingen zur gleichen Zeit Josephs folgende Erwägungen:

*. . . Von zweien muß eines eintreten: entweder wird der König meine Schwester lieben und dann wird es ihr leicht sein, ihn aus der geistigen*

*Erstarrung zu ziehen, in der er bisher gehalten worden ist . . . oder er wird dies nicht genug tun, um ihr seine Schwachheiten zum Opfer zu bringen, dann muß sie zusehen, auf möglichst angenehme und würdige Weise Königin von Neapel zu werden und wenn möglich vergessen, daß sie die Frau eines so armseligen Mannes ist.*[22]

Immer wieder entsteht die Frage, wie es eigentlich dazu kommen konnte, daß sowohl Ferdinand von Neapel als auch der Dauphin von Frankreich, Ludwig, später der Sechzehnte, so mangelhaft erzogen wurden.

In Neapel hatte dies den Grund, daß einer der Söhne von König Karl III. von Spanien sehr jung, wahrscheinlich infolge einer schweren Krankheit, geistig und körperlich zurückblieb. Man schob diese traurige Entwicklung darauf, daß er schon sehr früh mit zuviel Unterricht irritiert worden sei und daher in Schwachsinn verfiel. Um dies traurige Ereignis unter keinen Umständen zu wiederholen, hatte Karl III. strikte Anweisung gegeben, seinen Sohn Ferdinand vor allem körperlich zu ertüchtigen. Dieser Befehl des spanischen Königs war es, der dem Minister Tanucci als Bevollmächtigtem des Vaters eine so einmalige Sonderstellung in Neapel eingeräumt hatte.

Ferdinand konnte zwar lesen, schreiben und halbwegs rechnen, besaß ein wenig Kenntnis der Geographie und der engsten Verwandtschaft, aber mehr wußte er nicht. Ferdinands ganze Freude waren die Jagd, Pfänderspiele und kindischer Zeitvertreib.

Maria Theresias Vertrauter, Graf Rosenberg, der nach Neapel gereist war, um für alle Fälle zur Stelle zu sein, hatte seinem derzeitigen Dienstherrn Leopold einen sehr offenen und sehr eindringlichen Brief geschrieben, der sein tiefes Erschrecken über alle vorgefundenen Zustände nur schwach verbarg:

*Ich habe den König an Aussehen schlechter, aber an Verstand besser gefunden, als ich erwartet hatte. Ich fürchte die Wirkung des ersten Augenscheins auf die Königin sehr. Der Monarch hat überdies eine Stentorstimme, schreit und gestikuliert beim Sprechen . . . Sicher ist, daß er mehr gesunden Sinn besitzt als jene, die ihn erzogen haben . . . Es gibt niemanden, der mir nicht versichert, er wäre voller Menschlichkeit und Güte und ganz gelehrig. Er möchte besser sein, als er ist, aber niemand sagt ihm, wie er es machen soll . . . Er hat übrigens eine schreckliche Angst vor dem ersten Zusammentreffen mit seiner Zukünftigen.*

»Rosenberg bittet den Großherzog und seine Gemahlin, sie mögen die Königin auf diesen ersten Augenblick wohl vorbereiten.«

*Nach der ersten Viertelstunde Tränen und Herzensqual, meint er, wird sie sich beruhigen und ihr Unglück mit Geduld hinnehmen. Es ist unerläßlich, daß die Frau Erzherzogin und alle Damen ihr Mut einflößen, damit sie sich ihren fraulichen Pflichten unterziehe, ohne Ekel zu zeigen. Das ist ein Punkt, der ihr Lebensglück entscheiden kann. Der König ist sicherlich gesund und stark, wenn auch mager. Er könnte anderswo seinem Temperament Genüge zu tun suchen, wenn die Königin ihn zurückstieße.* [23]

So wurden unter einem geradezu ungeheuren Aufwand an Prunk, Menschen, Pferden und allen nur erdenklichen Zeremonien zwei verängstigte und durch die vielen Ratschläge verstörte junge Leute zusammengeführt. Karoline verfiel zuweilen in ein nervöses Zittern und konnte nur mit Mühe Tränen zurückhalten.

Die offizielle Übergabe Karolines erfolgte in Terracina, wo ein Palazzo für diesen feierlichen Akt hergerichtet worden war. Fürst von San Nicandro, der so wenig erfolgreiche Erzieher des Königs, nahm die junge Königin mit einer wohlgesetzten Rede in Empfang. Karoline mußte ihren vertrauten Hofstaat verlassen. Die Szenen waren herzzerreißend. Leopold schrieb danach, er wolle um ein ganzes Königreich einer ähnlichen Zeremonie nicht mehr beiwohnen.

Von ihrem neuen Obersthofmeister, dem Fürsten Belmonte, erhielt Karoline im Auftrage ihres Gatten ein Perlenarmband und eine Halskette mit herrlichen Brillanten. Vor lauter Schluchzen brachte die junge Königin kaum die Dankesworte heraus. Leopold und Maria Luisa nahmen sich der Weinenden an und brachten sie in einen Raum zur Erfrischung und zum Umkleiden. Man hatte noch eine halbe Stunde Wagenfahrt nach Portello vor sich, wo der König seine Gemahlin erwartete.

»In Portello war ein Holzhaus errichtet worden, das nur einen großen Saal mit je einem Eingang an der Vorder- und an der Rückseite besitzt. Von vorn kommt der König, von rückwärts das Ehepaar Toscana und der Kardinal (Orsini) mit der jungen Frau. In der Mitte des Saales treffen die beiden Gatten zusammen.

Aus den Augen des Königs funkelte höchste Neugier, aber auch grenzenlose Verlegenheit. Marie Karoline sieht aus, als würde sie im nächsten Augenblicke kehrtmachen und im vollen Lauf aus dem Saale entfliehen. Gleichsam als ob das Ehepaar Toscana dergleichen fürchtete, hat es sich zwischen der etwas vor ihm herschreitenden Königin und der Ausgangstür aufgestellt. Marie Karoline zieht die Handschuhe aus und will sich, wie angeordnet, nach der Etikette vor ihrem Gemahl auf die Knie niederlassen und ihm die Hände küssen, er aber wehrt ihr und hebt sie auf. Und nun stammelt sie einen sorgsam vorher eingelernten Satz in italienischer Sprache: ›Ich bin überglücklich, Eure Majestät, meinen lieben Gatten in so blühender Gesundheit und Wohlergehen begrüßen zu können.‹

Der König ist seinerseits derartig verlegen, daß er kein Wort erwidert; er zögert einen Augenblick, drückt Marie Karoline linkisch einen Kuß auf die Wange und steht dann da, ohne zu wissen, was er reden soll. Da legt sich seine Schwester, die Großherzogin, ins Mittel, und nun gehen alle bei der vorderen Tür hinaus und besteigen die Karosse, die sie zum Diner nach Gaëta entführt. Die kleine Königin versucht dafür zu sorgen, daß ihr Gatte bequem und nicht zu eingeengt sitze, aber diesen verläßt während der ganzen Fahrt die Verlegenheit nicht; er traut sich kaum, seine junge Frau anzusehen, und spricht aufgeregt und nervös viel mit seiner Schwester, besonders von der Jagd und seinen Hunden, was ihm bei weitem der liebste Gesprächsstoff ist.«[24]

Das Mittagessen in Gaëta fand nur im engsten Kreise statt. Das junge Königspaar, Leopold und seine Frau nahmen teil. Karoline bemühte sich vergeblich, Ferdinand in ein nettes, harmloses Gespräch zu verwickeln. Ab und zu stieß er ein barsches Ja oder Nein aus, wobei er den Kopf abwendete. Endlich gab die Königin es auf und schwieg auch ihrerseits.

»Unter höchstem Unbehagen aller vier Tischgäste wird die Tafel schließlich aufgehoben.

Mühsam hat Marie Karoline bisher ihre Aufregung zurückgehalten, jetzt im Nebenzimmer fällt sie der Großherzogin weinend um den Hals. ›Es ist schrecklich, ich glaube, ich gefalle ihm nicht und ich werde mein ganzes Leben unglücklich sein.‹

In Wirklichkeit aber täuscht sie sich über des Königs Gefühle; seine kleine Frau mit der blendend weißen Haut, ihrem herrlichen blonden Haar, dem hübschen Wuchs und den besonders schönen Armen, die sie von ihrer Mutter geerbt, hat ihm sehr gut gefallen. Nur die schlechte Erziehung, seine, wie der Großherzog sagt, geradezu ›schrecklichen Manieren‹ und jugendliche Verlegenheit in dieser besonderen Lage haben in ihr den Eindruck erwecken müssen, sie sei dem König nicht angenehm.«[25]

Die offizielle Trauung auf neapolitanischem Boden fand am 12. Mai 1768 im Schloß von Caserta statt, einem Riesenbau, der in mancher Hinsicht mit Versailles verglichen wurde.[26] Das Souper im glanzvollen Rahmen verlief beinahe noch bedrückender und in noch größerer Verlegenheit als das Mittagessen. Leopold schrieb noch am gleichen Abend an seine Mutter, er fürchte für den kommenden Tag, er würde schwierig und hart für die Königin sein.[27] Leopold und Maria Luisa zitterten um das Gelingen ihres Auftrags, die Anfänge dieser seltsamen Ehe zu behüten. In Karolines Hochzeitsnacht fanden sie nicht eine Minute Schlaf, legten sich erst um halb vier Uhr früh einen Moment nieder, buchstäblich vor Erschöpfung, immer lauschend, horchend, einen Eklat jeden Augenblick befürchtend.

Um sechs Uhr standen sie wieder auf. Nach einer Weile kam der junge König, der ein Frühaufsteher war. Er frühstückte mit seinen Gästen und ging dann ganz allein auf die Jagd in einem nahegelegenen Wildpark. Seine Verlegenheit verbarg sich hinter äußerst unhöflichen Manieren, die jedoch, das betonte Leopold zur Beruhigung immer wieder, durchaus eines Tages zu verbessern sein würden, denn er habe einen guten Charakter und sei im Grunde ein braver Kerl. Von dem ersten Ehemorgen des jungen Königspaares wurde jedoch Unerhörtes überliefert:

Ein neutraler Ausländer erzählt, dessen sonstige Bemerkungen über den neapolitanischen Hof nachprüfbar richtig und, was den König betrifft, sonst weder gehässig noch absprechend sind:

»*Es war schon in der Frühe sehr heiß an jenem 13. Mai in Neapel und die Begleiter des Königs wunderten sich, daß er auf die Jagd ging und seine junge Frau an diesem Morgen schon allein ließ. Auf die Frage nach ihr hätte er geantwortet:* »*Ja, ja, sie schläft wie eine Tote und schwitzt wie ein Wildschwein.*«[28]

Irritiert über den morgendlichen Alleingang des Königs ließ sich Maria Luisa fürsorglich bei ihrer jungen Schwägerin melden. Über das vertrauliche Gespräch teilte Maria Luisa ihren Gatten Leopold kurz darauf mit:

»*Der König hat sich très rudement et de très mauvaise grâce benommen –.*«[29]

Sehr grob und sehr unanständig – für das ahnungslose Kind aus kaiserlichem Hause wohl der schlimmste Anfang einer aufgezwungenen Ehe, den man sich denken kann. Das Ehepaar Toscana beratschlagte, was zu tun sei. Karoline machte Toilette und ging dann gemeinsam mit Bruder und Schwägerin in den Wildpark, wo man sich bemühte, den König zum Diner abzuholen. Doch kaum war die Mahlzeit vorbei, so befahl er die große Nachmittagsjagd mit viel Gefolge und kam erst abends um sieben zurück, gerade rechtzeitig zur Illumination und zum Feuerwerk.[30]

Die Verhandlungen über die Hochzeit von Maria Theresias jüngster Tochter Maria Antonia gewannen in jenem Sommer 1768 Gestalt. Als Karoline in Neapel darüber erfuhr, äußerte sie sich ganz freimütig und ohne Scheu über den seltsamen Beginn ihrer Ehe. Sie schrieb ihrer vertrauten Aja, der Gräfin Lerchenfeld, am 13. 8. 1768:

*Ich hatte für sie (Marie Antoinette) immer besonders viel Zärtlichkeit übrig. Wenn ich mir vorstelle, daß ihr Los das gleiche sein wird wie das meine, möchte ich ganze Bände darüber schreiben. Ich hoffe bloß, daß sie für den Anfang jemanden bei sich hat wie ich, denn sonst – ich gestehe es aufrichtig – ist es zum Verzweifeln und man leidet ein Martyrium . . . lieber sterben als noch einmal das erleben, was ich da erlebte.*

*Jetzt ist alles gut und so kann ich es sagen. Es ist keine Übertreibung, aber wenn mir mein Glaube nicht gesagt hätte: denke an Gott, so hätte ich mich umgebracht.*

*Da nur acht Tage so zu leben, schien mir eine Hölle . . .*[31]

Maria Luisa fürchtete noch immer ein Scheitern ihrer Mission. Sie nahm sich ihren ungehobelten Bruder vor und redete ihm ins Gewissen, er möge sich doch etwas umgänglicher zeigen, seine Frau leide unter seinem Benehmen und glaube, er liebe sie nicht. Daraufhin schenkte Ferdinand der Betrübten ein herrliches Brillantenbukett und sagte seiner Schwester im Vertrauen, seine Frau »gefalle ihm unendlich«. Er verzichtete sogar einige Male auf die Vormittagsjagd. Leopold sprach auch eingehend mit seiner Schwester und fand sie in tiefster Niedergeschlagenheit. Gottergeben sagte sie ihm, um ihrer Mutter keinen Kummer zu machen, würde sie selbst dann Geduld zeigen, wenn ihr Gatte sie mißhandeln würde und wolle nur suchen ihn zu gewinnen. Am 14. Mai schrieb der Großherzog an Maria Theresia:

*Man sieht aber doch, daß sie niedergeschlagen und traurig und mit ihrem Los unzufrieden ist. Aber sie schluckt alles und ich fürchte, daß ihr das sehr schlecht anschlägt.*

»Der Großherzog verflucht die bisherigen Erzieher Ferdinands und seine Umgebung, die den im Grunde gutgearteten Jüngling so vernachlässigten, der eigentlich gar nichts anderes wünsche, als gebessert zu werden.«[32]

Aus Leopolds Schilderungen entstand ein lebhaftes Bild des höfischen Lebens in Neapel. Am 20. Mai fand der große offizielle Einzug des Königspaars von Caserta aus in die Stadt Neapel und den königlichen Palast statt. Voran der königliche Wagen, achtspännig gefahren, danach in fünfundzwanzig weiteren Wagen, die alle sechsspännig gelenkt wurden, Adel und Hofstaat. Es war ein großer Augenblick und die Neapolitaner drängten sich überall am Straßenrand, jeder wollte die junge blonde Königin sehen.

Für Marie Karoline begann ihr Alltag in Neapel, was jedoch außerordentliche Kräfte und Konzentration von ihr verlangte.

»Sie muß sich in allem und jedem umstellen. Schon das Essen ist ganz anders als in der Heimat; sehr reichlich, aber wenig sorgfältig zubereitet. Es gibt stets eine Unzahl von Schüsseln und alle Arten Fleisch. Der König ißt ganz sorgsam und nur manchmal übermäßig viel, trinkt aber wenig.

Fünfmal am Tag wird gespeist. Am Morgen Schokolade und Biskuits, um elf Uhr kleine Pasteten, Koteletts, Schinken und ähnliches, um punkt zwölf findet das Diner statt, und zwar Sonntag und Donnerstag öffentlich, wobei der gesamte Adel Zutritt hat. Die übrigen Tage gemeinsam mit dem sehr zahlreichen Hofe. Um fünf Uhr nimmt man Tee mit Bäckereien und um halb zehn Uhr abends wieder eine sehr reichhaltige Mahlzeit.«[33]

Karoline stand täglich im Mittelpunkt der Aufmerksamkeit von einem großen Rudel von Leuten, die sich, wie einer der Besucher einmal berichtete, fast unablässig in den Armen lagen und sich küßten, von denen aber keiner den andern auch nur entfernt ausstehen konnte. Jeder war neidisch und eifersüchtig auf den andern. Hofleben, das hieß zu jener Zeit für die Königin, sich ständig in großer Aufmachung wie auf einem Theater vor meist gleichem Publikum bewegen zu müssen, und das bei etwa 39° Celsius im Schatten. Neapel brütete in der Sonne, über dem Vesuv schwebte immer eine Wolke von Aschenrauch; ein vulkanisches Land, ein heißer Boden.

»Da die Etikette gebietet, die Kleider sehr wenig ausgeschnitten und sehr lang zu tragen, und man nicht einmal die Spitzen der Schuhe sehen darf, ist das der kleinen Königin bei der herrschenden, ihr noch herzlich ungewohnten Hitze des süditalienischen Sommers besonders unangenehm. Die Haartracht ist eher englisch als französisch und auch sie muß Marie Karoline annehmen, das heißt, sie sieht sich gezwungen, eine Ein-

lage in die Haare zu geben und ein Band einzuschlingen, das sie hoch-
hält, und nur bei den Ohren Locken freiläßt.

Der König trägt für gewöhnlich ein und denselben grauen Tuchanzug
in der Farbe, die man in Wien ›Pfeffer und Salz‹ nennt. Ein breiter weißer Kragen umgibt seinen Hals und aus den Ärmeln sehen gestickte Ba-
tist- oder Spitzenmanschetten hervor. Dazu gelbe, hirschlederne Reit-
hosen sowie graue Seidenstrümpfe und Schuhe aus grobem Leder mit
Kupferschnallen. Geht Ferdinand auf die Jagd, so nimmt er einen breiten
Gürtel um, in dem ein Weidmesser und ein Sack mit Lebensmitteln und
Süßigkeiten steckt. Weiters trägt er ein Pulverhorn, eine gestickte grüne
Jagdtasche, in den Knopflöchern verschiedene Pfeiferln und Vogelrufe
und auf der Schulter ein großes und schweres spanisches Gewehr. So
geht der König zu seiner täglichen Pirsch . . . obwohl die Jagden nichts
weniger als weidmännisch sind, weil man das arme Wild förmlich auf
engstem Raume gefangenhält. Der junge Monarch zerlegt seine Beute
meist selbst kunstgerecht mit dem Weidmesser und besudelt sich dabei
oft von Kopf bis Fuß mit Blut, so daß er manchmal mehr einem Fleischer
gleicht als einem König und seine kleine Frau mit wahrem Entsetzen erfüllt. Sie ist immer froh, wenn sie ihn wieder gewaschen und gebadet zu
Hause hat . . .

Der Palast in der Stadt ebenso wie jener von Portici ist wundervoll.
Aber am Hofe wimmelt es von Leuten aller Art. Man kann kaum durch
ein Vorzimmer gehen, ohne zehn oder zwölf Hofbediensteten zu begegnen. Jäger, Treiber, Hundewärter, Hanswurste und Kammerherren gibt
es in Masse und sie alle treiben oft die kindischsten Vergnügungen.

Im Palais von Neapel z. B. gibt es einen Aussichtsturm, eine Puppen-
küche, eine kleine Druckerei und dann in fünf oder sechs Marmorzim-
mern, die teilweise herrliche Fresken tragen, eine Menge von lebenden
Hühnern, Gänsen, Enten, Rebhühnern, Wachteln, Tauben, überhaupt
Vögel aller Art; in anderen Räumen wieder hausen Katzen, Hunde, Ka-
ninchen, ja selbst in Käfigen gehaltene Ratten und Mäuse, die der König
manchmal ausläßt, um sie dann mit seinen Hanswursten unter wildem
Lärm durch das ganze Schloß zu verfolgen . . .«[34]

Einmal gefiel es Ferdinand, in einem eleganten Empfangssalon, wo
sich an die zwanzig Hofdamen in höchstem Putz zu einer Festlichkeit
versammelt hatten, eine lebende Maus loszulassen, was natürlich eine
Panik zur Folge hatte. Der König wollte sich ausschütten vor Lachen, bekam sogar die Maus wieder zu fassen und warf sie, zappelnd und piep-
send, einer besonders alterierten Dame mitten ins Gesicht.[35]

Von früh bis spät, tags und nachts, wurde das Königspaar bedient. Von allerlei seltsamen Sitten berichtet Corti:

»Nach dem Souper geht man in Neapel meist gleich zu Bett, wenn nicht irgendeine Festlichkeit angesetzt ist.

Der König schlüpft dazu vorerst in einen purpurnen Samtschlafrock und rote Pantoffeln ohne Strümpfe und Hosen. Die Etikette verlangt, daß die Obersthofmeisterin des Königs Degen ebenso wie seine Lederhose, ein Taschentuch und eine Krawatte auf einen Tisch neben dem Bette legt . . . Begibt sich Ferdinand zu Bett, so zieht er ein Nachthemd und eine kleine Weste an und legt seinen Schlafrock unter das Keilkopfkissen.

Marie Karoline liegt im Bett daneben mit einem geschlossenen Mieder und Handschuhen! Am Morgen erhebt sich das Königspaar gewöhnlich um sieben Uhr früh und besucht dann täglich noch vor dem Frühstück die Messe.«[36]

Was Marie Karoline wirklich dachte und fühlte, das schrieb sie zehn Tage nach der Trauung an die Gräfin Lerchenfeld. Ihre Worte sollten über Jahre hinaus Gültigkeit haben:

*Der König ist sehr häßlich von Angesicht . . . aber man gewöhnt sich daran; im übrigen ist alles an seinem Charakter besser, als man behauptet hat. Sie würden lachen, wenn Sie mich sehen könnten; ich versichere, daß nichts mir unnatürlicher vorkommt, als zu glauben, daß ich verheiratet bin . . . Predigen Sie dem Kaiser, er solle mir einen Besuch machen, das würde mich so freuen. Ich bin sicher, daß Italien ihm gefiele mit Ausnahme der Etikette, die etwas Schreckliches ist . . .*

*Bisher . . . war ich klug, sanft, nachgiebig und vernünftig, aber ich übernehme keine Verantwortung für das, was geschehen wird. Wenn mir die Geduld ausgeht, wird sie sich nicht so schnell wieder finden. Sie sehen, ich schreibe wie ich denke, ohne Ziererei . . . Wenn ich einmal anfange zu schreiben, höre ich nicht mehr auf. Ich liebe es, meine Gedanken zu sagen, denn sprechen kann ich nur wenig und muß es immer nur mit größer Vorsicht tun . . . Am allermeisten macht mich ungeduldig, daß sich der König für schön und gewandt hält. Er ist weder das eine noch das andere. Ich muß wohl sagen und gestehen, daß ich ihn nur aus Pflicht liebe, . . . aber er macht nichts von dem, was ich will. Danach können Sie beurteilen, welche Geduld ich haben muß . . .*[37]

Das Hofleben, so wie es die Etikette verlangte, brachte für Marie Karoline ganz außerordentliche Strapazen mit sich. Man sollte meinen, ein

Mädchen von sechzehn Jahren sei diesen Anforderungen gewachsen, aber dies war anscheinend nicht der Fall. Aber das Ärgste schien ihr, daß sie so sehr stark spürte, wie unbeliebt sie als Österreicherin, als »Ausländerin« in Neapel zunächst war.

».. . manchmal, z. B. am Geburtstag des Königs (12. 1. 1769), hat sie vormittags zwölfhundert Herren zum Handkuß zu empfangen, darauf folgt ein fast endloses Diner und schließlich ein Cercle mit dreihundert Damen. Des abends gibt es eine Serenade, die nicht weniger als vier Stunden dauert. Am nächsten Tag muß sie im großen Hofkleide dem feierlichen Umzug des Corpus Domini beiwohnen und abends eine fünfstündige Oper anhören. Marie Karoline stirbt manchmal fast vor Müdigkeit und erträgt das sehr schwer.«

*Ich habe, seit ich hier bin, durch drei Wochen kaum je einmal ein Lächeln gefunden, meine liebe Aja,*

schreibt sie an die Gräfin Lerchenfeld.

*Sie kennen mich, wenn ich etwas sage, so denke ich es auch. Ich versichere Ihnen, daß ich sehr schlecht die Königin spiele; ich kann einfach nicht und das Ganze erscheint mir nur eine Komödie.*[38]

Noch während Leopold und Maria Luisa in Neapel waren, kam Karolines wahres Temperament zuweilen zum Durchbruch. In seinen Briefen an Maria Theresia berichtete der Großherzog eingehend, daß die kleine Schwester keineswegs in der Lage sei, das ihr aufgezwungene Los in Ergebenheit und Resignation zu tragen. Es gäbe immer wieder Tage, an denen sie gänzlich unfähig sei, sich mit ihrem Los abzufinden. Sie sei dabei leider sehr unbedacht, wettere aufgebracht gegen die Sitten des Landes, die Kindereien des Königs und ihre Umgebung, besonders über die alten Hofdamen. Leopold gab diese Beobachtungen mit der ausdrücklichen Versicherung weiter, es sei oft wirklich schwer, sich zurückzuhalten.[39]

Die bisher so ausführliche Schilderung vom Beginn der Ehe der Königin Marie Karoline von Neapel läßt sich leider im Rahmen einer kurzen Zusammenfassung ihres Lebens nicht für alle Phasen ihres wahrhaft abenteuerlichen Daseins fortführen. Indessen sollten die absonderlichen Umstände genau beschrieben werden, weil sie so unglaublich klingen und man sich nur schwer die Peinlichkeiten ausmalen kann, denen die Königin ausgesetzt war. Daß sie sich dennoch aus dem niedrigem Niveau ihrer Umgebung herauswinden konnte, im Laufe der Jahre ihren Mann einigermaßen zur Vernunft brachte, siebzehn Kindern das Leben schenkte, die Würde ihrer Stellung im Grunde nie aus den Augen verlor und letztlich die einzige Monarchin Europas war, die im Kampf mit dem allmächtigen Napoleon nie aufgab, die ihn mit kaum verhohlener Offenheit angriff und schließlich über alle Machenschaften des Korsen hinweg ihr Königreich rettete, das hob die Persönlichkeit Marie Karolines in den Rang einer Herrscherin von Format. Alle Umstände der Zeit stellten sich ihrer Persönlichkeitsentfaltung entgegen, aber obwohl sie nicht ohne Fehler und Unbedachtsamkeiten regierte, genoß sie dennoch die Achtung ihrer Zeitgenossen, selbst ihrer Gegner, und ihrem angeborenen ungeheuren Hang zur Selbstbehauptung ist es zu verdanken, daß es das Königreich Neapel-Sizilien nach dem Wiener Kongreß überhaupt wieder in der alten Form geben konnte.

Über die Unglaublichkeiten am Hof zu Neapel berichtete Kaiser Joseph in seiner Relation, die er im Jahre 1769 von seinem Besuch in Neapel für seine Mutter anfertigte. Schon immer war die Neugierde der Kaiserin diesbezüglich ganz außerordentlich gewesen. Nun sollte also der Sohn die »königlichen Fratzen«, wie sie zu sagen pflegte, in Neapel aufsuchen. In Josephs Bericht las Maria Theresia zunächst Ermutigendes über Karoline selbst:

*Sie ist seit ihrer Abreise nicht viel gewachsen, aber etwas stärker geworden, was ihr gut steht und sie hübscher macht. Sie vernachlässigt ein wenig ihre Zähne und das habe ich ihr ausgestellt. Marie Karoline besitzt eine schöne Büste, die sich sehr gut gestaltet hat und die der König sehr liebt, ja selbst gerne anderen zeigen möchte, wogegen sich die Königin stark wehrt . . .*[40]
*Sie ist fromm ohne Bigotterie, betet und hört jeden Tag ihre Messe, in ihren Gemächern herrscht Ordnung und Reinlichkeit, mit einem Wort, sie besitzt einen ausgezeichneten Fond, höchste Lust Gutes zu tun und eine geradezu unglaubliche Sehnsucht nach Wahrheit. Bei sehr viel Geist und Scharfblick weist sie . . . den Keim für alles auf, was zum Guten führt und dazu die Gabe, sich schätzenswert und liebenswürdig zu erzeigen. Es bleibt mir beinahe kein Zweifel, daß sie gut fahren wird, obwohl sie sich selbst überlassen ist . . .*
*Es fehlt ihr auch der leiseste Anflug von Koketterie oder Gefallsucht . . . , das gleiche zeigt sich auch in ihrer Kleidung, die sehr einfach ist . . .*[41]

»Kaiser Joseph findet seinen Schwager ausgesprochen häßlich mit seinem sehr breiten Mund und der besonders wulstigen Unterlippe über allerdings schönen Zähnen. Die niedere Stirn, die ›kleinen Schweinsäugelein‹ und der sehr lange Hals stören ihn . . . Zwei oder drei große Hunde folgen ihm, die den Vorzug genießen, überall Zutritt zu haben, sich auch auf die herrlichsten Möbel legen und die schönsten Gemächer besudeln . . .

Genau an denselben Tagen wie der König von Spanien beichtet und kommuniziert er; zu diesen Zeiten kommt der Beichtvater ohne weiteres zum Monarchen mit der Bemerkung, es sei Zeit für die heilige Handlung. Augenblicklich kniet der König nieder und sagt seine Sünden her, um unmittelbar darauf wieder seine Späße mit den Lakaien zu machen. Beißend beurteilt der überhaupt sehr kritisch beobachtende und urteilende Kaiser seines Schwagers Auffassung von Religion.«

*Was die Grundsätze unseres Glaubens betrifft, . . . habe ich alle Ursache zu zweifeln, daß er die zehn Gebote Gottes kennt und daß man sie ihn jemals gelehrt hat. Wohl aber weiß er, daß der Teufel schwarz ist und die Engel weiß, daß der heilige Januarius ein großer Heiliger ist und glaubt an Geister und ihr Wiedererscheinen auf Erden.*[42]

Als Gipfelpunkt von Josephs Schilderungen bezeichnete Graf Corti eine Szene, die heutzutage völlig unmöglich wäre, damals aber auch an anderen Höfen nicht ungewöhnlich war. Besonders beeindruckte in diesem Zusammenhang die Schilderung eines Kammerhusaren Friedrichs des Großen, der in seinem Bericht über den preußischen König ausdrücklich einräumte:

*Was die Zucht und Ehrbarkeit betrifft, so war der König für seine Person äußerst schamhaft, ließ sich nicht einmal entblößt vor seinen eigenen Domestiken sehen und befriedigte nie ein Bedürfnis der Natur in ihrer Gegenwart.*[43]

Wie anders verhielt sich jedoch König Ferdinand IV. von Neapel.

*Eines Tages saß meine Schwester bei dem Klavier und sang mit ihrem Lehrer. Das unterhielt den König einen Augenblick, dann verließ er das Zimmer und sandte herüber mit der Bitte, wir sollten ihm Gesellschaft leisten, während er auf seiner »chaise percée« (Nachtstuhl) saß.*

*Belustigt ging ich hinüber und fand den König tatsächlich mit herabgelassenen Kleidungsstücken auf seinem »Throne«, während fünf oder sechs seiner Kammerherren, Diener und andere Leute ihn umstanden. Wir führten während mehr als einer halben Stunde ein nettes kleines Gespräch und ich glaube, er säße immer noch dort, wenn nicht ein furchtbarer Duft uns überzeugt hätte, daß alles vorüber war. Ferdinand verfehlte nicht, darüber noch näher zu sprechen, ja wollte uns selbst den Erfolg sehen lassen und lief höchst unzeremoniell, die Hose immer noch heruntergelassen, mit dem duftenden Gefäß in der Hand hinter zwei Herren her, die entflohen. Ich zog mich nun diskret zu meiner Schwester zurück . . .*[44]

Es fehlte nicht an Versuchen Josephs, ernsthaft mit dem Schwager zu sprechen und ihn vernünftigen Vorschlägen zugänglicher zu machen. Aber Joseph mußte immer wieder die tollsten Kehrtwendungen des Königs erleben. Er sah, wie er bei Pfänderspielen oder Tänzen alle Welt pufte, schubste, ja mit Schlägen traktierte, auch die Damen des Hofes. Er schüttete bei Ausflügen seinen Kammerherren Marmelade in die Hüte und steckte ihnen Speiseeis in die Taschen oder ließ sein Bataillon in einem Saale des Königspalastes zu Neapel exerzieren. Joseph schrieb voller Unbehagen:

*. . . dreißig Kavaliere, unter ihnen Leute von vierzig Jahren, geben sich dazu her, diese Komödie zu spielen und täglich Faustschläge, Fußstöße und Stockhiebe des Königs einzustecken, der sie befehligt. Das Bataillon ist wirklich ein Sammelpunkt aller unglücklichen Spitzbuben und Hanswurste . . . Die Tambour- und Spielleute betätigen sich in der Mitte des Zimmers fortwährend und diesem Lärm gesellen sich die durchdringenden Schreie des Königs, der mit dem Säbel in der Hand kommandiert, schreit, schimpft, lacht und über alle die herfällt, die irgend etwas verfehlen . . .*[45]

Wenn Kritik an der Monarchie berechtigt erscheint, dann am Königtum Neapel, wie es sich im 18. Jahrhundert darstellte. Und dies alles, weil der spanische König Karl III. Neapel in Abhängigkeit halten wollte. Sein Sohn Ferdinand war zwar nominell König, die tatsächliche Herrschaft aber übte sein Vater aus. In seinem Dienst stand seit 1743 der Marchese Bernardo Tanucci, der die Politik seines spanischen Oberherrn in Neapel nun schon so lange Jahre leitete. Den Sohn mit kindlichen Spielen beschäftigen, ihm weder Kenntnisse vermitteln noch Machtbefugnis geben, alle Macht dem Vater vorbehalten, war die Direktive aus Madrid, nach der verfahren wurde.

Alle Kinder der Kaiserin, die jemals nach Neapel kamen, empfanden lebhaft den riesigen Unterschied, den die korrekte, fromme und menschenfreundliche Regierung der Kaiserin in Wien, der Zuschnitt ihres Hofes, zu allen Zuständen in Neapel bildeten. Joseph beispielsweise schloß seinen Reisebericht mit den Worten:

*Ich habe nun neun Tage lang den Höfling gespielt und gestehe, niemals fand ich ein härteres Brot als dieses und nur der Wunsch, Eurer Majestät einen Bericht erstatten zu können und meiner wirklich charmanten Schwester ein Vergnügen zu machen, konnte mich bestimmen, darin so voll und ganz aufzugehen.*[46]

Maria Theresias Bestreben war keineswegs, über die Heiraten ihrer Töchter direkten politischen Einfluß in den Ländern zu gewinnen, für die sie bestimmt waren. Ihr lag vor allem daran, das Wohlwollen, das gute Einvernehmen mit König Karl III. nicht zu verscherzen. Mit ihm, der nur ein Jahr älter war als sie, in vieler Hinsicht die Mentalität ihrer Generation teilte, glaubte sie reden zu können, ihre Besorgnisse besprechen zu können. So gab es einmal im Herbst 1769 ein großes Debakel über einen Brief, in welchem die Kaiserin ihre Befürchtungen sowohl über das Kinder-Königspaar von Neapel als auch über die soeben geschlossene Ehe ihrer Tochter Amalia mit dem ebenfalls so albernen und eigenartigen Herzog Ferdinand von Parma andeutete. Das Unglück wollte es, daß der spanische Gesandte Mahoni diesem Brief eigene Kommentare beifügte, so daß er sich am Ende viel schärfer und schwerwiegender ausnahm, als die Kaiserin beabsichtigt hatte. Amalia und ihr Gatte waren davon sehr betroffen, aber vor allem kränkten sich Karoline und der – wie er selbst glaubte – schon enorm allem Guten aufgeschlossene König von Neapel. Maria Karoline entschloß sich, in diesem Falle ganz und gar die Partei ihres Gatten zu ergreifen und schrieb ihrer Mutter in eindrucksvoller Entrüstung:

*Mein Gott, ich wage ja gar nicht zu sagen, was haben Eure Majestät da getan?*
*Ja, Sie haben uns zugrunde gerichtet. Der König von Spanien begleitet seine Hinweise mit einem niederschmetternden Brief an meinen Mann, worin er sagt, er wäre gar kein solcher, wenn er mich nicht in Schranken halten könnte und befehle ihm, auch selbst der allergeringfügigsten Anordnung Tanuccis aufs pünktlichste zu gehorchen.*
*Ich will gewiß nicht herrschen, aber ich will, daß mein lieber Gatte König sei und auf diese Weise wird er es niemals werden. Er (Karl III.)*

*sagt sogar, er mache sich Vorwürfe, ihn zum König gemacht zu haben, mit einem Wort, es ist ein schrecklicher Brief. Mein armer Mann ist blaß geworden, hat geweint und vor Wut gespuckt und meinerseits fehlte nicht viel und ich wäre in Ohnmacht gefallen . . .*

*Ich beschwöre Eure Majestät, so sehr eine Tochter nur bitten kann, es uns zu sagen, wenn Sie etwas gegen uns haben, wir werden Ihnen dann aufs pünktlichste gehorchen . . .*

*. . . aber wir wünschen nicht, daß irgend jemand sich in unsere ménage (Eheführung) einmengt, die Gott sei Dank sehr gut geht. Wir sind anderthalb Jahre verheiratet und haben niemals einen Streit gehabt, der auch nur eine halbe Stunde überdauert hätte. Niemals!*

*Wir waren stets in bestem Einverständnis und unser Glück wäre vollständig, wenn nicht solche Vorfälle es stören würden . . .*[47]

Die Kaiserin war über die Entwicklung, die die ganze Angelegenheit genommen hatte, auf das tiefste verstört und schrieb ausführlich an Leopold nach Florenz, sich von ihm Hilfe oder Vermittlung erhoffend. An Karoline jedoch rang sich die stolze alte Fürstin einen sehr herzlich gehaltenen Entschuldigungsbrief ab:

*Dieser ärgerliche Zwischenfall darf nichts an unserer gegenseitigen Zärtlichkeit verändern . . . aber ich beschwöre Dich, meine liebe Tochter, regle Deine tägliche Beschäftigung, um ein Leben zu führen, das von Bestand sein kann . . . Ihr beide wünschet doch Nachkommenschaft; auf diese Art könnt Ihr nicht darauf hoffen . . .*

*Ich gestehe, mein Herz war auf beiden Seiten, ich war lebhaft erregt wegen Eurer Gesundheit und fürchtete, daß Du Deinen Ruf verlieren könntest . . . Ich bitte Dich und Deinen lieben Mann . . . suchet in allem dem Könige, Deinem Schwiegervater, zu gefallen und seine Absichten zu erraten . . . Dein gutes und zärtliches Herz ist nicht fähig etwas nachzutragen. Ich schmeichle mir, daß Du mich der innigen Liebe wegen entschuldigen wirst, die den Ausgangspunkt für meine ängstliche Sorge bildete.*[48]

Zum Ende des Jahres 1771 spürte Marie Karoline, daß sich ihr sehnlicher Wunsch nach einem Kind erfüllen würde. In Wien und Madrid herrschte gespannteste Erwartung. König Ferdinand von Neapel[68], gerade zwanzig Jahre alt, war voller Stolz, daß er nun Vater werden sollte. Vor Freude wußte er nicht, was er alles anstellen sollte, und entschied sich zunächst einmal für ein turbulentes Sackhüpfen seiner Hofleute im königlichen Palast.

»Aus Paris war schon im fünften Monat der Schwangerschaft einer der berühmtesten Geburtshelfer berufen worden, der ein möbliertes Haus, 5000 Gulden Gehalt, Wagen und Pferde erhält. Um ein Uhr fünfzehn des 6. Juni 1772 kommt denn auch zwar nicht leicht, aber doch glücklich ein gesundes Mädchen zur Welt . . .

Es erhält nach der großen Kaiserin den Namen Maria Theresia; in Wien aber will man das Kind Marie Therese nennen, um einen, wenn auch kleinen Unterschied zu machen.«[49]

Dies Kind war das erste in einer Reihe von siebzehn Kindern, es sollte als Nachfolgerin Maria Luisas von Spanien von 1792 bis 1807 römischdeutsche Kaiserin werden. Die stolze Großmama in Wien ließ drei Tage Gala ansagen. Khevenhüller berichtete darüber ein wenig ironisch aus Schönbrunn, die Kaiserin habe alle »Matadors« des Hofes und die Schönbrunner Hofgesellschaft zum Handkuß vorgelassen und erzählt, daß die Geburt drei Stunden gedauert habe. Der König schrieb »habbiamo una bella ragazza« und eine »ungemaine Freude« darüber gehabt.[50]

Fortan hatte der Wiener Hof noch fünfzehnmal Gelegenheit, »wegen Neapel Gala anzuziehen«. Das zehnte Kind starb am Tag seiner Geburt am 19. 7. 1783. Viele Kinder starben jung, so der 1775 geborene Carl, der nur drei Jahre alt wurde, die ebenfalls 1775 geborene Maria Anna, die nur fünf Jahre alt wurde. Joseph sollte nur von 1781 bis 1783 leben. Die beiden 1786 und 1787 geborenen Mädchen, Marie Clotilde und Henriette, starben beide 1792. Das vierzehnte Kind, erneut ein Sohn namens Carl, lebte nur von 1788 bis 1789, das sechzehnte Kind, Albert, wurde nur sechs Jahre alt und starb 1798, die letzte Tochter, Marie Elisabeth, starb 1801 mit acht Jahren.

Bei Carls Geburt im Jahre 1775 erwartete man allgemein, Königin Marie Karoline würde nun bestimmt an den Sitzungen des Kronrates teilnehmen. Aber alle Hinweise auf diese Gepflogenheit, die bei Ferdinands Mutter, Königin Maria Amalia von Spanien, noch völlig selbstverständlich geübt worden war, stießen auf den heftigsten Widerstand Tanuccis.

»Er erkennt klar, dies würde das Ende seiner Herrschaft bedeuten und arbeitet daher auch in Madrid mit dem Hinweis auf gefährliche österreichische Einflüsse dagegen.«[51]

Dies alles war um so bedauerlicher, als gerade jetzt ein günstiger Zeitpunkt gewesen wäre, eine Annäherung zwischen Karoline und ihrem Schwiegervater in Madrid zu vertiefen. Bei den Geburten der beiden ältesten Töchter hatte Karl III. wohl gratuliert, aber weiter auch nichts veranlaßt. Bei Carls Geburt jedoch traf ein herrlicher Brillantring in Neapel ein, dessen wertvoller Stein in Gestalt eines Herzens geschliffen war, und eine »wundervolle« mit Brillanten geschmückte Uhr mit Kette.[52]

Ferdinands Interesse an den Regierungsgeschäften war mit der Zeit gewachsen, geweckt und angehalten von seiner ehrgeizigen Gattin. Auch seine Schreiblust machte sich bemerkbar, allerdings nicht immer im Sinne Karolines. Er verhielt sich dem Vater gegenüber immer noch sehr unterwürfig, zeigte keinerlei eigenen Wunsch, sich aus der Bevormundung durch den allgewaltigen, inzwischen achtzigjährigen Tanucci zu befreien.

Dagegen liefert sein Briefwechsel einige Zeugnisse, daß Marie Karoline sich den südlichen Temperamentsaufwallungen durchaus angepaßt hatte:

*Wenn der König aber von Madrid Vorwürfe wegen der Feste und Unterhaltungen erhält und sie seiner Frau weitergibt, verfällt sie zuweilen in ihrer angeborenen Lebhaftigkeit in förmliche Wutausbrüche.*

*»Sie wurde da fast zu einer Furie«*, äußert Ferdinand eines Tages, *»und überfiel mich wie ein Hund, ja biß mich sogar in die Hand, wovon ich noch die Male trage.«*[53]

Andererseits war Ferdinand mit dem lebhaften Temperament seiner immer hübscher werdenden jungen Frau sehr einverstanden und da sich beide in diesem Punkt ähnelten, nahm Karoline seine Kritik nicht weiter tragisch.

In Wirklichkeit leistete die junge Königin in den ersten Jahren ihrer Ehe pädagogische Schwerarbeit. Mit all dem Charme und Witz einer gebürtigen Wienerin verfolgte sie ihr Ziel, ihrem Ferdinand gleichzeitig zu schmeicheln, seine geistigen Interessen zu wecken und ihn von seinen Possen abzubringen. Sie durfte nie die Wahrheit sagen, sondern mußte sie verschleiern. Scheinbar einig mit dem Gatten, hörte sie gespannt auf die leisesten Äußerungen, die einen Sinneswandel ankündigen könnten und griff sie sofort auf. Verspottete er sie wegen ihrer vielen Lektüre, so zeigte sie sich begeistert über ein Jagdbuch und las ihm daraus vor, bis er es ihr aus der Hand nahm und selbst darin las. Ferdinands Schreibweise besserte sich zusehends und seine Briefe wurden in späteren Jahren nicht nur recht vernünftig, sondern auch humorvoll und originell in ihrem Ausdruck. Er nahm in der Unterhaltung kein Blatt vor den Mund, und ebensowenig zimperlich war sein Briefstil. Man erinnere sich an seine Reaktion auf Kaiser Leopolds Tod 1792, als er schrieb: ». . . wie ist es denn nur möglich, daß die Ärzte . . . solche Esel gewesen sind . . . und ihn sterben zu lassen wie einen Hund . . .«

Ein gewisses Phlegma sollte ihm zeitlebens bleiben, aber mehr und mehr konnte Karoline ihren politischen Einfluß festigen. Die Ereignisse entwickelten sich von selbst zu ihren Gunsten. Tanucci wurde mit über achtzig Jahren mehr und mehr gebrechlich, der König empfand stärker als zuvor sein Marionettendasein. Niemand hätte etwas gegen Tanucci vorbringen können, wenn er gut regiert hätte. Aber die Zustände im Königreich Neapel waren besorgniserregend. Armut, Hunger, fehlende Hilfsorganisationen, mangelhafte Krankenhäuser, tiefverwurzelter Aberglaube und Räuberbanden auf Sizilien, denen zuweilen die Gloriole von Volkshelden anhaftete, spiegelten sich in zerrütteten Staatsfinanzen, Mißwirtschaft und Korruption.

Als 1776 Mimi und Albert aus Preßburg eine Italienreise machen wollten, bestürmte die Kaiserin ihre Lieblingstochter Marie Christine, auch Neapel zu besuchen.[54]

Über diesen Aufenthalt verfaßte Albert von Sachsen-Teschen gewissenhafte Augenzeugenberichte.

*Mit ebenso viel Geist und nicht weniger Lebhaftigkeit als der König, besitzt sie (Karoline) vielleicht mehr Verstand und Mut als er, aber nicht die Gründlichkeit und notwendige Kenntnis dafür; sie läßt sich von der angeborenen Unruhe ihres Wesens hinreißen und zu rasch von dem Gefühle für jene leiten, die ihr Vertrauen gewonnen haben.*

*Das Leben, das der König führt, ist nicht nach ihrem Geschmack. Die häufigen Geburten, die Unbequemlichkeit hindern sie daran, die Jagden und anderen Vergnügungen des Königs weiter mitzumachen. Sie führt ein zurückgezogenes häusliches Leben, das aber ihrer angeborenen Lebendigkeit nicht sehr entspricht; sie hat auch den Frohsinn verloren, der sie sonst kennzeichnete. Wenn sie öfters um den König wäre, würden sich die Hanswurste seines Gefolges gewiß mehr genieren und er würde ihnen die Zügel nicht so frei lassen.*

*Das Vergnügen der Königin und ihre einzige Unterhaltung sind die Kinder; sie liebt sie sehr und bringt den größten Teil des Tages mit ihnen zu. Sie sind auch wirklich liebenswürdig; der Erbprinz hat offene, freundliche Gesichtszüge, und die älteste Prinzessin zeigt eine Lebhaftigkeit und einen Scharfsinn, wie er bei Kindern ihres Alters nicht gewöhnlich ist.*

*Der Hof hat einen Glanz wie bei den ersten Souverainen Europas. Man geht nie durch Vorzimmer ohne irgend ein Großkreuz oder einen Offizier von Rang zu finden; es wimmelt von ihnen zur Stunde des Auskleidens oder der Parole. Auch vom Hofe wurde mir ein anderes Bild entworfen . . .*

*Der Souverain fährt nie aus, ja er geht nicht auf die Jagd, ohne von seinen Gardes du Corps und einem zahlreichen Gefolge begleitet zu sein. Selbst auf das Land folgen ihm die Großoffiziere seines Hauses, der Generalkapitän oder der kommandierende General der Armee, die Garden zu Fuß und zu Pferd. Alle diese Leute bekommen während des Aufenthaltes außer der Stadt eigene Gratificationen, und da dies fast das ganze Jahr hindurch dauert, so kann man sich die außerordentlichen Auslagen denken; die Oekonomie scheint hier eine ganz unbekannte Sache zu sein . . .*

*Die Finanzen sind so in Unordnung, daß die Einkünfte des nächsten Jahres bereits verzehrt sind. Die Kassen sind leer. Es konnte nicht das Geld für eine kleine Reise, welche der König kurz vor unserer Ankunft nach Castellamare machen wollte, aufgebracht werden. Der Minister (Tanucci) sucht das alles zu verstecken; er zieht es vor, alle noch so großen Ausgaben für den Hof zu bestreiten, als den König vermuthen zu lassen, daß es an Geld fehle.*[55]

Der Besuch des Herzogspaares von Sachsen-Teschen Anfang des Jahres 1776 hatte ganz sicher dazu beigetragen, daß sich König Ferdinand zu entscheidenden Maßnahmen seinem Vater gegenüber durchrang. Er schrieb einige vorbereitende Briefe, worin er unter anderem darlegte, daß jetzt wirklich das Ende der Amtszeit Tanuccis gekommen sei, denn er habe mit seinen achtzig Jahren »das Gedächtnis verloren und sei ganz verwirrt . . .«.[56]

Auch zur Abschaffung der demütigenden Chinea mit dem Kniefall des weißen Zelters vor dem Papst in Rom und der schmerzlichen Übergabe der Dukaten konnte Ferdinand sich endlich entschließen. Am 9. Juli 1776 gab die neapolitanische Staatskanzlei die Nachricht an den Heiligen Stuhl, »Seine Majestät der König habe beschlossen, diesen Tribut nicht mehr in der alten Weise, sondern in anderer Form zu leisten«.[57]

Obwohl König Karl III. aus Madrid drohende Briefe schickte, er würde den Ministerwechsel niemals gutheißen, hatte Ferdinand inzwischen dank Karolines Einfluß soviel Selbstvertrauen, daß er am 27. Oktober 1776 Tanucci entließ. Er ernannte den bisher am kaiserlichen Hof in Wien beglaubigten Gesandten, den Sizilianer Giuseppe Beccadelli Bologna, Marchese della Sambuca, zum Staatsrat und ersten Staatssekretär der auswärtigen Angelegenheiten und des königlichen Hauses.

»Daß es gerade der Wiener Gesandte ist, wird in den Augen der Welt als Beweis dafür angesehen, es stecke eigentlich die Kaiserin hinter allem. Maria Theresia trauert allerdings . . . nicht um den entlassenen Minister . . .

Der König meldet seinem Vater, die Entscheidung trotz dessen Abmahnung doch getroffen zu haben, denn schließlich sei er es, der vor Gott über die Regierung dieses Königreiches Rechenschaft abzulegen habe.«[58]

So war dies Jahr 1776 schicksalhaft für Marie Karoline. Acht Jahre war sie verheiratet und endlich hatte sie einen großen politischen Erfolg errungen. Sie erhoffte sich davon vor allem die Linderung der tiefen Armut in weiten Kreisen der Bevölkerung, gleichzeitig eine Aufwertung des Ansehens ihres allmählich vernünftiger werdenden Gemahls.

»Die junge schöne Frau von vierundzwanzig Jahren, Mutter einer blühenden Kinderschar, ist es müde, den Staat in den Händen zweier alternder Männer zu lassen (Tanucci achtzig, Karl III. allerdings erst sechzig), die sich herausnahmen, ihren Gatten wie einen Hampelmann zu führen.

Sie, eine Tochter Maria Theresias, will, daß ihr Mann wirklich Herrscher sei, und wünscht die spanische Vormundschaft endgültig abzuschütteln.«[59]

Das Jahr 1777 begann damit, daß die russische Zarin Katharina den Grafen Andreas Razoumowski an den Hof von Neapel entsandte. Er gehörte zu den schillerndsten Gestalten der damaligen Diplomatie. Als Nachkomme jenes legendären Grafen Razoumowski, der angeblich insgeheim die Zarin Elisabeth »zur linken Hand« heiratete, war Graf Andreas in Petersburg zunächst auch bei Zarin Katharina persona grata. Doch als 1776 die Gemahlin des Thronfolgers Paul unvermutet im Wochenbett starb, schloß man aus hinterlassenen Schriften der Fürstin, daß sie vermutlich eine Liaison mit Razoumowski gehabt hatte.

Eilig und schleunig verfrachtete man den schönen Grafen Andreas möglichst weit fort. Neapel erschien der geeignete Ort. Razoumowski war ein Bild von einem Mann, sehr gutaussehend, liebenswürdig, geistreich, umfassend gebildet und ein Charmeur, ohne indessen leichtfertig zu sein. Sein weltmännisches Auftreten in Neapel bestrickte Königin Karoline und sie zeichnete ihn mehrfach aus, was jedoch keineswegs amourösen Charakter hatte. Im Gegenteil, Karoline erwies sich als besorgte Mutter, die auf Razoumowskis Vermittlung für eine spätere Heirat einer ihrer Töchter an den russischen Hof bedacht war.[60]

Ein anderer Gesandter stand ebenfalls hoch in der Gunst des neapolitanischen Königspaares: Sir William Hamilton, der Repräsentant des englischen Hofes, und seine erste Gemahlin, eine wahrhaft vornehme Dame, die von der Königin ungemein geschätzt wurde. England und Rußland, in Neapel so vorteilhaft vertreten, sollten Karoline und ihrem Gatten für die kommenden Jahre Rückhalt geben im kunterbunten und gefährlichen Spiel der europäischen Politik.

»Die Königin beginnt indes nach und nach, bei ihrem Gemahl fast alles durchzusetzen, was sie wünscht. Als ein ihr mißliebiger Anwärter auf den Orden des heiligen Januarius, dem er auf ihr Einschreiten versagt worden war, sich geradewegs an den König von Spanien wandte, schreibt Ferdinand an seinen Vater:«

*Ich hätte den Mann auf die Liste derer gesetzt, die ich zu ernennen gedenke, . . . aber meine Gattin wollte es um keinen Preis . . . und ich, um ruhig zu leben und nicht böse Worte zu hören, habe so handeln müssen . . . Aber um Gottes willen, erwähne in der Antwort nichts von alledem, was ich schreibe, weil ich dann noch größere Unannehmlichkeit hätte, da sie alle Briefe sehen will.*[61]

Obwohl sich Ferdinand mit diesem Brief nahezu als Pantoffelheld darstellt, versuchte er doch, in wachsendem Maße selbst zu regieren, weigerte sich aber schon aus Bequemlichkeitsgründen nicht mehr, Karoline an der Regierung teilhaben zu lassen. So war der 8. April 1778 ein denkwürdiges Datum, denn die Königin wurde erstmals zugezogen, als im Palast von Portici der »Consiglietto« tagte, der »kleine Rat«, zu dem Ferdinand bisher lediglich den ersten Minister und die vortragenden Staatssekretäre berufen hatte.

Einen Monat später, unter dem 9. Mai 1778, ist in den Nachträgen zu Khevenhüllers Tagebüchern verzeichnet:

*La reine de Naples entre au Conseil et l'influence, que l'Exministre Tanucci avait encore, cesse tout à fait.*
*Die Königin von Neapel tritt in den Staatsrat ein und der Einfluß, den der Exminister Tanucci noch gehabt hat, hört unverzüglich auf.*[62]

Karolines Aufmerksamkeit richtete sich vor allem auf fähige Mitarbeiter, denn nur mit solchen, so sagte sie sich, könne das ungeheure Programm der Reformen in ihrem Land gelöst werden. Zum Glück erfuhr der Staat während der gesamten Wirkungszeit Tanuccis keine ernsthafte Bedrohung. Das ganze Königreich Neapel-Sizilien wäre mit einer verfallenden Armee, einer »erbärmlichen« Marine hilflos wie ein Kartenhaus zusammengefallen. Mit der ihr eigentümlichen Witterung für kommende Konflikte sondierte Karoline die einheimischen Herren im Hinblick auf ihre Fähigkeiten und fand – niemanden.

Durch ihren Bruder Leopold aus Florenz hatte sie jedoch Kenntnis von einem außerordentlich begabten Mann: John Acton. Er stammte aus einer Baronetfamilie aus Shropshire in England. Sein Vater, ein Arzt, wanderte jedoch aus und John kam in Frankreich zur Welt. Acton war derzeit zweiundvierzig Jahre alt und hatte sich in Florenz beim Großherzog von Toscana einen guten Namen gemacht, weil es ihm gelang, räuberische Korsaren bei Tunis erfolgreich zu bekämpfen. So schrieb die Königin im Einvernehmen mit ihrem Gatten einen Brief an Leopold und erbat sich »leihweise« John Acton als Leiter des Marine-Sekretariats. Acton, beflügelt durch die ehrenvolle Berufung, kam am 11. August 1778 nach Neapel und entwarf unverzüglich einen detaillierten Plan für den Aufbau einer leistungsfähigen Marine. Die Königin war so von Acton eingenommen, daß sie schon nach einer Woche an ihren Bruder schrieb, sie fände diesen Mann um so schätzenswerter, je mehr sie ihn ansehe. Acton war ernst, zielstrebig, sah gut aus und wurde durch die Gunst des Königspaares nicht übermütig. Seine Haltung blieb durch lange Jahre die gleiche, sein Einfluß indessen wuchs von Jahr zu Jahr.

Die Neapolitaner haben John Acton ein ehrendes Andenken bewahrt. Während die Namen der Monarchen jener Zeit aus dem Straßenverzeichnis Neapels verschwunden sind, hält sich in bemerkenswerter Weise der Name dieses Engländers. Noch heute gibt es die Via Ammiraglio Acton – die Straße des Admirals Acton am schönen Golf von Neapel.

So hoffnungsvoll sich das Jahr 1778 für Karolines politisches Wirken entwickelte, familiär endete es mit einer Katastrophe: am 17. Dezember starb der Thronfolger Carl an einer besonders schweren Form von Scharlach. Nun bangte die ganze Familie um den einzig verbleibenden Sohn Francesco, der erst ein Jahr alt und demnach noch jeglicher Gefährdung durch Krankheiten ausgesetzt war. Die Königin erwartete wieder ein Kind, doch anstelle des erhofften neuen Sohnes stellte sich am 17. Januar 1779 erneut eine Tochter ein. Karoline gedachte in anhänglicher Weise ihrer Schwester Marie Christine und ließ ihre kleine Tochter Christine taufen. Gleich der Schwester in Preßburg nannte man auch die kleine neapolitanische Christine Mimi, nach lothringischer Art.

25   *Marie Beatrix von Modena, Gemahlin Ferdinands*

26 *Ferdinand als Herzog von Modena mit Goldenem Vlies*
*und Großkreuz des Stephansordens*

In Leopolds Aufzeichnungen, die er über seinen Besuch in Wien im September 1778 gemacht hatte, heißt es über die Kaiserin in bezug auf Neapel:

*Mit den neapolitanischen Angelegenheiten beschäftigt sie sich, aber wenig, und es scheint, daß sie ihr nur dann am Herzen liegen, wenn man ihr davon spricht, und sie mischt sich sonst nicht ein, da sie etwas verärgert ist über die Königin, der es nicht gefällt, die anderen in ihre Angelegenheiten sich einmischen zu lassen.*[63]

Leopolds »Stato della famiglia« ist keine stilistische Glanzleistung. Diesen Anspruch erheben diese völlig internen Notizen ja auch in keiner Weise. Ihre Stärke beruht in der Wiedergabe der familiären Spannungen, der Stellung der Geschwister zur Mutter und untereinander. Manchem erscheinen die Charakterbilder der einzelnen Familienmitglieder zu unvorteilhaft und wohl manchmal auch zu ungerecht. Aber sie sind aus unmittelbarem Erleben heraus mit aller Spontaneität, deren Leopold fähig war, festgehalten. Über Karoline berichtete er aus eigener Kenntnis, daß Ferdinand von Neapel ihr die Regierungsgeschäfte fast gänzlich überließe, aber nicht aus Desinteresse, sondern aus Faulheit, denn Regieren, das bedeute Arbeit und die leiste die Königin.

*Die von Neapel ist nur wenig glücklicher, aber eine gute Frau, sie glaubt zu rasch, hat keine Weltkenntnis noch Erfahrung noch Geduld noch Vorsicht und niemanden, der sie berät und sie ist sehr gekränkt über das ganz üble Benehmen des Königs, der ein Schürzenjäger bis zum Exzeß ist und ganz schlecht erzogen und der sie zwingt, allein sich um alle Regierungsgeschäfte und die Erziehung der Kinder zu kümmern.*[64]

Im Grunde stellte sich Marie Karoline mit viel Mut und dem Willen zu eigner Verantwortlichkeit allen Erfordernissen ihrer Stellung. Sie war zweifellos an manchen Tagen so überbeschäftigt, daß ihre zahlreichen nervösen Zustände, ihre Erregbarkeit, ihre Wutausbrüche zu großem Teil auf Überarbeitung beruhten. Allein ihre Korrespondenz ist mengenmäßig eine derartige Arbeitsleistung, daß sie nur mit der ungewöhnlichen Schreibfreudigkeit ihrer Mutter und ihres Bruders Leopold verglichen werden kann. Sie regte keinen Finger bei der Zeremonie des morgendlichen Ankleidens oder des abendlichen Auskleidens. Aber in den Stunden dazwischen regierte sie das flächenmäßig bedeutendste Königreich Italiens. Nachts versuchte sie den Gatten mit Liebenswürdigkeit dazu zu bewegen, endlich das zu tun, was sie für richtig erachtete. Sie selbst litt darunter, daß nach jetzt zehnjähriger Ehe immer häufiger Tage kamen, an denen sie am Leben fast verzweifelte. König Ferdinand erhielt in letzter Zeit anonyme Drohbriefe. Man warf ihm seine nichtsnutzige Lebensweise vor und drohte mit »einem neuen Masaniello«, wie der blutrünstige Führer eines Volksaufstandes gegen die spanische Herrschaft im Jahre 1647 geheißen hatte. Karoline war äußerst irritiert. Gerade in der letzten Zeit war es ihr gelungen, die Versorgung der Bevölkerung mit Brotgetreide erheblich zu verbessern.

»Zu allem Überfluß erfolgt Anfang August (1779) noch ein starker Ausbruch des Vesuv. König Ferdinand weilt mit seiner Gemahlin eben im Theater, als plötzlich der Berg eine ungeheure Feuersäule zum Himmel emporspeit. Alle Welt beginnt zu schreien und zu wehklagen, die Vorstellung wird augenblicklich abgebrochen, Panik erfaßt die Stadt und man hält schon den Untergang Neapels für gekommen.

Tausende von Lazzaroni eilen mit angezündeten Fackeln herbei und rufen nach dem heiligen Januarius. Mit Schrecken sieht Marie Karoline dies mit an, noch nie hat sie die leidenschaftliche Volksseele der Neapolitaner so aufgewühlt gefunden wie diesmal und sie beginnt schon zu fürchten, diese zunächst religiös gestimmte Erregung könnte sich eines Tages zu gefährlichem politischem Aufruhr wandeln.

Ausführlich berichtet die Königin den Vorfall ihrer Mutter, die sich darüber sehr beunruhigt zeigt.«

*Du wirst von dem Ausbruch des Vesuv in Neapel gehört haben,* schreibt die Kaiserin an Marie Antoinette von Paris. *Der Pöbel, der dort schrecklich und fanatisch ist, war viel mehr zu fürchten als der ganze Vulkanausbruch. Die Leute haben in einer Anzahl von dreißig- bis vierzigtausend Mann das Öffnen der Kirche und das Umhertragen der Statue des heiligen Januarius erzwungen. König und Königin hatten alle Mühe, aus dem Theater zu kommen . . . Es ist furchtbar, solch ein Volk zu haben.*[65]

Gleichzeitig wurde dem Königspaar klar, daß der von allen so verehrte Patron und Schutzherr der Stadt Neapel, der heilige Januarius, bisher nicht deutlich genug vom Königshaus geehrt worden war. Die Königin brachte am 12. April 1780 als siebentes Kind erneut einen Sohn zur Welt. Die Eltern fanden, den dynastischen Interessen sei inzwischen insofern Genüge getan, als der erste Sohn Carl nach Ferdinands Vater, der zweite Sohn Franz nach Karolines Vater genannt worden war und wählten den Namen Januarius, um dem aufsässigen Volk ein Zugeständnis zu machen. Dies wurde mit Jubel begrüßt.

In den in französischer Sprache abgesandten Notifikationsschreiben hieß der Prinz Janvier Charles François.

Mit dem Stadtheiligen von Neapel hat es folgende Bewandtnis: »Januarius, italienisch San Gennaro, nach der Überlieferung Bischof von Benevent und Märtyrer unter Diokletian, gestorben in Pozzuoli um 304 n. Chr. (Tag: 19. 9.). Seine Reliquien befinden sich in Neapel . . .; bekannt ist seit dem Spätmittelalter das Blutwunder; in einer Glasampulle befindliches eingetrocknetes Blut des Januarius werde an seinen Festtagen, 19. September, Anfang Mai und am 16. Dezember, in der Nähe seines Hauptes flüssig.«[66]

Das Blutwunder von Neapel ereignet sich bis auf den heutigen Tag. Im September 1979 erschien in der Bildzeitung folgende kurze Notiz:

*Wunder verspätet*
*Neapel. – Das getrocknete Blut des Märtyrers Januarius wurde wieder flüssig. Das Wunder, das in Neapel dreimal im Jahr zu den selben Zeiten geschieht, kam diesmal mit 63 Minuten Verspätung.*[67]

Der kleine Prinz Januarius in Neapel war gerade ein halbes Jahr alt, als seine kaiserliche Großmutter in Wien verstarb. Am 8. Dezember 1780 um fünf Uhr früh kam ein Nobelgardist in Neapel an und brachte die traurige Nachricht, daß Maria Theresia am 29. November verschieden sei. Der König war auf der Jagd, die Königin schloß sich in ihre Zimmer ein und ließ niemanden vor. Sie empörte sich, daß, ungeachtet der sofort angeordneten tiefen Hoftrauer, Ferdinand sich keineswegs davon abhalten ließ, weiter auf die Jagd zu gehen. Im Gegensatz zu ihm, hielt sie besonders darauf, daß alle Gebote der Etikette bei diesem schwerwiegenden Trauerfall beachtet wurden.

Bei aller Liebe zur Mutter, bei aller Würdigung ihrer großen Verdienste, ein wenig gewann jetzt Karolines Sinn für Unabhängigkeit die Oberhand. Sie fühlte sich freier, weniger an die habsburgische Hausmachtpolitik gebunden, deren Opfer sie durch ihre Verehelichung bereits geworden war.

Indessen schrieb sie liebenswürdig an ihren Bruder Joseph, den jetzigen allein regierenden deutschen Kaiser, das Familienoberhaupt. Karolines Kinder waren zwar alle noch jung, die Mädchen acht, sieben, fünf und ein Jahr, die beiden Prinzen drei Jahre und acht Monate, aber man konnte gar nicht früh genug anfangen, passende Partien für sie einzufädeln. Dazu brauchte sie eines Tages Kaiser Joseph, aber wohl noch mehr den so oft verstimmten Schwiegervater Karl III. in Madrid. So schrieb sie wenige Monate später mit bewegten Worten:

> . . . *ich wünsche brennend, sie zu etablieren . . . Der Prinzen aber gibt es wenige. In Turin und Portugal gibt es welche . . . aber ich über-lasse das Einfädeln dieser Angelegenheit der väterlichen Güte Eurer Majestät . . . Mein lieber Gatte meint zwar, daß es immer noch Zeit ist, aber ich sehe so wenige Prinzen und so viele Prinzessinnen, daß ich zitte-re . . . Ich kann sie nicht selber den auswärtigen Höfen anbieten, aber Eure Majestät als Chef der Familie könnten mir die Gnade erweisen, dies zu tun.*[68]

Marie Karoline war um so energischer um eine Regelung dieser Frage bemüht, als sie gerade einen Zukunftstraum begraben mußte. Für ihre Marie Thérèse hatte sie mit Hilfen des Grafen Razoumowski eine Ver-bindung mit einem russischen Großfürsten angestrebt und mußte 1781 erleben, daß dieser junge Mann von Petersburg aus mit einer Prinzessin von Württemberg verlobt wurde.[69]

Gesundheitlich ging es der Königin nicht gut. Sie befand sich, fast ge-nau wie ihre Mutter, andauernd in anderen Umständen. 1781 war als dritter Prinz Joseph geboren worden, am 26. April 1782 die Tochter Ma-rie Amélie. Die Königin war eine Frau von dreißig Jahren und hatte neun Geburten überstanden. Die Kinder waren oft krank, besonders die jün-geren Söhne, und auf die Ärzte war überhaupt kein Verlaß. Karoline schrieb einmal ihrer Schwägerin nach Florenz:

> *Wir sind sehr schlecht mit Ärzten bestellt, denn wir haben nur fanati-sche Nichtwisser und ich habe immer doppelte Angst, wenn ich einen Patienten im Hause habe, da ich Krankheit und Heilmittel gleichmäßig fürchte.*[70]

Die politischen Verhältnisse in Neapel glichen einem Dschungel. Es gab eine spanische Partei, die sich um den Gesandten Herreria scharte, ferner eine englische Partei, als deren Protagonisten Sir William Hamil-ton und John Acton betrachtet wurden. Die Franzosen fühlten sich be-nachteiligt, da sie in Neapel nicht beliebt waren. Dagegen protegierte die Königin den Grafen Razoumowski so auffällig, daß König Karl von Ma-drid aus gegen ihn massiv zu intrigieren begann, um seine Abberufung zu erreichen.

*Unermüdlich arbeitet die Herrscherin, um ihrem Lande zu helfen.*
*Innerhalb der Staatsmaschine zeigen sich wesentliche Störungen und*
*die politischen Streitigkeiten mit Spanien und nicht zuletzt auch mit der*
*römischen Kurie gereichen Ferdinand, der womöglich alles Unange-*
*nehme von sich ferngehalten sehen will, zu stetem Ärger. Für ihn be-*
*deutet es höchstes Glück, wenn er, wie das einmal vorkam, in seiner Fa-*
*sanerie viertausend Fasane zu Gesicht bekommt und unter hundertzwei*
*Schuß nicht weniger als hundert davon zur Strecke bringt.*[71]

Das Jahr 1783 stand für das Königshaus von Neapel-Sizilien unter einem unglücklichen Stern. Mitte Februar wurde die Stadt Messina auf Sizilien von einem furchtbaren Erdbeben zerstört, wobei mehr als 60 000
Tote zu beklagen waren. Die auch auf dem italienischen Festland, in Calabrien, spürbaren Erderschütterungen hatten ebenfalls furchtbare Verheerungen zur Folge. Noch stand in Neapel alles unter dem Eindruck der
ersten Schreckensnachrichten, als der anderthalbjährige Joseph erkrankte. Am 19. Februar verloren Ferdinand und Karoline diesen Sohn, der
ihnen eigentlich immer Sorgen gemacht hatte. Er war als Siebenmonats-
kind zur Welt gekommen und stets schwächlich und anfällig gewesen.

Die Königin, wieder guter Hoffnung, ersehnte diesmal mehr als je zuvor einen Sohn, jedoch diese zehnte Entbindung stand unter unguten
Vorzeichen. Ebenso wie einst Kaiserin Maria Theresias zehntes Kind
beinahe tot zur Welt kam, so war es auch Karolines zehntem Nach-
kömmling nicht beschieden, am Leben zu bleiben. Dieser 19. Juli des
Jahres 1783 wurde ein bedrohlicher Tag. Alle Begleitumstände der Niederkunft zeigten sich gefährlich. Der Königin ging es so schlecht, daß
man ihr die Sterbesakramente reichte. Allein ihrer starken Natur war es
zu verdanken, daß sie sich von diesem Martyrium einer Totgeburt wieder erholte. »Sie war zwei Fingerbreit vom Tode entfernt!« schrieben Joseph und Leopold an die Familie.[72]

Zum Ende des Jahres gab es Unruhe um Amalie, die sich aus Parma für
einige Zeit abgesetzt hatte und nach Neapel kam, um sich bei Karoline
einmal allen Kummer von der Seele zu reden. Karoline fand die Schwester jedoch ganz fremd in ihrem Wesen, »frech und ausgelassen«, wie sie
an Mimi nach Brüssel schrieb. Auch Joseph hatte seinen Besuch angekündigt und zum Empfang des Kaisers fuhren das Königspaar von Neapel und die Herzogin von Parma ihm ein Stück entgegen. Joseph hatte
diese Reise nicht ohne Spannung angetreten. Wie würden »die königlichen Fratzen« sich in den inzwischen vergangenen sechzehn Jahren wohl

entwickelt haben? Er fand Ferdinand sehr zu seinem Vorteil verändert und bemerkte in einem Brief an Leopold, der König habe sehr gewonnen.[73] Marie Karoline war von dem Wiedersehen freudig bewegt. Sie stellte voller Stolz die ihr verbliebenen Kinder vor, vier Mädchen und zwei Söhne. Die zwölfjährige Marie Thérèse führte unbefangen und graziös dem Kaiser einige ihrer erlernten Tänze vor und spielte sehr hübsch Klavier. Joseph bemerkte mit Staunen, daß dies liebenswerte Kind drei Sprachen gleich gut beherrschte: Französisch, Italienisch und Deutsch. Die Mutter hatte sie selbst unterrichtet.

Der Besuch des Kaisers dauerte nur neunzehn Tage, die Schwester hatte sich wie ein Kind darauf gefreut und vergoß bittere Tränen bei seiner Abreise. Es war ein Abschied fürs Leben. Aber die kurze Zeit des Zusammenseins hatte ihr wohlgetan wie keine andere Begebenheit in den letzten Jahren. Sie hatte in Joseph die Heimat, Kindheit, Jugend und alles Schöne wiedergefunden, dessen sie sich so oft mit Sehnsucht erinnerte. Sie nannte diese Tage »einen Traum« und fand sich nur schwer wieder in ihrem komplizierten Alltag zurecht.

Am 14. Dezember 1784 brachte Königin Karoline ihr elftes Kind, die Tochter Marie Antoinette, zur Welt. Sie nannte es nach ihrer kleinen Lieblingsschwester, die jetzt Königin von Frankreich war. Doch die Neapler Antoinette unterschied sich von ihrer Tante durch ihren Kosenamen: Sie wurde Toto gerufen.

Im Frühjahr 1785 reifte bei Karoline der Plan, einmal mit ihrem Gatten Bruder Leopold in Florenz zu besuchen. Sie brauchte dringend eine mündliche Aussprache mit »Poldl«, denn der Gegensatz zu ihrem Schwiegervater hatte sich verschärft, fast konnte man von einem offenen Kampf sprechen. Außerdem hatte König Ferdinand bisher nur Neapel und dessen Umgebung gesehen. Der Vater in Madrid würde die Reise sicher verbieten, aber da gab es einen Ausweg. Man würde König Karl III. zwar ordnungsgemäß einen Kurier schicken, aber gleichzeitig abreisen.

Von Neapel bis Livorno brauchte man zu Schiff acht Tage. Man war am 30. April 1785 abgefahren. Mitte Mai traf man in Florenz ein. Karolines Hauptanliegen war, die Möglichkeiten einer Verheiratung ihrer ältesten Tochter mit einem Sohne Leopolds zu sondieren, doch blieben ihre Gespräche zunächst ohne Ergebnis. Ferdinand hingegen fühlte sich im prächtigen Palazzo Pitti eingesperrt und seines Jagdvergnügens beraubt. Corti äußerte sich über den Briefwechsel Ferdinands mit seinem englischen Freund und Minister John Acton:

»In vertrautester Weise schreibt Ferdinand während der ganzen Reise mit seiner schönen, feinen Handschrift zahlreiche Briefe in ausgezeichnetem italienischen Stil an Acton . . .«[74]
Wie sehr mußte sich der König, der einst kaum schrieb und nur Dialekt sprach, gewandelt haben. Diese Briefe zu lesen wird durch die Offenheit des Königs, durch seine frische und natürliche Art zum Vergnügen. Fast könnte man von einiger Durchtriebenheit sprechen, wenn man seinen Bericht liest, wie er sich vor unwillkommenen Verpflichtungen »drückt«.

*Seit zweieinhalb Tagen bin ich da, und noch habe ich nicht ein bißchen frische Luft geatmet. Im Haus sehe ich nichts anderes als vier Mauern und vier Cypressen, ich verfüge nur über zwei Zimmer, durch die alle Welt durchgehen muß und insbesondere das Großherzogspaar, das sich förmlich in der Wache ablöst, indem alle halben Stunden ein Teil von beiden kommt. Daher habe ich jeden Augenblick alle meine Papiere zu verstecken.*
*Heute vormittag mußte ich fünf Stunden lang in Kirchen herumlaufen und dazu Nachmittag auch noch zwei Stunden, was mir sehr lästig fiel . . . Morgen vormittag sollte noch so ein Kirchenrundgang losgehen, aber ich habe mich unter dem Vorwand gedrückt, ich müsse für den Kurier nach Spanien Briefe schreiben; zudem will ich auch ein wenig schlafen.*[75]

Das Großherzogspaar von Toscana gab sich jede erdenkliche Mühe, seine Gäste zu unterhalten. Marie Karoline bewunderte des Bruders musterhaft regiertes Land, die Stadt Florenz, die Gärten. Sie spricht in ihren Briefen von einer »bewundernswerten Ordnung«, die überall zu spüren sei. König Ferdinand überwand schnell die Fremdheit in der neuen Umgebung. Von einem ihm zu Ehren gegebenen Gartenfest schrieb er sehr erfreut an Acton:

*Obwohl ich mich im geschlossenen Wagen hinbegab, erkannten sie mich; alles wollte mich bejubeln und sehen, es fehlte nicht viel und ich wäre erdrückt worden . . . Endlich konnte ich mich bloß unter Verlust eines Schuhes retten und die Evviva und das Händeklatschen gingen rein bis zu den Sternen . . .*[76]

Man fuhr nach Modena, stattete dem dortigen Hof einen Besuch ab und traf sich anschließend in Mantua mit Kaiser Joseph. Dieser ermahnte Leopold streng, sich bei allen Bemühungen Karolines, ihre

Töchter mit seinen Söhnen zu vermählen, sehr ausweichend und ablehnend zu verhalten. Leopold informierte insgeheim Karoline davon, denn er selbst stand dieser Verbindung ja keineswegs negativ gegenüber. Die ganze Reisegesellschaft begab sich nun nach Turin an den Hof von Savoyen. Gern hätte Karoline hier ihre Fühler ausgestreckt, denn ihre anmutige Tochter Marie Thérèse gefiel sehr, aber auch hier wieder schien Joseph eine Verbindung des in Frage kommenden Prinzen mit einer Tochter Leopolds einer Verehelichung mit einer Tochter Karolines vorzuziehen. Karoline war sehr verstimmt und um so mehr verärgert, als sie ihren Unmut nicht zeigen durfte.

Ferdinand und Marie Karoline kehrten am 7. August 1785 nach Neapel zurück, und nachdem der stürmische Empfang durch die Kinder vorüber war, sah sich Karoline erneuten Schwierigkeiten mit Madrid gegenüber. Karl III. hatte einen neuen Gesandten nach Neapel geschickt, den Chevalier Las Casas. Sein vornehmlichster Auftrag war, den einflußreichen Marineminister Acton zu Fall zu bringen. Wie er dieses Ziel erreichen würde, war seine Sache.

Auftraggeber für die Intrige war der leitende Minister in Spanien, Graf Moñino de Florida Blanca. Sein Haß gegen Habsburg und in diesem Falle speziell gegen Karoline war offenkundig. Joseph wußte davon und schrieb an Leopold:

*Er hat es gewagt sich . . . zu rühmen, er werde nicht aufhören gegen die Königin zu hetzen und Ränke zu spinnen, bis es ihm nicht gelungen wäre, sie zum äußersten zu treiben (pousser à bout), sie verstoßen und einsperren zu lassen, wie die Königin von Dänemark; das sind seine eigenen Worte.*[77]

Die Affäre einer Verleumdungscampagne, die Las Casas gegen die Königin auslöste, beschäftigte für mehrere Monate die Höfe Europas. Als erstes verdächtigte er die Königin, sie habe eine Liebelei mit Acton, und dies sei der Grund, weshalb sie ihn so hartnäckig in seinen Ämtern hielt. Der König tobte, die Königin fiel in Krämpfe, einzig Joseph behielt die Ruhe und bezeichnete die ganze Geschichte als nichts anderes als »Kaffeehausgeschwätz«. Sie solle doch an ihre erhabene Mutter denken. Zu deren Lebzeiten habe es auch Ähnliches gegeben. Man unterstellte der Kaiserin Maria Theresia zärtliche Beziehungen zu dem Grafen Sylva Tarouca, dem Marschall Daun und dem Fürsten Kaunitz. Die Kaiserin habe dieses Geschwätz gekannt, aber verachtet und sich gar nicht darum gekümmert. Joseph riet der Schwester, sich nicht so entsetzlich über alles aufzuregen und die Dinge doch nüchterner zu betrachten. Um Herrscherinnen zu verunglimpfen, sein niemals anders verfahren worden.[78]

Marie Karoline las dies wohl alles, aber sie war unfähig, ihr Naturell zu ändern. Die Aufregungen raubten ihr den Schlaf. Sie wurde durch die Übermüdung noch reizbarer, und selbst diejenigen, die sie verehrten, konnten nicht umhin zuzugeben, daß sie zuweilen Fehler machte. Sie war zu vertrauensselig und gelangte am Ende nur halb ans Ziel.

Immerhin, auch der halbe Erfolg ist ein Sieg, wenn auch ein eingeschränkter. Ferdinand IV. entließ Anfang 1786 den Spanien allzu willfährigen Ministerpräsidenten Sambuca auf so zuvorkommende Weise, daß Madrid nicht beleidigt sein konnte. Dessen Nachfolger Don Domenico Caracciola dei Duchi di San Teodoro war zwar kein Mann nach Karolines Vorstellungen, aber sie fand sich schließlich damit ab. Als Trostpflaster zeichnete der König den Fürsten Pignatelli und John Acton mit dem hohen Orden des Heiligen Januarius aus, und der Engländer wurde gleichzeitig in den Staatsrat berufen. Damit waren Marie Karoline und der skandalumwitterte Marineminister nunmehr vom König gerechtfertigt und würden getrost in die Zukunft sehen, aber die Königin kannte ihren Schwiegervater und wußte, daß er in seinen Bestrebungen, Acton zu entfernen, nicht ruhen würde. So schrieb sie mit gedämpftem Optimismus an Leopold:

*Unsere Geschäfte nehmen eine bessere Wendung, . . . Sambuca, das Oberhaupt der (spanischen) Partei, ist erledigt.*

*Es könnte uns nichts Glücklicheres geschehen, wenn das so andauern würde. Schließlich scheint diese peinliche Geschichte, die ausgeheckt war, um mich durch Verlust der Achtung meines Mannes auf ewig zu verderben, durch göttliche Güte und Vorsehung gerade den gegenteiligen Erfolg zu haben.*[79]

Dieser erste massive Angriff auf Karolines Ehre bedeutete nur einen Vorgeschmack. In den kommenden Jahren sollte es weit schlimmer kommen.

Am 18. Februar 1786 bekam Marie Karoline, wieder unter schwierigen Begleiterscheinungen, ihr zwölftes Kind, ihre Tochter Marie Clotilde, die nur sechs Jahre alt wurde.

Indessen war Karolines Stellung im Königreich Neapel-Sizilien so gefestigt, daß sie ganz Europa stillschweigend als eigentliche Regentin dieses südlichen Reiches zur Kenntnis nahm.

Der französische Gesandte in Neapel, Baron Talleyrand, meldete etwa um jene Zeit nach Paris:

*Es ist die Königin, die hier willkürlich regiert. Der König nimmt, sei es aus Achtlosigkeit oder Schwäche, alle Ihre Ideen auf und hält mehr auf diese als auf seine eigenen. Sie ist es, die alle Gnaden austeilt, die Minister ernennt, unterstützt oder entläßt.*

In Neapel blieb die Grundstimmung englandfreundlich; Frankreich gegenüber war man schon damals mißtrauisch. Das Verhältnis zu Joseph II. in Wien litt meist unter Spannungen, weil der Kaiser nicht in die Heirat zwischen Leopolds Söhnen und Marie Karolines Töchtern einwilligen wollte. Um seinen Pakt mit Rußland zu festigen, sollte der junge Kaiserlehrling Franz von Toscana eine Prinzessin heiraten, die dem russischen Zarenhaus nahestand. Er würde, wie wir wissen, im Januar 1788 die Ehe mit der württembergischen Prinzessin Elisabeth Wilhelmine schließen, was in Neapel tiefste Resignation auslösen sollte. Der Thronfolger schien als Bräutigam auf ewig verloren. Aber das Schicksal wollte es anders. Nur zwei Jahre später sollte Karoline die Erfüllung ihrer Wünsche erleben, vollständiger, als sie es zuvor für möglich gehalten hatte.[80]

Die Neigung zu England bedeutete für das Königshaus auch zugleich einen bevorzugten Kontakt mit dem englischen Gesandten in Neapel, Sir William Hamilton. Seit 1782 war Hamilton verwitwet, und seine zahlreichen Privatneigungen wie Kunstgeschichte und vor allem Archäologie hatten ihn während aller Machtkämpfe und Komplikationen zwischen dem Königspaar und Madrid bisher zurückhaltend beiseite stehen lassen. Mit der zunehmenden Bedeutung, die sein Land für Neapel gewann, geriet auch sein Privatleben mehr und mehr in den Blickpunkt der Öffentlichkeit, die, einmal neugierig gemacht, seine Romanze mit einer schönen jungen Frau verfolgte, deren für damalige Begriffe klassische Schönheit die Neapler Gesellschaft nahezu verzauberte. Corti schildert den Werdegang der späteren Lady Emma Hamilton, mit der Karoline im folgenden eine freundschaftliche Beziehung verbinden sollte.

»Einer seiner Neffen, Henry Greville, stand jahrelang mit einer gewissen Emma Hart, einem entzückend hübschen Mädchen niedriger Herkunft, in Beziehung. Sie nahm es mit der Tugend von allem Anfang nicht sehr genau und war bereits durch mehrere Hände gegangen, in Greville aber hatte sie sich ehrlich und aufrichtig verliebt.

Emma ist, wenn sich ihre Mutter nicht etwa mit einem Edelmanne eingelassen hatte, die Tochter eines Schmiedes und einer Köchin. Aber sie besitzt so feine Züge, daß jede Herzogin sie darum beneiden könnte; ihre strahlenden blauen Augen weisen einen Zug süßer Schwermut und Unschuld auf, der mit ihrem Leben unvereinbar ist, das ihr schon in früher Jugend ein Kind eingetragen hatte. Ihr volles kastanienbraunes Haar steht in wunderbarer Harmonie zu den frischen Farben ihrer blühenden Jugend, der Anblick ihrer reizvollen Gestalt berauscht jeden Mann . . . Trotz alledem wird Greville ihrer allmählich überdrüssig, sie kostet ihm zu viel Geld, und er plant zudem eine Heirat. Nun erinnert er sich, wie sehr sie seinem Onkel, dem Vertreter Englands in Neapel, gelegentlich eines seiner Besuche in London gefallen hatte, und gedenkt, sie auf ihn abzuwälzen. Hamilton läßt sich nicht allzulange bitten und lädt das schöne Mädchen nach Neapel ein.«[81]

Untrennbar verquickt mit dem gesellschaftlichen Aufstieg Emmas war ihr Entdecker und Förderer, der Maler George Romney, der neben Josuah Reynolds und Thomas Gainsborough als einer der bekanntesten Porträtisten seiner Zeit galt.

Romney entdeckte die unglaubliche Ausdruckskraft und Verwandlungskunst des Mädchens. Er malte die in allen nur denkbaren Verkleidungen als »Venus«, als »Bacchantin«, »Kleopatra« und als personifizierte Seelenstimmungen wie »Trauer«, »Freude«, »Schwermut«. Er war es, der die ausgesprochen pantomimische Begabung Emmas entdeckte und sie beriet, wie man sich mit einfachsten Mitteln behelfen konnte, um mit der äußeren Erscheinung immer wieder überraschende neue Effekte zu erzielen.

Im Frühjahr 1786 kam Emma, etwa dreiundzwanzig Jahre alt, mit ihrer Mutter nach Neapel und wohnte im Palazzo Sir Williams. Wo immer Emma erschien, hatte sie bald eine Schar von Bewunderern um sich, zu der sogar der König gehörte, was sie Greville triumphierend berichtete.[82]

Im Februar 1787 kam Johann Wolfgang von Goethe im Verlauf seiner italienischen Reise nach Neapel. Seit einem Jahr arbeitete dort sein Freund, der Maler Jacob Philipp Hackert, als königlicher Kammermaler für das neapolitanische Königspaar. Hackert wohnte zwar im Schloß, dennoch lernte Goethe das Königspaar nicht kennen. Durch Hackert machte der Dichter die Bekanntschaft Sir Hamiltons, der ihn unverzüglich zu einem der theatralischen Abende in sein Palais einlud, wo Emma im verdunkelten Saal ihre »Attitüden«, wie man die Stellung lebender Bilder nannte, vorführte.

*Der Ritter Hamilton hat nun, nach so langer Kunstliebhaberei, nach so langem Naturstudium, den Gipfel aller Natur- und Kunstfreude in einem schönen Mädchen gefunden. Er hat sie bei sich, eine Engländerin von etwa zwanzig Jahren. Sie ist sehr schön und wohlgebaut. Er hat ihr ein griechisches Gewand machen lassen, das sie trefflich kleidet; dazu löst sie ihre Haare, nimmt ein paar Schals und macht eine Abwechslung von Stellungen, Gebärden, Mienen usw., daß man zuletzt wirklich meint, man träume.*

*Man schaut, was so viele tausend Künstler gerne geleistet hätten, hier ganz fertig, in Bewegung und überraschender Abwechslung. Stehend, kniend, sitzend, liegend, ernst, traurig, neckisch, ausschweifend, bußfertig, lockend, drohend, ängstlich usw. Eins folgt aufs andere und aus dem andern. Sie weiß zu jedem Ausdruck die Falten des Schleiers zu wählen, zu wechseln und macht sich hundert Arten von Kopfputz mit denselben Tüchern.*

*Der alte Ritter hält das Licht dazu und hat mit ganzer Seele sich diesem Gegenstand ergeben. Er findet in ihr alle Antiken, alle schönen Profile der sizilianischen Münzen, ja den Belvederschen Apoll selbst. So viel ist gewiß, der Spaß ist einzig.*[83]

Über Neapel und seine Herrscher urteilte der Dichter nur ganz kurz und mit einer Art gutmütigem Spott:

*Neapel selbst kündigt sich froh, frei und lebhaft an; unzählige Menschen rennen durcheinander, der König ist auf der Jagd, die Königin guter Hoffnung und so kanns nicht besser gehen.*[84]

Marie Karoline erwartete damals ihr dreizehntes Kind, Prinzessin Henriette, die jedoch auch früh starb, wie so manches ihrer Geschwister. Auch das vierzehnte Wochenbett verlief nicht zufriedenstellend. Es kam zwar ein Prinz zur Welt, nach dem Schwiegervater Carl genannt, jedoch zart und schwächlich.

Das Dasein der Königin war in jeder Hinsicht zermürbend. 1788 war jedoch ein solcher Tiefpunkt erreicht, daß es ihr auch nicht mehr gelang, die Eintracht mit ihrem Gatten aufrechtzuerhalten. Ferdinand war selbst leidend. Genaues weiß man nicht, er fühlte schwere Schmerzen im Leib, war ungeduldig und mürrisch. Karoline und er lebten zeitweise getrennt. Der König beauftrage seinen Vertrauten Carlo Cartoni, ihm ständig Berichte von seiner Gemahlin in einer Art Schlüsselsprache zu übermitteln. Doch der »treue Freund« berichtete sofort der Königin und übergab den Nachrichtenschlüssel.

Als am Neujahrstag 1789 der hübsche, blühend frische und gesunde Prinz Januarius überraschend nach einer Pockenimpfung starb, war Karoline fast verzweifelt. Doch es sollte noch schlimmer kommen, denn vier Wochen später starb aus gleicher Ursache der kleine Carl, knapp ein halbes Jahr alt. Die Aufregung war groß und berechtigt, die entstehenden Gerüchte bösartig und grotesk. Beide Kinder starben, weil die damaligen Ärzte einfach noch zu wenig Erfahrung mit der »Inoculation« hatten. Man verwendete Seren, die aus Menschen-Pocken gewonnen wurden, nicht aus ungefährlichen Tierpocken, wie heute. Die Ärzte, die alle Schuld von sich abzuwälzen bestrebt waren, setzten Gerüchte über eine Vergiftung der Prinzen durch Mörderhand in Umlauf. Schließlich wurde die Königin durch die öffentliche Meinung beschuldigt, sie habe als Österreicherin ihre Söhne umgebracht, weil sie das Haus Bourbon hasse. Karoline schien am Ende ihrer Nervenkraft zu sein:

*Gott straft meinen Ehrgeiz. Ich bin nun gänzlich von der Welt und allen ihren Dummheiten, aber auch Annehmlichkeiten, wie gutes Aussehen, Geist, Schmuck, abgekommen. Meine ganze Leidenschaft besteht darin, daß meine Kinder gut gelingen . . . die Söhne sind immer die interessantesten . . . und nun verliere ich gerade jene, die die gerechtfertigsten Aussichten boten . . . Jetzt habe ich bereits vier Söhne im Paradiese und wünsche nichts anderes, als ihnen dorthin nachzufolgen, denn ich sehe für den Rest meiner Laufbahn nur Kummer, Schmerzen, Sorge und Elend voraus. Meine armen, unglücklichen sieben Mädchen beunruhigen mich auch. Was wird aus ihnen werden?*[85]

Fünf Monate später brach die Französische Revolution aus und die Kinder Maria Theresias gerieten in Gedanken an ihre gefährdete Schwester in Paris in helle Aufregung. Marie Karoline schrieb ihr in tiefster Besorgnis gleich nach den ersten Nachrichten vom Umsturz. Bald darauf hielt sie die Antwort Marie Antoinettes in Händen:

*Ich danke für die gefühlvolle und gute Art, wie Du an unseren unglücklichen (Erlebnissen) Anteil nimmst. Sie sind schwer und wir sind noch nicht am Schlusse. Gott weiß, wie das alles enden wird.*

*Meine Gesundheit, die des Königs und meiner Kinder ist gut. Ich bin sehr glücklich, daß diese armen Kleinen noch genügend jung sind, um nichts von dem zu verstehen, was da vorgeht . . .*

*Der Botschafter wird Dir alle Neuigkeiten von hier mitteilen; ich habe nicht die Kraft dazu, aber ich glaube nicht, daß ich des Mutes ermangle.*

*Ich versichere Dir, daß ich viel davon besitze und daß man noch mehr
braucht, um in der Mitte der Gefahren beständig die Erniedrigung und
den Kummer zu ertragen, dem wir unausgesetzt ausgeliefert sind.*[86]

Für Marie Antoinette hatte ein vierjähriger Leidensweg begonnen,
den sie mit unvorstellbarer Standhaftigkeit ertrug. Kaiser Joseph II. war
äußerst unglücklich, daß er Marie Antoinette nicht nur keine Hilfe leisten durfte, sondern in ihrem Interesse auch noch jeden Anschein meiden mußte, mit seiner Schwester im Einverständnis zu stehen, wie er
Marie Karoline am 2. November 1789 schrieb. Die Königin von Neapel
in ihrer lebhaften Einbildungskraft erregte sich mehr und mehr über die
unglaublichen Vorfälle in Frankreich. Von ihrer Schwester sprach sie
nur mit größter Hochachtung und meinte, sie wäre an ihrer Stelle gestorben, denn niemals hätte sie ihren Mut besessen.[87]

Während das neapolitanische Königspaar umgehend dafür sorgte, daß
nur ja genügend Lebensmittel im Lande seien und man sie billig an das
Volk abgebe, damit einer der Gründe für die Französische Revolution,
der Hunger der Massen, ausgeschaltet wäre, ließen andere europäische
Herrscher es an Einsicht fehlen. Man betrachtete diesen Aufstand in Pa-
ris nicht anders als etwa die kleineren Aufstände in den Österreichischen
Niederlanden, die sich hin und wieder erhoben und nach einer gewissen
Zeit niedergeschlagen oder auf andere Weise besänftigt werden konnten.
Auch Joseph in Wien beurteilte die Lage nicht als unbedingt gefährlich.
Erst der 5. Oktober 1789, jener schreckliche Tag, als Marktweiber und
Metzgerknechte in einem ungeheuren, alles mitreißenden Zuge das ver-
schreckte Königspaar von Versailles in die Tuilerien nach Paris zurück-
holten, war das Signal für die europäischen Fürsten, ernste Gefahr für
alle Königsthrone zu fürchten. Karolines Pessimismus war nur allzu begründet. Selbst Joseph schrieb am 26. Oktober 1789 an Marie Karoline
über die Vorgänge in Paris:

*Sie sind von einer Natur und Art, wie solche nicht vorgekommen
sind, seit die Welt besteht . . . und dabei muß man stillhalten. Wenn
ich meine Schwester auf meinem Rücken davontragen könnte, würde
ich es tun. Sie sollen dann machen, was sie wollen, das wäre mir alles
eins.*[88]

Indessen konnte der schwerkranke Kaiser sich selbst nur mit Mühe
aufrechterhalten. Die Nachrichten aus Wien lauteten schlecht. Marie
Karoline schrieb schon am 29. Januar 1790 an Leopold nach Florenz, er

solle im Falle seiner Berufung zum Kaiser nur ja nicht in denselben Zimmern der Hofburg wohnen, die von dem schwerkranken Kaiser gewiß mit Krankheitskeimen durchsetzt seien. Noch ehe Josephs Tod am 20. Februar nach Florenz gemeldet werden konnte, antwortete Leopold, schon recht zukunftsfroh:

*Ich werde Dir jetzt einen angenehmeren Vorschlag machen. Wenn Seine Majestät das Zeitliche segnen würde, will ich meinen zweiten Sohn als Souverän in Toscana einrichten und unsere Heiraten werden sich dann vielleicht im nächsten September machen lassen . . . Dann allerdings heißt es für mich: Adieu Italien – für immer.*[89]

Königin Karoline von Neapel gewann seit der Thronbesteigung Leopolds außerordentlich an Ansehen, das sich noch steigerte, als Anfang März ein Brief des neuen Kaisers eintraf.

*. . . mit der Bitte, seinen beiden Söhnen Franz und Ferdinand zwei ihrer Mädchen zu geben. Gleichzeitig wird als dritte Heirat die Vermählung einer Kaisertochter mit Neapels Kronprinzen Francesco angeregt. Der Monarch überläßt die Wahl der ersteren der Sorge der Königin und meint nur, für Franz, den Thronfolger in Wien, sei eine gütige Frau ohne starken Willen notwendig, die nicht für prachtliebendes Auftreten und allzuviel Unterhaltung eingenommen sei.* »Schickt mir die Bilder Eurer Töchter«, schließt der Brief, »aber sie sollen ähnlich sein!«

Während Marie Karoline vor soviel Glück schon wieder den Neid der Götter fürchtete, wie es ihrer Natur entsprach, war König Ferdinand in der Lage, sich ganz uneingeschränkt von Herzen über die guten Partien zu freuen. Franz, der junge Witwer, sollte die älteste Tochter aus Neapel, Marie Thérèse, heiraten. Ferdinand von Toscana wurde mit Ludovika (Luise) versprochen und Kaiser Leopold schlug seine dreizehnjährige Tochter Klementine für den gleichaltrigen Thronfolger in Neapel, den jungen Francesco, vor.

So erfüllten sich die stolzesten Pläne und Wünsche des Königspaares. Am 20. August reiste man mit den beiden Bräuten und einem angemessenen Hofstaat von Neapel ab, Francesco wurde zu Hause gelassen. Er sollte zunächst in Wien nur formell per procurationem getraut werden. Die Eltern waren vernünftig genug, den Kindern für eine natürliche Entwicklung Zeit zu lassen. Sie vollzogen ihre – dann schon siebenjährige – Ehe erst im Jahre 1797, beide im Alter von zwanzig Jahren.

Am 19. September 1790 fand die triumphale Dreifachhochzeit in Wien statt, Tagesgespräch für ganz Europa. Anschließend reisten die Familien zur Kaiserkrönung am 9. Oktober 1790 nach Frankfurt am Main, nach diesen Festlichkeiten zur Königskrönung nach Preßburg. Bis zum 13. März 1791 blieb das Königspaar noch in Wien. Der Abschied von der Heimat fiel der Königin sehr schwer, obwohl sie sah, daß die Ehe ihrer ältesten Tochter mit Erzherzog Franz sich gut zu entwickeln schien. Die jungen Leute waren ineinander verliebt. Dennoch erteilte Karoline, wie einst Maria Theresia, ihrer Tochter zahlreiche Ratschläge, erfüllt von inniger Sorge um die Ehe des Thronfolgerpaares.

*Ich wurde zu übergroßer Bescheidenheit angehalten, man vernachlässigte es, mir zu sagen, ich solle mich rein halten, mich pflegen, damit ich nicht allzu großen Wert auf mein Äußeres lege; jung, bequem, leichtsinnig, dachte ich auch in den ersten Jahren meines (gemeint ist, ehelichen) Lebens nicht daran und es fehlte nicht viel und ich hätte dadurch Deinen lieben Vater fast für das ganze Leben abgestoßen. Dies lehrte mich, meinen Körper mit Sorgfalt zu pflegen . . . mich gut anzuziehen, in jeder Weise zu waschen, . . . um allen üblen Geruch zu meiden, . . . ich empfehle es Dir auf das lebhafteste.*[90]

Schwieriger war die Situation des zweiten jungen Ehepaares. Luise-Ludovika ähnelte stark ihrem so wenig attraktiven Vater und hatte auch nicht das lebhafte Temperament ihrer Mutter. Marie Karoline legte daher in Florenz, wo man auf der Rückreise Station machte, dem Marquese Manfredini, dem ersten Minister, die Überwachung und Betreuung des Großherzogpaares ans Herz.

Das Königspaar von Neapel benutzte die Reise durch Rom zu einer Aussprache mit dem derzeit regierenden Papst Pius VI., denn die Unstimmigkeiten wegen der Abschaffung der »Chinea« waren noch keineswegs ausgeräumt. Trotz erbitterter Streitgespräche während zwei Audienzen wurden schließlich im Hinblick auf die Französische Revolution und deren mögliche Ausbreitung viele kleine Kompromisse erzielt.

Ende Juni 1791 erhielt man in Neapel, nach einer Falschmeldung von der geglückten Flucht der königlichen Familie aus Frankreich auf kaiserliches Gebiet, die sichere Kunde, daß der Fluchtversuch gescheitert, die Königsfamilie in Varennes festgenommen und nach Paris zurückgebracht worden war. Von Paris aus überschwemmte nun eine riesige Flut von Schmähschriften ganz Europa. Am ärgsten muten die wüsten Beschimpfungen an, die Marie Antoinette über sich ergehen lassen mußte:

*Diese meine unglückliche Schwester, die man so sehr verhöhnt, ver-*
*unglimpft und entehrt, wurde mit vierzehn Jahren an einen verderbten*
*Hof verheiratet. Ihr ganzer Fehler war, Vergnügen, Unterhaltung und*
*Feste zu lieben und das hat sie zu allem Unglück geführt . . .*
*Ich wünschte, daß alle Libellmacher an Laternen aufgeknüpft wür-*
*den.* [91]

Die von den Revolutionären ausgehenden Pressekampagnen gegen die
Monarchen Europas sollten die Massen gegen ihre Herrscher aufwie-
geln, das Königtum als Stand unmöglich machen. Die Königinnen sahen
sich porträtiert als Megären, Messalinen, Verführerinnen der eigenen
Söhne, die Töchter als Mätressen ihrer Väter. Ähnliche Beschuldigun-
gen ergossen sich über die Häupter aller Nachkommen Maria Theresias,
die in Italien regierten, über Marie Karoline von Neapel, Herzogin Maria Amalia von Parma, Erzherzog Ferdinand, Gouverneur in Mailand,
über das Großherzogspaar Ferdinand und Ludovika-Luise in Florenz.

Am 12. Dezember 1791 wurde Marie Karoline Großmutter. In Wien
brachte ihre älteste Tochter ein Mädchen, Maria Ludovica, von der Familie jedoch Marie Luise oder Louisella genannt, zur Welt. Die spätere
Kaiserin der Franzosen war geboren. Schon zu Beginn der Schwangerschaft hatte Karoline ihre Älteste an das tröstliche neapolitanische
Sprichwort erinnert:

*Chi buoni eredi vuol fare,*
*Da figlia ha da principare.* [92]

»Wer gute Nachkommen zeugen will, soll mit einem Mädchen anfangen«.

Am 9 März 1792 gegen Mittag traf völlig unerwartet ein Sonderkurier
des neapolitanischen Gesandten Marchese Gallo aus Wien mit der niederschmetternden Nachricht vom Tode Kaiser Leopolds ein. Marie Karoline sah eine ganze Welt von Zukunftserwartungen zusammenbrechen. Mit diesem Bruder verband sie unendlich viel und obwohl ihre
Tochter Marie Thérèse nun Kaiserin wurde, verfiel Karoline nahezu in
Schwermut. Mit ihrem Neffen Kaiser Franz II., der seinem Vater auf
den Thron folgte, hatte sie bei weitem nicht den herzlichen Kontakt wie
mit Leopold.

Marie Karoline schrieb in ihren nach Wien gerichteten Ratschlägen
etwas klagend, dies käme viel zu früh, beide seien noch zu jung für ihr
hohes Amt gerade in diesen Zeiten. Ferdinand, der den frühen Tod Leo-

polds einzig und allein auf seine Überarbeitung zurückführte, beschwor Marie Thérèse in seiner gewohnten kräftigen Ausdrucksweise:

*Um Gottes willen, sorge, meine liebe Tochter, daß (Dein Mann) nach der Arbeit Bewegung mache und Luft schöpfe, denn nur, wenn man dies mit dem anderen gut verbindet, kann man widerstandsfähig bleiben. Im Gegenfall wird auch er uns noch krepieren (ci creperà anche lui).*[93]

Die jetzt beginnenden Jahre mußten der Königin später im Rückblick auf ihr Leben als ein einziger böser Traum erscheinen. Sie litt unter den Beschwerden ihrer sechzehnten Schwangerschaft mehr als sonst. Fast schämte sie sich, daß sie, nun selbst schon Großmutter, immer noch Kinder bekam. Auch 1793 stellte sich noch einmal Nachwuchs ein, aber diese beiden letzten Kinder, die unter sehr großen Schwierigkeiten zur Welt kamen, wurden nur wenige Jahre alt.

Unter all den Mißlichkeiten gab es einen Lichtblick. In Wien kam am 19. April 1793 der Thronfolger Ferdinand zur Welt, ein Sorgenkind mit einer Art Wasserkopf, aber die Freude über den männlichen Nachwuchs war so groß, daß Kuriere an alle Höfe gingen. Karoline weinte vor Glück und sandte von Caserta aus sofort einen Berittenen nach Neapel zum König. Er galoppierte in die Stadt und rief dabei unablässig: »Unsere Kaiserin hat einen Sohn!«

Die Menschen liefen in den Straßen zusammen, frohe Gesichter überall. Es war schon Nacht, die Königin war ebenfalls mit einem Sechserzug eingetroffen, ließ ihre Kinder wecken. Im Schloß lief alles durcheinander, man wünschte der Königin Glück und küßte ihre Hände. Fast konnte man meinen, Neapel habe einen Kronprinzen bekommen und nicht Wien. Überall herrschte Freude, es gab drei Tage Gala, abends illuminierte Fenster, man begnadigte zum Tode Verurteilte.[94]

Um ähnliche Ereignisse wie in Frankreich zu verhindern und angesichts der Gefahr der Unterwanderung durch politische Agitatoren aus Paris waren in Neapel zahlreiche Maßnahmen getroffen worden. Unter anderem wurde im November 1791 Cavaliere Luigi de Medici zum Präsidenten des gesamten Gerichtswesens und der Polizei ernannt. Karoline hoffte, damit einen zuverlässigen Mann gewonnen zu haben.

Alle Versuche, Marie Antoinette und ihre Familie aus der Gefangenschaft zu befreien, scheiterten, Vorschläge des neuen Kaisers aus Wien wurden von der Regierung in Paris brüsk zurückgewiesen. Er ließ sich nicht einschüchtern und sandte nochmals eine Note nach Paris, worauf die Revolutionsregierung am 20. April 1792 Österreich den Krieg er-

· klärte. Gerüchte flirrten umher, die Franzosen rüsteten in Toulon eine starke Flotte, um Neapel angreifen zu können. Es begannen Querelen mit dem französischen Gesandten. Der neue Vertreter aus Paris war der Gesandte Baron Armand Louis de Mackau, der sich, mit Nationalkokarde und rot-weiß-blauen Federbüschen geschmückt, zur ersten Audienz einfand. Ferdinand nannte ihn nur »den verfluchten Mackau«.[95] Bald darauf ließ der Hof von Neapel sein gesamtes Tafelsilber einschmelzen. Man brauchte Geld für die Verteidigungsaufwendungen. Am 15. Dezember 1792 traf das gefürchtete französische Geschwader bei Ischia ein. Admiral Latouche, der Kommandant des Unternehmens, richtete folgendes Schreiben an Ferdinand:

*König von Neapel!*
*Ich komme im Namen der französischen Republik, um Genugtuung für einen meiner Nation zugefügten Schimpf zu verlangen . . . Ich habe Befehl, die Verweigerung derselben als Kriegserklärung zu betrachten. Eure Majestät werden ohne Zweifel die Gefahren . . . für Volk und Hauptstadt ermessen, wenn Sie beide in diesem Augenblick einer schrecklichen Beschießung und den Folgen eines Krieges aussetzen, an dessen Ende nur der Zusammenbruch ihres Landes und vielleicht Ihrer Königswürde stehen könnte.*[96]

In großer Aufregung wurde der Staatsrat einberufen. Acton erklärte das Unvermögen des Staates, einen aussichtsreichen Widerstand leisten zu können. Man beugte sich zähneknirschend den Forderungen Latouches und zahlte. Am 18. Dezember liefen die feindlichen Schiffe wieder aus, aber was sie zurückließen, entpuppte sich als Drachensaat: Pamphlete über Pamphlete, die von allen denjenigen, »die mit jakobinischen Ideen liebäugelten«, emsig verteilt wurden.[97]

Neapel sollte zermürbt und aufgewiegelt werden. Am 7. Februar 1793 hatte der kaiserliche Gesandte in Neapel zu einem Großen Ball achthundert Personen gebeten. Schon waren die Säle geschmückt, die Speisen des Soupers vorbereitet, als er von der Königin Marie Karoline die Nachricht erhielt, daß soeben ihr Schwager, Louis XVI., der König von Frankreich am 21. Januar hingerichtet worden sei. Unverzüglich wurde das Fest abgesagt.

Marie Karoline war von Rachgier erfüllt und sann auf Vergeltung. Der Vertrag mit England war bereits angebahnt, nun sandte sie an Sir William und Lady Hamilton ein Bild des Dauphins, jenes unglücklichen Jungen im Temple. Dazu schrieb sie, das Schicksal des Dauphins schreie nach grausamer Rache und sie zähle am meisten auf die edle englische Nation, um diese zu verwirklichen. Diese nur scheinbar sentimentale Geste sollte zu baldigem Erfolg führen.[98]

Am 12. Juli 1793 wurde der Bündnisvertrag zwischen Neapel-Sizilien und England ratifiziert, die Seemacht verpflichtete sich, die Küsten Neapel-Siziliens zu schützen und Ferdinand Landungstruppen zu stellen. Der anmaßende Mackau wurde unverzüglich nach Paris zurückgeschickt. Die Vergeltung der französischen Revolutionsregierung gegen Neapel stand allerdings zu befürchten.

Zur allgemeinen großen Freude lief am 12. September das große britische Kriegsschiff »Agamemnon« in den Hafen von Neapel ein. Sein Kommandant war ein tüchtiger, aber noch unbekannter Seeoffizier: Horatio Nelson.

»Er überbringt einen Brief seines höchsten Vorgesetzten, der von Neapel ein Landungskorps von 6000 Mann und die Mitwirkung von Kriegsschiffen fordert.

Das Entgegenkommen, das der junge Offizier am Neapler Hof findet, hätte nicht wärmer sein können . . . das Königspaar besucht das Flaggschiff, wobei Ferdinand die Engländer Retter Italiens und seines Reiches nennt. Nelson wohnt während der vier Tage seines Aufenthaltes in der Botschaft bei Sir William Hamilton und lernt dessen junge Gemahlin kennen. Ihre Schönheit und ihr Liebreiz üben tiefste Wirkung auf den Seeoffizier . . .«[99]

Damit begann eine der bekanntesten Liebesgeschichten der Weltgeschichte, diejenige zwischen Emma Hamilton und dem Seehelden Nelson.

Marie Karoline hatte begonnen, ihre geheimen Briefe mit Zitronensaft anstelle von Tinte zu schreiben, denn die Kurierwege waren nicht mehr sicher. Das Papierblatt erschien leer, gegen eine Kerze gehalten, wurde die Schrift jedoch bräunlich und damit lesbar.

Auf die Nachricht vom Tod ihrer Schwester Marie Antoinette, die am 16. Oktober 1793 unter der Guillotine ihr Leben verlor, reagierte Marie Karoline sehr heftig:

*Das Verbrechertum dieser Ungeheuer übersteigt alle Grenzen der Einbildungskraft. Gräßlich, gräßlich! Vor sieben Jahren war sie noch das angebetete, beweihräucherte Idol Frankreichs und jetzt . . ., wo sie auf dem Schafott geendet hat, essen, trinken und schlafen alle diese sogenannten Freunde und Freundinnen außerhalb des Landes in Sicherheit und weinten Krokodilstränen, während sie ihr Blut vergoß, ohne*

*daß sich irgend jemand einen Kratzer für sie zuzog. Welch große,*
*furchtbare Lehre.* [100]

Die französische Regierung setzte nun zum Großangriff auf die Ehre
der Königin von Neapel an.

»Da findet sich ein Abenteurer aus sonst guter adliger Familie, der
Mailänder Graf Gorani, der als leichtsinniger Trinker und Spieler in steter Geldverlegenheit trachtete, in Wien am Hofe Maria Theresias Unter-
stützungen zu erlangen. Schließlich versuchte er in Neapel in den Jahren
1786–88 eine Anstellung zu bekommen, die von Wien aus gewarnte Königin verhinderte dies aber und Gorani schwor ihr Rache.

Als nun die Revolution in Frankreich die Oberhand gewinnt, sieht der
herabgekommene Mann seine Rettung in der Politik und stellt sich den
Jakobinern in Paris zur Verfügung. Er erklärt sich bereit, unter dem Titel

*Geheime Memoiren und Kritik der Höfe, Regierungen und Sitten der*
*wichtigsten Staaten Italiens*

ein Buch herauszugeben, das ganz im Sinn der Aufrührer von Paris den
Hof von Neapel vor aller Welt bloßstellen soll, um den neuen umstürzle-
rischen Ideen daselbst besser Eingang zu veschaffen.

Der Vorschlag wird mit Freuden angenommen und 1793 in gehässi-
ger, niedriger und verleumderischer Gesinnung, aber literarisch nicht
ungeschickt, verwirklicht.«[101]

Dies Buch ist der Schlüssel für die so oft zitierten Anwürfe, die Töchter Maria Theresias seien samt und sonders »Messalinen« gewesen. Man
erinnert sich an gleichlautende Bezeichnungen für Amalia von Parma
und man wird – unabhängig von Gorani – auch für Marie Antoinette diesen Ausdruck lesen. Messalina, (ermordet 48 n. Chr.) jene liebesdur-
stige Gemahlin des Kaisers Claudius (41–54 n. Chr., geb. 10 v. Chr.),
war durch all die Jahrhunderte hindurch als Inbegriff einer ausschweifenden »Dirne auf dem Kaiserthron« bekannt geblieben. Sie ließ jeden
umbringen, der ihr lästig wurde, war zudem habgierig und intrigant. In
den revolutionären Schriften gegen die Herrscherinnen in Italien erschien der Bezug auf ihren gewaltsamen Tod besonders passend, weil
man ihnen ja ein gleiches Schicksal wünschte.

*Wie man zur Zeit Schandschriften über Herrscher und ihre Umge-*
*bung mit Begier aufnimmt, so wird auch dieses Buch, das nicht nur über*
*den Neapler, sondern auch über andere Höfe die tollsten Dinge verbrei-*
*tet, eifrig gelesen und bildet von nun an die Bibel für alle jene, die dem*
*Bourbonenhof im allgemeinen und der Königin Marie Karoline in be-*

*sonderen übel wollen. Sofort setzt sie Himmel und Hölle in Bewegung, um diesem Manne das Handwerk zu legen. Gorani aber weiß sich ihren Nachstellungen geschickt zu entziehen.* [102]

Die Verleumdungskampagne gegen Karoline wirkt, so möchte man es ausdrücken, bis auf den heutigen Tag nach. Auch in neueren Werken wird sie mit abfälligen Beinamen, wie »die schreckliche Karoline in Neapel«, bedacht. Um eine gänzlich widersprüchliche Aussage anzuführen, wurde und wird jedoch gern ein Urteil Lady Hamiltons zitiert:

*Niemand kann so reizend sein wie sie. Sie ist alles, was man wünschen kann, die beste Mutter, Gattin und Freundin in der Welt. Ich lebe beständig mit ihr und dies durch gut zwei Jahre in inniger Weise und habe niemals in dieser ganzen Zeit etwas anderes als Güte und Aufrichtigkeit an ihr festgestellt.*

*Wenn Du jemals irgendwelche Lügen über sie hörst, widersprich ihnen und wenn Du ein verfluchtes Buch von irgendeinem feigen französischen Hunde über sie liest, dann glaube nicht ein Wort.* [103]

Die Ansätze zu einem sich auch in Neapel bildenden Aufstand nach französischem Muster wurden Ende März 1794 entdeckt und Marie Karoline bereitete schon alles für eine mögliche Flucht vor. Es blieb jedoch bei zahlreichen Verhaftungen, den »jakobinischen Entdeckungen«, von denen Neapel noch den ganzen Monat April beunruhigt wurde.

Nachdem Robespierre, der Repräsentant der Schreckensherrschaft in Paris, am 28. Juli 1794 das Schafott bestiegen hatte, trat in der Außenpolitik eine gewisse Beruhigung ein. Allerdings versuchte die Republik Frankreich den wankelmütigen jungen Großherzog von Toscana, des Kaisers Bruder, zum Verlassen der Koalition der italienischen Staaten zu bewegen. Königin Karoline befürchtete, daß eines Tages doch die Franzosen kämen, um alles an sich zu reißen:

*Dann wäre ich im äußersten Falle entschlossen, meine sieben Kinder ins Meer zu werfen und ihnen dann nachzustürzen. Ich will keinesfalls die Beute dieser Halunken werden, noch irgend jemanden um Mitleid anbetteln. Das ist mein fester Entschluß . . . Die Furcht und Herzensangst, die der bloße Name Franzosen Italien einflößt, ist schrecklich, es ist so, als wären sie alle Riesen.* [104]

Karoline, die sehr an ihrer Familie hing, war eine streitbare Natur. Im Falle ihrer ältesten Tochter konnte sie nicht länger schweigen, als Nachrichten aus Wien eintrafen, die Kaiserin sei nach ihrer letzten Fehlgeburt sehr abgemagert und schwach und habe immer Fieber. Die besorgte Mutter schrieb unumwunden an Kaiser Franz II., sie habe ihm doch dereinst eine sehr starke, blut-, lebens- und kraftvolle Tochter geschickt und nun habe diese mit den Fehlgeburten, die man leicht hätte verhindern können, ihre Gesundheit so sehr verschlechtert. An Gallo schrieb sie, sie wolle ihr Kind nicht aus Nachlässigkeit, Dummheit, Halsstarrigkeit und schlechter Pflege verlieren. Sie mache sich dann sehr wenig aus der Freundschaft des Kaisers, wenn sie ihr liebes Kind verloren habe. Karolines Befürchtungen bestanden zurecht, die Kaiserin wurde lungenkrank und starb 1807 mit nur fünfunddreißig Jahren, wenige Tage nach der Geburt ihres zwölften Kindes.

Karoline haderte mit ihrem Schöpfer, daß er den Tod ihres begabten Bruders Leopold zulassen konnte, um in diesen schrecklichen Zeiten das Wohl Österreichs und des deutschen Kaiserreichs in so unfähige Hände zu legen. Ihr Urteil deckt sich völlig mit dem eines bedeutenden französichen Historikers, der eine Charakteristik Franz II. gibt:

»Er zeigt sich als ein etwas steifer, unschlüssiger Mann, eher geistig träge, dabei doch ehrgeizig, sehr, ja zu genau in allem, was er tut, und auf seine Geltung sehr eifersüchtig. Bei den Beratungen weiß er fast nie zu entscheiden, schiebt unangenehme Dinge hinaus, erledigt manches gar nicht oder sehr spät. So kommt es, daß viele Leute seiner Umgebung, wenn sie ihn nur geschickt zu nehmen wissen, überragenden Einfluß gewinnen.«[105]

Neapels Thronfolger Francesco und seine 1790 ihm angetraute Braut Klementine, Leopolds Tochter, waren nun beide zwanzig Jahre alt. Kaiser Franz erlaubte jetzt die Ausreise der Erzherzogin-Prinzessin nach Neapel. Am 25. Juni 1797 wurde in Foggia endlich die Hochzeitsfeier dieses so lange verlobt-verheiratet gewesenen Ehepaares begangen. Das Paar verstand sich sehr gut. Die anfängliche Begeisterung der Königin für die neue Schwiegertochter kühlte sich jedoch bald ab, da Klementine höflich, aber doch anders geartet war als ihre Schwiegermutter und es deshalb öfter Meinungsverschiedenheiten gab.[106]

Ende des Jahres 1795 wurde die Tochter Marie Antoinettes, ein verschüchtertes, über ihre siebzehn Jahre hinaus ernstes junges Wesen, in Paris freigelassen und reiste über Innsbruck nach Wien. Marie Karoline schrieb ihr herzlich, worauf eine sehr gemessene Antwort eintraf; doch ein Satz dieses Briefes rührte die Königin sehr:

*Meine Mutter hat mir oft von Ihnen gesprochen, sie liebte Sie mehr als ihre anderen Schwestern.*[107]

Als Folge der Bedrängnis Roms durch Napoleon erschienen Marie Antoinettes »Tanten« in Neapel. Es lebten von den Töchtern Ludwigs XV. von Frankreich noch Adelaide und Victoire, die mit Tugendpredigten und einem Hofstaat von zweiundsiebzig Personen Neapel heimsuchten. Diese Leute, »Menschen aller Eigenschaften und Farben«, wie Ferdinand notierte, seien in zwei Parteien geteilt und liebten einander »wie Hunde und Katzen«. Die Königin meldete nach Wien, der Besuch sei ihr lästig bis zum Exzeß, aber die Gastfreundschaft verlange es, sie aufzunehmen.[108]

Politisch hatte Karoline allen Grund, aus ihren Ängsten nicht herauszukommen. Preußen schied mit einem französischen Sonderfrieden aus der großen Koalition aus. Das gleiche strebte Spanien an, wo jetzt König Ferdinands Bruder Carlos Diego IV. mit Marie Luise von Parma offiziell regierte. Der wahre Herrscher war jedoch Manuel Godoy, der Favorit der Königin.

In Paris übte seit Mitte 1795 das Direktorium die Regierung aus. Royalistische Umtriebe schlug Napoleon rücksichtslos nieder, womit der noch unbekannte junge General erstmalig von sich reden machte. Bald darauf wurde sein Feldzugsplan gegen Italien genehmigt und als erstes marschierte er auf Turin, die Residenz des Königs von Sardinien, Stammsitz des Hauses Savoyen. Viktor Amadeus mußte einen Friedensvertrag unterzeichnen, der ihn zwang, Savoyen und Nizza an Frankreich abzutreten.

Österreich geriet in Bedrängnis, denn nun zog Napoleon mit seinen siegreichen Truppen über Mincio nach Mantua und nahm die Lombardei ein. Erzherzog Ferdinand verließ Mailand und floh mit seiner Familie nach Wien. Mit Neapel war indessen im Frieden von Brescia am 5. Juni 1796 eine Art Stillhalteabkommen getroffen worden. Ähnliche Waffenstillstandsabkommen mit Parma und Modena ließ sich Napoleon mit viel Geld und Kunstschätzen bezahlen. Selbst Papst Pius VI. wurde nicht verschont und mußte sich Frieden erkaufen.

Die Postverbindungen nach Neapel wurden durch die Ereignisse unterbrochen, was Karoline als persönlichen Affront betrachtete.

Mißmutig und verärgert registrierte man in Neapel den spanischen Vertrag mit Frankreich, der am 5. August 1796 zu San Ildefonso geschlossen wurde. Karl IV. drängte seinen Bruder dem Abkommen beizutreten, was Neapel eine Menge Unannehmlichkeiten erspart hätte. Doch die Königin stand treu zu England. Sie hätte alles andere eher getan, als sich mit der »französischen Mörderbande« zu vereinigen. Ein übriges tat ein Brief des Kaisers Franz aus Wien, doch ja keinen Sonderfrieden zu schließen, sondern mit ihm gemeinsam die Eindringlinge in Italien zu bekämpfen.[109]

Als aber England andeutete, durch Spaniens Vertrag mit Frankreich sei es gezwungen, seine Flotte von Korsika und eventuell aus dem ganzen Mittelmeer abzuziehen, schloß man doch am 10. Oktober 1796 einen Sonderfrieden mit Frankreich, den die Königin als »Frieden wider Willen« bezeichnete.

Obwohl Königin Marie Karoline Napoleon haßte, weil er ihre Lebensgrundlagen, vielleicht ihr Leben selbst zerstören konnte, erkannte sie durchaus seine Intelligenz und Genialität.

*Ein Wort von ihm zerstört alles, so groß ist die Tatkraft, die er beweist. Ich gestehe, ich für meinen Teil verabscheue die Partei, der Bonaparte dient . . . Er ist der Attila, die Geißel Italiens, aber doch habe ich für ihn ein Gefühl wahrer Achtung und tiefer Bewunderung. Das ist der größte Mann, den die Jahrhunderte je hervorgebracht haben. Seine Kraft und Energie, die Folgerichtigkeit seines Geistes, sein Tätigkeitsdrang und Talent haben ihm meine Hochschätzung eingetragen. . . . Ich schätze, ehre, bewundere und fürchte diesen Mann, den man nachahmen sollte . . .*

*Ich ziehe ihn Friedrich von Preußen vor, der neben seinen Gaben auch in manchem lächerlich kleinlich war. Bei jenem dort ist alles groß. Ich staune, und bedauere nur, daß er einer so verabscheuungswürdigen Sache dient. Ich möchte den Sturz der Republik, aber die Erhaltung Bonapartes, denn das ist ein wirklich großer Mann.*[110]

Die Diskrepanz ihrer Empfindungen für Napoleon erklärt die Königin in dem gleichen Briefe mit den Worten:

*Ich möchte, daß seine Pläne zunichte werden, seine Unternehmungen mißlingen und wünsche doch gleichzeitig Glück und Ruhm für seine Person, bloß soll dies nicht auf unsere Kosten gehen . . .*

Ferdinand ging auf die Jagd. Karoline arbeitete bis in die Nacht. Die Armee zählte 70 000 Mann, doch sie war schlecht verwaltet und miserabel untergebracht. Typhus und andere schwere Krankheiten dezimierten die Leute. Die Königin eilte ungeachtet der Ansteckungsgefahr in die Lager und tröstete die Kranken. Deprimiert verfaßte sie ein ausführliches Memorandum für den König, der dazu schrieb:

*Die Lektüre hat mich derart durcheinandergebracht, daß ich ordentlich Migräne bekommen habe.*[111]

Vorübergehend mochte Karoline an die Hilfe der englischen Flotte gedacht haben, aber noch band sie ja der Pakt mit Frankreich. Zudem befand sich Nelson in fernen Gewässern. Auf der Suche nach neuen Stützpunkten für die Engländer im Atlantik griff der kühne neununddreißigjährige Befehlshaber am 25. Juli 1797 die Stadt Santa Cruz auf Teneriffa an, die sich unter General Guitiérrez heldenmütig verteidigte. Die Kanone, die Nelson damals seinen rechten Arm abschoß, wird pietätvoll in Santa Cruz aufbewahrt.

Am 1. September 1797 begannen in Udine die Friedensverhandlungen für den Frieden von Campoformio, von Karoline mit großer Spannung verfolgt. Der österreichische Gesandte Degelmann, gelassen und eher kühl, berichtete dem Staatsminister Thugut nach Wien:

*Es ist nur zu sicher, daß alles von Bonaparte abhängen wird . . . die Gewalt des Genies dieses Mannes wird auf den Verhandlungen lasten . . . Ich bin nicht sein Bewunderer und bedauere sogar, daß es Leute dieses Schlages gibt . . ., aber es ist selten, einen Mann zu sehen, für den Natur und Schicksal mehr getan hätten . . . Wenn er sich einmal entschließt, schlecht zu handeln, wird er es systematisch tun . . . Die Hochachtung seiner Generale grenzt an Kult . . .*[112]

Am 23. Oktober erreichte der Kurier mit der Nachricht vom endgültigen Friedensschluß zwischen Frankreich und Österreich das Schloß in Neapel.

Ferdinand rief enthusiastisch »Te Deum laudamus«, auch Karoline war freudig erregt. Aber die Hochstimmung dämpfte sich rasch, als die Einzelheiten bekannt wurden. Österreich verlor die Niederlande, mußte auf das linke Rheinufer und auf die Lombardei verzichten. Der Gewinn Venediens, Istriens und Dalmatiens fiel dagegen nicht ins Gewicht. In Österreich sprach man von einem »Schandfrieden«, Talleyrand in Paris nannte ihn »glorreich«. Aber niemand rechnete damit, daß er lange in Kraft bleiben würde. Napoleon sorgte dafür, daß alle Souveräne Europas das Gefühl hatten, auf einem jeden Moment explodierenden Pulverfaß zu sitzen.

Für Italien hatte der Friede mit Wien schlimme Auswirkungen. Napoleons nächstes Ziel war der Kirchenstaat. General Berthier marschierte

Anfang Februar 1798 mit 10 000 Mann in Rom ein. Eine Flut neuer Pamphlete richtete sich speziell gegen die Königin. Der König, so hieß es darin, könne die Revolution ruhig in Neapel erwarten, er würde Präsident der neuen Regierung werden. Aber seine Frau, die ihn zugrunde gerichtet habe, solle man ebenso wegschicken wie den Verräter Acton.[113] Karoline flehte Kaiser Franz umsonst an, er möge doch schnellstens Hilfe senden.

Paris hatte, um den ehrgeizigen General möglichst nicht zur Alleinherrschaft gelangen zu lassen und um England an einer empfindlichen Stelle zu treffen, Napoleon mit einer Expedition nach Ägypten beauftragt. Dazu brauchte er die Insel Malta, die dem Johanniterorden überlassen war, als Stützpunkt. Sizilien hielt jedoch, wenn auch im losen Zusammenhang, einen Rechtstitel auf die Insel, die sogenannte Suzeränität. Vorläufig ging alles sehr im Geheimen vor sich, niemand sollte wissen, wozu die Schiffszurüstungen in Toulon dienten.

Karoline konnte nicht glauben, daß der Korse ein so fernliegendes Ziel wie Ägypten verfolgte. Sie meinte, er habe es auf Sardinien, Sizilien und Malta abgesehen. Aber dies traf nur für Malta zu, das Napoleon am 13. Juni 1798 besetzte.

Ferdinand hatte die englische Flotte zu Hilfe gerufen, aber schlechtes Wetter war schuld, daß Nelsons Geschwader die aussegelnden Franzosen verfehlte. Er folgte ihnen jedoch auf ihrem Kurs nach Ägypten. Kampfesmutiger als je schrieb Horatio Nelson an Lady Hamilton, er würde nur entweder mit Lorbeeren oder mit Cypressen bedeckt zurückkehren.[114]

Vor dem Hafen von Abukir traf Nelson auf die 200 Schiffe der französischen Flotte, die er alle – bis auf vier Schiffe, die flüchten konnten – bis zum Abend kaperte oder vernichtete.[115]

Nelsons Ruhm erstrahlte um so heller, als damit das Konzept des ägyptischen, als halb wissenschaftliche Expedition getarnten Feldzuges gänzlich verdorben war. Napoleon sah sich und seine Soldaten vom Vaterlande abgeschnitten, jeglicher Hilfsmittel beraubt.

In Neapel traf die Nachricht von Nelsons Sieg am 3. September 1798 ein. Am gleichen Tag schrieb Karoline an Lady Hamilton:

*Wenn Sie ein Bild Nelsons besitzen, dann will ich es in mein Zimmer haben . . . Es lebe, es lebe Ihre tapfere Nation, Ihre Seemacht und . . . der Ruhm der ersten Flagge der Welt. Hipp! hipp! meine liebe Lady, ich bin rein toll vor Freude . . .*[116]

Am 22. September erschien der Held von Abukir mit seinen Schiffen vor Neapel. Das Flaggschiff und dreizehn der größeren Fahrzeuge gingen im Hafen vor Anker, was natürlich dem Vertrag mit Frankreich zuwiderlief. Der Empfang war enthusiastisch. Karoline lag mit hohem Fieber zu Bett, aber sie schickte dem Admiral einen wundervollen Diamantring in die englische Botschaft, wo er bei den Hamiltons Wohnung genommen hatte. Den Schiffsmannschaften sandte sie Wein, Braten und Geld. Nelson wurde als Retter des Landes gefeiert.

Aus Wien hatte Karoline sich mit vieler Überredungskunst Karl Freiherrn von Mack erbeten, der als ausgezeichneter General empfohlen worden war. Doch handelte es sich um einen Menschen, der die einzigartige Gabe besaß, alle Erfolge fremder Personen in seine eigenen umzumünzen. Sein Eigenlob überzeugte damals etliche Personen von Rang. Von maßloser Selbstüberschätzung erfüllt, begab sich Mack auf den Weg in das Königreich Neapel-Sizilien.

In der dortigen Euphorie war man fest entschlossen, einen kühnen Feldzug nach Rom zu wagen, um die »frechen Usurpatoren«, die Franzosen, von dort zu vertreiben. Sieg, Ruhm und die Gunst des Heiligen Vaters würden dabei das Ergebnis sein. Der Kaiser in Wien würde sie nicht unterstützen, das stand fest. Aber mit dem so wohlbeleumdeten General Mack an der Spitze sollten auch ohne dies die begeisterten neapolitanischen Truppen Unglaubliches leisten.

Welch verhängnisvoller Irrtum!

Neapel ging von falschen Voraussetzungen aus. Zwar war preußisches Exerzierreglement schon seit einem halben Jahrhundert in Österreich Brauch, aber sowohl Spanien als auch Neapel hatten keine kriegserfahrenen Truppen. Die Könige selbst, niemals einer militärischen Erziehung teilhaftig geworden, zeigten kein Interesse. Voll Unkenntnis in militärischen Fragen gab sich König Ferdinand IV. von Neapel schillernden Illusionen hin, von seiner Gattin anspornend unterstützt, als im Herbst der Feldzug gegen Rom beschlossen wurde. Mit einer Großsprecherei ohnegleichen erklärte man die gerade eben erst rekrutierten, mangelhaft ausgerüsteten Truppen Neapels zur »besten Armee Europas«. Sogar Nelson, sonst kritisch und schlau, bediente sich dieses Ausdrucks und berichtet in seinem Briefwechsel über »the finest troops of Europe«.[117]

König Ferdinand von Neapel, befangen in den Traditionen seines Hauses, sah sich bereits als Held auf dem Schlachtfeld gefallen. Er verfügte in seinem Testament, daß zu seinem Seelenheil 24 000 Messen gelesen werden sollten, das Stück zu zwei Dukaten, außerdem bestimmte er 48 000 Dukaten zur Verteilung an die Armen.[118] Nach einem demonstrativen Besuch in der Kapelle des heiligen Januarius im Dom reiste der König am 8. November 1798 früh an die Grenze zur schönsten Armee Europas.

Karoline erhielt indessen noch einen ermutigenden Brief ihrer Tochter, der Kaiserin, aus Wien, der allerdings mehr versprach, als später gehalten wurde:

*Ich wage Dir, liebe Mutter, die Wahrheit anzuvertrauen. Mein lieber Mann will nicht, daß es offenbar werde und man wisse, er werde dann handeln, wenn es mein Vater tut. Mir aber hat er versichert, er werde sofort eingreifen.*[119]

So ging Neapel einem Desaster entgegen, wie es wohl selten in der Geschichte vorgekommen ist. Selbstüberschätzung, Unfähigkeit, gänzlicher und sträflicher Mangel an der geringsten Vorsorge und Organisation waren die Ursache des Scheiterns bei diesem unglücklichen Feldzug gen Norden. Kein Mensch hatte daran gedacht, diese Armee von 30 000 Mann geordnet zu versorgen. Der König schrieb, er würde sich mit Brot und Zwiebeln zufrieden geben, aber zu sehen, daß den Truppen alles fehle, lasse ihn vor Schmerz nahezu sterben.[120]

Auf die Kunde, daß ein neapolitanisches Heer sich im Anzug befände, räumten die Franzosen Rom, um die fragwürdigen Angreifer in jedem Falle einzulassen und sie danach um so sicherer zu umzingeln und zu schlagen. Nach Tagen der Unschlüssigkeit und Ungewißheit in Rom erschien am 11. Dezember der ehemalige Gesandte Neapels in Rom, Marchese del Vasto, beim König und berichtete, man sei einer Verschwörung auf die Spur gekommen, die den König ermorden wolle. Acton bestürmte seinen König, Rom zu verlassen. Nachts traf Ferdinand zu Pferd, ohne Mantel und Tasche auf Acton, der in einem unauffälligen Maultierwagen mit Wertsachen und Papieren geflohen war.[121]

Marie Karoline war außer sich. Sie klagte der Kaiserin:

*Neapel, 11. 12. 1798*
*. . . Durch Verrat oder Feigheit hat man in drei Wochen eine mit allem versehene Armee von 40-50 000 Menschen verloren . . . Ich weiß nicht mehr, wo mir der Kopf steht . . .*[122]

Nach dreiundzwanzigstündiger Wagenfahrt gelangte Ferdinand am 13. Dezember erschöpft nach Belvedere, wo die Königin noch am gleichen Tage eintraf. Sofort wurde Kriegsrat gehalten. Die französischen Truppen waren unter General Championnet vom Kirchenstaat her in Anmarsch auf Neapel. Alle rieten zur schleunigen Flucht nach Sizilien, die vom Königspaar in größter Heimlichkeit vorbereitet wurde. Nur mit Hilfe Lady Hamiltons und Nelsons war dies alles möglich.

Am 21. Dezember 1798 teilte man endlich, schon fast zu spät, dem britischen Flaggschiff mit, nun sei die königliche Familie zur Reise bereit. Nelson kam abends um Viertel nach acht persönlich mit drei Barkassen zu einem geheimen Anlegeplatz beim Arsenal.

»Dann versammelt das Königspaar seine sechs Kinder, die kronprinzliche Familie (Francesco mit Klementine und seinem vier Wochen alten Baby) und seine Getreusten, darunter Acton, die alle die erste Barke besteigen sollen. Unter Vorantritt Nelsons geht es in aller Stille über eine Geheimtreppe und durch einen unterirdischen Gang, der vom Schloß zum Hafen führt, zu der Stelle, wo die drei britischen Barkassen liegen.

Alle Männer halten Pistolen in der Faust, niemand trägt ein Licht; Marie Karoline, halbtot vor Kummer, wird von zweien ihrer Töchter gestützt, während Fürst Castelcicala den kleinen kranken Prinzen Albert in seinen Armen trägt. In tiefstem Stillschweigen langt man am Molo an und in einer halben Stunde ist die Überfahrt vollzogen und die flüchtende Gesellschaft an Bord des britischen Flaggschiffes.«¹²³

Hamiltons waren noch zur Tarnung auf einer großen Ballgesellschaft in der türkischen Botschaft. Sie schlichen sich getrennt davon, fanden die Barkassen und setzten über zum Flaggschiff. Doch Nelson weigerte sich, begreiflicherweise, auszulaufen, bis nicht der letzte Engländer aus Neapel mit seiner Habe an Bord sei. Angstvolle Tage vergingen. Am 23. Dezember 1798 kam ein derartiger Sturm auf, daß man noch im Hafen warten mußte, bis er nachließ. Endlich abends schien diese Gefahr vorüber, man lief aus. Die Nacht blieb ruhig, doch der Weihnachtstag gestaltete sich zu einem Inferno. Ein wütender Sturm überfiel die flüchtende Flottille. Masten knickten, Segel zerrissen, die großen Segler tanzten auf den Wellen wie leichte Korken. Nelson gestand, er habe so etwas in dreißig Jahren Seedienst noch nicht erlebt. Der Admiral wurde trotz seines Berufes ebenso seekrank wie seine Passagiere. Alle lagen in den Kajüten auf den Betten, wurden umhergeworfen, die Kinder weinten, es war ein unbeschreiblicher Zustand.

Einzig seefest in all diesem Unglück erwies sich Lady Emma. Sie kümmerte sich besonders um den kranken sechsjährigen Prinzen Albert, der totenblaß und apathisch in einer Ecke diesen Höllentanz über sich ergehen ließ. Zwar flaute der Sturm gegen zwei Uhr früh am 25. 12. ab, doch die See blieb bewegt. Albert bekam die furchtbarsten Krämpfe und starb abends an purer Erschöpfung. Verzweifelt, machtlos, todunglücklich gelangte Maria Theresias Tochter nach Palermo.

*Zu dem furchtbaren, grausamen Verlust des schönen Königreiches, der Ehre, . . . des Ansehens, aller unserer Interessen und des Erbes meiner Söhne habe ich nun auch dieses Kind verloren. Alles in mir ist ertötet, alles, alles vernichtet.*[124]

In den Morgenstunden des 27. Dezember 1798 ging Karoline mit ihren Töchtern heimlich von Bord. Niemand sollte die Damen der königlichen Familie mit verweinten Augen und ramponiertem Äußeren sehen. Stunden später verließ dann der König, umgeben von Nelson, Acton und seinem restlichen Hofstaat das Schiff, um von den Spitzen der Behörden Palermos gebührend empfangen zu werden.[125] Niemand aus der königlichen Familie hatte Sizilien jemals betreten. Der Palast in Palermo war keineswegs sofort bewohnbar. Erst nach und nach konnte er gesäubert, renoviert und vollends möbliert werden. Karoline litt unter der veränderten Umgebung, fand das Wetter und die nicht gerade reinlichen Leute »afrikanisch«, alles ging ihr »gegen ihre Natur«.

*Ich wundere mich, daß ich noch nicht blind geworden bin, soviel habe ich geweint.*[126]

Am schnellsten fanden sich König Ferdinand und sein Sohn Francesco in die neue Lage. Sie gingen auf die Jagd, die ihnen auf dem gebirgszerklüfteten Eiland sehr viel Abwechslung bot. Später entdeckten sie ihre Berufung zur Landbestellung.

*Wir haben hier weniger als ein Viertel unserer Einkünfte und dabei dieselbe große Familie und die gleichen Pflichten. Die Flotte ist verloren und verbrannt, wir sind ohne Armee, ohne Artillerie, eine Insel ohne Verteidigung . . . Die Befestigungen sind verfallen, wertlos. Was läßt dies hoffen? Tot oder gefangen nach Paris geschleppt zu werden. Ich ziehe das erstere vor . . .*[127]

Die Königin bemerkte mit Schrecken, daß sie von den Regierungsgeschäften weitgehend ferngehalten wurde. Ihr Mann und Acton berieten zusammen mit dem Thronfolger über alle Maßnahmen. Der Mißerfolg

der napoleonfeindlichen Politik, als deren Protagonistin sie bisher gewirkt hatte, zeigte sich in einer gewissen Verachtung ihr gegenüber,
selbst bei den nächsten Angehörigen und im Kreise bisher ergebener
Hofleute. Ihr einziger Halt blieb die Freundschaft zu den Hamiltons und
Admiral Nelson. Aber die gesellschaftliche Stellung des »Seehelden von
Abukir« wurde langsam durch sein Verhältnis zu Lady Hamilton un-
terminiert. Bald kam man in England zu der Ansicht, das Gesandtenehe-
paar und Nelson seien unter diesen Umständen als Repräsentanten Englands nicht mehr tragbar. Diesen Wandel der öffentlichen Meinung sollten die bisher Ahnungslosen trotz aller Lorbeeren Nelsons eines Tages
zu spüren bekommen. [128]

Die in Neapel zurückgelassenen Befehlshaber, Fürst Francesco Pigna-
telli-Strongoli und General Mack, zeigten sich völlig unfähig, überlie-
ßen nahezu kampflos Gebietsteile und Festungen den Franzosen und
schlossen schließlich einen, wie die Königin sagte, »schändlichen« Waffenstillstand. Doch aus dem leidenschaftlichen neapolitanischen Volke
erwuchs unverhofft Widerstand, der sich zunächst in vielen kleinen
Aufständen bemerkbar machte. Dann sammelten sich die Franzosen-
Feinde unter dem Befehl des streitbaren Kardinals Fabrizio Ruffo, der
seine Miliz, die von allen Seiten im Volk Unterstützung fand, so geschickt einsetzte, daß die Vertriebenen Hoffnung zu schöpfen begannen.
Schon im März 1799 waren Ruffos Fortschritte unübersehbar. Verstär-
kung und Hilfe konnten die Franzosen in Neapel nicht erwarten.

»Frankreichs Heere werden in Deutschland geschlagen und über den
Rhein zurückgedrängt. Auch in Oberitalien erleiden sie am 27. April
durch die vereinigten Österreicher und Russen unter dem Feldmarschall
Suwarow eine so vernichtende Niederlage, daß Mailand wiedererobert
und damit der Cisalpinischen Republik ein Ende gemacht wird. So muß
man selbst schon an die Möglichkeit der Rücknahme der französischen
Armee in Neapel denken.« [129]

Napoleon war noch in Ägypten.

Drei Monate war Karoline gänzlich von Wien abgeschnitten. Anfang
April kamen endlich zu Schiff gleich sieben Kuriere auf einmal und
brachten einunddreißig Briefe ihrer Tochter Marie Thérèse, der Kaiserin, darunter die erste offizielle Einladung, die Mutter möge doch, um
allen Unannehmlichkeiten zu entgehen, mit ihren Töchtern nach Wien
kommen. Doch Karoline antwortete hinhaltend, sie könne in so entscheidenden Monaten nicht von Palermo fort. Durch Ruffos Erfolge ermutigt, erwartete jeder die baldige Rückgewinnung des Verlorenen. [130]

Mitte Mai 1799 landete an der adriatischen Küste auf dem Gebiet des Königreiches Neapel-Sizilien eine russische Flottenabteilung mit 500 Mann. Sie war klein, aber ungeheuer wirksam. Die Russen marschierten zur Unterstützung des Kardinals Ruffo auf Neapel zu.

Nelson sollte, mit dem Ehepaar Hamilton an Bord, am 20. Juni 1799 mit der englischen Flotte nach Neapel zurückkehren, die Übergabe Neapels bewerkstelligen und die Franzosen vertreiben. Nach der Landung der Engländer wurden die Zustände vollkommen unübersichtlich, ein Kleinkrieg bereitete sich vor. Nelson bat Hamilton, an Acton nach Palermo zu schreiben, König, Thronfolger und Königin sollten sofort nach Neapel kommen. Dabei erklärte Nelson, er hafte mit seinem Kopf für die Sicherheit des Königspaars.[131]

Aber König Ferdinand und Acton verhielten sich dem verdienstvollen Kardinal Ruffo gegenüber ablehnend, weil dieser »völlig unnötig« einen ungünstigen Waffenstillstand geschlossen hatte. Anstatt sofort aufzubrechen, zögerte Ferdinand seine Abreise noch Wochen hinaus. Karoline wollte ihren Gatten um jeden Preis begleiten. Aber Ferdinand meinte, ihr Ansehen sei so sehr durch Zeitungsanwürfe herabgesetzt, daß sie derzeit nicht nach Neapel könne. Es kam zu stürmischen Auftritten zwischen dem Königspaar, ehe Karoline schließlich resignierte. Über Lady Hamilton hoffte sie, weiterhin wichtige Nachrichten zu erhalten.[132]

Mit einer sizilianischen Fregatte traf König Ferdinand endlich am 8. Juli 1799 vor Neapel ein, ging jedoch nicht an Land, sondern wechselte lediglich auf das Flaggschiff des englischen Admirals hinüber. Die Rädelsführer der französischen Parteigänger in Neapel wurden verhaftet und abgeurteilt.

Ende Juli waren die Franzosen aus dem Königreich Neapel vertrieben. Zudem drangen gute Nachrichten von auswärts nach Neapel und Palermo: Die Franzosen seien im Juni in einer dreitägigen Schlacht an der Trebbia geschlagen und aus dem heißumkämpften Mantua und auch aus der Schweiz vertrieben worden.

Doch Ferdinand blieb nicht in Neapel, ihn zog es nach Palermo zurück, wo Hofstaat und Familie auf ihn warteten. Am 8. August kehrte er auf Nelsons Flaggschiff zurück. Man begrüßte die Heimkehrer stürmisch, den König ebenso wie Nelson, der zum Herzog von Bronte ernannt wurde. Die überenthusiastischen Aufwendungen, Konzerte, Ruhmestempel im Park, Gold und Brillanten für Lady Emma, Feuerwerk im Schloßpark mit allerlei sinnfälligen und dabei nahezu lächerlichen Veranstaltungen, erregten das Mißfallen der Gegner Nelsons.

Während man in Sizilien feierte, brütete Napoleon über neuen Plänen.[133]

Es gelang Napoleon, aus der Isolierung in Ägypten herauszukommen und allen Feinden, die ihn im Mittelmeer jagten, zu entfliehen. Am 9. Oktober 1799 landete er in Fréjus, einen Monat später hatte er das Direktorium in Paris gestürzt und sich selbst neben zwei anderen zum Ersten Konsul der Republik ernannt.

Die Stimmung gegen Nelson hatte in England inzwischen die Oberhand gewonnen und Ende Februar 1800 erfolgte zunächst einmal die Abberufung Sir William Hamiltons von seinem Posten und somit auch der schönen Lady Emma. Karoline wußte, daß dies ebenfalls Nelsons Abschied bedeuten würde. Die Königin sah nun den richtigen Zeitpunkt gekommen, um das für sie so unerfreuliche Palermo zu verlassen. Sie wollte mit ihren Töchtern nach Wien reisen, um diese endlich zu verheiraten. Dem König wäre es lieber gewesen, wenn sie die Regierungsgeschäfte bei verändertem Kurs fortgeführt hätte, Karoline aber erhoffte sich Erfolg in Wien und eine ruhmvolle Rückkehr mit dekorativen Schwiegersöhnen im Gefolge.

Der König gab endlich nach, besorgte Geld und Kredite für die für längere Zeit geplante Reise, half, die Überfahrt zu organisieren, was durch die Absicht Nelsons, das Ehepaar Hamilton auf der Heimreise nach England zu begleiten, erleichtert wurde. Die Empfindungen, die das Ehepaar Karoline und Ferdinand beim Abschied hegten, waren entgegengesetzt. Der König notierte in seinem Tagebuch:

*Ich beginne im fünfzigsten Jahr meines Lebens heute das dreiunddreißigste meiner Ehe unter düstereren Aussichten als je.*[134]

Die Königin dagegen spürte, daß sie einer angenehmen Ruhepause entgegenging und freute sich, daß die Heimat ihr für einige Monate wiedergeschenkt sein würde und so schrieb sie auch an die Kaiserin, ihre Tochter, sie sei »trunken vor Freude«.[135]

Nelson wurde in einem freundlichen Schreiben aus London nahegelegt, zur Wiederherstellung seiner Gesundheit nach England zurückzukehren. Resigniert schrieb der einst als Held Gefeierte:

*Es gab eine Zeit, da konnte ich tun, was ich für das Beste hielt, aber jetzt ist Lord Keith . . . Oberbefehlshaber und ich habe nur zu gehorchen.*[136]

Beim Abschied am 9. Mai 1800 war die ganze Familie erregt und traurig. Mimi, Amélie, Toto und der kleine Leopold knieten vor ihrem Vater nieder und erbaten seinen Segen. König und Königin lagen sich weinend in den Armen. Ferdinand spürte, wieviel er entbehren würde, wenn sie so lange nicht um ihn sein konnte.

»Dann geht er, um durch Fischen Zerstreuung zu finden, während Marie Karoline sich an Bord von Nelsons Flaggschiff ›Foudroyant‹ (›Blitzschleuderer‹) begibt. Noch im Hafen erhält sie des Gatten ersten Brief, dem ein kurz zuvor gefangener, herrlicher Schwertfisch beigefügt ist.«[137]

Man reiste in angenehmer Fahrt bis Livorno an der toscanischen Küste, doch kurz vor Ende der Reise, beinahe schon angesichts des Hafens, überfiel ein derart schwerer Sturm das Schiff, daß sich alle an die elende Überfahrt nach Palermo erinnerten. In Angst und Schrecken stürzte man an Bord übereinander. Das Wetter dauerte an, alles betete oder fluchte, die letzte Stunde schien gekommen. Eine Rahe am Hauptmast brach, zerrissene Segel wurden vom Wind über Deck gefegt. Vier infernalische Stunden mußten die Reisenden durchstehen.

Mitten in die Ruhe nach dem Sturm drang Mitte Juni die Schreckensnachricht, Napoleon habe die Österreicher am 14. 6. 1800 bei Marengo geschlagen, einem kleinen Ort zwischen Turin und Genua. Kaiser Franz mußte die Lombardei erneut verlorengeben. Als die Königin diese Nachricht erhielt, bekam sie Krämpfe von beunruhigender Dauer. Doch es wurde noch schlimmer. Lord Keith erschien persönlich in Livorno, um den »Helden der Nation« darauf vorzubereiten, daß er sein Flaggschiff, die »Foudroyant«, mit der er die Schlacht von Abukir gewonnen hatte, abgeben müsse. Die ernste Lage erfordere sofortiges Eingreifen der englischen Flotte in Norditalien.

Es war nicht ganz einfach, die Landreise zu organisieren, weil die Reisegesellschaft immerhin außer der Königin und ihren vier Kindern, dem Ehepaar Hamilton und Nelson aus zweiundsiebzig Personen Hofstaat und Personal bestand.

Auf den unglaublich schlechten Straßen brachen Wagenräder, stürzten Kutschen um; Lady Emma, Nelson und mehrere andere wurden verletzt, ein Kutscher brach sich das Nasenbein. Weil man glaubte, französischen Truppen ausweichen zu müssen, wurde die Strecke von Florenz bis Ancona mit nur kurzen Unterbrechungen zurückgelegt. In drei Tagen hatte man einundsechzig Stunden im Wagen verbracht, von nur wenigen Stunden Schlaf unterbrochen.

Eine russische Fregatte mit fünfzig Kanonen brachte die Königin nach Triest. Zu Totos größter Belustigung stand Lord Nelson nachts mit Schlafrock, Zipfelmütze und Fernrohr bewaffnet auf der Kommandobrücke, um sich zu überzeugen, daß die von ihm so verehrten beiden Damen, Königin Karoline und Lady Emma, sicher befördert würden. Am 14. August erreichte man Schottwien, wohin das Kaiserpaar den Ankömmlingen entgegenfuhr. Marie Thérèse fiel ihrer Mutter um den Hals, alle waren sich fremd. Doch der Kaiser hatte ein opulentes Frühstück angeordnet und dabei tauten alle auf. Nachmittags traf man in Schönbrunn ein. Marie Karoline sah nach zweiundzwanzig Jahren ihre Heimat wieder.

Über den Aufenthalt Karolines in Schönbrunn wurden familiäre Einzelheiten schon im Kapitel über die Erzherzogin Elisabeth berichtet. Als mehr oder weniger komische Figur belustigte Tante Liesl die zahlreichen Kinder. Da waren die halbwüchsigen drei jüngsten Brüder des Kaisers Franz, fünf Kinder ihrer Tochter und des Kaisers, dazu ihre eigenen vier. Manchmal tobten alle derartig herum, daß Marie Karoline sie als die »bande joyeuse« bezeichnete – vergnügte Bande.

Der Aufenthalt der Königin Karoline in Wien dauerte fünfundzwanzig Monate, mehr als zwei Jahre. Erst am 17. August 1802 traf die Familie wieder in Neapel zusammen. Während des Aufenthaltes der Königin in Wien war es zwar nicht gelungen, wie geplant Mimi und Amélie unter die Haube zu bringen, aber die Jüngste, Toto, wurde mit dem Prinzen von Asturien, dem spanischen Thronfolger, verlobt. Gleichzeitig traten zwei Todesfälle ein. Karolines jüngster Bruder, Fürstbischof Maximilian von Köln, erlag vermutlich einem Schlaganfall nach einem opulenten Diner bei seiner Schwester Liesl in Schloß Hetzendorf. In Neapel verstarb an den Folgen einer unglücklich verlaufenen Geburt die Kronprinzessin Klementine, Schwester des Kaisers Franz, mit nur vierundzwanzig Jahren. Kronprinz Francesco war todunglücklich, er hatte sie sehr geliebt.

Der spanische Hof benutzte die Gelegenheit, dem verwitweten jungen Thronfolger von Neapel, Francesco, eine seiner Töchter anzubieten. Nach allem, was man in Neapel aus Madrid von Marie Luise von Parma und deren Favorit Godoy zu hören bekam, konnten gerechtfertigte Zweifel bestehen, ob sowohl Prinz Ferdinand von Asturien als auch die zwölfjährige Isabella von Spanien überhaupt des Königs Kinder waren. Im Laufe des Sommers 1802 fanden die Hochzeiten zunächst in Neapel per procurationem statt, nach der Überfahrt teils in Barcelona, teils in

Madrid. Isabella war ein vernachlässigtes und ungepflegtes Kind, Ferdinand ein unschöner, unerzogener Hohlkopf. Godoy wollte noch lange reagieren, einen klugen Kronprinzen konnte er dabei nicht brauchen. Der Eindruck, den die kleine dicke Isabella auf Karoline machte, war niederschmetternd.

*Ich hielt sie für taub. Sie lächelt zu allem, nimmt jedwedes Ding ohne Vorbehalt hin, tut und sagt, was nicht den geringsten Sinn hat . . . Nur Gesicht und Kopf auf dieser Kugel sind hübsch, frisch und angenehm . . . Sie findet weder an etwas Geschmack, noch besitzt sie eigenen Willen, ist ein Kind, das von nichts eine Ahnung hat . . . und gar nichts weiß . . . Wir werden ihr Lehrer geben . . . Das (vierjährige) Kind Francescos (aus erster Ehe mit Klementine) hat mehr Kenntnisse . . . Das übersteigt alle Begriffe . . . Sie weiß sich gar nicht zu benehmen, würde ihre Bedürfnisse ruhig öffentlich verrichten . . . Sonst scheint sie aber gut zu sein . . ., man sagt, daß ihr Bruder noch einfältiger ist. Francesco weint über sein Unglück . . .*[138]

Die Ehe wurde später gut, Isabella war ein gutherziges Kind und entwickelte sich dank der geduldigen Pflege und Erziehung zu einer passablen jungen Frau. Mit fünfzehn Jahren gebar Isabella ihre erste Tochter, der noch elf weitere Kinder folgen sollten. Allerdings hatte sich der Kronprinz äußerlich zu seinem Nachteil verändert. Die Königin fand, als sie ihren Sohn nach der Reise wiedersah, Francesco sei entsetzlich dick und habe eine schwerfällige, wenig vornehme Gestalt.[139]

Dagegen gestaltete sich das Leben der armen Toto als Prinzessin von Asturien zu einem Trauerspiel. Nach vierjähriger Ehe starb sie an den Auswirkungen zweier vernachlässigter Fehlgeburten, die eine galoppierende Schwindsucht zur Folge hatten. Godoy und die spanische Königin hielten es nicht einmal für notwendig, den Tod der Prinzessin am 21. Mai 1806 nach Palermo zu melden. Da Marie Karoline bis zum Herbst keine Nachrichten von ihrer Tochter hatte, sandte sie den jungen Herzog von Gravina nach Madrid. Umsonst erbat er Totos Testament. Man betrog die Familie um die letzten Andenken und Habseligkeiten der unglücklichen Tochter.[140]

Zwischen Hochzeit und Tod der neapolitanischen Marie Antoinette lagen schwerwiegende Änderungen in der Politik Europas. Der Pariser Senat beschloß am 18. Mai 1804 die Erhebung des Ersten Konsuls Napoleon zum Kaiser als Staatsgrundgesetz.

Marie Karoline schrieb dazu an Gallo:

*Es war nicht der Mühe wert, den gutmütigsten der Könige (Ludwig XVI.) zu verurteilen und zu köpfen, seine Frau, die Tochter Maria Theresias . . . entehrend in den Kot zu ziehen, Niedermetzlungen, Erschießungen, Ertränkungen vorzunehmen . . ., dabei ganze Bibliotheken von Freiheit und Glück usw. usw. zu schreiben, um schließlich nach vierzehn Jahren das versklavte Gewürm eines kleinen Korsen zu sein.*[141]

Der frischgebackene Kaiser Napoleon I. fühlte sich schwer beleidigt, daß das Königspaar von Neapel keinen Sonderbotschafter zu seiner Krönung nach Paris schickte. Beide hatten jedoch geschrieben, widerwillig die Anrede »Monsieur mon frère – mein Herr Bruder« gebrauchend. Die Antwort ließ auf sich warten. Man fürchtete mit Recht, Napoleon werde sich auch zum König von Italien aufschwingen. Neapel wollte erneut seine Neutralität bekunden. Napoleons Antworten sind bezeichnend für seine Einschätzung der Machtverteilung in Neapel. Ferdinand erhielt nur einen kurzen Brief, der ihm das Bündnis mit England in ungünstiges Licht rückte. Der Kaiser versuchte offensichtlich, Neapel zunächst als Bundesgenossen zu gewinnen.

»Napoleon zeigt . . ., wie genau er weiß, wer die Zügel der Regierung führt, denn gleichzeitig hat er auch an Marie Karoline geschrieben, aber viel länger, ausführlicher, schärfer . . . Und dies, weil Napoleon sich darüber im klaren ist, daß er in der Königin nicht nur eine Feindin, sondern eine gefährlichen Gegenspielerin hat, die er rücksichtslos bekämpfen muß, will er nicht in seinen Plänen empfindlichen Schaden leiden.«

*»Ich habe mehrere Briefe Euer Majestät in Händen, die keinerlei Zweifel über Ihre wahre, geheime Einstellung übrig lassen. Euer Majestät haben einen vor allen Frauen so ausgezeichneten Geist (esprit si distingué). Sind Sie denn nicht imstande, sich von den Vorurteilen Ihres Geschlechtes zu lösen, die Staatsgeschäfte wie Herzensangelegenheiten zu führen?*

*Sie haben schon einmal Ihr Königreich verloren. Sie waren schon zweimal Ursache eines Krieges, der Ihr Vaterhaus fast gänzlich in Trümmer geschlagen hat . . . Ist denn Ihr Haß so jung und Ihre Liebe für England so überspannt? . . .*

*Mögen Euer Majestät ohne ungeduldig zu werden, die folgende Prophezeiung anhören: Bei dem ersten Krieg, an dem Sie Schuld trügen, würden Sie und Ihre Nachkommenschaft zu herrschen aufgehört haben und Ihre umherirrenden Kinder würden in den verschiedenen Gegenden*

*Europas die Hilfe Ihrer Verwandten erbetteln müssen . . . Verzichtet*
*man so auf eines der schönsten Königreiche der Welt? . . . Ich wünsche*
*den Frieden mit Neapel, mit ganz Europa, selbst mit England, fürchte*
*aber den Krieg mit niemandem. Ich bin in der Lage, ihn gegen jeder-*
*mann zu führen, der mich herausfordern wollte und den Hof von Neapel*
*zu strafen, ohne irgend jemandes Groll zu fürchten.«*

*Auf diese Einleitung folgt eine Flut von Forderungen: Neapel soll völ-*
*lig abrüsten, die französischen Emigranten ausweisen, den Botschafter*
*in Petersburg abberufen, . . . und Marie Karoline soll ihr Vertrauen*
*»dem Chef ihres Hauses (Kaiser Franz) und – Napoleon wagt es zu sagen*
*– auch ihm schenken.«*

*»Ich mache Euer Majestät nicht den Hof mit diesem Brief, er wird*
*Ihnen unangenehm sein und doch . . . mögen Sie darin einen Beweis*
*meiner Hochschätzung sehen. Ich gebe mir die Mühe mit solcher Auf-*
*richtigkeit zu schreiben, nur bei einer Persönlichkeit mit starkem, über*
*das Gewöhnliche hinausragendem Charakter.«* [142]

Für Marie Karoline enthielt dieser Brief mehr Ironie und Perfidie, als
sie zu ertragen gewillt war. Sie wollte sich nicht von einem kriegslüster-
nen Emporkömmling ihre Handlungen vorschreiben lassen. Die An-
schuldigungen Napoleons tat sie als »bonapartistische Unverschämthei-
ten« ab. Sie kränkte sich maßlos, daß Neapel infolge seiner militärischen
Schwäche gezwungen war, sich »diesem Joch zu beugen«. Deprimiert
meinte sie, »nur der Tod wäre Befreiung von all diesem Unglück«.

Ebenso schwer getroffen von den Drohungen fühlte sich König Ferdinand. »Ich bin verstörter als sie«, schrieb er an Acton, und er sähe den
Untergang seiner Familie voraus, zu klar habe dieser Schurke gesprochen. [143]

Napoleons Siegeszug ging unaufhaltsam vorwärts. Am 26. 5. 1805
krönte sich der Kaiser der Franzosen mit der alten lombardischen eisernen Krone zum König von Italien. Neapel sandte kein Anerkennungs-
schreiben, sondern nur neue Anfragen und Bitten um Definition der
Grenzen. [144] Aber Napoleons Ausfälle und Drohungen bewirkten, daß
Gallo dann doch noch in letzter Minute, unter dem Datum vom 10. 6.
1805, eine Huldigung Neapels präsentierte. [145]

In Neapel konnte man sich jedoch nicht entschließen, den Vertrag mit
England zu gefährden. Nelson schrieb in treuer Anhänglichkeit, aber er
wurde in der Seeschlacht von Trafalgar, in der er am 21. 10. 1805 für
England den Sieg über die zahlenmäßig überlegene französisch-spani-

sche Flotte errang, tödlich verwundet. Karoline betrachtete das als eine besondere Perfidie des Geschickes. Indessen änderte sich nichts an ihrer englandfreundlichen Haltung.

Gleichzeitig landeten am 19. Oktober 1805 vereinigte englisch-russische Truppen in Neapel, was, wie Karoline voraussah, den Haß Napoleons ins Ungemessene steigerte. Inzwischen war auch Kaiser Franz II. von Österreich auf der Flucht in Olmütz, seine Kinder in Ungarn, die Kaiserin, in steter Angst gefangen zu werden, auf dem Wege nach Böhmen. Die Schlacht von Austerlitz am 2. Dezember 1805 brachte Napoleon den erneuten und bedeutenden Sieg über Österreicher und Russen.

Da der schon vorher mit dem ewigen Sieger sympathisierende Gesandte Gallo gerade in diesem Moment zum Feind überlief, gerieten auch noch belastende Depeschen aus Neapel in die Hand der Franzosen. Schon am 13. Dezember beschloß Napoleon, nunmehr »mit einer starken Armee« nach Süden aufzubrechen, um »die Staaten des Heiligen Vaters zu stützen und die Russen und Engländer aus Neapel zu verjagen«.[146] Die nächste Flucht des Königspaars war in diesem Moment beschlossene Sache.

Im Februar 1806 schiffte sich die Familie abermals nach Palermo ein, aber unter wesentlich ungünstigeren Umständen als zuvor. Man konnte in der Eile nicht genügend Geld mitnehmen, Juwelen und Wertgegenstände erzielten keineswegs mehr so bedeutende Erlöse wie einst, es würde ein trauriges Exil werden.

Im März 1806 übernahm Napoleons Bruder, Joseph Bonaparte, die Regierung in Neapel mit großsprecherischen Aufrufen und Proklamationen. Napoleon bewies sein propagandistisches Geschick durch die Art, wie er die Nachricht von der Eroberung Neapels verbreitete.

Man gab in der Comédie française Racines »Athalie«, ein Stück, das von der Entthronung einer verbrecherischen und ausschweifenden Königin von Juda handelte. Mitten in der Vorstellung mußte der Schauspieler Talma an die Rampe gehen, »um die Neuigkeit und damit die Bestrafung des Wortbruches der Königin Marie Karoline zu verkünden«. Die französische Zeitung »Moniteur« schrieb am 25. 2. 1806 pathetisch, das bleierne Szepter jener modernen Athalie sei nun auf Nimmerwiederkehr zerbrochen worden. Das schönste Land der Erde würde in Zukunft eine starke und freisinnige Regierung haben. Der Kaiser würde das Königreich Neapel für einen französischen Prinzen wiederherstellen . . . und ganz Europa mit Genugtuung eine Königin von ihrem Throne gestoßen sehen, die die souveräne Macht so sehr mißbraucht

27  *Marie Antoinette als junges Mädchen*

28   Marie Antoinette als Königin von Frankreich
mit ihren Kindern

habe und deren Schritte durch Aufruhr, Eidbruch und Blut befleckt seien . . . [147]

Karoline geriet in scharfen Gegensatz zu der englischen Schutzmacht, die mit der Zeit Sizilien besetzte, zwar Hilfsgelder an Ferdinand zahlte, sich aber dafür auch viele Freiheiten herausnahm, unverschämte Gesandte nach Palermo schickte und sich viele Schikanen erlaubte.

Dennoch erlahmte Karoline nicht, ihren Kampf gegen Napoleon mit Fluten von Briefen weiterzuführen. Die geheime Korrespondenz, chiffriert und in Zitronenschrift geschrieben, beförderten allerlei obskure Boten und Botinnen mit Fregatten, Barken oder Fischerbooten. Ein Brief ist erhalten, der in Form einer Einlegsohle geschnitten ist und den eine Agentin in ihrem Schuh versteckte.

Karolines Laune orientierte sich an Napoleons Geschick. Siegte er, war sie der Verzweiflung nahe. Der geringste Fehlschlag seiner Pläne erfüllte sie mit Freude. So traf die Neuigkeit vom Februar 1810, Napoleon habe sich mit Marie Louise, der ältesten Kaisertochter aus Wien, verlobt, zunächst auf Entsetzen, sowohl in Neapel als auch auf dem übrigen Kontinent. Die allgemeine Meinung ging dahin, es werde dem rücksichtslosen Emporkömmling und brutalen Thronräuber eine Erzherzogin bedenkenlos geopfert. Louisella, wie sie in der Familie genannt wurde, schrieb bewegt im März 1810 an ihre Großmutter Marie Karoline nach Palermo:

*Die Zeitungen . . . werden Dir vielleicht schon kundgetan haben, liebe Großmutter, daß ich die Gattin des Kaisers Napoleon bin. Du kannst Dir leicht vorstellen . . ., wieviel mir dieser Schritt kostet . . . Ich kann nur mit Schauder an den Augenblick denken, der mich vielleicht für immer von dem trennen wird, was mir auf der Welt das liebste ist . . . Wenn selbst der Gehorsam meinem künftigen Gatten gegenüber mich außerstande setzen würde, Dir meine ganze töchterliche Zärtlichkeit zu beweisen, so wird sie doch wenigstens tief in meinem Herzen eingeprägt bleiben . . . Du wirst begreifen, meine liebe Großmama, daß ich in diesem Augenblick gänzlich von ihm abhänge . . .* [148]

Karolines Reaktion auf die Eheschließung des geschiedenen Napoleon mit Louisella war heftig und ausfallend.

*Der Kaiser wagt es, (Kaiser Franz) seine Tochter als eheschänderische Konkubine einem mit allen Verbrechen und Greueln besudelten Manne zu geben!* [149]

Voller Zorn und Kummer schrieb sie an Ruffo, ob man denn in Wien eine Seele habe, die aus Dreck zusammengesetzt sei.[150]

*»Tyrann und Konkubine«, scheut sich Marie Karoline nicht, auch Außenstehenden . . . gegenüber die Eheleute zu bezeichnen, die nun das »Palais Marie Antoinettes bewohnen« werden. »Es kann doch keine Verbindung mehr zwischen uns geben«, klagt sie Maria Ludovikas Mutter (der Erzherzogin Beatrix von Este-Modena, Ferdinands Gemahlin), »wenn man solch schauerliche Dinge zugesteht, ohne die Einwilligung einer Großmutter einzuholen, die doch von einer so verbrecherischen, ungeheuerlichen und niederträchtigen Verbindung nicht geschmeichelt sein kann. Ich erschauere, wenn ich daran denke, welche Mischung von Verbrechen und Abscheulichkeiten nun Enkel der erhabenen Maria Theresia wird. Aber man muß den Kopf senken und schweigen.«[151]*

Der Glückwunsch Karolines, der nun eigentlich an das kaiserliche Haus in Wien fällig gewesen wäre, enthielt keineswegs die üblichen Floskeln. Schon die Anrede »Mein Herr« für Kaiser Franz war ungewöhnlich. Karoline malte mit phantasievoller Feder alles Unglück aus, das aus dieser Verbindung entspringen würde und schloß mit den Worten:

*Gott möge alle Kinder meiner lieben Therese vor Verderbnis, Gottlosigkeit und allem geistigen und zeitlichen Unglück bewahren, das sie bedroht. Zu dieser abscheulichen Hochzeit kann ich Ihnen kein Kompliment machen. Bittere Tränen vergoß ich darüber, mögen Sie niemals Rechenschaft dafür ablegen müssen . . . Ich bin für das Leben, mein Herr Schwiegersohn und Neffe, Euer kaiserlichen und königlichen Majestät sehr untergebene Schwiegermutter und Tante Charlotte[152]*

Am 23. März 1810 hatte Joachim Murat als neuer König den Thron von Neapel bestiegen. Er war ein Schwager Napoleons, seine Frau, die jüngste der Schwestern Bonaparte, hieß ironischerweise ebenfalls Karoline.

Mit Befriedigung verfolgte Karoline in Palermo, daß die englischen Zeitungen sich gar nicht über die üblen Machenschaften des »Usurpators Napoleon« beruhigen konnten, der immer mehr Macht und Ansehen in Europa an sich riß.

Sie selbst geriet in immer größeren Gegensatz zu der englischen Besatzungsmacht auf Sizilien. William Charles Henry Cavendish, Lord Bentinck, der Bevollmächtigte der Londoner Regierung, versuchte sich als Eroberer der Insel Sizilien England unentbehrlich zu machen. Der König war fast ganz ausgeschaltet. Nun galt es, Marie Karoline mit Verunglimpfungen, Lügen und Intrigen sowie Drohungen unmöglich zu machen. Die Nachrichtenverbindungen nach Palermo waren miserabel. Monatelang blieb Marie Karoline ohne Post aus Wien. Sie hatte, falls sie der Ungunst der Verhältnisse weichen müßte, dort um Asyl gebeten. Am 4. März 1812 traf zwar die Zustimmung von Kaiser Franz ein, doch hoffte er gleichzeitig, sie würde sich noch lange nicht von ihren Lieben trennen müssen. Karoline wußte, daß sie bei ihrem Neffen nicht willkommen war. Aber die Dinge spitzten sich derart zu, daß König Ferdinand am 18. März 1812 Karoline um schnellste Abreise bitten mußte, sonst würde es keine Ruhe geben. Er wollte die Regierung an seinen Sohn abtreten und sich zurückziehen.

Doch schließlich gab sie allen Widerstand auf und sandte Lord Bentinck eine Liste mit den Bedingungen für ihre Abreise: Bezahlung ihrer Schulden, Auslösung ihrer Juwelen, Reisekosten, Gewährung einer standesgemäßen Rente, Mitführung aller von ihr gewünschten Personen und die Bereitstellung der nötigen Schiffe für die Reise.[153]

Als die Königin endlich alle Vorbereitungen getroffen hatte, schrieb sie erschöpft an ihren Sohn:

»*Ich kann nur mit dem göttlichen Erlöser sagen: ›Es ist vollbracht‹ . . . Wir aber . . . werden uns fürs Leben trennen und niemals, niemals wiedersehen.*[154]

Zwei Tage später teilte König Ferdinand Kaiser Franz mit, seine geliebteste Frau sei genötigt, aus höchst unerfreulichen Gründen aus dem Königreich abzureisen und sich unter dem Namen einer Gräfin Castellammare in seine Staaten zu begeben.[155] Karolines letzte Briefe aus Palermo sind ergreifend:

*Ich leide das Unmögliche, ihn (den König) in einem so unglücklichen Augenblick zu verlassen, aber Gewalt gebiert eben nicht Vernunft . . .*
*Was mir diese grausame Abreise kostet, weiß Gott allein. Den schwachen, kranken König, meine Kinder und zahlreichen Enkel, mein Etablissement, meine ganze Stellung so aufzugeben! Ich kann es nicht fassen. Nur mein Sohn Leopold hat mich nicht verlassen wollen . . .*[156]

In der Bevölkerung jedoch genoß die Königin großes Ansehen. Karoline war gerührt und noch trauriger als sonst, als sie erfuhr, welche Un-

Die Kinder Maria Theresias

ruhe durch die Ankunft fremder Truppen bei den Sizilianern entstand.
».... das Eintreffen britischer Truppen hat es aller Welt klargemacht,
daß die Königin einfach mit Gewalt vertrieben wird. Infolgedessen werden ihr überall, wo sie erscheint, Kundgebungen dargebracht; die Leute
stehen zu Tausenden vor den Fenstern ihrer Behausung, jubeln ihr zu,
und in die Hochrufe mischen sich Verwünschungen gegen die Fremden,
die sich so Unerhörtes herausnehmen.«

*Die Königin empfindet wohl Genugtuung darüber,* »aber«, *meint sie
zu (Cavaliere Luigi) Medici,* »das ärgert die Engländer immer mehr,
denn sie erscheinen wahrhaft lächerlich . . . Sie bewachen mich mit
zwei- bis dreitausend Mann Infanterie, Kavallerie und Artillerie, mit
einer Division, bald einem Corps.«

»So blieben die Truppen etwa einige Meilen von Mazzara entfernt,
nur der General nahm in dieser Ortschaft heimlich Wohnung. Weniger
die Bitten der Königin haben ihn dazu veranlaßt, als das Gefühl der Un-
würdigkeit eines solchen Machtaufwandes gegenüber einer wehrlosen,
kranken Frau.«[157]
    König Ferdinand war in letzter Zeit besonders liebenswürdig zu seiner
Gattin gewesen; er versicherte sie seiner ständigen und anhaltenden
Hochschätzung und bat sie, ihn immer als ihren »alten Gefährten, der
sie zärtlich liebe« zu betrachten. Schon lange Jahre hatte Karoline
Kenntnis von einer geheimen Verbindung ihres Mannes zu einer Dame,
die zwar auch schon in vorgeschrittenem Alter war, dennoch durchaus
eine Gefahr für die übernervöse, bekümmerte und verhärmte Königin.
Sie hieß Lucia Migliaccio. Karoline ignorierte sie, wie es sich geziemte.
    Mit allen Ehren, eskortiert von Geistlichkeit mit brennenden Kerzen,
fuhr Karoline am 14. Juni 1813 mit Leopold durch die Straßen, die
schwarz von Menschen waren, zu der englischen Fregatte, die von einem
»Seeoffizier aus der alten Schule Nelsons«, dem Kapitän Chamberlain,
befehligt wurde. Die Reise ging in weitem Umweg über Konstantinopel
und Odessa, wo die Reisegesellschaft wegen der herrschenden Pestge-
fahr einige Wochen der Quarantäne verbringen mußte.
    Hier erhielt Karoline am 8. November 1813 die frohe Kunde von der
Völkerschlacht bei Leipzig, nach der die Franzosen sich geschlagen auf
das andere Ufer des Rheins zurückbegeben mußten. Begeistert gratulierte Karoline dem kaiserlichen Neffen in Wien. Haydns schöne Weise
»Gott erhalte Franz den Kaiser«, die Melodie des Deutschlandliedes, war

seit ihrer Uraufführung im Carltheater am 12. 2. 1797 zum Geburtstag Franz' II., schnell volkstümlich und amtlich zur Hymne des Reiches erklärt worden.

»*Wir singen täglich in unserer Absperrung . . . jene Melodie, die . . . ans Herz rührt, das ›Gott erhalte Franz den Kaiser!‹*«[158]

Allgemeine Hoffnungsfreudigkeit bemächtigte sich der Reisegesellschaft. Der junge Leopold notierte freudig in seinem Tagebuch:

*In Kürze wird nun Bonaparte gänzlich zusammenbrechen, und dann werden für uns alle die glücklichen Zeiten zurückkehren, deren wir uns alle zusammen werden erfreuen können.*[159]

Die Reise mußte mit einem weiten Umweg geplant werden. Über Nikolajew ging es auf die galizische Grenze zu nach Lemberg. Für Kaiser Franz II. war es noch immer ein unangenehmer Gedanke, Karoline in Wien zu wissen. Noch war Napoleons Schicksal ja nicht entschieden. So erließ er auf Metternichs Weisung an den Statthalter Galiziens den Befehl, die Königin möge gar nicht erst nach Wien kommen, sondern in der Burg zu Ofen in Ungarn ihren Aufenthalt nehmen.

Karoline lehnte erbost ab und setzte ihre Reise beharrlich in Richtung Wien fort. In Brünn traf endlich ihr Beauftragter Fürst Alvaro Ruffo aus Wien ein und meldete, daß dank des persönlichen Einsatzes der liebevollen Kaiserin Marie Ludovika, der Nachfolgerin ihrer verstorbenen Tochter Marie Thérèse, für Marie Karoline ein Gebäude der Reichskanzlei am Ballhausplatz als Wohnung reserviert worden sei.

Da Franz II. und Metternich nicht anwesend waren, so fand ein überaus herzlicher Empfang in Wien durch die Kaiserin statt. In der Hofburg warteten schon alle Enkelkinder unten an der Stiege. Mit Tränen in den Augen umarmte die Königin zärtlich ihre Kleinen, die sie kaum noch kannte. Ein Dutzend Jahre war vergangen, alle waren fast größer als die gerührte Großmutter.

Karoline erfuhr bald den tieferen Grund für die Reserviertheit des Fürsten Metternich. Dieser wollte um einer Liebschaft mit Karoline Murat willen, ihren Mann Joachim als König von Neapel halten und gegen seinen Bruder Napoleon ausspielen. Ferdinand in Palermo sollte eine Abfindung bekommen, wenn er auf sein Königreich verzichtete. Ferdinand beschwor Karoline aus Palermo, um keinen Preis in diesen Vorschlag einzuwilligen, eher würde er sterben als abdanken. Der Königin

Antipathie gegen den »Gastwirtssohn Murat« auf ihrem Thron war ohnedies nicht mehr zu überbieten. Selbstverständlich suchte sie mit aller Energie diesen Plan zu vereiteln.

Als im April des Jahres 1814 ihr alter Feind Napoleon vom Senat der Stadt Paris für abgesetzt erklärt und auf die Insel Elba verbannt wurde, war Karoline bereits gesundheitlich gebrochen. Den Sommer verbrachte die Königin teils in Hetzendorf, teils in Wien. In dem alten Schloß, das einst ihrer Großmutter, der alten Kaiserin Elisabeth Christine, als Sommeraufenthalt gedient hatte, bereitete sie sich darauf vor, die Teilnehmer des schon einberufenen Wiener Kongresses zugunsten ihres Gatten und einer Rückerstattung des Königreiches Neapel zu beeinflussen.

Am 7. September empfing sie von daheim einen großen Packen Briefe und las und schrieb die Nacht bis halb zwölf. Sie ersuchte ihre Kammerfrau, die alte treue Bittermann, ausdrücklich, sie am nächsten Tag später zu wecken, sie sei müde. Die Bittermann legte sich nebenan nieder, da hörte sie um zwei ein Geräusch im Zimmer ihrer Herrin. Einige Schritte von ihrem Bett entfernt lag die Königin auf dem Boden, den Mund geöffnet, die Hand zum nahen Klingelzug erhoben. Marie Karoline war tot.

In ihrem Testament hatte sie angeordnet:

*»Ich befehle . . . daß mein Körper in keiner Weise einbalsamiert oder eröffnet werden möge . . . Ich wünsche im schwarzen Gewande, dem Ordenskleide der schmerzensreichen Madonna, beerdigt zu werden. Im Leben wie im Tode habe ich allen Prunkaufwand gehaßt. Ein Sack mit einem Schleier darüber würde es auch tun. Das Gedenken und die Gebete meiner Freunde und eine möglichst wenig prunkhafte Aufmachung wird mir am liebsten sein.«* [160]

Das letzte noch lebende Kind Maria Theresias war gestorben. Sie fand ihre Ruhestätte bei ihren Eltern in der Kapuzinergruft in Wien. Ihre aufrechte und unbeirrbare Haltung trug Gewinn. Das Königreich Neapel-Sizilien wurde wiederhergestellt und blieb den Bourbonen noch bis zur Einigung Italiens Mitte des 19. Jahrhunderts erhalten.

Ihre Kinder heirateten standesgemäß. Ihre geliebte Mimi wurde Königin von Sardinien, Amélie gelangte durch ihren Gatten 1830 auf den französischen Königsthron, Leopold vermählte sich 1816 mit einer österreichischen Cousine.

Von dem Moment ihrer Verheiratung an war Marie Karoline gezwungen gewesen zu kämpfen. Sie tat es leidenschaftlich und mit ganzer Seele, mochte sie Tanucci, Floridablanca, Napoleon oder die Französische Revolution zum Gegner haben.

Unter all den Königen und Fürsten, die sich bald nach Marie Karolines Tod in Wien versammelten und über das Schicksal Europas entschieden, wäre sie die einzige gewesen, die niemals auch nur im Traum daran dachte, mit Napoleon zu paktieren oder vor ihm zu kapitulieren. In einem entfesselten Zeitalter bewies sie Charakter und mehr Mut als mancher Mann.

Marie Karoline von Neapel-Sizilien blieb bis vor einem Vierteljahrhundert unbekannt. Erst dann fand sich ihre umfangreiche Korrespondenz in einem Privatarchiv in München. Aus diesen Originaldokumenten verfaßte der Historiker Graf Corti die ausführliche Biographie der Königin. Vertraut mit ihrem Leben wie kein anderer sonst, schloß Corti mit den bewundernden Worten:

»Ja, weiß Gott, in der Art, wie diese Frau schrieb, handelte, ja selbst fehlte, in allem und jedem flammte stets etwas vom Geiste ihrer Mutter, der großen Kaiserin.«[161]

König Ferdinand, ihr »alter Gefährte«, bewies wenig Pietät. Zwar ordnete er Hoftrauer auf sechs Monate an, aber dies hinderte ihn nicht, sich zwei Monate nach dem Tode seiner Gattin, am 27. November 1814, mit der vierundvierzigjährigen Witwe Lucia Migliaccio e Borgia in morganatischer Ehe trauen zu lassen.

## Abkürzungen, Quellen und Anmerkungen zum Kapitel
## Marie Karoline, Königin von Neapel-Sizilien

*Abkürzungen*

| | |
|---|---|
| C. A. | Calabrisches Hausarchiv. Vormals Archiv seiner königlichen Hoheit des Herzogs Ferdinand von Calabrien, München |
| HHSTA | Österreichisches Haus-, Hof- und Staatsarchiv, Wien |
| MK | Marie Karoline, Königin von Neapel |
| Morrison | Morrison-Manuskriptsammlung, London |
| MTH sen. | Kaiserin Maria Theresia (1717–1780) |
| MTH jun. | Kaiserin Marie Thérèse, Prinzessin von Neapel-Sizilien (1772–1807) |
| Simancas | Archiv Simancas, siehe bei d'Ayala |

*Quellen und Anmerkungen*

Die Zitate aus der Biographie des Grafen Corti »Ich, eine Tochter Maria Theresias«, erfolgen mit ausdrücklicher Genehmigung von Frau Liselotte Trubel, Wien.

1 Bericht des Grafen Kaunitz, Neapel 25. 11. 1767; Fürst Johann Josef Khevenhüller-Metsch, Aus der Zeit Maria Theresias, Tagebuch des kaiserlichen Obersthofmeisters 1742–1776, 8 Bde., hrsg. von Hanns Schlitter, Wien/Leipzig 1907/1908. – Nachstehend abgekürzt »Khevenhüller« genannt. – Bd. VI, S. 552 (Quellenzahl 253, III)
2 Egon Caesar Conte Corti, Ich, eine Tochter Maria Theresias, ein Lebensbild der Königin Marie Karoline von Neapel, München 1950. – Nachstehend abgekürzt »Corti« genannt. – S. 29
3 Corti, S. 31
4 Orig. d. Binderschen Schreibens, HHSTA; Corti, S. 23
5 Instruktion der Kaiserin MTH sen. für

Charlotte u. die »Informations secrètes pour Caroline« Anfang 1768. HHSTA; Corti, S. 31
6 Corti, S. 35
7 Corti, S. 32
8 Corti, S. 33
9 Briefe der Kaiserin Maria Theresia an ihre Kinder und Freunde, 4 Bde., hrsg. von Alfred Ritter von Arneth, Wien 1881. – Nachstehend abgekürzt »Arneth, Briefe« genannt. – Bd. IV, S. 488
10 Ehevertrag zwischen Ferdinand IV. v. Neapel u. Carolina v. Österreich, 3. 2. 1768. HHSTA; Corti, S. 37
11 Ferdinand IV. an MTH sen. aus Venafro 2. 3. 1768. HHSTA; Corti, S. 37
12 Instruktion d. Staatskanzlers Fürst Wenzel v. Kaunitz-Rittberg an MK 17. 3. 1768. HHSTA; Corti, S. 38

[13] Vortrag Wien 31. 3. 1768; S. a. Arneth, Briefe, Bd. III, S. 29, 32, 56. Die Anredeform der Mutter ist »Sie«. Corti übersetzt »Du«. Corti, S. 38

[14] Auszug aus dem Hofzeremonialprotokoll 1768. HHSTA; Corti, S. 40

[15] Corti, S. 40

[16] Nach der gedruckten »Postreislista«. HHSTA; Corti, S. 42

[17] MK an die Gräfin Lerchenfeld, Innsbruck 17. 4. 1768. Abschrift a. d. Köferinger Arch., HHSTA; Corti, S. 44

[18] Kühner, Lexikon der Päpste, Zürich/Stuttgart, S. 263, 107. – Chinea: abgeleitet von frz. haquenée, eng. hackney = reichgeschmücktes Pferd

[19] Corti, S. 45

[20] MK an die Gräfin Lerchenfeld, Florenz 2. 5. 1768. Abschrift HHSTA; Corti, S. 47

[21] Corti, S. 47

[22] Joseph II. an Leopold v. Toscana, 16. 4. 1768. HHSTA; Corti, S. 48

[23] Graf Orsini-Rosenberg an Leopold v. Toscana, 9. 5. 1768. HHSTA; Corti, S. 52

[24] Nach Briefen Leopolds an MTH sen. v. 13. u. 14. 5. 1768 u. dem Bericht der Gräfin Pallavicini an Kaunitz v. 12. 5. 1768. HHSTA; Corti, S. 54

[25] Corti, S. 55

[26] Nach Winckelmann, 26. 4. 1758: »Versailles wird dadurch verdunkelt werden«; Paläste, Schlösser, Residenzen, hrsg. von Boekhoff/Joop/Winzer, Herrsching, S. 30

[27] Corti, S. 55

[28] Corti, S. 56; nach Sir William Wraxhall, Historische Denkwürdigkeiten meiner Zeit, Weimar 1816, S. 123

[29] Nach dem Bericht Leopolds an MTH sen. 14. 5. 1768. HHSTA; Corti, S. 56

[30] Corti, S. 56

[31] MK an die Gräfin Lerchenfeld, Neapel 13. 8. 1768. Abschrift HHSTA; Corti, S. 67

[32] Corti, S. 59

[33] Corti, S. 59

[34] Corti, S. 60 ff.

[35] Corti, S. 61

[36] Corti, S. 61

[37] MK an die Gräfin Lerchenfeld, Caserta 22. 5. 1768. Abschrift HHSTA; Corti, S. 62

[38] MK an die Gräfin Lerchenfeld, Neapel 1. 6. 1768. Abschrift HHSTA; Corti, S. 63

[39] Leopold an MTH sen., Neapel 26. 6. 1768. HHSTA; Corti, S. 65

[40] Relation Kaiser Josephs ü. s. Besuch in Neapel an MTH sen., Florenz 21. 4. 1769. HHSTA; Corti, S. 79

[41] Relation Kaiser Josephs, s. Anm. 40; Corti, S. 79

[42] Relation Kaiser Josephs, s. Anm. 40; Corti, S. 80

[43] Friedrich der Große im Spiegel seiner Zeit, hrsg. v. G. B. Volz, 3 Bde. Berlin, o. J., Bd. 3, S. 206

[44] Relation Kaiser Josephs, s. Anm. 40; Corti, S. 81

[45] Relation Kaiser Josephs, s. Anm. 40; Corti, S. 83

[46] Relation Kaiser Josephs , s. Anm. 40; Corti, S. 87

[47] MK an MTH sen., Portici 6. 10. 1769. HHSTA; Corti, S. 89

[48] nach Attilio Simioni, Le origini del risorgimento politico dell'Italia meridionale, Roma 1924, S. 5

[49] Corti, S. 94

[50] Khevenhüller, Bd. VII, S. 131

[51] Corti, S. 96

[52] Corti, S. 96

[53] nach Michelangelo d'Ayala, I liberi muratori di Napoli nel secolo XVIII, in: Archivio storico per le provincie napoletane, anno XXIII. – Nachstehend abgekürzt »d'Ayala« genannt. – S. 106

[54] Adam Wolf, Marie Christine, Erzherzogin von Österreich, 2 Bde, Wien 1863, Bd. I, S. 106 ff.

[55] Wolf, Bd. I, S. 453

56 Ferdinand an s. Vater, Neapel, 7. 7.
1776; Simancas, anno XXII, S. 623

57 Corti 103

58 Ferdinand an s. Vater, Portici 29. 10.
1776; Simancas, anno XXIII, S. 98

59 Corti, S. 104

60 Corti S. 105

61 Ferdinand an s. Vater, San Leucio
26. 8. 1777; Simancas, anno XXIII, S.
594

62 Khevenhüller, Bd. VIII, S. 171

63 Adam Wandruszka, Leopold II., 2.
Bde, Wien/München 1963, Bd. I, S.
338

64 Wandruszka, Bd. I, S. 353

65 MTH sen. an Marie Antoinette 1. 9.
1779; Marie Antoinette. Correspondance secrète entre Marie-Thérèse et le
comte de Mercy-Argenteau, 3 Bde.
hrsg. von Alfred Ritter von Arneth
und M. A. Geffroy, Paris 1874, Bd.
III, S. 348

66 Der große Brockhaus 1970, Bd. 9, S.
381

67 A. d. Ztg. »BILD«, 20. Sept. 1979, S. 3

68 Abschrift d. Briefes MKs an den König
v. Spanien in der Liste d. abges. und
erh. Briefe MKs. 18. 9. 1781, C. A.;
Corti, S. 115

69 Corti, S. 115

70 MK an die Großherzogin v. Toscana
14. 5. 1782. C. A.; Corti, S. 118

71 Tagebuch MKs, 10. 11. 1782. C. A.;
Corti, S. 118

72 Corti, S. 119

73 Joseph II. an Leopold von Toscana,
Neapel 8. 1. 1784. HHSTA; Joseph II.
und Leopold von Toskana. Ihr Briefwechsel von 1781–1790, hrsg. von Alfred Ritter von Arneth, Wien 1872. –
Nachstehend abgekürzt »Arneth, Joseph u. Leopold« genannt. – Bd. I, S.
199

74 Corti, S. 127

75 Ferdinand an Acton, Florenz 25. 5.
1785. C. A.; Corti, S. 127

76 Ferdinand an Acton, Bologna, 2. 6.

1785. C. A.; Corti, S. 127

77 Joseph II. an Leopold 28. 5. 1786.
HHSTA; Arneth, Joseph u. Leopold,
Bd. II, S. 23. – Die Anspielung auf die
Königin von Dänemark betraf den
Hofskandal zwischen Struensee und
seiner Herrscherin Karoline Mathilde
1772 in Kopenhagen.

78 Joseph II. an MK 22. 10. 1785; Corti
S. 133

79 MK an Leopold, Caserta 5. 1. 1786.
HHSTA; Corti, S. 136

80 Prinzessin Amélie von Neapel heiratete 1809 Louis Philippe, Herzog v.
Orléans, der 1830 Kg. von Frankreich
wurde. (Bürgerkönig); Arthur-Léon
Baron Imbert de Saint-Amand, La jeu-
nesse de la Reine Amélie, Paris 1851,
S. 39

81 Corti, S. 143

82 Emma Hart an Henry Greville 22. 7.
1786. Orig. Morrison; Corti, S. 144

83 Goethes     »Italienische     Reise«
1786–1788; Corti, S. 146

84 Corti, S. 146

85 MK an Leopold 10. 2. 1789. HHSTA;
Corti, S. 153

86 Marie Antoinette an MK 1. 9. 1789.
Abschrift als Beilage zum Brief MKs an
Leopold v. 8. 10. 1789. HHSTA; Cor-
ti, S. 159

87 Corti, S. 163

88 Joseph II. an MK 26. 10. 1789. Abschrift HHSTA; Corti, S. 163

89 Leopold an MK 24. 3. 90 u. an Ferdinand 23. 3. 90. Beide HHSTA; Corti,
S. 171

90 MK an MTH jun. 16. 6. 1791.
HHSTA; Corti, S. 179

91 MK an MTH jun. 9. 7. 1791 u. a. Leopold 16. 6. 91, HHSTA; Corti, S. 181

92 MK an MTH jun. 10. 5. 91, HHSTA;
Corti, S. 185

93 Corti, S. 190

94 Corti, S. 203

95 Ferdinand an MK, Portici 24. 8. 1792.
C. A.; Corti, S. 195

96 Admiral Latouche an die Neapler Regierung an Bord der »Languedoc«, 16. 12. 1792. C. A.; Corti, S. 198

97 Corti, S. 198

98 Corti, S. 201

99 Corti, S. 205

100 MK an MTH jun. 16. 11. 1793. HHSTA; Corti, S. 206

101 Corti, S. 211; Joseph Gorani, Mémoires secrèts et critiques des courts, des gouvernements et des moeurs des Principaux Etats de l'Italie, 3 Bde, Paris 1794, S. 101

102 MK an Franz II. 2. 8. 1794. HHSTA; Corti, S. 213

103 Lady Hamilton an Greville 18. 12. 1794; Corti, S. 219; John Cordy Jeaffreson, The queen of Neaples and Lord Nelson, London 1889. – Nachstehend abgekürzt »Jeaffreson« genannt. – S. 300

104 MK an Franz II. 2. 8. 1794. HHSTA; Corti, S. 218

105 Corti, S. 227; nach Albert Sorel, L'Europe et la Révolution Française, 8 Bde, Paris 1917, Bd. IV, S. 13

106 MK an MTH jun. 8. 8. 1797. HHSTA; Corti, S. 247

107 Prinzessin Marie Thérèse Charlotte von Frankreich an MK, Wien 10. 1. 1796. Abschrift HHSTA; Corti, S. 231

108 MK an MTH jun. 21. 2. 1797. HHSTA; Corti, S. 243

109 Corti, S. 238

110 MK an Gallo 7. 7. 1797; Corti, S. 256; Correspondance inédite de Marie-Caroline Reine de Naples et de Sicile avec le Marquis de Gallo, 2 Bde, Paris 1911. – Nachstehend abgekürzt »Gallo« genannt. – Bd. I, S. 471

111 Ferdinand an MK, Persano 21. 1. 1797. C. A.; Corti, S. 241

112 Ignaz Baron Degelmann an Franz Frh. v. Thugut, Udine 3. 9. 1797. Friedensakten von Campoformio. HHSTA; Corti, S. 250

113 Flugblatt v. März 1798. HHSTA; Corti, S. 260

114 Nelson an Lady Hamilton; Corti, S. 226; A. Fauchier-Magnan, Lady Hamilton, Paris 1910; S. 177

115 Corti, S. 268; Jean Tulard, Napoleon oder der Mythos des Retters, Tübingen ²1979; S. 109

116 MK an Lady Hamilton 3. 9. 1798; Corti, S. 269; Raffaele Palumbo, Maria Carolina suo carteggio con Lady Emma Hamilton, Napoli 1877. – Nachstehend abgekürzt »Palumbo« genannt. – S. 176

117 Corti, S. 275

118 Corti, S. 276

119 MTH jun an MK o. Datum, verm. 1. Drittel Nov. 1798. HHSTA; Corti, S. 278

120 Corti, S. 281

121 Corti, S. 287

122 MK an MTH jun. 11. 12. 1798. HHSTA; Corti, S. 289

123 Corti, S. 294

124 MK an Tommaso Marchese Circello di Somma 17. 1. 1799. HHSTA; Corti, S. 296

125 Corti, S. 297

126 Corti, S. 297

127 MK an Gallo 27. 12. 1798; Bd. II, S. 7

128 Corti, S. 299

129 Corti, S. 307

130 Corti, S. 308

131 Hamilton an Acton 28. 6. 1799. C. A.; Corti, S. 315

132 Corti, S. 317

133 Corti, S. 322

134 Tagebuch Ferdinands 12. 5. 1800. C. A.; Corti, 335

135 MK an Franz II. u. MTH jun. 10. 5. 1800. HHSTA; Corti, S. 335

136 Nelson an Capitan Pascha 6. 6. 1800; Corti, S. 335; Nicolas Großfürst Michailowitsch, Alexandre I., St. Petersburg 1912, Bd. IV, S. 249

137 Corti, S. 340

138 MK an MTH jun. Portici 23. 10. 1802. HHSTA; Corti, S. 402

[139] MK an Botschafter San Teodoro, Neapel 25. 8. 1802. C. A.; Corti, S. 399
[140] Corti, S. 534
[141] MK an Gallo 27. 4. 1804; Gallo, Bd. II, S. 478
[142] Napoleon an MK, le . . . nivose, an XIII, Original mit Randglossen-Abschrift im C. A. Mit unwesentlichen Änderungen Correspondance de Napoleon, Paris 1859. – Nachstehend abgekürzt »Corr. Napoleon«. – Nr. 8255
[143] Corti, S. 456
[144] Corti, S. 470
[145] Manifesto di Sua Maestà il Re . . . con cui riconosce Napoleone some Re d'Italia, Portici 10. 6. 1805. C. A.; Corti, S. 475
[146] Napoleon an Kardinal Fesch 13. Dez. 1805 aus Schönbrunn; Corti, S. 503. Corr. Napoleon Nr. 9566
[147] Corti, S. 524
[148] Kaiserin Marie Louise v. Frankreich an MK ohne Datum, ca. März 1810. C. A.; Corti, S. 594
[149] MK an Ruffo, Palermo 22. 3. 1810. C. A.; Corti, S. 596
[150] Corti, S. 596
[151] S. Quelle 2) MK an Damas 8. 5. 1810, Zitronenschrift; Memoires du Comte Roger du Damas, 2 Bde, Paris 1912. – Nachstehend abgekürzt »Damas« genannt. – Bd. II, S. 428. Quelle 3) MK an Erzherzogin Beatrix, Palermo 23. 3. 1810. Abschrift C. A.; Corti, S. 597
[152] Corti, S. 665
[153] Corti, S. 668
[154] MK an Francesco 13. 4. 1813. C. A.; Corti, S. 669
[155] Ferdinand an Franz II./I., Colli 15. 4. 1813. HHSTA; Corti, S. 669
[156] MK an d. Kg. v. Sardinen 3. 5. 1813. Abschrift C. A.; Corti, S. 670 und MK an Damas, Castelvetrano 29. 4. 1813; Damas Bd. II, S. 445
[157] MK an Medici 13. 6. 1813; Corti, S. 674
[158] Corti, S. 684
[159] Reisetagebuch Prz. Leopolds v. Neap. Aus Odessa 11. 11. 1813. C. A.; Corti,. S. 683
[160] Corti, S. 705
[161] Corti, S. 709

# Die Kinder Marie Karolines
## aus ihrer Ehe mit König Ferdinand IV./I. von Neapel-Sizilien

*(Die oft gebräuchliche Bezeichnung, nach 1818 offiziell: »Königreich beider Sizilien«, meint mit dem »anderen Sizilien« Unteritalien und Calabrien, der eigentlichen Insel Sizilien gegenüber.)*

1 Maria Theresia (Carolina Josepha) * 6. 6. 1772 † 13. 4. 1807
Zweite Gemahlin des Kaisers Franz II./I. (als römisch-deutscher Kaiser Franz II., als österreichischer Kaiser ab 1804 Franz I.), Heirat am 19. 9. 1790

2 Ludovica (Amalia Theresia) * 27. 7. 1773 † 19. 9. 1802
Erste Gemahlin des Großherzogs Ferdinand III. von Toscana, 1769–1824, Heirat am 19. 9. 1790

3  Carl (Franz Joseph)  \* 6. 1. 1775  † 17. 12. 1778
   Herzog von Apulien

4  Maria Anna (Josepha)  \* 23. 11. 1775  † 22. 2. 1780

5  Franz I., genannt Francesco  \* 19. 8. 1777  † 8. 11. 1830
   König beider Sizilien ab 1825. 1. Ehe: 19. 9. 1790 mit Klementine,
   Tochter Kaiser Leopolds II., 1777–1801. 2. Ehe: 6. 7. 1802 mit Isa-
   bella, Tochter Karls IV. von Spanien, 1789–1848

6  Maria Christina (Amalia)  \* 17. 1. 1778  † 25. 2. 1783

7  Maria Christina (Theresia), genannt Mimi  \* 17. 1. 1779
   † 1849
   Heirat am 6. 4. 1807 mit Carl Felix, König von Sardinien,
   1765–1831

8  Januarius (Carl Franz)  \* 12. 4. 1780  † 1. 1. 1789

9  Joseph  \* 28. 6. 1781  † 19. 2. 1783

10 Maria Amalia  \* 26. 4. 1782  † 1866
   Heirat am 25. 11. 1809 mit Herzog Ludwig Philipp I. von Orléans,
   1773–1850, ab 1830 König von Frankreich (Bürgerkönig)

11 Eine Prinzessin  \* und  † 19. 7. 1783

12 Maria Antonia (Theresia), genannt Toto  \* 14. 12. 1784  † 21. 5.
   1806
   Heirat am 21. 8. 1802 mit Ferdinand Prinz von Asturien,
   1784–1833, später König Ferdinand VII. von Spanien

13 Maria Clotilde (Theresia)  \* 18. 2. 1786  † 10. 9. 1792

14 Henriette (Carmelle)  \* 31. 7. 1787  † 21. 9. 1792

15 Carl (Ludwig)  \* 26. 8. 1788  † 1. 2. 1789

16 Leopold (Johann Joseph)  \* 2. 7. 1790  † 1851
   Prinz von Salerno. Heirat 1816 mit Maria Clementina, 1816–1881,
   Tochter des Kaisers Franz II./I.

17 Albert (Philipp Cajetan)  \* 2. 5. 1792  † 26. 12. 1798 auf der
   Flucht nach Palermo auf See

18 Maria Elisabetha  \* 2. 12. 1793  † 1801

# Ferdinand

*Generalkapitän der Lombardei*
*Herzog von Este-Modena*
\* 1. 6. 1754 in Wien
† 24. 12. 1806 in Wien

Es war einmal ein glorreicher Feldherr, der noch heute in einem bewundernden Lied mit schwermütiger Melodie besungen wird: »Prinz Eugen, der edle Ritter«. Dieser Prinz Eugen aus dem Hause Savoyen-Carignan errang im Jahre 1706 während der Kampfhandlungen des Spanischen Erbfolgekrieges den entscheidenden Sieg bei Turin. Damit gewann er weite Gebiete Oberitaliens für das Haus Habsburg, darunter auch die Lombardei. Im Frieden von Utrecht 1713 wurde es dann aktenkundig, daß die Lombardei österreichisch blieb.

Unter den Gouverneuren, die dort mit der Regierung betraut waren, befand sich um die Mitte des 18. Jahrhunderts der dickköpfige Herzog Franz III. von Este-Modena. Seine Berufung war in Wien umstritten, denn während des Österreichischen Erbfolgekrieges 1740–1748 hatte sich der vorsichtige Franz III. auf die Seite der Feinde Maria Theresias geschlagen, weil sonst Kaiser Karl VII. die Reichsacht über ihn verhängt hätte. Seine Diplomatie arbeitete jedoch so ausgezeichnet, daß er Maria Theresia überzeugen konnte, in seinem Herzen sei er dem Hause Habsburg anhänglich und treu.

Herzog Franz III. von Este-Modena zählte zur Verwandtschaft des Kaiserhauses in Wien. Man erinnert sich an die prominente Großmutter von Maria Theresias Gemahl Franz Stephan von Lothringen-Toscana: Liselotte von der Pfalz, Herzogin von Orléans. Liselottes Enkelin und Tochter von Liselottes Sohn Herzog Philipp II. von Orléans, Charlotte Aglaë, heiratete am 21. 6. 1720 Herzog Franz III. von Este-Modena. Der Verbindung entstammten zehn Kinder, das vierte war der Sohn Herkules III., italienisch Ercole genannt, der aber offensichtlich weder herkulisch gebaut oder sonst mit genügend Durchsetzungsvermögen für seine Lebenspläne ausgestattet war. Ercole heiratete 1741 die Prinzessin Marie Therese Cybò, Tochter des Herzogs Alberigo von Massa und Carrara, eine reiche Erbin. Dieser Verbindung entstammte lediglich eine Tochter, Marie Beatrix, geboren am 6. April 1750, um deren Versorgung und Verheiratung sich die ganze Familie zerstritt.

Herzog Ercole plante, seine Tochter an den Hof von Parma zu verheiraten, doch davon hielt Großvater Franz III. überhaupt nichts. Um seinen Sohn von »diesem Unsinn« abzuhalten, sperrte er ihn, wie man glaubwürdig erzählte, für einige Zeit in ein Castell. Der Groll des gedemütigten Herkules nützte gar nichts, der regierende Herzog Franz III. setzte seinen Willen durch.[1]

Im Jahre 1752 lag die Nachfolgefrage in der Erbschaftssache von Massa und Carrara dem kaiserlichen Hof vor. Khevenhüller erklärte die Angelegenheit »von häcklicher Beschaffenheit«, aber sie mußte geklärt werden. Der zweite Sohn Franz' III., Benedikt, war 1751 gestorben, der als Erbe in Betracht zu ziehende Enkelsohn, Bruder von Marie Beatrix, starb am Tage nach seiner Geburt 1753, also mußten alle Erbrechte auf Marie Beatrix vereinigt werden.[2]

In Wien wußte man es jedoch so einzurichten, daß die Verhandlungen »in der modenesischen Erbsache« sich zum Schluß so wendeten, daß das glückliche Österreich wieder einmal heiraten konnte, wie Khevenhüller am 14. Mai 1753 in seinem Tagebuch festhielt:

*. . . nach welcher . . . hierbei gefaßten Entschließung wenige Tage darauf beide sothane Conventions Instrumenta (deren eines die Verlobnus des Ertzherzogs Petri Leopoldi mit des Erbprintzen von Modena dermahligen eintzigen Princessin Dochter und den eventualen Heiraths-Kontract . . . in sich hielte) . . . unterzeichnet worden seind.[3]*

Franz III. von Modena bestand darauf, seine Enkelin selbst zu erziehen, und das Lamento der gekränkten Eltern interessierte ihn überhaupt nicht. So kam Marie Beatrix schon als kleines Kind nach Mailand und wuchs auf in der anregenden Atmosphäre dieser norditalienischen Großstadt.

Kaiserin Maria Theresia, stets darauf bedacht, persönliche Kontakte zu schaffen und zu pflegen, fing zu Beginn des Jahres 1765 an, der fünfzehnjährigen Marie Beatrix Briefe zu schreiben. Das hatte seinen guten Grund. Die schriftliche »Verlobnus« aus dem Jahre 1753 galt ja eigentlich ihrem Sohn Leopold. Doch als 1761 Erzherzog Karl unvermutet an den Pocken starb, verschoben sich, wie schon erwähnt, die Versorgungen der Erzherzöge nach der neuen Reihenfolge der kaiserlichen Söhne. Leopold wurde anstelle Karls der Großherzog von Toscana, Ferdinand trat an die Stelle Leopolds und erbte die Braut aus dem Hause Modena und das künftige Gouvernement in Mailand. Als Erzherzog Ferdinand,

1754 geboren und ein vergnügtes und etwas durchtriebenes Kind, noch nicht einmal sieben Jahre alt war, lag sein Lebenslauf schon fest umrissen vor ihm.

Ferdinands Braut war vier Jahre älter als er, und die Kaiserin faßte den Vorsatz, Marie Beatrix durch Liebenswürdigkeit und mütterlichen Zuspruch an sich zu binden. Das war nicht so ganz einfach, denn es galt eine erhebliche räumliche Entfernung zu überbrücken. Sie wollte versuchen, ihr den kindlichen Bräutigam vorsichtig und ohne Aufdringlichkeit in immer wieder eingeflochtenen akzeptablen Schilderungen näherzubringen. Bei Ferdls Ausgelassenheit, seiner Laxheit im Unterricht und seinem chronischen Desinteresse an allem Ernsthaften war dies keine Kleinigkeit. An Marie Beatrix in Mailand sind über vierhundert Briefe der Kaiserin erhalten. Zeugnis für die rührende Bemühung der Mutter, der mit Arbeit überhäuften Kaiserin, sich eines fünfzehnjährigen Mädchens in Mailand anzunehmen, nur um den Weg in die Ehe für ihren Sohn Ferdinand so weit als möglich zu ebnen.

Im Jahre 1759 trat durch den Tod des bisherigen leitenden Ministers der Lombardei, Graf Christiani, eine Umstellung in Mailand ein. Aus Neapel berief man den Grafen Karl Josef von Firmian als »Ministro plenipotentiario« in die Lombardei. Hiermit erhielt Herzog Franz III. von Modena, der Gouverneur, eine ganz außerordentlich fähige Persönlichkeit an seine Seite, deren Wirken so segensreich war, daß man Firmian später als »den großen Wohltäter der Lombardei« bezeichnete.[4]

Als Ferdinand elf Jahre alt war, schrieb Marie Beatrix der Kaiserin einmal einen Brief in deutscher Sprache. Die Kaiserin war entzückt über die Aufmerksamkeit und den Fleiß der Schwiegertochter in spe und antwortete ihr sehr herzlich:

*Den 9. Juni (1765)*

*Allerliebste Frau Tochter.*
*Ich will nicht die Letzte sein, die Euer Liebden in dieser Sprache schreibet. Obwohl mir viel gemächlicher (bequemer) ist die französische Correspondenz, so erfreue ich mich doch, deutsche Zeilen von meiner lieben Tochter zu empfangen, und dadurch zu ersehen, wie selbe sich anwendet, eine ganze Nation zu beglückseligen, dass sie deren Sprache sich kundig macht, obwohl sie in Italien zu verharren hat . . .*[5]

Ein Vierteljahr später, als Ferdinand seinen Vater verlor, ließ es sich die trauernde Kaiserin nicht nehmen, auch Marie Beatrix persönlich auf ihre Kondolation zu antworten:

*Undatiert, vermutlich September 1765*

*Meine liebe Tochter.*
*Welchen Verlust haben wir erlitten! Sie sind glücklich, diesen Vater nicht gekannt zu haben, so zärtlich, so wohltätig, so liebenswürdig, der Sie so zärtlich liebte; bei der Rückkehr Firmians werden Sie mehr darüber hören, wie sehr er mit Ihrem Wohlergehen beschäftigt war. Entschuldigen Sie, daß ich Ihnen nicht früher geantwortet habe. Ich war in einer Weise niedergeschlagen, daß ich nicht oft die Feder in die Hand nehmen konnte.*
*Zählen Sie immer auf meine Zärtlichkeit; ich bin immer Ihre treue Mutter*

*Marie Thérèse*[6]

Erzherzog Ferdinand erhielt seine Erziehung weitgehend zusammen mit seinem zwei Jahre jüngeren Bruder Maximilian Franz. Beide wurden gleich korrekt und ziemlich streng gehalten, was aber nicht ausschloß, daß sie lustige Buben waren, die jede Möglichkeit, den Unterricht zu schwänzen, herzlich gern wahrnahmen. So gab es einige Male Verweise wegen schlechter Schrift oder lässiger Sprachstudien. Auch die Auswahl der Ajos für die beiden lebhaften Kinder stieß auf Schwierigkeiten. Man versuchte es mit höherer Dotierung, doch dauerte die Besetzung der Stellen einige Zeit und die Ajos wechselten mehrfach. Dem Grafen von Goëss gab man als Vize-Ajo erst Anton Thurn, danach den Grafen Karl Franz Callenberg zur Seite.

Um Ferdinand und Franz, die beiden jüngsten Brüder im Geschwisterkreis der kaiserlichen Kinder, machte sich Maria Theresia in jeder Beziehung erneut all die Sorgen, die ihr ihre größeren Kinder der Reihe nach schon bereitet hatten. Ein Jahr nach dem Tode des jungen Karl wurde Ferdinand von einer derart gefährlichen Darmkolik befallen, daß man ihm die Sterbesakramente reichte. Maria Theresia wachte nächtelang am Krankenbett ihres Ferdl, ehe sich der Verdacht des Arztes auf Darmverschlingung zerstreute und das Kind außer Gefahr war.[7]

Die Geschwister bemerkten mit den Jahren, daß der Ferdl im Grunde immer der bevorzugte Sohn der Kaiserin blieb. Mochte dies aus den durchwachten Nächten herrühren, oder aber aus der Erkenntnis, der Junge mit seinem Leichtsinn und seiner Nonchalance sei besonders gefährdet und würde der mütterlichen Aufsicht und Überwachung am meisten bedürfen. Er war das Hätschelkind der Kaiserin, und da er der Mutter gegenüber immer ein bißchen Verstellung übte, damit sie nicht auf seine Schliche käme, so waren die Geschwister mit dem innigen Verhältnis von Mutter und Sohn alle nicht so gänzlich einverstanden.

Er genoß alle Ehren und Auszeichnungen, die damals einem jungen Erzherzog zukamen. So erhielten Ostern 1763 sowohl Ferdinand als auch Maximilian von ihrem Vater, Kaiser Franz I., den Orden vom Goldenen Vlies, in den Listen des »Toison d'Or« unter den Ziffern 771 und 772 verzeichnet.[8]

1768 heiratete zunächst Marie Karoline nach Neapel. Bei der Prokurationstrauung in Wien schritt an der Seite der Braut als würdiger Stellvertreter seine königliche Hoheit Erzherzog Ferdinand, vierzehn Jahre alt.

Als im Jahre darauf am 19. Juli 1769 Amélie den Herzog von Parma heiraten sollte, wurde die gleiche Zeremonie abermals in der Augustinerkirche in Wien abgehalten: Die Braut führte wieder Erzherzog Ferdinand, fünfzehn Jahre alt.

Am 16. Mai 1770 wurde die vierzehnjährige Marie Antoinette per procurationem mit dem Dauphin von Frankreich getraut. Gegenüber dem jetzt sechzehnjährigen Ferdl, der wieder die Braut zum Altar geleiten mußte, der wieder die Worte sagen sollte: »Ich will es und verspreche es so!«, ließ man es nicht an Anzüglichkeiten wie solchen, er sei das Heiraten ja nun schon gewohnt und es würde allmählich Zeit, daß er die so oft geprobte Heirat auch einmal für sich selbst in Szene setze, fehlen.

Der siebzehnjährige Ferdl sollte nun im Oktober 1771 seine vier Jahre ältere Braut heimführen.

Indessen gab es noch ein Intermezzo im Jahre 1769, als Kaiser Joseph dem modenesischen Hof in Mailand einen Besuch abstattete. Nicht nur, daß dieser einigen Aufschluß über Aussehen und Wesensart von Marie Beatrix brachte, gleichzeitig erhellte daraus auch, auf wie wackligen Füßen im Grunde die ganze langjährige Abmachung stand. Hätte Joseph auch nur im geringsten Gefallen an Beatrix gefunden, gleich wäre man in Mailand bereit gewesen, umzuschwenken und die Erbtochter als Kaiserin nach Wien zu senden:

»Der Kaiser ließ sich von ihr auf seinen Nachmittagsspaziergängen auf dem Stadtwall begleiten, fand sie klug und verständig, aber sehr häßlich und viel älter aussehend als sie war. Der Eindruck des Schwagers auf die Erbprinzessin dürfte kein günstiger gewesen sein, denn, wie es Firmian schien, empfand sie seit der Anwesenheit des Kaisers mehr Neigung für den Bräutigam als vorher.

Vielleicht wirkte dabei die getäuschte Hoffnung mit, da viele erwarteten, der verwitwete Kaiser würde um ihre Hand anhalten.«[9]

Die Furcht, Ferdinand möge in Mailand nicht gefallen, saß tief verwurzelt in Maria Theresias Herzen. So schrieb sie ihm kurz vor der Ankunft Graf Firmians, der die Einzelheiten der Hochzeit besprechen wollte:

*(Undatiert, vermutlich 13. April 1771)*

*... aber Ihre Unachtsamkeit, Ihre Trägheit für die kleineren Dinge, die doch unseren Tag und unseren Lebensweg erfüllen, die Eigenliebe, die Sie in so hohem Grade zeigen, machen Sie eingebildet und schlechter Laune, wenn man Sie drängt oder Sie dies fühlen läßt. Die Geschäfte erledigen sich nur, wenn man sich Mühe damit gibt und alle Zerstreuungen und Nachlässigkeiten beiseite läßt; in diesem Punkte habe ich allen Grund, Befürchtungen zu hegen.*

*Ich sehe Sie niemals die geringste Trägheit oder Neugierde überwinden; eine absichtliche Vergeßlichkeit begleitet alle Ihre Handlungen und nur mit Ärger schenken Sie jemandem Gehör, wenn man Ihnen helfen will herauszukommen; dann werden Sie ironisch, kritisch, äußern sich abfällig und sind sehr verstimmt.*

*Schon für einen Privatmann sind diese Fehler bedeutend, aber für einen Fürsten sind sie von größten Konsequenzen für Ihr eigenes Wohlergehen und das der Provinzen, die Ihnen anvertraut sind, um sie glücklich zu machen.*

*Unser eigenes Glück besteht ausschließlich in jenem der Anderen und in dem Vertrauen, das sie uns entgegenbringen ...*

*Wir werden zu scharf beobachtet, um längere Zeit imponieren zu können, wenn nichts dahinter steckt, und dem gegenüber gefühllos zu sein, das läßt mich zittern ...*

*Solche Briefe werden Sie noch einige Male bekommen, wenn ich die Muße dazu finde. Bewahren Sie sie in Ihren Papieren auf, sie sind von einer zärtlichen Mutter.* [10]

Die vollkommen glückliche Laufbahn eines Kaisersohnes schien sich anzubahnen. Nichts war vergessen worden zur Etablierung Ferdinands. Mit Genehmigung des Reichstages zu Regensburg konnte Kaiser Joseph II. am 30. Januar für seinen Bruder die Eventualinvestitur als Erbe des Herzogtums Modena erteilen. Ferdinand würde nach dem Ableben des streitbaren Herzogs Franz III. von Modena und des Schwiegervaters Ercole III. dank seiner Verbindung mit Marie Beatrix Herzog von Modena werden, eine Regelung, die auch für seine männlichen Nachkommen galt.

Ferdinands Hochzeit sollte Mitte Oktober in Mailand stattfinden. Am
23. September reiste er von Wien ab.

> *Den 23. erfolgte bald nach 9 Uhr Fruh der solenne Aufbruch des Erz-*
> *herzogs, weßwegen allen geheimen Räthen und Cämmerern in der Burg*
> *zu erscheinen, anbefohlen wurde. Der Kaiser und der Erzherzog Maxi-*
> *milian begleiteten ihn biß zum Wagen und ware der Abschied insonder-*
> *heit zwischen disen lezteren und den abraisenden, sehr touchant (rüh-*
> *rend) und mit nassen Augen, zumahlen beide Brüder mit einander erzo-*
> *gen worden und fast von gleichen Jahren sind . . .*[11]

Wie seine Schwestern, so reiste auch Ferdinand über Mariazell und
Innsbruck, um die Andacht im Sterberaum des Vaters in der Innsbrucker
Hofburg zu verrichten. Der stattliche Reisezug traf am 15. Oktober 1771
in Mailand ein, und noch am selben Tage traute Erzbischof Pozzobonelli
das langverlobte Paar. Der ewige Ersatzbräutigam des kaiserlichen Hau-
ses sah sich mit siebzehn Jahren verheiratet und in der repräsentativen
Stellung eines Gouverneurs der Lombardei, Generalkapitän und oberste
Instanz in einem reichen Land.

Die Hochzeit war der Anlaß zu einer musikalischen Kunstentfaltung
allerersten Ranges. Im riesigen »Teatro Ducale« gab man am 16. Oktober die Oper »Ruggiero«, das letzte Werk des nunmehr zweiundsiebzig-
jährigen Johann Adolf Hasse. Metastasio schuf den Text, die Balletteín-
lagen stammten von Pick und Favier. Mit einer Prachtentfaltung son-
dergleichen im Publikum und auf der Bühne ging sodann am nächsten
Tag Mozarts »Ascanio in Alba« in Szene. Der Text des Festpiels von Giuseppe Parini lag vor, und der fünfzehnjährige Mozart mußte in nur zwölf
Tagen die Musik dazu fertigstellen. Alle Kenner waren des Lobes voll.
Vater Leopold Mozart berichtete in einem seiner Briefe:

> *Alle Kavaliere und andere Leute reden uns beständig auf den Straßen*
> *an, dem Wolfgang zu gratulieren. Kurz, mir ist leid: Die Serenata des*
> *Wolfgang hat die Opera von Hasse so niedergeschlagen, daß ich es nicht*
> *beschreiben kann.*[12]

Wolfgang selbst berichtete Einzelheiten über den Verlauf der Reise bei
größter Hitze und die mangelhafte Unterbringung in einem Dienstbo-
tenquartier:

> *. . . ober unser ist ein Violonist, unter unser auch einer, neben unser*
> *ein Singmeister der lection gibt, in dem lezten Zimmer gegen unser ist*

*ein hautboist. Das ist lustig zum Componieren! giebt einem viell ge-*
*dancken.* [13]

Ferdinand war derart begeistert von dem jungen Mozart, daß er bei
seiner Mutter ernsthaft vorfühlte, was sie wohl dazu sagen würde, wenn
er ihn in seinen Hofstaat aufnähme, wozu er nur zu sehr Lust verspürte.
Die Kaiserin, die der kleine Mozart noch im Jahre 1762 in Schönbrunn
»umhalst und abgebusselt« hatte, zeigte sich ganz unerwartet frostig
und unzugänglich. Von dem Genie des jungen Wolfgang hatte sie keinen
Begriff. Für sie war er ein musizierender Domestike wie andere auch. So
schrieb sie in einem Briefzusatz am 12. Dezember 1771:

*Sie bitten mich, den jungen Salzburger in Ihre Dienste zu nehmen.*
*Ich wüßte nicht warum und glaube nicht, daß Sie einen Komponisten*
*oder solche unnützen Leute brauchen. Wenn es Ihnen natürlich Ver-*
*gnügen machen würde, will ich dies nicht verhindern. Ich meine nur, Sie*
*sollten sich nicht mit solchen unnützen Leuten belasten und vergeben*
*Sie nur keine Titel an diese Art Leute, wenn Sie in Ihren Diensten ste-*
*hen. Es mindert die Dienstleistung, daß diese Leute in der Welt herum-*
*schwärmen wie Bettler; außerdem hat er eine große Familie.* [14]

Mozart war später noch öfter in Mailand. Sein ältester Sohn Karl Mozart starb 1859 als Steuerbeamter in Mailand. [15]

Die Ehe Ferdinands mit Marie Beatrix wurde, soweit dies von ohne
Emotion geschlossenen Fürstenehen zu sagen ist, nahezu glücklich. Im
Juni 1772 erlitt Marie Beatrix zwar eine Fehlgeburt, von der sie sich je-
doch bald erholte. Im November 1773 kam die älteste Tochter Marie
Therese auf die Welt, die spätere Königin von Sardinien. Es folgte 1775
Josefa, die jedoch zwei Jahre später starb. 1776 erschien die Erzherzogin
Leopoldine, die mit neunzehn Jahren den Kurfürsten Karl Theodor von
der Pfalz ehelichte, nach dessen Tod 1804 einen Grafen Arco.

Maria Theresia kümmerte sich in ungewöhnlichem Maße um ihre
Mailänder Enkelkinder, besorgte die Ajas, hielt darauf, daß sie gut
Deutsch lernten, ermahnte Ferdinand, daß er ein deutscher Fürst sei und
in Religiosität und Sittlichkeit ein gutes Beispiel zu geben hätte.

Ferdinand ließ seine Mutter in dem Glauben, er befolgte ihre Ratschläge und sei das folgsame Kind, das sie gern in ihm sehen wollte. In
Wirklichkeit lebte er das unbeschwerte Dasein eines jugendlichen Bon-
vivants, dem außer den Aufgaben der Repräsentation keine Pflichten
auferlegt waren. Jagd, Musik, Kunst, eine gute Tafel und dergleichen
»Nichtigkeiten«, wie man ihm später vorwarf, füllten seine Tage aus.

Andere Fürsten lebten jedoch in gleicher Art und Weise, und so sah Ferdinand keinerlei Veranlassung zu rigorosen Veränderungen seiner Lebensweise, zumal er zum Asketen und Volksbeglücker keinerlei Talent und Neigung in sich spürte.

Am 25. Februar 1776, nachdem gerade der Karneval vorüber war, brannte das 1717 errichtete Teatro Ducale aus. Man munkelte von Brandstiftung, und Maria Theresia erwog, es eventuell in Pavia wieder zu errichten. Doch Mailand brauchte eine leistungsfähige Opernbühne, und so wurde lediglich ein neuer Standort in der Stadt gewählt. Auf dem Platz der Kirche »Maria Regina della Scala« baute man unter Leitung des Architekten Giuseppe Piermarini die »Scala« auf, dazu noch das Teatro Cannobiana.

In zweijähriger Bauzeit erstand der Riesenbau, der Parkett, fünf Ränge und Galerie umfaßte und 3500 Zuschauern Platz bot. Am 3. August 1778 wurde das seither berühmte Haus mit Salieris Musikdrama »Europa riconosciuta« eingeweiht, wobei ein enormer Aufwand getrieben wurde. Zum Stammpersonal der Bühne kamen zusätzlich einhundert Komparsen und fünfzig Tänzer. Die beiden Balletteinlagen hatte De Baillou komponiert. Ausstattung und Bühnenbild suchten ihresgleichen.[16]

Das Jahr 1776 brachte den für Ferdinand wichtigen Besuch seiner Schwester Mimi mit ihrem Mann Albert von Sachsen-Teschen. Albert verfaßte, mehr oder weniger im Auftrage seiner kaiserlichen Schwiegermutter, ein Reisetagebuch, eine sogenannte Relation, die Maria Theresia einen Eindruck vom Leben ihrer Kinder in Italien geben sollte. Anfang Juni traf man sich in dem Landhaus Sassuolo bei Modena zum erstenmal auf dieser Reise, und Albert berichtete:

*Der Erbprinz (Ferdinand) leitete das Gespräch; er ist nicht ohne Geist, scheint aber gern Zoten zu reißen. Seine Gemahlin (Beatrix), die er nicht mehr liebt, als es sein muß, ist eine gute Frau und scheint ihre gedrückte Stellung in der Familie zu fühlen . . .*

*Gegen Abend sahen wir eine Comödie, dann war Souper und Concert bis Mitternacht; wir sollten uns noch zu einem Spiele niedersetzen, aber wir benutzten den Moment, um zu entschlüpfen . . .*[17]

Erst am 20. Juni kamen Albert und Christine in Mailand wieder zusammen und begutachteten die Hofhaltung des jungen Bruders. Ferdinand lebte mit seiner Familie im Palais Clerici, denn im weit besser als Residenz geeigneten Palais Royal lebte noch der alte Herzog Franz III.

von Modena. Albert versuchte seine Eindrücke aus dem sechstägigen Aufenthalt wiederzugeben:

*Der Adel ist zahlreich und unterscheidet sich von allen übrigen in Italien. Hier waltet in der Tat der Ton einer guten Gesellschaft vor, eine edle Bildung, wie man sie nicht leicht wiederfindet . . . Das Haus des Ministers Graf Firmian ist besonders angenehm; man erkennt den Gelehrten und den Freund der Künste, eine gewählte Bibliothek und eine Sammlung schöner Bilder ist hier. Firmian ist sehr geachtet und genießt den Ruf eines Ehrenmannes . . .*

*Mailand ist nach Rom die größte Stadt Italiens, man nennt sie la Grande, aber die schlechten Häuser, die krummen Straßen passen nicht zu diesem Namen. Es gibt keine öffentlichen Plätze, keine Fontainen, keine Denkmäler, nichts von dem, was eine Großstadt charakterisiert.*

*. . . Man weiß, wie die österreichische Verwaltung unter Graf Firmian auf diesem Boden zuerst die mittelalterlichen Gewalten überwunden und die staatlichen Rechte aufgerichtet hat. Die wichtigsten Reformen . . . wurden hier still, geräuschlos durchgeführt; der Grundbesitz wurde frei, der Fideicommißverband gelöst, der Handel freigegeben, die Patrimonialgerichte hörten auf, Tortur und Inquisition verschwanden, die Gemeinde wurde frei, die Studien nahmen einen raschen Aufschwung. Man kann sagen, was man will, das Prinzip, das dazu führte, war ein Strahl des menschlichen Geistes, die Wirkung ein freies Volk, ein blühendes Land . . . eine feste Regierung statt der erstarrten Formen, welche die spanische Herrschaft nur mühsam aufrecht erhalten hatte.* [18]

Wenn diese positive Beurteilung der österreichischen Verwaltung im Jahre 1776 noch gültig war, so sollte der politische Gesinnungswandel zu Ende des 18. Jahrhunders so eklatant werden, daß die untertanenfreundliche Regierung des Grafen Firmian nur allzu bald vergessen wurde. Reformen betrafen die Lombardei genauso wie alle Länder Österreichs, Belgiens, Ungarns und Böhmens. Aber vom Beginn von Josephs Alleinherrschaft 1780 bis zum Ausbruch der Französischen Revolution 1789 vergingen bedeutsame neun Jahre, in denen nach der Meinung der italienischen Patrioten eben nicht genug geschah. Die italienische Einigungsbewegung, das Risorgimento, begann mit Kritik und Geheimbündelei, und Leute von hoher Intelligenz und glänzenden rednerischen und schriftstellerischen Gaben traten in den Dienst der vaterländischen Bewegung. Für diese scharfen Gegner Österreichs konnte Erzherzog Ferdinand in seinem harmlosen Trott des Althergebrachten niemals etwas anderes sein als eine Zielscheibe für Spott und Herabsetzung.

Kaiserin Maria Theresia jedoch, die alte erfahrene Herrscherin mit dem unübertrefflichen Spürsinn für die geistigen Strömungen der Zeit, ließ gerade in den Briefen an Ferdinand oft und wiederholt mit prophetischen Worten durchblicken, was geschehen würde, wenn ihre politisch exponierten Kinder sich nicht in jeder Hinsicht vorbildlich zeigten und ihre Stellung als kluge Sachwalter einnähmen. Das Unglück wollte es, daß weder Ferdinand noch Marie Antoinette auf die Kassandrarufe der Mutter hörten. Man beschwichtigte die sorgenvolle Kaiserin mit liebevollen Worten und tat im übrigen das, wozu man gerade Lust hatte.

Trotzdem hielt die Kaiserin ihren regen Briefwechsel mit Ferdinand aufrecht. Gerade während der Zeit des Bayerischen Erbfolgekrieges 1778 gingen Billetts und Briefe von Wien nach Mailand, die Joseph nicht hätte sehen dürfen. Während Joseph bei den Truppen stand, streckte seine Mutter insgeheim Fühler nach Berlin aus, um in Geheimverhandlungen eine möglichst rasche Beendigung des Krieges zu erreichen.

*Den 18. Juni (1778)*

*. . . Wenn man mir vor einundzwanzig Jahren gesagt hätte, ich würde noch leben und in der Gefahr schweben, einen dritten preußischen Krieg zu erleben, ich glaube, ich wäre am gleichen Tage gestorben.* [18]

*Den 27. Juli (1778)*

*. . . Ich schreibe Ihnen heute wegen der Feste in Mailand, mein lieber Sohn. Wenn ich auch wünsche, daß man sich öffentlich vergnügt und nicht mit mir trauert, so kann ich doch die mangelnde Rücksichtnahme auf unsere großen Kalamitäten nicht billigen, solange der Krieg andauert, und sei es sechs Jahre lang, man kann das nicht machen. . . . Man sollte keine öffentlichen Bälle geben, noch weniger maskierte, nicht einmal im Karneval. Bei Hofe nichts von alledem außer kleinen ländlichen Bällen. All diese Aufwendungen ziehen unsere generelle Situation nicht in Betracht und speziell meine persönliche. Wenn man schon ein Fest geben muß, so das Gondelfest, weil es für das Volk bedeutsam ist. Aber ich erwarte, daß dabei weder der Hof noch dessen Beamte erscheinen . . . Die Überlegung, daß man bei mir tanzt und sich amüsiert, während der Staat vielleicht besiegt wird, der Kaiser, Ihr Bruder und andere in der größten Gefahr, das kann man nicht billigen . . .* [19]

*Den 21. August (1778)*

*Mein lieber Sohn,*

*Sie erhalten dies durch einen Eilkurier, mit dem ich auch dem Großherzog (Leopold in Florenz) die Nachricht gebe, daß unglücklicherweise die von mir eingeleiteten Verhandlungen abgebrochen worden sind und daß der Krieg mit größter Erbitterung und sehr verhängnisvoll wieder beginnen wird, da Böhmen fast verloren und verwüstet ist.*

*Wir haben dort 200 000 Mann und wagen es nicht, uns dort blicken zu lassen. Ich bin in unglaublicher Verzweiflung wegen so vieler Tausende von Menschen und wegen meiner Söhne (Joseph, Albert, Maximilian). Nur die Religion hält aufrecht und tröstet. Ich umarme Sie.*[20]

Die Gewohnheit, an allen Posttagen dem fernen Ferdinand zu schreiben, gleichzeitig abwechselnd mit seiner Frau Marie Beatrix zu korrespondieren, behielt die Kaiserin bis zu ihrem Lebensende bei. Doch wenn all ihre Briefe, selbst die, die Tadel enthalten, immer liebevoll abgefaßt sind, voller Zuneigung und Sorge, so hören sich Leopolds Aufzeichnungen über seinen Bruder in Mailand sehr negativ an. Der Großherzog in Florenz blickte mißbilligend auf den Gouverneur der Lombardei:

*Für Ferdinand in Mailand hegt sie (die Mutter) eine ganz außerordentliche Zärtlichkeit, und obwohl sie sich sehr über ihn beklagt und alle seine Fehler kennt, bedauert sie ihn trotzdem und erzählt ihm alles wieder, gibt ihm in allem nach und unterstützt ihn, macht alles, und er erreicht alles, was er will, (sie) glaubt ihm alles und gegen ihn haben immer alle anderen Unrecht. Sie schreibt und sagt ihm immer alles, und er macht damit, was er will, auch in den unglaublichsten Angelegenheiten.*

*Ganz ähnlich ist seine Frau, die, obwohl die Kaiserin sie durchschaut, und es auch sagt, sie dennoch so mit Zeremonien und berechnend abgefaßten Briefen und Komplimenten einzufangen wußte, daß auch sie alles von der Kaiserin erlangt . . . und häufig mißbrauchen sie ihren Einfluß, um vielen Leuten Unrecht und viel Schaden zuzufügen, denn sie wissen die Gelegenheiten zu nützen, da sie über alles, was in Wien vorgeht, genau von dem Ehepaar Hardegg, ihren gewissenhaften Korrespondenten, informiert werden . . .*

*Ferdinand in Mailand ist ein sehr schwacher Mann, von wenig Verstand und geringem Talent, aber der von sich eine sehr hohe Meinung hat, ein Wirr- und Querkopf, der alles allein machen möchte, er rühmt sich, alles zu tun und läßt keinen anderen etwas machen . . . wenig Ordnung, wenig Arbeitseifer, zu zerstreut, unentschlossen und wirr.*

*Er ist hart in seinen Grundsätzen, geldgierig, vom ersten Eindruck bestimmt, roh, hört die Leute nicht an, wenig Persönlichkeit, gewalttätig, keck, öffnet den Leuten die Briefe, mißtrauisch und tatsächlich hat seine Art, in den Geschäften vorzugehen und sein Benehmen die ganzen Leute seines Haushalts und das ganze Land in Mailand verärgert.*

*Falsch, wenig wahrheitsliebend, ein großer Schwätzer, hat er sich verhaßt und lächerlich gemacht. Er möchte sich immer in alles einmischen, hat ein schlechtes Benehmen, seine Frau beherrscht ihn völlig und läßt ihn üble Ungerechtigkeiten begehen zugunsten den von Ihr . . . Empfohlenen oder Begünstigten. In Mailand sind alle sehr verärgert, auch über die Einbildung, die sie zur Schau trägt, indem sie ärgerliche Reden führt und sehr stolz und wenig beliebt ist.*

*Man behauptet auch, daß sie an gewissen Getreidegeschäften und wenig sauberen Schiebungen, um Geld zu machen, interessiert sind, was sie auch beim Volk verhaßt gemacht hat. Bei ihrer letzten Reise nach Wien haben sie sich wenig beliebt gemacht. Sie sind bei der Kaiserin gerne gesehen, aber wenig bei dem ganzen übrigen Rest der Familie und man weiß nicht warum. Sie hassen mich und meine Frau sehr und bemühen sich, bei jeder Gelegenheit von uns schlecht zu reden und sich bei der Kaiserin und beim Kaiser zu beklagen, wenn diese uns irgendeine Aufmerksamkeit erweisen und ihnen nicht.*[21]

Neben dem Bedürfnis Leopolds, in dieser streng geheimen Niederschrift seines »Stato della famiglia« seinem Herzen einmal Luft zu machen, tritt auch ganz deutlich der Verdruß und Ärger zu Tage, den er darüber empfand, das Haus Habsburg in Mailand durch einen so unwürdigen Vertreter repräsentiert zu sehen.

Dabei machte Ferdinand im Grunde keine, wie man sagt, »schlechte Figur«. Er war groß und sah gut aus, wenngleich er mit den Jahren stark wurde. Er war ein guter Familienvater, denn er hatte mit seiner um vier Jahre älteren Frau, für die er gewiß keine lodernde Leidenschaft empfand, immerhin neun Kinder, von denen nur zwei jung starben. Sein Familiensinn war ausgeprägt, und die Kinder liebten ihn. Er sprach und schrieb fließend drei Sprachen. Deutsch, Französisch, Italienisch und dazu noch etwas Latein, um Urkunden entziffern zu können. Ferdinands Schilderungen seines Familienlebens wurden unterstützt durch die Berichte etlicher Besucher aus Wien, die nach ihrer Rückkehr aus Mailand die Kaiserin sprachen. Die Wirkung war stets überwältigend, und noch kurz vor ihrem Tode schrieb Maria Theresia gerührte Zeilen:

*Den 12. Oktober (1780)*
*. . . Ihre beiden Briefe brachten mir ein wahres Bukett alles dessen, was Sie mir von Ihrem vereinten Glück schilderten; mir sind Freudentränen herabgerollt. Gott wolle Sie beide so erhalten, sein Segen sei mit Ihnen.*
*Die Erzieher können nicht genug erzählen von Ihren Kindern, welche sie schöner und liebenswürdiger finden als selbst die von Parma; im übrigen ist das ja keine Frage der Schönheit, sondern der Liebenswürdigkeit.*[22]

Der Tod Maria Theresias und die Alleinherrschaft Josephs II. im ganzen Reich brachte auch für die Lombardei alle Segnungen, aber auch alle Härten des neuen Systems. Bemerkenswert war, daß noch unter Maria Theresia allein in dieser Provinz achtzig Klöster aufgehoben worden waren. Das Vermögen der Klöster fand sinnvolle Verwendung für Schulen, Pfarren, fromme Stiftungen und vor allem für die Ausbildung und Förderung der Ärzte. Im Jahre 1782 verringerte Kaiser Joseph die Zahl der Klöster nochmals um ein Drittel. In der Stadt Mailand allein wurden sechs Männer- und zwanzig Frauenklöster aufgehoben. Man empfand allgemein die Einschränkung des Klosterwesens als Notwendigkeit, zumal bei den kontemplativen Orden.

Der Reformwillen des Kaisers richtete sich aber nun auch gegen die Pfarren, von denen viel Gutes ausging. Die Lombardei zählte zu jener Zeit zweitausend Pfarren. Die geistlichen Herren waren die Berater der Landleute in allen Fragen des Lebens, Schlichter von Streitigkeiten, echte Lebenshelfer in Freud und Leid. Obwohl Kaunitz strikt dagegen war, führte der Kaiser den sogenannten Pfarrkonkurs ein, ein Ausbildungsweg, zu dem nur mehr Absolventen des Generalseminars zugelassen wurden. Für die einfachen Leute bedeutete dies eine starke Beeinträchtigung, denn sie fanden nicht die umfassende Betreuung durch die Kirche wie vorher.[23]

Josephs Neuerungen erstreckten sich auch auf andere Gebiete. So förderte er entscheidend die Seidenmanufaktur, eröffnete ferner ein Werkhaus für Arbeitslose oder auch Arbeitsscheue. Ähnlich wie in Wien richtete er ein für damalige Zeiten modernes Zuchthaus für schwer Straffällige ein. Mit seinen Maßnahmen, den Begräbniskult zu ändern, hatte er allerdings nur vorübergehend widerwillig Gehorsam gefunden. Indessen befolgte man seine Anordnungen insofern, als keine Begräbnisse in

Kirchen mehr stattfanden, sondern dafür gesonderte und sehr schöne Friedhöfe angelegt wurden.[24]

Kaiser Joseph, allen Reisen sehr zugeneigt, sucht auch Mailand zweimal auf. Einmal vom 19. Februar bis 9. März 1784 und einmal längere Zeit im Mai 1785 zusammen mit Leopold. Bei seinem ersten Aufenthalt sollte er Augenzeuge eines denkwürdigen Vorganges werden, doch er entzog sich der ihm zugedachten Ehre wegen der Fragwürdigkeit des Unternehmens:

»Den zwanzigjährigen, reichen, der Physik und Mechanik ergebenen Paolo Andreani stachelte der Ehrgeiz, den Brüdern Montgolfier, die 1783 ihren ersten geglückten Versuch unternahmen, nachzueifern.

Er ließ durch die Maschinisten Gebrüder Gerli einen Ballon herstellen, mit dem er im Februar 1784 in der Nähe des elterlichen Schlosses Moncucco den ersten Aufstieg, der ihn nur 600 Ellen erhob, versuchte.

Graf Wilczek wollte Kaiser Joseph, der damals in Mailand weilte, das Schauspiel vorführen, aber dieser hielt es für einen Herrscher nicht würdig, einer Veranstaltung beizuwohnen, die ein tragisches Ende nehmen könnte. Nach der Abreise des Kaisers setzten gedruckte Ankündigungen die Ballonfahrt für den 13. März fest. Die Gebrüder Gerli erklärten am Vorabend, nicht am Flug teilzunehmen . . . Andreani, der das Wagnis nicht aufgeben konnte ohne sich der Lächerlichkeit auszusetzen, nahm zwei Tischlergehilfen auf, die sich mit einigen Flaschen zuviel Mut zusprachen, was Andreani erst als er mit ihnen in der Luft schwebte, bemerkte.

Zur angekündigten Stunde wird im Park von Moncucco in Anwesenheit zahlloser Zuschauer, die aus Mailand herbeigeeilt sind, der Ballon aufgeblasen, zu welchem Zwecke Stroh und Reisigbündel zur Erhitzung der Luft angezündet werden. Dem mit Seilen festgehaltenen Ballon werden mit Weingeist getränkte Holzbündel untergeschoben, deren Feuer die Heißluft erhalten soll. Andreani und seine Begleiter steigen in den angehängten runden Korb, die Taue werden durchgeschnitten, die Montgolfière steigt auf, verschwindet einen Augenblick hinter einer Wolke und sinkt dann in einer Entfernung von drei Meilen auf flachem Feld langsam zu Boden.

Dichter Nebel und der an dem kalten Wintertag sich an der Hülle ansetzende Eisbelag nötigen zur Landung, die durch langsames Löschen des Feuers bewerkstelligt wird. Der Flug dauert 25 Minuten. Mailand darf sich rühmen, die erste Stadt Italiens zu sein, die das Beispiel der Brüder Montgolfier nachahmte.«[25]

Als mit dem Jahre 1790 die Ära Joseph zu Ende ging, war man in der Lombardei durch die Ereignisse in Frankreich im Jahr zuvor derartig verschreckt, daß der neue Kaiser Leopold II. bestürmt wurde, die alte theresianische Ordnung im Lande wiederherzustellen. Die Meinungen waren allerdings geteilt. Manche plädierten für eine Verfassung, andere für gänzliche Restauration, nur eines wollte niemand: ein Schreckensregiment wie in Paris. Leopold setzte die »Congregazione dello Stato« erneut ein, bevollmächtigte jedoch diese Versammlung, den Volkswillen im ganzen Land zu vertreten, was vorher nicht der Fall gewesen war. Die »Congregazione« hatte vor allem beratende Funktion und kontrollierte die Staatsausgaben, auch die des Militärs.[26]

Auch Ferdinand mußte zu seinem größten Unbehagen erfahren, daß die Zeit sorglosen Fürstendaseins ein für allemal vorbei war. Französische Zeitschriften und Pamphlete fanden über das Tessin ihren Weg nach Mailand. Alle italienischen Fürsten jener Zeit wurden von der großen Flutwelle der Revolution und ihren Ausläufern überrollt, und niemand von ihnen wußte ein Gegenmittel. Ferdinand war am 9. Mai 1796 aus Mailand geflüchtet und schrieb am 11. Mai in offensichtlicher Eile, mit vielfach verwischter Schrift, aus Verona an Kaiser Franz II., seinen Neffen, nach Wien:

*Euere Majestät.*
*Ich schreibe dieses aus Verona, wo ich diesen Morgen angekommen bin. Vorgestern bin ich in aller Hast mit meiner Frau aus Mailand abgereist. Wir haben den Weg über den Staat Venedig genommen. Die Franzosen haben den Po bei Piacenza überquert und die Verbindungen zwischen Mailand, Cremona und Mantua vollkommen abgeschnitten . . . die Lombardei ist verloren . . . ich weiß noch nicht, wie ich nach Deutschland kommen soll . . . Ich will Euer Majestät nicht betrüben mit den Details, aus denen sich der schmerzliche Verlust der Armee . . . sowie der Verlust und der Ruin eine so reichen und guten Provinz zusammensetzt. Zutiefst bewegt und niedergeschlagen gebe ich meinen wärmsten Wünschen für den Fortbestand der Monarchie Ausdruck.*
*Ihr untertänigster und gehorsamster*
*Onkel Ferdinand*[27]

Der Siegeszug Napoleons war indessen unaufhaltsam. Er siegte über Österreicher und Piemontesen bei Montenotte, Millesimo, Dego, Ceva und Mondovi. Mit Viktor Amadeus III. von Savoyen schloß er den Waffenstillstand von Cherasco. Am 10. Mai 1796 zog er in Mailand ein und verhängte eine enorme Kontribution von 20 Millionen Lire über die Stadt. Napoleon war förmlich trunken von seiner eigenen Unfehlbarkeit und Macht.[28]

Der Korse nahm in Mailand sein Quartier im Palazzo Serbelloni. Als er sich am Abend des 16. Mai zur Ruhe begeben wollte, sagte er schwärmerisch zu seinem Adjutanten Auguste Marmont:

*Was glauben Sie, wird man von uns in Paris sagen? Wird man zufrieden sein? Die Bewunderung muß doch auf höchste gestiegen sein. Aber das ist noch gar nichts. Die Zukunft birgt noch viel größere Erfolge für uns als die bisherigen. Das Glück hat mir heute nicht gelächelt, damit ich seine Gunst verachte; es ist eine Frau und je mehr sie für mich tut, desto mehr werde ich von ihr verlangen.*[29]

Nach einigen weiteren Siegen ließ Napoleon die »Zispadanische Republik« ausrufen. Sein Propagandaapparat lief auf vollen Touren. Überall wurden Freiheitsbäume errichtet in der Art der bayerischen Maibäume, umwunden und bemalt mit Fahnentuch und Farben der Trikolore blau-weiß-rot, die aber für Italien in grün-weiß-rot umgewandelt wurde. Napoleon kam zwar als angeblicher Befreier vom Joch der Habsburger, aber sein Regiment war so unmenschlich hart, Abgaben und Forderungen so hoch, daß es mehrere Aufstände im Volk gab, wobei derjenige von Verona besonders blutig verlief.[30]

Im Juli 1797 wurden die Zispadanische Republik (Modena, Ferrara, Bologna) und die Transpadanische Republik (Lombardei) zur »Zisalpinischen Republik« vereint und überall im Lande ausgerufen.

Für die Zeit von 1796 bis 1815 fanden sich besonders aus den Reihen der zunächst geheimen, nachher immer unbekümmerter auftretenden Anhänger der italienischen Freiheitsbewegung, des Risorgimento, genügend Analytiker, die den Fall des Hauses Habsburg und seiner Protagonisten schwungvoll kommentierten. Ferdinand war scharfer Kritik ausgesetzt.

». . . das habsburgische Imperium, das prächtige Resultat vieler geglückter Heiratskombinationen, fiel am Schluß nur der Auflösung anheim . . . Erzherzog Ferdinand, unfähig eine Befreiung vorzunehmen, was sich seinem ›großen politischen Verstand‹ entzog, sah seinerseits alles im rosigen Licht und konnte damit natürlich die Zeichen der Zeit nicht um einen Millimeter verrücken. Er beschäftigte sich lieber neugierig mit elektrischen Experimenten oder anderem kindischen Zeitvertreib als mit den Sorgen des Staates, nach deren Minderung er kein Verlangen

trug. . . . Die mehr oder weniger abgeschmackten und leichtfertigen
leeren Dekorationen ihres (der Habsburger) Standes rechtfertigten die
Entrüstung des Volkes, das darin (der Untätigkeit in entscheidenden
Fragen) einen Verrat erblickte.«[31]

Hier wie auch im Falle der Königin Marie Antoinette lag die Schuld am
Versagen in Krisenzeiten in der mangelnden Erkenntnis dessen, was
wichtig und was unwichtig war. Ein Bonvivant auf dem Thron des Landes war nichts Außergewöhnliches. Aber in einer Epoche der Umwäl-
zung die Zeichen der Zeit nicht zu erkennen, das bedeutete für die Herrscher Verurteilung oder Untergang.

»Der Sturz Österreichs in der Lombardei sollte immerhin das einzige
Mittel sein, die Macht der vielen Conservativen zu brechen, die sich auf
Kosten des breiten Publikums ein gutes Leben machten und die in diesem
Sinne eine fortdauernde Mitschuld (an den Zuständen) traf.

Der Despotismus der Habsburger erschien im Laufe der wenigen De-
zennien in der verschiedenartigsten Form; sowohl im Habit des Philosophen als auch im Habit des Geistlichen. Aber wie auch immer verkleidet
war das Ende lächerlich, wie etwa die alternde Göttin der Bühne, die ihre
Runzeln nur noch unter dicker Schminke verbergen kann.

Und so, sei es nun mit einer bigotten Kaiserin wie Maria Theresia, sei
es unter einem vorurteilslosen Souverän wie Joseph II., immer zeigte
sich die Unfähigkeit, den Willen der Untertanen nach einer sicheren und
wie auch immer gearteten Verbesserung auf sozialem Gebiet zu befriedigen.«[32]

Daß die Italiener sehr wohl unterscheiden konnten, wer für das Wohl
des Landes gearbeitet hatte und wer nicht, zeigt die Ehrung des Großherzogs und späteren Kaisers Leopold, dem die Toskana vierzig Jahre nach
seinem Tod in Pisa das schon erwähnte Denkmal setzte.

In seiner Heimatstadt Wien führten Ferdinand und Marie Beatrix nun
das Leben von Emigranten. Indessen litten sie keinerlei Not, wovor sie
schon das Vermögen der wohlhabenden Erbin Marie Beatrix bewahrte.
Als Entschädigung für den Verlust der Statthalterschaft überließ Ferdinands Schwiegervater Ercole III. von Modena schon vor seinem Tode
1803 die Verwaltung der Ortenau, einer schönen Landschaft am Ober-
rhein mit 30 Ortschaften, dem Flüchtling aus Mailand. Ferner erhielt
Ferdinand die Verwaltung des Breisgaus. Leider gingen diese Äquiva-
lente im Frieden von Preßburg 1805 schon wieder verloren. Nun griff
Ferdinand auf sein persönliches Vermögen zurück, das aus dem sogenannten Aviticalfonds herrührte. Es war jener Familienfonds, den einst

sein Vater, Kaiser Franz I. für die Kinder gegründet hatte, die nicht anderweitig versorgt waren.[33]

Er legte in diesen unsicheren Zeiten sein Geld vorwiegend in Hausbesitz an.

Ferdinand bereitete seiner Familie den Schmerz, gerade am Weihnachtsheiligabend 1806 zu sterben. Die Wiener Zeitung vom 27. Dezember berichtete eingehend darüber:

*Am 24. December Nachmittags starb in Wien an der Brustwassersucht Se. Königl. Hoheit der durchlauchtigste Erzherzog Ferdinand, Königl. Prinz von Hungarn und Böhmen, Erzherzog zu Österreich . . . , Oheim seiner jetztregierenden Majestät des Kaisers und Königs . . . Die feyerliche Beysetzung des Verewigten in die Kaiserliche Familien-Gruft in der Kapuzinerkirche geschieht heute am 27. December; die Hof-Trauer aber wird durch 42 Tage mit folgender Abwechslung getragen . . .*[34]

Und noch einmal entfaltete sich, ganz wie zu Maria Theresias Zeiten, das komplizierte Ritual der Kleidungsvorschriften für Räte und Militärs, Kämmerer, durchlauchtigste Frauen und Damen. Es wurde vorgeschrieben, welche Hauben und Spitzen, welche Art Knöpfe und Schnallen, »blau angeloffene« Degen und Schuhschnallen, Manschetten lang oder kurz und all die ausgeklügelten Details zum Ausdruck der Verehrung für den letzten dahingegangenen Sohn der großen Kaiserin zu tragen waren.

In Ferdinands Erbe teilten sich seine Söhne Franz und Ferdinand sowie die Tochter Marie Louise. Den Höhepunkt im Leben seiner Nachkommen erlebte er nicht mehr. Am 6. Januar 1808 schloß sein Neffe Kaiser Franz I. von Österreich die dritte Ehe mit Marie Louise. Für acht Jahre war Ferdinands Tochter österreichische Kaiserin, eine liebe, herzliche Frau, die das Wohlwollen und die Liebe der alten Kaiserin gefunden hätte.

## Quellen und Anmerkungen zum Kapitel
## Ferdinand

Die Abkürzung HHSTA bedeutet »Haus-, Hof- und Staatsarchiv«, Wien.

1 Heinrich Benedikt, Kaiseradler über dem Apennin. Die Österreicher in Italien, 1700–1866, Wien, München 1964. – Nachstehend abgekürzt »Benedikt« genannt. – S. 415
2 Fürst Johann Josef Khevenhüller-Metsch, aus der Zeit Maria Theresias, Tagebuch des kaiserlichen Obersthofmeisters 1742–1776, 8 Bde. hrsg. von Hanns Schlitter, Wien/Leipzig 1907–1908. – Nachstehend abgekürzt »Khevenhüller« genannt. – Bd. III, S. 322
3 Khevenhüller, Bd. III, S. 113
4 Khevenhüller, Bd. V, S. 83
5 Briefe der Kaiserin Maria Theresia an ihre Kinder und Freunde. 4 Bde., hrsg. von Alfred Ritter von Arneth, Wien 1881. – Nachstehend abgekürzt Arneth Briefe genannt. – Bd. III, S. 71
6 Arneth Briefe, Bd. III, S. 72
7 Eduard P. Danszky, Sternkreuz – das Schicksal der Isabella von Parma, Mödling b. Wien o. J., S. 232
8 La Toison d'Or, Katalog der Ausstellung über den Orden vom Goldenen Vlies, 14. Juli – 30. Sept. 1962, hrsg. von der Stadt Brügge, Brügge 1962, S. 57
9 Benedikt, S. 68
10 Arneth Briefe, Bd. I, S. 65
11 Benedikt, S. 415
12 Géza Rech, Wolfgang Amadeus Mozart – Lebensweg in Bildern, München o. J. – Nachstehend abgekürzt »Rech« genannt. – S. 19
13 Wolfgang am 24. 8. 1771 an seine

Schwester Nannerl aus Mailand; Rech, S. 19
14 Arneth Briefe, Bd. I, S. 93
15 Benedikt, S. 68
16 Benedikt, S. 86
17 Adam Wolf, Marie Christine, Erzherzogin v. Österreich, 2 Bde., Wien 1863
18 Arneth Briefe, Bd. II, S. 124
19 Arneth Briefe, Bd. II, S. 130
20 Arneth Briefe, Bd. II, S. 136
21 Adam Wandruszka, Leopold II., 2 Bde., Wien/München 1963, Bd. 1, S. 338, 353
22 Arneth Briefe, Bd. II, S. 298
23 Benedikt, S. 98 ff
24 Benedikt, S. 100
25 Benedikt, S. 100
26 Benedikt, S. 101
27 Ferdinand an Kaiser Franz II/I. vom 11. 5. 1796 in franz. Sprache, Original in HHSTA, Familienarchiv Kasten 27
28 Benedikt, S. 106
29 Egon Caesar Conte Corti, Ich, eine Tochter Maria Theresias, ein Lebensbild der Königin Marie Karoline von Neapel, München 1950, S. 234
30 Benedikt, S. 106
31 Ettore Rota, L'Austria in Lombardia, Biblioteca Storica del Risorgimento Italiano. Movimento Democratico Cisalpino, Milano/Roma/Napoli 1911. Aus dem Italienischen von Ch. Pangels. – Nachstehend abgekürzt »Rota« genannt. – S. 58
32 Rota, S. 63
33 Hanns Leo Mikoletzky, Kaiser Franz I. Stephan und der Ursprung des Habsburgisch-Lothringischen Familienvermögens, Wien 1961, S. 55 f
34 Wiener Zeitung vom Sonnabend, 27. Dezember 1806, HHSTA,

## Die Kinder Erzherzog Ferdinands
## aus seiner Ehe mit Prinzessin Marie Beatrix von Este-Modena

1 Marie Therese ✶ 1. 11. 1773 † 29. 3. 1832
Heirat am 25. 4. 1789 mit Viktor Emanuel I., König von Sardinien, ✶ 24. 7. 1759 † 10. 1. 1824

2 Josefa ✶ 13. 5. 1775 † 20. 8. 1777

3 Leopoldine ✶ 10. 12. 1776 † 23. 6. 1848
1. Ehe: 15. 2. 1795 mit Karl Theodor von der Pfalz, Kurfürst von Bayern, 11. 12. 1724 † 16. 2. 1799.
2. Ehe: 14. 11. 1804 mit Ludwig Graf von Arco, 30. 1. 1773 † 20. 8. 1854

4 Franz IV. ✶ 6. 10. 1779 † 21. 1. 1846
Herzog von Este-Modena. Heirat am 20. 6. 1812 mit seiner Nichte Beatrix, Tochter des Königs Viktor Emanuel I. von Sardinien, ✶ 6. 12. 1792 † 15. 9. 1840

5 Ferdinand ✶ 25. 4. 1781 † 5. 11. 1850

6 Maximilian ✶ 14. 7. 1782 † 1. 6. 1863
Hochmeister des Deutschen Ordens 1835

7 Antonie ✶ 21. 10. 1784 † 8. 4. 1786

8 Karl Ambrosius ✶ 2. 11. 1785 † 2. 9. 1800
Erzbischof von Gran und Primas von Ungarn

9 Maria Ludovica (Louise) ✶ 14. 12. 1787 † 7. 4. 1816
Heirat am 6. 1. 1808 mit ihrem Cousin Franz II./I., Kaiser von Österreich, ✶ 12. 2. 1786 † 2. 3. 1835

# Marie Antoinette

*Königin von Frankreich*
*\* 2. 11. 1755 in Wien*
*† 16. 10. 1793 in Paris*

Kaiserin Maria Theresia glaubte fest an Glücks- und Unglückszahlen, an eine gewisse Zahlenmagie in ihrer Familie. Sie selbst war an einem 13. Mai geboren und betrachtete es als besondere Gnade Gottes, daß ihre Lieblingstochter Mimi auch an einem 13. Mai zur Welt kam. Josephs Geburtstag fiel auf einen 13. März, und so wähnte sie ihn ebenfalls unter einem glücklichen Stern geboren. Mehr als Zufall sah sie walten in der Tatsache, daß Elisabeth und Karoline beide am 13. August zur Welt kamen, wenn auch mit einem Abstand von neun Jahren.

Magische Zusammenhänge glaubte man zwischen dem katastrophalen Erdbeben in Lissabon am 1. November 1755 und der Geburt der Prinzessin Maria Antonia am 2. November des gleichen Jahres entdecken zu können. Von dem damals 170 000 Einwohner zählenden Lissabon wurden 30 000 getötet, ein Drittel der Stadt in Trümmer gelegt. Das Walten der Vorsehung schien vielen auch deshalb völlig gewiß, weil das portugiesische Königspaar die Patenschaft, bei der feierlichen Taufzeremonie durch Joseph und Marianna vertreten, übernommen hatte.

Das Mirakel der gleichen Zahlen läßt sich im Leben Marie Antoinettes fortsetzen. Ihr künftiger Gemahl wurde König Ludwig XVI., sie heiratete an einem 16. Mai und sie wurde an einem 16. Oktober enthauptet.

Als die kleine Erzherzogin zur Welt kam, deutete nichts im Schönbrunner Schloß darauf hin, welche Höhen und Tiefen des Lebens sie einmal zu durchmessen haben würde.

Chronist Khevenhüller beschrieb gewohntermaßen präzis und umständlich die Geburt:

*Den 2. (November 1755) . . . abends um 5 Uhr gienge der Kaiser . . . zu denen Augustinern. Und als mann eben an deme ware, den Psalmum Benedictus zu singen, wurde mir von denen Cammerleuthen gemeldet, daß mann eben das Hochwürdige in der großen Hoff- und in der Theresiae oder dermahligen Cammer-Capellen aussetzen würde, so nach alten Gebrauch in der Zeit (zu) geschehen pfleget, da die Kaiserin in den*

*Kindstuhl gebracht wird (wiewollen die jetzige Frau nunmehro meistens im Bett niederzukommen pfleget), und in denen letzten Kindsnöthen sich befindet.*

*Ich erinnerte es also gleich dem Kaiser, welcher bei seiner Zurück-kunft aus der Kirch den mitgekommenen Erzherzog Joseph sofort con-gediret (verabschiedet) und von der Nachbahrschafft des Frauen-Volcks und der Kaiserin Wohnzimmern weggeschickt (damit er nichts Unge-bührliches und für sein Alter Unanständiges sehen oder hören möge) und in die grosse Hoff-Capellen betten geheissen; wie dann diser Ursach wegen das Venerabile auch alldorten exponiret worden . .*

*Gegen halb 8 Uhr wurden I. M. von einer zwar kleinen, aber ganz ge-sunden Erzherzogin höchst beglücket entbunden . . .*

*Den 3 . . . . ware um 12 Uhr Ordonnanz zur Tauff . . .*

*Die neugebohrne Frau wurde in Nahmen des Königs und der Königin von Portugall . . zur Tauff gehalten und Maria Antonia Anna Josepha Joanna benammset . . .*[1]

*Den 8. kammen die Hoff-Dames und wir andere würckliche . . . Hoff-Ammter zum Handkuß und habe ich die Frau noch in keiner Kindlbett so gutt ausgesehen gefunden.*[1]

Ganz allgemein wurde von der Wiege an Tonerls Schönheit gerühmt. Sie muß ein überaus hübsches Kind gewesen sein. Am 31. Januar 1758 erkrankte nicht nur sie, sondern bald darauf auch ihre wenig ältere Schwester Charlotte, die später Karoline genannt wurde. Man war sehr in Sorge.

*Ansonsten ist noch zu bemercken, daß die Ertzherzogin Maria Anto-nia, welche bereits die lezte Täg des vorigen Jahres mit denen Kindsblat-tern überfallen worden, mit Anfang des gegenwärtigen gar nicht wohl gewesen, also daß man um dise schöne und hertzige Frau nicht wenig besorget ware; und zur nemmlichen Zeit, als es mit derselben noch ge-fährlich aussahe, kame die Reihe an die Ertzherzogin Maria Charlotte, bei welcher aber niemahlen einige Gefahr angeschinen.*

*Mann machte die gewöhnlichen Veranstaltungen, um alle Commu-nication mit denen übrigen jungen Herrschafften zu verhindern; und für disesmahl verblibe es auch lediglich bei disen zwei kleinen durch-lauchtigsten Patientinnen.*[2]

Marie Antoinette war ein Mädchen zum Verlieben, so klein wie sie war, sie wickelte ihre Erzieherinnen und Lehrer um den Finger. Ihre Aja Judith von Brandis, die gleichzeitig Charlotte betreute, war ihr mehr ergeben, als für das Kind gut sein sollte. Als Tonerl größer wurde, bekam sie wohl Lehrer, wie alle ihre Geschwister, aber mit Charme mogelte sie sich durch die Stunden hindurch, ohne daß wesentlich mehr bei ihr haften geblieben wäre als einige Kenntnisse in Lesen, Rechnen und in der Musik. Die beiden Beichtväter, zuerst Franz Richter, später Anton Bernhard Gürtler, gaben ihr Religionsunterricht, und um die Mutter zu erfreuen, gab sie sich in diesem Fach etwas Mühe, zumal ja schon das Leben der Kinder von früh bis abends auf religiöse Gepflogenheiten ausgerichtet war. Der Schuldirektor Joseph Mesmer gab ihr Schreibunterricht, Georg Christoph Wagenseil lehrte sie die ersten Noten und überwachte später ihren Klavierunterricht, was jedoch ab 16. 8. 1766 von Joseph Stephan für die beiden jüngsten Erzherzoginnen übernommen wurde. Auch Gluck unterrichtete sie einige Zeit.[3]

Antoinette wuchs hinein in die sorgenvollen Jahre des Siebenjährigen Krieges. Doch die Mutter ließ ihre Kinder davon so wenig wie möglich spüren. Nach wie vor gab es kleine Konzerte, Theateraufführungen oder Balletts, bei denen möglichst alle mitzuwirken hatten. Das Vergnügen daran, sich schauspielerisch zu betätigen, wurde bei Tonerl in den Kinderjahren geweckt und verließ sie nicht wieder. Später in Versailles sollte sie sich durch diese Leidenschaft höchst gefahrvoll exponieren.

Man hat Kaiserin Maria Theresia häufig zum Vorwurf gemacht, sie habe ihre Töchter, speziell ihre beiden jüngsten, zwar allerlei lernen lassen, aber versäumt, sie Klugheit zu lehren. Marie Antoinette war leichtsinnig und ohne die geringste Ahnung vom wirklichen Leben.

Zur Zeit ihrer Geburt war das Ziel der österreichischen Politik, das alte System der europäischen Bündnisse zu sprengen. 1756 gelang es Fürst Kaunitz die schon lange erstrebte Koalition mit Frankreich und Rußland vertraglich abzusichern. Damit waren die Weichen gestellt für den Verlauf des Siebenjährigen Krieges. Das Bündnis mit Frankreich familiär zu festigen, schien Maria Theresia vorrangig. Über ihre Brüskierung des neapolitanischen Hofes anläßlich Josephs Vermählung mit Isabella von Parma, der Enkelin Ludwigs XV., wurde schon berichtet. Am 23. August 1754 war in Paris ein Prinz zur Welt gekommen, der zunächst keine Aussicht auf die Thronfolge hatte, aber nach dem Tod seines älteren Bruders und seines Vaters, des Dauphins, mit 11 Jahren überraschend zum Erben der französischen Krone geworden war. Eine baldige Heiratsabsprache hielt sein Großvater, Ludwig XV., nun für vordringlich. Bereits 1766 sah sich die Kaiserin vor der Tatsache, daß ihre jüngste Tochter Antonia »für den Dauphin in Frankreich destinieret« war.

Als nun der Zeitpunkt der Eheschließung näherrückte, mußte sie allerdings feststellen, daß dies hübsche und liebenswürdige Kind, das im November 1768 erst dreizehn Jahre alt wurde, für seine schwierige Aufgabe am französischen Hof bei weitem nicht genügend gerüstet war. Ihr Französisch war mangelhaft, ihr Tanz ließ zu wünschen übrig. Die Kaiserin engagierte den berühmten französischen Ballettmeister Jean Georges Noverre, ihr unverzüglich Tanzunterricht zu geben, eine Maßnahme, die Tonerl von allen Neuerungen, die auf sie zukamen, noch am besten gefiel. Um ihre französische Aussprache zu bessern und ihr die leidigen Germanismen abzugewöhnen, wurden zwei Schauspieler verpflichtet. Aus Paris reiste der Abbé Vermond an, ein gelehrter Herr, Großvikar des Erzbistums Toulouse und Bibliothekar am Kollegium der vier Nationen. Vermond traf Oktober 1768 in Wien ein und begann seinen Unterricht Anfang 1769. Er sandte regelmäßige Berichte nach Paris, in denen es schon am 21. 1. 1769 hieß:

*Ich bin übrigens gewiß, daß unser Hof und die französische Nation entzückt sein werden von unserer zukünftigen Dauphine! Mit einer reizenden Gestalt vereinigt sich ein ungemein anziehendes Wesen, und wenn sie, wie man hoffen darf, noch etwas wächst, wird sie alle äußeren Vorzüge besitzen, die man einer hochgestellten Persönlichkeit nur wünschen darf. Ihr Charakter, ihr Herz sind ganz ausgezeichnet, und es fehlt ihr nur noch die Leichtigkeit des Ausdruckes, um jenes bewunderungswürdige Talent zu zeigen, welches ihre erhabene Mutter besitzt, den Leuten immer die verbindlichsten Dinge zu sagen.*[4]

Vermond beobachtete scharf, und schon in seinen Berichten prägte sich jene Beurteilung aus, die für Antoinettes ganzes späteres Leben kennzeichnend sein sollte. Er meinte, sie habe mehr Verstand, als man bisher angenommen habe, aber eine gewisse Trägheit und Flatterhaftigkeit erschwere den Unterricht ungemein. Er gewinne den Eindruck, als ob sie sich nur mit Dingen beschäftigen wolle, die ihr zur Unterhaltung gereichten.[5]

Es gab für Marie Antoinette einen komprimierten Abriß der französischen Geschichte vom Anfang des 18. Jahrhunderts an. Sie erhielt einen Überblick über die wichtigsten Adelsfamilien Frankreichs, ihre Verdienste, ihre Ämter, so daß sie wenigstens eine Ahnung bekam, welche Namen sie hören würde, welcher Rang den einzelnen zukam. Zu Anfang des Jahres 1770 befahl die Kaiserin, das Bett der Erzherzogin Maria Antonia in ihr eigenes Schlafzimmer zu stellen. In vielen ruhigen Abendstunden, wenn niemand sie störte, versuchte die Kaiserin ihrer Tochter wichtige persönliche Verhaltensmaßregeln einzuprägen, wobei vor allem die Religion wieder eine wichtige Rolle spielte. Über die ehelichen Pflichten erhielt Marie Antoinette sicherlich keine Aufklärung. Der Verlauf ihrer Ehe zeigt, daß weder sie noch ihr nur ein Jahr älterer knabenhafter Ehemann darüber so recht Bescheid wußten. Die Kaiserin, stolz darauf, ihre Jüngste an den glänzendsten Hof Europas zu verheiraten, tat ein Übriges und gab ihr eine Aussteuer mit, die ganz Paris in Erstaunen setzen sollte. Der Aufwand für den Hofreisezug von Wien nach Paris stellte alles Bisherige in den Schatten. König Ludwig XV. von Frankreich hingegen schickte zwei so kunstvoll gearbeitete Karossen für Marie Antoinette, daß nun wieder die Wiener Wagenbauer vor Neid erblassen konnten. So übertrumpfte einer den anderen und der allgemeine Aufwand war immens.

Am 19. April 1770 führte Erzherzog Ferdinand, nun schon erfahrener Bräutigam-Stellvertreter für seine Schwestern, Antoinette in Wien zum Altar. Dann folgten einige große Feste in Wien, und am 21. April morgens um 9 Uhr brach das vierzehneinhalbjährige Mädchen, das jetzt die Frau Dauphine war, nach Frankreich auf.

Die große feierliche Übergabe Antoinettes aus den Händen ihrer vertrauten bisherigen Betreuer in die Obhut des neuen französischen Hofstaates sollte, nach langen Überlegungen und Verhandlungen, auf einer Insel mitten im Rhein in der Nähe von Kehl vorgenommen werden. Man hatte in aller Eile einen Bau aus ungebrannten Ziegeln errichtet, der einen großen Thronsaal enthielt, zudem sowohl auf der deutschen als auch auf der französischen Seite einige Umkleidezimmer. Alles wurde gerade noch zum festgesetzten Termin Anfang Mai fertig. Gegen eine kleine Summe gelang es ein paar deutschen Studenten aus Straßburg, unter denen sich auch Goethe befand, die Räume anzusehen. Wer an die Zeichen übler Vorbedeutungen zu Marie Antoinettes Geburt glaubte, konnte hier alle Befürchtungen erneut bestätigt finden.

».. . an den Wänden hingen Tapisserien, die der Straßburger Erzbischof, der alte Kardinal Prinz Rohan, geliehen hatte . . . die Wandteppiche erregten . . . Goethes Unwillen . . . Diese Bilder, schrieb er, enthielten die Geschichte von Jason, Medea und Kreusa, und also ein Beispiel der unglücklichsten Hochzeit . . .«

*Zur Linken des Thrones sah man die mit dem grausamsten Tod ringende Braut, zur Rechten entsetzte sich der Vater über die ermordeten Kinder zu seinen Füßen, während die Furie auf dem Drachenwagen in*

*die Lüfte zog. Ein Mißgriff wie dieser brachte mich ganz aus der Fas-
sung. Was! rief ich aus, ohne mich um die Umstehenden zu kümmern,
ist es erlaubt, einer jungen Königin das Beispiel der gräßlichsten Hochzeit, die vielleicht jemals vollzogen worden, bei dem ersten Schritt in ihr
Land so unbesonnen vors Auge zu bringen! Ist es doch nicht anders, als
hätte man dieser schönen und, wie man hört, lebenslustigen Dame, das
abscheulichste Gespenst bis an die Grenze entgegengeschickt!*[6]

Die Übergabe der Braut bietet das erste Beispiel, wie sich die Ge-
schichtsschreibung um Marie Antoinette im Laufe der zwei vergangenen
Jahrhunderte gewandelt hat. Fast durchgehend bemächtigte sich die Literatur der pikanten Nachrichten aus dem Tagebuch der Madame Campan, einer Kammerfrau Maria Antoinettes, daß sie sich an dem Morgen
des 7. Mai 1770 bei der Entrega bis auf die Haut auszuziehen die Pflicht
hatte, um alles Österreichische gänzlich abzustreifen. Angefangen vom
seidenen Spitzenhemd bis zu den Ohrringen, vom Schuh aus Paris bis
zur rauschenden Galarobe habe sie alles nur von französischer Herkunft
zu tragen, erst dann sei sie wirklich die Dauphine von Frankreich geworden. Dies ist, wie Prof. André Castelot in seiner 1975 in Deutschland er-
schienenen Biographie »Marie Antoinette« nachwies, eine Legende.

»Dieser alte Brauch wurde damals nicht mehr geübt. Marie Antoinette zog sich einfach, wie die Archive bezeugen, in einem der österreichischen Gemächer um und legte eine aus Wien mitgebrachte Galarobe
an. Ihre Obersthofmeisterin, ihre Ehrendame und ihre Kammerfräulein
taten das gleiche in einem anderen Kabinett. Die Damen ihres Gefolges
wechselten die Kleider im Hause Gelb. Die kleine Braut durfte sogar ihren Mädchenschmuck behalten.«[7]

Nach dem gleichen Zeremoniell, wie bei Karoline geschildert, spielte
sich auch die feierliche Übergabe der kindlichen Marie Antoinette ab.
Immerhin war sie nicht weniger aufgeregt als ihre nur so wenig ältere
Schwester in Italien. Als sich ihr österreichischer Hofstaat zurückgezogen hatte, sah sie sich an der Hand des außerordentlichen Gesandten von
König Ludwig XV., des Grafen von Noailles, ihrem neuen Hofstaat gegenüber. Ihre Ehrendame war die Gräfin von Noailles, der sich die kleine
Dauphine in einer Aufwallung von Abschiedsschmerz und Heimweh an
die Brust warf. Die Gefühle der Dame zeigten sich jedoch auf solche Zwischenfälle nicht vorbereitet, und, um nur alles in strengsten Formen ab-
laufen zu lassen, stellte sie unverzüglich dem verweinten Kind, das sich
zu fassen suchte, den neuen französischen Hofstaat vor. Es waren ältere

29  Ludwig XVI. von Frankreich am Tag vor seiner Enthauptung, *Abschied von seiner Familie, 20. Januar 1793*

30  *Marie Antoinette vor ihren Richtern*

31   *Marie Antoinette während der Haft*

32   *Maximilian Franz in Oberstenuniform des 8. Kürassierregiments*
*mit seinem älteren Bruder Ferdinand*

33 *Maximilian Franz als Kurfürst von Köln und Bischof von Münster*

Damen, die schon das Cortège der verstorbenen Königin gebildet hatten. Marie Antoinettes täglicher Umgang sollte nun in einer Gesellschaft bestehen, von der etwa die Hälfte ihre Großmütter hätten sein können. Aber sie lächelte höflich.

Nach einer anstrengenden Reise mit ermüdenden Strapazen und Huldigungen, die einander glichen bis zur Karikatur, immer im Tumult und mit der Geräuschkulisse eines Wagenzuges, für den an jeder Poststation 386 Pferde benötigt wurden, näherte man sich am 14. Mai 1770 dem Ziel. Ludwig XV. erwartete seine neue Enkelin, von der er nur die reizendsten Dinge gehört hatte, am Rande des Waldes von Compiègne. Militär in buntesten Uniformen bildete die Umrahmung einer festlichen Gesellschaft. Neben der immer noch überragend schönen Erscheinung des Königs standen seine drei Töchter, die ranghöchsten Damen des Landes. Fast konnte man sie mit den drei Parzen vergleichen, die das Geschick der kleinen Thronfolgerin aus Wien unverzüglich und zielstrebig in ihre Hände nahmen. Es waren die achtunddreißigjährige Madame Adelaïde, ihre ein Jahr jüngere Schwester Madame Victoire und die 1736 geborene Madame Sophie. Die vierte lebende Tochter des Königs, Louise-Marie, war zu den Karmeliterinnen ins Kloster gegangen und nannte sich Sœur Thérèse de Saint Augustin. Sie sah ihre Lebensaufgabe darin, für den Vater zu beten und seine sündhafte Fleischeslust durch frommen Wandel zu sühnen.

Louis Quinze, der Vielgeliebte, sah der Ankunft der »petite Autrichienne« mit gelassener Freundlichkeit entgegen. Einzig und allein seine Liaison zu der attraktiven siebenundzwanzigjährigen Madame Dubarry bereitete ihm etwas Kopfzerbrechen. Wie würde sich die Kaisertochter wohl zu der ehemaligen Modistin stellen?

Auf sehr vieles war Marie Antoinette vorbereitet worden, aber von der Existenz einer Maîtresse en titre hatte sie nicht den leisesten Begriff. Als sie sich dann später erkundigte, was denn die Aufgabe dieser Dame sei und man ihr zurückhaltend erwiderte, sie solle den König amüsieren, da rief sie spontan und ahnungslos: »Dann bin ich ihre Rivalin!«

Als Marie Antoinette bei der königlichen Gesellschaft im Walde vom Compiègne eintraf, nahm sie der Begegnung alles Feierliche, indem sie so geschwind, als könne sie es nicht erwarten, aus der Prachtkarosse sprang und auf den König zueilte, vor dem sie graziös in einen Hofknicks versank. Er hob sie auf, umarmte sie herzlich und stellte ihr den jungen Ehemann Ludwig vor, der zwar verlegen war, jedoch den erwarteten Kuß auf die Wange durchaus zustande brachte.

Nichts ist überliefert, was die Dauphine beim Anblick ihres Gemahls empfand. Aber die Herzogin von Northumberland, die die Szene erlebte, schrieb in ihr Tagebuch:

*Ich stellte ihn mir gräßlich vor, doch ganz im Gegenteil gefiel mir seine Erscheinung sehr gut. Er ist groß und schlank, hat ein interessantes Gesicht und kluge Augen, die bei seinem ziemlich blassen Teint sehr groß wirken. Das volle blonde Haar steht ihm sehr gut zu Gesicht.*[8]

Von Antoinette notierte die Herzogin »sehr klein und schmal. Ich hätte sie höchstens auf zwölf Jahre geschätzt. Sie ist blond und ein bißchen pockennarbig.« Sie erspähte mit weiblichem Scharfblick, daß Antoinettes weißes Brokathochzeitskleid vorn zu weit ausgeschnitten war. Das Kleid schloß mit einem Diamantenbesatz ab, und um den Hals trug die Dauphine ein schönes Collier. Dazwischen aber schob sich bauschig ein handbreiter Streifen ihres spitzenbesetzten Hemdes, was die eleganten Pariser Damen mit einem Naserümpfen quittierten. Es war zwar sittsam, aber elegant war es nicht. Über die Trauung berichtete die Herzogin:

*Der Dauphin wirkte schüchterner als seine kleine Frau. Während des Gottesdienstes zitterte er am ganzen Körper und errötete bis unter die Haarwurzeln, als er ihr den Ring ansteckte. Als die Messe begann, griff Ludwig erleichtert nach dem Gebetbuch, das man ihm reichte, und vertiefte sich darin, um den Blicken der anderen ausweichen zu können.*[9]

Als nach der Trauung der Hochzeitspakt vorgelegt wurde, den das Brautpaar und die anwesenden Familienmitglieder zu unterzeichnen hatten, sträubte sich der Gänsekiel der Dauphine: Marie Antoinette machte einen dicken Klecks auf das Dokument.

Die Nervosität dieser beiden soeben verheirateten Kinder war nur allzu begreiflich. Sie spielten die erste Szene ihres offiziellen gemeinsamen Lebens in jenem Riesentheater in Versailles, in welchem alles Ausmaße hatte, von denen man sich heute nur noch einen schwachen Begriff machen kann. Die Bewohner des Schlosses allein zählten 4000 Seelen! Das Volk hatte bei jeder Gelegenheit Zutritt, so auch bei dieser Trauung. Natürlich hielt man Fremde je nach ihrer Kleidung mehr oder weniger im Hintergrund, aber ihre Schaulust konnten alle, gleich welchen Vermögens, befriedigen. Nur »Hunden, Bettelmönchen und jüngst von den Blattern Gezeichneten« war der Zutritt verboten. Die einzige Bedingung bestand im Tragen von Hut und Degen, auch wenn sich jemand beim

Schloßkastellan Hut und Rapier auslieh, was gang und gäbe war, so wurde er zugelassen. Selbst »verruchten Frauenzimmern« wurde der Zutritt nicht verwehrt, wenn sie »ihrem sträflichen Gewerbe« nur nicht in den Appartements von Versailles nachgingen.[10]

An jenem Hochzeitstag am 16. Mai 1770 zeigten sich all diese Menschen in Versailles in höchstem Glanz. Manche wurden poetisch, wenn sie die kindlich-junge Frau Dauphine im edelsteinübersäten Kleide an sich vorüberschweben sahen. Der Dauphin, nervös, verlegen und infolge seiner Kurzsichtigkeit gewohnheitsmäßig mit den Augen zwinkernd, ging in seiner etwas schlenkernden Art neben der bezaubernden Wienerin. Sein Galakleid allein hatte 12 322 Livres gekostet.[11] (1 Livre = 200 Francs heute.)

Es spielte sich eine Hochzeit der Superlative an einem Hof der Superlative ab. Unmittelbar nach der Trauung gehörte es zu Marie Antoinettes Obliegenheiten, die Beamten ihres Hofstaates zu empfangen, die ihr den Treueid in die Hand zu schwören hatten.

Ihr allein waren fünfhundert Leute unterstellt, die alle verbissen auf ihre Privilegien pochten. Etikettefragen beeinträchtigten oft die Ausübung der Pflichten. So konnte es trotz der Scharen von Hofdamen im Winter 1777 passieren, daß Antoinette morgens beim Lever minutenlang nackt dastand, weil die Damen vor lauter Zuständigkeitsfragen sich nicht entschließen konnten, ihr das Hemd überzustreifen.[12]

Verlangte sie bei größter Hitze nach einem Glas Wasser, so brachte man es ihr nicht möglichst schnell und möglichst frisch; statt dessen erforderte die Etikette einen Weg über viele Instanzen, so daß am Ende eine lauwarme Flüssigkeit bei ihr eintraf, auf die sie auch bei größtem Durst keinen Appetit mehr verspürte. Alle waren äußerst empfindlich und wollten sich nicht »die Herrlichkeit ihres Amtes zerstören« lassen. Ehrenkavalier und Haushofmeister waren bis auf den Tod verfeindet, weil sie sich nicht einigen konnten, wer bei der Galatafel den Befehl erteilen durfte, daß die Kellermeister den Wein auftrugen. Sie beriefen sich mit hartnäckigster Leidenschaft auf Gebräuche aus der Zeit der Königin Anna um 1450, auf eine Zeit also, in der Jeanne d'Arc noch lebte.[13]

Am Nachmittag des Hochzeitstages entlud sich ein Gewitter über Schloß und Gärten von Versailles, das schaulustige Publikum aber harrte aus. Auch ein zweites Unwetter vertrieb die Leute nicht. Das abendliche Hochzeitsmahl begann für Louis XV., das Brautpaar und neunzehn der engsten Familienmitglieder, bestaunt von Tausenden von

Schaulustigen. Man speiste »la Viande de Roi«, eine Speisenfolge aus vielen hundert Gerichten, die alle angekündigt von schmetternden Trompeten aus der sechshundert Meter entfernten Hofküche herbeigeschafft werden mußten. Marie Antoinette aß vor Aufregung fast nichts, der Dauphin um so unbekümmerter. Ehe der fünfzehneinhalbjährige junge Mann und die vierzehneinhalbjährige junge Frau sich trauter Zweisamkeit erfreuen konnten, mußten sie das Ritual königlichen Hochzeitsgeleites auf sich nehmen. Louis XV. und der ganze Verwandten- und Höflingstroß schritten nochmals durch die überfüllten Säle des Schlosses auf jenen Raum zu, in welchem der Dauphin das Licht der Welt erblickt hatte. Hier wurde er nun zeremoniell entkleidet. Das kostbare Hochzeitskleid nahm man sorglich in Verwahrung, ebenso die diamantenübersäte Robe Marie Antoinettes. Der König reichte dem müden Enkel, der sich dauernd das Gähnen verbiß, das seidene, mit Spitzen und Stickereien verzierte Nachthemd. Den gleichen Dienst verrichtete die ranghöchste Dame der Familie, die Herzogin von Chartres, in Vertretung der Königin, bei Marie Antoinette. Inzwischen hatte der Erzbischof von Reims das Hochzeitsbett gesegnet und mit Weihwasser besprengt. Die kostbaren Atlasgardinen wurden zugezogen, das junge Paar legte sich auf das Hochzeitsbett. Wegen der erb-, standes- und güterrechtlichen Bedeutung des Ehevollzuges war die Anwesenheit von Zeugen beim Besteigen des Ehebettes – nicht nur bei Fürstenhochzeiten – üblich. Deshalb wurden die Bettvorhänge nochmals aufgezogen und das «paradeliegende« Brautpaar der erlauchten Familie, den Ministern und dem Hof gezeigt, bevor sich die Gardinen endgültig schlossen. Alle Anwesenden zogen sich zurück, König Ludwig XV. und sein Minister Choiseul mit tiefer Befriedigung über die endlich vollzogene günstige Verbindung zwischen Habsburg-Lothringen und Bourbon.

Allerdings sollte es Jahre dauern, bis die Ehe zwischen Marie Antoinette und Ludwig August wirklich vollzogen wurde. Dies trug dazu bei, dem Ansehen der Monarchie zu schaden.

Der Dichter Stefan Zweig, Landsmann Marie Antoinettes, mit ihrem Leben vertraut wie kaum ein Zweiter, psychologisch ihren Geheimnissen am engsten auf der Spur, machte sich über diesen Punkt grundlegende Gedanken:

»Wäre es nicht zu vermeiden gewesen (fragt vielleicht manches empfindsame Gemüt), an dies heikle und heiligste Geheimnis des Alkovens zu rühren? Hätte es nicht genügt, die Tatsache des (kronprinzlichen und) königlichen Versagens bis zur Unkenntlichkeit zu verschatten, zaghaft an der Tragödie des Ehebetts vorbeizuschleichen, bestenfalls verblümt vom ›fehlenden Glück der Mütterlichkeit‹ zu munkeln? Ist wirklich die Betonung solch intimer Einzelheiten unentbehrlich für eine charakterologische Darstellung?

Jawohl, sie ist unentbehrlich, denn all die Spannungen, Abhängigkeiten, Hörigkeiten und Feindseligkeiten, die sich allmählich zwischen dem (jungen Paar, später zwischen dem) König und der Königin, den Thronanwärtern und dem Hof herausbilden und weit bis ins Weltgeschichtliche hinüberreichen, sie bleiben unverständlich, wenn man nicht offenherzig an ihren eigentlichen Ursprung herangeht.

. . . Im achtzehnten Jahrhundert . . . galt Ehefähigkeit oder Eheunfähigkeit eines Königs, Fruchtbarkeit oder Unfruchtbarkeit einer Königin nicht als private, sondern als politische und Staatsangelegenheit, weil sie die ›Erbfolge‹ und damit das Schicksal eines ganzen Landes entschied; das Bett gehörte so offenkundig mit zum menschlichen Dasein wie das Taufbecken oder der Sarg . . .

Aber was spaßhaft klingt, hat in Wahrheit schicksalhafte und gefährliche Bedeutung. Denn diese sieben Jahre des Versagens bestimmen seelisch den Charakter des (Dauphins und späteren) Königs und der Königin und führen zu politischen Folgerungen, die ohne Kenntnis dieses Faktums unverständlich wären: Das Schicksal einer Ehe verbindet sich hier dem Weltgeschick.«[14]

Ludwig August, oder Louis Auguste, der Gatte Antoinettes, wurde die erste Hälfte seines Lebens mit seinem drei Jahre älteren Bruder, dem Herzog von Burgund, aufgezogen. Dieser war ein hochintelligenter und zu vielen Hoffnungen berechtigender Knabe. Doch er starb 1761 und ließ den Siebenjährigen als nächsten Thronerben nach seinem Vater († 1765) zurück. In übergroßer Bescheidenheit und ohne jegliches Selbstvertrauen hielt er von sich selbst nicht viel und hatte auch später nicht einmal einen Ansatz von Durchsetzungsvermögen.

Am meisten Einfluß gewann sein Erzieher La Vauguyon auf ihn, der ihm vom Zeitpunkt seiner Verlobung an mit viel List und Beharrlichkeit eingeredet hatte, seine österreichische Frau würde alles daransetzen, ihn zu beherrschen. Des Königs Töchter, die drei Tanten, waren ursprünglich ganz gegen Österreich eingenommen und hatten sich fest vorgenommen, Marie Antoinette ihre Aversion deutlich fühlen zu lassen. Auch von dieser Seite wurde Louis Auguste gegen seine zukünftige Frau beeinflußt. Zudem war die antiösterreichische Stimmung in Frankreich noch weit verbreitet. Schließlich war immerhin ein halbes Jahrhundert langanhaltender politischer Gegnerschaft vorangegangen. Erst 1756 war zwischen Österreich und Frankreich die Allianz begründet worden. Aber der darauffolgende Siebenjährige Krieg, der Frankreich und Österreich als Verbündete sah, ging leider ungünstig aus, so daß man sich der sieben Kriegsjahre nicht gern erinnerte. In den weiteren sieben Jahren geschah nichts, um die beiden Nationen emotionell einander näherzubringen. Im Jahre 1770 allerdings beschäftigte die Heiratsstrategie der Kaiserin Maria Theresia ganz Europa. Sah man sich auf der Landkarte die Ausdehnung des habsburgisch-lothringischen Einflußbereiches an, so konnte man nicht umhin, die ganz ungewöhnlich glückliche Hand Ihrer kaiserlichen Majestät in Wien zu bewundern.

Von Anfang an gab es in Frankreich, vornehmlich in Paris, eine starke politische Strömung, die es sich zur Aufgabe gemacht hatte, ungeachtet des Bündnisses und ungeachtet der bestrickend hübschen Marie Antoinette keinerlei österreichische Beeinflussung in Paris aufkommen zu lassen.

Maria Theresia war sich über dies alles im klaren. Sie hatte ihre jüngste Tochter auch nicht gänzlich ohne alle Stütze in die Fremde ziehen lassen. Florimond Graf Mercy d'Argenteau, der kaiserliche Gesandte an der Seine, sollte vom Jahre 1770 an der getreue Ratgeber für Marie Antoinette werden. Bis in kleinste Kleinigkeiten erstreckte sich Mercys Berichterstattung an die Kaiserin.

Irritierend für die kleine Kronprinzessin mußte sein, daß sie von ihrer Mutter mit Ratschlägen recht widersprechenden Inhalts versehen wurde. Einerseits wurde von ihr allerdringlichst Anpassung an die neue Umgebung gefordert. Doch als Tonerl sich dem mondänen Pariser Leben allzu aufgeschlossen zeigte, erhielt sie aus Wien bedachtsame Hinweise auf die unbedingt notwendige Rückbesinnung auf ihre deutsche Abstammung. Sie solle sich ihrer deutschen Herkunft nicht schämen, sie möge die achtenswerten Eigenschaften der Deutschen hervorkehren und sich selbst für linkisches Wesen bei ihren Landsleuten nicht schämen.[15]

Daß seine kleine Frau beobachtet und bevormundet wurde, merkte der junge Dauphin wohl. Jedoch gelang es Marie Antoinette innerhalb weniger Tage, jegliches Mißtrauen ihres Lebenskameraden zu zerstreuen. Sie war glücklich, daß er offensichtlich ein guter Junge war, nicht ausschweifend, nicht falsch. Ein ehrenwerter, biederer junger Mann, dessen größtes Vergnügen darin bestand, sich eine Tischler- und eine Schlosserwerkstatt einzurichten. Der alten Tradition folgend, wonach die französischen Könige ein Handwerk erlernen sollten, hatte er sich für die Schlosserei entschlossen, zog die besten Lehrer heran und leistete auf diesem Gebiet wirklich Beachtliches. Poetische Anspielungen verglichen damals das Thronfolgerpaar in Versailles mit Aphrodite und Hephaistos. Marie Antoinette verkörperte die Göttin der Liebe und der Dauphin den muskelstarken Sohn des Zeus, den Gott der Schmiede und der Handwerker.

Aber nicht allein die Schlosserei interessierte ihn. Wenn er irgendwo in dem Riesenpalast wohl Maurer am Werke sah, warf er seinen Rock beiseite, ließ sich Handwerkszeug geben und half bis zu seiner völligen Erschöpfung mit, Steine zu schleppen und zu setzen, Mörtel zu rühren und anzubringen. Auch die Jagd war seine große Leidenschaft und derzeit die einzige, der er wirklich hingebungsvoll nachging. Er kam von seinen Jagdritten immer erst spät und ebenfalls völlig ausgepumpt zurück, säuberte sich, nahm ein reichliches Souper zu sich und sank mit lautem Schnarchen in seine Kissen.

Lange zeigte Marie Antoinette für seine Passionen eine große Geduld, doch einmal riß sie ihr Temperament doch zu leidenschaftlichen Vorhaltungen hin. Am 1. Juli 1771 warf sie ihm

»... in heftigen Worten seine übertriebene Jagdleidenschaft vor, die seine Gesundheit zerstöre, und beklagte sich bitter über sein verlottertes Äußeres und seine rüden Manieren, die eine Folge dieser Leidenschaft seien.« Ludwig August flüchtete vor dieser Explosion tief beschämt in sein Zimmer. Die kleine Dauphine folgte ihm unverzüglich und »hörte nicht auf, ihm das Ungehörige seiner Lebensführung vorzuhalten. Diese Sprache«, bemerkte Mercy weiter, »machte auf den Dauphin so tiefen Eindruck, daß er in Tränen ausbrach«.[16]

Das Einvernehmen der jungen Ehegatten war, abgesehen von dem Problem körperlicher Vereinigung, im allgemeinen gut, und hätte man die beiden in Ruhe gelassen und nicht ständig mit Argusaugen betrachtet, so hätte sich ein Gutteil der Hemmungen, die Ludwig August bedrückten, mit der Zeit von selber gelöst. Aber wie die Verhältnisse lagen, befanden sich die jungen Leute ständig auf einem Präsentierteller. Wenn Kaiserin Maria Theresia in ihrem brieflichen Fernkurs für Eheglück an Marie Antoinette schrieb, sie möge doch nur ja darauf achten, ein gemeinsames Schlafzimmer zu haben, davon hinge ihr Lebensglück ab, so war dies weit mehr als der ausdrückliche Wunsch nach Enkeln. Die alte Kaiserin wußte sehr wohl, daß die Nachtstunden des jungen Ehepaares, die Zeit vor dem Einschlafen, der einzige Augenblick während des ganzen Tages darstellte, wo sie wirklich unbelauscht und ungestört miteinander sprechen konnten.

Schon in den ersten Monaten der Ehe fühlten sich beide außerordentlich verunsichert durch die Ungeschicklichkeiten, die sich die Leute, die sie bespitzeln sollten, dem Thronfolgerpaar gegenüber zuschulden kommen ließen. Einmal wurde sogar der ehemalige Erzieher, der Herzog von La Vauguyon, beim Lauschen an der Tür ertappt. Marie Antoinette machte es sich zur Gewohnheit, grundsätzlich alle Briefe ihrer Mutter zu verbrennen, damit keine Korrespondenz von Belang jemals in falsche Hände käme. Der erhaltengebliebene Wortlaut des geheimen Briefwechsels stammt aus Abschriften, die die Kaiserin von Hofrat Pichler anfertigen ließ.

Der erste Eindruck der Dauphine sowohl bei Hof als auch in der Familie war einfach überwältigend. Sie war das Wunschbild einer Repräsentantin für Österreich, wie sie geschickter nicht hätte ausgewählt werden können. Von allen Seiten hörte und las die Kaiserin, wie bezaubernd ihre kleine Tochter wirkte. Sie beherzigte alle guten Lehren. Wie Meister Noverre es befohlen hatte, übte sie ständig in der Öffentlichkeit jenen leichten, schwebenden Gang, der geübte Tänzerinnen verrät. Sie brachte aber auch von Hause aus jene bestrickende Liebenswürdigkeit mit, die ihre Mutter in ihrer Jugend so wirkungsvoll einzusetzen wußte, jene Leutseligkeit, die gerade gegenüber Leuten aus dem Volk immer die richtigen und die taktvollsten Worte findet, ohne sich jemals zu weit herabzulassen. Ein Balanceakt, den Marie Antoinette mit Perfektion beherrschte.

Noch inmitten der allgemeinen Freude über die Heirat des Thronfolgers gab es wieder ein unglückliches Ereignis, das man als schlechtes Omen betrachten konnte.

Am 30. Mai 1770 gab die Stadt Paris anläßlich der Hochzeit des Dauphins ein großes Nachtfest für ihre Bürger, das in seinen Ausmaßen alles bisher Dagewesene übertreffen sollte. Die riesige Place Louis XV., heute Place de la Concorde, war damals weder gepflastert noch richtig planiert, sondern eine Art Dorfanger von gewaltigen Abmessungen. Ein korinthischer Tempel war errichtet worden, geschmückt mit dem Bildnis des jungen Paares in Medaillonform. Rings um diesen Aufbau sollte das grandiose Feuerwerk abgebrannt werden. Man besprengte die übelriechenden Seineufer mit Bergamotte-Essenz, ab nachmittags fünf Uhr floß Wein aus den Brunnen. Ringsum waren die Paläste illuminiert, in den Bäumen der Champs-Elysées hingen Lampions, ein Jahrmarkt war aufgebaut, und ganz Paris strömte herbei, um all die Herrlichkeiten zu genießen.

Der Dauphin befand sich nicht in Versailles, als Marie Antoinette zusammen mit ihrer Tante Marie Adelaïde die Staatskarosse bestieg, um das nächtliche Fest mitanzusehen. Von Ferne schon sah man den Widerschein der erleuchteten Stadt am Himmel, noch ehe der königliche Wagen die Porte de la Conférence, heute Place de l'Alma, erreichte. Schon stiegen die kunstvoll zum Abbild des Tempels und eines Buketts geordneten Feuerwerkskörper zum Himmel, da hielten die Garden, und die Karosse blieb stehen. Angstvolle Menschen liefen eilig vorüber, von ferne drangen Schreie. Niemand wußte, was eigentlich geschehen war.

Unter den 300 000 Menschen gab es infolge von Kompetenzstreitigkeiten bei der Polizei überhaupt keine Ordnungs- und Aufsichtsbeamten. Eine schlechte Organisation und unvollendete Straßenbauarbeiten führten zu einem Chaos, bei dem nicht nur Hunderte von Menschen in Todesnot gerieten, sondern auch Pferde von den Massen erdrückt und zu Tode getrampelt wurden. Am Morgen lagen 132 Tote auf dem Friedhof der Madeleine, derselben grasbewachsenen Umfriedung, wo die tote Königin Marie Antoinette dreiundzwanzig Jahre später achtlos auf den Erdboden geworfen wurde, das abgetrennte Haupt zwischen den Beinen.[17]

Ludwig spendete unverzüglich sein monatliches Einkommen für die Hinterbliebenen. Die verstörte Dauphine vergoß die ersten Tränen in Versailles.

Die drei Tanten, der erste und vertrauliche Umgang der Dauphine, bemächtigten sich des jungen Mädchens zu höchst eigensüchtigen Zwecken. Es war allgemein bekannt, daß König Ludwig XV. erwartete, daß die Frau seines Enkels gelegentlich ein Wort an Madame Dubarry richten solle, ganz beiläufig, aber doch speziell an sie, damit die ranghöchste Dame des Hofes der Maîtresse en titre die zukommende Gerechtigkeit widerfahren ließe. Da Madame Adelaïde und ihre Schwestern jedoch diese »Kreatur, Ausgeburt alles Bösen«, bis aufs Blut haßten, so beeinflußten sie Marie Antoinette dahingehend, sich doch nur ja nicht zu dieser Niedrigkeit herabzulassen.

Der Hof merkte bald, was hier vorging, und verfolgte das neue Spiel mit Spannung. Mehrmals versprach die Dauphine, dem Wunsche des Königs zu folgen, doch knapp vor der ersehnten Begegnung im Audienzsaal marschierte die kampfeslustige Adelaïde auf, drängte die Dauphine

aus dem Cercle, behauptete, man müsse zum König, und zog die über-
raschte Antoinette an der vor Wut erbleichenden Dubarry vorbei. Das
Wort war wieder einmal nicht gefallen, und Louis XV. warf vor Zorn
seinen Hut zu Boden. Nun wurde Mercy zu Rate gezogen, der mithelfen
sollte, Marie Antoinette umzustimmen. Schließlich waren in der Angelegenheit sogar so viele Briefe des Gesandten an Maria Theresia gegangen, daß die tugendsame Kaiserin sich dazu verstehen mußte, ihre auf-
sässige Tochter dazu zu überreden, sie möge doch nun endlich den
Wunsch ihres Schwieger-Großvaters erfüllen:

*Schönbrunn, 30. September 1771*
*. . . Ich schätze und liebe Ihre Tanten, aber sie haben es nie verstanden,*
*die Liebe und Achtung weder ihrer Familie noch der Öffentlichkeit zu*
*gewinnen. Was für eine Scheu und Hemmung, zum König, dem besten*
*der Väter, zu sprechen oder an jene Leute das Wort zu richten, die man*
*ihnen bezeichnet! Gestehen Sie diese Hemmung, diese Scheu ein, auch*
*nur einen guten Tag zu wünschen. Ein Wort über ein Kleid, über eine*
*Bagatelle kostet Sie so viele Grimassen, reine Grimassen, oder es ist*
*noch schlimmer . . .*

*Sie haben die Dubarry nicht anders zu kennen und anzusehen, als*
*eine am Hofe und zur Gesellschaft des Königs zugelassene Dame. Sie*
*sind sein erster Untertan und schulden ihm Gehorsam und Unterord-*
*nung. Sie sollen dem Hof und den Hofleuten mit dem Beispiel vorange-*
*hen.*

*. . . Übertriebene Gefälligkeiten sind Erniedrigungen oder Zeichen*
*von Schwäche. Man muß seine Rolle zu spielen verstehen, wenn man*
*geachtet werden will . . . Wenn Sie sich treiben lassen, sehe ich großes*
*Unglück für Sie voraus: Nichts als Klatschereien und kleine Kabalen,*
*die ihr Leben unglücklich machen werden.*

*Ich will dem vorbeugen und beschwöre Sie, den Weisungen einer*
*Mutter zu folgen, die die Welt kennt und ihre Kinder vergöttert, und die*
*nichts anderes will, als ihre traurigen Tage damit zu verbringen, um ih-*
*nen nützlich zu sein. Ich küsse Sie innig. Glauben Sie nicht, daß ich böse*
*bin, aber ich bin bekümmert und um Ihr Wohlergehen besorgt.* [18]

Der Brief tat zweifellos seine Wirkung, denn Marie Antoinette unternahm einige Vorkehrungen, um jetzt diese Sache in Ordnung zu bringen. Aber erst am Neujahrstag des Jahres 1772 ergab sich eine glückliche
Gelegenheit bei dem großen offiziellen Empfang.

»Madame Dubarry verneigte sich zwischen der Herzogin von Aiguillon und der Marschallin de Mirepoix vor der Dauphine. Marie Antoinette plauderte eine Weile mit der Herzogin, dann blieb sie vor ›der Kreatur‹ stehen und sagte hastig: ›Es sind heute viele Leute in Versailles.‹ Die Neuigkeit verbreitete sich wie ein Lauffeuer im Schloß: die Tanten tobten, aber Ludwig XV. weinte vor Freude und schloß die Dauphine zärtlich in die Arme. Maria Theresia und Joseph II. atmeten erleichtert auf. Nun stand der Teilung Polens nichts mehr im Wege. Mercy lächelte stolz wie ein Triumphator. Die spätere Königin aber warf den Kopf in den Nacken und erklärte: ›Ich habe einmal gesprochen, aber ich bin entschlossen, es dabei bewenden zu lassen. Diese Frau wird den Ton meiner Stimme nicht mehr hören.‹ Und sie hielt ihr Wort.«[19]

An die Ratschläge ihrer Mutter, den Dauphin so viel wie möglich zu begleiten, hielt sich Marie Antoinette so oft es ging. So fuhr sie mit ihm auf die Jagd, ritt auch bei gutem Wetter mit ihm, was allerdings die Mutter nicht gern vernahm. Maria Theresia, in ihrer Jugend eine kühne und leidenschaftliche Reiterin, befürchtete, daß ihre zarte Tochter diesen Sport nicht vertrage oder daß die langerwartete Schwangerschaft dadurch gefährdet sei.

Antoinette hielt es für nötig, einmal den übertriebenen Darstellungen von der Kurzsichtigkeit ihres Gatten entgegenzutreten.

*Versailles, 18. Dezember 1771*
*. . . Ich war heute mit dem Herrn Dauphin auf der Schießjagd; er schießt wunderbar und mit viel Vorsicht. Er hat etwa vierzig Stück erlegt. Das beweist wohl, daß er nicht so kurzsichtig ist, wie man es glauben würde.*[20]

Im Grunde war Antoinette gutwillig, wollte keine Krisen schüren, keine Probleme heraufbeschwören. Die Mutter bestärkte sie in dieser Haltung, auch was die Brüder ihres Mannes betraf, die beiden Schwäger Graf Provence und Graf Artois. Es waren alles so junge Leute, der Zeit entsprechend schwärmerisch, spottlustig oder sentimental. Am nüchternsten dachte zweifellos der Dauphin mit seinen achtzehn Jahren. Antoinette und Provence, beide siebzehn, verstanden sich lange Jahre hindurch insofern gut, daß sie in ihren mondänen Neigungen, ihrer Lust am Pferderennen und Vergnügungen aller Art übereinstimmten. Graf Artois, der jüngste Bruder des Thronfolgers, damals fünfzehn, eiferte seinem Bruder Provence nach. Unterschwellig aber wurden die jungen Fürsten schon damals beeinflußt, Antoinettes Situation bei Hofe zu untergraben. Wie vorteilhaft wäre es für die nächsten Agnaten am Thron, wenn sie keine Kinder bekäme, wenn sich »die Österreicherin« mißliebig machte. Man ersann tausend Vorwände, das junge Ehepaar getrennt zu halten, bestärkte den Dauphin in seiner Jagdmanie, dachte sich unablässig Ablenkung für die Dauphine aus und erhoffte sich im übrigen von der Erhaltung des bestehenden Zustandes in jedem Falle nur Gutes für die eigene Zukunft. Eventuell wäre sogar eine Nichtigkeitserklärung der Ehe in Frage gekommen, wenn sie de facto nicht vollzogen worden war. So sahen die Grafen von Provence und von Artois schon damals in eine rosige Zukunft. Allerdings verlangte die Geschichte von ihnen einen ungewöhnlich langen Atem. Erst 1815 gelangte Provence auf den Königsthron als Ludwig XVIII., Artois 1824 als Karl X. von Frankreich.

In den Jahren 1770 bis 1773 beschäftigte die Kaiserin und König Ludwig XV. vor allem die Aussicht auf Nachwuchs des Thronfolgerpaares.

Maria Theresia führte einen ausführlichen Briefwechsel mit Mercy über den »fatalen Gegenstand«, daß der Dauphin offensichtlich von einer geradezu besorgniserregenden Interesselosigkeit in diesem Punkte sei. Darauf erwiderte Mercy, wenn es einem jungen Mädchen von dem Charme, der Schönheit und dem Liebreiz der Dauphine nicht gelinge, den Herrn Dauphin zu erwärmen, so sei die Sache aussichtslos. Die Kaiserin empfahl ihrer Tochter »Schmeicheleien und Zärtlichkeiten« für den unzugänglichen Ehemann, jedoch beileibe keine Ungeduld.

Eine Weile sahen sich alle Beteiligten diese Sache mit an, dann berief König Louis XV. den Arzt Lassonne und besprach sich mit ihm, und man kam überein, daß der Dauphin außerordentlich sittenstreng erzogen worden sei und seine natürliche Schüchternheit noch nicht überwinden könne, daher müsse man weiterhin Geduld üben.

Maria Theresias Briefe in den ersten beiden Jahren bezogen sich auf Ermahnungen aller nur denkbaren Art. Ob Antoinette auch ihre Gebete einhalte? Ob sie gute Literatur pflege. Und warum sie plötzlich kein Korsett mehr trage? Dies sei ganz wichtig, denn sonst würde ihre Taille auseinandergehen und sie bekäme die Figur einer Frau und behalte keineswegs die schlanke Linie eines jungen Mädchens. Und der Stil ihrer Briefe sei mangelhaft, warum sie sich nicht perfektioniere. Schließlich schrieb die Kaiserin am 31. Dezember 1772:

*Ich beendige mit dem alten Jahr meine Predigten!*[21]

Doch sowohl sie selbst als auch Marie Antoinette wußten, daß sie im neuen Jahr wieder damit beginnen würde.

Auf Umwegen erfuhr die Kaiserin allerdings, daß ihre Briefe die gewünschte Wirkung taten. Mercy teilte der Kaiserin am 16. 1. 1773 vertraulich mit, die Dauphine habe ihm geschrieben:

*Es gibt nichts, was ich nicht tun würde, um meiner Mutter meine Liebe zu beweisen. Ich liebe die Kaiserin, aber ich fürchte sie sogar aus der Ferne. Selbst wenn ich ihr schreibe, fühle ich mich ihr gegenüber nicht ungezwungen.*[22]

Maria Theresia wird das ohne jedes Mißbehagen gelesen haben, sie war im Gegenteil froh, daß der »Windkopf« dort in Versailles wenigstens vor einem Menschen auf der Welt Respekt hatte. Der Briefwechsel ging in gewohnter Weise weiter, und Toinette versäumte nicht, gelegentlich der Mutter mitzuteilen, inwiefern die Angelegenheiten ihrer Ehe einen Fortgang nahmen. Am 15. März 1773 hieß es:

*Der König hat zu Lassonne, meinem Arzt, gesagt, daß er Ungeschicklichkeit und Unwissenheit zwischen dem Herrn Dauphin und mir vermute. Er hat mit ihm sehr ernstlich erwogen, was hier zu tun wäre. Schließlich hat er ihm aufgetragen, jeden von uns zu unterweisen. Der Herr Dauphin ist in mein Zimmer gekommen, damit man bei ihm nichts merkt. Er hat ohne Verlegenheit und mit viel gesundem Menschenverstand gesprochen. Lassonne ist sehr zufrieden und hat gute Hoffnung.*[23]

Von Versailles nach Paris fuhr man 1773 etwa zwei Stunden in einem schnellen Kabriolett. Jeden Abend sah Marie Antoinette den Lichtschein der Stadt am Himmel, doch ihren offiziellen Einzug als Thronfolgerpaar hatten sie und ihr Gemahl noch nicht gehalten.

». . . gerade diesen feierlichen Einzug . . . sucht die liebe Verwandtschaft möglichst lange hinauszuschieben. So spinnefeind sie sonst untereinander sind, die alten bigotten Tanten, die Dubarry und das ehrgeizige Brüderpaar, die Grafen von Provence und Artois, an diesem einen Seil drehen sie alle eifrigst zusammen. . . . sie gönnen ihr nicht einen Triumph, der zu sichtbar ihren künftigen Rang zeigen würde . . . Endlich im Mai 1773 verliert Marie Antoinette die Geduld und geht zum offenen Angriff über. Da die Zeremonienmeister immer wieder bedenklich die Puderperücken zu ihrem Wunsche schütteln, meldet sie sich bei Ludwig XV. Der findet an solcher Bitte nichts Absonderliches, und schwach gegen alle hübschen Frauen, sagt er der charmanten Gemahlin seines Enkels zum Ärger der ganzen Clique sofort ja und amen.«[24]

Unbändig war in der Thronfolgerin der Übermut. Sie wollte sich an der so lange klaglos ertragenen Etikette heimlich rächen. Einige Wochen vor dem Einzug, der auf den 8. Juni festgesetzt war, wurden die Karossen angeschirrt, der Dauphin, Antoinette und Artois maskierten sich und fuhren unter irgendeinem Vorwand davon. Sie besuchten den Opernball in Paris, es erkannte sie wirklich niemand, und da sie es verstanden, in unauffälliger Weise zurückzufahren und die Frühmesse pünktlich zu besuchen, schöpfte auch niemand Verdacht. Die jungen Leute amüsierten sich königlich über diesen gelungenen Streich.[25]

Der Einzugstag gestaltete sich für Ludwig August und Antoinette zu einem unvergeßlichen Erlebnis. Der Marschall von Brissac, Gouverneur der Stadt, erwartete die königlichen Wagen am Stadttor und begleitete den Zug. Bei herrlichstem Wetter war »tout Paris« auf den Beinen. Die Straßen waren mit Blumen bestreut, und die Fisch- und Marktfrauen hatten ihre besten Kleider an und brachten der Dauphine Blumen und Früchte. Kanonenschüsse hallten weit über die Stadt, Musikkapellen spielten. Die Pariser Bevölkerung war derart entzückt über diese unerwartet schöne Thronfolgerin, daß sie völlig außer Rand und Band geriet. Auf dem Balkon der Tuilerien stehend, erfaßte Marie Antoinette erst das Ausmaß dieser Menschenansammlung und erschrak. Doch Marschall Brissac an ihrer Seite sagte galant:

*Madame, es möge seiner Hoheit dem Dauphin nicht mißfallen, aber Sie sehen hier zweihunderttausend Menschen, die in Sie verliebt sind.*[26]

Tief beeindruckt schilderte die Dauphine ihren Triumph nach Wien. Sie hob besonders hervor, in wie guter Ordnung alles verlaufen und daß trotz der ungeheuren Menschenmenge niemand verletzt worden war.

*14. 6. 1773*
*. . . Ich kann Ihnen, meine teure Mama, nicht die Ausbrüche der Freude und Liebe schildern, die man uns in diesem Augenblick bezeigt hat. Bevor wir uns zurückzogen, haben wir mit der Hand das Volk gegrüßt, was große Freude hervorgerufen hat. Wie glücklich ist man in unserem Stand, die Liebe eines ganzen Volkes so leicht gewinnen zu können! Indessen gibt es nichts Kostbareres. Ich habe es wohl empfunden und werde es niemals vergessen. – Ein anderer Umstand, der an diesem schönen Tage große Freude hervorgerufen hat, war die Haltung des Herrn Dauphins. Er hat wunderbar auf alle Ansprachen geantwortet und alles, was man für ihn getan, hervorgehoben . . .*

*Ich werde mir von Tag zu Tag mehr bewußt, was meine teure Mama
für meine Verheiratung getan hat. Ich war von allen Kindern das jüngste, und Sie haben mich wie das älteste behandelt. Deshalb ist mein Herz
von der innigsten Dankbarkeit erfüllt. – Der König hat die Güte gehabt,
dreihundert Schuldgefangene freizulassen . . .*[27]

Am 17. Juli 1773 schrieb Marie Antoinette einen Brief, der Maria
Theresia zunächst mit tiefer Freude erfüllte, bis es sich später heraus-
stellte, daß auch diese Nachricht wieder auf irrtümlichen Annahmen
und falschen Vorstellungen beruhte. Die Tochter schrieb:

*Ich kann wohl Ihnen, meine teuere Mama, und nur Ihnen anvertrau-
en, daß meine Angelegenheiten . . . sich gut entwickelt haben, und ich
die Ehe für vollzogen halte; wenn auch noch nicht in dem Maße, um
schwanger zu sein. Aus diesem Grunde allein will der Herr Dauphin
noch nicht, daß man es weiß. Welches Glück, wenn ich im Monat Mai
ein Kind hätte! Was mein Unwohlsein betrifft, habe ich es noch immer
stark und gut, und Sie können mir wohl glauben, daß ich zu dieser Zeit
nicht reite.*[28]

Zu jener Zeit sprach Marie Antoinette schon freier mit ihrer Mutter.
Zu Anfang der Korrespondenz und auch später hin und wieder wurde für
die unpäßlichen Tage immer ein Schlüsselwort gebraucht. Man schrieb
über den »Besuch der Generalin Krottendorf«, damit, falls die Briefe
einmal in falsche Hände gerieten, niemand Unziemliches darin lesen
könne. Aber wie gesagt, man war nicht konsequent. Sieben Jahre später,
als die erste Tochter »Madame Royale« in Paris geboren war, schrieb
Maria Theresia am 1. 1. 1780 scherzhaft:

*Die Generalin Krottendorf ist eben gestorben. Ich hoffe, daß ihre Be-
suche bei Ihnen aufhören werden.*[29]

Kurze Zeit danach hatte der Dauphin aber doch den Wunsch, seinem
Großvater von dem vermeintlichen Vollzug der Ehe Nachricht zu geben,
und er zeigte sich gerührt und zufrieden. Diese ganze Entwicklung war
nicht »gut«, wie man annahm, sondern höchst verhängnisvoll.
»Sinnlich geweckt, aber unbefriedigt, suchte sich das junge Mädchen
(noch nicht achtzehn) hemmungslos zu zerstreuen und abzulenken. Nur
eines unterließ sie: sie betrog ihren Gatten nicht, was ihr hoch anzurechnen ist. Ihre Nerven waren überreizt, ihre Stimmungen wechselten
sprunghaft. Maria Theresia war darüber entsetzt, aber sie erriet niemals,

worauf dies zurückzuführen sei . . . Trotzdem überschritt ihre Vergnü-
gungssucht zunächst noch nicht die Grenzen . . . Die Pariser freuten
sich sogar, daß ihre künftige Königin . . . fröhlich lachen konnte . . .
›Es gibt keine Worte, um das Entzücken auszudrücken, das in Paris über
die Frau Erzherzogin herrscht‹, meldete Mercy.«[30]

Getragen von soviel Sympathie, konnte Antoinette etwas ziemlich
Gewagtes vollbringen.

Im Herbst 1773 war ihr alter Klavierlehrer Christoph Willibald Ritter
von Gluck aus Wien in Paris eingetroffen. Er hatte nach Racines Tragödie »Iphigenie« seine gleichnamige Oper komponiert. Der erste Akt lag
dem Leiter der Pariser Akademie vor, und nach der ersten Durchsicht erklärte dieser frappiert, ein solches Werk sei geeignet, allen alten französischen Opern den Garaus zu machen. Er selbst war durchaus dagegen.
Aber Rosalie Levasseur, enge Vertraute von Graf Mercy, herrliche So-
pranistin und Primadonna der Oper, setzte die Annahme von »Iphigenie« durch.

Bei den Proben gab es nun die unglaublichsten Vorfälle und soviel Ärger, daß Gluck alles hinwerfen und nach Wien zurückkehren wollte. Inzwischen hatte sich jedoch dieser Opernstreit ausgeweitet. Während
Maria Antoinette wacker für ihren Ritter Gluck focht, stellte sich die
»Kreatur«, die Dubarry, auf die Seite Piccinis, des bisherigen Lieb-
lingskomponisten der Pariser. Man brachte Piccini nach Paris und sah
zur allgemeinen Verwunderung, daß Gluck mit seinem Widersacher in
aller Gemütsruhe zusammen speiste, während sich ihre Anhänger am
liebsten die Köpfe eingeschlagen hätten.

Die Erstaufführung von »Iphigenie« war auf den 13. April 1774 angesetzt, da erkrankte in letzter Minute Legros, der Sänger des Achilles.
Gluck lehnte jeden dürftigen Ersatz ab, Legros war einstudiert, niemand
konnte ihn vertreten. Obwohl der Hof schon disponiert hatte, wurde alles umgestoßen, und Marie Antoinette setzte eine Verlegung auf den
19. April durch. Die Oper wurde ein Riesenerfolg, nicht zuletzt dank des
ostentativen Beifalls der Dauphine und ihrer Clique. Gluck war plötzlich
der Held des Tages, und die Menschen strömten in die Oper. Marie Antoinette hatte ihren ersten Triumph errungen.

Acht Tage nach der denkwürdigen Opernaufführung erkrankte König
Louis XV. in Trianon. Es ging ihm so schlecht, daß man ihn sofort nach
Versailles brachte. Am 27. April stand das Thronfolgerpaar besorgt am
Krankenbett des Großvaters. Er hatte wohl Kopfweh und Fieber, aber
noch zeichnete sich nichts Bedrohliches ab. Bald jedoch zeigte sich der

berüchtigte Ausschlag – der König hatte die schwarzen Pocken. Aber in einer so schweren und zerstörerischen Form, daß der Tod des Vielgeliebten zu einer grausamen Tragödie wurde. Der schöne Mann verfaulte bei lebendigem Leibe. Der Geruch am Krankenlager wurde so pestilenzialisch, daß die Mönche sich weigerten, Gebete in dem Krankenzimmer abzuhalten. Eisern harrten die Dubarry und die drei Töchter bei Ludwig aus, die Rosenkränze klapperten. Schließlich mußte er sich entschließen, Madame Dubarry fortzuschicken und seinen Beichtvater holen zu lassen, den er achtunddreißig Jahre nicht benötigt hatte. Am Morgen des 7. Mai 1774 erhielt Ludwig XV. die letzte Ölung. Unter Qualen und in schrecklicher Entstellung verschied er drei Tage später am 10. Mai 1774. Die Ärzte lehnten es ab, ihn zu öffnen, seine Bestattung wurde so schnell wie möglich durchgeführt.

Achtzehn- und neunzehnjährig waren Ludwig XVI. und Marie Antoinette jetzt Könige von Frankreich.

»Die alte Schwätzerin Madame Campan erzählt in ihren bald honigsüßen bald tränennassen Memoiren, Ludwig XVI. und Marie Antoinette seien, als man ihnen die Kunde vom Tode Ludwigs XV. überbrachte, in die Knie gesunken und hätten schluchzend ausgerufen: ›Mein Gott, beschütze uns und bewahre uns, wir sind zu jung, viel zu jung, um zu regieren!‹ Das ist eine sehr rührende Anekdote und, weiß Gott, geeignet für eine Kinderfibel . . . Denn solche bigotte Führung paßt herzlich schlecht zu dem fischblütigen Ludwig XVI., der gar keinen Grund hatte, über ein Ereignis erschüttert zu sein, das der ganze Hof seit acht Tagen mit der Uhr in der Hand stündlich erwartete, und noch weniger zu Marie Antoinette, die sorglosen Herzens dies Geschenk der Stunde . . . entgegennahm . . . Nie hat Marie Antoinette davon geträumt, eine Elisabeth (von Rußland), eine Katharina (von Rußland), eine Maria Theresia zu werden: dazu war ihre seelische Energie zu gering, die Spannweite ihres Geistes zu eng, ihr Wesen zu träge.«[31]

Antoinette-Biograph André Castelot, dem daran liegt, nachzuweisen, daß nicht die Königin allein für den späteren Bankrott des Staates verantwortlich zu machen ist, schildert das Trauerzeremoniell in Versailles. Man kann das gar nicht eingehend genug studieren, um einen Begriff zu erhalten, welche Maßstäbe hier nun schon mehr als hundert Jahren gültig waren:

»Das Trauerzeremoniell wurde trotz der schweren Zeiten bis ins einzelne befolgt. Die Wagen der Prinzen und der mit den ›Honneurs du Louvre‹ privilegierten Kavaliere wurden schwarz, die Karossen des Königs und der Königin hingegen violett ausgeschlagen. Für diesen Posten allein wurden 322 650 Livres aufgewendet. Die gleiche Summe kosteten der Kopfschmuck der Pferde sowie der Helm, das Panzerhemd, die Panzerhandschuhe und die Sporen, die man gemeinsam mit dem Sarkophag in die Gruft versenkte. Die Möbel und Betten mußten schwarz überzogen, die Hofbeamten und die Dienerschaft schwarz gekleidet werden. Dies kostete an die 300 000 Livres! Allein für den Großen Marstall wurden 1365 neue Trauergewänder angeschafft; fort mit den aufgeputzten Livreen! Nur die silber- und goldbefransten blauen Maschen, die auf der Schulter getragen wurden, brachten einen etwas freundlicheren Ton in die Trauerstimmung des ungeheuren Mausoleums, in das sich Versailles verwandelt hatte.«[32]

Die drei Töchter des verstorbenen Königs, deren Treue zum Vater niemand genug rühmen konnte, erkrankten im Juni ebenfalls an den schwarzen Pocken, erholten sich jedoch.

Mit der Dubarry, so erwartete man, würde auch der Kanzler d'Aiguillon gestürzt werden. Der neue König nahm wohl Änderungen in der Regierung vor; Maurepas, der einst zu zeiten der Pompadour den Hof verlassen mußte, wurde Erster Minister, aber d'Aiguillon blieb zunächst, obwohl Parteigänger der entmachteten Dubarry.

Sein Haß auf Marie Antoinette manifestierte sich in übelster Weise: »Ein Zeitgenosse, der Abbé Baudeau, versichert, die ersten Pamphlete gegen Marie Antoinette seien von der ›jesuitischen Kabale des Kanzlers d'Aiguillon‹ ausgeheckt worden . . . Es gibt keinen Beweis für diese schwere Beschuldigung, wohl aber ein beunruhigendes Indiz.

Aus einem Akt in den Archives de la Bastille läßt sich nachweisen, daß der Chevalier d'Abrieu, der Privatsekretär und Freund des Kanzlers, gemeinsam mit dem Zeitungsschreiber Dubec ein Traktat für die ›Nouvelles à la main‹, deren übler Geist bekannt ist, verfaßt hat. Bald darauf, am 28. Juli (1774), wurde Dubec unter dem Verdacht verhaftet, er sei einer der Verfasser vom ›Lever de l'Aurore‹. In Marly hatte Marie Antoinette einmal eine Nacht durchwacht, um am Morgen den Sonnenaufgang zu genießen. Das erwähnte abscheuliche Pamphlet stellte diese harmlose Nachtwache als eine wüste Orgie hin . . .«[33]

Als die »Libellschreiber« erst einmal merkten, wie gut sich solche gedruckten Verunglimpfungen verkaufen ließen, gab es davon mehr und mehr. Teilweise sind sie so abstoßend anzusehen, daß man sich fragt, was die Leute an diesen Scheußlichkeiten überhaupt fanden. Was erst heimlich unter den Ladentischen gehandelt wurde, präsentierte sich mit

der Zeit immer dreister, bis in den Tagen der beginnenden Schreckensherrschaft der Revolution 1792 ganz Paris und weite Teile Frankreichs
mit diesen Pamphleten förmlich überschwemmt wurden. Das Argument
der einfachen Leute: »Ja, wenn es gedruckt ist, so muß es doch stimmen!« war die Basis, auf der die Gegner des Königtums festen Fuß faßten. Es gab keine Gemeinheit, kein Laster, das der Königin nicht in die
Schuhe geschoben wurde und das die Leute nicht als gegeben hinnah-
men. Dieser Prozeß vollzog sich zwar langsam, aber unaufhaltsam. 1774
schwebte die Königin noch auf einer rosa Wolke von Verehrung und An-
betung, wo auch immer sie in Paris erschien, jubelte das Volk. Diese Me-
tapher, immer wiederholt, sollte noch für einige Jahre eine Selbstver-
ständlichkeit im Leben Marie Antoinettes bleiben. Dann allerdings hörte
das Volk allmählich auf zu jubeln und eisiges Schweigen begleitete die
königlichen Wagen. Auf die immer wiederkehrende Frage der Königin:
»Was habe ich ihnen getan?« gab es keine Antwort. Marie Antoinette
lebte die nächsten zehn Jahre ihres Lebens ohne Selbstkontrolle, ohne
den gütigen oder auch einmal energischen Einspruch eines vernünftigen
Ehemannes. Die junge Königin suchte die Enttäuschungen in ihrem
Eheleben auszugleichen, indem sie sich Hals über Kopf ins Vergnügen
der jungen Lebewelt am Hof von Versailles stürzte, gedeckt und umgeben von der Zutunlichkeit und mehr oder weniger vorgetäuschten
Freundschaft ihrer beiden jungen Schwäger, der Grafen Provence und
Artois. Da sie sich persönlich einer tadellosen Haltung befleißigte, ihren
Gatten niemals hinterging, so ließ der König sie kopfschüttelnd, aber lä-
chelnd gewähren.

Aus dem Briefwechsel der Kaiserin Maria Theresia mit dem Grafen
Mercy geht hervor, daß die Untersuchungen der französischen Ärzte ergeben hatten, der damalige Dauphin, jetzige König, leide an einer ge-
ringfügigen Anomalie, weswegen er seine ehelichen Pflichten nicht ausüben könne. Es sei eine Vorhautverengung, die eigentlich schon in jungen Jahren hätte beseitigt werden müssen. Bisher habe sich seine Majestät nicht zu einem Eingriff entschließen können. Angesichts der Tatsache, daß man damals ohne Narkose operieren mußte und daß das In-
strumentarium der Ärzte alles andere als vertrauenerweckend aussah,
kann man allenfalls verstehen, daß der König vor diesem Eingriff zu-
rückschreckte. Dennoch muß das Problem oft besprochen worden sein,
denn am 17. Dezember 1774 schrieb die Königin ihrer Mutter nach
Wien:

*. . . Vor acht Tagen hat der König eine lange Unterredung mit mei-*
*nem Arzt gehabt; ich bin über seine Dispositionen sehr froh und hege*
*gute Hoffnung, bald dem Beispiel meiner Schwester (gemeint ist ihre*
*Schwägerin, die Gräfin von Artois) zu folgen.*[34]

Briefstellen wie jene, in denen keine konkreten Angaben über die Be-
hinderung des Königs gemacht werden, veranlassen zuweilen neuere
Biographen Marie Antoinettes zu dem Schluß, Ludwig XVI. habe gar
keine Phimosis gehabt, seine Eheunfähigkeit habe auf Gehemmtheit und
Schüchternheit beruht. Vincent Cronin vertritt diese Version, indem er
behauptete, die Operation beim König habe schon deswegen nicht stattfinden können, weil ja sein Jagdtagebuch in der fraglichen Zeit – Juli und
August 1777 – täglich die Eintragungen enthalte, daß er zur Jagd geritten
sei. Ein frisch Operierter hätte dies nicht durchführen können.[35]
Vincent Cronin führt einige Dokumente an, die diese These unter-
mauern. Die konkreten Angaben über eine operierbare Krankheit, die
Phimosis, stammen einzig von Mercy, der, so Cronin, diese Hemmung
erfand, um alle Schuld an der Kinderlosigkeit dem Dauphin und späteren
König zuzuschreiben, damit nicht etwa Antoinette in den Verdacht ge-
riete, unfruchtbar zu sein. Dies zu vermeiden, war Mercys vordringli-
ches Bestreben. Nach Mercys Version berichteten auch die meisten Gesandten ausländischer Höfe aus Paris, so der spanische Gesandte
D'Aranda, der seine Regierung bis in die Einzelheiten über die Beschaffenheit des »fatalen Gegenstandes« bei Ludwig unterrichtete.[36]

Die Schnüffelei in den königlichen Gemächern ging soweit, daß man
Kammerdiener bestach, um sie zu Auskünften über die Beschaffenheit
der königlichen Bett- und Unterwäsche zu bewegen. Der spanische Gesandte war seit der Thronbesteigung des Königspaars besonders interessiert und meldete seiner Regierung nach Madrid, daß der König »keineswegs seltene Erektionen habe« und daß demzufolge durchaus auf
Kindersegen zu hoffen sei.[37]

Noch immer war dies alles für Marie Antoinette kein Grund zur Besorgnis. Ihre Interessen lagen keineswegs wie bei ihrer Mutter auf politischem Gebiet, ihr Ehrgeiz zu herrschen existierte nicht. Sie wünschte
vor allem, die Menschen an sich zu ziehen, die sie sympathisch fand. Ältere Hofdamen wollte sie nicht sehen. Sie entzog sich den gesetzten
Herrschaften des Hofstaates ihres Großvaters, und als ihr der König
Klein Trianon schenkte, richtete sie sich in dieser entzückenden Villa

von sieben Zimmern ihr ureigenstes Reich ein. Vergeblich warnte die Mutter, sie würde den Kontakt zu jenen Angehörigen des Adels verlieren, die den Thron stützen könnten, wenn Not am Mann sei. Sie hatte die Last stundenlanger Repräsentation abgeworfen und lebte ihren Vergnügungen.

In jenen Jahren 1774 und 1775 schloß sie Freundschaft mit der Prinzessin von Lamballe und der Prinzessin de Polignac. Sie suchte »Herzensfreundinnen«, aber im unschuldigen, sentimentalen Sinne des Wortes. Die ihr unterstellten lesbischen Neigungen waren Verleumdung, die sie zunächst mit Gleichmut ertrug. Erst später, als die Welle der Pamphlete anwuchs, sprach sie einmal das prophetische Wort: »Diese Verleumdungen werden einmal mein Untergang sein!«[38]

Über das Aussehen Marie Antoinettes und ihr Auftreten gab es nur eine Meinung: Sie war bezaubernd und entzückend. Ihr unglaublicher Reiz, das eigentlich Bestrickende ihrer Erscheinung, lag in der Anmut und Grazie ihrer Bewegungen. Wie sie schon als halbes Kind Versailles durch Gang und Verbeugung, tänzerische Kunst und Liebenswürdigkeit im Sturm erobert hatte, so wirkte sie jetzt, als »petite Reine de vingt ans«, als kleine Königin von zwanzig Jahren, geradezu unwiderstehlich.

Zu ihrer engsten Umgebung gehörten in jenen ersten Regierungsjahren und später vornehmlich der Baron Besenval, der Herzog von Coigny, von dem noch unbekannte Briefe in Archiven liegen. Was Antoinette an ihren Kavalieren so bestechend fand, war ihr geistreicher Charme, ihr Witz, ihre Eleganz und die mondäne Leichtigkeit, mit der sie über alles zu plaudern wußten, und waren es auch die größten Nichtigkeiten. Die Herzogin von Guéménée hatte bedeutenden Anteil daran, daß sich die Königin mit soviel Selbstvergessenheit dem Glücksspiel überließ. Maria Theresia warnte immer wieder, jedoch vergeblich. Sie kannte aus eigner Erfahrung, welche Ungelegenheit die hohen Spielschulden über die Höfe brachten, sie spielte ja einst selbst in ihrer Jugend mit Leidenschaft, hörte jedoch abrupt auf. Zur Clique der Königin gehörte leider auch der übel beleumdete Graf von Guines. Über seine Schmuggelaffären gelang es Marie Antoinette, den verhaßten Kanzler D'Aiguillon zu stürzen, mit dem Guines verwandt war.

Im März 1775 besuchte ihr Bruder Maximilian Franz sie auf seiner Bildungsreise. Max war achtzehn Jahre alt und ein ruhiger, eher linkischer junger Mann. Die Schwester empfing ihn mit aller Herzlichkeit, aber bei Hof gab es Spannungen. Da Max als Graf von Burgau inkognito reiste, weigerten sich des Königs Brüder Provence und Artois, ihm zuerst ihre Aufwartung zu machen, auf die er als Kaisersohn Anspruch gehabt hätte. Die königlichen Prinzen des Hauses Orléans, Condé, Conti und Penthièvre schlossen sich dem Boykott an. Marie Antoinette ärgerte sich außerordentlich.

*Meinem Bruder wird es leid tun, die Prinzen nicht zu sehen, aber er ist nur kurz in Paris. Es gibt hier vieles anzuschauen, er wird auf die Prinzen verzichten.*[39]

1775 brachten Marie Antoinette die allzuhohen Haarfrisuren einen maßvollen Einwand der Kaiserin ein. Sie seien »von der Haarwurzel an 36 Zoll hoch« und dann noch mit Federn und Bändern geschmückt, die das alles weiterhin erhöhen. Dies sei einer Königin nicht würdig. Antoinette antwortete am 17. März sofort, es sei wohl richtig, daß sie sich ein wenig mit ihrem Putz beschäftige, und was die Federn betreffe, so trüge sie jeder, und es würde außerordentlich auffallen, keine zu tragen. Seit dem Ende der Bälle habe man übrigens die Höhe sehr verringert.[40]

Betrachtet man allerdings die überlieferten Dokumente, die den Garderobenaufwand der Königin betreffen, hieß dies »ein wenig« den wahren Verhältnissen Hohn sprechen. Maria Theresia empfand dies, ohne Näheres zu wissen, richtig, denn sie schrieb am 31. Juli 1775 betrübt an Mercy:

*Meine Tochter läuft mit großen Schritten ihrem Ruin entgegen!*[41]

Die Königin, die sehr viel Geschmack hatte, verfügte über einen eigenen Garderobenetat. »Antoinette kaufte jährlich ungefähr einhundertsiebzig Kleider, die meisten bei Rose Bertin, und gab dafür in den ersten Jahren seit Ludwigs Thronbesteigung etwa 160 000 Livres aus, also 40 000 mehr als vorgesehen. Dieser Fehlbetrag ist in den 487 272 Livres enthalten, die Ludwig 1777 für Antoinette bezahlte.«[42]

Man verlangte natürlich von ihr, daß sie immer als vorbildliche Repräsentantin der weltweit berühmten französischen Mode auftrat. Allerdings betrieb sie den Wechsel aller nur denkbaren Modeideen so rasch, daß die Ehemänner der Hofgesellschaft zu stöhnen begannen. Ihre Frauen und Töchter wollten nicht zurückstehen, und bald mochte keine Dame mehr bei Hof erscheinen, wenn sie nicht zu jeder Festlichkeit ein neues Kleid bekam. Einmal befragte Marie Antoinette Ludwig XVI. über seine Meinung zu einem Stück braunen Taft. Der König antwortete: »Braun wie ein Floh!« Der Effekt war, daß diese Farbe, mit Abwandlung auch als Flohbauch, Flohschenkel, Flohbein bezeichnet, große Mode wurde. Die »couleur de puce« taucht auch in vielen Romanen der Zeit auf; von Casanova wurde berichtet, er habe sein Rendezvous mit Friedrich dem Großen in einem flohfarbenen Rock in Sanssouci abgehalten.

Während die Kaiserin aus Wien immer wieder schrieb, man möge doch ihren Herzenswunsch nach Enkeln erfüllen, mit ihren Jahren habe sie nicht mehr allzuviel Zeit, darauf zu warten, nahm Antoinette alles von der leichten Seite. Mercy jedoch, der sorgsame alte Mahner und Warner, sandte Brief auf Brief nach Wien, die Königin verliere sich immer mehr an ihre Belustigungen, was im Volke böses Blut mache. So geschah es schließlich, daß Kaiser Joseph II. sich entschloß, seiner von ihm sehr geliebten kleinen Schwester – Toinette war vierzehn Jahre jünger – einen Besuch abzustatten.

Auch Joseph reiste inkognito als Graf von Falkenstein in denkbar einfacher Aufmachung nach Paris, kam unverhofft dort an, und stieg in einem Gasthof ab. Als die Königin ihn anflehte, doch im Schlosse Wohnung zu nehmen, lehnte er dankend ab und begnügte sich, in einem minderen Hotel in Versailles wie ein Soldat in einem Feldbett zu schlafen. Paris jubelte ihm zu und sah in ihm genau das, was er wünschte: den großen, aber einfachen, schlichten Kaiser, der ein Volk in seiner Bescheidenheit wirklich glücklich machen würde.

Marie Antoinette genoß den Besuch des Bruders außerordentlich, und die Geschwister verlebten unvergeßliche Stunden. Das Wesentliche, das zu regeln sich Joseph vorgenommen hatte, ging er auch mutig und offen an. Er hatte mit seinem Schwager eine lange Unterredung, im Verlaufe derer ihm Ludwig so manches anvertraut haben mochte, was Joseph seiner Schwester nicht wiedererzählen konnte. Er fand die Schwester ganz entzückend und machte ihr Komplimente wie diese: wenn sie nicht schon verheiratet wäre und er erneut vor der Wahl stünde, sich zu verehelichen, so würde seine Wahl auf keine andere als auf sie fallen.

Allerdings sah er auch ihre Fehler und hinterließ ihr eine sehr lange und ausführliche neue Instruktion, wie sie ihr Verhalten bessern könne. Was Joseph besonders auffiel, war, daß das Königspaar nicht reiste. Man bewegte sich nur zwischen den nahe bei Paris gelegenen Schlössern, die man zur Jagd, für den Sommer und im Herbst aufsuchte. Immer wiederholten sich die gleichen Namen: Versailles, Trianon, Marly, Saint-Cloud, Fontainebleau. Bevor Joseph nach Wien zurückkehrte, bereiste er ganz Frankreich und sah mehr von diesem schönen Land als jemals das Königspaar in seinem Leben.

Dagegen war der Kaiser seinem Bruder Leopold gegenüber ganz aufrichtig und behandelte seine Mission, das Eheleben seiner Schwester in
Ordnung zu bringen, mit großer Nüchternheit:

*10. Juni 1777*
*Er ist ein bißchen ein Schwächling, aber kein Dummkopf; er hat be-*
*stimmte Vorstellungen und ein gesundes Urteilsvermögen, ist aber*
*körperlich und geistig apathisch. Er spricht ganz vernünftig, zeigt aber*
*keinen Wissensdurst, keine Neugier; kurz und gut, das fiat lux ist noch*
*nicht gesprochen, die Materie noch amorph . . .*
*Das Geheimnis liegt im Ehebett. Er hat ausgezeichnete Erektionen,*
*führt sein Glied ein, verharrt dort regungslos vielleicht zwei Minuten*
*lang, und ohne sich zu ergießen zieht er sein immer noch aufrechtste-*
*hendes Glied zurück und wünscht seiner Frau Gutenacht.*
*Das Ganze ist unbegreiflich, da er manchmal feuchte Träume hat. Er*
*ist völlig zufrieden und gibt offen zu, daß er den Akt nur als Pflicht-*
*übung betrachtet und keinerlei Vergnügen daran findet. Ach, wenn ich*
*nur einmal hätte dabeisein können, ich hätte es ihm schon beigebracht!*
*Man sollte ihn auspeitschen wie einen Esel, damit er ejakuliert. Was*
*meine Schwester betrifft, ist sie auch nicht gerade sinnlich veranlagt,*
*und beide zusammen sind ein Paar von ausgemachten Stümpern.*[43]

Wie auch immer sich nun das Zusammenleben des Königspaares weiterhin gestaltet haben mochte, ob mit oder ohne Operation des Königs,
der Effekt von Josephs energischem Auftreten blieb, daß Antoinette am
30. 8. 1777 ihrer Mutter schreiben konnte:

*Ich befinde mich in dem für mein ganzes Leben größten Glück. Schon*
*seit acht Tagen ist meine Ehe vollkommen vollzogen; der Beweis ist wie-*
*derholt worden, und noch gestern vollständiger als das erste Mal! Ich*
*habe zuerst daran gedacht, sofort an meine teure Mama einen Kurier zu*
*schicken, aber ich habe Angst gehabt, daß Aufsehen und Gerede entste-*
*hen könnten. . . . Ich habe so viele Beweise der Liebe meiner teuren*
*Mama, wie groß wird nun ihre Freude sein . . . Erlauben Sie mir, daß*
*ich Sie von ganzem Herzen küsse?*[44]

Nach einiger Zeit trat nun endlich ein, was das Königspaar und die
Kaiserin so lange ersehnt hatten: Marie Antoinette erwartete ein Kind.
Am 19. Dezember 1778 erlebte die Königin die umständliche Prozedur,
die das Hofzeremoniell für solch eine königliche Entbindung vorschrieb.
Um jeglichen etwaigen Vorwurf der Kinderunterschiebung zu entkräf-

ten, wurden die Angehörigen königlichen Geblüts ins Zimmer der Königin befohlen. Ludwig ließ die Wandschirme, die das Bett umgaben, mit dicken Seilen festbinden, damit niemand sie umwerfen konnte.

»Um drei Uhr (nachts) werden der König, die Prinzen und Prinzessinnen geweckt, Pagen, Garden setzen sich aufs Pferd und rasen in gestrecktem Galopp nach Paris und Saint-Cloud, um alles, was königlichen Geblüts oder prinzlichen Rangs ist, als Zeugen rechtzeitig heranzuholen . . .

Ein paar Minuten, nachdem der Hofarzt mit lauter Stimme angekündigt hat, die schwere Stunde der Königin sei gekommen, poltert die ganze adlige Rotte herein, dicht gedrängt im engen Zimmer setzen sich die Zuschauer auf nach der Rangordnung gestellte Fauteuils rings um das Bett. Die in den Vorderreihen nicht mehr Platz gefunden haben, steigen sogar auf Sessel und Bänke, damit ihnen um Gotteswillen nur keine Bewegung, kein Stöhnen der gequälten Frau entgehe.

Die Luft wird in dem verschlossenen Raum immer dicker und schwüler vom Atem der etwa fünfzig Menschen, von dem scharfen Geruch des Essigs und der Essenzen. Aber niemand öffnet ein Fenster, keiner verläßt seinen Platz, und sieben volle Stunden dauert die öffentliche Folterszene, bis endlich um halb zwölf mittags Marie Antoinette einem Kind das Leben gibt – hélas! – eine Tochter. Ehrfurchtsvoll trägt man den Königssprossen in ein nachbarliches Kabinett, um ihn zu baden und dann sofort der Obhut der Gouvernante zu übergeben; von Stolz bewegt folgt der König, um die späte Leistung seiner Lenden zu bewundern, hinter ihm drängt neugierig wie immer der ganze Hof – da plötzlich tönt ein geller Befehl des Geburtshelfers: »Luft und heißes Wasser! Ein Aderlaß ist notwendig.« Der Königin ist plötzlich das Blut zu Kopf gestiegen; in Ohnmacht gefallen, halb erstickt von der verpesteten Luft und vielleicht auch von der Anstrengung angesichts der fünfzig neugierigen Zuschauer, ihre Schmerzen zu unterdrücken, liegt sie regungslos und röchelnd in ihren Kissen.

Ein allgemeiner Schreck entsteht, der König reißt eigenhändig die Fenster auf, alles läuft entsetzt durcheinander. Aber das heiße Wasser kommt und kommt nicht. An sämtliche mittelalterliche Zeremonien haben die Schranzen bei der Geburt gedacht, nur nicht an die natürlichste Maßnahme in solchem Falle: heißes Wasser bereitzuhalten. So wagt der Chirurg den Aderlaß ohne weitere Vorbereitung. Ein Blutstrahl spritzt aus der angeschlagenen Ader des Fußes, und siehe, die Königin schlägt die Augen auf, sie ist gerettet.

Jetzt erst bricht ungehemmt der Jubel los, man umarmt sich, man weint vor Freude, und die Glocken dröhnen die frohe Botschaft ins Land.«[45]

Maria Theresia in Wien war überglücklich, wenn auch noch nicht restlos zufrieden, denn ihr schien unabdingbar, daß jetzt noch ein Prinz folgen müsse. So schrieb sie am 1. April 1779 an Marie Antoinette:

*Was Sie mir über Ihre teuere Tochter und besonders über die Liebe des Königs berichten, macht mir große Freude. Doch gestehe ich, daß ich unersättlich bin; sie (die Kleine) braucht einen Gefährten, und er soll nicht zu lange auf sich warten lassen. Meine teuere Tochter, vernachlässigen Sie nichts, was von Ihnen abhängt; und reiten Sie vor allem jetzt, bei der schönen Jahreszeit nicht zuviel, denn das widerspricht gänzlich unseren Wünschen . . .*[46]

Marie Antoinette war eine sehr gute Mutter. Sie liebte ihr Kind mit der ganzen Zärtlichkeit ihres Herzens. Einmal schrieb sie, die Kleine habe sie aus einem Kreis von Damen schon sicher erkannt und sei, als man sie nach der Mama fragte, spontan auf sie zugelaufen und habe ihr die Arme entgegengestreckt. Sie liebe das Kind seither noch stärker.[47]

Die Kaiserin erlebte allerdings keinen weiteren Nachwuchs in Paris, da sie in November 1780 ihr Leben beschloß. Die weiteren Kinder des französischen Königspaares kamen 1781, 1785 und 1786 zur Welt. Der erste Sohn Louis Joseph war offenbar rachitisch, er starb im Alter von siebeneinhalb Jahren an verkrümmter Wirbelsäule und einer Verwachsung der Lungen.

Der zweite Sohn, Louis Charles, war ein gesundes, lebensvolles Kind, dessen Schicksal heute noch den Historikern Rätsel aufgibt. Immer mehr setzt sich die Auffassung durch, er sei nicht 1795 im Temple gestorben, sondern ein fremder Junge sei an seiner Statt begraben, er jedoch gerettet worden. Nach einem harten Leben voller Widerwärtigkeiten habe er sein Leben im Gefängnis von Bicêtre am 8. Mai 1812 unter dem Namen Jean-Marie Hervagault beschlossen. Die näheren Umstände dieser geheimnisvollen Vorgänge erläutert ein Nachkomme der letzten Erzieherin des Dauphins, der Marquise de Tourzel. Auf Grund des Tagebuches seiner Ur-ur-urgroßmutter und des in der Familie weitergegebenen Wissens schrieb Gaston XIII., Prinz von Béarn, 1967 ein aufsehenerregendes Buch, das geeignet ist, endgültig Klarheit über das Schicksal des bedauernswerten Sohnes Marie Antoinettes zu bringen.[48]

Die älteste Tochter der Königin überlebte die Schreckensherrschaft und wurde im Austausch gegen Gefangene nach Wien ausgeliefert. Die zweite Tochter Maria Sophia wurde nur ein Jahr alt und starb 1787.

So mancher wird sich fragen, wie es eigentlich kam, daß die Könige des schönsten und mächtigsten Königreiches Europas so rasch von ihrem Thron gestürzt und in so grausamer Weise erniedrigt und hingerichtet wurden.

Grundsätzlich war der Niedergang Frankreichs bereits durch die Art, wie der Sonnenkönig Ludwig XIV. seine Hofhaltung eingerichtet hatte und wie seine Nachfolger sie pietätvoll aufrechterhielten, vorbereitet. Im Frankreich des 18. Jahrhunderts gab es niemand, der genügend klar erkannte, daß der französische Staat, schon bankrott unter Ludwig XIV., keinesfalls mehr von seiner grandeur existieren konnte. Der Hof hatte kein Geld. Ludwig XV. beabsichtigte einmal eine grundlegende Steuerreform, die das Volk hätte entlasten können. Adel und Geistlichkeit sollten zu Abgaben herangezogen werden. Aber der Vielgeliebte war kein Mann, der sich energisch durchsetzen konnte. Man bedrängte ihn aus den Kreisen der Privilegierten, und der wenig kampfesmutige Boudoirkönig gab alsbald seinen Steuerreformplan auf.

Von seinem Großvater hatte Ludwig XVI. das ganze System mit allen Verpflichtungen übernommen, aber erst unter seiner Herrschaft entwickelten sich die Verhältnisse zur Katastrophe. Nach jeder Mißernte gab es in dem reichen Land Hungersnöte und Aufstände. Der »kleine Mann« wurde über alle Maßen hart besteuert, während der Adel praßte nach dem Motto »après nous le déluge« (nach uns die Sintflut). André Castelot, exzellenter Kenner der Verhältnisse im damaligen Frankreich, gab an Hand eines Beispiels einen Einblick in die Mißstände am Hofe von Versailles.

»Marie Antoinettes Leichtsinn in diesem Punkt (der Aufwendungen) ist noch am ehesten entschuldbar, wenn man bedenkt, daß die Ausgaben in ihrer Umgebung von einem anscheinend Irrsinnigen eingeführt und bestimmt worden sind . . .

Die Kerzen spielten eine große Rolle. Sobald die Königin ihr Empfangszimmer verließ, um sich in die kleinen Appartements zurückzuziehen, wurden die Kerzen ausgelöscht. Sie wurden, auch wenn sie nur einige Minuten gebrannt hatten, nicht wieder verwendet, sondern an verschiedene Privilegierte verteilt, die sie auf eigene Rechnung verkauften . . . Als an einem Abend keine Wandleuchter und Lustres angezündet wurden, erhielten Diener und Frauen eine Entschädigung von 80

Livres. Das ›Anrecht auf Kerzen‹ brachte jeder der vier Kammerfrauen der Königin eine Jahreseinnahme von 50 000 Livres gleich zehn Millionen Francs unserer Währung. Im Sommer wurden abends Kerzen im Gewicht von 109 Pfund zwar nicht verbrannt, aber angezündet, im Winter waren es 145 Pfund. Wenn aber aus Sparsamkeitsgründen beschlossen wurde, die Zahl der Feste zu verringern, wagten es die Leute, Ersatz zu verlangen.«[49]

Der Kerzenverbrauch war nur ein Posten unter unzähligen ähnlichen Aufwendungen. Alle Vorwürfe gegen Antoinette bezüglich ihrer Spielschulden und der Zuwendungen an die Prinzessinnen von Lamballe und Polignac könnte man mit dem Vergleich der Summen, die etwa für den ebenfalls ungemein sorglos mit Geld umgehenden Grafen von Artois vom König zur Tilgung seiner Schulden aufgewendet werden mußten, entkräften. Aber gerade Artois gehörte, neben seinem Bruder Provence und dem Vetter Orléans zu denen, die bewußt die Schmähschriften lancierten und das Volk gegen Antoinette aufbrachten, um von der eigenen Person abzulenken und »die Österreicherin« in Mißkredit zu bringen.

Natürlich war Antoinette auch unvorsichtig und allzu sorglos. Daß sie in die Halsbandaffäre überhaupt verwickelt werden konnte, ist ihrem Leichtsinn zuzuschreiben, aber – und das kann nicht genug betont werden – mit dem großen Betrug an den Juwelieren Böhmer und Bassenge hatte die Königin nicht das geringste zu tun. Sie schuf nur die Voraussetzungen, auf denen der Schwindel gedeihen konnte.

»Eine andere Tragödie begann sich durch die übermäßigen Ausgaben der Königin anzubahnen. Ende 1775 kaufte sie ein Paar Diamantohrgehänge für etwa hundert Millionen nach unserem Geld und bald darauf Armbänder für 250 000 Livres. Um diese Ankäufe durchzuführen, mußte sie Schulden machen. Als ihr Maria Theresia schrieb: ›Solche Geschichten durchbohren mein Herz, insbesondere wenn ich an Ihre Zukunft denke‹, antwortete sie ihr sorglos: ›Ich habe es nicht für möglich gehalten, daß man sich die Mühe geben kann, die Güte meiner teuren Mama mit solchen Bagatellen zu befassen.‹ Eine solche Ausgabe für Schmuck, dessen Bezahlung selbst ihre Mittel überstieg, bezeichnete sie als Bagatelle!«[50]

Der König bezahlte in seiner fast unbegreiflichen Gutmütigkeit alle Verbindlichkeiten seiner Frau ohne ein Wort des Vorwurfs, genauso wie er klaglos die Schulden seiner Brüder beglich.

Antoinette wurde im Laufe der Jahre niemals ermutigt, sparsamer zu sein.

Einmal ließ sie sich 1786 von Madame Vigée-Lebrun porträtieren, es ist das berühmte Bild »Marie Antoinette en Gaulle« oder »Mit der Rose«. Gaulle ist ein einfacher Leinenstoff aus belgischen Fabriken. Als das Bild fertig war, protestierte der Adel, daß seine Königin »in so einem Fetzen« abgebildet sei, und die Österreichgegner schrien empört auf, sie »protegiere die Waren aus den Ländern ihres Bruders«, denn Belgien gehörte ja damals zu Österreich. Das Bild mußte aus der Ausstellung, für die es bestimmt war, schleunigst zurückgezogen werden.

Die Beispiele, wie oft Antoinette zu Unrecht verdammt wurde, sind beliebig zu vermehren. Natürlich ließ sie sich auch Dummheiten und Geschmacklosigkeiten zuschulden kommen. Sie nahm Teil an nächtlichen Treiben auf Maskenbällen mit allem Gesindel von Paris, an den den Engländern nachempfundenen Pferderennen in Gesellschaft ihrer beiden Schwäger, bei denen es meist gar nicht der Etikette entsprechend zuging, und als Clou wirkte sie ausgerechnet in dem ketzerischen, das Königtum diffamierenden Schauspiel von Beaumarchais »Ein toller Tag« mit, in dem blinden Ehrgeiz, darstellerisch zu glänzen. Das waren Entgleisungen einer unbedachten Frau, die keinem vernünftigen Zuspruch zugänglich war.

Die Akteure der Halsbandaffäre könnten aus einem der klassischen Theaterstücke Molières stammen. Kardinal Louis Prinz Rohan, ein eitler Weltpriester, dessen Ehrgeiz es war, Premierminister zu werden, stand im Mittelpunkt der Affäre. Die eigentliche Schuldige war Jeanne de la Motte, eine Verwandte des Hauses Valois, verarmt, heruntergekommen, die von einer mildtätigen Marquise in einem Kloster erzogen worden war. Sie heiratete einen Gendarmerieoffizier de la Motte und nannte sich Gräfin de la Motte. Im königlichen Palast in Versailles antichambrierte sie lange, fiel etliche Male in Ohnmacht, um der Königin aufzufallen, und wurde schließlich geschickte Vermittlerin kleiner Hofgeschäfte, eine Art Lobbyistin ihrer Zeit. Als unglaublich geschickte Schauspielerin machte sie sich die Schwäche und Leichtgläubigkeit des Kardinals Rohan derart zunutze, daß sie ihm unter Vorweisung gefälschter Briefe der Königin immer wieder beachtliche Beträge entlocken konnte.

Als Vorgeschichte der Halsbandaffäre muß erwähnt werden, daß die Hofjuweliere Böhmer und Bassenge ihr ganzes Vermögen in ein Brillanthalsband investiert hatten, das 674 Brillanten von insgesamt 2800 Karat enthielt. Über die Fassung und Gestaltung des Schmuckstücks kann man geteilter Meinung sein. Etwa 1776, während des Unabhängigkeitskrieges in Amerika, in welchem französische Truppen unter Lafayette kämpften, brachte König Ludwig seiner Frau dies Halsband und fragte sie, ob sie es als Geschenk von ihm haben wolle. Antoinette erwiderte kategorisch: »Nein, bauen wir lieber ein Linienschiff für den Krieg mit Amerika!«[51]

Daher traf es Marie Antoinette zutiefst, als ihr im August 1785 ihre Kammerfrau Madame Campan von einem dringenden Anliegen des Juweliers Böhmer erzählte. Es seien gefälschte Briefe der Königin mit ihrer Unterschrift im Umlauf, und der Kardinal sei irgendwie in den Kauf eines Halsbandes verwickelt. Antoinette wurde jetzt sehr aufmerksam und beorderte Böhmer nach Versailles. Sie erinnerte sich jetzt auch eines Billets, das sie am 12. Juli von Juwelier Böhmer überreicht bekam, als sie die Kapelle nach der Messe verließ.

*Madame,*
*wir sind überglücklich in der Annahme, daß die jüngsten Arrangements, die uns vorgeschlagen wurden und die wir mit Begeisterung und Respekt entgegennahmen, einen neuen Beweis unserer Ergebenheit und Verehrung für die Aufträge Ihrer Majestät liefern, und es erfüllt uns mit echter Befriedigung, daß das schönste Diamantenkollier der Welt die größte und beste der Königinnen zieren wird.*[52]

Die Königin, ohne die leiseste Ahnung, um was es sich handelte, konnte nur annehmen, daß der bedrängte Juwelier, der kein Bargeld mehr besaß und schon mit Selbstmord gedroht hatte, nun vollends den Verstand verloren habe. Sie meinte, es sei nicht wert, diese Zeilen aufzuheben, und verbrannte den Brief. Dies ist, darin sind sich alle Historiker einig, der einzige Moment gewesen, wo die Königin wirklich etwas mit der Halsbandgeschichte zu tun hatte.

Doch nun, im August 1785, zitterten die Juweliere um diesen Riesenbetrag. Das Halsband war dank der einmaligen Schauspielkunst der la Motte, dank der Mithilfe und List ihres Mannes und ihres Geliebten, dank der Leichtgläubigkeit eines in sich selbst verliebten Prinzen und Kirchenfürsten, am 1. Februar 1785 der la Motte übergeben worden. Mit allerlei Finten und Ausreden versuchte man, die Juweliere hinzuhalten. Inzwischen war la Motte schon in London und verkaufte für 240 000 Livres Diamanten, die offensichtlich aus ihrer Fassung in aller Hast herausgebrochen worden waren.

Der Prozeß nahm am am 15. August 1785 mit der Verhaftung des Kardinals Rohan seinen Anfang. Obwohl im Verlauf der Verhandlung eindeutig festgestellt wurde, daß Marie Antoinette gänzlich unschuldig war, obwohl Jeanne de la Motte am 21. Juli 1786 laut Gerichtsurteil schimpflich mit dem Brandzeichen V für »Voleuse« – Diebin – an den Schultern gebrandmarkt und in das Frauengefängnis Salpêtrière gebracht wurde, wo sie den Rest ihres Lebens verbringen sollte, so sorgte die der Königin feindliche Propaganda dafür, daß alles, aber auch alles gegen sie gekehrt wurde. Es wurde behauptet, die arme la Motte habe alle Schuld auf sich genommen, um die Königin zu decken. Rohan, der freigesprochen wurde, wäre der Geliebte der Königin gewesen. Es wurde Mode, daß der Adel in seinen Kutschen vier- oder sechsspännig bei der Salpêtrière vorfuhr und der »armen Gräfin« seine Aufwartung machte. Nach knapp einem Dreivierteljahr gelang es der raffinierten Betrügerin, nach England zu fliehen. Hätte sie sich nicht in einem Anfall von Verfolgungswahn 1792 aus dem Fenster gestürzt, ganz sicher wäre sie noch als Anklägerin Marie Antoinettes vor das Revolutionstribunal zitiert worden.

Goethe verfolgte, wie alle Welt, den Prozeß mit Grausen; er schrieb, das Ereignis erfülle ihn mit Schrecken wie das Antlitz der Medusa und er sehe das Ende des Königtums in Frankreich voraus.

*Nie hätte die la Motte ein solches Lügengebäude aufrichten können, hätte der Leichtsinn der Königin nicht selbst den Grundstein gelegt und ihr schlechter Ruf dabei die Leiter gehalten. Nochmals und nochmals: an den ganzen phantastischen Schiebungen der Halsbandaffäre war Marie Antoinette so unschuldig wie nur denkbar, daß aber ein solcher Betrug unter ihrem Namen überhaupt gewagt und glaubhaft werden konnte, war und bleibt ihre historische Schuld.*[53]

Für die gesamte Sensationspresse Frankreichs war der Prozeß ein höchstwillkommener Anlaß für immer neue und immer wüstere Verunglimpfungen des Königtums und der Geistlichkeit. Einig im Bestreben, die verhaßte Österreicherin zu demütigen, sahen sich diesmal der hohe Adel mit den Pamphletisten. Einer der Ihren, Kardinal Prinz Rohan, war auf Betreiben Marie Antoinettes wie ein gemeiner Taschendieb im Palast von Versailles verhaftet worden. Hierfür schworen nun in schöner Einheit alle bisher gegeneinander verfeindeten Beteiligten einstimmig Rache.

»Noch ahnt die Königin nicht, welches Unheil sie mit einer einzigen übereilten Geste entfesselt hat. Aber wo ein Gebäude morsch und längst unterhöhlt ist, genügt es, einen einzigen Nagel aus der Wand zu ziehen, und das ganze Haus bricht zusammen.«[54]

Einer der wenigen Getreuen in Gefahr und Todesnot ist der schwedische Offizier Hans Axel Graf von Fersen, der bisher bescheiden im
Schatten der Hofgesellschaft gelebt hat.

Schon Mitte der siebziger Jahre war dieser außergewöhnlich gutaus-
sehende junge Mann der Königin aufgefallen, gelegentlich eines Mas-
kenballes in Paris machte sich die unternehmungslustige Antoinette einen Spaß daraus, maskiert mit diesem Kavalier zu plaudern, bis ihre
Hofdamen sie umringten und in ihre Loge zurückführten. Auch in Versailles wurde Fersen eingeführt, als er jedoch merkte, daß die Königin
ihn sehr gern dort in den Salons sah, meldete er sich zur Teilnahme am
englisch-französischen Krieg um die Unabhängigkeit der Vereinigten
Staaten, der von 1776 bis 1783 dauerte. Fersen kam mit Beendigung des
Krieges nach Paris zurück und bewarb sich um das Kommando des
schwedischen Regimentes in der französischen Armee. Er wurde vom
König zum Oberst ernannt. Stefan Zweig, der als erster Biograph Marie
Antoinettes dem Geheimnis dieser zarten Beziehung tiefer nachging als
andere, glaubte zunächst nicht an eine intime Bindung. Doch im Nachlaß Fersens fanden sich Aufzeichnungen, in denen ganze Zeilen fehlen
und durch punktierte Linien ersetzt waren. Ein Nachfahre Fersens verbrannte alle Briefe. Schließlich entdeckte eine schwedische Forscherin,
Alma Sjöderhelm, im Schloß einer Verwandten Fersens einen einzigen
nichtverbrannten Brief, der als Schluß die Zeilen Marie Antoinettes enthält:
*»Adieu, le plus aimant et le plus aimé des hommes«* zu deutsch also:
*»Leb wohl, liebendster und geliebtester aller Männer.«*[55]

1932 vertrat Stefan Zweig die Meinung, die bedauernswerte Königin
habe bei Fersen endlich Lebens- und Liebesglück gewonnen. In Fersen
fand sie Halt und Freundschaft. Als alle anderen Gefährten munterer
Stunden sie verließen, als es Gefahr bedeutete, sich zur Königin zu bekennen, stand ihr Graf Fersen still, unauffällig, verschwiegen und zuverlässig bis in den Tod zur Seite. Es gibt einige Berichte in der Historie,
die jene späte Romanze zweier Liebender im grausigen Feuerschein der
Revolution als gegeben darstellen, so Innenminister Graf von Saint-
Priest, der von den geheimen nächtlichen Besuchen Fersens bei der Königin berichtete. Auch Napoleon Bonaparte hielt Fersen für den Liebha-
ber Marie Antoinettes. Als Fersen zur Teilnahme an den Verhandlungen
des Rastatter Kongresses Ende 1797 vorgeschlagen wurde, empörte sich
Napoleon und sagte, jemand, der mit der Königin geschlafen habe, käme
dafür nicht in Frage.[56]

Neuere Biographen Marie Antoinettes stellen die Glaubwürdigkeit Saint-Priests in Zweifel, auch schließen sie sich der romantischen Darstellung Stefan Zweigs nur zögernd und mit Vorbehalten an.

Die Ereignisse der Französischen Revolution vom Jahre 1789 an sind bekannt. Noch heute ist der Tag der Erstürmung der Bastille am 14. Juli 1789 der große Nationalfeiertag der Franzosen. Unbehagen befällt jeden, der aus den später veröffentlichten Dokumenten ersieht, daß die angeblich so überwältigende Volkswut auf so eindeutige und schamlose Weise mit den Rufen nach Freiheit, Gleichheit und Brüderlichkeit manipuliert wurde. Auch am 5. Oktober 1789, als die Marktfrauen von Paris sich auf ihren berühmten Marsch nach Versailles begaben, um den König und seine Familie nach Paris zu holen, war nicht etwa bitterer Hunger und zwingende Not der Anlaß gewesen, sondern bestimmte Kreise, denen am Untergang der Monarchie gelegen war und hielten absichtlich die Brotversorgung der Riesenstadt mit ihren 650 000 Einwohnern auf, so daß sich eine aufrührerische Stimmung ausbreitete. Doch dagegen standen die immensen Beträge, die der König und die Königin aufbrachten, ebenfalls mit Dokumenten belegt, um wirklichen Nahrungsengpässen zu begegnen. Aber diese Tatsachen wurden unterdrückt.

Der Weg der bedauernswerten Königsfamilie führte in jenem Herbst 1789 in die noch einigermaßen lose Gefangenschaft der Tuilerien. Hier erlaubte man ihnen noch Tapezierer; in vielen Planwagen wurden Möbel aus Versailles herangeführt und sogar ein Umbau vorgenommen. Die Monate in diesem alten Stadtschloß des Sonnenkönigs verbrachte Marie Antoinette mit Vorbereitungen für die Flucht. Sie ergriff die gleichen Vorsichtsmaßnahmen wie später ihre Schwester in Neapel: Zitronenschrift, Geheimcode, nächtliche Boten.

Endlich im Juni 1791 hatte Fersen die Flucht der Königsfamilie vorbereitet. Dank seines Einsatzes glückte es, mit einem neu angefertigten Reisewagen und entsprechender Bedeckung, mit schwedischen Pässen und dem als Mädchen verkleideten Dauphin aus Paris zu entkommen. Doch der auffallende Reisezug, gewiß einer Familie des »Adelspacks« gehörend, einem »verfluchten Emigranten«, erregte unterwegs Aufsehen, es klappte nicht mit der Übernahme der königlichen Familie durch von Axel Fersen bestellte königstreue Geleittruppen, und anstatt glücklich über die belgische Grenze zu gelangen, was bei einiger Beeilung möglich gewesen wäre, wurde der Wagen nachts in Varennes-en-Argonne festgehalten. General Bouillé, der Kommandant des Regimentes Royal-Allemands, das in Stenay gewartet hatte, erschien erschien mit

seinen Leuten eine Viertelstunde nach Abfahrt des Wagens. Die Soldaten sahen die Kutsche inmitten von 4000 Menschen auf dem demütigenden Weg zurück nach Paris. Bouillé ahnte nicht, daß die Straße, auf der
er jetzt hielt, nur wenig unterhalb des Flusses Aisne wieder auf die andere Uferseite hinüberführen würde.

»Ein kurzer Galopp hätte genügt, um die Menge über den Haufen zu
werfen und den König zu befreien . . . In dem kleinen Dorf Ratantout
ließ Bouillé zum Rückzug blasen . . .«⁵⁷

Die Flucht per Wagen, noch dazu mit einem so auffallenden neuen
komfortablen Reisewagen, war ein entsetzlicher Irrtum. Hätte sich die
Familie des Königs getrennt und bis zur Unkenntlichkeit verkleidet,
wäre die Flucht vielleicht gelungen.

Innerhalb der vier Jahre, die sich die königliche Familie in mehr oder
weniger schwerem Arrest befand, zunächst in den Tuilerien, dann im
Turm des Temple, zuletzt in der Conciergerie, gab es immer wieder Bemühungen, eine Flucht zu ermöglichen. Seltsam mutet an, daß nicht
allein Bestechung die Wächter zugänglich machte, sondern daß die radi-
kalen Jakobiner, die längere Zeit in engster Umgebung mit Marie Antoinette leben mußten, von ihr eingenommen waren. Ihre Ruhe, ihre
Würde, ihre Freundlichkeit gewann ihre Sympathien.

Immer wieder gab es Gelegenheiten zur Flucht, auch nach der Enthauptung Ludwigs XVI. am 21. Januar 1793. Marie Antoinette war Gefangene der »letzten Station«, der Conciergerie, und selbst da gelang es
noch einmal einem Edelmann, sie zu besuchen und ihr Hilfe zu verspre-
chen. Das sogenannte »Nelkenkomplott« wurde nicht ohne jede Chance
auf Gelingen angezettelt. Aber irgendein unvorhergesehener Umstand
verhinderte dann noch im letzten Moment die Rettung.

Noch drei Tage vor ihrem Tode, getrennt von ihren Kindern, erlebte
die leidgeprüfte Königin, jetzt »Witwe Capet« genannt, zu welchem Abgrund von Gemeinheit fanatische Menschen fähig sein können. Ein gewisser Hébert, Herausgeber einer aggressiven königsfeindlichen Zeitung mit dem Titel »Père Duchesne«, beschuldigte Marie Antoinette vor
dem Tribunal, sie und ihre Schwägerin Madame Elisabeth, hätten den
siebenjährigen Dauphin zum Inzest verführt. Die Aussagen ihres Sohnes lägen vor, das Kind habe auf Befragen mehrmals diese Vorgänge zu
Protokoll gegeben. Der Vorsitzende des Gerichtshofes mußte Antoinette
zweimal fragen, ob sie diese blutschänderischen Beziehungen zugebe.

*»Wenn ich nicht geantwortet habe«, sagte sie laut und verächtlich,
»so geschah es deshalb, weil die Natur sich weigert, auf eine solche Be-*

*schuldigung gegen eine Mutter zu erwidern.« Dann wandte sie sich an das Publikum und rief: »Ich wende mich an alle Mütter, die sich in diesem Saal befinden!«* [57]

Ihr mutiges Verhalten erregte selbst bei dem feindlich gesonnenen Auditorium Bewunderung und Unruhe. Doch die ganze Farce des Prozesses, der nicht ein einziges Faktum erbrachte, weswegen man sie auch nur hätte in Haft behalten dürfen, war sowieso von Anfang an darauf festgelegt, die Königin dem Henker zu überantworten. Am 15. September 1793 kam sie erst spät abends von der Verhandlung. Man brachte ihr noch zu essen und zwei Kerzen, Papier und Tinte. In ihrer kleinen Zelle saß Tag und Nacht ständig ein Wachsoldat, der sie nicht aus den Augen ließ. Nicht einmal während der Verrichtung natürlicher Bedürfnisse oder während der primitiven Körperpflege. Antoinette war krank und entkräftet. Ihr Haar war fast weiß, obwohl sie erst knapp achtunddreißig Jahre zählte. Sie litt unter nervösen Blutungen, und selbst beim Wäschewechsel und allen Reinigungsvorgängen mußte sie der Soldat beobachten, um zu verhindern, daß sie mit einem verborgenen Messer Selbstmord beging oder sich die Adern mit einer Nadel aufstach. In ihrer letzten Nacht schrieb sie einen ergreifenden Brief an die Schwester ihres toten Gemahls, Madame Elisabeth:

*Dir, liebe Schwester, schreibe ich zum letztenmal. Ich wurde soeben verurteilt, nicht zu einem schmachvollen Tod, der nur für Verbrecher gilt, sondern dazu, Deinen Bruder wiederzusehen . . . Ich bin ruhig, wie man es ist, wenn das Gewissen dem Menschen keine Vorwürfe macht. Ich bedauere tief, meine armen Kinder zu verlassen. Du weißt, ich habe nur für sie gelebt und für Dich, meine gute, zärtliche Schwester . . . Ich muß zu Dir von einer Sache sprechen, die meinem Herzen sehr wehe tut. Ich weiß, wie dieses Kind Dir Qual bereitet haben muß (der Dauphin mit seiner Aussage), verzeihe ihm, liebe Schwester, denk an seine große Jugend und wie leicht es ist, ein Kind das sagen zu lassen, was man will, und sogar das, was es selber nicht versteht. Ich hoffe, ein Tag wird kommen, da es um so besser den Wert Deiner Liebe und Zärtlichkeit begreifen wird, die Du beiden entgegenbringst.*
*. . . Leb wohl, gute, zärtliche Schwester! Möge dieser Brief Dich erreichen! Vergiß mich nicht! Ich umarme Dich von ganzem Herzen sowie die armen lieben Kinder! Mein Gott, wie herzzerreißend ist es doch, sie für immer zu verlassen! Leb wohl! Leb wohl! . . .* [58]

Madame Elisabeth hat diese Zeilen nie erhalten. Erst einundzwanzig Jahre nach Antoinettes Tod erwarb Ludwig XVIII. das Schriftstück von einem ehemaligen Gerichtsbeamten, der einen schwunghaften Handel mit Geheimdokumenten betrieb.

Marie Antoinette bereitete sich in ihrem düsteren Verließ auf die Hinrichtung vor. Sie nahm noch eine Suppe zu sich, machte Toilette so gut es ging. Sie durfte nicht in ihren Witwenkleidern zum Schafott gehen, daher zog sie ein weißes Morgenkleid an, kämmte sich und setzte eine einfache weiße Haube auf. Henker Samson betrat den Kerker, riß die Haube ab, schnitt der Königin mit brutalem Griff das Haar im Nacken ab und stülpte ihr die Haube wieder auf, die sie nicht mehr zurechtrücken konnte, weil ihre Arme mit einem Strick schmerzhaft auf dem Rücken gebunden waren. In Begleitung eines Geistlichen ging sie zum Wagen. Für den König stellte man noch eine offene Kutsche mit zwei Pferden zur Verfügung. »Die Österreicherin« fand einen Leiterwagen aus rohem Holz mit einem schwarzen groben Gaul vor. Sie wollte in Fahrtrichtung sitzen doch der Henker zwang sie, mit dem Rücken zum Pferd zu sitzen. Antoinette hielt sich gerader denn je.

Ganz Paris war auf den Beinen, alles Feinde, Schaulustige; nur ein winziges Trüppchen Freunde in diesem Gewühl: An die vierhundert Befreier hatten sich um die blinde Spitzenklöpplerin Cathérine Urgon-Fournier geschart. Sie versuchten alles, noch im letzten Augenblick die Verurteilte zu retten. Doch das Komplott flog auf, und Polizeispitzel verhafteten die Beteiligten.[59]

Vor dem Karren ritt der Schauspieler Grammont in der Uniform der Nationalgarde und putschte die Leute mit haßerfüllten Tiraden auf. Eine Stunde dauerte die qualvolle Fahrt zur Guillotine.

*Die Zehntausende, die eben noch munter schwatzten und lachten, sehen plötzlich beklommen mit einem gebannten Gefühl des Grauens auf die blasse gebundene Frau, die keinen von ihnen anblickt. Sie weiß: nur diese letzte Probe noch! Nur fünf Minuten Sterben noch und dann Unsterblichkeit!*

*Der Karren hält vor dem Schafott. Ruhig und ohne Hilfe, mit einem noch steinerneren Gesicht als beim Verlassen des Gefängnisses, tritt die Königin, jede Hilfe zurückweisend, die bretternen Stufen des Schafotts empor; sie schreitet genauso leicht und beschwingt in ihren schwarzen, hochstöckeligen Atlasschuhen diese letzten Stufen hinauf wie einst die marmornen Treppen von Versailles . . . Die Henker fassen sie rücklings an, ein rascher Wurf auf das Brett, den Kopf unter die Schneide, ein Riß*

*am Strang, ein Blitz des niedersausenden Messers, ein dumpfer Schlag,*
*und schon packt Samson an den Haaren ein entblutetes Haupt und hebt*
*es sichtbar empor über den Platz.* Mit einem Stoß rettet sich jetzt das
*atemstockende Grauen der Zehntausende in einen wilden Schrei.* »Es
*lebe die Republik – Vive la république!« donnert es wie aus einer von ra-*
*sendem Würgen befreiten Kehle . . .*[60]

Maria Theresias jüngste Tochter ist mit königlichem Mut gestorben.
Ihre Geschwister Mimi in Wien, Marie Karoline in Neapel, Maximilian
Franz in Bonn, Ferdinand in Mailand, Amalie in Parma und Elisabeth in
Innsbruck waren über den schrecklichen Tod ihrer kleinen Schwester
verzweifelt. Sie litten unter den beschämenden Begleitumständen, die
dem französischen Königspaar von den Revolutionären der Schreckensherrschaft zugemutet worden waren. Und sie verziehen es Kaiser Franz
II., ihrem Neffen, nie, daß er keine Schritte unternommen hatte, der bedrängten Schwester und ihrer Familie zu Hilfe zu kommen.

Noch Jahre später, 1810, als Napoleon Bonaparte Schwiegersohn des
Kaisers wurde, indem er Louisella, die älteste Tochter Marie-Louise zur
französischen Kaiserin erwählte, befremdete den Korsen, daß das Thema
Marie Antoinette am Wiener Hofe tabu war. Brachte jemand das Gespräch auf sie, wurde sofort das Thema gewechselt.

Doch als nach dem Wiener Kongreß wieder ein Bourbone, Louis
XVIII., der ehemalige Graf von Provence, den Königsthron bestiegen
hatte, exhumierte man die kläglichen Reste ihrer Asche aus den Massen-
gräbern und setzte sie in der Kathedrale von Saint-Denis bei. Alle Richter der Königin bis auf drei, erlitten das gleiche Schicksal wie sie und
wurden ebenfalls geköpft.

Graf Fersen, dessen Tagebücher und Briefe bewegendes Zeugnis davon ablegen, wie sehr er unter Marie Antoinettes Tod gelitten hatte,
kehrte nach Schweden zurück. Er wurde ein harter, verbitterter Mann,
der sich die größten Vorwürfe machte, das Königspaar damals, an jenem
verhängnisvollen 20. Juni 1791, auf dem Wege nach Varennes nicht
weiterbegleitet zu haben. Indirekt, so meinte er, sei er an ihrer Verhaftung und letztlich an ihrem Tode schuld.

*Seit jenem Tag von Varennes haßt er das Volk, weil es ihm seine Kö-*
*nigin geraubt hat, als einen bösartigen Pöbel, als niederträchtige Ca-*
*naille, und das Volk haßt diesen Adeligen herzhaft zurück . . .*
*Und als im Juni 1810 der Thronfolger von Schweden plötzlich stirbt,*
*entsteht in ganz Stockholm auf unerklärliche Weise ein Gerücht . . .*

*von Fersen habe ihn mit Gift aus dem Wege geräumt, um selber nach der Krone zu greifen . . . Deshalb warnen ihn am Tage des Begräbnisses wohlmeinende Freunde . . .*

*Aber es ist der 20. Juni (1810), Fersens mystischer Schicksalstag: ein dunkler Wille drängt ihn, das vorgeträumte Fatum zu erfüllen. Und genau das geschieht an diesem 20. Juni in Stockholm, was achtzehn Jahre vorher in Paris geschehen wäre, wenn die Menge Fersen als Begleiter Marie Antoinettes im Wagen gefunden hätte; kaum verläßt die Karosse das Schloß, so sprengt ein wütender Pöbel den Kordon der Truppen, reißt mit den Fäusten den grauhaarigen Mann aus dem Wagen und schlägt mit Stöcken und Steinen den Wehrlosen nieder . . . Das Leben konnte ihn ihr nicht verbinden, so stirbt er wenigstens an ihrem gemeinsamen Schicksalstag für sie symbolischen Tod.*[61]

## Quellen und Anmerkungen zum Kapitel
### Königin Marie Antoinette

1 Fürst Johann Josef Khevenhüller-Metsch, Aus der Zeit Maria Theresias, Tagebuch des kaiserlichen Obersthofmeisters 1742–1776, 8 Bde, hrsg. von Hanns Schlitter, Wien/Leipzig 1907/1908. – Nachstehend abgekürzt »Khevenhüller« genannt. – Bd. III, S. 266

2 Khevenhüller, Bd. V, S. 6

3 Friederike Wachter, Die Erziehung der Kinder Maria Theresias, Diss. Wien 1968. – Nachstehend abgekürzt »Wachter« genannt. – S. 237

4 Wachter, S. 240

5 Wachter, S. 240

6 André Castelot, Marie Antoinette. Tragik eines Lebens, aus dem Französischen von Albert von Streerbach, München 1975. – Nachstehend abgekürzt »Castelot« genannt. – S. 23

7 Castelot, S. 24

8 Vincent Cronin, Ludwig XVI. und Marie Antoinette, aus dem Englischen von Monika Courths, Düsseldorf 1975. – Nachstehend abgekürzt »Cronin« genannt. – S. 56

9 Cronin, S. 57

10 Castelot, S. 36

11 Castelot, S. 37

12 Castelot, S. 79

13 Castelot, S. 38

14 Stefan Zweig, Marie Antoinette. Bildnis eines mittleren Charakters, Frankfurt/M. 1968. – Nachstehend abgekürzt »Zweig« genannt. – S. 365–367

15 Maria Theresia und Marie Antoinette. Ihr geheimer Briefwechsel, hrsg., erläutert und ins Deutsche übertragen von Paul Christoph, Wien 1952. – Nachstehend abgekürzt »Christoph« gen. – S. 42

16 Castelot, S. 59

17 Castelot, S. 45

18 Christoph, S. 54

19 Castelot, S. 58

20 Christoph, S. 66

21 Christoph, S. 79

22 Christoph, S. 80

23 Christoph, S. 90

24 Zweig, S. 97

25 Zweig, S. 398

26 Zweig, S. 399

27 Christoph, S. 97

28 Christoph, S. 100

29 Christoph, S. 311

30 Castelot, S. 66

31 Zweig, S. 409

32 Castelot, S. 74

33 Castelot, S. 76

34 Christoph, S. 141

35 Cronin, S. 548

36 Cronin, S. 548

37 Cronin, S. 547

38 Christoph, S. 172

39 Castelot, S. 114

40 Christoph, S. 144, 145

41 Castelot, S. 141

42 Cronin, S. 168

43 Cronin, S. 204

44 Christoph, S. 221

45 Zweig, S. 465

46 Christoph, S. 290

47 Marie Antoinette an Maria Theresia 16. 3. 1780; Christoph, S. 319

48 Prinz Gaston de Béarn, Verschwörung des Schweigens, die Schicksale des Dauphins Ludwig XVII., Memmingen 1967. – Das Werk fußt auf dem Buch von Gustave Laurent, Un faux Dauphin dans le département de la Marne, Jean-Marie Hervagault, d'après des documents inédits 1781–1812, Chalons-sur-Marne 1899, bringt jedoch neue Aspekte durch Familien-Papiere.

49 Castelot, S. 112

[50] Castelot, S. 105
[51] Cronin, S. 321
[52] Cronin, S. 327
[53] Zweig, S. 508
[54] Zweig, S. 511
[55] Zweig, S. 557

[56] Zweig, S. 558
[57] Castelot, S. 347
[58] Zweig, S. 736 ff.
[59] Castelot, S. 367
[60] Zweig, S. 745
[61] Zweig, S. 751

## Die Kinder Königin Marie Antoinettes
## aus ihrer Ehe mit König Ludwig XVI. von Frankreich

1   Maria Theresia Charlotte   ✳ 19. 12. 1778   † 19. 10. 1851
Heirat am 10. 6. 1799 mit ihrem Cousin Ludwig Anton von Bourbon, Herzog von Angoulême, Sohn Karls X., König von Frankreich und jüngster Bruder von Ludwig XVI.

2   Ludwig Joseph   ✳ 22. 10. 1781   † 4. 6. 1789

3   Ludwig Charles, Dauphin   ✳ 25. 3. 1785   † amtlich 8. 6. 1795, mutmaßlicher Tod aufgrund neuerer Forschungen 8. 5. 1812

4   Maria Sophia   ✳ 9. 7. 1786   † 16. 6. 1787

# Max Franz

*Letzter Kurfürst von Köln*
*Fürstbischof von Münster*
*\* 8. 12. 1756 in Wien*
*† 27. 7. 1801 in Hetzendorf b. Wien*

Mit dem Namen dieses letzten geistlichen Fürsten in Köln verbindet sich untrennbar das Leben des vierzehn Jahre jüngeren Ludwig van Beethoven. Infolge trauriger Familienumstände betätigte sich der halbwüchsige Beethoven schon früh als Musiker und Organist in der kurkölnischen Hofkapelle. Max Franz war es, der Beethoven im Jahre 1792 zu Haydn nach Wien ziehen ließ, ihm großzügig sein Gehalt weiterzahlte und die Reisekosten erstattete. Der junge Mozart hat sich lange Jahre seines kurzen Lebens mit »seinem« Erzbischof von Salzburg, Hieronymus von Colloredo, um genügend Konzerturlaub streiten müssen, bis er verärgert seinen Abschied nahm. Max Franz gewährte Beethoven viel Freizeit, allerdings mit Vorbehalten und auf Intervention des Grafen Waldstein.

Indessen bewahrte Beethoven seinem Kurfürsten durchaus ein gutes Andenken. Seine erste Symphonie wollte er ihm widmen und im Juni 1801 erwähnte er in einem Brief an den Kapellmeister Hofmeister in Leipzig den französischen Titel im Wortlaut:

*Grande Symphonie – – – composée et dediée à Son Altesse Sérénissime Maximilien François Prince Royal de Hongrie et de Bohème, Electeur de Cologne etc. – par Louis van Beethoven.*[1]

Max Franz war jedoch zu jener Zeit schon so krank, daß der junge Beethoven nicht mehr dazu kam, dem Kurfürsten die Symphonie Nr. 1 zuzueignen. Einen Monat später starb der Kurfürst. Beethoven fand einen würdigen Widmungs-Nachfolger in Haydns Textbearbeiter, seinem Förderer, dem Wiener Hofbibliothekar Gottfried Freiherr van Swieten. Er war ein Sohn des Leibarztes der Kaiserin Maria Theresia und hat unendlich viel für das Wiener Musikleben des ausgehenden 18. Jahrhunderts getan. So verknüpfte sich der Name des jüngeren van Swieten mit dem unsterblichen Werk.

Als Max Franz im Jahre 1756 zur Welt kam, waltete noch der alte Leibmedicus van Swieten seines Amtes. Mitten aus den Geburtstagsfeierlichkeiten zum achtundvierzigsten Wiegenfest Kaiser Franz I., zu denen er in höchster Gala erschienen war, wurde er herausgerufen.

*Den 8., als an den großen Gala-Tag, ertheilte der Kaiser die gewöhn-liche Glückwunsch-Audienzien, fuhre sodann in publico nach St. Ste-phan, wolte auch öffentlich speisen; allein da mann eben die Speisen auftragen solte, wurde die Kaiserin von denen Kindsnöthen überfallen, mithin auch das Diné publique contremandiret (abgesagt) und befahle der Kaiser mir, daß ich dem Cardinalen und Nuncio ein anständiges Compliment machen und sie anmit nach Hauß gehen lassen solle.*

*Bald nach halb zwei Uhr kamme die Kaiserin mit einem Ertzherzogen nieder, deme mann – weillen das Kind übl gewendet ware und es also mit der Geburt etwas schwär hergienge – die Frauen-Tauff gabe.*

*Der Kaiser ware indessen beständig im Oratorio (Andachtsraum) und bettete vor dem Hochwürdigen, biß mann ihm die Nachricht gebracht, daß alles glücklich vorüber wäre, worauf er zu uns heraus in das Spie-gelzimmer gekommen und sofort noch auf heut abends um 7 Uhr die Ordonnanz zur heiligen Tauff-Function ertheilet.*

*. . . dem neuen Ertzherzog wurden folgende Nahmen gegeben: Ma-ximilianus, Xaverius, Josephus, Joannes, Antonius, Wenceslaus.²*

Diese Namenskette, die Khevenhüller nannte, war jedoch nicht voll-ständig. Das Hofburg-Pfarr Protokoll Nr. 2,46 vom 8. 12. 1756 enthält ausdrücklich und klar lesbar nach Maximilianus den Namen Franciscus.

Im Kinderzimmer des kleinen Maxl regierte Gräfin Maria Anna von Wildenstein als erste Aja. Seine älteste Schwester Marianna war gerade achtzehn geworden. Mit ihr waren es zwölf Geschwister, die den Kleinen erwartet hatten. Jetzt wies der Wiener Hof die stattliche Zahl von drei-zehn lebenden und springlebendigen Nachkommen auf. Maria Theresia verbarg ihre Freude über diesen glücklichen Lebensumstand um so we-niger, als ihre ganze Kinderzeit von den Sorgen der Eltern um ausrei-chenden Nachwuchs für das Haus Habsburg überschattet gewesen war.

Als Max seinen ersten Geburtstag feierte, war die militärische Situa-tion in diesem zweiten Jahr des Siebenjährigen Krieges nicht eben gün-stig. Khevenhüller gab als unübertrefflicher Augenzeuge seinen Rap-port:

*Den 8. wurde der Gala-Tag wie sonsten begangen; beide k.k.M.M. fuhren nach St. Stephan, speisten bei den großen Tisch wie letzthin an Francisci mit denen älteren 7 jungen Herrschaften und abends ware Ap-*

*partement. Die Kaiserin depechirte (beeilte) damit nach aller Möglich-*
*keit, um ihre wegen denen von der Armee erwartenden ferneren höchst*
*wichtigen Nachrichten innerlich spührende Unruhe vor der Welt zu*
*verbergen; und weillen ihr das Hertz nichts guttes vorsagen wollen,*
*liesse sie vorläufig auf der nächsten Post-Station anbefehlen, die von der*
*Armée einlauffende Journalière-Staffette anheut nicht mehr weiters*
*nach Wien lauffen zu lassen, damit nicht etwann . . . dergleichen be-*
*trübte Zeitung an des Kaisers Gala-Tag bekannt würde, wie dann auch*
*in der That den folgenden Morgen als den 9 (12. 1757) gegen 11 Uhr der*
*Currier mit der ersten Nachricht der unglücklichen Bataille unweit Lissa*
*(Leuthen, 5. 12.) eingetroffen ist, worauf sogleich das heutige Diné ab-*
*gesaget worden und beide Mayestätten den ganzen Tag über retiriret*
*geblieben.*

*Die Kaiserin thate nichts als weinen und ware fast nicht zu trösten,*
*verfügte sich dennoch gleich in die Capellen, wo sie unter beständigen*
*Thränen ihr Gebett verrichtet und die übrige Zeit ungehindert der gro-*
*ßen Betrübnis mit den Ministres . . . gearbeitet hat.*[3]

Es war selbstverständlich, daß die größeren Kinder lebhaften Anteil
am Kriegsgeschehen nahmen. Die Kleinen hingegen blieben verschont
von allen Sorgen, die die Zeitläufte mit sich brachten.

Altersmäßig stand Antoinette dem Maximilian Franz am nächsten, da
sie jedoch als Mädchen unter anderen Gesichtspunkten erzogen wurde,
so ergab sich von selbst, daß der nur zwei Jahre ältere Bruder Ferdinand
zusammen mit Max Unterricht erhielt. Diese Gemeinsamkeit verband
die Brüder ganz außerordentlich. Sie verstanden sich über die Schul-
stunden hinweg auch in allen anderen Fragen ihres Kinderdaseins ganz
ungewöhnlich gut, waren immer ein Herz und eine Seele, vergossen bittere Tränen, als sie 1771 durch Ferdinands Heirat getrennt wurden und
als sie sich endlich nach langen Jahren wiedersahen, gewann der schon
sehr kranke Max für einige Tage seine alte Fröhlichkeit zurück und lebte
geradezu auf in des so lange entbehrten Bruders Gesellschaft.

Die Erziehung der beiden Erzherzöge ließ nichts zu wünschen übrig.
Es schien fast, als habe die Kaiserin an Erfahrung bei der Auswahl der
Lehrer gewonnen, denn alle Prüfungen der beiden jüngsten Söhne ver-
liefen immer überraschend positiv. Mit sechs Jahren im Jahre 1762 er-
hielt Max Graf Sigismund Rudolf von Goëss als Ajo, wenig später Graf
Anton Thurn als Vize-Ajo. Doch Thurn begleitete Leopold 1765 in die
Toscana und wurde durch Graf Karl Franz Callenberg ersetzt.

Anton Thurn übergab diesem Nachfolger eine kleine Charakteristik seines bisherigen Zöglings. Er bezeichnete Max als einen kräftigen, abgehärteten »wohlgebildeten« Knaben, der im Gegensatz zu dem eher etwas weichlichen Ferdinand ein »kleiner Herkules« sei. Thurn hob besonders seine Offenheit und Wahrheitsliebe hervor, sein »heiteres, freimütiges Wesen«. Allerdings wäre Ferdinand höflicher und hätte mehr Unterhaltungsgabe. Max dagegen war leicht verlegen und in jenem Alter, wie fast alle seine Brüder, recht dickköpfig.[4]

Für Max und Ferdinand war, wie die Kaiserin später immer wieder klagte, der Verlust des Vaters 1765 besonders schmerzlich. Maria Theresia trug recht schwer an der Verantwortung gerade für die Söhne und die Versorgung eines jeden lag ihr sehr am Herzen. Wie fast alle jüngsten Söhne großer Fürstenhäuser war – dies stand schon 1769 fest – der damals dreizehnjährige Maxl zur Ehelosigkeit bestimmt. Die Mutter schrieb mit offensichtlicher Erleichterung über die gute Etablierung an ihre alte Vertraute, die Gräfin Rosalie Edling am 7. August 1769:

*Liebste Salerl.*

*Meine äußere Gesundheit scheint zwar gut; ich bin sehr fett, mehr als meine hochselige Frau Mutter, auch roth, besonders seit den Blattern, aber die Füsse, Brust, Augen gehen zu Grunde; . . . das Uebelste ist, dass ich kein Glas noch Brillen brauchen kann . . . Ich kann mich nicht beklagen; der Mensch muß aufhören. Fünfzig Jahre war ich ganz gesund; es ist billig, dass ich doch auch etwas empfinde; es ist eine Barmherzigkeit Gottes.*

*. . . Mein jüngster Sohn wird noch heuer von meinem liebsten Schwager (Carl von Lothringen) als Coadjutor des Deutschmeisters gewählt werden. Meine Enkelin, die kleine Therese (Josephs und Isabellas Tochter), wird täglich angenehmer und schöner . . .[5]*

Herzog Carl von Lothringen residierte als österreichischer Statthalter in den Niederlanden, er war der Vorgänger der Erzherzogin Mimi, für welche die Kaiserin im Heiratskontrakt von 1766 die Nachfolge in der belgischen Statthalterschaft festgesetzt hatte. Ende September 1769 berief er, derzeitiger Großmeister des Deutschen Ordens, ein Generalkapitel nach Brüssel. Am 3. Oktober wurde der junge Max einstimmig zum Coadjutor gewählt. Mit vierzehneinhalb Jahren am 9. Juli 1770 empfing Max, der vorher wegen seiner Jugend vom Noviziat und der Ablegung der drei Ordensgelübde befreit worden war, in der Augustiner Hofkirche den Ritterschlag. Hiermit war seine Zukunft als Großmeister des

Deutschordens gesichert. Maria Theresia blickte nicht ohne Stolz in späteren Jahren auf die Etablierung ihres Jüngsten zurück:

*Wir haben in ehrenvoller und angemessener Weise Sorge getragen*
*für Deine künftige Existenz; das Großmeistertum des Deutschen Or-*
*dens und die Statthalterschaft in Ungarn, wie sie Dein Schwager (Albert*
*von Sachsen-Teschen, Mimis Gemahl) gegenwärtig besitzt, endlich die*
*Güter, welche Dein unvergeßlicher Vater hinterließ, Holitsch, Sassin,*
*Göding, Eckartsau und Hof oder deren Aequivalent in Geld, wenn der*
*Kaiser und ich dies passender finden, sind Dir bestimmt.*[6]

Gutmütig und gutwillig war ihm derzeit alles recht, nie lehnte er sich
gegen das, was über ihn verfügt wurde, auf. Die Kaiserin sah sehr wohl,
mit wieviel gutem Willen ihr Benjamin sich in alles fügte. Aus der Korrespondenz der Kaiserin mit Ferdinand und dem Grafen Rosenberg haben sich Urteile der Mutter über die Entwicklung des jungen Max erhalten:

»Er habe Geist und Talent, auch könne man über die Art und Weise,
wie er seine Studien abgelegt habe, sehr zufrieden sein; gutmütig sei er
und besitze kein Laster, aber er schließe sich ab und sein Auftreten und
seine Ausdrücke müsse man als unglücklich bezeichnen. Über diese Äußerlichkeiten, seine mürrische Verschlossenheit, die sich dann und
wann in Ausbrüchen entlade, klagte die Kaiserin . . . auch.«[7]

Trafen Besucher des Wiener Hofes den Erzherzog Maximilian gerade
bei so schlechter und mürrischer Laune an, so entstand natürlich auch
das Gerede, er sei mit seinem Los im Grunde unzufrieden und es tue ihm
mehr als leid, daß ausgerechnet ihm keine Heirat erlaubt sei, während zu
jener Zeit schon alle Schwestern und Brüder vermählt waren mit Ausnahme des Kaisers Joseph und der beiden älteren Schwestern Marianna
und Elisabeth, deren körperliche Verfassung an ihrer Ehelosigkeit schuld
war. Aber er, so ging das Gerücht, dieser stämmige junge Mann hadere
im Moment mit seinem Schicksal.

Von einigen wurden diese Nachrichten begierig aufgenommen. So
schrieb am 19. 3. 1773 eine Baronin Boland an den Freiherrn Cornelius
von Mac Nenny, Sekretär des Ordens vom Goldenen Vlies in Wien, sie
habe gehört, daß Erzherzog Maximilian gesonnen sei, den Deutschorden
zu verlassen, um sich nun doch zu verheiraten. Die Baronin setzte sich
sehr für ihre junge Freundin, die Prinzessin Maria Anna von Zweibrük-
ken ein, die eine sehr passende Partie für Maximilian sein würde. Mac
Nenny hatte natürlich mehr Einblick in die Verhältnisse am Wiener Hof

und mußte antworten, daß eine solche Sinneswandlung bei Erzherzog
Maximilian keineswegs zu erwarten sei und eine Heirat nicht zur Diskussion stünde. Er versuchte jedoch diesen Bescheid zu versüßen und
fügte galant hinzu, er sei überzeugt, die Prinzessin wäre geeignet, Max
glücklich zu machen.

*. . . aber es ist das Schicksal großer Prinzen, sich den Umständen
mehr anzupassen als ihrer Neigung nachzugeben.*[8]

Die Wiener Hofburg war nun gänzlich ohne jugendliche Gesellschaft
für Max, die älteren Schwestern waren in den Dreißigern und häufig
krank, Joseph eigenbrötlerisch und schwierig; daher fand die Mutter es
an der Zeit, daß Max auf eine größere Reise ging. Joseph war strikt dagegen, er meinte, mit siebzehneinhalb Jahren sei er noch zu jung, doch die
Kaiserin versprach sich von dem Besuch an vielen fremden Höfen etwas
Schliff für Max, der noch sehr linkisch war. Also bereitete man die Reise
vor und Maria Theresia saß Stunden um Stunden an ihrem Schreibtisch,
um eine endlose Instruktion an Max auszuarbeiten:

*April 1774*

*Mein lieber Sohn,*
*Offengestanden fällt es meiner Liebe schwer, Euch so jung schon fortzu-*
*lassen. Ich hatte Euch dazu bestimmt, mir die Augen zu schließen, doch*
*da ich ohne Rücksicht auf mich nur an Eure Zukunft denke, so bringe ich*
*das Opfer. Denn hier gibt es nichts mehr für Euch zu lernen . . .*
*Ich hoffe, Ihr werdet mir dieselbe Freude machen wie Eure Brüder und*
*Schwestern und mir das eine zugestehen, daß ich als gute und zärtliche*
*Mutter alles getan habe, was für Eure Zukunft gut sein wird. Trotz Eu-*
*rer großen Jugend habe ich Euch nichts vorenthalten, selbst dann nicht,*
*wenn es Grundsätze waren, die meiner Denkungsweise fremd sind, da-*
*mit Ihr vor Überraschungen und Enttäuschungen bewahrt bleibt, wenn*
*Ihr plötzlich von Dingen hört, die Euren bisherigen Kenntnissen und Er-*
*fahrungen entgegengesetzt sind . . .*
*Der Ton, der gegenwärtig hier herrscht (Josephs Verbitterung und*
*Ironie), ist der verderblichste für Glauben, Sitte und Familie, und zumal*
*die jüngere Generation meint, jetzt ein lockeres ungebundenes Leben*
*führen zu können . . . Das allein hat mich bewogen, meine eigenen*
*Wünsche hintan zu setzen und das letzte Pfand meiner glücklichen Ehe*
*herzugeben, das ich aller Voraussicht nach in dieser Welt nun nicht*
*mehr wiedersehen werde. Daher werde ich ein wenig weitläufig sein in*

meiner Instruktion . . . Da Ihr nicht für den Ehestand bestimmt seid,
habt Ihr desto mehr Euer Glück im Glück der Mitmenschen zu suchen
und ihnen und dem Staat zu dienen . . .
Schämt Euch nicht, ein guter Christ zu sein, in Euren Worten wie in
Euren Taten. Das verlangt größte Wachsamkeit und Strenge, heute
noch mehr als früher, weil die Sitten locker und verdorben sind, seit man
den Gottesglauben aus den Herzen vertreiben will . . . aus Furcht, man
könnte sich lächerlich machen und für scheinheilig und wenig aufge-
klärt gelten . . . Wenn ich sähe, daß diese sogenannten Gelehrten und
Philosophen in ihrem Dasein zuversichtlicher . . . wären, müßte ich
mich . . . des Vorurteils zeihen . . . Aber leider überzeugt mich tägliche
Erfahrung vom Gegenteil. Niemand ist schwächer und mutloser als
diese anscheinend starken Geister, niemand feiger und verzweifelter
beim kleinsten Mißgeschick. Sie sind schlechte Väter, Söhne, Ehemänner, Minister, Generale, Bürger. Und warum? Sie haben keinen Boden
unter den Füßen . . . Diese ganze Philosophie ist ein Unglück, ich . . .
muß Euch immer wieder davor warnen.
Stürzet Euch nicht in Leidenschaften und bleibet den Frauen fern. Es
tut mir leid, dies sagen zu müssen, aber es ist so – sie sind gefährlicher
als die schlimmsten Liederjane unter den Männern. Einmal in ihren
Fängen seid Ihr verloren und werdet nur mit großer Mühe da wieder
herausfinden. . . . Seid niemals mit Frauen allein, weder in den Logen
des Theaters noch bei Besuchen . . .
Viele Dinge, mein Lieber, werden in zehn Jahren ganz anders aussehen . . . Dann werdet Ihr mir zugeben müssen, daß Eure alte Mutter
recht gehabt hat . . .
Eure Lässigkeit und die Angewohnheit, nichts aus eigenem Antrieb
zu tun, . . . machen mir Sorge. Daher auch all Eure Vergeßlichkeiten
und verkehrten Antworten, die Euch häufig als Dummkopf hinstellen,
die dummen Redensarten und diese verbissene Miene . . .
Ihr seid unser Jüngster und ein königlicher Prinz – dieses beides dürft
Ihr nie vergessen und sollt deshalb durch ein gutes Vorbild wirken . . .
wenn ich bei Eurer Rückkehr noch am Leben bin, werdet Ihr mein Trost
sein und mir die langen Tage meines Alters erträglicher machen. Wenn
ich nicht mehr leben sollte, habt Ihr Euch in allem nach dem Oberhaupt
unserer Familie und dessen Befehlen zu richten . . .
Gott gebe Euch seinen Segen und lasse mich ebensoviel Gutes von
Euch hören wie von Euren älteren Brüdern. Seid umarmt und nehmt
meinen Segen.⁹

Max reiste unter dem Pseudonym eines Grafen von Burgau, er brauchte dann weit weniger Trinkgelder zu bezahlen als ein Erzherzog von Österreich und seine kleine Begleitung war gerechtfertigt. Als Reisemarschall fungierte Graf Franz Rosenberg, ferner begleiteten ihn Graf Anton Lamberg, Hofrat Adam von Weingarten und sein Beichtvater Pater Strohmayer. Am 30. April 1774 brach man auf.

Es ging über Brünn, Prag, Regensburg, Nürnberg, Frankfurt, Mainz, Trier und Luxemburg. Hier erwartete ihn sein Onkel Prinz Carl von Lothringen-Toscana, gleichzeitig Großmeister des Deutschen Ordens. Max wurde doppelt festlich empfangen, einmal als kaiserlicher Prinz und zudem als Koadjutor und künftiger Großmeister des Deutschordens. Man kam ihm denkbar herzlich entgegen, aber Max zeigte sich von seiner miserabelsten Seite:

*Waren zum Schmerz der Mutter schon Maximilians eigene Briefe an sie trocken und wenig herzlich, so mußte sie nun auch noch vernehmen, daß er überall, wohin er kam, von einer geradezu eisigen Kälte sei. Die Langeweile las man ihm von der Stirne ab, die Freude und die Zurufe der Menge störten ihn augenscheinlich, und im Theater gähnte er oder schlief gar ein.* [10]

Über die Mißhelligkeiten, die sich bei seinem Besuch in Paris ergaben, wurde schon berichtet. Die Brüder des Königs Ludwig XVI. verweigerten ihm, dem rangmäßig als »Graf von Burgau« auftretenden Schwager, den ersten Besuch. Auch Marie Antoinette konnte ihren Unmut über das uninteressierte Wesen des jungen Max nicht verbergen. Antoinette, nur ein Jahr älter, war gerade Königin geworden und in allem und jedem bei weitem anpassungsfähiger als ihr Bruder.

Die Einblicke, die Max bei dem Besuch in Paris erhielt, sollten bestimmend für sein ganzes Leben bleiben. Der überwältigende Luxus und die Eleganz des französischen Hofes, die Skrupellosigkeit und Verschwendungssucht des Adels stießen ihn ab. Diese Abneigung konnte er sein Leben lang nicht überwinden. Er beharrte bei der Meinung, der französische Adel allein sei am Ausbruch der großen Revolution 1789 schuld gewesen und nicht seine Schwester Antoinette.

Am 5. März 1775 kehrte Max mit seinen Begleitern nach Deutschland zurück, besuchte noch einige süddeutsche Fürsten und war am 24. März wieder in Wien. Maria Theresia, immer noch von Todesahnungen bedrückt, war gerührt, den Jüngsten wiederzusehen. Gleichzeitig entdeckte ihr kritisches Mutterauge noch so allerlei, was eine neue Instruktion rechtfertigte, denn schon im nächsten Monat sollte Max zu seiner Italienreise aufbrechen:

*20. April 1775*
*Ich freue mich sehr, Euch nach elf Monaten wiederzusehen, und bin recht zufrieden mit Euren Manieren. Auch seid Ihr im Gespräch gewandter geworden, keine anmaßenden Albernheiten mehr . . .*
*Mir Eurer Körperhaltung bin ich nicht zufrieden und finde sogar die alte Angewohnheit, sich etwas schief zu halten, eher noch schlimmer geworden . . .*
*Die Sauberkeit, mein Lieber! – wenn Ihr jetzt nach Italien geht, wo es sehr heiß ist, ist das noch wichtiger. Ich habe beobachten müssen, daß Ihr oft die Hände im Gesicht oder am Mund haltet, um Euch zu kratzen oder an den Nägeln zu kauen, laßt das gefälligst, es sieht ganz übel aus und macht Euch lächerlich . . .*
*Laßt endlich von der üblen Angewohnheit, dauernd zu gähnen, das ist noch so ein Tick aus Eurer Kindheit, weswegen ich so oft schon mahnen mußte. Ihr werdet Euch im Leben noch oft genug langweilen müssen, aber das muß man zu ertragen wissen . . .*[11]

Diesmal kamen die Grafen Johann Franz Hardegg und Wenzel Ugarte mit auf die Reise. Zunächst ging es nach Salzburg, wo Fürsterzbischof Colloredo den Erzherzog denkbar prächtig empfing und ihm alles Sehenswerte zeigte. Hier traf Max den gleichaltrigen Mozart wieder, den er schon 1762 mit sechs Jahren in Schönbrunn kennengelernt hatte. Das Geschenk der Kaiserin, der lilafarbene Anzug Maximilians, den »das Wolferl« mit Stolz getragen hatte, war durch den Maler Pietro Antonio Lorenzoni 1763 auf einem Porträt verewigt worden. Wolfgang ist noch heute mit dem lila Gala-Anzug im Mozarthaus auf diesem Bildnis zu sehen.[12]

Am 23. April 1775 sollte, so war es der Wunsch Colloredos, Mozart die zu Maximilians Ehren komponierte Oper »Il re pastore« aufführen, die nach einem Text von Abbate Metastasio entstanden war. Am 24. April gab Mozart ein Klavierkonzert für den neunzehnjährigen hohen Gast. Doch von besonderer Begeisterung für die herrlichen Klänge war bei Max wenig zu spüren, obwohl er im Grunde nicht unmusikalisch war.

Schon am nächsten Tag ging die Reise weiter über Innsbruck, Brixen, Bozen, Trient, Rovereto zum Gardasee. Erste Station in Italien war Parma, wo Amélie den Bruder zärtlich begrüßte. Am 12. Mai 1775 traf

er in Mailand ein, überschwenglich herzlich empfangen vom Lieblings-
bruder Ferdinand, seiner Gattin Beatrix und deren Kindern. Nach einer
Woche reisten die beiden nach Venedig, wo sie Kaiser Joseph und Leopold trafen. Für die Venezianer gab es ein splendides Schauspiel, die vier
stattlichen Söhne der großen Kaiserin am Himmelfahrtstage im Dom
von San Marco beim Gottesdienst zu sehen. Zusammen reisten sie noch
nach Padua, wo sie sich am 30. Mai trennten. Max setzte seine Reise
nach Neapel fort. Karoline, nur vier Jahre älter als der knapp neunzehnjährige Max, vergaß über der Freude, wieder einmal mit jemandem wienerisch reden zu können, all ihren Kummer und genoß die Tage uneingeschränkt. Zwar existiert ein Reisetagebuch Maximilians, doch es entbehrt der Originalität und des kritischen Beobachtungsvermögens, von
dem Josephs Bericht über die Reise nach Neapel zeugt.

Joseph hatte während des Beisammenseins in Venedig seinen Bruder
Leopold gebeten, er möge doch Max recht gut beobachten und ihm einen
Bericht darüber schreiben. Leopold versäumt nicht, neben sehr vielen
guten Eigenschaften auch die schon von der Mutter bemängelten
schlechten Angewohnheiten zu erwähnen. Er rühmt seine Kaltblütig-
keit, ausgezeichnete Selbstbeherrschung, Ehrenhaftigkeit, streng rechtliche Gesinnung und eine große Wahrheitsliebe. Er habe ein ausgezeich-
netes Gedächtnis und viel mehr Talent und Witz, als man annehme.[13]

Im Jahre 1776 begann für Max die militärische Ausbildung, was eine
der Voraussetzungen für seine spätere Berufung zum Statthalter von
Ungarn war. Er hielt sich glänzend, kehrte jedesmal abgemagert und
braungebrannt aus Steinamanger auf Urlaub zur Kaiserin zurück. Am
25. Juli 1776 teilte die Kaiserin in einem Brief Ferdinand sehr zufrieden
mit:

*Ihr Bruder ist ganz Militär und ich fürchte für seine Gesundheit; er
läuft zuviel und gönnt sich nicht genug Ruhe. Solange wir jung sind
glauben wir ja, uns dadurch zu empfehlen und damit zu brillieren; ich
bin da ein bißchen in Sorge.*[14]

Dieser Brief ist wichtig im Hinblick auf die künftige Laufbahn des Erzherzogs. Völlig unbekümmert setzte er sich ständig großen Anstrengungen aus. Daß die Sorgen der Mutter nicht unbegründet waren, zeigte
sich bereits zwei Jahre später, als er im Bayerischen Erbfolgekrieg mit
dem unermüdlichen Kaiser als dessen Adjutant nach Böhmen ging. Joseph würdigte den Einsatz des Bruders und schrieb mehrmals an die
Mutter, Max sei »sein guter und teurer Kamerad«. Nach einem Sommer

voller unerhörter Strapazen an Josephs Seite, über die Max jedoch nie ein Wort der Klage verlor, wurde Max krank. Es schien zunächst nur eine Erkältung zu sein, aber Maximilian geriet bald darauf in einen Zustand völliger Ermattung und fiel täglich mehrmals vor Schwäche in Ohnmacht. Man brachte ihn aus dem Hauptquartier in Els zu dem vier Stunden entfernten Schlosse Sadowa. Mitte September 1778 wurde er so krank, daß die Ärzte das Sakrament für unerläßlich hielten, doch bald darauf erholte er sich. Joseph besuchte Max und entschied sofort, er müsse so bald wie möglich zurück nach Wien. Am 2. Oktober traf er zu Hause ein.

Die Kaiserin war entsetzt über den Kräfteverfall dieses robusten jungen Mannes, noch mehr über seine tiefe Melancholie. Ende des Jahres war Max fast verzweifelt über seinen Zustand. Kurz nach seinem Eintreffen in Wien überfiel ihn ein neues Leiden. Am rechten Bein bildete sich unterhalb des Knies eine Geschwulst, so daß er kaum gehen konnte, und an Reiten war überhaupt nicht zu denken. Den Winter über mogelte Max, um bei Hof die Bälle mitmachen zu können, aber das Bein wurde wieder schlimmer und im Februar mußte er zur Kur nach Baden bei Wien. Doch die Bäder brachten keine Besserung, eher weitere Verschlimmerung.

Die Ärzte fingen nun an, die Geschwulst operativ zu bekämpfen. Max mußte sehr viel liegen. Er ertrug jetzt jedoch alles mit Gleichmut. Auch als am linken Bein die gleichen Schwellungen auftraten, verlor er nicht seine gute Laune. Er las viel, musizierte so gut es ging, verlor völlig sein mürrisches Wesen und flößte jetzt durch seine Geduld und Standhaftigkeit der ganzen Familie große Hochachtung ein. Joseph, inzwischen aus dem Krieg ohne Schlachtenentscheidung, dem »Zwetschgenrummel«, wie man in Wien zum Kartoffelkrieg sagte, zurückgekehrt, überlegte jetzt ernsthaft mit der Kaiserin, welche neue Laufbahn für den Bruder in Frage käme, da er als Nichtmilitär ja nicht Statthalter von Ungarn werden könne. Die entscheidende Wende im Leben Maximilians bahnte sich an.

Im Laufe des Jahres 1779 genas er langsam. Inzwischen war von dem kurkölnischen Minister Belderbusch eine Anfrage am kaiserlichen Hof eingetroffen, ob man nicht daran denken wolle, dem älter werdenden bisherigen Fürstbischof von Köln, Max Friedrich, einen Koadjutor zu geben, der einmal sein Nachfolger sein würde. Damit müsse man von habsburgischer Seite aus preußischen Intrigen zuvorkommen, da man von Berlin aus auf die Wahl des Nachfolgers in Köln Einfluß zu nehmen gedenke. Relativ schnell kam man jetzt in Wien zu einem Entschluß. Man empfand es als ideale Lösung, Maximilian als Koadjutor für Köln vorzuschlagen. Die beiden Hauptbeteiligten jedoch, Kurfürst Max Friedrich und Erzherzog Maximilian, sträubten sich zunächst energisch. Max erfuhr von der geplanten geistlichen Laufbahn im Oktober 1779 und seine erste Antwort war ganz impulsiv der Ausruf: Niemals! Max Friedrich hingegen fand, er sei mit seinen immerhin schon einundsiebzig Jahren »noch viel zu jung«, um schon an einen Nachfolger zu denken.

Doch Maria Theresia bewog ihren Sohn, diesen Plan zumindest in Betracht zu ziehen. Im April 1780 waren die Dinge soweit gediehen, daß auch Max Friedrich mit der Annahme eines Koadjutors einverstanden war. Die Kaiserin hatte eigenhändig an den Kurfürsten geschrieben.

Nun galt es, die Stimmen der Domherren der Kapitel in Köln und in Münster zu gewinnen, die den Koadjutor zu wählen hatten, was nur mit großen Geldgeschenken möglich war. Die Kaiserin jammerte sehr über die enormen Ausgaben, die auf sie zukommen würden, aber diese Art der Stimmengewinnung war damals unumgänglich. Ausschlaggebend für die Wahl Maximilians war schließlich die Zustimmung des französischen Hofes, eine Entscheidung, die durch Marie Antoinettes Initiative herbeigeführt worden war. Die preußischen Pläne, Habsburgs Einfluß im Reich und die Stärkung des Katholizismus einzudämmen, wurden in jedem Falle abgeschlagen.

Da Köln in Personalunion mit dem Erzstift Münster und dem Vest Recklinghausen regiert wurde, fand im Monat August eine Doppelwahl statt, aus der Max als Sieger hervorging. Maria Theresia hatte beim Papst eine Dispens erwirkt, die es Max ermöglichte, die höheren Weihen innerhalb der nächsten fünf Jahre nicht nehmen zu müssen. Die Gesamtkosten des Wiener Hofes für die Wahlgeschenke in Köln und Münster betrugen 948 315 Gulden und 48 Kronen.

Von nun an trug Max, dreiundzwanzig Jahre alt, das Gewand eines Klerikers. In Wien empfing er in einer feierlichen Zeremonie von der Hand des päpstlichen Nuntius Garampi die Tonsur. Die Kaiserin weinte vor Glück, als sie sah, mit wieviel Würde und Sammlung ihr jüngster Sohn sich der weihevollen Handlung unterzog. Im Herbst unternahm Max eine Reise nach Bonn, was sich mit dem notwendig gewordenen Aufenthalt in Mergentheim sehr gut verbinden ließ.

Am 4. Juli 1780 war Prinz Carl von Lothringen-Toscana gestorben. Die Würde des Großmeisters vom Deutschen Orden ging nun auf Maximilian über. Mergentheim war der Hauptsitz des Ordens und ein ausgedehnter Verwaltungsapparat harrte nun seines neuen Herrn. Prinz Carl hatte diese Geschäfte weitgehend von Brüssel aus erledigt und auch Max würde nicht immer in Mergentheim residieren müssen. Auch an eine Übersiedlung nach Bonn, der Residenz des Kölner Kurfürsten, war zunächst keineswegs gedacht. Max Franz nahm die Gelegenheit wahr, Max Friedrich seine Aufwartung zu machen und ihn näher kennenzulernen. Die Reise führte über Trier, wo Max von dem Bruder seines Schwagers Albert empfangen wurde. Der vielfach bei Trauungen in der Familie tätig gewesene Prinz Clemens von Sachsen amtierte in Trier als Kurfürst unter dem Namen Clemens Wenzel. Während dieses Aufenthaltes vertiefte sich die gegenseitige Freundschaft dieser beiden Verwandten, die eines Tages Amtskollegen sein würden.

Die Weiterreise nach Bonn sollte zu Schiff von Andernach abgehen. Hier hatten sich der kurkölnische Minister Belderbusch und der Oberstallmeister Freiherr von Forstmeister, Hofratspräsident Freiherr von Gymnich und Kämmerer Freiherr von Lombeck-Gudenau als Abgesandte des Kurfürsten Max Friedrich eingefunden, um den Koadjutor geziemend zu empfangen und zu begleiten. In Bonn war die Bevölkerung von weither zusammengeströmt und immer mehr geschmückte Kähne gesellten sich zu dem Schiff, auf dem sich Max Franz mit seinem Gefolge der Stadt näherte. Als Max Franz in seinem schwarzen Habit von Bord ging, »wurden die Stücke gelöst« und dreifacher Salut scholl durch das Rheintal.

Max Friedrich, ein Graf von Königsegg-Rothenfels, bereitete dem Kaisersohn einen wahrhaft prächtigen Aufenthalt mit ungezählten Veranstaltungen. Der Kurfürst lud seinen Gast für zwei Tage nach Schloß Augustusburg bei Brühl ein, gab ihm zu Ehren Diners und Soupers. Man machte Ausflüge und Birutschpromenaden, besuchte Theater- und Komödienaufführungen. Maria Theresia meinte dazu, sie habe sich das Zusammentreffen zweier Bischöfe offengestanden etwas anders vorgestellt.[15]

Ende Oktober 1780 trat Max Franz die Heimreise an, traf Mitte November in Wien ein und hatte schon ein wohlüberlegtes Programm aufgestellt, mit dem er während der Winterzeit, die »dem Studium angemessenste«, sich intensiv beschäftigen wollte, um seinen neuen Aufgaben gerecht zu werden. Als Erzbischof von Münster und Köln habe er für die Erhaltung der katholischen Religion zu sorgen, als Kurfürst gelte es für ihn, alles für die Erhaltung des Reichssystems zu tun, und als Landesherr schließlich müsse ihm die Wohlfahrt der Untertanen und Länder am Herzen liegen. Seine noch auf der Heimreise in München abgefaßten Notizen vom 8. November bringen zum Ausdruck, daß er klar erkannte, was ihm für seinen künftigen Beruf noch alles fehlte:

*Diese drei Fächer erfordern jedes eine besondere Kenntnis, Anwendung und Fleiß und sind alle drei zu meiner dermaligen und zukünftigen Lage unentbehrlich. Es scheint dahero, daß . . . man alle drei Zweige ohne Saumseligkeit gleich betreibe, und einer durch den anderen nicht verdrängt werde.*[16]

Obwohl Maria Theresia bei der Heimkehr ihres Jüngsten schon unpäßlich war, hörte sie noch voller Interesse seine Berichte an. Doch die Krankheit der Kaiserin verschlimmerte sich, die Familie war in großer Sorge. Am Abend des 29. November, als Maximilian am Sterbebett seiner Mutter kniete, erinnerte er sich wehmütig, daß sie ihn schon vor Jahren ausersehen hatte, ihr einst die Augen zu schließen. Dann jedoch bestimmte sie Joseph dazu, und erst im letzten Moment befahl sie ihrem Arzt Dr. Störck, dies zu tun, weil es Joseph zu schwer fallen würde. Der Abschied von der geliebten Mutter bedeutete Max unendlich viel.

Kaiser Joseph offenbarte nach dem Regierungsantritt als nunmehriger Alleinherrscher einen bisher nicht zu Tage getretenen unerbittlichen Zug, der die Geschwister verstörte und erschreckte. Alle Geschwister Josephs bekamen eine gewisse Kleinlichkeit in finanzieller Hinsicht zu spüren. Auch von Max forderte Joseph Zugeständnisse. Er verlangte, daß einige Pensionszahlungen nicht aus dem Familienfonds, sondern aus dem Erbe Maximilians bestritten würden. Gerade Max gegenüber hielt sich der Kaiser keineswegs an das Testament seiner Mutter. Er drohte ihm sogar, ihm »im Interesse des Staates« die finanziellen Aufwendungen für die Koadjutor-Wahlen auf seine Erbschaft anzurechnen, falls er diese Auflagen nicht erfüllen sollte. Endlich war Max derart angewidert, daß er auf die Erbschaft der väterlichen Güter verzichtete. Schließlich mußte er noch auf unbestimmte Zeit mit Joseph unter einem Dach leben und ein einigermaßen erträgliches Verhältnis zum Kaiser und Bruder war dafür die Voraussetzung.

In den kommenden Jahren unterzog sich Maximilian Franz einem sehr intensiven Studium. Er vervollständigte seine Kenntnisse, die er von dem Staatsrechtsfachmann Martini in jungen Jahren vermittelt bekommen hatte. In seinem Nachlaß fand man »Notaten über verschiedene Lectüren und Gegenstände«, in welchen er sich lange Abschriften von bemerkenswerten Stellen aus bedeutenden Werken gemacht hatte, wie David Humes »History of England« in französischer Übersetzung, Giannones »Istoria civile del Regno di Napoli« im italienischen Original oder aus dem bekannten Werk »Der Menschenfreund« vom älteren Mirabeau, Victor. Er las über »Staatsklugheit« von Gundling und vertiefte sich in die »Grundsätze der Finanzwissenschaft« von Sonnenfels. Nebenher lief ständig ein sehr intensiv betriebenes Studium der Theologie, wie es für seine Stellung als geistlicher Reichsfürst unerläßlich war.[17] Kenntnisse in der Führung einer straffen Verwaltung sammelte er hinlänglich in Mergentheim als Großmeister des Deutschen Ordens. Ein dortiger Besucher berichtete im März 1784 bewundernd von dem emsigen Fürsten:

*»Er ist wirklich ein Kenner und Freund von Geschäften!«*[18]

Aus Bonn erfuhr Max während seiner Koadjutorzeit praktisch nichts. In seinen Briefen an den Grafen Franz Georg Metternich-Winneburg klagte er:

*Außer dem, was Herr von Belderbusch mir von Zeit zu Zeit meldet, weiß ich von nichts, da besonders die Kanzlei des Fürsten Kaunitz alle Berichte und Expeditionen vor mir streng geheim hält und ich nur manchmal etwas durch die Reichskanzlei, doch nur sehr unvollständig erfahre.*[19]

Metternich-Winneburg vertrat die österreichischen Interessen am kurkölnischen Hof in Bonn. Doch die mißliche Zeit des Wartens ging jäh zu Ende.

Anfang des Jahres 1784 verstarb der bisherige kurkölnische Minister Graf Kaspar Anton von Belderbusch. Der Bote, der mit einer Abordnung die Nachricht nach Mergentheim brachte, war der Neffe des Verstorbenen, Hofratspräsident Graf Karl von Belderbusch. Kaum war Maximilian wieder in Wien, als ihn am 21. April 1784 die Nachricht vom Ableben des Kurfürsten Max Friedrich von Köln erreichte. Nun konnte Max, wohlgerüstet und eingehend präpariert, sein hohes Amt antreten. Am 27. April traf der Erzherzog in Bonn ein und der Empfang durch Domkapitel und Verwaltungsstab war denkbar freundlich.

Am 3. Mai veröffentlichte er sein Manifest an seine Untertanen und erstmalig unterzeichnete er »Max Franz«, um eine gewisse Kontinuität zu wahren, denn sein Vorgänger hatte »Max Friedrich« unterschrieben. Aus »Seiner Königlichen Hoheit Erzherzog Maximilian« wurde »Seine Kurfürstliche Durchlaucht Serenissimus Max Franz«. Der junge Fürst stürzte sich förmlich in die Arbeit. Außer Köln unterstand ihm als Erzbischof Münster mit seinem Domkapitel, dessen Mitglieder zahlreicher waren als in Köln.

Der Reichsfreiherr von Seida und Landensberg war 1803 der erste Biograph Maximilians und seine Bemerkungen zum Regierungsantritt verdienen Beachtung:

*Allein nur das Wohl seiner Stiftslande, nur das Beßte seiner Unterthanen im Auge, wandelte der edle 27jährige Kurfürst mit dem festen Sinne, der sein ganzes Wesen durchdrang und von seinem aufgeklärten, alle unwürdigen Fesseln niederkämpfenden Geiste ausgieng, unverrückt auf seiner betretenen Bahn fort, und ließ eine neue innere Schöpfung beginnen, die Leben, Kraft und Wohlstand in die Mitte seiner unter der Willkühr des vorigen Ministers von Belderbusch verbluteten Länder zurückbrachte. Dieser vereinigte in seinem Charakter alle Dreistigkeit eines Richelieu's, alle despotische Gewalttätigkeit eines Mazarin's und den Geldgeiz und die Härte eines Porto-Carrero's.*[20]

Max Franz fand seine Länder in keinem guten Zustand vor und ging unverzüglich daran, die Verhältnisse zu bessern. Er stellte, um nur ein Gebiet herauszugreifen, sofort für die Angestellten seines Hofstaates einen neuen Etat auf. Die Besoldungslisten weisen folgende Eintragungen auf:

*8. Johann Betthoven (der Vater) hat eine ganz abständige stimm, ist lang in Diensten, sehr Arm, von zimlicher Aufführung und geheirathet.*
*14. Ludwig Betthoven, ein Sohn des Betthoven sub Nr. 8, hat zwar kein gehalt, hat aber wehrent der abweßenheit des Kapellen Meister Luchesy die Orgel versehen; ist von guter fähigkeit, noch jung (14), von guter stiller Aufführung und arm.*[21]

Schon am 25. Juni 1784 verfügte der Kurfürst durch Erlaß, daß Johann van Beethovens Bezüge um 15 Gulden gekürzt werden sollten, dafür aber sein Sohn Ludwig die ordentliche Stellung eines 2. Organisten mit einem Jahresgehalt von 150 Gulden erhalten sollte. Vater Beethoven verfiel, besonders nach dem Tode seiner Frau, immer mehr der Trunksucht. Ludwig suchte seine Klavierschüler für sich zu gewinnen, um die Geschwister und sich über Wasser zu halten. Es war eine ungewöhnlich schwere Jugend, die er durchlebte.

Das Wirken von Max Franz in Köln und Bonn ist etwa vergleichbar dem Regierungsantritt des Soldatenkönigs in Preußen 1713. »Zum Verdrusse jenes elenden Schwarms müßiger Edelleute, die hier zu schwelgen gewohnt waren«, hob Max sofort die tägliche Hoftafel von 30 Gedecken auf und speiste in kleinem Kreis. Mehrfach war Mißbrauch mit den Pferden und Wagen des alten Kurfürsten getrieben worden. Hier griff der Kurfürst zuerst durch und unterband, daß sich unwichtige Personen das Recht anmaßten, mit Hofkutschen gefahren zu werden.

Dagegen knauserte er nicht bei großen Festen und an Cour-Tagen, wo Wagen und Gespanne in tadellosem Zustand glänzten und paradierten. Die Lohnkutscher von Bonn und Köln »fanden wieder Nahrung und Verdienst«, wie Seida hervorhebt. Ende November begab sich Max Franz in das Priesterseminar nach Köln, um sich einundzwanzig Tage lang in allem der Lebensweise der Seminaristen anzuschließen und sich auf die Priesterweihe am 21. Dezember 1784 vorzubereiten. Er fand mit seinem bescheidenen Auftreten sehr viel Achtung und Beifall.[22]

Noch im Jahre 1784 betrieb er mit Energie die Volksschulreform. Die allgemeine Schulpflicht, bisher nur unvollkommen durchgeführt, wurde obligatorisch. Max sorgte für die Verbesserung der Schulgebäude und Klassenräume. Dies alles begann langsam, denn die Bevölkerung schickte nur zögernd ihre Kinder in die neue Schule. Aber allmählich setzten sich die neuen Methoden durch, wenngleich es bis 1788 dauerte, bis Max Franz die Schulordnung gesetzlich verankerte. Im Zusammenhang damit faßte er auch die Umwandlung der bisherigen Akademie in Bonn in eine vollgültige Universität ins Auge. Das kaiserliche Diplom war noch am 7. April 1784, kurz vor dem Tode Max Friedrichs, von Joseph II. ausgestellt worden. Danach war Max Friedrich der Begründer der Kurkölnischen Universität zu Bonn. An Max Franz lag es nun, diese Institution auszubauen.

Der junge Fürst hatte die zu seinem Herrschaftsbereich gehörigen Ländereien mit fruchtbarstem Boden in vernachlässigtem Zustand vorgefunden. Er erkannte sehr deutlich, wie sehr sich die geistlichen Fürstentümer von weltlichen, die hauptsächlich im Familieninteresse regiert wurden, unterschieden. Die geistlichen Fürsten jedoch ließen jeden »dynastischen Antrieb« vermissen. Aber Max Franz, ehrlich, rechtschaffen, wahrheitsliebend und persönlich anspruchslos, widmete sich mit Hingabe seinem neuen Wirkungsfeld. Zudem war er infolge seiner Jugend von allen Spekulationen hinsichtlich einer unerwünschten Nachfolge noch weit entfernt.[23] Seine politische Haltung tendierte eher dazu,

»Zuschauer der großen Weltkomödie« zu sein, als aktiv einzugreifen. Er hielt Ordnung im eigenen Land, aber darüber hinaus hatte er keinen Ehrgeiz.

Biograph Seida, der Max Franz noch persönlich gekannt hat, gibt seinen Eindruck von dem Erscheinungsbild des jungen Fürsten mit der ihm eigenen blumigen Sprache wieder:

*Maximilian Franz war von mittelmäßiger Größe, stark, untersetzt, fleischig und fett. Aus seinen großen blauen Augen strahlte der Abglanz seiner edlen Seele; seine Miene war offen und einnehmend, doch erlosch mitunter seine Freundlichkeit schnell in einem düsteren Ernst . . . Sein Gang war rasch und fest; seine Stimme war männlich, helle und deutlich; seine Mundart etwas Österreichisch und seine Sitten wie seine Kleidung im hohen Grade einfach. Entfernt von allem Prunke, den gern die Eitelkeit zur Schau ausstellt, trug Er fast beständig einen schlichten, grauen Überrock oder die Hofuniform. Des Ehrgeizes Polypenarm hat den liebenswürdigen Maximilian nie umschlungen![24]*

Andere Beobachter schildern, daß er zuweilen den Eindruck erweckte, eher ein Dorfvikar als ein kaiserlicher Prinz zu sein.[25]

Selbst noch nicht einmal dreißig Jahre alt, machte er sich schon feste Vorstellungen von der Erziehung der jungen Leute in seinem Land. So haßte er es, wenn junge Stutzer zum Militär gingen und dann dort herumfaulenzten:

*Es gibt . . . im Münsterland . . . so viele Zweige, wo fähige und mit hinlänglichen Geistes- und Barschaftsmitteln versehene Männer dem Vaterland . . . viel nützlicher werden können, als wenn sie mit großen Stiefeln und auf der Hüfte sitzenden Degen täglich Gassen auf und ab zur Parade laufen . . . und alle Jahre durch 6 Wochen Rekruten prügeln![26]*

Man kann sagen, der junge Fürst war mit Geschäften überhäuft, dennoch verlor er nicht seinen nachahmungswürdigen Humor bei manchem Ärger. Seine moderne Buchführung paßte natürlich manchen Leuten überhaupt nicht. Viele hielten gern am alten System der Extrazuwendungen fest, andere waren auf ihre kleinen Vorteile bedacht.

In der Bonner Residenz gab es einen aus Clemens Augusts Zeiten stammenden versenkbaren Tisch für die vertraulichen Diners im kleinen Kreise, die sogenannten »Konfidenztafeln«. Der Diener, dessen Aufgabe darin bestand, den Tisch mit einer Hebemechanik auf und ab zu winden, verlangte Zulage für jede Ausführung dieser Arbeit. Max war äußerst erbost:

*. . . wird das ganze Jahr gezahlt und hat nichts zu tun, kann wohl einmal für seine Herrschaft den Tisch drehen, also ganz abzuweisen!*[27]

Im Schloß wurden als Neuerung sogenannte »englische Lampen« angebracht. Ein Kammerherr monierte, sie sähen doch sehr wie Galgen aus. Doch Max entgegnete schlagfertig, das wäre ausgezeichnet, dann könne man alle Kammerherren daran aufhängen, die bei Hofe Zucker stehlen! Der Kritiker wurde puterrot, denn er pflegte sich nach der Hoftafel Konfekt und Süßigkeiten für seine bessere Hälfte in die Taschen zu stecken.[28]

Eine kirchliche Streitfrage empfand der junge Kurfürst als unerfreuliches Erbe aus der Amtszeit seines Vorgängers. Im Jahre 1763 hatte ein gewisser Nikolaus von Hontheim unter dem Pseudonym Justinus Febronius ein Buch veröffentlicht, in dem die Forderung erhoben wurde, man müsse die Rechte der päpstlichen Nuntien gegenüber den Ortsbischöfen und gegenüber den Metropoliten beseitigen. Daraus erwuchs eine heftig umstrittene kirchenrechtliche Affäre, die als »Febronismus« noch bis Ende des 18. Jahrhunderts immer wieder zur Diskussion stand. Im Jahre 1786 sandten alle darin verwickelten geistlichen Kurfürsten, Max Franz aus Köln, Clemens Wenzel aus Trier, der Kurfürst von Mainz und der Erzbischof von Salzburg Delegierte zum großen Ratschlag, der am 25. August 1786 in Bad Ems stattfand. Die Ergebnisse der »Emser Punktation« waren jedoch dürftig.[29]

Dagegen erfüllte es den Kurfürsten mit echter Begeisterung, nun endlich die neue Universität Bonn mit einem großen Fest vom 20.–22. November 1786 einweihen zu können. Er hielt selbst die Einweihungsansprache:

*Dem Zutrauen meines Vorfahrers würde ich wenig entsprochen haben, wenn dessen letzte Handlung, die Begründung der Bonnischen Universität unvollendet geblieben wäre . . .*
*Die Erfüllung dieser Pflicht ist mir desto angenehmer, als ich bey Beförderung der Landesglückseligkeit Gelegenheit erhalte, die Dankbarkeit gegen meinen Vorgänger öffentlich zu zeigen.*

Der Kurfürst apellierte an die hohen Aufgaben der einzelnen Fakultäten, sprach die Theologen, die Rechtsgelehrten, Mediziner und Philosophen lebhaft an und ermahnte sie, die Ziele der Menschheitsbeglückung

nicht zu vergessen. Max Franz überreichte am Ende Josephs in lateinischer Sprache abgefaßtes Diplom sowie die Universitätsinsignien. Der
Schluß seiner Rede war ganz im Sinne seiner geistlichen Würde abgefaßt:

> ... *Laßt uns hingehen zum Tempel des Herrn und vor dessen Ange-
> sicht den Geist des Lichts und der Wahrheit, den Geist aller Weisheit er-
> flehen, daß er diese hohe Schule unter seine Leitung nehmen wolle, da-
> mit auf derselben die Offenbarungen seines geheiligten Wortes stets die
> Grenze des Verstandes, die Grundlage der Sittenlehre geben mögen.*[30]

Maximilian verstand sich vor allem als sorgender Landesvater für die
Bistümer Köln und Münster. Auch in den schweren Jahren, die ihm nach
der Flucht vor französischen Truppen beschieden waren, wo er mit Gefolge und Aktenmaterial von Ort zu Ort zog, war seine erste Sorge,
überall den Geschäftsgang aufrechtzuerhalten. Er selbst war der fleißig-
ste Arbeiter von allen und öffnete jeden Tag seine Postsachen selbst.
Kurz vor seinem Tode äußerte er, er hoffe nur, bei Kräften zu bleiben, so
daß bei seinem Ende keine überständige Arbeit auf seinem Schreibtische
zu finden sei.

An seinem Hof herrschte eine Art von Geselligkeit, die in ihrer Ein-
fachheit und auf geistige Werte bedachten Art schon biedermeierlich-
bürgerliche Züge trug. Unter den gerngesehenen Gästen der geselligen
Abende befand sich auch der englische Gesandte Heathcote mit seiner
Gattin, einer gebürtigen Münchnerin, vermutlich bürgerlicher Herkunft. Der französische Gesandte Graf Colbert de Maulevrier, sowieso
nicht gut auf die Engländer zu sprechen, vertrat in den Jahren 1787–89
nachdrücklich die Auffassung, Mrs. Heathcote sei die Mätresse des Fürsten Max Franz.

Da Max Franz niemals ein Hehl aus seiner Abneigung gegen Frankreich gemacht hatte, war es Maulevrier ein Vergnügen, diese üble Nachrede zu verbreiten. Außerdem hatte er sich in Bonn ohnedies sehr unbeliebt gemacht und Maximilians Mißfallen zu spüren bekommen, da er
ostentativ Bälle in der Fastenzeit gegeben hatte und auch sonst sehr an-
maßend bei Hof aufgetreten war.

Über Mrs. Heathcote gab es nur eine Meinung. Sie war eine äußerst
geistreiche, literarisch interessierte und gebildete Dame. Ihre Abendgesellschaften zeigten Niveau und halfen ihr etwas darüber hinweg, daß
ihr Gatte sich dem Alkohol ergeben hatte. Der Kurfürst nahm an diesen

heiteren Zusammenkünften gern teil und hatte seinen Spaß an den schlagfertigen Antworten der süddeutschen Landsmännin. In der gesamten Korrespondenz der Hofbeamten oder übrigen Gesandten findet sich nicht der leiseste Anhaltspunkt, daß an Maulevriers Behauptungen etwas Wahres sein könnte.

Die Verleumdung liegt auf der gleichen Ebene wie die Ausdrücke »Messalina« oder »Athalie« für Amélie von Parma oder Karoline von Neapel. Nach des Kurfürsten Vertreibung aus Bonn behaupteten französische Pamphlete, Max Franz habe

*. . . in seiner Burg die Frauen und Töchter seiner Untertanen geschändet und am unzüchtigen Busen verrufener Britinnen Millionen verschwendet.*[31]

Die Unterstellung entbehrt insofern nicht der Komik, als Seine Kurfürstliche Durchlaucht die ganze fragliche Zeit schon in ständig wachsender Körperfülle nahezu drei Zentner wog.

»Des Ehrgeizes Polypenarm« hatte Max Franz wirklich nicht »umschlungen«, persönliche Geltungssucht war ihm fremd. Er suchte auch nicht, sich durch enorme Bauten unsterblich zu machen, wie einer seiner Vorgänger, der bayerische, 1761 verstorbene Kurfürst Clemens August, der bemerkenswerte Schlösser wie Augustusburg, Clemenswerth und Falkenlust errichtet hatte. Max fand es sinnvoll, die Entwicklung des Ortes Godesberg zum Kurbad zu fördern und im Zuge dieser Aufbauarbeit die Godesberger Redoute von dem aus Poppelsdorf gebürtigen Baumeister Leydel errichten zu lassen. In dem von ihm geschaffenen Refugium Bad Godesberg hielt er sich außerordentlich gern auf, machte Spaziergänge und besuchte im Kurgarten die Konditorei Sutor. Noch nach vielen Jahren in Wien trauerte er den vorzüglichen Kirschkuchen der Madame Sutor nach.

Sein kulinarisches Interesse war sehr rege, dennoch war er nicht bestrebt, sich aufwendig zu ernähren. Man berichtete, daß er allen Speisen lebhaft zusprach, wahrscheinlich auch viel zu viel aß, daß er aber dazu immer nur Wasser trank. Die schönsten Weine standen unberührt vor ihm. Da sein Körpergewicht unglücklicherweise immer mehr zunahm, hielt er zuweilen Diät, ließ sich sein Essen in abgeteilten Zinnschüsselchen servieren und trank dazu »sauren Wein«. Aber für seine wirklich ungewöhnliche Korpulenz dürften noch andere Ursachen der Grund gewesen sein. Seida gibt an, »seine entseelte Hülle« habe, mehreren Berichten zufolge, 477 Pfund gewogen.[32]

Über die französische Revolution, die Behandlung seiner Schwester Marie Antoinette, das Betragen ihrer Schwäger und der französischen Emigranten allgemein war Max Franz äußerst aufgebracht und sah nur Schlimmes sich daraus entwickeln. Als seine Schwester Mimi und ihr Gatte Albert von Sachsen-Teschen 1789 aus Brüssel flüchten mußten, nahm er sie in Schloß Poppelsdorf auf, wo sie im Laufe der Revolutionsjahre noch öfter Zuflucht fanden.

Seine politische Einstellung erhellt eine Briefstelle vom 29. April 1790, als er seinem gerade Kaiser gewordenen Bruder Leopold schrieb:

*So sehr ich abgeneigt bin, jemals ein Helfershelfer der Tyrannei und Quälerei zu sein, ebenso bin ich aufs lebhafteste und uneigennützigste von Eifer beseelt für die Erhaltung der Formen der Regierung, ohne die man allen Schrecken ausgesetzt ist, wovon Frankreich uns täglich die Beispiele liefert.* [33]

Der Kurfürst haßte alle übertriebenen Ehrfurchtsbezeugungen und geißelte sie spöttisch. Als nach seinem Aufenthalt im Kölner Seminar eine Broschüre erschien, die vor Lobhudelei nur so triefte, schrieb er wütend:

*Ich bin Ihnen wegen Ihres Schreibens verbunden, erachte aber, daß das mir überschickte Büchelchen nicht der Mühe lohne, darüber Aufsehens zu machen. Der gelehrte Verfasser hat vermutlich in seiner Schrift die Nachahmung der besonderen heiligen Legenden, welche von Gröcklweibern verkauft zu werden pflegen, vor Augen gehabt!* [34]

Gröcklweiber sind bresthafte arme Traktätchenhändlerinnen, die um Mitleid zu erregen meist auf Krücken daherhumpeln und die Kirchen und Wallfahrtsorte umlagern.

Ein Jahr später hielt sich Joseph Haydn, von London kommend, kurz in Bonn auf. Das kurfürstliche Orchester gab ein Bankett in Godesberg und Beethoven konnte dem Wiener Altmeister eine seiner Kantaten vorlegen. Haydn war überrascht und wohl auch etwas irritiert durch des jungen Mannes ungewöhnliche Kompositionsweise. Er forderte ihn auf, nach Wien zu kommen und bei ihm zu studieren. Beethovens besonderer Gönner, Graf Ferdinand von Waldstein, erwirkte dann auch beim Kurfürsten, daß dieser ihn mit voller Besoldung und Erstattung aller Kosten beurlaubte. 1792 ging Beethoven für immer nach Wien. [35]

Für Max Franz war das Jahr 1792 sehr unruhig. Im Juni mußte er zur offiziellen Kaiserwahl Franz II. nach Frankfurt am Main und anschließend waren immense Festlichkeiten in Mainz. Max Franz empfand es als kurios, daß ausgerechnet am 14. Juli 1792, am vierten Jahrestag der Erstürmung der Bastille, die Krönung seines Neffen stattfand. Es war die letzte Gelegenheit, daß sich die Fürsten des alten Römischen Reiches Deutscher Nation noch einmal versammelten und Glanz und Pracht entfalteten. Man sprach vom »Henkersmahl des Römischen Reiches«.

Im Herbst 1792 stand der französische General Custine vor Mainz und im Oktober erschien der geflüchtete Kurfürst von Trier, Clemens Wenzel, in Koblenz. Preußische Truppen rückten an und der Krieg war in vollem Gange. Ungeachtet aller Gefahren und Unbequemlichkeiten blieb Max Franz in Bonn.

Er reiste sogar auf Umwegen Anfang 1794 noch einmal nach Wien und kehrte im April 1794 zurück. Aber zum Herbst rückten die französischen Truppen unerbittlich vor und in Bonn wurde hastig gepackt. Sieben Transportschiffe mit wertvollen Effekten, dem Naturalienkabinett, der Bibliothek, den kostbarsten Möbeln, den Aktenbeständen der Kanzleien, dem Inhalt der Silberkammer, Gobelins und Gemälde gingen nach Niederwesel ab. Am 3. Oktober 1794 sollte der Kurfürst nachmittags als Letzter abreisen. Vorsorglich ging er nochmal durch alle Räume und entdeckte in den zurückgelassenen Kassen noch 13 000 Reichstaler, die seine aufgeregten Räte vergessen hatten. Traurig und bedrückt standen die Menschen bei seinem Auszug an den Straßen. Vor der Pontonbrücke, die ihn aufs rechte Rheinufer führte, stieg Max Franz aus dem Wagen, hielt eine Ansprache und erteilte seinen Segen. Er verließ Bonn schweren Herzens. Er sollte die Stadt nicht wiedersehen.[36]

Der Fluchtweg führte kreuz und quer durch Westdeutschland. Zunächst schlug er seine Zelte in Recklinghausen auf, dann ging es nach Mergentheim, später wurden Frankfurt, die Ordensballei Ellingen und u. a. sogar Leipzig seine Zufluchtsorte. Die wirtschaftlichen Schwierigkeiten während dieser Jahre waren enorm. Dennoch hielt Max Franz mit eiserner Energie die Verwaltung der verbliebenen Länder aufrecht.

Ende November 1795 schrieb Max Franz ganz mutlos an Clemens Wenzel, der gleich ihm geflohen war:

*Der König von Preußen verlangt unser Geld, der Kaiser die Lieferung von Lebensmitteln, das Reich unsere (Truppen-)Kontingente, unsere Diener und Beamten ihre Besoldungen – wahrhaftig, man wird manchmal versucht, sich bankrott zu erklären, seine Länder aufzugeben und in den Schoß der Familie zurückzukehren.*[37]

Der Kurfürst hat jedoch dieser verlockenden Versuchung, alles hinzuwerfen, noch fünf Jahre lang nicht nachgegeben, sondern sich unter vielen Widerwärtigkeiten durchgeschlagen.

Bonn und Köln waren besetzt von französischen Truppen, bald wurden diese Länder in Präfekturen aufgeteilt. So wie in Holland die »Batavische Republik« bestand, sollte in Köln die »Cisrhenanische Republik« ausgerufen werden. Doch nach einer neuen Verwaltungsordnung wurde das besetzte Gebiet als zu Frankreich gehörig erklärt. Dies war die Folge des Friedens zu Campoformio am 17. 10. 1797. Die Aussicht auf Wiederherstellung des alten Zustandes schwand immer mehr.

Während der langwierigen Verhandlungen des Rastätter Kongresses, den der Kurfürst ungeduldig verfolgte, verschlechterte sich sein Gesundheitszustand immer mehr. Er schrieb einmal, er schliefe überall ein, in Gesellschaften, im Theater, nur zu einer Partie Whist tauge er noch.

Anfang April 1800 war die Übersiedlung von Frankfurt nach Wien beschlossene Sache. Kaiser Franz, bestrebt, seine geflohenen Onkel und Tanten sonst möglichst aus Wien fernzuhalten, erteilte dem Kranken die Genehmigung zur Rückkehr. In Hetzendorf fand Max Franz ein passendes Haus im Garten des Fürsten Esterhazy. Der Sommer dort war beschwerlich für Max, jedoch gegen den Herbst zu fand er Linderung. In Schönbrunn hielt sich derzeit seine Schwester Karoline, die geflohene Königin von Neapel, mit drei Töchtern und einem Sohn auf. So erfreulich das Wiedersehen für ihn war, so sehr wurde sein Durchhaltevermögen bei all diesen Familientreffen beansprucht. Er war erst vierundvierzig Jahre alt, aber gebrechlich wie ein Greis. Seine Nichte, Prinzessin Amélie von Neapel, schrieb an ihre Schwägerin Klementine am 21. 8. 1800:

> *Er ist ein Ungeheuer an Dicke, daß man förmlich Angst bekommt und er einem wahrhaft leid tut. man stelle sich vor, er kann sich kaum bewegen, ißt wie ein Wolf, schläft bei der Hoftafel immer ein und schnarcht. Erzherzog Johann weiß das schon und hat immer die Geduld, sich neben ihn zu setzen und ihn wieder aufzuwecken.*[38]

Maximilian mochte spüren, daß ihm nicht mehr viel Zeit auf Erden beschieden war, denn er »bestellte sein Haus«. Am 21. April 1801 beschied er als Hochmeister die Großkapitulare des Deutschen Ordens für den 1. Juni nach Wien, um einen Koadjutor für ihn zu wählen. Des Kaisers Bruder, Erzherzog Karl, neunundzwanzig Jahre alt und ein großartiger Soldat und Feldherr, sollte sein Nachfolger werden. Karl wurde einstimmig am 3. Juni gewählt. Die Eidesleistung und der Ritterschlag wurden auf den 8. Juni festgesetzt, aber Max Franz war so krank, daß man dies um einige Tage verschieben mußte. Am 11. vollzog er unter größter Mühe im Ornat des Deutschen Ordens die Zeremonie. Am 24. Juni unterzeichnete er im Wiener Deutschordenshaus sein Testament. Sein Haupterbe war der nach ihm benannte, derzeit achtzehnjährige Erzherzog Maximilian aus Mailand, Sohn seines Bruders Ferdinand.

Kaum hatte Max Franz alle Verfügungen getroffen und seine Nachlaßangelegenheiten geregelt, so überfiel ihn seine Krankheit mit erneuter Heftigkeit und machte ihn bettlägerig. Mit Mühe muß er sich noch ab und zu aufgerafft haben, um im Kreise der Familie zu sein. Prinzessin Amélie berichtete über sein unerwartetes Ableben. Tante Liesl habe im Schloß Hetzendorf am 26. Juli 1801 ein Abendessen gegeben. Dort habe er im heiteren Gespräch mit seinem Bruder Ferdinand und seinem Nachfolger, Erzherzog Karl, »zwei Kapauner und einen großen Korb Früchte« verspeist. Plötzlich jedoch sei er vom Sessel gesunken und wäre tot gewesen, bevor er auch nur das Wort »Jesus« hervorstoßen konnte.[39]

Dieser Schilderung steht Braubachs Darstellung von Maximilians Tod gegenüber, wonach er sein Krankenlager infolge seiner großen Beschwerden nicht mehr verlassen habe, auch habe er sich kaum verständlich machen können. Von heiterem Gespräch konnte demnach keine Rede sein. Er habe die Nahrungsaufnahme verweigert, die Ärzte wechselten sich im Dienst an seinem Krankenlager ab. In der Nacht vom 26. auf den 27. Juli sei er kurz nach Mitternacht verschieden. Schon am 29. Juli fand die Beisetzung in der Kapuzinergruft statt.

»Seit Jahrhunderten hatte das Kurfürstentum Köln keinen so wohlmeinenden, und gleichzeitig so fähigen Regenten besessen wie den jüngsten Sohn der Maria Theresia, gerade unter ihm aber mußte die Katastrophe eintreten.

Der so ganz auf die ruhige Arbeit des Friedens eingestellte Fürst wurde in ein kriegerisches Gewirr verwickelt, die Früchte seiner Tätigkeit sollte er nicht ernten, die Keime, die er in zehnjähriger aufopfernder Hingabe an den Staat gesetzt, sah er zerstört. Von dem Lande, dessen Hebung er sein Leben widmen wollte, vertrieb ihn das Schicksal, von Jahr zu Jahr schwand die Hoffnung, die übrigen Besitzungen zu behalten. Den völligen politischen Untergang vor Augen starb er. Ein gütiges Schicksal hat ihn davor bewahrt, den Kelch bis zur Neige leeren zu müssen.«[40]

## Quellen und Anmerkungen zum Kapitel
## Max Franz

1 Max Braubach, Maria Theresias jüngster Sohn Max Franz. Letzter Kurfürst von Köln und Fürstbischof von Münster, Wien/München 1961. – Nachstehend abgekürzt »Braubach« genannt. – S. 255

2 Fürst Johann Josef Khevenhüller-Metsch, Aus der Zeit Maria Theresias, Tagebuch in 8 Bänden, 1742–1776. 8 Bde., hrsg. von Hanns Schlitter, Wien/Leipzig 1907–1908. – Nachstehend abgekürzt »Khevenhüller« genannt. – Bd. IV, S. 54

3 Khevenhüller, Bd. IV, S. 137

4 Friederike Wachter, Die Erziehung der Kinder Maria Theresias, Diss. Wien 1968. – Nachstehend abgekürzt »Wachter« genannt. – S. 165

5 Briefe der Kaiserin Maria Theresia an ihre Kinder und Freunde, 4 Bde., hrsg. von Alfred Ritter von Arneth, Wien 1881; vgl. Wilh. Braumüller, 4 Bde. – Nachstehend »Arneth Briefe« genannt. – Bd. IV, S. 522

6 Braubach, S. 26

7 Braubach, S. 28

8 Wachter, S. 167

9 Carl Rothe, Ein Herz blieb standhaft, Briefe der Maria Theresia in deutscher Übersetzung, Stuttgart 1954. – Nachstehend abgekürzt »Rothe« genannt. – S. 165

10 Braubach, S. 29

11 Rothe, S. 165

12 Aloys Greither, Wolfgang Amadé Mozart in Selbstzeugnissen und Bild-Dokumenten, Rowohlt-Monographien, Reinbek bei Hamburg 1962, S. 29

13 »Bericht des Großherzogs Leopold von Toscana über seinen Bruder Erzherzog Maximilian 1775«, aus den Beiträgen der Kurkölnischen Universität Bonn von C. Varrentrapp. Festgabe, dargebracht zur 50jährigen Stiftungsfeier am 3. 8. 1868

14 Arneth Briefe, Bd. II, S. 37

15 Braubach, S. 67

16 Braubach, S. 74

17 Braubach, S. 74

18 Braubach, S. 77

19 Braubach, S. 76

20 Franz Eugen Reichsfreyherr von Seida und Landensberg, Maximilian Franz, Nürnberg 1803. – Nachstehend abgekürzt »Seida« genannt. – S. 11

21 Jean und Brigitte Massin: »Beethoven«, Materialbiographie, Daten zum Werk und Essay, München 1970. – Nachstehend abgekürzt »Massin« genannt. – S. 30

22 Seida, S. 12

23 Braubach, S. 85

24 Seida, S. 24

25 Braubach, S. 235

26 Seida, S. 24

27 Braubach, S. 105

28 Seida, S. 29

29 Braubach, S. 183

30 Seida, S. 107 ff.

31 Braubach, S. 244 ff.

32 Seida, S. 33

33 Braubach, S. 261

34 Braubach, S. 240

35 Massin, S. 41–43

36 Braubach, S. 308

37 Braubach, S. 318

38 Egon Caesar Conte Corti, Ich eine Tochter Maria Theresias, ein Lebensbild der Königin Marie Karoline von Neapel, München 1950. – Nachstehend abgekürzt »Corti« genannt. – S. 350

39 Brief der Prinzessin Amélie an ihren Bruder Francesco nach Neapel, Schönbrunn, 10. 8. 1801. Wien HHSTA. Corti, S. 379

40 Braubach, S. 259

# Stammtafel

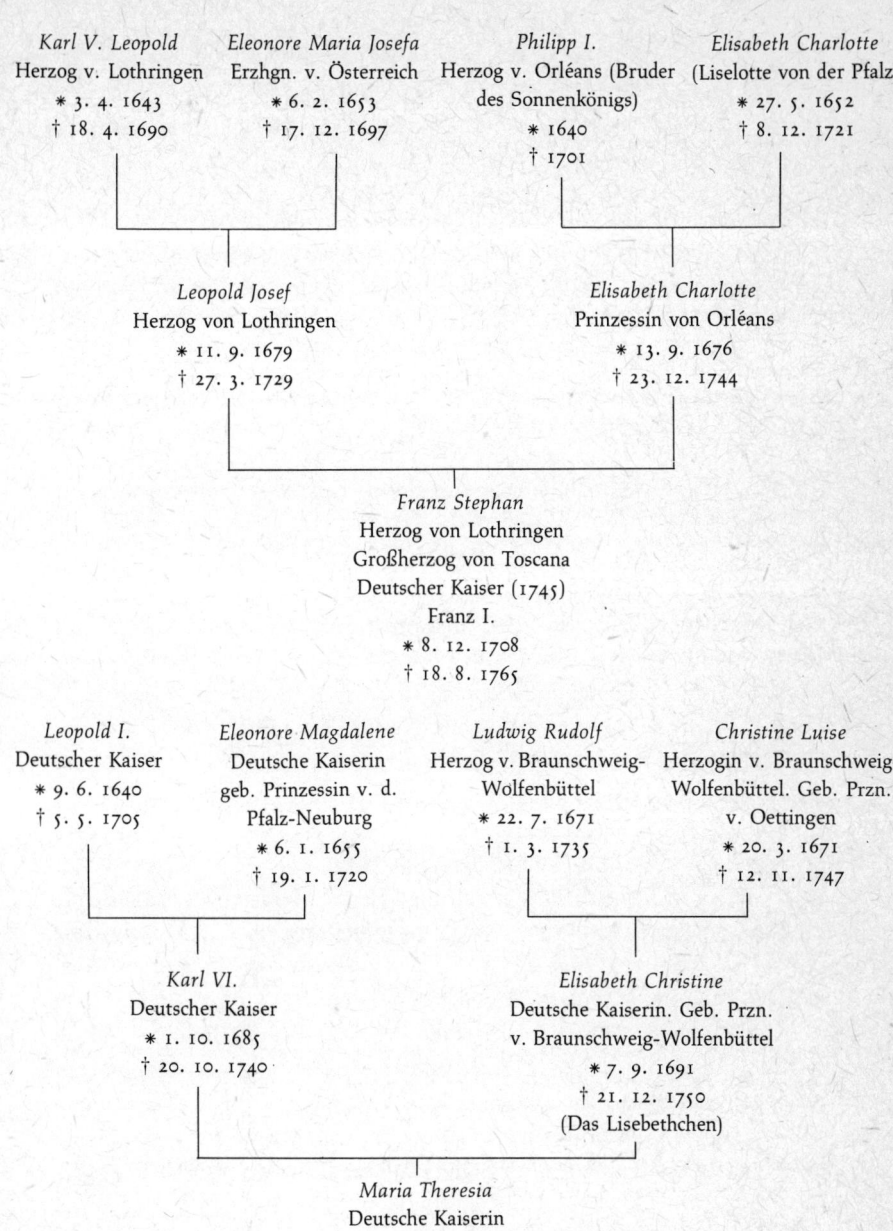

Karl V. Leopold
Herzog v. Lothringen
* 3. 4. 1643
† 18. 4. 1690

Eleonore Maria Josefa
Erzhgn. v. Österreich
* 6. 2. 1653
† 17. 12. 1697

Philipp I.
Herzog v. Orléans (Bruder
des Sonnenkönigs)
* 1640
† 1701

Elisabeth Charlotte
(Liselotte von der Pfalz)
* 27. 5. 1652
† 8. 12. 1721

Leopold Josef
Herzog von Lothringen
* 11. 9. 1679
† 27. 3. 1729

Elisabeth Charlotte
Prinzessin von Orléans
* 13. 9. 1676
† 23. 12. 1744

Franz Stephan
Herzog von Lothringen
Großherzog von Toscana
Deutscher Kaiser (1745)
Franz I.
* 8. 12. 1708
† 18. 8. 1765

Leopold I.
Deutscher Kaiser
* 9. 6. 1640
† 5. 5. 1705

Eleonore Magdalene
Deutsche Kaiserin
geb. Prinzessin v. d.
Pfalz-Neuburg
* 6. 1. 1655
† 19. 1. 1720

Ludwig Rudolf
Herzog v. Braunschweig-
Wolfenbüttel
* 22. 7. 1671
† 1. 3. 1735

Christine Luise
Herzogin v. Braunschweig-
Wolfenbüttel. Geb. Przn.
v. Oettingen
* 20. 3. 1671
† 12. 11. 1747

Karl VI.
Deutscher Kaiser
* 1. 10. 1685
† 20. 10. 1740

Elisabeth Christine
Deutsche Kaiserin. Geb. Przn.
v. Braunschweig-Wolfenbüttel
* 7. 9. 1691
† 21. 12. 1750
(Das Lisebethchen)

Maria Theresia
Deutsche Kaiserin
* 13. 5. 1717
† 29. 11. 1780

# Dank

Meinen Dank möchte ich hiermit allen Persönlichkeiten und Dienststellen aussprechen, die mir von 1976 an dabei behilflich waren, die erforderliche Dokumentation durchzuführen und mir mit Rat und Tat zur Seite standen.

Archiv der Landeshauptstadt Linz, Herrn Dr. W. Katzinger

Archivio di Stato di Napoli, Il Direttore della Divisione, Signora Dott. ssa. Fortunata Carnevale, Neapel

Archivní Správa, Herrn Dr. V. Hruby, Prag

Oberbürgermeisteramt der Stadt Bonn, Herrn Verwaltungsdirektor Kunis

Österreichische Nationalbibliothek, Frau Dr. Magda Strebl, Herrn Walla und Frau Kainz, Wien

Österreichisches Haus-, Hof- und Staatsarchiv, Frau Direktor Hofrat Dr. Anna Benna, Wien

Bayerische Staatsbibliothek, Direktor Dr. Schneiders, München

Bild-Archiv der Österreichischen Nationalbibliothek, Wien.

Bild-Archiv Preußischer Kulturbesitz, Berlin

Kloster der Elisabethinen in Klagenfurt, der Ehrwürdigen Mutter Schwester Michaela Zehrer

Fräulein Mechthild Hauptmann, Salzburg

Hofburg in Innsbruck, Verwaltung, Herrn Magister H. Vuketich

Museen der Stadt Wien, Magistratsabteilung, Herrn Museumsrat Dr. G. Düriegl, Wien

Frau Brigitte Scherzer, Klagenfurt

Stad Brugge, Directie Stedelijke Musea, Brügge/Belgien. M. le Bourgmestre et Echevins de la Ville de Bruges et le Conservateur en Chef des Musées Communaux

Stift Wilten bei Innsbruck

Madame Lic. Paulette Van Belle-Lauwers, Chef du Service Educatif, Brugge levende musea, Brügge/Belgien

Frau Herma Timm, Semd-Groß-Umstadt

# Abbildungsverzeichnis

Umschlagbild: Maria Theresia und Franz I. mit ihren Kindern auf der Schloßterrasse
von Schönbrunn: Maria Anna, Joseph, Maria Christine, Maria Elisabeth, Karl,
Maria Amalia , Leopold, Johanna Gabriele, Maria Josepha, Ferdinand
Gemälde von Martin van Meytens, um 1754
Kunsthistorisches Museum, Wien
Aufnahme: Photo Meyer K.G., Wien

1 Maria Theresia in Witwentracht
Gemälde von Anton von Maron, um 1772
Kunsthistorisches Museum, Wien
Foto: Sindhöringer, Wien

2 Maria Theresia und Kaiser Franz I. mit 13 Kindern: Maria Anna (22), Joseph (19),
Maria Christine (18), Maria Elisabeth (17),Karl (15), Maria Amalia (14),Leopold (13),
Johanna Gabriele (10), Maria Josepha (9), Maria Karoline (8), Ferdinand (6), Maria
Antonia (Marie Antoinette) (5), Maximilian Franz (4)
Schabkunstblatt von Johann Gottfried Haid, 1760
Foto: Bildarchiv der Österreichischen Nationalbibliothek, Wien

3 Gedenkbild für die verstorbenen Kinder Maria Theresias: Maria Elisabeth († 1740),
Maria Karoline († 1741), Maria Karoline († 1748), Johanna Gabriele (Christina) († 1762)
Wandgemälde im Riesensaal der Hofburg zu Innsbruck
Foto: Schloßverwaltung Innsbruck

4 Maria Anna als junges Mädchen
Gemälde eines unbekannten Künstlers
Maria-Anna-Gedächtnisstube im Elisabethinerinnenkloster, Klagenfurt
Foto: Tollinger, Klagenfurt

5 Maria Anna mit dem Medaillon Maria Theresias
Gemälde von Laurenz Herr, 1858
Foto: Bildarchiv der Österreichischen Nationalbibliothek, Wien

6 Joseph mit Ordenskette und Orden vom Goldenen Vlies, umgeben von seinen
Geschwistern: Karl, Leopold, Maria Anna, Maria Christine, Maria Elisabeth, Maria
Amalia
Gemälde von Martin van Meytens, um 1750
Foto: Historisches Museum der Stadt Wien

7  Joseph als römischer König,
Stich von Mansfeld, 1765
Foto: Bildarchiv der Österreichischen Nationalbibliothek, Wien

8  Isabella von Parma, erste Gemahlin Josephs
Gemälde von Jean-Marc Nattier, 1758
Kunsthistorisches Museum, Wien
Foto: U. F. Sitzenfrey

9  Kindertheater im Zeremoniensaal von Schloß Schönbrunn anläßlich der zweiten
Vermählung Josephs mit Maria Josepha von Bayern, 1765. In der vordersten Reihe:
Leopold (18), Maria Anna (27), Maria Christine (23), Maria Elisabeth (22), Maria
Amalia (19), Maria Josepha (14), die fünf Schwestern in gleicher Kleidung
Gemälde eines unbekannten Künstlers
Foto: Bildarchiv der Österreichischen Nationalbibliothek, Wien

10  Maria Christine als Herzogin von Sachsen-Teschen
Miniatur
Foto: Bildarchiv der Österreichischen Nationalbibliothek, Wien

11  Maria Theresia mit Kindern und Schwiegersohn: Maria Christine (34) mit Herzog
Albert von Sachsen-Teschen, Maximilian Franz (20), Maria Elisabeth (33), Maria
Anna (38), Joseph (35)
Miniatur von Heinrich Fuge, 1776
Foto: Bildarchiv der Österreichischen Nationalbibliothek, Wien

12  Maria Elisabeth als Äbtissin des Adeligen Damenstiftes in Innsbruck,
Gemälde von Franz Altmutter
Stift Wilten
Foto: Victor Holy, Innsbruck

13  Karl,
Wandgemälde im Riesensaal der Hofburg zu Innsbruck
Schule Martin van Meytens
Foto: Schloßverwaltung Innsbruck

14  Maria Amalia als Kind
Miniatur
Foto: Bildarchiv der Österreichischen Nationalbibliothek, Wien

15  Maria Amalia als Herzogin von Parma mit ihren Kindern
Gemälde eines unbekannten Künstlers
Foto: Bildarchiv der Österreichischen Nationalbibliothek, Wien

16  Vermählungsbild von Maria Amalia und Herzog Ferdinand von Parma,
19. Juli 1769
Foto: Bildarchiv der Österreichischen Nationalbibliothek, Wien

17   Leopold im Alter von 14 Jahren
Zeichnung von Jean-Etienne Liotard, 1761
Musée d'Art et d'Histoire, Genf

18   Leopold als Großherzog von Toskana mit seiner Gemahlin Maria Luisa von Spanien
und seinen Kindern: Marie Therese (18), Franz (später Kaiser Franz II.) (17), Ferdinand
(später Ferdinand III. von Toskana) (16), Maria Anna (15), Karl (14), Leopold (13),
Joseph (9), Klementine (8), Anton (6), Amalie (5), Johann (3), Rainer (2), Ludwig (1)
Radierung von Benedetto Eredi und G. B. Cecchi nach Giuseppe Piattoli und Giuseppe
Fabrini, 1785
Foto: Bildarchiv der Österreichischen Nationalbibliothek, Wien

19   Leopold als Kaiser Leopold II.
Miniatur
Foto: Bildarchiv der Österreichischen Nationalbibliothek, Wien

20   Johanna Gabriele im Alter von 11 Jahren
Zeichnung von Jean-Etienne Liotard, 1761
Musée d'Art et d'Histoire, Genf

21   Maria Josepha im Alter von 15 Jahren,
Wandgemälde im Riesensaal der Hofburg zu Innsbruck
Schule Martin van Meytens
Foto: Schloßverwaltung Innsbruck

22   Maria Karoline als Königin von Neapel
Gemälde von Lompi
Erinnerungsstube im Elisabethinerinnenkloster, Klagenfurt
Foto: Tollinger, Klagenfurt

23   Ferdinand IV. von Neapel-Sizilien (1759–1825), als Ferdinand I., König beider
Sizilien (1816–1825)
Miniatur
Foto: Bildarchiv der Österreichischen Nationalbibliothek, Wien

24   Maria Karoline und Ferdinand IV. zu Besuch bei Papst Pius VI., 20. April 1791
Foto: Bildarchiv der Österreichischen Nationalbibliothek, Wien

25   Marie Beatrix von Modena, Gemahlin Ferdinands
Miniatur
Foto: Bildarchiv der Österreichischen Nationalbibliothek, Wien

26  Ferdinand als Herzog von Modena mit Goldenem Vlies und Großkreuz des
Stephansordens
Gemälde eines unbekannten Künstlers
Foto: Bildarchiv der Österreichischen Nationalbibliothek, Wien

27  Marie Antoinette als junges Mädchen
Gemälde eines unbekannten Künstlers
Foto: Bildarchiv der Österreichischen Nationalbibliothek, Wien

28  Marie Antoinette als Königin von Frankreich mit ihren Kindern
Gemälde von Elisabeth Louise Vigée-Lebrun, 1787
Schloß Versailles
Foto: Giraudon, Paris

29  Ludwig XVI. von Frankreich am Tag vor seiner Enthauptung, Abschied von seiner
Familie, 20. Januar 1793
Kupferstich von E. Henne, 1793, nach einer Zeichnung von Daniel Chodowiecki
Kunstbibliothek Preußischer Kulturbesitz, Berlin
Foto: Bildarchiv Preußischer Kulturbesitz, Berlin

30  Marie Antoinette vor ihren Richtern
Lithographie nach dem Gemälde eines unbekannten Künstlers
Musée Carnavalet, Paris
Foto: Bildarchiv Preußischer Kulturbesitz, Berlin

31  Marie Antoinette während der Haft
Lithographie eines unbekannten Künstlers
Foto: Bildarchiv der Österreichischen Nationalbibliothek, Wien

32  Maximilian Franz in Oberstenuniform des 8. Kürassierregiments mit seinem älteren
Bruder Ferdinand
Gemälde eines unbekannten Künstlers
Foto: Bildarchiv der Österreichischen Nationalbibliothek, Wien

33  Maximilian Franz als Kurfürst von Köln und Bischof von Münster
Gemälde eines unbekannten Künstlers
Rathaus Bonn
Foto: Foto-Sachsse, Bonn

# Register